밀암(密菴) 이재(李栽)의
유배시종실록을 통해 본 17세기 조선

창구객일 연구

밀암(密菴) 이재(李栽)의 유배시종실록을 통해 본 17세기 조선 창구객일 연구

펴낸곳 서울대학교출판문화원
펴낸이 성낙인
편저자 이병갑

책임편집 신선규
디자인 최선아

초판 1쇄 인쇄 2014년 12월 3일
초판 1쇄 발행 2014년 12월 8일
출판등록 제15-3호

주소 151-742 서울 관악구 관악로 1
대표전화 02-880-5252 팩스 02-888-4148
마케팅팀(주문상담) 02-889-4424, 02-880-7995
이메일 snubook@snu.ac.kr
홈페이지 www.snupress.com

ISBN 978-89-521-1409-9 93900

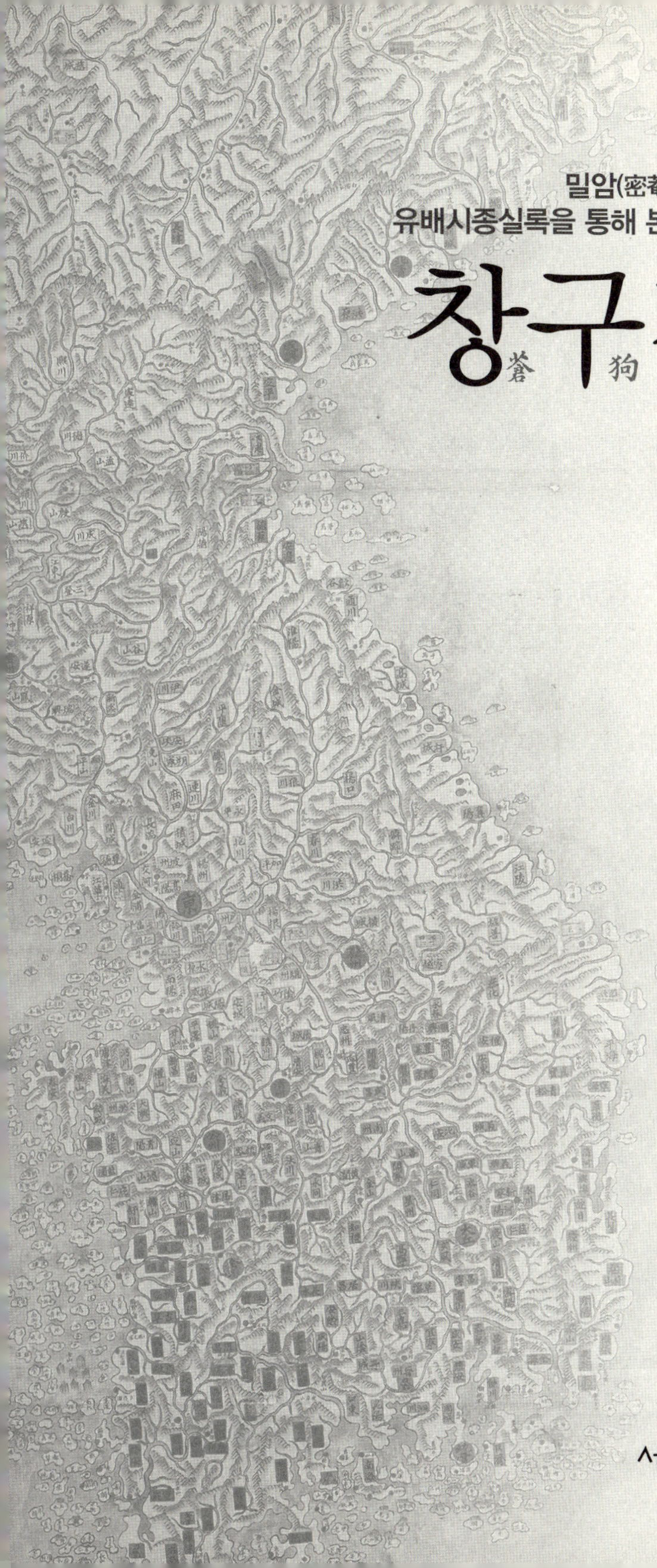

밀암(密菴) 이재(李栽)의
유배시종실록을 통해 본 17세기 조선

창구객일(蒼狗客日) 연구

이병갑 편저

서울대학교출판문화원

A Study on *Chang-gu-gaek-il*

17th Century Joseon Dynasty Seen through a Chamberlain's Diary by Mil-am Lee Jae

Edited by Lee, Byung-Kap

Seoul National University Press

간행사

《창구객일(蒼狗客日)》[1]은 퇴계학의 적통을 계승한 갈암(葛庵) 이현일(李玄逸)의 셋째 아들인 밀암(密菴) 이재(李栽)가 갑술정변(甲戌政變; 1694년, 숙종 20) 이후 갈암의 유배 생활을 시종하면서 보고 느낀 것을 진솔하게 기록한 일기이다. 이 생생한 기록을 바탕으로 한국 문헌학·문학·사학·철학·정치행정학 분야에서 조명한 결과물이 바로 《창구객일 연구》이다.

한국학 연구의 역사적 접근은 주로 관찬사료를 중심으로 이루어지고 있다. 관찬사료는 공식성과 축약성으로 인해 그 시대의 정치·경제·사회·문화 현상을 온전히 반영하지 못하는 점이 없지 않다. 이 때문에 의미있는 사찬사료는 관찬사료의 소략한 내용을 보완해 줄 수 있는 중요한 자료로 활용된다. 학계에서 사찬사료로 그 신뢰성을 인정받고 있는 《창구객일》은 거유(巨儒) 밀암의 학문을 이해하고 당대의 《조선왕조실록》이나 《승정원일기》의 내용을 보완·검증할 수 있다는 점에서 중요한 학술적 가치를 지닌다.

한국사에서 갑술정변은 정치·행정사적으로 중요한 사건이다. 정변 이후 서인의 일당 전제정치가 성립되고, 남인은 정치적인 타격을 입어 재야세력으로 전락하였다. 이로 인해 남인의 정계진출은 좌절되고 정

1) 《창구객일》은 갑술정변이 일어난 1694년(숙종 20) 유배지에서 기록한 일기를 말하는데, 창구는 갑술의 별칭(別稱)이다.

치세력 간의 견제와 균형은 깨어졌다. 《창구객일》은 갑술정변을 전후하여 나타난 정치 · 행정적 사건들에 대하여 저자가 보고 느낀 대로 진솔하게 기록한 실록으로 17세기 조선시대의 정치 · 행정 · 경제 · 사회 · 문화 전반에 대한 이해의 폭을 넓혀 주고 있다.

《창구객일》에 대한 학제적 연구는 이병갑(안동대학교 행정학과)에 의해 기획되어 2009년 2월 연구를 시작하였으며, 같은 해 11월 20일에는 제1차 중간 연구발표회를 가졌다. 여기서 발표된 논문은 "밀암 이재의 생애와 저술(전병욱)", "밀암 이재의 성리설(문석윤)", "밀암 이재의 강학활동과 문인들(안병걸)", "《창구객일》의 저술 배경과 자료적 가치(김학수)", "《창구객일》 소재 시편 소고(김언종)", "《창구객일》을 통해 본 갈암의 유배와 밀암의 시종생활(정진영)", "《창구객일》을 통해 본 당대 정국에 대한 밀암의 인식(정만조)"이었다. 이 발표회에 토론자로 김성윤(경북대학교 영남문화연구원), 김종석(한국국학진흥원 인성교육원), 권오영(한국학중앙연구원 한국사학과), 이봉규(인하대학교 철학과), 이세동(경북대학교 중어중문학과), 유호진(고려대학교 한문학과), 서정문(한국고전번역원), 안승준(한국학중앙연구원), 이헌창(고려대학교 경제학과), 김현영(국사편찬위원회), 이수환(영남대학교 국사학과), 이현진(서울대학교 규장각한국학연구원), 박현순(서울대학교 규장각한국학연구원), 권경열(한국고전번역원)이 참여하였다.

제1차 중간 연구발표회를 통해 나타난 미비점을 보완하고 내용을 더욱 알차게 하기 위하여 2010년 5월 31일에 연구진을 보강하였다. 제1차 중간 연구발표회에 토론자로 참여했던 박현순은 "《창구객일》에 나타난 유배길 체험과 기록"을, "《창구객일》을 통해 본 정파 간의 정책갈등 분석"은 이병갑이 집필하기로 하였다. 그 밖에 "《밀암연보》 초략과 동서양의 주요 사건"과 "《창구객일》 원문 표점의 원칙과 실례"는 권경열이 담당하였다. "《창구객일》 원문 표점"은 밀암의 주손인 이병갑이 가장(家藏)해 온 밀암의 친필본을 저본(底本)으로 하여 안동지역 여러 서원의 원장을 역임한 한학자 고(故) 용헌 이용구 선생이 찍은 표점을 토대로 권경열이 현대식으로 수정·보완하여 완결하였다.

2010년 12월 2일에 열린 제2차 중간 연구발표회에서는 박현순·이병갑·권경열이 추가로 논문을 발표하였으며, 김경래(서울대학교 국사학과), 심재우(한국학중앙연구원 한국사학과), 문명재(연세대학교 행정학과), 유민봉(성균관대학교 국정관리대학원), 차혜원(연세대학교 사학과), 박상익(우석대학교 사회교육과)이 토론을 맡아 주었다.

《창구객일 연구》는 《창구객일》의 저자인 밀암의 생애·저술·성리학설·강학활동과 문인에 대한 연구를 비롯하여, 갈암의 유배 원인과 유배의 노정, 유배 중의 생활과 친족 간의 내왕, 유배 중에 지은 작품, 유배 중의 정보 습득과 교류, 조선 숙종시대의 정책과정에서 정파의 정책 논리와 정책갈등, 《창구객일》의 자료적 가치와 이본(異本)에 대한 분석 등이 잘 나타나 있다. 이 책을 통해 독자들은 17세기 조선의 정치·경제·사회·문화 현상뿐만 아니라 조선시대 지성인의 삶의 방식과 정치적 행동 양식을 생생하게 엿볼 수 있다.

이 책은 사학자, 문학자, 철학자, 정치행정학자 총 11인의 필진이 참여하여 일궈 낸 공동작품으로 4부로 구성되었다. 제1부는 밀암 이재의 학문에 대한 담론을 논의한 것으로, "밀암 이재의 생애와 저술, 밀암 이재의 성리설, 밀암 이재의 강학활동과 문인들"에 관한 논문을 실었다. 제2부는 《창구객일》의 문헌적·문학적 가치를 논의한 것으로, "《창구객일》의 저술 배경과 자료적 가치, 《창구객일》 소재 시편(詩篇) 소고" 논문 두 편을 실었다. 제3부는 《창구객일》을 통해 본 17세기 조선의 사회 양상을 논의한 것으로, "《창구객일》을 통해 본 갈암의 유배와 밀암의 시종생활, 《창구객일》에 나타난 유배길 체험과 기록"에 관한 논문으로 구성되었다. 제4부는 《창구객일》을 통해 본 17세기 조선의 정치과정을 논의한 부분으로, "《창구객일》을 통해 본 당대 정국에 대한 밀암의 인식, 《창구객일》을 통해서 본 정파 간의 정책갈등 분석"에 관한 논문으로 구성되었다.

그동안 본인의 지지부진한 편집과 교정에도 불구하고, 인내심을 가지고 기다려 주신 필자들과 서울대학교출판문화원에 감사드린다. 이 책이 빛을 보기까지 많은 분의 도움이 있었다. 먼저 두 번에 걸친 중간 연구발표회를 통하여 필자들의 초고를 읽고 완성도를 높일 수 있도록 좋은 토론을 하여 주신 김성윤, 김종석, 권오영, 이봉규, 이세동, 유호진, 서정문, 안승준, 이헌창, 김현영, 이수환, 이현진, 박현순, 권경열 선생님(1차 중간연구발표회)과 김경래, 심재우, 문명재, 유민봉, 차혜원, 박상익 선생님(2차 중간연구발표회)께 깊은 감사를 드린다.

이 연구를 위하여 물심양면으로 지원을 아끼지 않으신 이동주 전 관악케이블방송 사장님, 고(故)이현우 대봉레이스 사장님, 이용태 퇴계학연구원 이사장님, 이정섭 한국국학진흥원 전임교수께도 감사드린다. 끝으로 이 연구서의 출판을 맡아 주신 서울대학교출판문화원 원장님과 꼼꼼한 편집과 교정에 많은 노력을 기울이신 편집진에게도 감사의 뜻을 표한다.

2014년 11월 15일
이병갑 삼가 씀

차 례

제2부 《창구객일》의 문헌적·문학적 가치

제3부 《창구객일》을 통해 본 17세기 조선의 사회 양상

제4부 《창구객일》을 통해 본 17세기 조선의 정치과정

일러두기

1. 한글 전용을 원칙으로 하였지만, 한자가 필요하다고 판단될 경우에는 한자를 병기하였다. 단, 같은 단어가 인접해서 두 번 이상 나오는 경우에는 뒤의 한자를 대체로 생략하였다.
2. 설명이 필요한 용어는 간주(間註)로, 내용이 비교적 긴 주는 각주(脚註)로 처리하였다.
3. 맞춤법과 띄어쓰기는 대체로 국립국어원 표기를 따랐다.
4. 이 책에서 사용한 부호는 다음과 같다.
   ( ) : 번역문과 음이 같은 한자를 묶는다.
   [ ] : 번역문과 뜻은 같으나 음이 다른 한자, 본문의 보조설명 문구를 묶는다.
   " " : 대화 등의 인용문을 묶는다.
   ' ' : " " 안의 재인용 또는 강조 문구를 묶는다.
   《 》 : 책명 및 각주의 전거(典據)를 묶는다.
   〈 〉 : 책의 편명 및 운문 · 산문의 제목을 묶는다.
   · : 병렬형 단어의 중간 표시를 나타낸다.
   … : 중간 생략문을 나타낸다.

제1부

밀암(密菴) 이재(李栽)의 학문에 대한 담론

제1장

밀암 이재의 생애와 저술

전병욱 | 고려대학교 철학과

1. 머리말

밀암(密菴) 이재(李栽, 1657~1730)의 생애와 저술에 대한 전문적인 연구는 상당히 깊이 있게 진척되어 있다. 특히 안병걸은 그의 논문에서 밀암의 삶에 관한 중요한 사안을 정리하였고 저술에 대해서도 김종석 등에 의해 전문적인 연구논문이 생산되었다.[1] 이 글에서는 안병걸이 사용했던 방식대로 우선 생애를 간략하게 소개하고, 이어서 그 삶을 몇 가지 주제로 나누어 서술하되, 그와 관련된 저술이 무엇인지 소개하려 한다. 그것은 옛날 행장의 서술방식이기도 하다. 이 작업은 어

1) 安秉杰, "密菴 李栽의 삶과 學問", 영남대학교 민족문화연구소 편, 《密菴 李栽 研究》, 경산: 영남대학교출판부, 2001; 金鍾錫, "密菴 李栽의 朱子學研究와 《朱書講錄刊補》", 영남대학교 민족문화연구소 편, 《密菴 李栽 研究》; 李章佑, "密菴 李栽의 著述 解題," 영남대학교 민족문화연구소 편, 《密菴 李栽 研究》.

떤 새로운 사실을 밝히려는 것이라기보다는 그동안 밝혀졌던 사실을 다시 정리하는 정도의 의미를 가진다고 하겠다.

밀암의 생애에 대해서는 그 가계를 간략하게 소개한 뒤 몇 단계로 그의 삶을 정리하려고 한다. 밀암의 생애는 대략 성장기(1657~ 1675), 성년 이후 강학하면서 갈암(葛庵)의 사환(仕宦: 벼슬에 나아가 나랏일을 처리하는 것)을 보좌한 시기(1676~1694), 갈암의 유배생활을 보필하며 《창구객일(蒼狗客日)》을 집필한 시기(1694~1700), 금소(琴召)에서 갈암의 강학을 보좌한 시기(1700~1704), 독자적으로 강학한 시기(1705~1716), 노년기(1717~1730)로 나눌 수 있다.

밀암의 삶에 대한 주제별 서술은 크게 문학(文學), 일용공부(日用工夫), 사칠이기론(四七理氣論), 위정(爲政)으로 구성되어 있다. 밀암의 삶에서 가장 먼저 중요하게 다루어야 할 부분은 '문학(文學)'일 것이다. 밀암은 끊임없는 노력을 통해 자신의 삶을 성리학자의 삶으로 가꾸어 갔지만 그의 천부적인 능력은 문학에 있었기 때문이다. 밀암에게 문학은 천성적인 기호와 의식적인 자제 사이의 팽팽한 긴장으로 설명될 수 있을 것이다.

밀암은 13세에 자경문(自警文)을 써서 일용공부의 중요성을 강조하였는데, 이것은 밀암이 문인(文人)의 길을 가지 않고 철학자의 길로 가게 만든 중요한 계기가 되었던 것 같다. 일용공부를 강조하는 것은 성리학자들의 일반적인 태도이기는 하지만 어린 시기에 그 공부에 뜻을 두었다는 것은 상당한 의미를 지닌다. 밀암을 고전적 문장력이 뛰어난 문필가나 이기심성(理氣心性) 논쟁에서 두각을 드러낸 이론가로 볼 것이 아니라 일용공부에 대한 투철한 의식을 가진 철학자로 자리매김할 필요가 있기 때문이다. 이러한 자리매김을 통해서 그가 《주어요략(朱語要略)》과 같은 선집을 만든 의미가 무엇인지 적절하게 설명할 수 있을 것이다.

밀암은 사단칠정설(四端七情說)과 관련하여 '이동(理動)'에 대한 확고한 관념을 정립하였고, 태극동정설(太極動靜說), 표리정조설(表裏精粗說) 등을 통해 심층적 해석을 펼쳐나갔다. 대부분의 성리학자가 그런 것처럼 밀암도 성리설(性理說)을 논문이나 연구서로 정리하기보다는 서신의 형태로 남겼다. 성리학자로서 밀암은 절실한 삶의 문제를 서신을 통해 토론하는 문화에 익숙하였기 때문이다.

위정(爲政)이란 《대학》의 신민(新民)에 해당하는 것으로서 제가(齊家), 치국(治國), 평천하(平天下)를 모두 포괄한다. 밀암의 경우 갈암을 보좌하여 간접적으로 정치에 참여한 적은 있으나 본격적인 벼슬은 하지 않았다. 그렇지만 가정(家政)을 하나의 정치로 볼 수 있을 뿐 아니라, 그가 펼친 경세론(經世論)은 실제 행정은 아니더라도 입법(立法)을 위한 준비 작업이었다고 할 만하다. 노년기에 영남지방에서 발생한 반란에 대응하는 과정에서 밀암은 지역 내에서 상당한 정치적 입지를 세웠고 관직에 제수(除授)되기도 하였다. 그러나 갈암이 '명의죄인(名義罪人)'의 멍에를 완전히 벗어나지 못한 상태였기 때문에 밀암은 결코 관직을 받아들일 수 없었다.

밀암의 삶은 정치적인 포부를 온전히 펼 수 없는 상황에서 유학자가 견지할 수 있는 진정한 '독선기신(獨善其身)'이란 어떤 것인지 잘 보여주었다고 할 수 있다. 자신에게 주어진 상황에 맞는 도덕적 삶을 살아가되 그에 안주하지 않고 언제든 천하를 경륜할 준비를 갖추는 것이 유학자의 삶이었고 바로 밀암의 삶이었다.

2. 밀암의 생애

1) 밀암의 가계

밀암의 이름은 재(栽)이고 자(字)는 유재(幼材)이며, 본래 월성이씨(月城李氏)이다. 신라 개국원신 알평(謁平)이 그 시조이다. 고려 시기에 와서 이우칭(李禹偁)이라는 사람이 보조공신(補祚功臣) 문하시중으로 재령군(載寧君)에 봉해지면서 황해도 재령(載寧)의 사족이 되었다. 그 뒤 밀암의 9대조 이일선(李日善)이 영남 밀양으로 이주하였고, 8대조인 이오(李午)는 고려 말기 과거에 급제하였지만 벼슬을 하지 않고 함안(咸安)에 은거하였다. 6대조인 이맹현(李孟賢)은 명경과(明經科)에 장원으로 급제하여 대간·문한·시강 등 청환을 두루 거친 인물로 세조와 성종 시대의 명신이었다.

5대조 이애(李璦)는 이맹현의 여섯째 아들로 영해로 이주하여 그곳의 대성(大姓)인 진보백씨(眞寶白氏) 집안과 혼인을 맺으면서 재령이씨(載寧李氏) 영해파(寧海派)를 형성하게 되었다. 이애는 나중에 무과에 급제하여 선전관과 경주판관 등을 역임하였다.

증조부 이함(李涵)은 문과를 거쳐 의령현감(宜寧縣監)을 역임하였으며 진성이씨(眞城李氏) 집안에 장가들었다.[2] 조부 이시명(李時明)은 본가와 외가로부터 많은 재산을 상속받은 인물로, 예안(禮安) 지방의 큰 부호이기도 했던 근시재(近始齋) 김해(金垓)의 사위이기도 했

---

2) 밀암의 집안이 안동과 관계를 맺기 시작한 것은 이함(李涵)부터였다. 이함은 호가 운악(雲嶽)이며, 그의 부인은 퇴계의 족손인 이희안(李希顔)의 딸로 안동(安東) 와룡(臥龍)의 주촌(周村) 태생이었다. 安秉杰, "密菴 李栽의 삶과 學問", 《密菴 李栽 硏究》, p. 5.

다. 김씨 부인이 세상을 떠난 뒤에는 경당(敬堂) 장흥효(張興孝)의 딸을 후처로 맞았는데, 장씨 부인은 시서(詩書)에 탁월하였고 재덕(才德)을 겸비한 것으로 이름이 높다.[3] 근시재와 경당은 모두 퇴계학맥과 연결되어 있어서 밀암의 집안은 이때부터 시례법가(詩禮法家)로 성장하게 되었다. 경당은 석계의 아들인 존재(存齋) 이휘일(李徽逸)과 갈암(葛庵) 이현일(李玄逸)을 가르쳤다.

갈암은 바로 밀암의 부친이며, 퇴계 이후 퇴계의 학문과 사상을 적극적으로 계승하여 다듬고 발전시켜 영남의 선배 학자들이 이루지 못한 업적을 이룬 최초의 학자로 평가받고 있다. 갈암이 출현하면서 퇴계학파는 적극적으로 학파적 정체성을 수립해 나갈 수 있었다. 그는 학문과 정치에서 17세기 영남을 대표하는 인물이었다.[4] 그 부인은 정부인(貞夫人) 면성박씨(綿城朴氏)인데 경력(經歷) 벼슬을 지낸 박륵(朴玏)의 딸이며 절도사로 호조판서에 추증된 박의장(朴毅長)의 손녀이다. 무인 집안이지만 박륵은 유학을 숭상하고 자녀를 법도에 맞게 교육하였다. 밀암은 갈암과 정부인 박씨 사이에서 효종 8년(1657) 9월 10일 축시에 영해부 영양현 수비촌에서 태어났다.[5]

2) 성장기의 문학적 자질과 성리학 전승(1657~1675)

밀암이 태어나려 할 즈음 큰 범이 뜰에 나타나 엎드려 있다가 밀암

3) 李樹健, "密菴 李栽 家門과 嶺南學派", 영남대학교 민족문화연구소 편, 《密菴 李栽 研究》, 경산: 영남대학교 민족문화연구소, 2001.

4) 이동환, "하나의 갈암론(葛庵論): 갈암집 해제", 嶠文會 국역 및 편집, 《17世紀 한 嶺南 道學者의 生涯》, 서울: 嶠文會, 2001, p. 20.

5) 무안박씨(務安朴氏)는 재령이씨(載寧李氏)와 몇 대에 걸쳐서 혼인 관계를 맺은 집안이었다. 李樹健, "密菴 李栽 家門과 嶺南學派", 《密菴 李栽 研究》, pp. 224-225.

이 태어난 것을 보고 떠났다. 이를 지켜본 밀암의 할머니 정부인 장씨(張氏)는 나라를 보필할 문신이 탄생할 징조라고 축복하였다. 하지만 돌이 되기 전에 돌림병에 걸리면서 발육이 늦어서 네 살에 겨우 걷기 시작하였고 다섯 살이 되어서야 겨우 말을 할 수 있었다. 조부 석계(石溪)는 밀암이 미간이 트이고 두 눈이 밝으며 이마가 넓은 것을 보고 성급(聖及)이라는 아명을 지어 주었으며, 여러 손자들을 품평할 때 밀암에 대해서는 문학사(文學士)가 되리라고 예언하였다. 밀암은 아직 사리를 분별하지 못하는 나이에도 책을 읽을 때는 막히는 것이 없었고, 옛 문사(文辭)를 매우 좋아하여 구두를 제대로 떼지도 못하면서도 본능처럼 탐독하였다.

밀암이 지은 글은 남을 놀라게 할 표현을 사용하지 않았지만 질주하는 듯하고 넘실대는 듯한 기세가 있었다. 그래서 그의 중부 존재(存齋)는 글을 봐주면서 "이 아이 덕에 우리 집안의 문종(文種)이 끊어지지 않겠다."라고 하였다. 갈암은 어디를 가든 밀암을 데리고 다녔고 천인성명(天人性命)과 관련한 이론을 비롯하여 고금의 문장에 이르기까지 일일이 가르쳐 주었다.

13세에 《소학(小學)》·《논어(論語)》·《좌전(左傳)》에 능통하였고, 새해를 맞아 옛 사람의 풍모를 우러러 자경문(自警文)을 지었더니 조모 정부인 장씨가 시를 지어 격려하기도 하였다.[6] 14세에 저곡우사(楮谷寓舍)에서 존재를 모시고 공부하였으며 《맹자(孟子)》 전편을 배송(拜誦: 남의 글월을 존경하는 마음으로 공손히 읽음)하고 질문에 막힘없이 대답하였다고 한다.[7] 16세에는 《상우편(尙友篇)》을 편집하려고 하는

6) 李栽, 《密菴集》 권23, 〈密菴自序〉. "新歲作戒文, 汝志非今人, 童子已向學, 可成儒者眞."

7) 존재(存齋)는 밀암의 나이 16세에 세상을 떠났다. 같은 해에 모친인 정부인(貞夫人) 무안 박씨(務安朴氏)가 세상을 떠났고 2년 뒤에는 조부 석계가 세상을 떠났다.

가 하면, 제자백가의 책을 베끼고 외웠으며 누가 기이한 책을 가졌다는 말을 들으면 반드시 가져다 볼 정도로 관심 분야가 넓었다. 하지만 19세 이후로는 도학(道學)으로 학문의 방향을 수렴하였다. 당시 집이 가난한 형편이었지만 더욱 착실히 공부하였고 '어떤 처지에서나 자득(自得)하지 못하는 경우가 없다.'라는 내용의 글을 지어 갈암에게 올렸다. 그러자 갈암은 그러한 자득적인 삶도 좋지만 경당(敬堂)이 학봉(鶴峰)과 서애(西厓) 두 선생에게 배워서 학문에 큰 성취를 이루었다는 점에 주목하도록 당부하였다. 이해에 숙부인 항재(恒齋) 이숭일(李嵩逸)과 서신으로 《태극도설해(太極圖說解)》·《중용장구(中庸章句)》·《의례(儀禮)》·《사상견례(士相見禮)》 등에 대해 논의하였다.

3) 성년 이후의 강학과 교유, 그리고 부친의 사환(仕宦) 보좌(1676~1694)

밀암은 1676년 20세의 나이로 졸암(拙庵) 김학규(金學逵)의 딸과 혼인하였다.[8] 졸암은 퇴계의 문인이자 학봉(鶴峰) 김성일(金誠一)의 셋째 형인 김명일(金明一)의 후손이다. 밀암은 이를 계기로 갈암의 제자인 김태중(金台重) 등 의성김씨 가문의 여러 학자들과 각별히 교유하게 되었다.[9]

24세에 조모인 정부인(貞夫人) 장씨(張氏)가 세상을 떠나자 밀암은 노쇠해진 갈암을 조양(調養: 음식·거처·동작을 적당히 하여 몸을 회복시킴)하면서 대신 시전(侍奠: 장례 전에 술과 과일 등을 차려놓은 예식)을 하게 되었

8) 밀암은 김씨 부인과의 사이에서 25세에 장자 지훤(之烜)을 낳는 등 5남 4녀를 두었다.

9) 26세 여름에는 이들과 함께 임하의 운계초당(雲溪草堂)에서 글을 읽었고, 가을에는 충청도 영춘(永春)의 북벽(北壁)을 유람하고 다음해에는 청량산(淸凉山)을 오르기도 하였다.

다. 이때 그는 갈암에게 고인의 언행에 대해 질문을 하고 많은 깨달음을 얻었다.

27세에 처음이자 마지막으로 향시에 응시하였는데 합격 여부는 알 수 없다. 29세에는 이전에 천체의 문제 등에 대해 토론을 벌였던 영해의 외종형 박담(朴潭)을 찾아가서 수십 일간 머물며 강학하였으며, 김태중(金台重)과는 왕패의리(王覇義利)에 대해 논변을 펼치기도 하였다. 이 시기에 책을 읽고 글을 짓는 데 더욱 힘을 쏟아서 글을 짓는 법을 터득하였다고 한다. 밀암의 숙부 항재 이숭일은 밀암의 문장에 옛날 작자(作者)의 기풍이 있다고 칭탄하며 글을 지을 때는 언제나 밀암과 함께 읽고 토론하였다.

밀암의 나이 33세 때인 1689년에 기사환국(己巳換局)이 일어나 남인이 다시 정권을 주도하게 되었다. 예송 등에서 두각을 드러냈던 갈암은 봉렬대부(奉列大夫) 성균관사업(成均館司業)에 제수되었고, 1693년에는 이조판서에 올랐다. 밀암은 안동과 서울을 오가면서 집안일을 처리하는 한편 갈암의 일을 보좌하였는데, 손님을 대하고 사무를 처리하는 것이 아주 주밀하여 여러 관료들로부터 칭찬을 들었다고 한다. 1693년에 마침 정시(廷試)가 열렸는데 당시의 대신들이 밀암에게 응시하도록 권하자 밀암은 그의 부친이 이조판서로 재직 중이라는 이유를 들어 거부하였다.

밀암은 부친이 처음 벼슬길에 오른 1689년 그해에 항재와 함께 《논어》의 부귀빈천(富貴貧賤) 문제 등에 대해 변론을 주고받았다. 불행으로 만난 빈천은 원천적으로 피할 수 없는 운명이기 때문에 받아들여야겠지만 자신이 빈천해질 수밖에 없이 생활한 결과로 빈천해진 경우에는 자신의 행동방식을 새롭게 바꿔서 그 빈천에서 벗어날 수 있도록 해야 하지 않느냐는 것이 항재의 생각이었던 것 같다. 밀암은 항재의 이 의견에 반대하고, 빈천은 불행하게 만난 경우라도 벗어나려고 하지 말라는 공자의 말에는 당연히 온당하게 만난 빈천에서도 벗어나려고 하지 말라는 의미를 담고 있는 것이라고 주장하였다. 선비의 길은 도의(道義)를 실행하는 데 있지 애초에 자신의 빈천을 해결하는 데 있지 않다는 점을 분명히 밝히려고 한 것이다. 밀암이 벼슬에 나설 수 있는 기회를 한사코 마다한 것은 바로 빈부의 경제적 상황을 초탈하여 일상의 도를 추구하려 한 그의 가치관을 고스란히 드러낸 것이라 할 수 있다.

1694년 조정의 상황에 회의를 느낀 갈암은 분황고유(焚黃告由)[10]를 한다며 귀향하게 되었다. 이 사이에 다시 남인 정권이 몰락하고 서인 정권이 들어서는 갑술환국이 일어났다. 밀암은 갈암이 벼슬한 시기에 갈암의 정무(政務)를 보좌하고 집안일을 처리하면서 큰 사업을 펼치기보다는 모든 일이 순조롭게 진행되도록 하는 데 치중하였기 때문에 특별히 눈에 띄는 행적을 남기지는 않았다.

4) 갈암의 유배와 《창구객일》 집필(1694~1700)

1694년 벼슬을 버리고 영해부 인량리에 머물고 있던 갈암은 갑술환국이 일어나자 함경도 홍원(洪原)으로 유배되었다. 4월 23일 유배길에 올라 평해, 삼척, 마천령 등을 거쳐 5월 16일에 홍원에 도착하였다. 그런데 대간(臺諫)의 논계로 인해 5월 18일 다시 서울로 압송되었으며, 고산역(高山驛)에 이르렀을 때 국문을 하라는 명이 내렸다. 갈암의 유배에 따라나섰던 밀암은 예측할 수 없는 상황을 맞아 통곡할 수밖에

---

10) 관직을 추증(追贈)할 때 사령장(辭令狀)과 누런 종이의 사령장 부본을 자손에게 주면, 그 자손은 추증된 사람의 무덤 앞에서 이를 고하고 누런 종이의 부본을 태우는 일.

없었다. 갈암은 밀암에게 환난(患難)을 만난 처지에서는 그것에 맞는 올바른 길을 걸어야 한다면서 자신의 논저를 잘 수습하도록 당부하였다. 밀암은 갈암이 의금부(義禁府)에 압송된 뒤 애를 태우며 하늘에 기도하느라 수염과 머리카락이 모두 하얗게 세었다고 한다.

7월 9일에 갈암이 다시 함경도 종성부(鍾城府)로 유배길에 오르게 되면서 밀암도 그 길을 수행하였다. 양주, 철원, 영흥, 단천, 부령, 회령을 지나 8월 14일에 종성 유배지에 도착하였다. 종성부사는 사람을 보내 영접할 정도로 호의를 베풀었고, 온성부사나 경원부사도 물품을 보내왔다. 8월 30일에 새로 부임한 종성부사도 술자리를 베풀고 극진히 대접하였다. 이렇게 유배생활이 어느 정도 안정을 찾게 되자 밀암은 그곳 향교에서 《주자서절요(朱子書節要)》를 빌려서 읽기 시작하였고, 《한서(漢書)》도 과정(課程)을 세워 꾸준히 읽었다.[11)]

1695년 2월이 되면서 형편이 더욱 나아져 종성부의 수재들이 갈암에게 배우러 올 정도가 되자 밀암은 인량리로 돌아가 가족들을 돌보게 되었다. 1696년 7월에 다시 종성으로 돌아가 갈암을 뵈었다. 길이 명승지인 관동팔경을 지나게 되는데 밀암은 전후로 여러 차례 오가면서 한 번도 구경하지 않아서 환난에 처한 도리를 잘 실행한다는 칭탄을 받았다고 한다. 이해에 당시 문장으로 이름 높던 학사 권해(權瑎)의 권고로 《예기(禮記)》를 십여 편 초록해서 날마다 읽었다.

1697년 5월 갈암은 다시 전라도 광양으로 이배되었고 밀암도 그 길

11) 갈암은 밀암이 이렇게 열심히 학문을 연마하는 것을 보고 "너는 나의 중묵(仲黙)이다."라고 하며 나중에 자신의 저작을 수습해 주도록 당부하였다. 중묵은 채원정(蔡元定)의 아들로 주희(朱熹)의 제자이기도 했던 채침(蔡沈)을 말한다. 그는 채원정의 유지를 계승하여 《서경홍범집전(書經洪範集傳)》을 완성하였다. 존재와 갈암의 《홍범연의(洪範衍義)》를 밀암이 교정하였던 것과 묘하게 연관된 듯 보인다.

을 배행하였다. 그곳에 습한 장기(瘴氣: 축축하고 더운 지역에서 발생하는 기운)가 많았기 때문에 물과 흙이 맑고 시원한 백운산 아래 옥룡동에 갈암의 거처를 마련하였으며, 8월에는 옥룡사(玉龍寺)에서 노닐기도 하였다. 이때부터 갈암이 해배(解配)될 때까지 밀암은 여러 차례 인량리와 광양을 오갔다.

1699년 2월 갈암에게 전리(田里)로 돌아가라는 명이 내려져서 4월에 갈암은 지리산 쌍계사(雙溪寺)에 우거하며 명승지를 두루 돌아볼 수 있었다. 1700년 대간이 더 이상 갈암을 죄인으로 지목하지 않게 되자 밀암은 갈암을 모시고 고향으로 돌아왔다.

갈암의 유배 기간에 있었던 일들은 《창구객일》에 소상히 기록되어 있다. 갑술환국에서 일어난 일련의 사건들은 밀암에게 큰 충격을 안기는 동시에 큰 영향을 미쳤다. 당시 주자학 연구에 있어 상대적인 우위를 자처하는 노론에 맞서기 위하여, 갈암의 학문을 제대로 천양하기 위하여 주자(朱子)의 글을 읽고 주자의 철학을 연구하는 일이 절실하게 요구되었던 것이다. 그가 천성으로 타고난 문학의 성취는 그 뒤로도 더욱 빛을 발하였지만 그는 점차적으로 갈암으로 대표되는 당시 남인의 학문체계를 이론화하는 데 더 큰 심혈을 기울여 나갔다.

5) 금양(錦陽)에서의 강학(講學)(1700~1704)

1700년 4월 갈암이 안동 임하의 금소역(琴召驛)에 우거하게 되었다. 금소는 금수(錦水)라고도 불리는 곳이었는데 갈암이 금양(錦陽)이라고 이름을 바꿔 불렀다.[12] 역 근처의 많은 선비들이 갈암에게 학업

12) 갈암이 금소역(琴召驛)에 은거하게 된 이유는 그곳에 그의 선고(先考)인 석계의 묘소가 가까이 있었기 때문이었으며, 형편이 어려워진 것도 중요한 이유 가운데 하나였다.

을 청하러 찾아왔다. 밀암은 부친을 보좌하면서 찾아온 선비들에게 학문적으로 많은 도움을 주었다. 1702년 밀암은 학령(學令)을 세워 자제들이 올바른 성취를 이룰 수 있도록 하였다.

1703년에는 모산(茅山) 이동완(李棟完)과 함께 사단칠정(四端七情)에 대해 논하였다. 특별하게 새로운 자료를 발굴하거나 새로운 논리를 펼치지는 않았지만 퇴계와 갈암의 이론이 온전하게 전달될 수 있도록 힘 있는 필치로 논의를 전개하였다. 1704년에는 관동과 호서지역에서 노닐었으며 도중에 우담(愚潭) 정시한(丁時翰)을 만나 이기(理氣)와 사단칠정과 건순오상(健順五常) 등 다양한 문제에 대해 토론하였다. 우담은 밀암의 이론을 듣고 칭찬을 아끼지 않았다고 한다. 10월 갈암이 세상을 떠났다. 밀암은 슬픔이 지나치기도 하였지만 상례의 모든 절차를 한결같이 《의례(儀禮)》의 법도에 잘 따랐다.

이 시기는 비록 짧았지만 갈암을 모시고 안동지역의 선비들과 성리학적 공감대를 형성할 수 있는 계기가 되었다는 점에서 밀암에게는 아주 중요한 의미를 가진다고 하겠다. 밀암은 이때의 강학 활동을 통해서 문학(文學)뿐 아니라 사칠이기(四七理氣) 논변에 있어서도 퇴계학적통의 계승자로서 위상을 세워갈 수 있는 토대를 마련하였다.

6) 갈암 문집 편찬과 독자적 강학(1705~1716)

갈암이 세상을 떠난 뒤 밀암은 갈암의 유문을 수습하고 가전(家傳)을 편차하는 일을 시작하였다. 52세 때인 1708년에 갈암의 연보를 편차하였다. 그런데 이 시기에 밀암에게는 가정의 불행이 이어졌다. 1705년 부인인 공인(恭人) 김씨(金氏)가 별세하였고, 1707년과 1708년에 걸쳐 세 아들을 잃었다. 1708년 봄에 안동 추월촌으로 옮겼다가 겨울에 다시 오대촌으로 옮겼고, 이듬해인 1709년 2월에 밀암은 고향인 영해로 갔다. 이해 5월에는 상산(商山: 상주)으로 가서 식산(息山) 이만부(李萬敷)를 만나 식산이 지은 〈도동편(道東篇)〉에 대해 논하였다. 식산은 〈도동편〉에서 사단칠정 논변과 관련하여 양쪽 모두 인정하는 태도를 보였는데 밀암은 이것을 문제삼아 퇴계의 이론만 옳다고 주장하여 결국 식산의 동의를 얻어냈다. 창설재(蒼雪齋) 권두경(權斗經)과 《도산언행통록(陶山言行通錄)》의 편차에 대해 의논하였고, 그 후서를 썼다. 이듬해인 1710년에 《주자서절요》를 읽고 많은 깨달음을 얻었으며, 숙종이 갈암에게 내린 글을 모은 《성유록(聖諭錄)》을 완성하였다. 56세 때인 1712년에는 판결사(判決事) 이형상(李衡祥)과 학문을 논하였다.

57세 때인 1713년 다시 금수로 거처를 옮겼고, 이해에 《주서강록간보(朱書講錄刊補)》를 완성하였다. 1715년에 집 이름을 밀암(密菴)으로 지었고,[13] 금수병수(錦水病叟)라는 자호를 사용하였다. 학문과 덕망이 더욱 높아지고 문장이 갈수록 빛을 발해서 경전을 배우려는 사람과 비명(碑銘)과 묘지(墓誌)를 청하는 사람들의 걸음이 잇따랐다. 1716년에 제생들에게 《태극도(太極圖)》를 강론하였다.

이 시기에 밀암은 갈암의 유작(遺作)을 정리하면서 한편으로는 자신의 학문적 위상을 구축하여, 퇴계학과 갈암학을 옹호하고 율곡학을 배척하는 데 있어서 가장 중심적인 학자로 자리매김하게 되었다.

---

13) 갈암이 일찍이 밀암에게 권계하는 시를 주었는데 그 내용에 "更從沈密下工程"이라는 시구가 있다.

7) 노년의 강학 활동, 그리고 변란(變亂)에 대한 대응(1717~1730)

밀암은 61세 때인 1717년에 김성탁(金聖鐸)과 학문을 논하며 농공상(農工商)과 대비하여 선비의 직분은 경전을 강론하고 학문하는 것이라고 주장하였다. 이해에 학봉(鶴峰) 김성일(金誠一)의 〈연보〉를 편집하였다. 1718년 안동부사 권이진(權以鎭)이 호계서원(虎溪書院)에서 문회(文會)를 열어 초청하자 그에 응하여 무극태극(無極太極)의 의미와 사칠이기(四七理氣)에 대해서 논하였고, 나중에 서신을 이용하여 토론을 이어나갔다.

1721년 남곡(南谷)에 거처를 정하였다. 1722년 안동부사 이인복(李仁復)이 치도(治道)에 대해서 자문하므로 그에 답장을 보냈고, 권구(權榘)와 함께 음양(陰陽)·귀신(鬼神)·조석(潮汐)·심성(心性) 등 다양한 주제와 관련하여 이듬해까지 서신을 주고받았다. 1723년 〈밀암자서(密菴自序)〉를 지어 자신의 삶을 회고하였고, 존재 이휘일과 갈암 이현일이 저술한 《홍범연의(洪範衍義)》를 교정하였다. 1724년 창설재(蒼雪齋) 권두경(權斗經)을 찾아가 갈암의 유집을 교정하고 본집 15책, 별집 2책으로 정본(定本)을 만들었다. 1726년 《안증전서(顔曾全書)》를 완성하고 《주전집람(朱全集覽)》을 편집하였으며 이듬해 〈자경잠(自警箴)〉을 지었다.

1728년 당시 영의정이었던 이광좌(李光佐)와 호조판서 권이진이 밀암의 문학과 행의(行義)를 높이 평가하여 조정에 천거하였고, 어사 박문수(朴文秀)가 밀암을 찾아와 영남의 인재를 파악하고 돌아갔다. 이해 3월에 경기·충청 지방에 이인좌(李麟佐)가 주동을 하고 남인과 소론 일부가 참여한 역모가 일어났다. 이 변란에는 영남 남부에서도 호응하는 인사들이 있었고, 이들은 안동의 남인들에게 접근하기도 하였다. 조정이 안무사 박사수(朴師洙)를 안동으로 파견하고 조덕린(趙德鄰)을 호소사(號召使)로 삼아 진압에 나서자 안동지역의 남인들도 유승현(柳升鉉)을 의병장으로 추대하고 진압을 도왔다. 이에 박사수가 밀암에게 기무(機務: 중요하고 비밀스러운 정책상의 업무)를 함께 의논하자고 청하였고, 당시 병중이었던 밀암은 들것에 실려 읍내로 들어가 의병을 일으키는 일을 논의하였다.[14] 4월에 밀암은 장악원주부(掌樂院主簿)에 추천되었다. 영남의 민심을 안정시키기 위해 박사수가 추천한 일이었다. 밀암은 갈암의 죄명이 완전히 풀리지 않은 상태라고 하여 관직을 줄곧 사양하였지만, 다만 주자가 동안현(同安縣)의 주부(主簿)를 지낼 때 고사헌(高士軒)이라는 헌호(軒號)를 사용했던 것을 참작하여 '고사헌(高士軒)'이라는 현액을 걸기도 하였다.[15] 이해에 집안의 제례 의식을 정리한 《가제식(家祭式)》을 지었다.

1729년 2월 조현명(趙顯命)의 계청(啓請: 임금께 아뢰어 청함)에 따라 밀암을 특별히 발탁해서 상경하도록 권면하라는 왕명이 있었고, 안핵사 오광운(吳光運)이 내방한 뒤에 소장을 올려 다시 추천하였으며 좌의정 이태좌(李台佐)도 어전에서 추천하였다. 하지만 밀암은 끝내 나

14) 이때 권구(權榘)가 역적의 취조 명단에 들어 있어서 서울로 압송되었다. 영조(英祖)가 친국하여 누구와 교유하였는지 물었는데 권구가 이재·김성탁(金聖鐸) 등과 교유한다고 밝히자 방면하였다고 한다. 安秉杰, "密菴 李栽의 삶과 學問", 《密菴 李栽 硏究》, p. 31.

15) 주자(朱子)가 맡았던 동안현(同安縣)의 주부(主簿)는 9품관이었다. 주자는 〈고사헌기(高士軒記)〉에서 자신이 '고사(高士)'라는 표현을 사용한 이유를 설명하면서 동한의 고사 중에 주부 벼슬을 한 이가 있다는 사실에 착안하였다고 설명하였는데 그 동한의 주부는 6품관이었다. 주자가 9품관의 주부이면서 6품관의 주부를 빗대어 '고사'라는 표현을 사용했다면, 밀암은 6품관의 주부이면서 9품관의 주부를 빗대어 '고사헌'이라는 헌액을 사용한 셈이다.

아가지 않았다. 5월에 여러 학자들과 주자서(朱子書)와 《근사록(近思錄)》을 강의하였으며 도산서원의 동주(洞主)로 추대되었다.

밀암은 1730년 《심경질의고오변(心經質疑考誤辨)》을 지은 뒤에 병석에 누웠다. 이 기간에 밀암은 〈갈암선생광기(葛菴先生壙記)〉를 지었으며 조용한 가운데 죽음을 맞이할 준비를 하기 시작하였다. 아이들의 법첩에 절구(絶句)를 지어 주었고, 병으로 더럽힐까 염려하여 경전을 옮겨 놓았으며, 다른 사람에게서 빌린 책의 목록을 적어서 돌려주라고 분부하였다. 선조 운악공(雲嶽公) 이함(李涵)의 유고를 교정하였으며, 자제들에게 일록(日錄)의 빠진 부분을 채워 넣도록 분부하였다. 5월 20일 축시에 정침에서 별세하였다.

3. 문학적 성취와 그 관련 저술

밀암의 삶을 후대에 평가할 때 퇴계－학봉－경당－갈암을 잇는 도통(道統)의 전승자라는 점이 가장 부각되지만, 밀암의 개인사로 볼 때 어린 시절에는 오히려 문학이 가장 중요한 부분을 차지하고 있었다. 밀암은 7세에 “소나무 이슬이 초가지붕에 떨어지네[松露落茅茨]”라는 시 구절을 지어 할아버지 석계(石溪) 이시명(李時明)으로부터 장차 문학사(文學士)가 되리라는 기대를 받았다. 여기서 문학사란 당연히 ‘문학을 전문으로 하는 학자’라는 의미라기보다는 ‘문학적 성취도 뛰어난 학자’라는 뜻일 것이다. 밀암은 앞서 언급한 대로 평생 글을 읽기 좋아했으며, 그 속에서 자연스럽게 문학적 소양을 쌓아갔다.[16)]

---

16) 밀암은 책읽기를 너무 좋아해서 밤에 기름이 떨어지면 반딧불 주머니를 만들기도 하였고

갈암은 밀암이 29세에 이미 글을 짓는 법을 터득하였다고 평가하였으며, 항재는 밀암의 문장을 두고 옛날 작자(作者)의 기풍이 있다고 찬탄하였고, 하당(荷塘) 권두인(權斗寅)은 요새 사람의 구기(口氣)가 아니라면서 옷깃을 여미고 감탄하였다고 한다. 39세에 〈예조좌랑금옹김공유사후서(禮曹佐郎錦翁金公遺事後序)〉를 짓자 당시 문망이 높았던 남곡(南谷) 권해(權瑎)와 은봉(隱峰) 이봉징(李鳳徵)은 시속의 문장이 아닌 새 문장이 영남에서 나왔다고 경탄하였다.[17] 문장이 고풍스럽다는 평은 당시 문장에 대한 최고의 찬사로서, 고괴(古怪)한 표현을 사용한다는 의미가 아니라 대부분의 사대부들이 알 만한 고전들을 문장 속에 적절하게 녹여서 진술하고 담박하게 쓸 줄 안다는 뜻이다. 뒷날 영남지역에서는 제문에서는 구사당(九思堂) 김낙행(金樂行)이 가장 훌륭한 것처럼 간찰에서는 밀암이 가장 뛰어나다는 의미의 '구제밀찰(九祭密札)'이라는 말이 회자되었다.

우선 밀암의 시(詩)를 살펴보면, 《밀암집》에 2편의 사(詞)와 함께 260제 361수의 시가 수록되어 있다.[18] 그리고 《창구객일》에도 17제 19수의 시가 수록되어 있다. 《창구객일》이 신원(伸寃)의 자료를 위하여 기록한 것임을 참작할 때 19수의 시를 수록하였다는 것은 밀암의

아궁이 앞에서 책을 읽기도 하였다. 유교 경전을 배송하는 공부를 마치고 19세에는 제자백가서를 완벽하게 파악하기 위해서 베끼고 외우는 공부에 매달렸고 기이한 책이 있다는 말을 들으면 반드시 가져다 읽었다. 갈암의 충고를 듣고 더 이상 박흡(博洽)으로 치닫지는 않았지만, 나중에도 《주자대전(朱子大全)》과 《한서(漢書)》와 《예기(禮記)》 등을 외우고 익히는 공부에 매진하는 등 독서를 중단한 적이 없었다.

17) 李世東, "密菴 李栽의 文章觀과 그 實踐", 영남대학교 민족문화연구소 편, 《密菴 李栽 研究》, p. 93.

18) 金彦鍾, "密菴 李栽의 詩文學", 영남대학교 민족문화연구소 편, 《密菴 李栽 研究》, p. 41.

삶에 있어서 시가 얼마나 밀접한 것이었는지 단적으로 보여 준다고 하겠다.[19]

밀암은 7세의 일화에서 보듯이 시를 짓는 데 상당한 소질을 지니고 있었다. 그는 15세에는 술회시(述懷詩) 1백운을 지었고 19세에도 〈의고구수(擬古九首)〉를 지었다. 〈의고구수〉는 《문선(文選)》에 실린 〈고시십구수(古詩十九首)〉의 체례를 따서 지은 시이다. 〈고시십구수〉는 소박하고 간결한 표현을 사용하여 여러 전형적인 인간군상들의 삶을 사실적으로 그려내어 인생에 대한 무한한 감흥을 일으키는 고전적 시가의 전범이다. 그래서 육기(陸機)나 도연명(陶淵明) 등의 대시인뿐만 아니라 주자(朱子)도 이 〈고시십구수〉의 체례를 딴 시를 지은 적이 있다. 19세의 밀암이 삶에 대한 통찰력을 얼마나 발휘할 수 있었는지는 모르지만 진솔한 삶의 모습을 그려내려는 이러한 시도는 향후 밀암 시의 중요한 특징으로 자리 잡았다.[20]

밀암은 인생의 득의기(得意期)였던 37세 5월에 〈주행(舟行)〉이라는 시를 지었다. 배를 타고 은하수까지 다달아 신선을 만나보려 한다는 비유를 사용하여 높은 정치적 이상을 실현할 기회를 얻은 갈암의 심정을 대신하여 표현한 시이다.

이듬해에 갑술환국으로 갈암이 귀양길에 오르면서 밀암의 인생도 실의기(失意期)로 접어들었다. 밀암은 함경도 홍원에 유배된 갈암을 배행하다가 고성(固城) 군재(郡齋)에서 잠시 쉬면서 〈대인을 모시고 영북(嶺北)으로 가는 길에 관동 9군을 두루 지나며[奉大人向嶺北歷關東九郡]〉라는 시를 지었다. 이 시에서 관동의 아름다운 경치가 오히려

19) 金彦鍾, "密菴 李栽의 《蒼狗客日》 所載 詩篇 小考", 미간행 《창구객일연구 중간발표자료집》(창구객일연구 발간모임, 2009), p. 45.

20) 金彦鍾, "密菴 李栽의 詩文學", 《密菴 李栽 硏究》, p. 47.

시름을 더한다고 하였을 뿐 그 시름이 어디에서 비롯되었는지 밝히거나 원망을 하는 흔적이 없다. 온유돈후(溫柔敦厚)한 밀암의 시풍을 잘 드러내었다고 하겠다.[21]

갈암이 유배에서 풀려난 뒤로도 밀암의 곤궁한 삶은 계속되었다. 밀암은 가난에 대한 자신의 감회를 시로 읊곤 하였다. 〈내 나이 쉰에 집이 없어 풍년에도 아내는 배고프다 호소한다. 한번은 밤에 책을 읽고 있었더니 집사람이 웃으면서, '당신은 힘들게 책을 읽은 지 수십 년인데 궁핍해지는 것이 날로 심해지니 책을 읽어서 무엇하려고 하시오?' 하길래, 내가 바로 '자네 말이 참으로 옳소. 그렇지만 궁핍할 때도 즐겁다는 말을 듣지 못했소?'라고 응대하고는 절구 한 수를 지었다〉[22]라는 긴 제목의 시를 지었다. 제목대로 가난을 벗어나는 데 도움도 되지 않는 독서는 왜 하느냐는 부인의 가벼운 물음에 대해 가난한 삶 속에서도 즐거움은 누릴 수 있다고 대답하는 내용이다. 도(道)를 추구하는 삶은 가난하거나 부유하거나 상관없이 언제나 즐거울 수 있다는 의미를 담고 있다. 〈유궁(遺窮)〉에서도 가난이 즐거운 일은 아니겠지만 가난한 삶 속에서는 가난한 삶 속에서 지켜야 할 도리를 잘 지키면 그것이 즐거운 일이라는 밀암의 생각이 잘 드러나 있다. 환갑 전후에는 도연명의 〈음주이십수(飮酒二十首)〉를 차운하여 〈쓸쓸하게 지내며 겨울을 나자니 하릴없기가 날로 심해서 밤낮으로 정절집(靖節集)을 읽다가 음주이십수(飮酒二十首)를 보니 더욱 그윽하고 정치가 있었다. 게다가 도산(陶山, 퇴계)도 이 시에 추운(追韻)한 적이 있기에 마음 내키는 대로 흉내 내서 운(韻)에 따라 흥(興)을 가탁한다. 필력이 떨어지고

21) 金彦鍾, "密菴 李栽의 詩文學", 《密菴 李栽 硏究》, p. 53.

22) 《密菴集》 卷1, 〈余五十無家, 豊年妻啼飢, 嘗夜讀書, 家人笑曰, 夫子劬書數十年, 其窮日益甚, 讀書尙何爲, 余卽應之曰, 子之言誠是, 然不聞窮亦樂乎, 因成一節〉.

표현이 꼼꼼하지 않아서 그저 추태만 더하는 꼴이지만 시대를 근심하고 옛사람을 우러러 큰소리치며 광간(狂簡)의 모양을 짓는 것은 다 늙어서도 쇠하지 않은 것을 볼 수 있음을 말함이네〉[23]라는 표제를 붙인 20수의 시를 지었다. 이 시들에는 능력을 펼칠 수 없는 상황에 대한 안타까움, 이익을 좇는 행태의 부질없음, 평소의 조행(操行)을 꿋꿋이 지키려는 강한 의지, 퇴계에 대한 존모(尊慕)와 그 사칠론(四七論)에 대한 지지, 위기지학(爲己之學)의 신념, 구인(求仁)의 열정 등이 담겨 있다.[24]

《밀암집》 권1에는 〈임하벌목가(臨河伐木歌)〉와 〈오렵송가(五鬣松歌)〉라는 2수의 사회풍자시가 실려 있다. 〈임하벌목가〉는 밀암이 중년 이후에 거주한 안동 임하현에서 벌목(伐木)과 관련하여 벌어졌던 참상을 생생하게 그려 낸 시이다. 〈오렵송가〉도 잣 수확에 동원된 청송현 농민들의 피폐한 삶을 그려 내었다. 유교적 이념과는 너무나 거리가 먼 난세의 상황을 고발하려는 밀암의 의식 속에서 참된 지식인의 자세를 엿볼 수 있다.[25]

밀암의 절필시는 〈병중제소아법첩(病中題小兒法帖)〉이다. 74세인 1730년 5월 14일 지은 이 시는 병으로 인해 더 이상 삶의 희망을 가질 수 없는 상황에서 자손들을 바르게 가르쳐서 학문의 전통이 계승되도록 하려는 의지를 담고 있다.

서신은 그 자체가 '문(文)'의 한 종류이다. 《밀암집(密菴集)》에는

---

23) 《密菴集》 卷2, 127張. 索居經冬, 無聊日甚, 日夕遮眼靖節集, 見飮酒二十首, 益閒遠有情致, 且有陶山追和故事, 遂率意效顰, 隨韻託興, 雖其筆萎詞凡, 秖益其醜, 然傷時慕古, 嘐嘐然狂簡之態, 猶足以見其至老不衰云.

24) 金彦鍾, "密菴 李栽의 詩文學", 《密菴 李栽 硏究》, p. 59

25) 金彦鍾, "密菴 李栽의 詩文學", 《密菴 李栽 硏究》, pp. 73－79.

권3에서 권9까지가 서신이다. 여기에는 성리학적 논의를 담은 글을 비롯하여 제례(祭禮) 등에 대한 토론과 일용공부에 대한 견해가 실려 있다. 그 밖에 〈금수기문(錦水記聞)〉 등을 포함한 잡저, 그리고 서, 발, 잠명, 상량문, 애사, 축문, 제문, 전, 비, 묘표, 묘갈명, 묘지명, 행장, 가전, 실기 등 다양한 장르의 글을 싣고 있다. 문집에 싣지 않은 글을 모은 《밀암부여(密菴瓿餘)》는 2권으로 구성되어 있는데 상권에는 제문이 실려 있고 하권에는 밀암의 정치적 견해를 읽을 수 있는 소, 정문, 통문 등이 실려 있다.

앞서 언급한 〈예조좌랑금옹김공유사후서(禮曹佐郎錦翁金公遺事後序)〉는 밀암의 문재를 세상에 널리 알리는 계기가 되었다. 이 글은 밀암이 39세에 김태중(金台重)이 지은 《금계유사(錦溪遺事)》의 뒤에 붙인 후서인데 명류들이 이 글을 보고 영남에 새 문장이 나왔다며 높이 평가하였다고 한다. 전체가 여섯 단락으로 구성되어 있다. 첫째 단락에서는 금계(錦溪) 김학배(金學培)라는 인물에 대한 개괄적 소개이고, 둘째 단락은 금계의 성장배경을 비롯하여 학문적 지향 등을 담고 있으며, 셋째 단락은 금계의 학문수준과 인품을 방증해 줄 수 있는 여러 자료들을 소개하였다. 넷째 단락에서는 뜻을 펴지 못한 금계에 대한 안타까움을 표현하였고, 다섯째 단락에서는 금계의 시문에 대해 짧게 언급하였다. 마지막 여섯째 단락에서는 밀암이 후서를 쓰게 된 계기를 서술하였다. 전체적으로 글이 순탄하고 자연스럽게 구성되어 있으며 특별한 기교를 사용하지 않았다. 이러한 평상의 표현 속에서 깊은 학문의 성취가 묻어나는 것이 밀암 문장의 특징이고, 그가 많은 사람들로부터 높은 평가를 받는 이유라고 하겠다.[26]

---

26) 李世東, "密菴 李栽의 文章觀과 그 實踐", 《密菴 李栽 硏究》, p. 115.

이처럼 밀암은 문장에 거짓이 없다는 평을 많이 받았다. 글을 억지로 꾸미지 않으려면 우선 많은 독서량이 있어야 하고 적절하게 구사할 수 있는 조직적 사유가 있어야 할 것이다. 그리고 자신의 실존적 삶과 밀접한 연관성을 가진 문제를 진솔하게 표현하려는 마음자세가 필요할 것이다.[27] 《밀암집》 권13에 실린 〈안경기(眼鏡記)〉는 중국에서 들여온 안경에 대한 묘사와 그 안경에 얽힌 사연에 대한 서사가 잘 조화되어 밀암 문장의 특징을 잘 보여 준다.

밀암은 이러한 자연스러운 문장을 구사하기 위해서는 각고의 훈련이 필요하다는 점을 분명히 하였다. 형산(衡山)의 박옥(璞玉)이라고 해도 쪼고 다듬고 아로새기는 공정을 가하지 않으면 결코 아름다운 보물이 될 수 없는 것처럼 문장도 정련하는 과정이 필요하다고 역설하였다. 더구나 문장이란 천도(天道)를 드러내고 임금의 정치를 보좌할 뿐 아니라 문물과 역사를 기록하는 도구이므로 그 문장이 구차한 수준에 머물러서는 곤란하다고 주장하였다. 밀암은 올바른 문장을 구사할 수 있는 요건으로 우선 이치를 명확히 아는 것이 필요하다고 본다. 그리고 고루하고 편협해지지 않게 견문을 넓혀야 하며 정밀하게 다듬어서 문장의 법도에 맞도록 해야 한다는 점을 지적하였다.[28] 이러한 조건이 갖추어져야만 실존적 삶의 문제를 자연스러운 문장으로 표현해낼 수 있다는 말이다. 밀암은 이런 확고한 문장관을 바탕으로 그가 당대의 문장가로 이름을 떨치게 되었던 것이다.

---

27) 김광두(金光斗)는 밀암의 문장이 모두 '菽粟布帛(숙속포백: 일상생활에 필요한 물품)'이었다고 서술하였다. 실존적 삶이 문장으로 표현되었다는 의미라고 하겠다. 李世東, "密菴 李栽의 文章觀과 그 實踐", 《密菴 李栽 硏究》, pp. 96-97.

28) 李世東, "密菴 李栽의 文章觀과 그 實踐", 《密菴 李栽 硏究》, pp. 106-107.

4. 일용공부(日用工夫)와 그 관련 저술

유교 사회에서 효제(孝悌)는 일상규범의 가장 핵심적인 내용이며 학문의 근간이었다. 갈암은 부친인 석계와 모친인 장씨를 모시고 살면서 효제의 윤리를 몸소 보여 주었다. 그렇기 때문에 갈암의 아들 밀암은 일찍부터 유교적인 인격을 도야하였고 성품을 자연스레 배양할 수 있었다.[29] 밀암은 13세 새해를 맞이하여 자경문(自警文)을 지었는데 그 글을 본 조모 장씨(張氏) 부인이 참된 선비가 났다며 기뻐하였던 사실을 통해 밀암이 일찍부터 선비의 언행을 지향하였음을 짐작할 수 있다. 앞서 8세 때는 중부(仲父)인 존재와 갈암을 따라 산사로 갔는데 늘 무릎을 꿇고 앉아서 모시고 있었으며 대답할 때 늘 삼가는 태도를 보였다. 책을 읽을 때는 반드시 벽을 보고 단정히 앉아 정신을 오롯이 하여 외우고 음미하였다. 그래서 늙은 승려가 보고서는 "내가 유사(儒士)들을 많이 보았지만 동자이면서 이렇게 성인처럼 행동하는 사람은 없었다"[30]고 찬탄하였다고 한다.

밀암의 나이 16세에 즈음하여 존재가 세상을 떠나자 밀암은 은자들의 고상한 삶을 흠모하며 《상우편(尙友篇)》이라는 이름의 책을 편집하려고 하였다. 이때 갈암은 군자란 세상에 도(道)가 있으면 벼슬을 하고 도가 없으면 초야에 묻혀 사는 것이지 어린 나이에 산림에 파묻

---

29) 밀암은 갈암을 극진히 섬겨서 갈암의 생전에는 갈암의 일상적 업무와 강학 활동을 돕고 사후에는 갈암의 시문을 정리하여 문집을 편찬하였다. 밀암은 또 일찍부터 집안을 돌본 서모(庶母)를 극진히 섬기고 애끊는 제문을 짓기도 하였다.

30) 《密菴集》 卷24, 〈年譜〉, "一老衲見而異之曰貧道閱儒士多矣. 未有童子而成人行如此者."

힐 생각을 지레 하는 것은 옳지 않다고 가르쳤다. 사회를 떠나서는 안 된다는 사실을 깊이 깨달은 밀암은 이번에는 정반대의 길을 택하여 제자백가의 책을 가져다 손으로 베끼고 입으로 외면서 온전하게 이해하려고 노력하였고 누가 기이한 책을 가졌다는 말을 들으면 반드시 바로 가져다 읽곤 하였다. 이에 대해 갈암은 '절문근사(切問近思)'의 올바른 학문으로 방향을 잡아 주었다. 이를 계기로 밀암은 생활 속의 작은 실천으로부터 전체적인 학문체계를 세워 나가는 선비의 길을 흔들림 없이 걷게 되었다.

밀암은 19세에 숙부인 항재에게 서신을 보내《의례》·《사상견례》를 논하여 생활 속에서 실천 가능한 예절을 익히는 데 깊은 관심을 보였다. 그리하여 20세에 관례를 행하고 공인(恭人) 김씨(金氏)를 부인으로 맞이할 때 풍채가 엄연하고 신분에 맞는 예절을 어긋남 없이 할 수 있었다.

밀암의 일용공부에서 한 가지 눈에 띄는 점은 흔히 '정시공부(靜時工夫)'로 이해하는 '존양(存養)'의 의미에 대해 동정(動靜)을 아우르는 개념으로 보아야 한다고 강조한 대목이다. '존양'이 동시(動時)와 정시(靜時)를 아우르는 공부(工夫)라는 말은 '존양' 공부를 위해 굳이 '정시(靜時)'라는 상황을 억지로 만들려고 애쓸 필요가 없다는 의미를 내포하고 있다. 주자(朱子)는 '미발공부(未發工夫)'의 의미를 다소 복잡하게 설명하였기 때문에, 그가 미발 공부를 위해서 '적정(寂靜)'의 상태에 이르러야 한다고 주장한 것으로 오해되곤 하였다. '정시(靜時)'와 동일한 의미 맥락을 가진 '미발시(未發時)'의 의미에 대해 주자가 희노애락뿐만 아니라 여하한 '사려(思慮)'도 일어나지 않은 상태라고 규정하였기 때문에 오해는 더욱 증폭되었다. 하지만 주자는 '지각(知覺)'과 '사려(思慮)'라는 두 개념을 분명하게 구분하여, 사려가 일어나지 않은 상태라 해도 지각불매(知覺不昧)의 상태이기는 해서 의식이 끊긴 것은 아니라는 점을 분명히 하였다.[31] 어떤 일에 대해 사려하지는 않지만 언제든 사려할 만한 일이 생기면 즉각 사려할 수 있게 지각(知覺)이 살아있는 상태가 '미발시(未發時)'라는 것이다. 그리고 '미발의 공부'는 이렇듯 사려(思慮)할 일이 없는 때라도 계신공구(戒愼恐懼)의 상태, 즉 긴장 상태를 잃지 않기 위해 노력하는 공부를 말한다. 그러니 미발시라는 시간을 특별하게 마련해 놓고 공부해야 한다는 의미는 아니었다.[32]

주자는 미발시(未發時)에는 함양(涵養) 공부가 필요하고 이발시(已發時)에는 성찰(省察) 공부가 필요하다며 '경(敬)'이란 이 둘을 아우르는 공부라고 설명하였다. 말하자면 함양이든 성찰이든 모두 '경(敬)'의 태도가 근간이 된다는 의미이다. 밀암이 동정을 아우르는 공부라고 한 존양 공부는 경 공부와 내용적으로 다르다. 그것은 '미발공부'란 과연 정시(靜時)에만 하는 공부인가를 묻는 것이다. 말하자면, 미발시의 존양공부가 과연 정좌(靜坐)를 말하는 것인가, 아니면 동정을 모두 아우르는 '평상시의 공부'를 전체적으로 말하는가라는 것을 문제로 삼은 것이다. 사실 주자는 함양 혹은 존양을 미발시에만 필요한 공부로 보지 않았다. 그는 정시(靜時)에도 존양이 필요하다고 말한 것일 뿐이어서 동시(動時)에도 존양이 필요하다는 의미는 이미 그 속에 내재되어 있었다. 밀암은 이 사실을 밝혀서 '정시' 내지 '미발시'라는 어떤 특정한 시점을 공부의 착수처로 삼는 태도에 대해 문제 삼고 공부란 일상 속

---

31) 이승환, "주자 수양론에서 미발의 의미", 《퇴계학보(퇴계학연구원)》 제119집(2006), pp. 15-18.

32) 전병욱, "朱子의 未發說과 居敬格物의 수양론", 《철학연구(고려대학교 철학연구소)》 제38집(2009), pp. 102-106.

에서 늘 계신공구(戒愼恐懼)하는 방식으로 이루어져야 한다는 사실을 강조한 것이다. 이것이 바로 밀암의 공부방법이다. 밀암은 생활 속에서 늘 신중하게 처신하는 자세를 통해 공부가 성숙된다고 여겼고, 공부를 위해 일상을 떠난 적정(寂靜)의 의식 상태를 만들어야 한다는 주장에 동조하지 않았다.

일용공부와 관련하여 밀암의 중요한 관심사는 상례와 제례였다. 맹자는 살아계신 부모를 잘 섬기는 것만으로 효도라고 할 수 없고 상례와 제례를 잘 치를 수 있어야 온전한 효도가 될 수 있다고 하였다. 유교적 소양을 갖춘 사대부들에게 있어 부모를 생전에 봉양하는 방법과 관련하여서는 그다지 문제될 것이 없었다. 하지만 상례와 제례는 인간 존재에 대한 근원적 물음으로부터 출발해야 하는 일인 데다 그 속의 복잡한 의식과 절차가 제각기 각별한 의미를 가지고 있어서 하나하나에 대한 깊이 있는 공부가 이루어지지 않으면 안 된다는 공감대가 형성되어 있었다.

조선의 사대부들은 주자의 《가례(家禮)》를 준용하려고 하였지만 《가례》 자체가 완전한 저작이라고 하기 힘들고 남송과 조선의 상황도 차이가 컸다. 더구나 상을 당한 격심한 감정의 요동 속에서는 기물 하나의 생김새나 이용 방식, 손과 발의 모양이나 움직임 등이 어떻게 조절되어야 하는가라는 문제는 여간 까다롭지가 않다. 그러므로 상례와 제례에 대한 논의는 절문근사(切問近思)의 일용공부에 있어서 아주 중요한 부분을 차지하였다. 밀암은 김세용(金世鏞) 등과 상장례(喪葬禮)에 대해 논의를 주고받았다. 다른 문집도 마찬가지겠지만 《밀암집》의 상당 부분을 차지하는 것이 바로 이 상장례(喪葬禮)와 제례(祭禮)에 대한 논의이다. 밀암은 《가제식》을 지어 실정에 맞는 제례의식을 만들기도 하였다.

밀암은 70세에 《안증전서(顔曾全書)》를 편찬하였다. 안연(顔淵)과 증자(曾子)는 공자의 두 수제자였기 때문에 많은 학자들에게 학문의 전범이 되었다. 안연의 공부방법은 박문(博文)과 약례(約禮)라는 두 축으로 구성되어 있어서 포괄적인 면모를 띠고 있고 증자의 공부방법은 실천을 위주로 구성되어 있다. 주자는 증자의 학문이 고원한 형이상학적인 논의로부터 시작하지 않고 일용의 실천으로부터 시작하여 마침내 도통을 계승하는 위치까지 도달했다는 점을 부각시켰다.[33] 밀암이 70세에 《안증전서》를 편찬했다는 것은 바로 일용공부의 중요성을 부각시키고 그 방법을 일목요원하게 보여 주기 위한 것이었다고 하겠다.[34]

밀암은 또 《주어요략(朱語要略)》이라는 책을 편찬하였는데 이 글은 《주자어류(朱子語類)》 가운데 일용의 절실한 공부와 관련된 부분을 뽑아놓은 것이다. 주자의 공부론을 개괄적으로 기록한 《주자어류》 권104 〈자론위학공부(自論爲學工夫)〉나, 《논어》 〈향당(鄕黨)〉편처럼 주자의 일상생활 태도를 기록한 권107 〈잡기언행(雜記言行)〉, 주자의 제례에 대한 언급을 소개한 권90과 주자가 정주(汀州)와 장주(漳州)에서 경계(經界)를 시행하기 위해 노력했던 전후의 과정을 담은 권106을 편집한 〈속기언행(續記言行)〉이 첫 번째 권이다. 《주자어류》 권113 〈훈문인일(訓門人一)〉부터 권121 〈훈문인구(訓門人九)〉까지를 가

33) 《朱子語類》 권27. “顔子聰明, 事事了了. 子貢聰明, 工夫粗, 故有闕處. 曾子魯, 卻肯逐一用工捱去. 捱得這一件去, 便這一件是他底, 又捱一件去. 捱來推去, 事事曉得, 被孔子一下喚醒云‘吾道一以貫之’, 他便醒得. 蓋他平日事理, 每每被他看破, 事事到頭做, 便曉得一貫之語是實說也. 大學致知、格物等說, 便是這工夫, 非虛謾也.”

34) 이 책은 현재 확인되지 않고 있다. 서문에서 밀암은 《안증전서(顔曾全書)》 편찬 목적을 설명하면서 주자의 관점을 염두에 두었음을 밝히고 있다. 李章佑, “密菴 李栽의 著述 解題”, p. 391.

려 뽑아서 만든 것이 두 번째 권에서 다섯 번째 권이다. 여섯 번째 권은 《주자어류》 권8 〈총론위학지방(總論爲學之方)〉, 권9 〈논지행(論知行)〉, 권12 〈지수(持守)〉, 권13 〈역행(力行)〉을 차례로 가려 뽑아 엮은 것이다. 《주자어류》의 권8부터 권13까지는 학문방법을 논한 부분인데 이 중 유독 〈독서법〉을 담은 부분만 전부 생략한 것에서도 일상의 존양공부를 중심으로 삼은 그의 편집의도를 읽을 수 있다.

5. 사칠이기(四七理氣) 논변과 그 관련 저술

밀암은 38세에 《주자서절요(朱子書節要)》를 탐독하기 시작하면서 성리설이 성숙해졌다고 한다. 그의 성리설은 퇴계와 갈암의 성리설을 적극적으로 옹호하고 고봉(高峰)과 율곡(栗谷)의 성리설을 '이기일물설(理氣一物說)'로 규정하여 강력하게 배척하는 방식으로 전개되었다.

퇴계는 순수한 도덕적 감정을 생리적이거나 공리적인 감정들로부터 구분하기 위해 사단과 칠정의 차이점을 부각시켰다. 그는 인의예지(仁義禮智)의 본성에서 기원하는 사단(四端)은 이발(理發: 理가 발한 것)이고, 외부의 자극에 대한 육신의 반응에 의해 생기는 칠정(七情)은 기발(氣發: 氣가 발한 것)이라고 규정하였다.[35] 그에 반해 고봉(高峰) 기대승(奇大升)은 사단이든 칠정이든 모두 이(理)와 기(氣)의 합(合)이라는 사실을 부각시켰다. 사단과 칠정이 모두 성(性)에서 발원하여 기(氣)를 타고 발현한다는 것이다.[36]

35) 李滉, 《退溪集》 권16, 〈答奇明彦(論四端七情第一書)〉. "惻隱羞惡辭讓是非何從而發乎? 發於仁義禮智之性焉爾. 喜怒哀懼愛惡欲何從而發乎? 外物觸其形而動於中, 緣境而出焉爾."

퇴계는 나중에 사단과 칠정을 모두 이(理)와 기(氣)의 합으로 설명하는 고봉의 의견을 수용하여 자신의 정의를 새롭게 보강하였다. 즉 사단은 이(理)가 발한 것인데 거기에는 기(氣)가 따르고 있고[理發而氣隨之], 칠정은 기(氣)가 발한 것인데 거기에는 이(理)가 타고 있다[氣發而理乘之]는 것이다. 이(理)가 기(氣)를 타고 발현한다는 이기(理氣)의 존재론적 관계를 포함하면서도 사단과 칠정의 차이를 명료하게 구분하는 정의를 마련한 것이다.[37)]

율곡(栗谷) 이이(李珥)는 사단을 '이발이기수지(理發而氣隨之)'라고 설명한 퇴계의 정의에 대해 이(理)가 먼저 발동하고 기가 그것을 따라 나온다는 것이어서 이(理)와 기(氣) 사이에 선후의 차이가 있다는 관점이라고 비판하였다.[38)] 이(理)가 발할 때는 기(氣)가 아무 작용을 하지 않다가 발한 뒤에 비로소 그 뒤를 따라서 발한다는 것은 이치에 맞지 않다는 주장이다.[39)] 그래서 그는 사단이든 칠정이든 발하게 하는 것은 기(氣)이고 발하게 되는 까닭은 이(理)여서 기가 아니면 발할 수 없고 이(理)가 아니면 발할 까닭이 없다고 설명한다.[40)]

---

36) 李滉, 《退溪集》 권16, 〈答奇明彦(論四端七情第一書) 附奇明彦非四端七情分理氣辯〉. "今若以謂'四端, 發於理而無不善; 七情, 發於氣而有善惡', 則是理與氣判而爲兩物也. 是七情不出於性, 而四端不乘於氣也. 此語意之不能無病, 而後學之不能無疑也."

37) 李滉, 《退溪集》 권16, 〈答奇明彦(論四端七情第一書)〉. "大抵有理發而氣隨之者, 則可主理而言耳, 非謂理外於氣, 四端是也; 有氣發而理乘之者, 則可主氣而言耳, 非謂氣外於理, 七情是也."

38) 李珥, 《栗谷全書》 권10, 〈答成浩原(壬申)〉. "退溪之精詳謹密, 近代所無, 而理發氣隨之說, 亦微有理氣先後之病."

39) 李珥, 《栗谷全書》 권10, 〈答成浩原(壬申)〉. "若曰'理發氣隨', 則是纔發之初, 氣無干涉, 而旣發之後, 乃隨而發也. 此豈理耶?"

40) 李珥, 《栗谷全書》 권10, 〈答成浩原(壬申)〉. "大抵發之者, 氣也; 所以發者, 理也. 非氣則不能發, 非理則無所發."

조선의 중앙 학계에서는 한동안 율곡의 이 심성론이 정통적인 관점으로 받아들여지는 분위기였다. 바로 이러한 학계의 분위기에 대항하여 적극적으로 퇴계의 이론을 옹호하고 나섰던 것이 갈암이었다. 갈암은 인간의 감정을 이발과 기발의 두 양상으로 구분했던 주자와 그 제자들의 자료들을 수집하고 율곡의 기발일도설(氣發一途說)에 내포된 위험성을 알리는 데 주력하였다.[41)]

밀암은 33세 때인 1689년 여름 〈송시열이 산정(刪定)한 심경질의를 개정할 것을 청하는 상소[請改正宋時烈刪定心經質疑疏]〉를 지었다. 그가 《주자서절요》를 구해 읽었다는 1694년보다 앞선 시기에 지은 이 글은 《밀암부여》에 실려 있다. 이 글에서 밀암은 사단과 칠정을 이발과 기발로 구별하는 관점이 주자와 황면재(黃勉齋)의 글에 이미 나타나 있으므로 퇴계의 사칠론을 비판하는 것은 부당하다는 점을 밝히고, 아울러 퇴계는 결코 이와 기 사이에 선후의 관계가 성립한다고 주장하지 않았다는 점을 강력하게 주장하였다.[42)]

---

41) 갈암이 수집한 증거들은 대략 다음과 같다. 먼저 황면재(黃勉齋)가 "性固爲氣質之所雜矣. 然及其感物而動, 則或氣動而理隨之, 或理動而氣挾之."라고 한 것이 첫 번째이고, 주희(朱熹)가 "理在心之中, 包蓄不住, 隨事而發."이라고 한 것이 두 번째이고, "方其乍見孺子入井時, 氣也著脚手不得."이라고 한 것이 세 번째이고, "理有動靜, 故氣有動靜, 若理無動靜, 氣何自而有動靜乎? 只是理有動靜, 理不可見, 因陰陽而後知."라고 한 것이 네 번째이다. 이 중에서 황면재의 설은 고봉(高峯)이 이미 언급했던 적이 있다. 그런데 우암(尤庵)은 신성시(申聖時)에게 보낸 서신에서 자신은 이 부분을 본 적이 없다며 출처가 어느 곳인지 되물었다. 두 번째 글은 《주자어류(朱子語類)》 권53을 인용한 것인데, 원문은 '氣'자가 없다.

42) 李栽, 《密菴集瓿餘》, 〈請改正宋時烈刪定心經質疑疏〉. "夫以滉之說見於質疑者言之. 其曰四端理發而氣隨之, 七情氣發而理乘之者, 本與朱子所謂四端理之發七情氣之發, 黃勉齋所謂氣動而理隨之理動而氣挾之者, 同一條貫, 而每以二者相隨, 互在其中爲之說, 則又豈有先後離合之疑乎! 珥乃不能盡乎人言, 而遽爲是淩駕曰: '所謂氣發而理乘之者, 非特七情爲然, 四端亦然. 若理發氣隨之說, 則分明有先後矣.' 此其亂道胡說, 汩

모산(茅山) 이동완(李棟完)에게 보낸 서신에서 밀암은 퇴계처럼 사단과 칠정이라는 용어가 사용되는 맥락은 혼륜과 분개의 차이가 있을 수 있다는 점을 거론하며 사단과 칠정 사이의 구분을 인정하지 않는 모산의 주장에 반박하였다.[43] 그는 퇴계와 갈암이 사용했던 여러 자료적 근거를 들어 사단과 칠정을 엄격하게 구분해야 한다고 주장하였다.[44] 그는 사단과 칠정을 엄격히 구분하지 않으려는 입장은 결국 기(氣)를 이(理)로 오인하는 결과를 가져오게 된다고 보았다. 모든 불합리한 현실까지도 그대로 이상으로 간주하게 되는 오류에 빠지게 된다는 것이다.[45]

《금수기문(錦水記聞)》에는 밀암이 우담 정시한과 사칠이기에 대해 논한 내용이 실려 있다. 밀암은 여기서 성(性)이 이와 기의 합이라는 주장에 반대하고 성이란 이(理)를 지칭한다는 점을 강하게 주장하였다. 만일 성에 기가 포함된다면 사단을 이의 발이라는 주장이 다소 힘을 잃을 수도 있기 때문이다.[46] 밀암은 그 이후로도 극재(克齋) 신익

董理氣, 不已甚乎!"

43) 李栽, 《密菴集》 권3, 〈答李國材(棟完甲申)〉. "夫理氣二物, 未嘗相離, 亦未嘗相雜, 固不可分而爲二, 亦不可合而一之也. 是以舜禹相傳, 已將人心道心相對說下, 子思程子就不可相離處混淪言之, 孟子就不可相雜處拈出言之. 所謂言之者不爲多, 而不言者不爲少也."

44) 李栽, 《密菴集》 권3, "是以朱子曰 四端理之發七情氣之發, 勉齋黃氏曰 或理動而氣挾之, 或氣動而理隨之. 退溪先生曰 四端理發而氣隨之, 七情氣發而理乘之. 其於理氣界至處, 可謂八字打開, 無復餘蘊矣. 學者且就此等處, 低心下意, 反復紬繹, 勿以先入爲主, 則易簡之理, 本自分曉, 必不爲他歧之惑."

45) 李栽, 《密菴集》 권3, "謂四七皆理之發, 則與發之者皆氣云者, 眞是殊塗而同歸矣. 認氣爲理認賊爲子, 認人欲爲天理. 其害有甚於洪水猛獸者, 豈非大可寒心者耶?"

46) 李栽, 《密菴集》 권10, 〈錦水記聞〉. "自孟子以來, 凡言性者, 必就氣質中, 拈出不雜乎氣質者以爲言. 叔子所謂性卽理也者大故明白. 若必合理氣以後可以言性, 孟子發明性善之功, 果安在哉? 明道雖有性卽氣氣卽性之說, 是特言人生而靜以後始得性之名云爾.

황(申益愰), 창설재(蒼雪齋) 권두경(權斗經), 병곡(屛谷) 권구(權榘), 청대(淸臺) 권상일(權相一), 식산(息山) 이만부(李萬敷) 등과 함께 이기설에 대한 논의를 이어갔다.

밀암은 62세인 1718년에 안동부사인 권이진(權以鎭)과 사칠이기에 대해서 논변하였고 서신을 주고받았다. 이 서신은 《밀암집》 권3에 실려 있는데 여기서 밀암이 주장한 내용이나 논거로 채택한 원전은 갈암에게서 들었던 것을 거의 그대로 차용하였고 별다른 논의를 추가하지 않았다. 사칠이기론과 관련하여 밀암은 새로운 논리를 개발하는 데 주력하기보다는 정당한 논의를 얼마나 체득하고 굳은 신심을 가지느냐가 더욱 중요하다고 본 듯하다.[47)]

65세 때인 1721년 밀암은 "측은한 마음을 발하는 것은 기이다. 기가 없으면 이도 발할 수 없다[發惻隱者, 氣也. 非氣, 理亦不能發.]"라는 주장을 펼친 병곡(屛谷) 권구(權榘)를 강하게 질책하였다. 그는 병곡의 생각이 "발하는 것은 기이고, 발하게 하는 것은 이이다[發之者, 氣也; 所以發者, 理也.]"라는 율곡의 논법과 일치하며, 그것은 바로 이발(理發)을 부정하는 것이라고 여겼다. 밀암은 이(理)란 공허무용(空虛

非眞以性與氣爲無分別也. 近日一種議論, 喜合惡離, 厭常好新, 率多認氣爲理, 認賊爲子, 不自知其非也."

47) 李栽, 《密菴集》 권3, 〈答權地主〉. "夫以理氣二物, 妙合無間, 未嘗相離, 亦未嘗相雜. 當其感物而動也, 見孺子入井, 而有怵惕惻隱之發, 則心包蓄不住, 氣著脚手不得, 非所謂從理而發者乎? 從耳目口鼻上, 發聲色臭味之欲, 則各隨其形氣而爲一己之私, 非所謂從氣而發者乎? 其端緖苗脈, 本自如此, 而理才發氣便隨之, 氣才發理便乘之, 正如人乘馬馬隨人, 又何相離不相涉之爲疑乎? 頃日所陳《中庸》·〈樂記〉·〈好學論〉, 是渾淪言之也, 《孟子》道性善剔四端, 是分別言之也. 從渾淪言之, 七情固可以兼理氣言, 從分別言之, 四端自是理之發, 七情自是氣之發. 其所從來地頭, 各自不同, 不可牽此就彼, 强索純粹至善之物於血氣擾攘中. 是則非但栽平日所聞如此, 退陶先生已言之, 非但退陶先生言之, 朱子已言之."

無用)한 존재가 아니라 스스로 발할 수 있다고 여겼다. 마음을 뚫고 불현듯 발하는 것이 이(理)여서 이 이가 발할 때는 기가 아무런 작용을 하지 않는다고 하였다.[48] 이러한 밀암의 주장은 이를 기처럼 공간을 점유하고 있는 형이하적 존재로 보는 것이 아닌가 하는 의혹을 불러일으킨다. 하지만 밀암은 이듬해에 병곡에게 보낸 편지에서, 자신의 주장은 여전히 소중(所重)과 소지(所指)에 착안한 것일 뿐이고 이와 기의 층차에 대해 혼란을 일으키려는 의도는 아니었다고 해명하였다.[49] 말하자면 사단에 대해 이발이라고 쓰는 표현이 충분히 가능하다는 것을 보이려는 의도였을 뿐이지 이가 기와 동일한 방식으로 기와 동일한 공간에서 별도로 발한다는 주장을 편 것은 아니라고 하겠다.

6. 위정(爲政)과 그 관련 저술

함경도 종성부에서 갈암의 유배생활을 보좌하던 밀암은 《육씨방(陸氏方)》이라는 책을 만들었다. 북방에는 의약이 없어서 노인을 봉양하고 병을 치료하는 데 필요한 지식을 초록한 것이었다. 그는 이것을 토대로 먼 곳에서 진귀한 약을 모아 놓고 유사시에 대비하였다. 그리고 날마다 사용하는 쌀과 소금을 조리 있게 정돈해 놓았으며, 노복을 부

48) 李栽, 《密菴集》 권6, 〈答權方叔書〉. "自謂能言拒楊墨, 而乃曰'發惻隱者, 氣也. 非氣, 理亦不能發', 又曰'此發字, 與理發氣發之發不同. 此則發之之意, 彼則發出之意云爾', 則與其所謂'發之者, 氣也; 所以發者, 理也'者, 全是一套, 烏在其能拒楊墨也? 今亦不須多言. 朱子曰'理自有動靜, 何關於氣乎?' 又曰'惻隱之發, 心包蓄不住, 氣著脚手不得.' 當此之時, 亦可謂理不能自發而必待於氣乎? 彼認理爲空虛 無用底物者, 無怪其言之如此."

49) 李栽, 《密菴集》 권6, 〈答權方叔〈壬寅〉〉. "且此之爲分開說者, 亦豈眞以爲可離而二之, 理在此氣在彼, 判然分置兩邊也?"

릴 때나 사람을 접견할 때 적절하게 은의를 베풀었다. 그래서 갈암은 "이 일도 정치가 될 수 있다."[50]라며 찬탄하였다고 한다. 공자가 집안을 잘 꾸려나가는 일을 위정(爲政)이라고 했던 것을 그대로 따온 것이다. 《창구객일》에는 명의죄인으로 몰려 앞날을 알 수 없는 상황에서도 단정한 도학자의 삶을 잃지 않았던 갈암과 밀암의 모습이 잘 그려져 있다.

밀암에게는 《갈암집》을 편찬해야 하는 중차대한 책임이 있었다. 많은 자금이 필요한 문집간행을 위해서는 가정(家政)을 규모 있게 꾸려나가야만 하였다. 밀암은 갈암의 문집을 205수의 시, 138편의 소·차·헌의, 360편의 서(書), 그 밖의 잡저, 기, 서 등을 실은 본집과 갈암의 정설(政說)을 모은 별집, 갈암의 연보·행장·가전·제문·만장을 담은 부록으로 구성하였다. 밀암은 갈암이 세상을 떠난 뒤 십여 년 동안 갈암의 문집을 편찬하는 일에 전력을 기울였다. 밀암은 갈암의 문집 이외에도 임금이 갈암에게 내린 비답을 모은 《성유록》을 편찬하였으며, 존재와 갈암이 편찬한 《홍범연의(洪範衍義)》를 교정하였다.

유학자는 벼슬을 하지 않더라도 국가의 올바른 정책 방향을 제시하는 일을 자신의 의무로 여겼다. 그중 토지개혁론은 맹자 이래 유학자들의 오랜 화두였다. 맹자는 정전제가 확고하게 시행되면 모든 백성이 행복한 삶을 살 수 있는 여건이 마련되리라고 기대하였다. 그 영향은 심원하여 북송(北宋)의 장횡거(張橫渠)는 자신의 장원에서 정전제를 실시하려고 노력하였고 장주(漳州)의 지방관으로 있던 주자(朱子)는 행정력을 동원하여 그 지역에 경계(經界)를 바로잡으려고 하였다. 17세기 조선에서도 토지제도를 개선하여 나라를 새롭게 부흥시키려는

50) 李栽, 《密菴集》 권24, 〈年譜〉. "是亦足以爲政矣."

시도가 있었다. 존재와 갈암의 《홍범연의》는 그 사례들 가운데 하나이다. 존재와 갈암이 편찬한 《홍범연의》의 토지개혁론은 정전제의 이상을 조선의 현실에 맞게 계승한 것이라고 할 수 있다. 밀암은 이 《홍범연의》를 교정하는 데 많은 노력을 기울였다. 《홍범연의》는 밀암에 의해서 완전히 완결되지는 않고 그 뒤로도 여러 후학들에 의해 끊이지 않고 교정이 이어졌다. 그만큼 《홍범연의》는 영남학파에게는 중요한 저작이었던 셈이다. 《홍범연의》가 이러한 중심적 역할을 하게 된 데는 밀암의 노력이 크게 작용했다는 점에 주목할 필요가 있다.[51]

《북벌의(北伐議)》는 북벌의지가 이미 꺾이고 패배주의에 젖어 있던 조선의 정국 상황에서 북벌의 필요성을 역설한 글이다. 당시 청(淸)나라는 오삼계(吳三桂)의 세력 등을 무너뜨리고 중국 전역을 완전히 장악하고 성대한 위력을 과시하고 있었기 때문에 조선의 사대부들 중에는 청과 조선의 현실을 인정하고 청나라를 대국으로 섬겨야 한다는 주장이 강하게 대두되고 있었다. 하지만 밀암은 제갈량(諸葛亮) 등 역사적인 사례를 들어 그러한 패배의식을 극복해야 한다고 주장하고, 북벌을 실현하기 위해서는 인재를 발탁해야 한다고 주장하였다. 당시 정국을 주도하던 세력만으로는 국가를 올바로 이끌어갈 수 없다고 진단하고 새로운 인물이 국가의 미래를 책임져야 한다는 주장을 담고 있다고 하겠다.[52]

이러한 정책 제시에 못지않게 사대부의 출처(出處)는 유학자들의 자기 정체성과 관련하여 매우 중요한 의미를 가진다. 출처는 그저 선비 한 사람의 내면적 세계와 관련된 일이 아니다. 그것은 그대로 세교

---

51) 鄭萬祚, "肅宗後半~英祖初의 政局과 密菴 李栽의 政治論", 영남대학교 민족문화연구소 편, 《密菴李栽硏究》, 경산: 영남대학교 민족문화연구소, 2001, pp. 361－362.

52) 鄭萬祚, "肅宗後半~英祖初의 政局과 密菴 李栽의 政治論", pp. 363－365.

(世教)에 큰 영향을 끼친다. 출처는 그 자체로 하나의 정치행위를 하는 것이어서 선비가 올바른 출처를 보여 주는 것만으로 중요한 정치적 행위를 수행하는 것이라고 할 수 있다. 어떤 상황에서 출사하고 어떤 상황에서 출사하지 않아야 하는지 판단하고 그 판단에 따른 올바른 행동을 보여 줄 수 있어야 세교에 도움을 줄 수 있는 것이다. 이러한 출처와 관련된 내용은 어느 성리학자들에게나 중요한 사안이었고 이 점에 있어서 밀암의 경우도 마찬가지였다.

갈암이 이조판서가 되었을 때 밀암은 과거에 응시하지 않았다. 특혜를 받았다는 혐의를 경계한 것이다. 그러한 혐의를 안고 벼슬길에 나선다는 것은 아무래도 자신의 도를 펼치는 데 많은 한계가 있었기 때문이다. 원래 과거 공부에 그다지 열중하지 않았던 밀암으로서는 부친이 이조판서로 있을 때 응시하여 급제하는 것 자체가 수치스러운 일이었던 모양이다. 갈암을 명의죄인으로 내몬 뒤 당시의 정권은 여러 차례 밀암에게 관직을 권했지만 밀암은 번번이 거절하였다. 자신의 도를 실행할 수 없는 상황에서 벼슬을 한다는 것은 무의미할 뿐 아니라 자신의 정체성을 손상시키는 해악이 될 수 있기 때문이다. 문집에는 벼슬을 사양하는 밀암의 여러 상소문들이 있고, 다른 이들의 출처에 대한 여러 품평들이 산재해 있다.

1728년 영남 일대에 반란이 일어나고 영남의 남인 몇몇이 동조하였다. 갈암이 명의죄인으로 몰린 상황에서 당연히 반란군은 밀암에게 동참하도록 권하였다. 하지만 밀암은 그 제안을 단호하게 거절하고 오히려 반란군을 진압하기 위해 결성된 의병조직에 힘을 보탰다. 그러한 공로를 인정받아 반란군이 진압된 뒤에 밀암은 조정의 신임을 크게 얻었다. 반란군에 애매하게 연루된 몇몇 사람은 밀암 덕분에 풀려나기도 하였다. 물론 밀암은 조정의 그러한 중임을 짊어질 만큼 학문적인 역량을 갖추고 있었다. 어사 박문수는 밀암에게 영남지역의 현안에 대해서 묻고 반란의 원인을 근본적으로 찾으려고 하였다. 밀암은 박문수에게 적극적으로 응대하여 지역의 문제를 해결하려고 노력하였다. 밀암의 이러한 노력은 조정의 적극적인 추진의지와 맞물려 상당한 성과를 이뤄나갔다. 밀암은 도백으로 와있던 노론계 학자들과 당당하게 심성이기 논쟁을 펼치기도 하였다. 논쟁에서 누구도 승리하지 못하였지만 밀암은 영남을 대표하는 학자로서 점점 자리매김되고 있었다. 문집에도 지방관들과 주고받은 서신이 다수 수록되어 있다.

7. 맺음말

일용공부를 강조하고 가정(家政)을 중시하며 주어진 처지에서 올바른 삶을 사는 것을 최고의 가치로 여겼던 밀암은 자칫 촌로(村老)로 늙어갈 수도 있었다. 하지만 밀암에게는 천성으로 타고난 문학적 소질과 각고의 공부로 이룬 성리학적 경지가 있었다. 이 두 요소가 밀암의 삶을 일반적인 촌로와는 전혀 격이 다르게 만들었다. 사실 밀암에게 문학적 능력을 기르는 일은 어쩌면 자신의 천성이 발로되는 과정이었다고 할 수 있으므로 힘든 일이 아니었을 수 있다. 반면 성리학적 성취는 자신의 삶을 반성하는 과정에서 필요성을 절감한 뒤에 이루어진 일이어서 밀암의 사유를 좀 더 깊고, 좀 더 폭넓게 형성해가는 데 더욱 큰 의미를 가진 것이었다. "어디에서든 그 상황에 맞는 올바른 삶을 산다"라는 밀암의 '낙천(樂天)'적인 삶의 자세는 그의 문학적 소질과 성리학적 공부가 무리 없이 조화할 수 있는 토대가 되었다. 그는 자신의 문학적인 소질을 계속 계발시켜 나가는 일도 게을리하지 않았고, 숙명

처럼 그에게 주어진 도학자로서의 삶도 차분하게 받아들여 큰 성취를 이루어내었던 것이다.

'술이부작(述而不作)'은 밀암의 삶을 규정하는 데 더없이 적절한 말인 듯하다. 밀암에게는 너무나 뚜렷하게 계승해야 할 학문적 전통이 있었다. 밀암의 시기에는 창작을 통해 변용하기보다는 전대의 학문적 전통을 계승하는 것이 더욱 시급한 일이었다. 새로운 철학체계를 구축해나가는 시도란 도통과 가학을 굳건히 지켜야 하는 밀암의 처지에서는 애초에 부적절한 일이었다. 성리학적 입장과 관련하여 밀암은 철저히 '부작(不作)'의 태도로 일관하였지만 문학적 소질에 바탕을 둔 그의 학문적 깊이는 '술(述)'의 면모를 여실히 보여 주었다. 공자는 시삼백(詩三百)을 외우고도 현실에 전혀 적용하지 못하면 아무 의미가 없다고 하였다.[53] 밀암이 도통과 가학을 계승하여 당대 영남에서 최고의 학자가 될 수 있었던 것은 당연히 그 전통을 기계적으로 복기할 수 있는 능력을 가져서가 아닐 것이다. 퇴계에서 갈암으로 이어지는 학문 전통을 깊이 체득해내는 철학적 소양과 그것을 적절하게 표현해낼 수 있는 문학적 능력을 구비하였기 때문에 가능한 일이었다.

참고문헌

《蒼狗客日(李栽)》. 《朱子語類(黎靖德)》. 《密菴集(李栽)》. 《密菴集䛕餘(李栽)》.

《栗谷全書(李珥)》. 《退溪集(李滉)》.

53) 《論語》, 〈子路〉. "子曰: 誦詩三百, 授之以政, 不達, 使於四方, 不能專對, 雖多, 亦奚以爲?"

윤사순. 《퇴계 이황》. 서울: 예문서원, 2003.

金彥鍾. "密菴 李栽의 詩文學". 영남대학교 민족문화연구소 편. 《密菴 李栽 研究》. 경산: 영남대학교 민족문화연구소, 2001.

______. "密菴 李栽의 《蒼狗客日》 所載 詩篇 小考". 미간행 《창구객일연구 중간발표자료집》. 창구객일연구 발간모임, 2009.

金鍾錫. "密菴 李栽의 朱子學研究와 《朱書講錄刊補》". 영남대학교 민족문화연구소 편. 《密菴 李栽 研究》. 경산: 영남대학교 민족문화연구소, 2001.

문석윤. "퇴계에서 理發, 理動, 理到의 의미에 대하여". 《退溪學報(退溪學研究院)》 제110집. 2001.

安秉杰. "密菴 李栽의 삶과 學問". 영남대학교 민족문화연구소 편. 《密菴 李栽 研究》. 경산: 영남대학교 민족문화연구소, 2001.

이동환. "하나의 갈암론: 갈암집 해제". 嶠文會 국역 및 편집. 《17世紀 한 嶺南 道學者의 生涯》. 서울: 嶠文會, 2001.

李世東. "密菴 李栽의 文章觀과 그 實踐". 영남대학교 민족문화연구소 편. 《密菴 李栽 研究》. 경산: 영남대학교 민족문화연구소, 2001.

李樹健. "密菴 李栽 家門과 嶺南學派". 영남대학교 민족문화연구소 편. 《密菴 李栽 研究》. 경산: 영남대학교 민족문화연구소, 2001.

이승환. "주자 수양론에서 미발의 의미". 《퇴계학보(퇴계학연구원)》 제119집. 2006.

李章佑. "密菴 李栽의 著述 解題". 영남대학교 민족문화연구소 편. 《密菴 李栽 研究》. 경산: 영남대학교 민족문화연구소, 2001.

전병욱. "朱子의 未發說과 居敬格物의 수양론". 《철학연구(고려대학교 철학연구소)》 제38집. 2009.

鄭萬祚. “肅宗後半~英祖初의 政局과 密菴 李栽의 政治論”. 영남대학교 민족문화연구소 편. 《密菴 李栽 研究》. 경산: 영남대학교 민족문화연구소, 2001.

제2장

밀암 이재의 성리설

문석윤 | 경희대학교 철학과

1. 머리말

밀암(密菴) 이재(李栽: 1657~1730)는 17·18세기 조선 성리학이 그 깊이를 심화시켜 가던 시기, 갈암(葛庵) 이현일(李玄逸)의 뒤를 이어 영남지역 퇴계학파(退溪學派)의 정체성을 확립하고 보존·강화하는 데에 주도적인 역할을 하였던 유학자이다.[1] 갈암은 부친이자 스승으로서 학문이 지향할 방향을 제시하였으며, 밀암은 부친이 인도한 길을 충실하게 걸으며 진실성을 확인하였고 또한 확충하며 견고히 해 갔다. 밀암의 학문적 지향은 〈금수기문(錦水記聞)〉[2] 첫머리에 잘 나

1) 밀암의 한국유학사상의 위치에 대한 최근의 논의로서 李完栽, "密菴 李栽의 哲學思想", 《民族文化論叢(嶺南大學校 民族文化硏究所)》 제1집(1981); 琴章泰, "密菴 李栽의 性理學", 영남대학교 민족문화연구소 편, 《密菴 李栽 硏究》,경산: 영남대학교 출판부, 2001; 安秉杰, "密菴 李栽의 삶과 學問", 영남대학교 민족문화연구소 편, 《密菴 李栽 硏究》 등이 있다.

타나 있다.

선군자(先君子: 갈암)께서는 일찍이 "이(理)를 주인으로 삼으면 마음[心]이 넓어지고 뜻[意]이 공적(公的)이게 되지만, 나[我]를 주인으로 삼으면 마음이 좁아지고 뜻이 사적(私的)이게 된다."라는 말씀을 하셨다. 나는 일찍부터 늘 그 말씀을 들어왔고 또 개인적으로 기억하였지만 오히려 그 말의 참뜻을 깊이 알지는 못하였다. 근래에 고단하고 적막한 세월을 보내면서 이에 가만히 심·신·성·정(心身性情)의 사이에서 그 말을 음미해 보았다. 똑같이 한 마음의 지각(知覺)이라도, 밤이 되어 기(氣)가 조금 맑아지고 아직 외물(外物)과 접하지 않은 때에 혹 의리(義理)상에서 감발(感發)하면, 자연스럽게 마음이 관대하고 여유로우며 어떠한 막힘이나 장애도 없이, 외물과 더불어 공공(公共)한 생각이 일어나고 또한 유통(流通)하고 쾌활(快活)한 생각이 일어남을 느꼈다. 그런데 그것이 아침이 되고 낮이 되어 어둡고 어지러워지고 사물과 교접하는 때에 사(私)적인 경로로부터 자극이 일어나면, 굴러서 마음이 경직되거나 요동하게 되고 혹 차갑다가 혹 뜨겁기도 하여, 다만 자기 자신이 있음만을 알고 다른 사람이 있는 것은 알지 못하게 되었으며 천하의 의리는 모두 작은 것만 같고 당면한 일은 유독 큰 것처럼 느껴졌다. 이에 비로소 선친의 교훈이 절실한 것임을 깨닫게 되었다. 공자(孔子)가 말한 "인자(仁者)는 걱정하지 않는다", "소인(小人)은 길게 근심한다"는 것은 또한 아마도 이로 말미암

---

2) 금수(錦水)는 갈암의 유배가 풀린 후 일시 기거하던 금소(琴召)를 가리킨다. 밀암이 그곳에서 갈암에게 들은 것, 독서를 통해 알게 된 것 등을 기록한 글이 〈금수기문(錦水記聞)〉이다. 갈암은 유배지에서 돌아온 두 달 뒤인 1700년 4월 안동(安東) 임하(臨河)의 금소에 우거하기 시작하였으며, 밀암은 거기에서 부친을 모셨다. 밀암은 갈암이 세상을 떠난 1704년 이후에도 1708년까지 금소에 계속 살았다. 갈암과 밀암의 금소에서의 강학에 대해서는 安秉杰, "密菴 李栽의 삶과 學問", 《密菴 李栽 硏究》, pp. 14-18; 윤천근, "금소동의 인물과 사상", 《安東文化(安東大 安東文化硏究所)》 제11호(1990) 참조. 그리고 금소(琴召) 지역에 대해서는 임세권, "금소동의 역사적 변천", 《安東文化(安東大 安東文化硏究所)》 제11호(1990) 참조.

> 아 나뉘는 것이리라. 이에 의(義)에 밝은 것과 이(利)에 밝은 것 사이의 구분이 진실로 생(生)과 사(死)의 갈림길이며, 만약 이 관문을 통과하지 못한다면 이른바 학(學)이라는 것도 모두 거짓[僞]이 되고 만다는 것을 알았다. 그런데 만약 먼저 마음에서 그것을 밝히지 못한다면 또한 어찌 정밀하게 택하고 삼가 그것을 지킬 수 있겠는가? 평소에 이러한 뜻을 대략이나마 알지 못한 것은 아니지만 실제로 그 힘을 쓰지는 못하고 유유히 반세를 보내어 끝내 이러한 사람을 면하지 못하였으니, 슬프다! 주자(朱子)도 〈임택지(林擇之)에게 보낸 편지〉에서 다음과 같이 말했다. "'아(我)'라고 하는 한 글자는 진실로 모든 병통의 뿌리이다. 만약 베어 없애지 않으면 접촉하는 곳마다 재괴(災怪)를 불러일으킬 것이다."3)

밀암은 갈암의 교훈, 즉 아(我)가 아닌 이(理)를 주인으로 삼아야 한다는 가르침을 계승하여, 아(我)와 이(理) 사이를 서로 대립하는 것으로서 선명하게 구분하였다. 밀암은 그것을 이(利)와 의(義), 사욕(私欲)과 공공(公共), 소인(小人)과 군자(君子) 사이의 대립을 총괄하는 것으로 해석하였다. 그는 자신이 실제로 체험한 가운데서 그러한 대립의 실상을 경험하였다고 고백하고, 그에 기초하여 그러한 대립 가운데 이(理)를 명확하게 구분하여 인식해내는 것이야말로 참된 인간의 삶과 죽음의 갈림길이며, 참된 학문[眞]과 거짓된 학문[僞]이 갈리는 관

---

3) 李栽, 《密菴集》 권10: 1b−2, 〈錦水記聞〉. 先君子嘗言, "以理爲主則心廣而意公, 以我爲主則心狹而意私", 栽早嘗習聞而私識之, 猶未能深知其味也. 近因苦淡窮寂, 仍竊驗之身心性情之間. 只此一箇知覺, 當夜氣稍清, 未與接物之際, 或從義理上感發, 則自然心地寬裕, 無甚滯礙, 有與物公共底意思, 亦覺有流通快活底意思; 當朝晝昏亂, 事物交接時, 從私徑上觸動, 則輾轉心地膠擾, 或寒或熱, 只知有己, 而不知有人, 覺天下之義理皆小, 而此事獨大. 於是始覺先訓之爲切, 而孔子所謂"仁者不憂"·"小人長戚戚", 其亦由此而分乎! 是知喩義喩利, 眞箇生死路頭, 若不透打此關, 所謂學者皆僞也. 然苟不先明諸心, 又何以精擇而謹守之乎? 平生非不略知此意, 未嘗實用其力, 悠悠半世, 終不免爲這樣人, 悲夫! 朱子〈與林擇之書〉曰, "一我字眞是百病之根. 若斫不倒, 觸處作災怪也."

문이라고 강조하였다.

이(利)와 사욕(私欲)에 대립하는 의(義)와 공공(公共)으로서의 이(理)는, 그 자체에 자신을 단지 이론적으로 인식할 것이 아니라 철저히 실천해야 한다는 요청이 들어 있는 실천적 진리에 해당한다고 할 수 있다. 즉, 그것은 단지 밝게 인식하는 데 그치는 것이 아니라, 그런 인식에 따라 정밀하게 선택하고, 나아가 실제로 삶의 실천 속에서 확고히 고수해야 할 것으로서의 진리이다. 자기[我]를 이기고 이(理)에 철저하게 자신을 굴복시키는, 곧 자기를 철저하게 이(理)에 일치시켜 가는 극기(克己)의 실천은 바로 이(理)를 선명하게 인식해야 하는 이유이며, 이(理)를 선명하게 이해하는 것은 그러한 실천을 위해 반드시 필요한 선결조건이 되는 것이다.

이(理)의 선명성에 대한 갈암의 교훈은, 1723년 밀암이 67세가 되었을 때 자신의 삶을 회고하며 쓴 〈밀암자서(密菴自序)〉라는 글에서 다시 한 번 강조되었다. 그 내용은 다음과 같다.

> 일찍이 "옛사람이 독서를 귀히 여긴 것은 몸으로 그것을 체현하였기 때문이다. 그런데 지금 사람들이 독서를 함에 대부분 책은 책대로이고, 사람은 사람대로이니 그 까닭은 무엇인가? 아마 다만 사촌(四寸)[4] 사이에 출입하여, 마음에 붙이고 몸에 두루 미치게 하지 않기 때문이다. 연평(延平) 선생은 '이 도리는 전적으로 일용처(日用處)에서 익숙하게 하는 데 있다.'라고 하였으며, 주자(朱子)는 '강(講)이 마치면 즉시 그것을 가져와 실제로 실천해야 비로소 귀숙(歸宿)하는 바가 있게 된다.'라고 하였는데, 이것이 독서하여 자신을 돌이키는 가장 핵심적인 방법이 된다."라고 말씀하신 바 있다. … 또한 일찍이 "몸[身]도 내가 가진 것이요, 마음[心]

4) 방촌(方寸) 곧 마음(신체적인 의미에서)을 의미하는 것인 듯하다.

도 내가 가진 것이다. 몸은 때로 없을 수 있으나, 마음은 하루도 잃어버릴 수 없다. 이것이 옛날의 군자가 차라리 자신의 몸을 잃어버릴지언정 그 본심(本心)을 잃고자 하지는 않은 이유이다. 만약 이 뜻을 분명하게 안다면 이른바 '뜻있는 선비는 구학(溝壑)에 처하기를 잊지 않는다'거나, '몸을 죽이고 인(仁)을 이룬다'거나, '생명을 버리고 의(義)를 취한다'거나, '사설(邪說)이 횡류(橫流)하는 것이 홍수나 맹수보다 더 심각하다'는 등의 말을 비로소 믿을 수 있게 될 것이다."라고 말씀하셨다. 이에 나는 선친의 교훈 중 "이(理)를 주인으로 삼으면 마음[心]이 넓어지고 뜻이 공적(公的)이게 되지만, 나[我]를 주인으로 삼으면 마음이 좁아지고 뜻이 사적(私的)이게 된다."라는 등의 말을 채록하여 좌우에 걸어두고 그것을 항상 새겨 기억할 좌우명으로 삼았다.5)

선대로부터 내려온 후손을 위한 가르침을 전하는 형식을 취한 밀암의 취지를 압축하면 결국, '심(心: 마음)이 신(身: 신체)의 주인이요, 이(理)가 심(心)의 주인이다. 책을 통해 깨달은 이(理)는 심(心)의 이해를 거쳐 신(身: 몸)의 실천으로 종결되어야 한다'는 것이 될 수 있다. 아(我)가 심(心)과 신(身)의 결합으로 이해할 수 있다면, 우리가 공부를 하는 것은 심(心)이 이(理)를 철저하게 이해하고 그에 따라 신(身)을 주관하고 주재하도록 하는 것이라 할 수 있으며, 그것이 아(我)가 아닌 이(理)를 주인으로 삼는다는 말의 실제 내용이 되는 것이다.

---

5) 李栽, 《密菴集》 권23: 36a－b, 〈密菴自序〉. 嘗曰, "古人貴讀書, 爲其以身體之也. 今人讀書, 率書自書人自人, 其故何也? 豈以徒出入四寸間, 不著心布體故邪. 延平先生曰, '此道理全在日用處熟', 朱子曰, '講訖卽將來踐履, 始有歸宿', 此最爲讀書反身之要法." … 又嘗曰, "身我所有也, 心亦我所有也. 身可有時而無, 心不可一日而亡. 此古之君子所以寧亡其身, 不欲失其本心者也. 若見此意分明, 所謂'志士不忘在溝壑', '殺身以成仁', '舍生以取義', 與夫'邪說橫流甚於洪水猛獸'者, 方始信得及." 於是采先訓中"以理爲主, 則心廣而意公, 以我爲主, 則心狹而意私"等語, 揭諸左右, 以當盤盂几杖.

밀암의 학문의 대강은 이(理)에 대한 선명하고 철저한 인식과 일상에서의 그의 착실한 실천에 있었다고 요약할 수 있을 것이다. 그것은 편협한 개인적·이기적 관심에 매몰된 인간이 아니라, 공동체의 이익과 대의(大義)에 헌신하는 군자(君子)적 인간을 지향하는 것이었다.

2. 이기론(理氣論)

중국 송대(宋代) 이후 성리학(性理學)의 통찰에 따르면 군자적 인간, 혹은 도덕적 인간에의 지향의 기초에는 우주(宇宙)의 도덕적 질서가 놓여 있다. 우주는 단지 가치중립적 사태의 자연 인과적 과정의 연속으로 이루어진 것이 아니라, 그 자체가 어떤 도덕 가치를 구현하는 수행자(遂行者)로서 존재한다는 것이다. 군자(君子) 혹은 성인(聖人)은 바로 그러한 수행의 최정점에 존재하는, 즉, 그 깊이와 넓이에서 가장 탁월한 수행자로 이해되었다.

이(理)는 바로 그러한 우주의 도덕적 질서를 지칭하는 개념이다. 우리가 일상적으로 경험하는 모든 사물과 사실들, 즉 현실세계는 일단 다양한 내용을 가진 기(氣)로 구성되어 있는 것으로 이해되지만, 그것의 이면에는 그것이 그렇게 있게 되는 다양하면서도 단일한 근거(根據), 이유(理由), 법칙(法則), 가치(價値), 의미(意味) 등이 있다. 바로 그러한 근거, 이유, 법칙, 가치, 의미 등을 표현하는 개념이 곧 이(理)이다.

현실세계를 이기론(理氣論)으로 해명하는 경우, 즉 이(理)와 기(氣) 개념을 통해 현실세계를 설명하는 경우 우리는 두 가지 관점에서 그렇게 할 수 있다. 즉 먼저, 기(氣)의 관점에서, 현실세계를 기(氣)가 자신의 활동을 이(理)를 통해 실현 혹은 실천해 내고 있는 것으로 묘사할 수 있다. 그때 이(理)는 실현하여야 할 명령(가치)이라면, 기(氣)는 그것을 수행(遂行)하는 주체가 된다. 둘째, 이(理)의 관점에서도 그것이 가능한데, 곧 이(理)가 기(氣)를 통해 자신을 실현해 내는 것으로 묘사하는 것이다. 그때는 이(理)가 주체가 되며, 기(氣)는 이(理)가 자신을 실현하기 위해 이용하는 매개 혹은 수단이라고 할 수 있다. 물론 이 경우도 이(理)가 기를 떠나 독자적으로 자신을 실현하는 것이 아니라 오직 기의 활동을 통해 자신을 실현하므로, 이(理)의 주체는 현실적으로는 기의 실현 행위 속에 자신을 은폐하고 있다.

1) 이(理)와 기(氣)의 관계: 불상잡(不相離)의 적극적 해석

현실세계는 이(理)를 구현 혹은 실현하는 기(氣)로 구성되어 있다. 우주 속의 객관적 질서, 즉 모든 존재가 따라야 할 자연적이고 규범적인 필연성으로서 이(理)는 오직 기(氣)를 통해 실현되거나 혹은 실현한다. 현실세계에서 기(氣)는 이(理)를 구현하는 것으로 존재하기 때문에 이(理)와 분리되지 않는다. 이것을 이와 기의 불상리(不相離) 관계 혹은 원칙이라고 한다. 그러나 또 다른 한편으로, 이(理)는 실현되어야 할 명령과 같은 것이고, 기는 실현하는 주체에 해당하므로 이와 기는 서로 뒤섞일 수 없다. 이것을 이와 기의 불상잡(不相雜) 관계 혹은 원칙이라고 한다. 결국, 이와 기는 서로 떨어질 수 없는 관계에 있지만 또한 동시에 서로 뒤섞일 수 없는 불상리와 불상잡의 관계에 있다고 할 수 있다.

불상리와 불상잡의 두 원칙은 이와 기의 관계를 설명할 때 어느 쪽도 빠뜨릴 수 없는 것으로 이해되었다. 만약 불상리의 원칙이 훼손된다면, 이(理)는 현실세계를 벗어나 맥락을 잃고 추상화되며, 사람들은 이(理)를 현실세계에서 분리된 공허한 세계에서 찾아들어갈 위험에 빠지게 될 것이다. 또한 불상잡의 원칙이 훼손된다면 이(理)는 현실세계에 매몰되어 현실세계를 계도하고 주재(主宰)하는 객관적 절대성을 잃게 될 것이고, 사람들은 이(理)의 보편적 타당성을 회의하거나 현실의 어떤 국면을 이(理)와 동일시하는 위험에 빠질 수 있는 것이다.

밀암은 당연히 그러한 두 가지 원칙을 기본적으로 수용한다. 그러나 그는 또한 불상리에 대해 불상잡을 강조하여 다음과 같이 말한다.

> 이(理)는 기(氣) 바깥에서 홀로 설 수 없습니다. 이런 측면에서 말한다면, 이와 기는 서로 분리된 적이 없습니다. 그러나 만약 그 명목(名目)과 분계(分界)를 논한다면, 이는 어디까지나 이이고 기는 어디까지나 기여서, 서로 달라붙지 않으며 서로 뒤섞이지 않습니다. 지금은 바야흐로 이와 기를 하나로 삼는 설을 배척하는 문맥이므로 또한 그 서로 뒤섞이지 않는 곳에 나아가 이와 기를 변별하여, 그것의 근저(根柢)와 묘맥(苗脈)이 각각 주(主)로 하는 바가 달리 있음을 분명하게 말한 것입니다.[6)]

밀암에 따르면 이와 기는 명목(名目)과 분계(分界)에서 서로 명확히 구분될 수 있다. 즉, 이와 기는 개념과 실재에서 구분된다. 더욱 분명히 이야기한다면 근저(根柢)와 묘맥(苗脈)에서 차이가 있다. 비록 현실 속에서 둘은 그 작용의 국면에서는 분리될 수 없이 결합되어 있으나 그러한 존재론적 차이가 없어지지는 않는다. 이(理)는 기(氣)와

6) 李栽, 《密菴集》 권6: 12b, 〈答權方叔(壬寅)〉別紙(1722년). 理不能外氣而獨立. 以此言之, 理氣固未嘗相離. 然若論其名目界分, 則理自是理氣自是氣, 不相黏著不相夾雜. 今方斥彼理氣爲一物之說, 則且就其不相雜處辨別出理氣, 明言其根柢苗脈各有所主.

는 구별되는 독자적이고 독립적인 존재라는 것이다. 이것은 불상잡의 원칙을 적극적으로 해석하고 강조하는 것이라 할 수 있을 것이다.

밀암은 이러한 자신의 입장에 대해 다음과 같이 변론한다.

> 옛날부터 이(理)와 기(氣)에 대해 말한 자들은 대부분이 혼전(渾全)하게 말하는 것을 좋아하고 분석(分析)하는 것을 싫어하여, '이와 기는 이미 합하여 하나가 되었으니, 또한 어찌 나누어 둘로 할 이치가 있겠는가?'라고 하였습니다. 이는 또한 그럴듯하지만 실제로는 그렇지 않습니다. 무릇 사물에 형색(形色)과 모상(貌相)이 있는 것은 한번 합해진 후에는 본래 다시 나누기 어렵지만, 이(理)는 무형(無形)이고 본래 스스로 사물의 밖에 초연(超然)하게 있으니 어찌 사물에 있다고 하여 사물에 가두이겠습니까?[7)]

밀암은 이와 기의 결합은 일반적인 사물에서의 결합과는 차이가 있다고 말한다. 형상이 있는 사물의 경우 그 결합된 요소들을 분리하기는 어렵지만 무형의 이(理)는 사물의 밖에 초연(超然)해 있기 때문에 분리될 수 있다고 말한다. 즉, 이(理)는 무형의 것으로 기의 밖에 초연하게 존재하고 있다. 이(理)는 사물 속에 있지만, 사물에 제한을 받지 않는다는 것이다.

밀암이 주장한 구체적인 내용을 더 자세하게 알기는 어렵지만, 사물의 경우 분리하기 어렵게 결합된 요소는 아마도 사물의 속성(屬性)적 요소를 가리키는 것으로 해석할 수 있다고 본다. 사물의 속성은 사물

---

7) 李栽, 《密菴集》 권3: 6b-7a, 〈答權地主(以鎭○戊戌)〉(1718년). 從昔言理氣者, 率多樂渾全而惡分析, 以爲'理與氣旣合而爲一, 又安有分而爲二之理乎?' 是又似然而實不然. 夫物之有形色貌像者, 一合之後固難復分, 若理之無形, 本自超然於事物之表, 豈以在物之故, 見囿於物乎?

자체에 의존해 있으며, 그 사물을 떠나서는 존립할 수 없다. 반면에 이(理)는 기에서 떠나 있지 않으며, 자신의 실현을 위해 반드시 기를 필요로 하고, 그런 점에서 기에 의존한다고 할 수 있지만 속성의 형식으로 기에 결합해 있는 것은 아니라는 것이다. 즉 이(理)는 단지 기의 속성으로 내재하는 것이 아니라 기의 실현을 규제하는 것으로 초연(超然)하게 기의 바깥에 무형(無形)의 것으로 존재하고 있다. 밀암에 따르면 이(理)가 기(氣)로부터 존재론적으로 구분된다는 것, 곧 불상잡의 의미는, 이(理)가 단지 기에 의존하는 속성적 존재로 존재하는 것이 아니라 기를 초월하여 기를 규제하는 독자적 존재로 존재하고 있다는 것이다.[8)]

바로 그러한 불상잡의 관점에서 우리는 기(氣)를 거치지 않고 이(理)에 대해 직접 말하는 것이 가능하게 된다. 즉, 이를 기와 뒤섞지 않고 순수하고 선명하게 포착하는 것이 가능하게 된다는 것이다.

> 일찍이 생각하기를, 이 도리(道理)는 충만하게 관철하여 온갖 조화(造化)의 추뉴(樞紐: 기본 법칙)와 모든 존재의 근저(根柢: 존재 근거)가 되니, 명(命)이라 하고, 성(性)이라 하고, 도(道)라 하고, 인의(仁義)라 하고, 태극(太極)이라 하여, 비록 그 명칭은 같지 않지만 그 돌아가는 곳을 보면 처음부터 두 가지 길이 아니다. 그러므로 공자는 인(仁)을 말하였고, 자사는 도(道)를 밝혔고, 맹자(孟子)는 성선(性善)을 말하였으며, 주렴계는

8) 이는 우리로 하여금 마테오리치가 이(理)를 단지 속성적(屬性的)인 것으로 파악하는 것에 대해 다시 음미하도록 한다. 마테오리치, 《천주실의》, 송영배 외 역(서울: 서울대학교출판부, 1999), pp. 84-97 참조. 물론 밀암(密菴)이 그것을 의식한 것은 아니다. 밀암으로부터 한 세대 지난 하빈(河濱) 신후담(愼後聃, 1702~1761)의 《서학변(西學辨)》(1724년)에 이르면, 마테오리치의 그러한 이(理) 이해가 밀암적인 관점으로부터 정면으로 비판된다. 이에 대해서는 崔東熙, 《西學에 대한 韓國實學의 反應》(서울: 고려대학교 민족문화연구소, 1988), pp. 87-88 참조.

《태극도설》을 지었는데, 이들은 모두 그를 통해 이것[理]을 밝히고자 한 것이었으니, 그들이 어찌 일찍이 기(氣)를 섞어서 말한 적이 있었던가? 사단칠정리기논변(四端七情理氣論辨)이 있고 난 후에 문성공(文成公) 이이(李珥)가 이와 기를 합하여 일물(一物)로 삼자, 그를 따르는 무리들이 전하고 서로 조술하여 앞선 사람들이 밝히지 못한 진리를 밝힌 것이라 주장하였다. 선친(갈암)께서 일찍이 힘을 다하여 그를 배척하니 문성공을 추종하는 자들이 기뻐하지 않았으며, 우리 무리 중에서 지견(知見)이 있다고 하는 이들 중에도 오히려 미혹에 빠짐을 면치 못하는 자가 있다. 장차 후세 사람으로 하여금 이(理) 자체에 동정(動靜)과 체용(體用)이 있음을 알지 못하게 할 것이니, 작은 일이 아니다. 이에 한두 사람의 동지와 더불어 반복하여 변난(辯難)하고, 이와 기를 겸언(兼言)하여 분잡(紛雜)함을 초래하느니 차라리 이(理)는 말하고 기(氣)는 말하지 않음으로써 《맹자》가 성선(性善)을 말한 뜻에 스스로 속하게 하는 편이 더 낫다고 생각하였다.9)

군자(君子)가 되기 위해서는 이(理)를 선명하고 철저하게 이해하여야 한다. 그런데 현실 세계 속에서 이(理)는 애매하게 보일 수도 있고, 그 존재 자체가 의심될 수도 있다. 그러므로 기를 떠나 이를 분명하게 파악하고 드러내기 위해서는 기의 맥락에서 떠나 이 자체를 말하는 것이 더 낫다. 밀암이 이(理)의 불상잡(不相雜)을 적극적으로 해석하여 강조하는 것은 바로 이를 선명하게 드러내는 데 있었다고 할 수 있다.

9) 李栽, 《密菴集》 권23: 37b－38a, 〈密菴自序〉(1723년). 嘗以爲此道理, 充滿貫徹, 爲萬化樞紐羣品根柢, 曰命曰性曰道曰仁義曰太極, 雖其名目不同, 要其歸, 初無二致, 故孔子言仁, 子思明道, 孟子道性善, 濂溪作太極圖說, 皆所以明此物也, 何嘗雜氣而爲言乎? 自有四七理氣辨以來, 李文成珥合理氣爲一物, 其徒傳相祖述, 以爲發前人所未發. 先人嘗極力排之, 而祖文成者不說, 吾儕中號爲有知見者, 猶未免聽瑩. 將使後之人, 不知理自有動靜體用, 非小變也. 乃與一二同志, 反復辨難, 以爲與其兼言理氣而致紛雜, 無寧言理不言氣, 以自附於《孟子》道性善之義.

2) 이(理)의 능동성 문제

위의 인용 후반부에서 알 수 있는 것처럼, 밀암이 이와 기의 불상잡을 강조하는 것은 기본적으로 이(理)의 선명한 인식과 철저한 실천을 학문의 목표로 삼는 자신의 관점에 기초를 둔 것이었지만, 또한 율곡 이이의 입장, 곧 퇴계의 사칠론을 비판하고 기일도설(氣一途說)을 주장하면서 율곡이 불상리(不相離)를 강조한 입장에 대해 반론을 편다는 의도를 가진 것이었다.

율곡이 퇴계의 이발설(理發說), 혹은 호발설(互發說)에 반대하는 주된 이유는 그것이 이의 무위(無爲) 원칙을 해친다는 것이다. 이(理)는 실천되는 것이지 실천하는 것이 아니며 그러므로 그 자체는 무위(無爲)한데, 이(理)가 발한다는 것은 이(理)의 무위(無爲)의 원칙을 깨는 것이므로 받아들일 수 없다는 것이다. 이(理)는 오직 기를 통해 자신을 실현하므로, 이 자체가 실현의 주체가 될 수 없다는 것이다. 율곡은 이의 자기실현보다는 이에 대한 기의 주체적 실천의 측면을 강조하는 것이라고 볼 수 있다.[10)]

그러나 밀암에 의하면 이(理)는 현실적으로 자신을 오직 기의 활동을 통해 실현하지만, 동시에 기에 의존하지 않고 독자적으로 존재하는 실체로서, 불상잡의 관점에서 혹은 분개(分開)의 관점에서 이(理)는 그 자체에 체용(體用)과 동정(動靜)을 갖추고 있다고 말한다.[11)] 이는 곧 이(理)의 능동성을 긍정하는 것으로, 이(理)를 주체로 삼아 현실세

---

10) 만약 이(理)가 실천하는 주체가 된다면, 이(理)는 우연적인 현실세계에 속하게 되므로 그만큼 그 절대적 객관성은 훼손될 것이며 실천하는 기의 엄중한 책임의식도 약화될 것이라는 실천적 우려가 또한 이의 무위에 대한 강조의 배경에 있다고 할 수 있을 것이다.

11) 위의 주 9) 참고.

계를 기술하는 것이 가능하다는 것을 적극적으로 주장하는 것이다. 그는 다음과 같이 말한다.

> 주렴계(周濂溪)는 "태극이 움직여 양을 낳고, 고요하여 음을 낳는다."라고 하였고, 주자(朱子)는 "이(理)에 동정(動靜)이 있으므로 기(氣)에 동정이 있다. 만약 이(理)에 동정이 없다면 기는 어디로부터 동정을 가지게 되겠는가?"라고 하였습니다. 이에 따르면, 그 동과 정이 이(理)에 있고 기에 있지 않음을 미루어 알 수 있습니다. 이(理)는 비록 무정의(無情意)하고 무조작(無造作)한 것이지만 어찌 한 덩어리의 죽은 물건 같아서 고요히 있을 수는 있으나 움직일 수 없으며 그 발(發)하는 것이 모두 기(氣)의 소위인 것이겠습니까?[12)]

> 주자(朱子)는 "이(理)는 자체에 동정(動靜)이 있으니 어찌 기(氣)와 상관이 있겠는가?"라고 하였으며, 또 "측은(惻隱)이 발함에 마음은 그것을 감싸 쌓아두지 못하고 기(氣)도 손과 발을 대지 못한다."라고 하였습니다. 그럼에도 이(理)는 스스로 발하지 못하므로 반드시 기(氣)를 기다려야 한다고 할 수 있겠습니까?[13)]

> 율곡은 다만 이(理)가 무정의(無情意), 무조작(無造作)한 것이라고만 알고, 그것이 만사(萬事) 만물(萬物)의 추뉴(樞紐)와 근저(根柢)가 됨은 알지 못하였습니다.[14)]

---

12) 李栽, 《密菴集》 권3: 7a, 〈答權地主(以鎭○戊戌)〉(1718년). 周子曰, "太極動而生陽靜而生陰", 朱子曰, "理有動靜, 故氣有動靜. 若理無動靜, 氣何自而有動靜乎?" 是則其動其靜, 在理不在氣者, 可推而知矣. 理雖無情意無造作, 豈塊然若一箇死物, 能靜不能動, 而其發皆氣之所爲乎?

13) 李栽, 《密菴集》 권6: 7a, 〈答權方叔(辛丑)〉(1721년). 朱子曰, "理自有動靜, 何關於氣乎?" 又曰, "惻隱之發, 心包蓄不住, 氣著脚手不得." 當此之時, 亦可謂理不能自發而必待於氣乎?

밀암에 의하면, 불상리와 이(理)의 무위(無爲)만을 강조하는 율곡의 입장은 결국 그러한 이(理)의 독자성과 선명성, 기를 통해 자신을 실현하는 이(理)의 근원적이고 능동적인 성격을 제대로 이해하지 못하는 것으로 결국 이(理)를 사물화(死物化)하여, 기의 속성적 존재로 이해하는 데로 떨어지고 만다는 것이다.

그러나 밀암은 한편으로 이(理)의 능동성이 과도하게 해석되는 것을 또한 경계하였다. 그는 1724년 청대(淸臺) 권상일(權相一: 1679~1759)과 나눈 대화에서 다음과 같이 말하고 있다.

> [권상일의 질문] "태극이 움직여 양을 낳는다"고 했는데, 이(理)에 지묘(至妙)의 용(用)이 있으므로 기를 탈 필요 없이 움직일 수 있고 낳을 수 있다는 것인지, [아니면] … 반드시 기를 타는 것을 기다려서야 움직일 수 있고 낳을 수 있다는 것인지 모르겠습니다.
>
> [밀암의 대답] … 태극의 오묘함은 형(形)과 적(跡)이 없습니다. 반드시 형기(形氣) 위에 실려야 합니다. 이것이 곧 '기를 타고서 행한다'는 것입니다. 동정(動靜)이 태극이 아니라 그로써 동(動)하고 그로써 정(靜)하는 근거[이유]가 곧 태극입니다. 또한 동(動)은 곧 양이며, 정(靜)은 곧 음이니, 지금 '[기를 탈 필요 없이] 움직일 수 있고 낳을 수 있다'고 한다면 나누어 둘로 삼는 잘못이 있을 듯합니다.[15]

---

14) 李栽, 《密菴集》 권6: 34a, 〈答權台仲(相一○甲辰)〉別紙(1724년). 栗谷徒知理爲無情意無造作底物事, 不知其爲萬事萬物之樞紐根柢.

15) 李栽, 《密菴集》 권6: 32b-33a, 〈答權台仲(相一○甲辰)〉別紙(1724년). (問) "太極動而生陽." 未知理有至妙之用, 故不必乘氣而能動能生否? 〈止〉 必須乘氣而能動能生否? (答) … 今以此義推之, 太極之妙, 無形與跡, 必須掛搭在形氣上, 是卽所謂'乘氣而行'者. 而動靜非太極, 所以動所以靜者, 乃太極也. 且動便是陽靜便是陰. 今曰'能動能生', 似有分而二之之失, 如何如何.

여기에서 밀암이 여전히 불상리의 입장을 보존하고 있음을 알 수 있다. 이는 일견 위에서 제시한 입장과 모순되는 것처럼 보이지만, 오히려 밀암 자신의 불상잡 강조가 사람들의 오해를 가져오지 않도록 스스로 제한한 것이라고 할 수 있다. 그는 다음과 같이 명확하게 불상리의 원칙을 거듭 확인하고 있기도 하다.

> 그리고 여기에서 분개(分開)하여 말하는 것이 어찌 참으로 둘로 분리(分離)하여 이(理)는 여기에 있고 기(氣)는 저기에 있어서 판연(判然)하게 나누어 양쪽에 둘 수 있다고 하는 것이겠습니까?[16]

밀암에 의하면 이(理)는 분명 자체에 체용과 동정을 가진다. 즉, 이(理)를 주체로 삼아 자신의 체용(體用)과 동정(動靜)을 말할 수 있다. 그러나 이(理)는 또한 무형(無形)의 것으로, 이(理)의 주체적 활동은 반드시 기의 운동을 매개로 할 수밖에 없는 것이다. 이가 주체가 된다고 하여, 이가 기와 별도로 기가 존재하는 방식으로 존재하는 것은 아니며, 이의 활동이 기의 활동과 별도로 이루어지는 것도 아니라는 것이다.[17] 이(理)는 어디까지나 기의 운동을 통해 자신의 운동을 실현한

16) 李栽, 《密菴集》 권6: 12b, 〈答權方叔(壬寅)〉別紙(1722년). 且此之爲分開說者, 亦豈眞以爲可離而二之, 理在此氣在彼, 判然分置兩邊也.

17) 이런 점에서 현상윤(玄相允)이 주리파(主理派)의 발달과 관련하여 "갈암(葛庵) 이후 시대를 내려옴에 따라 점차(漸次) 율곡(栗谷)의 기발설(氣發說)을 반대하는 나머지 어느덧 기(氣)를 버리고 이(理)만 취하여 주리설(主理說)을 주장하는 노선으로 향하게 되었다."라고 하고 그 첫머리에 밀암을 둔 것은 조금 지나친 감이 있다. 玄相允, 《朝鮮儒學史》(서울: 玄音社, 1982[1948]), p. 357 참조. 이완재(李完栽)가 그를 일부 긍정하면서도 "그러나 따지고 보면 이(理)만을 말하고 기(氣)를 전적으로 부인하려는 것이 밀암의 본의는 아니었음을 알 수 있다."라고 지적하고, 밀암이 '이(理)만 말하고 기(氣)는 말하지 않고'자 한 것은 "첫째는 이(理)를 강조하여 본연의 성(性)을 드러내고자 함이고,

다. 기의 운동을 떠나 이(理)의 운동이 있는 것은 아니다. 그러나 또한 동시에 그렇다고 이가 그 자체로 존립할 수 없는 단지 기의 어떤 속성적 존재에 불과한 것은 결코 아니다. 이(理)는 자체에 체용과 동정을 가진 것으로서, 그의 운동이 비록 기의 운동을 통해 표현되지만, 그것은 또한 이(理)의 자기실현으로 기술될 수 있다는 것이다.

3) 이(理)의 표리정조(表裏精粗) 문제

밀암은 초년(1689년)에 '이(理)에도 표리정조(表裏精粗)가 있는가?'라는 문제를 두고 숙부 항재(恒齋) 이숭일(李嵩逸: 1631~1698)과 함께 논란한 바 있다. 항재의 입장은 있을 수 없다는 것이고, 밀암의 입장은 있을 수 있다는 것이었다. 항재가 이(理)에 표리정조가 있을 수 없다고 주장하는 것은 다음과 같은 이유에서였다.

> 형(形)과 상(象)이 있는 물(物)에 대해서 비로소 표리정조를 말할 수 있으니, 무성(無聲) 무취(無臭)한 이(理)의 경우에는 어찌 이 네 글자를

둘째는 당시의 혼륜설(渾淪說)이 지나치게 풍미(風靡)함으로 해서 이기(理氣)의 분개(分開) 내지는 이(理)의 천양(闡揚)을 위한 방편적인 주장이 아니었던가 생각된다."라고 한 것은 정확한 파악이었다고 생각된다[李完栽, "密菴 李栽의 哲學思想", p. 118 참조]. 한편 금장태는 "그의 학설은 주리론(主理論)의 입장을 전제로 하면서도 이(理)·기(氣)의 어느 한쪽에 극단적으로 치우치지 않고 양자의 역할을 주목하는 양변설(兩邊說)의 성격을 관철하고 있다는 점에서 주목된다."라고 평가하고 이어서 "이 점은 바로 퇴계의 일관된 입장이며, 그의 부친에서 부분적으로 계승하여 그의 제자 대산(大山)에게 계승시킨 것으로서, 퇴계학파 성리학의 핵심적 논리를 이루고 있는 것이다."라고 하여, 주리론(主理論)을 전제로 하되 이와 기 양자의 역할 모두를 주목하는 양변설이 퇴계학파 전체의 정통한 입장이라고 말한다(琴章泰, "密菴 李栽의 性理學", 《密菴 李栽研究》, p. 207).

붙일 수 있겠는가?[18]

표리정조, 곧 표면적인 것과 이면적인 것, 정밀한 것과 조잡한 것이라는 성질은 형체가 있는 사물에는 속할 수 있지만, 무형(無形)의 이(理)에는 속할 수 없다는 것이다. 이는 이미 퇴계(退溪) 시대에도 논란이 있었던 것으로 퇴계는 항재와 같은 입장에 서 있었다.[19]

[김취려의 질문] "이(理)에 표리정조가 있다"고 하는 것은, 표면과 이면, 정밀한 것과 조잡한 것 모두에 이(理)가 있다는 의미입니까? 아니면, 이(理)에도 표면과 이면, 정밀한 것과 조잡한 것이 있어서 마치 기에 순수한 것과 탁한 것이 있고 사물에 가죽과 뼈 등이 있는 것과 같다는 말입니까? 이(理)는 본래 정결(淨潔)하니 표면이나 조잡한 것이라 해도 또한 이(理)의 용(用)이어서 이른바 비(費)라고 하는 것입니까? 가르쳐 주시기 바랍니다.

[퇴계의 답변] 표리정조에 대해서는 앞의 설이 올바른 데 가깝습니다. 오직 쌍봉(雙峯) 요씨(饒氏)의 설을 참고하여 깊이 사유하여 체득하시면 되겠습니다. 뒤의 설은 옳지 않습니다.[20]

---

18) 李嵩逸, 《恒齋集》 권3: 20b, 〈答栽姪〉. 大抵物之有形有象者, 方可以表裏精粗言之. 至如理之無聲無臭, 則豈可著此四字也?

19) 율곡학파 측의 한원진은 퇴계의 견해에 반대하여 앞의 설은 틀렸고 뒤의 설이 맞다고 주장하였다. 韓元震, 《南塘集》 拾遺 권4: 37a, 〈退溪集箚疑〉. 按前說非是, 理自有表裏精粗, 章句衆物之表裏精粗無不到, 物字當作理字看, 盖曰衆物之理云爾. 饒氏曰 "格物, 窮至那道理恰好闔奧處, 自表而裏, 自精而粗" 云者, 亦以理之表裏精粗而言耳. 이는 밀암의 설과 통하는 바가 있다.

20) 李滉, 《退溪集》 권30: 16b, 〈答金而精〉 別紙. (問) "理有表裏精粗"云者, 表與裏精及粗處, 皆有理云乎? 理亦有表裏精粗, 如氣之粹濁, 物之皮骨之類而言乎? 理本淨潔, 則表也粗也亦理之用, 而所謂費乎? 指誨, 幸甚幸甚, (答) 表裏精粗, 前說近是. 只以雙峯饒氏說, 深思而得之, 可也. 後說非是.

그렇다면 밀암이 이(理)에 표리정조가 있다고 주장하는 것은 무슨 이유에서인가? 밀암은 이(理)에도 표리정조가 있으며, 이면과 정밀한 것이 소이연(所以然: 원리, 이유)으로서의 이라고 한다면 표면과 조잡한 것은 소당연(所當然: 당위, 규범)으로서의 이(理)로서, 서로 체용(體用)의 관계를 형성하고 있다고 말한다. 즉, 이(理)에 체(體)와 용(用)이 있으며, 표리정조는 각각 그 체와 용에 해당한다는 것이다. 그는 이를 주자(朱子)가 《어류(語類)》에서 한 말들과, 《대학혹문(大學或問)》에서 말한 것, 그리고 옥계(玉溪) 노씨(盧氏)의 말, 진외증조부 경당(敬堂) 장흥효(張興孝: 1564~1633) 등의 말 등을 인용하여 철저하게 방증함으로써[21] 항재의 인가를 얻어 내는 데 성공하였다.[22] 내용은 다음과 같다.

> 무릇 이(理)가 만물에 산재하여 사물마다 각각 한 이(理)를 갖추고 있는 것으로 말한다면 본래 내외(內外)가 없으며 정조(精粗)가 없다. 그러

---

21) 李栽, 《密菴集》 권9: 3a－3b, 〈答叔父恒齋先生(己巳)〉(1689년). 若夫表裏精粗之說, 則竊嘗見朱夫子答人之問曰, "理固自有表裏精粗. 有人只理會下面許多, 都不見上面一截, 這喚做知得表知得粗. 又有人看得大體, 都不就中間細下工夫, 這喚做知得裏知得精, 二者都是偏." 又曰, "有人只就皮殼上做工夫, 却於理之所以然者, 全無見處. 又有人思慮向裏去, 嫌眼前道理粗於事物上, 都不理會"云云. 由此言之, 以所以然與所當然, 分表裏精粗, 似不爲無據也. 雖《語類》所記, 豈容盡誤. 《大學或問》曰, "天下之物, 莫不各有所以然之故與其所當然之則, 所謂理也. 人莫不知, 而或不能使其精粗隱顯, 究極無餘, 則理所未窮, 知必有蔽." 是其文勢語脈, 分明以精粗隱顯, 就物理上說, 未見其只就物上說也. 況隱顯字, 比表裏字尤明白乎. 盧玉溪所謂"粗也顯也, 事理當然之則也. 精也隱也, 事物所以然之故也"者, 恐不可謂失朱子之旨, 而斷以害理之言也. 〈盧說見《或問》小註, 補亡章小註盧說亦然.〉 外曾王父答問中語, 恐其本此而稱停得, 豈偶然也.

22) 李嵩逸, 《恒齋集》 권3: 22b, 〈重答栽姪〉. 嘗見朱子他說中, 有曰理無精粗本末, 與《語類》中理自有精粗表裏等說, 不無矛盾, 故竊嘗疑之以爲《語類》之說, 不可盡信, 而有前後之云云也. 今因汝反復, 始濯舊來, 新見得右數條, 不必疑其同異, 當各求其義也.

> 나 만약 그것이 일용(日用)의 사이에 드러났으나 그 체(體)는 숨어서 볼 수 없는 것으로 말한다면 그것에 정밀한 것과 조잡한 것, 숨어 있는 것과 드러나 있는 것 사이의 구분이 있다고 해도 무방하다. 주자(朱子)가 "이(理)에는 본래 자체에 표리정조가 있다."라고 한 것이 바로 이 지점을 가르친 것이다.[23)]

이(理)는 하나로 통일된 것으로, 각 사물에 갖추어진 이(理)는 바로 그 통일된 이(理)로서 차별이 있을 수 없다. 다만 그것이 현실세계에 실현되는 과정에서는 숨어 있는 것과 나타나 있는 것, 정밀하게 실현된 것과 조잡하게 실현되는 차이가 있게 된다는 것이다. 밀암은 또한 그것을 이(理)에 대한 우리의 인식과 실천에서의 차별상을 반영하는 것으로 이해하였다.

> 《중용(中庸)》에서는 "오직 천하의 지극히 성실한 자만이 그 본성을 다할 수 있다"고 하였고, 그에 대한 주자(朱子)의 장구(章句) 주(註)에서는 "나에게 있는 천명을 살피고 말미암아, 크고 작고 정밀하고 거친 것을 조금이라도 다하지 못함이 없는 것이다."라고 하였다. 이것이 또한 정조(精粗)를 가지고 이(理)를 말하는 것의 한 증거이다.[24)]

즉, 인식과 실천이 깊어지면서 표면상의 거친 이에서 내면의 정교한 이에 이르기까지 인식과 실천이 진전해 나가는 측면이 있다는 것이다.

---

23) 李栽, 《密菴集》 권9: 3b－4a, 〈答叔父恒齋先生(己巳)〉(1689년). 夫以理之散在萬物而物物各具一理者言之, 固無內外無精粗. 若以其著於日用之間而其體則隱而不可見者言之, 不害其有精粗隱顯之分. 朱子所謂理固自有表裏精粗者, 正指此等處也.

24) 李栽, 《密菴集》 권9: 4a, 〈答叔父恒齋先生(己巳)〉. 《中庸》曰, "惟天下至誠, 爲能盡其性." 《章句》曰, "天命之在我者, 察之由之, 巨細精粗, 無毫髮之不盡也." 是又以精粗言理之一驗也.

이의 표리정조와 관련된 밀암의 이러한 견해에서 우리는, 이(理)에 대한 밀암의 관심, 그리고 차후에 이(理)의 체용과 동정을 적극적으로 인정하여 가는 입장이 초년에 이미 형성되고 있음을 확인할 수 있으며, 또한 이(理)의 현실적 인식과 실천에 대한 그의 강한 관심을 확인할 수 있다.[25)]

3. 심성론(心性論)

이(理)와 기(氣)가 인간 존재에 투영된 것이 심(心)과 성(性)이다. 성(性)이 우리의 심(心)에 부여된 이(理)라고 한다면, 심(心)은 그러한 이(理)를 실현하는 주체로서 기(氣)에 해당한다. 기(氣)가 그러하듯이 인간의 심(心)은 이(理)를 '수행(遂行)' 혹은 '실현(實現)'하는 주체이다. 심의 활동의 어떤 측면은 이(理)에 대한 인식과 자각에 기초한 '실천(實踐)'이며, 그런 점에서 심(心)은 여타 존재와는 다른 자각적 주체라고 할 수 있지만, 심(心)이 언제나 자각적 주체인 것만은 아니다. 심은 여타의 비자각적 활동도 수행한다. 그러한 비자각적 활동도 이(理)를 어떤 방식으로든 실현하고 있는 것이라고 할 수 있다.

한편 심에 의한 이(理)의 실천은 동시에, 이와 기의 관계에서 그러했던 것과 마찬가지로, 심(心)을 매개로 한 이(理)의 자기실현의 측면에서 기술될 수 있다.[26)] 그래서 인간의 현실 존재를 표현하는 정(情)

---

25) 밀암은 퇴계에게 자신의 견해를 질의하지 못함을 아쉬워함으로써 자신의 견해에 자신감을 나타내었다. 李栽,《密菴集》권9: 7a,〈答叔父恒齋先生〉. 然今見金公之問, 不曾及朱子所云之意, 單擧理有表裏精粗一句以爲問, 則亦無怪乎其答之如此, 恨不以今所云云者, 仰質陶山門下而求折其中也.

은 한편으로는 이(理)를 실현 혹은 실천하는 심(心)의 활동의 결과로서 이해되는 동시에, '성발위정(性發爲情)' 곧 성(性)의 활동의 결과로 이해될 수 있는 것이다.

1) 사단칠정설(四端七情說)

사단(四端)과 칠정(七情)은 둘 다 정(情)에 속한다는 점에서는 차이가 있을 수 없으며, 따라서 둘 다 심리상 기(氣)의 운동이라 할 수 있다. 그러한 기의 운동 이면에는 이(理)의 작용 혹은 운동이 있다. 그런 점에서 사단과 칠정은 둘 다 기발(氣發)로 서술될 수도 있고, 둘 다 이발(理發)로 서술될 수도 있다. 즉, 심(心)의 활동의 결과물로서 서술될 수도 있고, 혹은 성(性)의 활동의 결과물로서 서술될 수도 있는 것이다.

사단칠정논변(四端七情論辨)은 퇴계(退溪)가 사단(四端)을 이발(理發)에 그리고 칠정(七情)은 기발(氣發)에 각각 분속(分屬)하여 서술함으로써 발생하였다. 만약 사단과 칠정을 각각 이발과 기발에 분속한다면 칠정은 이발(理發)이 아니며, 사단은 기발(氣發)이 아니라는 말인가? 고봉(高峰)이 퇴계설에 의문을 제시하는 핵심은 바로 여기에 있었다.[27] 율곡(栗谷)은 거기에 더하여, 기발에 대하여 이발을 배치하는 것은 기가 발하는 것처럼 기와 별도로 이(理)가 운동 혹은 작용하는 것으로 이해하는 것이며, 그것은 이의 무위(無爲)의 원칙을 범하는 것이라 비판하였다.

---

26) 문석윤, 《湖洛論爭 형성과 전개》(고양: 동과서, 2006), pp. 70－74, '마음[心]에 대하여: 場과 主體' 부분 참조.

27) 문석윤, "퇴계에서 理發, 理動, 理到의 의미에 대하여", 《退溪學報(退溪學硏究院)》 제110집(2001), pp. 166－171.

우주 속의 객관적 질서, 즉 모든 존재가 따라야 할 자연적이고 규범적인 필연성으로서 이(理)는 오직 기(氣)를 통해 실현된다. 그런데 기를 통한 이(理)의 실현은 기(氣)를 주어로 삼아 '기가 이를 실현한다'고 기술될 수 있는 동시에, 이(理)를 주어로 삼아 '기를 통해 이가 자기를 실현한다'고 이해될 수도 있다. 율곡이 전자에 초점을 맞추었다면, 퇴계는 후자에 초점을 맞추었다고 할 수 있는 것이 아닌가?

그러나 문제가 그렇게 단순하지는 않다. 사단과 칠정 모두를 기발로 해명하거나 이발로 해명한다면 그것은 고봉도 동의할 수 있을 것이며, 혹 율곡 또한 이발이 어디까지나 기발을 통해 이루어진다고 설명한다면 특별히 문제 삼을 것 같지 않다. 문제는 퇴계가 사단과 칠정을 각각 이발과 기발에 분속하여 대립시키는 데 있는 것이다.

밀암은 퇴계의 사칠설을 옹호하여 다음과 같이 말하였다.

> 무릇 이와 기 두 가지는 오묘하게 결합하여 틈이 없으니, 서로 떨어진 적이 없으나 또한 서로 섞인 적도 없습니다. 똑같이 외물의 자극을 받아 마음이 움직인다고 하지만, 어린 아기가 우물에 들어가려 함을 보고서 놀라고 측은한 마음이 발할 때에는, 마음이 그것을 감싸 쌓아두지 못하고 기(氣)는 손과 발을 댈 수 없으니 이른바 이(理)로부터 발한 것이 아닙니까? 반면에 이목구비(耳目口鼻)상에서 소리와 색깔, 냄새와 맛의 욕구를 발할 때에는, 각각 그 형기(形氣)에 따라서 자기 한 몸의 사사로움을 행하니 이른바 기(氣)로부터 발하는 것이 아닙니까? 그 단서(端緖)와 묘맥(苗脈)이 본래 이와 같으니, 이가 막 발함에 기가 곧 그에 따르고, 기가 막 발함에 이가 곧 그를 타는 것은 바로 사람이 말을 타고 말이 사람을 따르는 것과 같으니 또한 어찌 서로 떨어져 서로 간섭하지 않음을 의심하겠습니까?
>
> 지난날 말씀드렸던 《중용》과 《예기(禮記)》의 〈악기(樂記)〉와 정이천

(程伊川)의 〈호학론(好學論)〉 등은 혼륜(渾淪)하게 말한 것이며, 《맹자》가 성선(性善)을 말하고 사단을 따로 떼어낸 것은 분별(分別)하여 말한 것입니다. 혼륜으로부터 말한다면 칠정은 본래 이와 기를 겸하여 말할 수 있으며, 분별로부터 말한다면 사단은 저절로 이의 발이며, 칠정은 저절로 기의 발입니다. 그 소종래(所從來)의 지두(地頭)가 각각 서로 같지 않으니, 이것을 끌어서 저것에로 나아감으로써 혈기(血氣)의 요양(擾攘) 중에서 순수(純粹) 지선(至善)한 것을 억지로 찾아서는 안 되는 것입니다. 이것은 제가 평소에 그와 같이 들은 것일 뿐 아니라 퇴계 선생이 이미 말씀하신 것이며, 비단 퇴계 선생이 말씀하신 것이 아니라 주자 또한 이미 말한 것입니다.[28]

사단(四端)과 칠정(七情)은 모두 비록 혼륜의 입장에서는 둘 다 기가 이를 실현하고 기를 통해 이가 실현되는 것으로 겸하여 말할 수 있지만, 분별해서 말하는 경우 사단은 기를 개입시키지 않고 이(理)가 발현한 것으로 설명하고 칠정은 기(氣)가 발현한 것으로 나누어 각각 말하는 것이 가능하다는 것이다.[29] 칠정이 기가 발현하는 것이라 해도 실은 이(理)를 근거로 하고 있으며 이를 실현하는 것이자 동시에 이

---

28) 李栽, 《密菴集》 권3: 5b－6b, 〈答權地主(以鎭, 戊戌)〉(1718년). 夫以理氣二物, 妙合無間, 未嘗相離, 亦未嘗相雜. 當其感物而動也, 見孺子入井, 而有怵惕惻隱之發, 則心包蓄不住, 氣著脚手不得, 非所謂從理而發者乎? 從耳目口鼻上, 發聲色臭味之欲, 則各隨其形氣而爲一己之私, 非所謂從氣而發者乎? 其端緒苗脈, 本自如此, 而理才發氣便隨之, 氣才發理便乘之, 正如人乘馬馬隨人, 又何相離不相涉之爲疑乎? 頃日所陳《中庸》·〈樂記〉·〈好學論〉, 是渾淪言之也, 《孟子》道性善剔四端, 是分別言之也. 從渾淪言之, 七情固可以兼理氣言, 從分別言之, 四端自是理之發, 七情自是氣之發. 其所從來地頭, 各自不同, 不可牽此就彼, 强索純粹至善之物於血氣擾攘中. 是則非但栽平日所聞如此, 退陶先生已言之, 非但退陶先生言之, 朱子已言之.

29) 혼륜과 분별로 관점을 나누어 말하는 것은 또한 갈암의 입장을 계승한 것이다. 문석윤, “葛庵 李玄逸의 性理說”, 《民族文化(民族文化推進會)》 제29집(2006) 참조.

(理)가 자기를 실현하는 것이라고 말할 수 있고, 사단의 이의 발현도 또한 오직 기의 발현을 통한 것임에 틀림없지만 그 둘 사이에는 단서(端緖)와 묘맥(苗脈), 소종래(所從來)와 지두(地頭)에서의 차이가 엄연히 존재하고 있다는 것이다.

밀암에 의하면 사단과 칠정의 차이는 바로 이와 기의 존재론적 차이를 반영한다는 것이다. 다시 말하면, 사단(四端)은 곧 현실의 체험 가운데 이(理)의 순수한 모습을 선명하게 드러내어 주는 것으로 제시된 개념이다. 그것은 혈기(血氣)와 뒤섞을 수 없는 순수하고 지선한 이(理)의 발현이다. 사단은 현상적으로는 기(氣)에 속하지만 그 소종래와 묘맥의 관점에서, 동시에 기(氣)에 대하여 그로부터 독립하여 이(理)의 능동성을 생생하게 입증하여 주는, 이(理)의 발현이라고 볼 수 있다는 것이다. 앞 절에서 언급된 이(理)의 능동성은 사단을 통해 일상세계 속에서 명료하게 현시되고 체험적으로 인지될 수 있는 것이다.

2) 인심인욕설(人心人欲說)

주자(朱子)가 〈중용장구서(中庸章句序)〉에서 《서경(書經)》〈대우모(大禹謨)〉의 도심(道心)과 인심(人心)의 구분[30]에 심(心)에 관한 일반 이론으로서 이론적·실천적 의의를 부여한 이래로[31] 성리학에서

30) 《書經》〈大禹謨〉. 人心惟危, 道心惟微, 惟精惟一, 允執厥中.

31) 〈中庸章句序〉. 心之虛靈知覺, 一而已矣. 而以爲有人心 道心之異者, 則以其或生於形氣之私, 或原於性命之正, 而所以爲知覺者不同, 是以或危殆而不安, 或微妙而難見耳. 然人莫不有是形, 故雖上智不能無人心, 亦莫不有是性, 故雖下愚不能無道心. 二者雜於方寸之間, 而不知所以治之, 則危者愈危, 微者愈微, 而天理之公卒無以勝夫人欲之私矣. 精則察夫二者之間而不雜也, 一則守其本心之正而不離也. 從事於斯, 無少閒斷, 必使道心常爲一身之主, 而人心每聽命焉, 則危者安, 微者著, 而動靜云爲, 自無過不及

심(心)은 인심과 도심의 두 가지 형태를 지닌 것으로 이해되었다. 주자(朱子)의 설명에 따르면 심(心)은 기본적인 지각(知覺)으로, 즉 외부세계와 관계하면서 반응 — 그것이 곧 지각(知覺)이다 — 하는 중심(中心)으로서, 심의 외곽을 이루는 신체의 감응기제에 따라 반응하는 것이 인심(人心)이라고 한다면, 심의 내부에 갖추어진 성명(性命)의 도덕적 원리에 따라 반응하는 것이 도심(道心)이다. 인심은 외부세계와 자연적 필연성에 따라 반응하는 것을 말하며, 도심은 도덕 법칙에 기초하여 반응하는 것이라 할 수 있다. 《서경》에 따르면 인심은 위태롭고 도심은 은미하다. 위태로운 인심을 안정시키고 은미한 도심을 확실하게 하여 인심을 도심으로 인도하는 것이 곧 마음공부의 주요한 내용이라고 할 수 있는 것이다.

도심이 성명에 기원을 두고 인심이 형기에 기원을 두고 있다고 할 때,[32] 그것들은 사단과 칠정 사이의 차이를 소종래의 차이에 두는 퇴계 이래의 입장에서 각각 사단과 칠정에 해당하는 것으로 해석될 여지가 있었다. 그러나 사단과 칠정이 발현된 마음의 차원, 곧 이미 발한[已發] 정(情)의 차원에 있다고 한다면, 인심이나 도심은 어디까지나 심(心) 전체 국면을 지칭하는 것으로서 이발(已發)만이 아니라 아직 발현되지 않은 차원인 미발(未發)의 차원도 포괄한다. 그러므로 둘 사이를 완전히 동일시할 수는 없다. 그러나 역시 둘 사이에는 유비적으로 매우 유사한 관계가 있다고 할 수 있으며, 또한 이발(已發)에 제한한다면 각각으로도 거의 동일하다고 말할 수 있는 것이라 하겠다.

之差矣.

32) 율곡은 도심과 인심의 차이를 기원의 차이에 두지 않는다. 이에 대해서는 정원재, "知覺說에 입각한 李珥 철학의 해석"(박사학위논문, 서울대학교대학원, 2001), pp. 120-132 참조. 이는 자신의 사단칠정설과의 정합성을 추구한 것이라 할 수 있다.

밀암과 극재(克齋) 신익황(申益愰: 1672~1722) 사이에 있었던, 인심(人心)을 인욕(人欲)으로 볼 수 있는가 하는 논변은 사단칠정과 인심도심의 상호 관련성 문제가 그 배경에 있었다. 그것은 갈암과 신익황 사이의 동일한 논변을 계승한 것이기도 한데, 밀암은 갈암의 입장을 계승하여[33] 인심은 곧 인욕이라는 주장을 폈다. 인심은 형기(形氣)에 기원하는 마음으로서 인욕(人欲)으로 해석될 수 있다는 것이다. 그런데 위에서 지적한 바와 같이 인심이 미발(未發)을 포괄한 개념인 반면, 인욕은 이발(已發)에 해당한다는 차이가 있다. 이 문제에 대해 밀암은 도심과 인심이 대조적으로 사용된 이상, 그 둘의 성격은 이미 확정된 것이고, 그렇다면 그것은 이발 차원에 무게가 실린 것으로도 볼 수 있다고 지적함으로써 난점을 피해 갔다.

> 이미 인심과 도심을 나누어서 말하였으니 미발(未發)에 관여시키는 것은 미안한 듯하다.[34]

그러나 사실 인심과 인욕을 동일시하는 것은 인심이 비교적 도덕 중립적인 것으로, 비록 위태하기는 하여도 아직 선악이 확정되어 있지 않은 성격의 것이라고 한다면, 인욕은 이미 사욕(私欲), 곧 천리(天理)에 대비된 사욕으로서, '존천리(存天理), 멸인욕(滅人欲)'의 구호에서 보이는 것처럼, 제거되어야 할 악(惡)으로 확정된 것으로 이해할 수 있다는 데에 문제가 있는 것이었다. 주자가 정이천의 설에 따라 처음

---

33) 인심과 인욕에 대한 갈암의 견해에 대해서는 문석윤, "葛庵 李玄逸의 性理說", 《民族文化(民族文化推進會)》 제29집(2006), pp. 261－263 참조.

34) 李栽, 《密菴集》 권5: 35b, 〈答申明仲(庚寅)〉(1710년). 旣分說人心道心, 則參涉未發似未安.

에 인심을 인욕과 동일시하다가 후에 둘 사이를 구분한 것은 실로 이러한 데 이유가 있었다고 할 수 있으며, 신익황이 인심과 인욕을 극력 구분하는 것도 같은 이유가 있었다. 심지어 퇴계 역시 이미 그러한 사항을 지적한 바가 있으며, 밀암도 그러한 사정을 잘 알고 있었다.[35)]

그렇다면 그럼에도 불구하고 밀암이 인심과 인욕을 동일시하는 것은 무슨 이유에서인가? 밀암이 인심과 동일시한 인욕은 '멸인욕(滅人欲)'의 대상으로 즉 제거해야 할 악(惡)으로 확정된 것으로서의 인욕이 아니었다는 점에서 해답의 실마리를 얻을 수 있다. 그는 '욕(欲)'에는 깊게 말하는 경우와 가볍게 말하는 경우가 있다고 구분하여, 깊게 말하는 경우는 제거해야 할 악한 욕심이라고 한다면, 가볍게 말하는 경우는 곧 형기(形氣)에 기원한, 즉 개인적인 신체에 바탕을 둔 자연스러운 신체적인 욕구를 의미한다고 정의하였다.[36)] 자신이 인심과 동일시하는 인욕은 바로 그렇게 가볍게 말하는 경우에 해당한다는 것이다.

바로 그런 관점에서 그는 정자(程子)의 인심인욕설도 잘못된 것은 아니며, 주자의 만년(晩年) 정론(定論)은 인심을 인욕과 동일시하는 것이라고 말한다.

그(주자)가 채계통(蔡季通)에게 답한 편지에서는 "성(性)은 이(理)를 주로 하고 무형(無形)이며, 기(氣)는 형(形)을 주로 하고 질(質)이 있다. 이(理)를 주로 하기에 공(公)하고 선(善)하지 않음이 없으며, 형(形)을 주로 하기에 사(私)이고 혹 선하지 못함이 있다. 그것이 공(公)인 까닭에 그

---

35) 李栽, 《密菴集》 권10: 24a, 〈錦水記聞〉. 《心經質疑》, 有記老先生之言曰, "程子謂'人心爲人欲', 朱子初用其說, 旣而曰'人心不全是不好, 若全是不好底, 不應只下箇危字.' 是以程子說爲較重, 而其論有初晩之異."

36) 李栽, 《密菴集》 권10: 25a, 〈錦水記聞〉. 且只是一箇欲字, 有深說底, 如易象'窒慾', 周子'無欲'之類, 是也. 有輕說底, 如'愛惡欲''性之欲''我欲仁'之類, 是也.

발함은 모두 천리(天理)이며, 그것이 사(私)인 까닭에 그 발함은 모두 인욕(人欲)이다. 대개 그 근본으로부터 이미 그러한 것이지 기의 소위가 과불급(過不及)이 있은 후에 인욕(人欲)으로 흘러가는 것은 아니다. 이것은 순(舜)이 우(禹)에게 경계한 본의로서, 〈서(序)〉는 그것을 전술한 것이다."라고 하였다. 여기에서 '서가 그것을 전술하였다'고 한 것은 곧 〈중용장구서〉에 이른바 '혹 형기(形氣)의 사(私)에서 생겨나' 운운한 것을 가리킨다. 따라서 이것이 그의 만년의 정론임은 매우 분명하다. 어찌 일찍이 인심은 인욕이 아니라는 생각이 있었는가?[37)]

밀암에 의하면 인심(人心)을 인욕(人欲)이라고 분명하게 말하는 것이 인심도심설의 원의에 더욱 부합하는 것이 된다는 것이다. 즉, 인심을 인욕이라고 표현할 때, 도심이 성(性), 곧 이(理)에 근본을 둔 공적(公的)인 것이고, 인심이 형(形) 곧 기(氣)에 근본을 둔 사적(私的)인 것이라는 점이 명료하게 파악된다는 것이다. 도심과 인심 사이의 근원으로부터의 선명한 구분이야말로, 그가 인심을 인욕이라고 적극적으로 규정하는 이유라고 할 수 있을 것이다. 이는 그가 이수항(李守恒)에게 보낸 편지에서도 분명하게 알 수 있다. 그는 다음과 같이 말한다.

보내신 편지에서 "일념(一念)의 발함이 비록 인의(仁義)상에 있다고 하더라도 중정(中正)하여 이(理)에 합할 수 없다면 그것이 곧 인심(人心)이다."라고 하신 것은 이(理)와 기(氣)를 제대로 변별하지 못한 잘못이 있는 듯합니다. 다시 정밀하게 선택하여 보시는 것이 어떠합니까? 두 가지가

---

37) 李栽, 《密菴集》 권10: 24b, 〈錦水記聞〉. 其答蔡季通書曰, "性主於理而無形, 氣主於形而有質, 主理故公而無不善, 主形故私而或不善. 以其公也, 故其發皆天理, 以其私也, 故其發皆人欲. 蓋自其根本而已然, 非爲氣之所爲有過不及而後, 流於人欲也. 此舜戒禹之本意, 而〈序〉文述之," 所謂〈序〉文述之者, 卽〈中庸序〉所謂或生於形氣之私以下云云者也. 是則其爲晩年定論明甚, 何嘗有人心非人欲底意耶?

> 섞여서 나온다고 하신 일단(一段)은 보내주신 편지가 옳습니다. 그러나 그 계분(界分)에서는 이(理)와 욕(欲)이 처음부터 나뉘어 중간에 조금의 틈도 허용하지 않습니다. 요점은 묵묵히 알고 정밀하게 살피는 데 있으니 어찌 상상하고 억지로 헤아려 미칠 수 있는 바이겠습니까?[38)]

밀암은 여기에서 인심을 도심과 한마음이되 다만 이(理)에 맞지 않는 것으로 이해하는 것에 대해 이와 기의 변별에 철저하지 못한 것으로 비판하고 있다. 즉, 인심과 도심 사이를 제대로 구분하기 위해서는 천리와 인욕이 그 근원에서 이와 기로 분명하게 나뉜다고 하는 점을 철저하게 이해해야 한다는 것이다. 심에 대해 혼륜하게 말한다면 모르겠으나, 이왕 도심과 인심으로 분리해서 말한다면 그 대립적 구도의 의의는 십분 발휘되어야 한다는 것이다. 한쪽은 선하고 한쪽은 악한 것으로 혹은 적어도 악한 것으로 될 가능성이 있는 것으로 구분하여, 그 한쪽의 선의 선명성이 분명하게 드러날 수 있어야 한다는 것이 그의 생각이며, 이것이 그가 인심도심의 인심을 더욱 분명하게 인욕으로 정의하려는 이유이다.[39)]

---

38) 李栽, 《密菴集》 권7: 42a－b, 〈答李仲久(守恒○己酉)〉(1729년). 來諭所謂一念之發, 雖在於仁義上, 而不能中正合理, 便是人心云者, 似有辨別理氣不出之失, 更須精而擇之, 如何? 二者雜出一段, 來諭得之, 若其界分則理欲初分, 間不容髮, 要在默識而精察, 豈想像臆度所能及也?

39) 李栽, 《密菴集》 권5: 38b, 〈答申明仲(壬辰)〉(1712년). 若泛言與道心爲對者, 而以人心爲人欲, 則未見其有不可者.

4. 수양론(修養論)

밀암의 사단칠정설과 인심인욕설은, 기(氣)로부터 이(理)의 독자성과 순수성을 선명하게 인식하고 확보하고자 한 그의 의도를 반영한다. 그가 그렇게 이(理)의 독자성과 순수성을 강조한 것은 이(理)를 현실세계에서 분리시켜 추상화하거나, 현실세계를 넘어선 초월의 세계에서 그것을 찾고자 해서가 아니었다. 오히려 그만큼 더 선명하게 이(理)에 대비된 현실세계의 문제점을 자각하고 그곳에서 철저하게 이(理)를 실현하고자 하는 강렬한 현실 인식을 반영하고 있는 것이었다. 즉, 아(我)를 포함한 현실세계의 문제점과 그에 대비되는 이(理)의 순수성을 더욱 철저하게 인식하고, 그만큼 더 철저하게 이(理)에 따라 현실세계와 나를 변화시키고자 함, 혹은 이(理)로 복귀시키고자 하는 수양론적(修養論的) 의도를 담고 있는 것이었다.

1) 지행공부설(知行工夫說)

밀암은 학(學), 혹은 공부를 단적으로 지(知: 인식)와 행(行: 실천) 두 가지로 나누었다.

> 성문(聖門)에서 학(學)에 대해 논한 것은 지(知)와 행(行) 두 가지에 지나지 않습니다.[40]

---

40) 李栽, 《密菴集》 권7: 43a, 〈答李仲久(守恒 ○ 己酉)〉(1729년). 聖門論學, 不過知行二者.

밀암은 《대학》의 격치(格致)와 성정(誠正)을 각각 지(知) 공부와 행(行) 공부의 대표적인 것으로 들면서 다음과 같이 말한다.

> 격치(格致: 格物致知)의 방법은 본래 한 가지만 있는 것이 아닙니다. 정자(程子)가 이른바 "혹은 독서(讀書)를 하고 도의(道義)를 강명(講明)하며, 혹은 고금의 인물을 논하고 그들의 시비를 분별하며, 혹은 사물을 응접하여 그 마땅한 여부에 따라 처리한다. 이런 모든 것들이 궁리(窮理)이다." 라고 운운한 것은 '정밀하게 살펴 뒤섞이게 하지 않는[精察而不雜]' 핵심적인 방법이 될 듯합니다. 성정(誠正: 誠意正心)의 공부도 또한 개괄하여 들기 어렵지만 주자(朱子)가 이른바 "염려(念慮)가 싹을 틔우기 시작할 때로부터 일에 응하고 외물에 접하는 곳에 이르기까지, 깊이 반성하고 통렬하게 살펴 단호하게 제거하고 반드시 얻으며 그 바른 것을 잃지 않는다."라고 한 것은 '하나를 지켜 분리되지 않는[守一而不離]' 방법이 될 듯합니다.[41]

즉, 지(知) 공부가 정밀하게 살펴 뒤섞이지 않게 하는 부잡(不雜)의 공부로서, 이(理)의 순수한 모습을 인식하는 공부라고 한다면, 행(行) 공부는 한 가지(혹은 하나 됨)를 굳게 지켜 분리되지 않도록 하는 불리(不離)의 공부로서, 이(理)를 철저하게 체득(體得)하는 실천 공부라고 할 수 있다는 것이다. 이는 공부(工夫)를 이기론(理氣論)에서의 이(理)와 기(氣)의 불리(不離) 부잡(不雜)의 관계에 조응하여 해명한 것이라 할 수 있을 것이다. 부잡(不雜)의 관점에서 이(理)는 기(氣)와 뒤섞이지 않게 선명히 인식되어야 하지만, 또한 불리(不離)의 관점에서 이(理)는

---

41) 李栽, 《密菴集》 권7: 43a–b, 〈答李仲久(守恒○己酉)〉(1729년). 格致之方, 固非一端, 而程子所謂"或讀書而講明道義, 或論古今人物而別其是非, 或應接事物而處其當否, 皆窮理"云云者, 似爲精察而不雜之要. 誠正之工, 亦難槩擧, 而朱夫子所謂"自其念慮萌動之始, 至於應事接物之處, 深省痛察, 決去必得而不失其正"者, 似爲守一而不離之方.

기(氣) 속에서 철저하게 지켜지고 실천되어야 한다는 것이다.

지(知)와 행(行)을 이렇게 이해하는 경우, 지와 행의 관계에서 행에 앞서 지를 강조하는 선지후행(先知後行)의 입장을 취하는 것은 당연하다고 하겠다. 그러나 밀암은 선지후행의 입장과 동시에 행(行)을 빠뜨릴 수 없음을 강조한다. 그는 위의 논의에 이어 다음과 같이 말한다.

> 《대학장구》 주(註)에서 "순서는 어지럽힐 수 없다."라고 한 것은 그 뜻을 성실하게 하기 위해서는 먼저 그 지(知)를 확장해야 한다는 것을 말한 것이며, "공(功: 공부, 일)은 빠뜨려서는 안 된다."라고 한 것은 지(知)를 다하고 나서는 또한 그 뜻을 성실하게 하지 않을 수 없다는 것을 말한 것입니다.[42]

행(行)에 대한 밀암의 강조는 하학상달(下學上達)에 대한 강조로 이어진다. 이(理)를 인식하는 지(知) 공부는 그 근간에 음양(陰陽) 성명(性命) 등 우주와 인간의 기본 원리에 대해 이해하는 철학적 성찰을 두고 있다. 그런 점에서 그러한 공부가 근원적이요 기초적인 것으로서 선행될 필요가 있다. 그러나 밀암은 자칫 그러한 고원한 원리적 탐구가 일상생활의 기반으로부터 배우는 자를 이탈시키는 문제를 발생시키지 않을까 우려하였다. 바로 그런 점에서 밀암은 원리적 탐구가 아닌 사물상에서 친근하고 절실한 문제를 두고 이치를 살피는 공부가 현실적으로는 앞설 수밖에 없다고 지적하였다.

> 의리의 큰 근원에서 먼저 그 실마리를 구하지 않을 수 없습니다. 그러

42) 李栽, 《密菴集》 권7: 43b, 〈答李仲久(守恒 ○ 己酉)〉(1729년). 《大學章句》所謂"序不可亂"者, 以欲誠其意先致其知而言, "功不可闕"者, 以知旣盡又不可不誠其意而言.

> 므로 《근사록(近思錄)》의 첫 번째 편은 태극(太極)과 음양(陰陽), 성명(性命)에 관한 설들을 앞세웠으며, 퇴계선생의 〈성학십도(聖學十圖)〉의 차례도 대개 또한 그에 근본하였습니다. 그러나 만약 학자가 힘쓸 곳을 가지고서 말한다면 반드시 먼저 사물상에 나아가 친근하고 간절하게 강구(講究)하고 체험(體驗)할 수 있은 연후에야 의거할 만한 실지(實地)를 가지게 될 것을 기대할 수 있습니다. 만약 그렇지 않고, 눈앞의 평탄한 땅에서 하학(下學)공부를 완전히 빠뜨리고 오직 먼저 그 마음을 형상이 없는 지극히 고묘한 곳에 둔다면, 지(知)와 사(思)는 안정되지 않고 의견(意見)은 황홀해져서 결국 나와 교섭이 없게 되어, 다른 곳을 향해 가버리게 되지 않는 경우가 드물 것입니다. 정자(程子)가 "또한 다만 경(敬)을 말하는 것만 못하다."라고 한 것이 바로 이것입니다.[43]

지와 행에 대한 이러한 견해는 주자와 퇴계 이래의 기본적인 입장을 받아들이는 동시에 현실 생활에서의 절실한 인식과 참된 실천을 더욱 강조해간 것이라 할 수 있을 것이다. 밀암이 이론적 부분에 치밀한 천착을 거듭하던 신익황에게 하학상달이라는 원래의 유교적 정신을 새삼 강조한 것은 바로 그런 맥락에서였다.

> 옛날부터 성현(聖賢)이 사람들에게 학(學)을 가르칠 때는 반드시 먼저 사물상에서 공부하여 그가 일상생활에서 공부하여 고묘한 이치까지 이르도록[下學而上達]하고, 조잡한 것으로부터 정밀한 데로 들어가도록 하였고 사람들이 허공에 매달려 이 물사(物事)를 이해하기만 하도록 한 적이

43) 李栽, 《密菴集》 권5: 23b, 〈答李仲舒(丙申)〉(1716년). 義理大原, 不可不先求其端, 故《近思錄》首篇, 先之以太極陰陽性命之說, 退溪先生〈十圖〉次第, 蓋亦本此. 然若以學者用功地頭言之, 必須先就事物上, 講究體驗得親切, 然後庶有實地可據. 如其不然, 眼前平地, 全然闕却下學工夫, 獨先措其心於無形象極高妙處, 則知思未定, 意見恍惚, 下梢頭與己無交涉, 鮮不向別處走. 程夫子所謂莫若且只道敬, 正爲此也.

> 없습니다. … 만약 오로지 줄곧 이곳에만 힘을 써서 다만 이 (고원한) 물사를 알고자 하고 지엽적이고 사소한 곳에서는 깊이 생각하지 않는다면 나중에는 지자(知者)의 잘못에 빠져서 자신과 교섭이 없게 되어 끝내 융회(融會)하여 하나가 되는 것은 기대하지 못하게 될까 두렵습니다.[44]

이기(理氣) 심성(心性)에 대한 추상적 수준에서의 이론적 천착이 아닌 깊이 있는 체험과 철저한 체인 자각과 진지한 실천, 그리고 그를 통해 이(理)와 융회되어 철저히 하나가 되는 것을 강조하는 것은 그의 부친 갈암 이래 강조된 것으로서 그의 위학론(爲學論)의 특징이라고 하겠다. 밀암은 다음과 같이 갈암의 가르침을 전한다.

> 또 다음과 같이 말씀하셨다. 학자의 공부는 장구를 외우고 해설하는 데에만 있는 것이 아니다. 일상생활에서 응대하고 수작하는 때에 일에 따라 정밀하게 살피고 곳에 따라 체험하여 먼저 거처함에 공손하고 일을 처리함에 공경하며, 충성되고 신실하고 독실하고 경건함에서 공부한다면 잡아서 따르고 근거하여 지킬 바가 있게 되어 공허한 말만 하고 실질은 없는 데에 이르지 않을 수 있다.[45]

> 또 다음과 같이 말씀하셨다. 도(道)는 또한 다른 현묘한 것을 가지지 않으며 다만 인륜의 일상적인 것 사이에 있으니 이른바 물(物)의 준칙(準則)이라고 하는 것이다. 손의 준칙은 공손한 것이고, 발의 준칙은 무겁게

44) 李栽, 《密菴集》 권5: 39b－40a, 〈答申明仲(甲午)〉(1714년). 從古聖賢敎人爲學, 必先從事物上做工夫, 欲其下學而上達, 由粗而入精, 未嘗要人懸空理會見此物事而已也. … 然若一向就此用力, 只要見得此物事, 不深留意於枝葉零碎處, 則或恐下梢頭陷於知者之過, 而與己無交涉, 終無望於其融會爲一也. 如何如何.

45) 李栽, 《密菴集》 권10: 3a, 〈錦水記聞〉. 又曰, "學者工夫, 不但在章句誦說之間. 日用應酬之際, 隨事精察, 隨處體驗, 而先從居處恭執事敬, 忠信篤敬上做工, 庶幾有所持循據守, 不至爲空言無實."

하는 것이며, 귀의 준칙은 밝게 듣는 것이고, 눈의 준칙은 밝게 보는 것이다. 군신(君臣) 부자(父子) 부부(夫婦) 장유(長幼) 사이의 관계에 이르기까지 각각 인(仁), 애(愛), 경(敬), 별(別)의 준칙이 없는 곳이 없다. 무릇 손과 발과 귀와 눈과 부자와 군신은 물(物)이다. 사람들이 모두 이런 물(物)들을 가지고 있으니 누가 그것[준칙]을 벗어나 홀로 서있을 수 있겠는가? 공손과 무거움과 밝게 들음과 밝게 봄, 인(仁)과 애(愛)와 경(敬)과 별(別)은 또한 모두 크고 평실(平實)한 것이니, 어찌 고원(高遠)하여 행하기 어려운 이치가 있겠는가?"[46]

2) 존양겸동정설(存養兼動靜說)

마음에 각각 동(動)과 정(靜)에 해당하는 이발(已發)의 국면과 미발(未發)의 국면 두 국면이 있으며, 마음공부는 그러한 두 국면에 대응하여 주밀하게 이루어져야 한다는 것이 마음공부에 대한 주자(朱子)의 또 하나의 가르침이었다. 이발(已發)에서의 마음공부는 두 가지로 나뉘는데, 살피는 공부인 성찰(省察)과 경험 및 해석으로 이루어진 격물(格物) 궁리(窮理)이다. 미발(未發)에서의 공부는 마음 혹은 성(性)의 순수한 기상(氣像)을 직관하는 체인(體認)과 두려운 마음으로 그를 보존하고 확장하여 가는 계구(戒懼) 함양(涵養: 存養)이라고 할 수 있다.

미발과 이발 공부에 대한 이러한 이해는 밀암도 그대로 계승하였다. 그는 다음과 같이 말한다.

---

46) 李栽, 《密菴集》 권10: 2a－b, 〈錦水記聞〉. 又曰, "道亦無他玄妙, 只在人倫日用之間, 所謂物之則也. 手之則恭, 足之則重, 耳之則聽, 目之則明, 以至君臣父子夫婦長幼之間, 莫不各有仁愛敬別之則焉. 夫手足耳目父子君臣, 物也, 人皆有是物, 孰能違之而獨立? 恭重明聽仁愛敬別, 又皆大故平實, 豈有高遠難行之理哉?"

> 천인(天人: 하늘과 인간)은 한 이치요, 본래 동일한 몸이다. 감응(感應)의 묘함은 그림자와 메아리보다 빠르다. 하물며 임금의 한 마음은 천지 만물을 관섭(管攝: 주관)한다. 그래서 옛날의 성왕(聖王)은 중화(中和)의 극치를 다하여 그 효과가 하늘과 땅이 질서 잡히고 만물이 자라나는 데 이르렀다. … 지금 성학(聖學)이 힘쓸 곳은 많을 필요는 없으니 바로 성(性)과 정(情)일 따름이다. 대개 인심(人心)이 미발(未發)일 때는 성(性)의 체단(體段)이 온전히 갖추어져 있으므로 그때에 존양(存養) 공부를 은밀하게 더하여 비록 보이지 않고 들리지 않은 중에도 치우치거나 이지러진 곳이 없이 그 지키는 바를 잃지 않으면 이른바 중(中)이 극(極)한 것이다. 이발(已發)의 때에는 정(情)의 대용(大用)이 유행(流行)하니 이때에 성찰(省察) 공부를 더욱 더하여 만변(萬變)을 수작(酬酌)함에 조금의 차이나 오류도 없게 하고 그렇지 않은 경우가 없도록 한다면 이른바 화(和)가 지극한 것이다.[47]

그런데 밀암은 존양(存養) 혹은 함양(涵養) 공부가 미발(未發)에서 뿐 아니라 이발(已發)에서도 행해야 할 공부라고 주장하였다. 그의 주장은 다음과 같다.

> 주자(朱子)는 〈방빈왕(方賓王)에게 답한 편지〉에서 "존양의 공부는 다만 오로지 정좌(靜坐)할 때에만 있는 것은 아니다. 반드시 일상생활의 동정(動靜)하는 사이에 공부를 하지 않은 때가 없도록, 즉 중간에 끊어짐이 없도록 해야 한다."라고 하였습니다. 이로부터 추정해 보면 존양의 공부가

---

47) 李栽, 《密菴集》 권23: 8a−b, 〈叔父恒齋先生行狀〉. 天人一理, 本同一體, 感應之妙, 捷於影響, 而况人主一心, 管攝天地萬物. 是以古之聖王, 致中和之極, 其效至於天地位萬物育. … 今夫聖學用工地頭, 不必占多, 亦曰性情而已. 蓋人心未發, 性之體段全具, 能於此際, 密加存養之工, 雖不覩不聞之頃, 無所偏倚而其守不失, 則所謂中也極矣. 已發之際, 情之大用流行, 能於此時, 益加省察之工, 至於酬酢萬變, 無少差謬而無適不然, 則所謂和也極矣.

오로지 정(靜)에만 속하는 것은 아님을 알 수 있습니다. 《중용》 수장(首章) 아래의 소주(小註)에 인용한 주자(朱子) 설에는 "존양은 정(靜) 공부이며, 성찰은 동(動) 공부이다."라는 말이 있는데, 그것은 계신공구(戒愼恐懼)와 근독(謹獨)을 각각 동(動)과 정(靜)으로 나누어 소속시켰기 때문에 그 말이 어쩔 수 없이 그렇게 된 것일 뿐입니다. 그러나 일용처(日用處)에서 시험 삼아 말해 본다면, 일이 없을 때 눈을 감고 정좌하는 것은 본래 존양이지만, 일이 있을 때 오로지 그 일에 집중하여서 다시 다른 일을 생각하지 않는다면 그것도 또한 어찌 존양이 아니겠습니까? 그렇다면 존양 공부는 실로 동정을 관통하며 체용을 포괄하여 있지 않은 곳이 없는 것입니다.[48]

일찍이 한 친구가 존양과 함양도 또한 동과 정으로 나누어 소속시킬 수 있느냐고 물었다. 나는 그에게 대답하여 "《중용집주》에서는 주자의 설을 인용하여 '존양은 정 공부이다.'라고 하였고, 퇴계 선생도 또한 '존양은 오로지 정으로 말한 것이고, 함양은 동정을 겸하여 말한 것이다.'라고 하였다. 지금은 또한 마땅히 이 말들을 올바른 것이라 해야 한다."라고 하였다. 그 후에 주자의 편지를 보니 "함양은 흙으로 만든 인형처럼 눈을 감고 있는 것은 아니다. 다만 일에 응하고 물에 접하는 곳에서 이 마음을 잃지 않고 각각 그 이를 얻는 것일 따름이다."라고 하였고 또한 "존양은 오로지 정좌할 때에만 있다고 해서는 안 된다. 일상의 동정하는 사이에 공부를 하지 않는 곳이 없어 중간에 그치는 일이 없다."라고 하였다. 이에 비로소 함양과 존양은 어떤 차이도 없으며, 동정을 겸하여 말해야 한다는

---

48) 李栽, 《密菴集》 권5: 25b, 〈答鄭皆春(萬陽)叔向(葵陽)〉. 朱夫子〈答方賓王書〉曰, "存養之工, 不但專在靜坐時, 須於日用動靜間, 無處不下工夫, 乃無間斷耳." 以此推之, 存養之不專屬靜可知矣. 如《中庸》首章下小註中所引朱子說, 有云"存養是靜工夫, 省察是動工夫"者, 蓋以戒懼謹獨, 分屬動靜, 故其言不得不如此. 然試就日用處言之, 無事時閉目靜坐, 固是存養, 有事時專主其事, 更不思量他事, 豈不是存養? 然則存養工夫, 實貫動靜該體用而無乎不在.

> 것을 알았다. 거기에서 '정 공부'라고 한 것은 다만 《중용》의 계신공구와 근독을 존양과 성찰에 나누어 소속시킨다면 성찰은 동에 속하고 존양은 정에 속한다고 말하는 것일 따름이다. 퇴계 선생이 말씀하신 것도 대개 또한 이에 근본한다. 이로 인하여 감히 나의 생각으로 추론하여 본다면 이른바 존양이라고 하는 것은 다만 이 마음을 보존하여 달아나지 않도록 하는 것일 따름이다. 일이 없을 때 의관을 바르게 하고 시선을 존엄하게 하며 감히 속이지도 않고 감히 태만하게 하지도 않는다는 것은 본래 이 마음을 보존하고자 하는 것이다. 일에 응하고 물에 접할 때에 곧 집중을 하고 다시 다른 일을 생각하지 않는 것도 또한 이 마음을 보존하고자 하는 것이다. 이와 같이 한 후에야 동과 정에서 교차로 길러 체용에 간격이 없어진다.[49]

밀암은 존양이든 함양이든 기본적으로 마음의 체용과 동정에 일관된 공부이지 특별히 미발 공부에 배타적으로 소속된 공부가 아니라고 주장하는 것이다. 퇴계(退溪) 역시 함양은 동정에 일관된 공부라고 지적한 바 있지만,[50] 밀암은 주자(朱子)의 말을 인용하면서 존양 또한 동정에 일관한 공부라고 하여 존양 공부의 외연을 확장시킨 것이다.

---

49) 李栽,《密菴集》권10: 8b－9a,〈錦水記聞〉. 嘗記一友人問存養與涵養亦可分屬動靜否. 余應之曰, "《中庸輯註》, 引朱子說有云'存養是靜工夫', 退溪先生亦曰'存養專以靜言之, 涵養兼動靜而言.' 如今且當以此爲正." 友人唯唯而去, 後看朱子書, 有曰, "涵養非閉眉合眼如土偶人, 只要應事接物處, 不失此心, 各得其理而已." 又曰, "存養不當專在靜坐時, 日用動靜之間, 無處不下工夫, 乃無間斷耳." 於是始知涵養與存養, 無甚異同. 皆當兼動靜而言之. 其曰'靜工夫'者, 特以《中庸》戒懼謹獨, 分屬存養省察, 則省察屬動, 存養屬靜云爾. 老先生所論蓋亦本此, 因竊以意推之, 所謂存養者, 只是存得此心, 勿令走作而已. 無事時正衣冠尊瞻視, 不敢欺不敢慢, 固所以存此心也. 應事接物時, 卽主其事, 更不思量他事, 亦所以存此心也. 如此然後動靜交養, 體用無間.

50) 퇴계에서 미발 함양의 의미에 대해서는 문석윤, "退溪의 '未發'論",《退溪學報(退溪學研究院)》제114집(2003), pp. 31－38 참조.

이는 퇴계 이래의 미발 공부에 대한 입장을 계승하여 확장시킨 것이라 할 수 있으며, 위에서 지에 못지않게 행을 강조한 입장과 일관된 것이라고 할 수 있다. 즉, 이(理)에 대한 선명한 인식과 함께, 기를 이에 철저하게 일치시키는 실천을 강조하는 밀암의 입장에서 존양은 바로 그러한 실천 공부, 행 공부의 핵심에 있는 것이라 할 수 있는 것이다. 마음의 동정(動靜)에 일관된 공부가 곧 경(敬) 공부라고 한다면, 밀암에게 함양 혹은 존양은 곧 경(敬) 공부와 다른 것이 아니다.

> 존양의 뜻은 본래 이와 같다. 그런데 그것을 존(存)하는 방법은 또한 경(敬)이라는 한 글자를 벗어나지 않는다. 왜냐하면 동과 정을 관통하고 체와 용을 포괄하며, 안배를 하지 않고도 몸과 마음, 내와 외가 숙연하게 하나가 되게 하는 것으로 경(敬)만 한 것이 없기 때문이다. 그러므로 정자(程子)는 "함양(涵養)에는 반드시 경을 쓴다."라고 하였고, 주자도 매번 학자들과 지양(持養)의 방법을 논할 때마다 이것으로 말하지 않은 적이 없었다. 존심(存心) 양성(養性)하고자 하는 학자들이 마음을 다하지 않을 수 있겠는가?[51)]

5. 맺음말

밀암(密菴)은 그의 부친 갈암(葛庵)으로부터, 이(理)의 순수성에 대해 투철하게 인식하되, 동시에 그를 일용 일상에서 '참되게 깨닫고 착

---

51) 李栽, 《密菴集》 권10: 9b, 〈錦水記聞〉. 存養之義, 本自如此. 然若其所以存之之方, 又不出敬之一字. 蓋貫動靜該體用, 不費安排, 而身心內外, 肅然如一者, 無如敬. 故程子曰 "涵養須用敬", 朱子每與學者論持養之方, 未嘗不以是爲言. 欲爲存心養性之學者, 其可不盡心乎?

실하게 실천하는[眞見得, 實踐履]'[52] 진실(眞實)한 학풍을 이어받았다고 평가할 수 있다. 밀암이 기(氣)로부터 이(理)의 순수성 곧 불상잡(不相雜)과 더 나아가 이(理)의 능동성을 강조하는 것은 갈암을 이어, 율곡(栗谷)의 비판에 대해 퇴계의 이발(理發)설을 방어하고자 하는 의도도 있었겠지만, 또한 기본적으로 이(理)를 선명하게 인식하고 철저하게 실천하는 것을 학문의 목표로 하는 자신의 관점에 기초를 둔 것이었다. 즉 그러한 실천적 관점에서, 전략적으로 먼저 불상잡의 측면을 강조할 필요가 있다는 것이다.

선명하게 구별된 이(理), 곧 현실세계를 관통하여 자신을 실현하여 가는 주체, 주인, 혹은 주재(主宰)로서의 이(理)에 대한 강조는 역설적으로 고난으로 가득 찬 밀암 자신의 삶과 당시의 내외적·시대적 상황에 대한 밀암의 현실인식을 반영한다. 밀암이 직면한 현실은 참과 거짓이 뒤섞이고, 힘이 도덕을 압도하며, 개인적이고 파벌적인 이해가 진리 인식을 압박하는 것이었다. 그는 혹자의 입을 빌려 다음과 같이 말한다.

> 어떤 이는 말했다. 옛적에는 군자(君子)와 소인(小人)의 마음 자취가 저절로 구별되었다. 당시에 이미 구분되었을 뿐 아니라 후에도 또한 분변하기 쉬웠다. 당론(黨論)이 있은 이래로는 피차(彼此)가 서로 배척하여서 자기와 같은 자를 군자(君子)라 여기고, 자기와 다른 자는 소인(小人)이라 여겼다. 또한 그 언론과 견식이 문장으로 표현된 것이 대체로 모두 고의(古義)를 따라 꾸미고 걸핏하면 성현(聖賢)의 말을 인용하여, 그들이 지은 책을 열어 보면 정주(程朱)의 말이 아닌 것이 없으니 후세의 사람들

52) 李栽, 《密菴集》 권10: 3b, 〈錦水記聞〉에는 爲學의 요점으로 "考其要歸, 不過欲其眞見得實踐履, 而持之以敬也."라는 갈암의 말을 전하고 있다.

이 또한 어찌 그것으로 그 진위(眞僞)를 분별할 수 있겠는가? 이 이후로 현(賢)과 사(邪)의 구분이 없어지고 시(是)와 비(非)가 정해지지 못할까 진실로 두렵다.[53)]

어쩌면 자신의 경험을 통해 내면으로부터 수없이 되뇌이게 되는 의문일 수도 있는 이 질문에 대해 밀암은 다음과 같이 낙관적으로 응답한다.

응답하여 말한다. 그것은 그럴듯하지만 실상은 그렇지 않다. 맹자(孟子)가 말하지 않았는가? "그 시(詩)를 읽어 보고 그 글을 읽어 보면 그 사람을 알 수 있다. 그것으로 그 시대를 논한다."라고. 군자(君子)가 이미 지언(知言)하고 궁리(窮理)한다면 비록 백세나 멀리 떨어져 있다 해도 그 고운 것과 추한 것, 사특한 것과 바른 것이 나의 비추어봄을 벗어나지 못한다. 또한 "거짓에 힘쓰는 것은 오래가지 못하고, 빈 것을 가리는 것은 길게 가지 못한다."(《관자(管子)》의 말)라고 하였다. 한 세대는 속일 수 있으나 백세(百世)를 속일 수 있겠는가? 만약 문사(文詞)로만 한다면 유자후(柳子厚)와 왕안석(王安石)이 오늘에 이르러 군자로 여겨지고 있을 것이며 한(漢)과 당(唐)과 송(宋)의 당적(黨籍)의 제현(諸賢)들은 오늘에 이르러 소인으로 여겨지고 있을 것이다. 세속 인정에서 좋아하고 미워하는 것은 비록 (실상에 비해) 길고 짧음이 있지만, 공론(公論)의 광명함은 끝내 민멸되지 않는다. 이런 까닭에 구양(歐陽) 공은 "후세가 만약 공(公)하지 않았다면 지금 성현(聖賢)이 없게 되었을 것이다."라고 하였다. 그대는 선(善)을 실천하기만 하고, 시비가 정해지지 않을 것에 대해서는 두

53) 李栽, 《密菴集》 권10: 22a, 〈錦水記聞〉. 或者言, "古之時, 君子小人心跡自別. 不惟當時已分, 後亦易辨. 自有黨論以來, 彼此相傾軋, 以同己者爲君子, 異己者爲小人. 且其言論見識, 發爲文辭者, 率皆沿飾古義, 動引聖賢, 使人開卷, 無非程朱口語, 後之人又何以別其眞僞乎? 誠恐自此以後, 賢邪無分, 是非靡定也."

> 려워하지 마라. 또한 나는 들었다. '본심(本心)이 바르지 않으면 맥리(脈理: 몸의 조리)가 모두 사특하게 되니, 심지(心地)가 정당하지 않은 사람은 저절로 그의 언어(言語) 기상(氣象) 간에 드러나게 된다.'라고.[54]

밀암은 어두운 현실 속에서도 굳이 낙관적인 전망을 하고 있다. 그는 공의(公義) 곧, 이(理)가 끝내 실현될 것을 신뢰한다. 그러나 어떻게 보면 그 낙관적 전망의 이면에는 그만큼 더 자신이 경험하는 현실세계의 어두움에 대한 절망이 도사리고 있었다고 해야 하지 않을까? 그러하기에 더욱 이(理)를 신뢰할 것, 낙관적 전망을 가질 것에 대해 스스로 다짐하고 있는 것은 아닐까?

현실이 어둡고 애매하며 착잡할수록 순수한 이(理)에 대한 요구는 더욱 간절해진다. 이(理)는 현실세계와 분리될 수 없는 것이지만 또한 뒤섞여서도 안 되는 것으로, 그 순수의 관점에서 그것은 단지 기(氣)로 대변되는 현실과 뒤섞이지 않을 뿐 아니라 대립하는 것으로 이해될 수 있다. 혼륜하게 말한다면 모르겠으나 이왕 분리해서 말한다면 그 대립적 구도의 의의는 십분 발휘되어야 하며, 그것은 곧 한쪽은 선하고 한쪽은 악한 것으로, 그 한쪽의 선의 선명성이 분명하게 드러날 수 있어야 하는 것이다. 밀암이 아(我)와 이(理)를 대립적 구도로 놓고, 기(氣)로부터 이(理)를 분리하며, 칠정(七情)으로부터 사단(四端)을,

---

54) 李栽, 《密菴集》 권10: 22a－b, 〈錦水記聞〉. 應之曰, 是似然而實不然. 孟子不云乎? '誦其詩讀其書, 不知其人可乎, 是以論其世也.' 君子旣知言窮理, 則雖百世之遠, 姸媸邪正, 莫逃吾鑑. 且也'務僞不久, 蓋虛不長'(八字管子說) 一世猶可欺, 百世其可欺乎? 如以文詞而已, 柳子厚, 王安石至今爲君子, 漢唐宋黨籍諸賢, 至今爲小人矣. 俗情之愛惡, 雖有短長, 公論之光明, 終不泯滅. 是故歐陽公曰'後世苟不公, 至今無聖賢.' 子强爲善而已, 毋懼是非之靡定也. 且吾聞之, '本心不正, 脈理皆邪, 心地不正當底人, 自於言語氣象間可見.'

인심(人心)으로부터 도심(道心)을 그 근원에서부터 분리하는 것은 그러한 대립구도를 분명히 함으로써, 순수한 이를 선명하게 드러내기 위함이었다고 해석할 수 있을 것이다.

이(理)의 인식에서 부잡(不雜)의 측면을 강조하였다면, 이의 실천 측면에서 밀암은 불리(不離)를 강조한다. 이(理)의 순수성에 대한 선명한 인식의 강조는 현실세계를 떠나 순수한 이(理)의 세계로 초월해 가고자 함이 아니라 그만큼 더 현실세계, 혹은 그 속에서 살아가는 나로 하여금 철저하게 이(理)를 실천하고 이(理)에 자신을 일치시키게 하고자 함이었다. 그가 지(知)와 함께 행(行)을 강조하고 함양과 존양을 이발과 미발에 걸쳐 우리 마음 곧 우리 존재의 전체 속에서 끊임없이 지향해야 할 공부로 강조한 것은 바로 이(理)의 철저한 실천 그리고 더 나아가 나를 극복하고 이(理)로 나를 일치시켜 가는 것, 혹은 본래 분리되지 않는 이(理)와 나의 일체성을 회복하고 확고히 하며 강화해 가고자 한 의지를 보여 주는 것이었다.

밀암의 이러한 학문적 지향은 분명히 기본적으로 자신의 부친 갈암이 지시한 방향을 따른 것이었다. 그러나 그렇다고 해서 또한 그가 그저 그의 부친의 설을 맹목적으로 답습하고 보전한 것은 아니었다. 그는 스스로 절실하게 체험한 바탕 위에서 부친이 제시한 방향의 참됨을 하나하나 확인하고 공고하게 하면서 세밀하게 다듬어 간 것이라 할 수 있을 것이다. 이러한 방향은 그 연원이 퇴계에 있는 것으로, 밀암은 자신의 학문적 여정을 통해 갈암이 기틀을 놓은 영남 퇴계학파의 정체성을 더욱 확고하게 다져 갔다고 할 수 있다.[55]

---

55) 이완재(李完栽)는 "密菴 李栽의 哲學思想", p. 122에서 "영남(嶺南)의 주리적(主理的) 입장이 퇴계(退溪)에서 싹이 트고 그것이 밀암(密菴)에 와서 일단(一段)의 전개를 보게 되었다고 할 것이다. 이것이 영남학파(嶺南學派)에 있어서 밀암이 차지하는 학문적 의의

17·18세기 조선 성리학의 전개와 관련하여 본다면, 갈암에서 그러했던 것처럼 밀암도 기(氣)보다는 이(理)에 더 집중하는 모습을 보이고 있다. 기의 현실세계는 비록 완전히 악한 것으로 규정된 것은 아니지만 악으로 흐를 가능성이 있는 것으로서, 이(理)에 대립하는 차원에서는 악에 가까운 것으로 이해되었다고 할 수 있겠다. 밀암이 심신(心身)상에 성(性) 곧 이(理)의 주재력(主宰力)을 확장하여 가는 것으로서 함양(涵養) 혹은 존양(存養)을 강조한 것도 또한 기에서 문제의 실마리를 풀어가는 것보다는 이(理)의 주재(主宰)를 신뢰하고 그에 의지하고자 하는 태도와 일관된 것이라고 할 수 있을 것이다.[56] 이것은 율곡학파가 율곡 이래로 기질변화(氣質變化)를 강조하면서[57] 기(氣: 心

라고 할 것이다."라고 평가하였다. 또한 안병걸(安秉杰)은 "이재는 퇴계학의 계승자들 사이에 발생한 이견(異見)을 확인하고 이들을 논리적으로 설득하였다. … 기호지방의 학인들이 다양하고 복잡한 갈래로 분화를 거듭하였던 시기에 영남지역의 퇴계학파는 근대에 이르기까지 이철학(理哲學)의 한 방향을 견지하면서 넓고 깊은 흐름을 유지하였다. 그러한 방향을 잡아 그것을 철저하게 하였던 학자가 바로 이재(李栽)였다."라고 평가했다. 안병걸, "密菴 李栽의 삶과 學問", pp. 38－39 참조.

56) 물론 그것이 곧 주체의 포기를 의미하는 것은 결코 아니다. 이(理)의 주재는 또한 그를 온전히 자신에게서 실현하고자 하는, 혹은 그 주재의 실현이 온전히 자신을 통해 관철되도록 하려는 심의 자발적 노력에 의해 가능하게 되는 것인 만큼, 그것은 주체성의 발양의 한 양식이라고 할 수 있을 것이다. 주자학의 맥락에서 함양의 의의를 적극적으로 구명한 최근의 연구로서 이상돈, "주희의 수양론－未發涵養工夫를 중심으로"(박사학위논문, 서울대학교대학원, 2010)가 있다.

57) 기질변화(氣質變化)는 기질(氣質) 혹은 기(氣)에 대해 부정의 태도와 긍정의 태도를 동시에 함축한다. 현실의 기(질)의 상태에 대해서는 부정적이지만 그 본래적 상태와 장차 회복되거나 달성되어질 상태에 대해서는 낙관적으로 긍정하는 것이다. 율곡의 기질변화론에 대해서는 李慶漢, "栗谷의 氣質變化論 硏究", 《한국철학논집(한국철학사연구회)》 제4집(1995); 宋永誠, "栗谷의 養氣說과 氣質變化論 硏究"(석사학위논문, 원광대학교대학원, 2002) 참조. 물론 율곡에서 함양(涵養)의 방법이 배제되는 것은 아니다. 그러나 그것이 그다지 강조되지 않은 것은 분명해 보인다. 이와 관련해서는 정원재, "知覺說에 입각한 李珥 철학의 해석", 제3장 참조.

을 포함해서)를 실천 출발점이자 주체로 보고 거기에서 가능성을 모색하며 더 나아가 거기에서 본체를 발견하고자 하는 등의 태도를 취하여 간 것과는 구별된다.[58] 이는 그들이 현실을 서로 다르게 인식하고 있는 데 연유한 것이라고 할 수 있다.

참고문헌

《書經》. 《中庸》.

李嵩逸. 《恒齋集》. 韓國文集叢刊本, 137.

李　栽. 《密菴集》. 韓國文集叢刊本, 173. 서울: 民族文化 推進會, 1996.

李　滉. 《退溪集》. 韓國文集叢刊本, 29~31.

마테오리치. 《천주실의》. 송영배 외 역. 서울: 서울대학교출판부, 1999.

문석윤. 《湖洛論爭 형성과 전개》. 고양: 동과서, 2006.

최동희. 《西學에 대한 韓國實學의 反應》. 서울: 고려대학교 민족문화연구소, 1988.

현상윤. 《朝鮮儒學史》. 서울: 玄音社, 1982[1948].

금장태. "密菴 李栽의 性理學". 《密菴 李栽 硏究》. 경산: 영남대학교 출판부, 2001.

문석윤. "葛庵 李玄逸의 性理說". 《民族文化(民族文化推進會)》 제29집(2006).

58) 문석윤, "葛庵 李玄逸의 性理說", pp. 271-272 참조.

______. “退溪의 ‘未發’論”. 《退溪學報(退溪學硏究院)》 제114집(2003).

______. “퇴계에서 理發, 理動, 理到의 의미에 대하여”. 《退溪學報(退溪學硏究院)》 제110집(2001).

송영성. “栗谷의 養氣說과 氣質變化論 硏究”. 석사학위논문. 원광대학교 동양학대학원, 2002.

안병걸. “密菴 李栽의 삶과 學問”. 《密菴 李栽 硏究》. 경산: 영남대학교 출판부, 2001.

윤천근. “금소동의 인물과 사상”. 《安東文化(安東大學校 安東文化硏究所)》 제11호(1990).

이경한. “栗谷의 氣質變化論 硏究”. 《한국철학논집(한국철학사연구회)》 제4집(1995).

이상돈. “주희의 수양론－未發涵養工夫를 중심으로”. 박사학위논문. 서울대학교 대학원, 2010.

이완재. “密菴 李栽의 哲學思想”. 《民族文化論叢(嶺南大學校 民族文化硏究所)》 제1집(1981).

임세권. “금소동의 역사적 변천”. 《安東文化(安東大學校 安東文化硏究所)》 제11호(1990).

정원재. “知覺說에 입각한 李珥 철학의 해석”. 박사학위논문. 서울대학교 대학원, 2001.

제3장

밀암 이재의 강학활동과 문인들

안병걸 | 안동대학교 동양철학과

1. 머리말

17세기에서 18세기에 걸쳐 퇴계학파에서 중심적인 역할을 한 인물로 밀암(密菴) 이재(李栽)를 들 수 있다. 그는 갈암(葛庵) 이현일로부터 내려오는 주리철학(主理哲學)을 자신의 제자인 대산(大山) 이상정(李象靖)·소산(小山) 이광정(李光靖)·구사당(九思堂) 김낙행(金樂行)에게 전해준 인물로 널리 평가된다. 그는 징사(徵士)로 불릴 만큼 현실 정치세계보다 학문세계에 많은 관심을 두었으며, 조선후기 성리학의 발전에 공헌하였다. 대산을 비롯한 그의 제자 가운데 18세기 조선의 학문사에 두각을 나타낸 인물이 많았다. 이러한 학문적 흐름은 19세기부터 20세기 초까지 학문세계에 영향을 미쳐 국권을 잃었을 때는 독립운동의 사상적 기반이 되었다. 밀암의 강학활동은 그의 제자집단의 학문적인 근간이 되었고, 그 제자집단은 이를 바탕으로 학문을 한층 더 발전시켰다. "밀암의 강학활동은 그의 생애에서 주로 장년기와 노년기에 이루어졌다."[1]는 표현이 있는 만큼 그의 강학활동에서 이 시기는 중요한 의미를 지닌다. 밀암의 강학활동은 밀암과 문인들이 주고받은 편지와 〈금수문인록(錦水門人錄)〉에 기록된 인물 65명을 중심으로 파악해 볼 수 있다. 밀암 이재의 삶은 안병걸의 "밀암 이재의 삶과 학문"을 참고하였다.[2]

2. 밀암의 삶과 강학 활동

밀암의 삶은 크게 소년기·청년기·중장년기·노년기 네 시기로 나누어 살펴볼 수 있다.

소년기는 밀암이 태어난 1657년(효종 8)부터 19세가 되던 1675년(숙종 원년)까지이다. 밀암은 아버지인 갈암(葛庵) 이현일(李玄逸)[3]과 중부인 존재(存齋) 이휘일(李徽逸)[4]을 통하여 가학을 전수받게 되

1) 《韓國文集叢刊》 173에 있는 《密菴集》을 중심으로 그 연대기를 파악하였다.

2) 安秉杰, "密菴 李栽의 삶과 學問", 영남대학교 민족문화연구소 편, 《密菴 李栽 硏究》, 경산: 영남대학교 출판부, 2001.

3) 이현일(1627~1704): 자는 익승(翼昇), 호는 갈암(葛庵), 본관은 재령(載寧)이다. 참봉 시명(時明)의 아들로 휘일(徽逸)의 아우이고, 어머니는 안동장씨(安東張氏)로 흥효(興孝)의 딸이다. 이조참판(吏曹參判)·우참찬(右參贊)·이조판서(吏曹判書) 등을 역임하였으며, 저서로는 《갈암집(葛庵集)》, 《홍범연의(洪範衍義)》(이휘일과 공저), 《율곡사칠변(栗谷四七辨)》이 있다.

4) 이휘일(1619~1672): 자는 익문(翼文), 호는 존재(存齋), 본관은 재령(載寧)이다. 참봉 시명(時明)의 아들로, 호군(護軍) 시성(時成)에게 입양되었고, 어머니는 안동장씨로 흥효(興孝)의 딸이다. 저서로는 《존재집(存齋集)》·《구인략(求仁略)》·《홍범연의》(이현일

는데 14세에 존재에게서 《맹자(孟子)》를 수학하였다. 가학을 통해 학문을 익혀온 밀암은 16세라는 어린 나이에 〈상우편(尙友篇)〉을 엮기까지 한다.

청년기는 그의 나이 20세가 되던 1676년(숙종 2)부터 37세가 되던 1693년(숙종 19)까지이다. 그는 20세에 의성김씨 김학규(金學逵)의 딸과 혼인하게 되는데 그로 인해 김태중(金台重),[5] 김세흠(金世欽),[6] 김창석(金昌錫), 김세호(金世鎬) 등 내앞김씨 일문의 선비들과 교유를 하게 된다. 이들은 대부분 이현일의 문도였고, 그중에서도 특히 김태중은 밀암의 평생 동지 중 한 사람으로 막역한 사이가 되었다. 김태중은 밀암과 절친하게 지낸 인물이다. 그는 도연서당(陶淵書堂)을 창건하고, 《도연서당학령(陶淵書堂學令)》을 제정하였다. 밀암은 이 서당의 후지(後識)를 기술하였다. '적암 김공의 도연학령이야말로 어찌 세상사람들의 취향과 달리 옛사람들이 끼친 교학의 뜻을 이은 것이 아니겠는가?' 라고 말한 뒤에 '지금도 그 문중의 자제 가운데 빈빈(彬彬)하게 문행(文行)을 갖춘 이들이 많은 이유는 이 때문이다.'라고 칭송하였다.[7]

과 공저)가 있다.

5) 김태중(1649~1711): 자는 천삼(天三), 호는 적암(適庵), 본관은 의성(義城)이고, 거주지는 안동(安東)이다. 1693년(숙종 19) 갈암(葛庵) 이현일(李玄逸)의 천거로 건원릉참봉(健元陵參奉)에 제수되었으나, 나가지 않은 채 도연정사(陶淵精舍)에서 후진 양성에 전념하였다.

6) 김세흠(1649~1721): 자는 천약(天若), 호는 칠탄(七灘), 본관은 의성이며, 거주지는 안동이다. 아버지는 주부(主簿) 삼기(參基)이다. 1673년(현종 14) 진사가 되고 1687년(숙종 13) 식년문과에 병과로 급제하였다. 부수찬·지평 등을 역임하였으며, 1707년 수찬으로 상소가 지나쳐 장벌(杖罰)을 받아 죽게 된 이잠(李潛)을 구명하기 위하여 노력하다가 관작을 삭탈당하고 흥양(興陽)에 유배되었다. 유배에서 풀려나서는 벼슬을 단념하고 향리로 돌아가 독서로 소일하였다.

7) 安秉杰, "내앞 義城 金門의 儒家精神과 文華", 청계선생탄신500주년기념논문집간행위원회 편, 《靑溪先生誕辰500周年記念論文集(增補篇)》(안동: 의성김씨천상문화보존회, 2011), pp. 225－226.

23세에는 영해의 외종형 박담(朴潭)과 편지를 통하여 천체(天體)와 남북고저(南北高低) 문제를 토론하였고, 김태중과는 왕패의리(王霸義利)를 논변하였으며, 26세에는 임하 운계초당(雲溪草堂)에서 독서를 하기도 하였다. 29세에는 영해의 박담과 함께 수십일 강학을 하였으며, 33세에는 기사환국(己巳換局) 뒤 관직에 오른 부친을 수행·보좌하였다.

중장년기는 38세 되던 1694년(숙종 20)부터 60세 되던 1716년(숙종 42)까지이다. 이 시기는 다시 세 시기로 나눌 수 있는데 그 첫 번째 시기는 밀암의 나이 38세가 되던 1694년(숙종 20)부터 43세가 되던 1699년(숙종 25)까지이다. 38세가 되던 1694년에는 부친인 갈암이 유배를 가게 되자 밀암은 부친을 따라 수행하게 된다. 그는 유배지에서 부친을 모시고 《주자서절요(朱子書節要)》를 강학하였는데, 이것은 후일의 《주서강록간보(朱書講錄刊補)》[8]의 저작 동기가 되었다. 이 시기에 그는 부친의 유배행로를 따라다니며 일어났던 일들을 중심으로 유배시종일기(流配侍從日記)인 《창구객일(蒼狗客日)》을 저작하게 된다. 1697년(숙종 23)에 갈암의 유배지가 호남의 광양현(光陽縣)으로 바뀌어 그곳으로 가게 되었다. 이 시기 백씨(伯氏)가 진주에 절도사(節度使)로 있고, 외가가 호남 영암(靈巖)에 있는 인동(仁同)에 사는 신익황(申益愰)[9]은 갈암의 문도가 되어 그와 교유하기도 하였다.

---

8) 《주서강록간보(朱書講錄刊補)》는 밀암 이재가 이덕홍(李德弘)의 《주자서절요강록(朱子書節要講錄)》을 수정하고 증보한 책으로 6권 3책이다. 1785년(정조 9)에 간행하였는데, 저자의 서문과 범례, 권두경(權斗經)의 발문이 있다.

9) 신익황(1672~1722): 자는 명중(明仲), 호는 극재(克齋), 본관은 평산(平山)이다. 아버지는 수사 명전(命全)이며, 그의 조상은 원래 개성에서 살다가 중간에 서울로 옮겨 왔으며, 5대조 때부터 경상도 인동에서 살았다. 편저에는 《극재집(克齋集)》·《운곡도산휘음(雲谷陶山徽音)》·《경재집해(敬齋集解)》·《이기성정통간도(理氣性情通看圖)》·《동국승

중장년기의 두 번째 시기는 44세이던 1700년(숙종 26)부터 47세이던 1703년(숙종 29)까지이다. 44세 되던 해 부친이 해배되어 안동에 와서 정착하게 되었는데, 이때부터 부친의 강학 활동을 보좌하였다. 이러한 소식을 들은 안동 인근의 학인들과 김태중 등 문인들은 집단으로 갈암의 문하에 입문하였다. 48세에는 이동완(李棟完)과 편지를 통해 사칠이기설(四七理氣說)에 대하여 토론하였고, 원주(原州)의 정시한(丁時翰)[10]을 방문하여 인물성론(人物性論)을 논의하였다. 갈암의 금소 강학 시에 밀암의 역할과 학문적 관심 및 주제는 학자들의 관심을 끌었다.

마지막 중·장년기는 밀암이 48세이던 1704년(숙종 30)부터 60세가 되던 1716년(숙종 42)까지이다. 이때는 안동의 금소(琴召) 및 추월(秋月), 오대(梧臺)의 후산초당(后山草堂) 등지에서 생활하였는데, 부친인 갈암의 문집 편차와 《홍범연의(洪範衍義)》[11]를 교정하는 등 부친의 저술 정리에 힘썼고, 또 1713년에는 부친의 명예 회복을 위하여 《성유록(聖喩錄)》을 편찬하기도 하였다.

이 시기에는 독자적인 강학 활동도 시작하였는데, 1709년(숙종 35) 이후 1716년(숙종 42)까지 이만부(李萬敷)[12]와 그의 저서인 《도동편

경와유록(東國勝景臥遊錄)》 등이 있다.

10) 정시한(1625~1707): 자는 군익(君翊), 호는 우담(愚潭), 본관은 나주(羅州)이다. 서울 출생이며, 대사헌 윤복(胤福)의 증손으로, 관찰사 언황(彦璜)의 아들이며, 어머니는 횡성 조씨(橫城趙氏)이다.

11) 《홍범연의》는 존재 이휘일과 갈암 이현일 형제가 《서경(書經)》의 〈홍범편(洪範篇)〉을 상세히 해설한 책이다.

12) 이만부(1664~1732): 자는 중서(仲舒), 호는 식산(息山)이며, 본관은 연안(延安)이다. 아버지는 예조참판 옥(沃)이며, 어머니는 전주이씨(全州李氏)로 승지 동규(同揆)의 딸이다. 저서로 문집인 《식산집(息山集)》 20책 외에 《역통(易統)》 3권, 《대상편람(大象便覽)》 1권, 《사서강목(四書講目)》 4권, 《도동편(道東篇)》 9권, 《노여론(魯餘論)》 1권

(道東篇)》[13]과 관련된 문제를 토론하고, 1710년(숙종 36) 이후에는 신익황(申益愰)과 이기(理氣), 인심도심(人心道心), 지경설(持敬說) 등을 토론하였으며, 1715년에는 권두경(權斗經)[14]과 이기설을 토론하는 등 자신의 독자적 학문연구에 매진하였다. 이 시기 토론내용을 살펴보면 밀암의 논리와 논점 등 밀암 학문의 특징을 알 수 있으며, 더 나아가 이 시기 문인들에게 미친 영향과 강학 내용도 알 수 있다.

또 밀암은 강학활동뿐만 아니라 유림 활동에도 빈번히 참여하였다. 1709년에는 삼계서원(三溪書院) 동주(洞主)를 맡았고, 1711년에는 병산서원(屛山書院)에 재임으로 부임하였으며, 1716년에는 권두경(權斗經), 이협(李浹),[15] 김몽렴(金夢濂)에게 보낸 편지에서 김성일(金誠一)[16]을 봉사하는 서원건립 추진 문제를 적극적으로 피력하는 모습도

등이 있다.

13) 《도동편》은 식산 이만부의 성리학에 관한 저술을 모은 책으로 필사본이며, 18권 8책이다. 권1에 퇴계(退溪)의 천명도설(天命圖說)·성학십도설(聖學十圖說)을 논변하고, 권2~3에 이학(理學), 권4~5에 성리학, 권6에 성현(聖賢), 권7~9에 동방성현, 권10~12에 학문(學問), 권13~15에 치도(治道), 권16에 중국인물론, 권17에 한국인물론, 권18은 부(賦)로 되어 있다. 책머리에 입재(立齋) 정종로(鄭宗魯)의 서문이 있다.

14) 권두경(1654~1725): 자는 천장(天章), 호는 창설재(蒼雪齋), 본관은 안동이다. 충정공(忠定公) 벌(橃)의 5세손으로 할아버지는 군자감정 석충(碩忠)이며, 아버지는 유(濡)이고, 어머니는 예안김씨(禮安金氏)이며, 처는 김시온(金是榲)의 딸이다. 관직으로 홍문관 부수찬, 수찬 등을 역임하였으며, 저서로는 《창설재집(蒼雪齋集)》이 있다. 이현일(李玄逸)의 문인으로 이재(李栽) 등과 교유하였다.

15) 이협(1663~1747): 자는 열경(悅卿), 호는 동애(東厓). 본관은 연안(延安)이다. 이조판서 관징(觀徵)의 아들로 허목(許穆)·홍우원(洪宇遠)에게서 수학하였다. 일찍이 문예를 성취하였으며, 1689년(숙종 15) 생원·진사시에 합격하였고, 특히 생원시에서는 장원으로 급제하였다. 관직은 사옹원봉사(司饔院奉事)에 그쳤으며, 유생으로 대사헌 이현일(李玄逸)의 유임을 청하는 소를 올렸다.

16) 김성일(1538~1593): 자는 사순(士純), 호는 학봉(鶴峰), 본관은 의성이다. 안동 출신으로 아버지는 진(璡)이다. 이황(李滉)의 문인으로 홍문관부제학, 형조참의 등을 역임하였

보인다. 이러한 활동과 더불어 저술 활동도 활발히 벌였는데, 1709년에는 권두경의 《도산언행통록(陶山言行通錄)》을 교정하고 발문(跋文)을 지었으며, 1712년에는 〈밀암자명(密菴自銘)〉을, 1713년(숙종 39)에는 《주서강록간보(朱書講綠刊補)》를 탈고하였다.

마지막으로 노년기는 밀암이 61세 되던 1717년(숙종 3)부터 74세가 되던 1730년(영조 6)까지이다. 이 시기에는 1723년 《홍범연의》를 교정하고, 1724년 권두경과 함께 《갈암집》 정본을 완성하는 등 부친의 저술 정리에 힘썼다. 그리고 강학활동도 활발히 하였는데, 1717년 김성탁(金聖鐸)[17]과의 토론, 1721년(경종 원년) 권구(權榘)[18]와 율곡설 등에 대한 토론, 1724년(경종 4) 권상일(權相一)[19]과 이기호발설 토론, 1729년 봉황산(鳳凰山) 진솔회(眞率會)에서 주자서와 《근사록(近思錄)》을 강의한 내용들이 그 예이다.

다. 저서로는 《해사록(海槎錄)》·《상례고증(喪禮考證)》 등이 있으며, 문집으로 《학봉집(鶴峯集)》이 있다. 이조판서에 추증되었으며, 시호는 문충(文忠)이다.

17) 김성탁(1684~1747): 자는 진백(振伯), 호는 제산(霽山)이며, 본관은 의성이다. 아버지는 태중(泰重)이며, 어머니는 순천김씨로 호군 여만(如萬)의 딸이다. 사간원 정언·홍문관 수찬 등을 역임하였으며, 저서로는 《제산집(霽山集)》 16권이 있다. 1737년 이현일(李玄逸)을 위한 신원소(伸寃疏)를 올렸다가 왕의 노여움을 사서 정의(旌義)에 유배되었다.

18) 권구(1672~1749): 자는 방숙(方叔)이고, 호는 병곡(屛谷)이며, 본관은 안동(安東)이다. 안동(安東) 지곡리(枝谷里)에서 출생하였다. 조부는 군수(郡守) 권단(權摶)이며, 부친은 선교랑(宣敎郞) 권징(權憕)이며, 모친은 졸재(拙齋) 유원지(柳元之)의 딸이며, 부인은 이의(李檥)의 딸로 재령이씨(載寧李氏)이다.

19) 권상일(1679~1759): 자는 태중(台仲), 호는 청대(淸臺)이며 본관은 안동이다. 상주 근암리(近嵒里)에서 출생하였다. 아버지는 증이조판서 심(深)이며, 어머니는 경주이씨로 부사 달의(達意)의 딸이다. 홍문관부제학·한성좌윤·지중추부사·대사헌 등을 역임하였다. 학문하는 법을 일찍 깨우쳐 20세 때에 옛사람들의 독서하는 법과 수신하는 방법을 모아 〈학지록(學知錄)〉을 저술하였다. 저서로는 《청대집(淸臺集)》 18권, 《초학지남(初學指南)》·《관서근사록집해(觀書近思錄集解)》·《소대비고(昭代備考)》·《가범(家範)》·《역대사초상목(歷代史抄常目)》·《일기(日記)》 30여 권이 있다.

또 이 시기의 저술활동을 살펴보면 1726년에는 《안증전서(顔曾全書)》와 《주전집람(朱全集覽)》을 편찬하고, 1730년에는 《심경질의고오변(心經質疑考誤辨》을 편찬하였다. 이 시기의 유림 활동을 살펴보면 1719년에는 묵계서원의 옥고(玉沽)와 김용(金涌) 합향축문을 작성하였고, 1725년에는 성주 청천서원(晴川書院) 동주(洞主: 院長)로 추대되었고, 1718년에는 안동부사 권이진(權以鎭)[20]과 호계서원(虎溪書院)에서 강회(講會)를 하여, 무극태극(無極太極), 사칠이기설(四七理氣說)에 대해 토론하였으며, 1722년에는 안동부사 이인복(李仁復)[21]이 편지로 치도(治道)를 문의하였다. 1728년에는 이광좌(李光佐),[22] 권이진, 박문수(朴文秀),[23] 박사수(朴師洙)[24]가 조정에 추천하여 장악원 주부가 제수되었다. 1729년에는 조현명(趙顯命)[25]의 추천, 오광운(吳

20) 권이진(1668~1734)의 자는 자정(子定), 호는 유회당(有懷堂) 또는 수만헌(收漫軒)이며, 본관은 안동이다. 공주 출신으로 아버지는 현감 유(惟)이며, 외할아버지는 송시열(宋時烈)이다. 윤증(尹拯)의 문인이며, 승지와 호조판서를 역임하였으며, 저서로는 《유회당집(有懷堂集)》이 있다.

21) 이인복(1683~1730)의 자는 내초(來初), 호는 춘절재(春節齋)이며, 본관은 전주(全州)이다. 영의정 원익(元翼)의 5대손이며, 대사간 존도(存道)의 아들이다. 공조참의, 병조참판 등을 역임하였다.

22) 이광좌(1674~1740)의 자는 상보(尙輔), 호는 운곡(雲谷), 본관은 경주(慶州)이다. 항복(恒福)의 현손이며, 장령 세귀(世龜)의 아들이다. 관직은 영의정을 역임하였다.

23) 박문수(1691~1756)의 자는 성보(成甫), 호는 기은(耆隱)이며, 본관은 고령(高靈)이다. 이조판서 장원(長遠)의 증손이고, 세마(洗馬) 선(銑)의 손자로, 영은군(靈恩君) 항한(恒漢)의 아들이며, 어머니는 공조참판 이세필(李世弼)의 딸이다. 관직은 예조판서, 우참찬을 역임하였다.

24) 박사수(1686~1739)의 호는 내헌(耐軒) 혹은 내재(耐齋)이며, 본관은 반남(潘南)이다. 대사헌 필명(弼明)의 아들이다. 1731년 좌찬성에 추증되었다.

25) 조현명(1690~1752)은 자는 치회(稚晦), 호는 귀록(歸鹿)·녹옹(鹿翁), 본관은 풍양(豊壤)이다. 도사(都事) 인수(仁壽)의 아들이다. 저서로는 《귀록집》이 있고, 《해동가요》에 시조 1수가 전하고 있다.

光運)[26] 내방, 이태좌(李台佐)[27] 추천이 있었으며, 호계서원과 도산서원(陶山書院) 동주 등을 지냈다.

밀암이 주로 강학한 교재는 《주자서절요》와 《근사록》이다. 그 밖의 제자문인들과 토론한 책들은 성리학에 관한 내용을 모아 편집한 식산의 《도동편》 등이 있고, 토론의 주제는 율곡설과 이기호발설(理氣互發說), 이기(理氣), 인심도심(人心道心), 왕패의리(王覇義利), 지경설(持敬說)이 주된 내용이다. 편찬한 책들은 《안증전서》, 《주전집람》, 《주어요략(朱語要略)》, 《심경질의고오변》, 《성유록》 등이 있다.

3. 밀암의 종유문인들

밀암의 종유문인들을 살펴보면 평생 동지라 할 수 있는 김태중·권두경·이협이 있었고, 후진 그룹에는 신익황·권구·김성탁·권상일·권덕수(權德秀)[28]·정만양(鄭萬陽)[29]·정규양(鄭葵陽)[30]이 있었으며,

26) 오광운(1689~1745): 자는 영백(永伯), 호는 약산(藥山), 본관은 동복(同福)이다. 돈령부도정(敦寧府都正) 상순(尙純)의 아들이다. 관직은 예조참판에 이르렀고, 저서로는 《약산만고(藥山漫稿)》가 있다. 이조판서와 대제학에 추증되었다. 시호는 충장(忠章)이다.

27) 이태좌(1660~1739): 자는 국언(國彦), 호는 아곡(鵝谷), 본관은 경주(慶州)이다. 영의정 항복(恒福)의 현손으로, 참판 세필(世弼)의 아들이며, 영의정 광좌(光佐)의 재종형이다. 우의정, 좌의정 등을 역임하였다.

28) 권덕수(1672~1759): 자는 윤재(潤哉), 호는 포헌(逋軒), 본관은 안동이다. 아버지는 진원(震元)이며, 어머니는 예안김씨로 종발(宗渤)의 딸이다. 열여섯 살에 권두인(權斗寅)의 문하에서 글을 배웠다. 저서로는 《몽구(蒙求)》와 《포헌집(逋軒集)》 5권이 있다.

29) 정만양(1664~1730): 자는 경순(景醇), 호는 훈수(塤叟)·기암(企菴)·정재(定齋), 본관은 오천(烏川: 迎日)으로 영천 출신이다. 아버지는 생원 석주(碩胄)이며, 어머니는 의성김씨(義城金氏)로 방렬(邦烈)의 딸이다. 저서로는 《훈지집(塤篪集)》 62권이 있다.

30) 정규양(1667~1732): 자는 숙향(叔向), 호는 지수(篪叟), 본관은 오천(烏川: 迎日)으로

조금 생각이 다른 동문들은 이만부(李萬敷)·이형상(李衡祥)[31] 등이 있었다. 또 그의 제자는 권만(權萬)[32]·권모(權謩)·권정택(權正宅)·권정용(權正容)·김낙행(金樂行)[33]·이상정(李象靖)[34]·이광정 등 《금수문인록》에 65명이 보인다. 문중 내 후학들로는 이만(李槾)·이언환(李彥煥)·이복환(李復煥) 등이 있다.

4. 주요 종유문인과의 서신 교환

《밀암집(密菴集)》 권3~권9에 수록된 서간문 등을 통해 파악한 주요 종유 문인은 〈표 1〉과 같다.

영천 출신이다. 아버지는 생원 석주(碩胄)이며, 어머니는 의성김씨(義城金氏)로 방렬(邦烈)의 딸이다. 저서로는 《훈지집》 62권이 있다.

31) 이형상(1653~1733): 자는 중옥(仲玉), 호는 병와(瓶窩)·순옹(順翁), 본관은 전주(全州)이다. 효령대군(孝寧大君)의 10세손이며, 성균진사 주하(柱夏)의 아들이다. 저서로는 문집인 《병와집(瓶窩集)》 18권이 손자인 만송(晩松)에 의하여 간행되었다. 이 밖에도 《돈서록(遯筮錄)》·《악학편고(樂學便考)》·《강도지(江都志)》·《예학편고(禮學便考)》·《성리대전(性理大全)》 등 수십 권이 있다.

32) 권만(1688~1749): 자는 일보(一甫), 호는 강좌(江左), 본관은 안동이다. 아버지는 두굉(斗紘)이다. 관직은 병조정랑에 이르렀고, 저서에 《강좌집(江左集)》이 있다.

33) 김낙행(1708~1766): 초명은 진행(晋行), 처음의 자는 퇴보(退甫), 자는 간부(艮夫), 호는 구사당(九思堂), 본관은 의성(義城)이다. 아버지는 교리 성탁(聖鐸)이다. 저서로는 《계몽질의(啓蒙質疑)》·《기법질의(耆法質疑)》·《상복경전주소통고(喪服經傳註疏通考)》·《강록간보고의(講錄刊補攷疑)》·《구사당집(九思堂集)》 등이 있다.

34) 이상정(1711~1781): 자는 경문(景文), 호는 대산(大山), 본관은 한산(韓山)이다. 아버지는 태화(泰和)이며, 어머니는 재령이씨(載寧李氏)로 재(栽)의 딸이다. 안동 일직현에서 출생하였다. 그는 《심무출입설(心無出入說)》·《주자어절요(朱子語節要)》·《밀암선생연보(密菴先生年譜)》·《심경강록간보(心經講錄刊補)》·《연평답문속록(延平答問續錄)》 등을 저술, 편찬하였다.

종유문인과의 서신교환 내용을 살펴보면, 안동 내앞에 사는 적암 김태중과 1685년부터 1711년까지 총 6편의 편지를 왕래하였는데, 1685년에 준 편지는 왕패의리(王覇義利)에 관한 내용이다.

〈표 1〉 밀암의 종유인물 일람표

성 명	생몰년	본관	자	호	거 주	관직·저술
김태중(金台重)	1649~1711	의성(義城)	천삼(天三)	적암(適庵)	안동(安東) 천전(川前)	《적암집(適庵集)》
권두경(權斗經)	1654~1725	안동(安東)	천장(天章)	창설재(蒼雪齋)	봉화(奉化) 유곡(酉谷)	홍문관부수찬(弘文館 副修撰) 《창설재집(蒼雪齋集)》
이협(李 浹)	1663~1747	연안(延安)	열경(悅卿)	동애(東厓)	안동(安東) 동성(東城)	사옹원봉사(司饔院奉事)
신익황(申益愰)	1672~1722	평산(平山)	명중(明仲)	극재(克齋)	인동(仁同)	《극재집(克齋集)》
권구(權 榘)	1672~1749	안동(安東)	방숙(方叔)	병곡(屛谷)	안동(安東) 가일(佳逸)	《병곡집(屛谷集)》
김성탁(金聖鐸)	1684~1747	의성(義城)	진백(振伯)	제산(霽山)	안동(安東) 천전(川前)	홍문관교리(弘文館校理) 《제산집(霽山集)》
권상일(權相一)	1679~1759	안동(安東)	태중(台仲)	청대(淸臺)	상주(尙州) 근암(近嵒)	대사헌(大司憲) 《청대집(淸臺集)》
권덕수(權德秀)	1672~1759	안동(安東)	윤재(潤哉)	포헌(逋軒)	안동(安東) 교리(校里)	증이조판서(贈吏曹判書) 《포헌집(逋軒集)》
정만양(鄭萬陽)	1664~1730	오천(烏川)	경순(景醇)	훈수(塤叟)	영천(永川) 횡계(橫溪)	《훈지집(塤篪集)》
정규양(鄭葵陽)	1667~1732	오천(烏川)	숙향(叔向)	지수(篪叟)	영천(永川) 횡계(橫溪)	《훈지집(塤篪集)》
이만부(李萬敷)	1664~1732	연안(延安)	중서(仲舒)	식산(息山)	상주(尙州) 식산(息山)	《식산집(息山集)》

〈표 1〉 계속

성 명	생몰년	본관	자	호	거 주	관직·저술
이형상 (李衡祥)	1653~1733	전주 (全州)	중옥 (仲玉)	병와 (瓶窩)	영천(永川)	제주목사(濟州牧使) 《병와집(瓶窩集)》
권정택 (權正宅)	1706~1765	안동 (安東)	사안 (士安)	소산 (小山)	봉화(奉化) 유곡(酉谷)	현감(縣監) 《소산집(小山集)》
권정용 (權正容)	1710~1751	안동 (安東)	거경 (居敬)		봉화(奉化) 유곡(酉谷)	
김낙행 (金樂行)	1708~1766	의성 (義城)	간부 (艮夫)	구사당 (九思堂)	안동(安東) 천전(川前)	《구사당집(九思堂集》
이상정 (李象靖)	1711~1781	한산 (韓山)	경문 (景文)	대산 (大山)	안동(安東) 일직(一直)	연일현감(延日縣監) 《대산집(大山集)》
이광정 (李光靖)	1714~1789	한산 (韓山)	휴문 (休文)	소산 (小山)	안동(安東) 일직(一直)	《소산집(小山集)》
이언환 (李彥煥)	1678~1748	재령 (載寧)	여빈 (汝彬)	묵와 (默窩)	영양(英陽) 석보(石堡)	
김세용 (金世鏞)	1673~1742	의성 (義城)	명우 (鳴宇)	이호 (伊湖)	안동(安東) 천전(川前)	《이호집(伊湖集)》
김명석 (金命錫)	1675~1762	의성 (義城)	여수 (汝修)	우계 (雨溪)	안동(安東) 천전(川前)	첨지중추부사(僉知中樞府事) 《우계집(雨溪集)》
김경석 (金慶錫)	1686~1760	의성 (義城)	선여 (善餘)	오봉 (午峰)	예천(醴泉)	진사(進士)
박종상 (朴宗相)	1680~1739	무안 (務安)	현경 (見卿)	용상 (龍相)	영해(寧海) 번포(番浦)	
이수연 (李守淵)	1693~1748	진보 (眞寶)	희안 (希顏)	청벽 (青壁)	예안(禮安) 상계(上溪)	동몽교관(童蒙敎官) 《청벽집(青壁集)》
권만 (權 萬)	1688~1749	안동 (安東)	일보 (一甫)	강좌 (江左)	봉화(奉化) 유곡(酉谷)	병조정랑(兵曹正郞) 《강좌집(江左集)》
권모 (權 謩)	1690~1751	안동 (安東)	창언 (昌言)	관행당(觀行堂), 낭간헌(琅玕軒)	봉화(奉化) 유곡(酉谷)	
옥진함 (玉振諴)	1687~1747	의령 (宜寧)	여집 (汝集)		안동(安東) 길안(吉安)	진사(進士)
김주국 (金柱國)	1710~1771	의성 (義城)	원석 (元石)	철토재 (徹土齋)	안동(安東) 서후(西後)	

〈표 1〉 계속

성 명	생몰년	본 관	자	호	거주	관직·저술
이만(李槾)	1669~1734	재령(載寧)	군직(君直)	고재(顧齋)	안동(安東) 묵동(墨洞)	《고재집(顧齋集)》
권운대(權運大)	1683~?	안동(安東)	휴중(休仲)	묵재(默齋)	안동(安東) 길안(吉安) 곡란(谷蘭)	
권운창(權運昌)	1689~1750	안동(安東)	덕여(德汝)	돈소헌(敦素軒)		《돈소헌집(敦素軒集)》
권순경(權舜經)	1676~1744	안동(安東)	성칙(聖則)	무와(無窩)		《무와집(無窩集)》·《예학집략(禮學輯略)》
이복환(李復煥)	1682~1727	재령(載寧)	내경(來卿)	노계(魯溪)	영양(英陽) 석보(石堡)	
이경익(李景翼)	1683~1750	전의(全義)	대유(大游)	소은(小隱)		《소은집(小隱集)》
황도익(黃道翼)	1678~1753	창원(昌原)	익재(翼哉)	이계(夷溪)		
권두정(權斗正)	1678~1731	안동(安東)	천추(天樞)	사와(沙窩)	의성(義城) 사촌(沙村)	무신란(戊申亂)시 정제장(整齊將) 《사와집(沙窩集)》
박태무(朴泰茂)	1677~1756	태안(泰安)	춘경(春卿)	서계(西溪)	진주(晋州)	

봉화 유곡(酉谷)에 사는 창설재 권두경에게는 1687년부터 1723년까지 총 26편의 편지를 보냈는데, 1707년에 보낸 편지는 《도산언행통록》에 대해 논평한 것이고, 1708년에 보낸 편지는 갈암문집 감교, 1715년에 보낸 2통의 편지는 이퇴계구지표장(李退溪舊址表章: 이퇴계의 옛터를 나타내는 글)과 식산의 《도동편》에 관한 내용이 실려 있다. 또 1718년에 보낸 편지에는 〈학봉연보〉 교감과 《존재집》 등출에 관하여 논의하였으며, 1720년에 보낸 편지는 갈암 묘지명, 1721년에 보낸 편지는 《강록간보》의 발문이 실려 있다.

안동 동성에 사는 동애 이협에게 보낸 편지는 1716년부터 1730년까지 총 7편이 있는데 1717년에 보낸 편지는 병산서원 '혁폐도신(革弊圖新)'에 대해 논하였고, 1727년에 보낸 편지는 호계서원 임원을 사양하는 내용이 실려 있으며, 1730년에 보낸 편지는 갈암 묘지명에 관한 것이다.

상주에 사는 식산 이만부에게는 1696년부터 1728년까지 총 4편의 편지를 보냈는데 1696년에 보낸 편지는 이관징의 초상을 조문하는 내용이며, 1715년에 보낸 편지는 《도동편》, 1716년에 보낸 편지는 이기변(理氣辯)에 대한 내용이다.

영천 횡계에 사는 훈수 정만양과 지수 정규양 형제에게는 1712년에 즈음하여 3편의 편지를 보냈는데 존양(存養)과 동정공부(動靜工夫)에 관한 내용이 실려 있다.

인동에 사는 극재 신익황에게는 1707년부터 1718년까지 10편의 편지를 보냈는데 연도를 확인할 수는 없지만 퇴계문답요어(退溪問答要語) 편집과 대학정심설(大學正心說)에 관해 논한 편지가 2통이 있고, 1712년에 보낸 편지는 율곡사칠설(栗谷四七說)에 대하여, 1715년에 보낸 편지는 하학상달(下學上達)과 《주서강록간보(朱書講錄刊補)》에 관하여, 1718년에 보낸 편지에는 일용공부(日用工夫)에 대하여 논하였다.

안동 가일에 사는 병곡 권구에게 보낸 편지는 1706년부터 1722년까지 총 3통이 있는데 1721년에 보낸 2통의 편지는 태사묘의(太師廟議)와 학문관에 대하여, 1722년에 보낸 편지는 연구에 비하여 사색이 더 중요하다는 내용이 실려 있다.

안동 교리에 사는 포헌 권덕수에게는 1718년부터 1727년까지 총 3편을 보냈는데, 1718년에 보낸 편지는 권이진의 방문에 관해, 1727년에 보낸 편지는 《대학(大學)》의 물유본말(物有本末)에 대하여 논한 것이다.

안동 내앞에 사는 이호 김세용(1673~1742)에게는 1730년에 즈음하여 2통의 편지를 보냈는데, 면학(勉學)과 상장례(喪葬禮) 문목에 대해 논한 내용이 실려 있다.

김태중의 아들인 김명석, 경석 형제에게는 1711년에 즈음하여 2통의 편지를 보냈는데, 1711년에 보낸 편지는 김태중 추모에 관한 내용이며, 나머지 편지는 연도를 알 수 없으나 신사명변(愼思明辯), 일용공부(日用工夫)에 대한 내용이다.

영해 번개에 사는 용상 박종상에게는 1719년부터 1728년까지 총 3편의 편지를 보냈는데 1719년에는 독서과정(讀書課程)과 경학위본(經學爲本), 1720년에는 정존성찰(靜存省察)과 치심독서(治心讀書)에 관한 내용이 실려 있다.

상주 근암에 사는 청대 권상일에게는 1724년에 보낸 편지 한 통이 전부인데, 학문관에 대한 내용이 있으며 태극(太極), 음양(陰陽), 율곡 이기설(栗谷理氣說)을 비판한 내용이 보인다.

안동 내앞에 사는 제산 김성탁에게 보낸 편지는 1712년부터 1726년까지 총 6편이다. 1717년에 보낸 편지는 학문대요(學問大要)에 관한 내용이 실려 있는데 별지에는 《논어》에 관한 논지가 보인다.

예안 상계에 사는 청벽 이수연(李守淵)[35]에게 보낸 편지는 1729년에 준 편지 한 통이 있는데 도산서원장에 관련된 내용이다.

봉화 닭실에 사는 강좌 권만에게는 1725년부터 1728년까지 총 4편

35) 이수연(1693~1748): 자는 희안(希顔), 호는 청벽(靑壁), 본관은 진보(眞寶)이다. 이황(李滉)의 6세손으로 실(實)의 아들이며, 어머니는 의성김씨로 원외랑(員外郎) 학배(學培)의 딸이다.

의 편지를 보냈는데 1725년에 보낸 편지는 급제한 것에 대해 축하의 메시지를, 연도를 확인할 수 없는 다른 편지에서는 《도산언행통록》과 이수연에 관련된 내용을 볼 수 있다.

권두경의 아들인 낭간헌 권모(1690~1751)에게는 1725년부터 1729년까지 6편의 편지를 보냈는데 1725년에 보낸 편지는 창설재 권두경이 별세한 것에 대한 조문의 내용이 담겨 있고, 1726년에 보낸 편지에는 《언행통록》과 《계문제자록》에 대한 내용이 실려 있다. 1727년에 보낸 편지는 《창설재집》 9책을 교감한 내용과 1729년에 보낸 편지는 언행록 이수연 부표(付標)처에 관련된 내용이 실려 있다.

관리(官吏)인 아무개에게는 1722년부터 1727년까지 총 6편의 편지를 보냈는데 1722년에 보낸 편지는 위학공부(爲學工夫)와, 존심치지(存心致知)에 관해서, 1725년과 1727년에 쓴 편지는 계신공구(戒愼恐懼), 동정설(動靜說)에 관해서, 연도를 알 수 없는 편지 한 통과 별지 한 통은 《근사록》에 대한 의문과 《중용》 수장 혹문설에 대해 논의한 내용이 보인다.

이경익(李景翼)[36]에게 보낸 편지는 1723년에 쓴 편지 한 통이 있는데 권상일의 방문과 계구동정설(戒懼動靜說), 식산설(息山說), 이군직설(李君直說), 《대학》 졸장의 의의에 대한 내용이 실려 있다.

황도익에게 보낸 한 통의 편지는 지양(持養), 치지(致知) 공부에 대해 논의하였다.

안동 길안에 사는 옥진함(玉振諴)[37]에게 보낸 편지는 1717년부터

---

36) 이경익(1683~1750): 자는 대유(大游), 호는 소은(小隱), 본관은 전의(全義)이다. 최전(取全)의 둘째 아들이다. 《주역(周易)》에 달통하였고, 저서로 《소은집(小隱集)》이 있다.

37) 옥진함(1687~1747)의 자는 여집(汝集), 본관은 의령(宜寧)이다. 세보(世寶)의 아들이다. 1723년(경종 3) 진사시에 합격하였다.

1729년까지 총 4편이 있는데, 논어문목(論語問目), 면학, 간약공부(簡約工夫)에 대한 내용이다.

권윤(權潤)에게는 1727년부터 1729년 사이에 편지를 보냈는데, 명륜독경(明倫篤敬), 경재잠(敬齋箴), 주일무적(主一無適), 《대학》 수신장에 대한 내용이 주를 이룬다.

권모의 아들인 권정택, 권정용 형제에게는 1728년부터 1729년까지 3편의 편지를 보냈는데 면학과 독서의 순서에 대한 내용이 실려 있다.

김성탁의 아들 구사당 김낙행에게는 1730년에 편지를 보냈는데 면학과 만년에 대한 회고가 보인다.

김주국에게는 1729년에 표리정조(表裏精粗)에 대한 내용의 편지를, 외손자인 대산 이상정에게는 1729년에 즈음하여 독서법, 태극도설해문목, 구인(求仁) 등에 관한 3편의 편지를, 이상정의 동생인 이광정에게도 1730년에 즈음하여 독서법과 문목에 대한 내용의 편지가 보인다.

또 종제인 고재 이만(1669~1734)에게는 1717년부터 1721년까지 공부론, 《대학》 혈구(絜矩)의 뜻에 관하여 논한 3편의 편지가 보이고, 족질인 이언환에게는 이군직의 공부와 가학에 관한 내용이 보이고 별지에는 태극설, 이기오행, 기화형화(氣化形化)에 대한 내용이 보인다.

조카인 이복환에게는 1708년부터 1720년까지 5편의 편지를 보냈는데 1708년에 보낸 편지는 정우담의 문상노정(問喪路程)에 관한 내용이 실려 있으며, 나머지 편지에서는 면학하라는 내용과 중용설, 태극도설에 관한 논의가 보인다.

마지막으로 아들인 이인환(李寅煥)[38]에게는 1698년부터 1718년까

---

38) 이인환(1686~1732)의 자는 도중(韜仲), 호는 농와(聾窩), 본관은 재령(載寧)이다. 재(栽)의 셋째 아들이다. 김성탁(金聖鐸)·권만(權萬)·권모(權謩) 등과 교유하였다. 조덕린(趙德鄰)으로부터 가학을 잘 계승한다는 평을 받았다.

지 근근(勤謹), 퇴계언행통록, 갈암의 뜻, 후산정사 행소, 불실법가양자제(不失法家良子制: 옛 법을 지키는 가문의 훌륭한 자제임을 잊지 말라), 권부사 방문, 호계회합(虎溪會合)에 관련된 내용의 편지들이 보인다.

5. 맺음말

이상에서 밀암 이재의 강학활동과 종유문인에 대하여 논의하였다. 밀암 이재가 제자들에게 강학한 교재는 주로 《주자서절요》와 《근사록》이었다. 이로 볼 때 밀암이 관심을 두었던 성리학적 사고가 강학활동에 영향을 미쳤을 것으로 판단된다. 밀암의 종유문인들은 대체로 안동을 비롯한 경북북부권에 속하였으며, 이들의 선조들은 퇴계학맥에 속하였다. 이로 인하여 밀암의 강학활동은 자연히 퇴계의 영향을 받았을 것으로 판단된다. 이러한 성리학의 토대에서 발전된 이(理) 중심적 사고는 밀암학파의 중심적인 사상의 토대가 되었다. 그의 종유문인들은 퇴계학맥 중 학봉 김성일과 관련된 인물들이 많았으며, 그들 역시 밀암과의 학문적 교류와 소통은 활발하였다. 그의 문인들을 기록한 〈금수문인록〉은 완전한 형태는 아니지만 밀암 제자집단의 면면을 파악할 수 있는 자료이다. 이 외에도 많은 제자들이 있을 것으로 추측되는데 여기에는 갈암의 문인록에 기록된 인물도 상당수가 밀암의 제자였을 것으로 추정된다. 앞으로 더욱 정교하게 밀암의 문도록을 파악한다면 한국의 성리학, 특히 갈암학단과 밀암학단의 면모를 더욱 상세하게 파악할 수 있을 것이다. 이들 밀암문인들은 안동의 동부지역을 중심으로 활동하였으며, 이들의 학문은 계속 전승되고 발전되어 국권을 잃었을 때는 조국의 독립을 위하여 헌신하는 사상적 기반이 되었다.

참고문헌

權 榘.《屛谷集》. 韓國文集叢刊 188. 서울: 民族文化推進會, 1997.

權德秀.《逋軒集》. 韓國文集叢刊 속 57. 서울: 韓國古典飜譯院, 2009.

權斗經.《蒼雪齋集》. 韓國文集叢刊 169. 서울: 民族文化推進會, 1996.

權 萬.《江左集》. 韓國文集叢刊 209. 서울: 民族文化推進會, 1998.

金樂行.《九思堂集》. 韓國文集叢刊 222. 서울: 民族文化推進會, 1999.

金聖鐸.《霽山集》. 韓國文集叢刊 206. 서울: 民族文化推進會, 1998.

申益愰.《克齋集》. 韓國文集叢刊 185. 서울: 民族文化推進會, 1997.

李光靖.《小山集》. 韓國文集叢刊 232. 서울: 民族文化推進會, 1999.

李萬敷.《息山集》. 韓國文集叢刊 178~179. 서울: 民族文化推進會, 1996.

李象靖.《大山集》. 韓國文集叢刊 226~227. 서울: 民族文化推進會, 1999.

李 栽.《密菴集》. 韓國文集叢刊 173. 서울: 民族文化推進會, 1996.

_____.《密菴全集》下. 退溪學派諸賢集 4. 서울: 驪江出版社, 1986.

李玄逸.《葛庵集》. 韓國文集叢刊 127~128. 서울: 民族文化推進會, 1994.

李衡祥.《瓶窩集》. 韓國文集叢刊 164. 서울: 民族文化推進會, 1996.

李徽逸.《存齋集》. 退溪學派諸賢集 5. 서울: 驪江出版社, 1988.

안병걸. "密菴 李栽의 삶과 學問".《密菴 李栽 硏究》. 경산: 영남대학교 출판부, 2001.

_____. "내앞 義城金門의 儒家精神과 文華". 의성김씨 천상문화 보존회.《내앞[川前] 500년: 門戶形成에서 獨立運動까지》. 靑溪先生誕辰五百週年記念論文集(增補篇) 논문집 간행위원회 편. 의성김씨 천상문화보존회, 2011.

한국국학진흥원 영남유교문화진흥원 편.《慶北儒學人物誌(上) ㄱ-ㅅ 》. 대

구: 경상북도, 2008.

______. 《慶北儒學人物誌(下) ㅇ-ㅎ》. 대구: 경상북도, 2008.

◉ 부 록

錦水門人錄*

성 명	본 관	생 년	자	호	거 처	관 직
이언환(李彥煥)	안릉(安陵)	무오(戊午)	여빈(汝彬)	묵와(默窩)		진사(進士)
안서준(安瑞駿)	순흥(順興)	신유(辛酉)	희중(羲仲)		가구(佳邱)	
김순석(金舜錫)	문소(聞韶)	임술(壬戌)	덕보(德甫)			
이복환(李復煥)	안릉(安陵)	임술(壬戌)	내경(來卿)	노계(魯溪)		생원(生員)《노계집(魯溪集)》
박정걸(朴廷杰)	면성(綿城)	계해(癸亥)	회영(懷英)	남포(南浦)	번포(番浦)	
이경익(李景翼)	전의(全義)	계해(癸亥)	대유(大游)			
김경석(金慶錫)	문소(聞韶)	병인(丙寅)	선여(善餘)			
옥진함(玉振諴)	의춘(宜春)	정묘(丁卯)	언집(彥集)			진사(進士)
김세우(金世鏞)	문소(聞韶)	경오(庚午)	강중(剛仲)			
류광렴(柳光濂)	문화(文化)	임신(壬申)	숙명(叔明)			
이수연(李守淵)	진성(眞城)	계유(癸酉)		청벽(靑壁)		익위(翊衛)《청벽집(靑壁集)》
신호(申 浩)	매성(梅城)	계유(癸酉)	양오(養吾)			
조형(趙 珩)	한양(漢陽)	갑술(甲戌)	행옥(行玉)			

* 이 표는《密菴全集》下(서울: 驪江出版社, 1986) pp. 165－166에 수록된 내용에 의거하여 작성함.

김익렴(金翼濂)	문소(聞韶)	갑술(甲戌)	희원(希元)			
남휴운(南休運)	영산(英山)	갑술(甲戌)				
이유원(李猷遠)	안릉(安陵)	을해(乙亥)	굉보(宏甫)	냉천(冷泉)		
정태영(鄭泰英)		을해(乙亥)				
김세릉(金世錂)	문소(聞韶)	병자(丙子)	미중(美仲)			
이기환(李箕煥)	안릉(安陵)	병자(丙子)				
김우량(金宇樑)	문소(聞韶)	정축(丁丑)	지국(持國)			
김익홍(金翼鴻)	문소(聞韶)	기묘(己卯)				
이후정(李後靖)	한산(韓山)	경진(庚辰)	상선(象先)			
황후간(黃後榦)	회산(檜山)	경진(庚辰)	이직(爾直)	이봉(夷峰)		
권 침(權 沈)	영가(永嘉)	신사(辛巳)	옥경(玉卿)			
이지원(李知遠)	안릉(安陵)	신사(辛巳)	공근(公謹)	손계(遜溪)		
김익한(金翼漢)	문소(聞韶)	임오(壬午)	장천(章天)			
김여즙(金汝楫)	문소(聞韶)	임오(壬午)	군섭(君涉)			
박희민(朴凞民)	면성(綿城)	갑신(甲申)	요수(堯叟)			
옥진봉(玉振韸)	의춘(宜春)	임오(壬午)				
김여방(金汝枋)	문소(聞韶)	계미(癸未)	이직(爾直)			
김우한(金宇漢)	문소(聞韶)	갑신(甲申)	광천(光天)			
권정택(權正宅)	영가(永嘉)	병술(丙戌)	사안(士安)			
김 반(金 槃)	평성(平城)	병술(丙戌)	관보(寬甫)			

이휘원(李輝遠)	안릉(安陵)	병술(丙戌)	자실(自實)	삼수헌(三守軒)		
이세후(李世垕)	안릉(安陵)		재숙(載叔)	청계(淸溪)		정자(正字)
이태화(李台華)	안릉(安陵)	임오(壬午)	문언(文彦)	내원재(來源齋)		
김낙행(金樂行)	문소(聞韶)	무자(戊子)	퇴보(退甫)	구사당(九思堂)		
김익명(金翼溟)	문소(聞韶)	무자(戊子)	운약(雲若)	범암(凡巖)	신당(新塘)	
이헌정(李憲靖)	한산(韓山)	기축(己丑)	경선(景先)			
김주국(金柱國)	문소(聞韶)	경인(庚寅)	원석(元石)		서후(西後)	
권정용(權正容)	영가(永嘉)	경인(庚寅)	거경(居敬)			
이상정(李象靖)	한산(韓山)	신묘(辛卯)	경문(景文)	대산(大山)		증이판(贈吏判)
이인훈(李仁壎)	안릉(安陵)	계사(癸巳)	천유(天牖)	만와(晩窩)		
조탁일(趙鐸一)	한양(漢陽)	계사(癸巳)	천진(天振)			
이광정(李光靖)	한산(韓山)	갑오(甲午)	휴문(休文)	소산(小山)		참봉(參奉)
하대관(河大觀)	진양(晉陽)		관부(寬夫)			
김경중(金慶重)	문소(聞韶)		하숙(賀叔)	구천(龜川)		증이의(贈吏議)
이원미(李元美)	고성(固城)				탑동(塔洞)	
권운창(權運昌)	영가(永嘉)	기사(己巳)	덕여(德汝)	돈소헌(敦素軒)	노동(魯洞)	
권규석(權揆錫)	영가(永嘉)			호음(瓠陰)		
권심규(權心揆)	영가(永嘉)	병술(丙戌)	도일(道一)	송하(松下)	마명동(馬鳴洞)	
신정모(申正模)	아주(鵝州)					

이재통(李再侗)	안릉(安陵)					
한인석(韓寅錫)	서원(西原)					
이지성(李知聖)	완산(完山)					
이 엄(李 儼)	전주(全州)					진사(進士)
이세황(李世璜)	광릉(廣陵)					
신 함(申 瑊)	평산(平山)					
신용기(申龍起)	매성(梅城)					
김주억(金胄嶷)	순천(順天)					
이수항(李守恒)	진성(眞城)					
이의룡(李宜龍)	성산(星山)					
김성흠(金聖欽)	문소(聞韶)			와계(臥溪)		진사(進士)
권 윤(權 潤)	영가(永嘉)					
이재윤(李載胤)	안릉(安陵)					

제2부

《창구객일》의 문헌적·문학적 가치

제4장

《창구객일》의 저술 배경과 자료적 가치

김학수 | 한국학중앙연구원

1. 머리말

조선후기에 있어 '영남(嶺南)'이란 용어 속에는 8도의 하나인 '경상도(慶尙道)'의 이칭 또는 별칭보다 훨씬 복잡한 개념이 포함되어 있었다. 학문적으로는 '기호학파(畿湖學派)'의 대칭적 개념으로, 정치적으로는 남인 내지는 야당의 본거지로서의 성격이 강하였다. 이런 인식은 인조반정 이후 서남 간의 학문적·정치적 경쟁과 대립이 격화되면서 표면화되기 시작하였고, 숙종 연간 당쟁이 그 절정으로 치달으면서 고착화되었다. 바로 이 시기에 자의든 타의든 기호와 영남, 서인과 남인의 학문적·정치적 반목과 대립이라는 격랑의 한복판에 존재하면서 '영남적' 색채를 가장 선명하게 드러낸 사람이 갈암(葛庵) 이현일(李玄逸, 1627~1704)이었다.

이현일이 고집하였던 '영남의식'은 '퇴계학파 의식' 또는 '영남남인의식'으로 치환될 수 있으며, 그 밑바탕에는 영남인의 학문적 자존의식과 정치적 피해의식이 혼효되어 있었다. 전자를 위해 그는 〈율곡이씨론사단칠정서변(栗谷李氏論四端七情書辨)〉을 지었고, 후자를 위해서는 산림 정치가로서 현실 정치에 적극 참여하여 영남의 정치적 위상 회복에 부심하였다. 이것은 17세기 영남 사람들의 정서를 그대로 대변하는 것이었고, 비록 짧은 기간이었지만 영남인들은 이현일을 통해 대리만족의 기회를 맛볼 수 있었다.

이 과정에서 이현일은 영남학파 영수로서의 입지는 확고하게 다질 수 있었지만 대외적인 인식은 극악하게 추락하였다. 서인 기호학파는 그를 '시골뜨기[鄕闇]'로 조소·비하하였고, 마침내 갑술환국 직후에는 이른바 '인현왕후보호소'(1689)를 트집잡아 의리(義理)·강상죄인(綱常罪人)으로 단죄하고야 말았다.[1] 이 단죄는 이현일 개인을 넘어 영남 전체에 대한 통제와 맞물리게 됨으로써 좀처럼 벗어나기 어려운 멍에가 되었다. 나아가 그는 정인홍(鄭仁弘)·윤휴(尹鑴)와 함께 국모를 폄박한 불충한 존재로 낙인되어 서인[노론]은 물론 같은 남인[서울남인]들조차도 기피하는 인물로 전락하였다. 전후 200년에 걸친 신원운동에도 불구하고, 1908년에 가서야 정인홍과 함께 간신히 죄적에서 풀려난 이유도 여기에 있었다.

사정이 이렇다 보니 《조선왕조실록》 등에 나타나는 이현일에 대한 평가는 서인[노론]의 시각을 넘어서지 못한다. 서인들의 눈에 비친 이현일은 '보잘것없는 학문으로 허명을 얻은 자', '율곡을 비난한 사상적 무도인(無道人)', '국모를 폄훼한 패륜·불충한 자'에 지나지 않았고,

1) 김학수, "葛庵 李玄逸 연구-經世論과 學統關係를 중심으로", 석사학위논문, 한국정신문화연구원 한국학대학원, 1996.

이런 인식은 그의 사후 200년 동안 조금도 변하지 않았다. 과연 그럴까? 당쟁은 권력을 두고 펼치는 다툼이고, 그 다툼에서 진 자는 항상 추악한 몰골로 남게 된다. 노론 사대부들의 이현일에 대한 인식과 평가가 그 시대에는 유효했는지 몰라도 지금 우리가 그것을 아무런 비판 없이 받아들일 수는 없다.

이러한 상황에서 이재(李栽, 1657~1730)의 일기 《창구객일(蒼狗客日)》은 이현일을 보다 새로운 각도에서 조명할 수 있는 근거를 제공하고 있다. '명의죄인(名義罪人)'으로 낙인되어 유배지를 떠돌던 아버지의 시종기록인 이 일기는 암울한 시대와 참담한 처지에 대한 항변과 우울한 한탄을 기본 논조로 하고 있지만 그 논리는 정연하였고, 그 필치는 투박하지 않았다. 타자에 의해 기록된 유배일기의 효시라 할 수 있는 《창구객일》에서 이재(李栽)는 이현일의 말[言]보다는 행동[行]과 마음[心]을 담아 내려 하였고, 주변의 시선과 반응을 통해 일그러진 시대상과 자가(自家)의 억울한 처지를 하소연하려 하였다. 이런 이유로 《창구객일》은 흡사 한 편의 문학작품과 같은 인상을 주고 있지만 그것이 비단 이재의 글솜씨 때문만이겠는가? 한 치의 예측을 허락하지 않는 드라마틱한 상황에서도 사실을 정확하고 세밀하게 기술하고자 했던 기록정신, 감정을 극도로 자제하고 주관을 배제하고자 했던 객관성, 절박한 처지에서도 인정(仁情)에 감사하고 아름다운 경치와 풍물에 시선을 돌릴 수 있었던 여유가 있었기에 《창구객일》은 역사 연구의 자료를 넘어 문학성이 생동하는 하나의 고전(古典)으로서 우리의 눈길을 사로잡고 있다.

《창구객일》의 존재가 학계에 알려진 것은 오래된 일이지만 지금까지 이를 분석한 연구성과는 거의 없다. 이현일과 이재를 정점으로 하는 17세기 영남학파와 영남남인의 정치사회적 동향을 이해하기 위해서는 반드시 짚고 넘어가야 할 사료임에도 불구하고 이에 대한 학문적 관심은 이토록 일천하였다.[2] 이는 아직까지 《창구객일》의 자료적 성격과 가치에 대한 검토조차 이루어지지 못하였음을 뜻한다.

이에 본고에서는 《창구객일》의 저술목적과 자료적 가치에 대해 가늠해 보고자 한다. 이를 위해서는 표면적으로 드러나는 문자상의 표현 못지 않게 행간에 숨어 있는 상황 및 심리까지 세밀하게 읽어내야 할 것 같다. 다시 말해서, 저자와 연구자의 시공을 뛰어넘는 교감이 절실히 요구된다는 뜻이다.

2. 문헌적 고찰

1) 체제와 저술시기

현존하는 《창구객일》은 ① 밀암종택(密菴宗宅) 가장본[저자 수고본], ② 고(故) 이병욱(李秉旭) 가장본[傳寫本], ③ 국사편찬위원회본[傳寫本][3] 등 총 3종이다. 이 가운데 저자 친필본으로서 가장 정본이 되는 것은 ①이고, ②와 ③은 전사본이다. 국사편찬위원회본인 ③은 1940년 안동의 이모씨(李某氏) 소장본을 전사한 것으로 알려져 있다. 그렇다면 《창구객일》은 위에서 언급한 것 외에 전사본 형태의 이본(異本)·별본(別本)이 더 존재했다는 말이 되는데, 현재로서는 그 소재

2) 필자는 이현일을 주제로 석사학위논문("葛庵 李玄逸 硏究－經世論과 學統關係를 중심으로", 한국정신문화연구원 한국학대학원, 1996)을 쓰면서도 《蒼狗客日》은 자료로 거의 활용하지 못하였다.

3) 국사편찬위원회, 도서청구기호 <KO B16HB5>.

〈표 1〉《창구객일》 소장 현황

순번	명 칭	형 태	서발문	소장자 (청구기호)	비 고
①	밀암종택 가장본(家藏本)	필사본(筆寫本)/저자친필본(著者親筆本)	—	이병갑 (李秉甲)	
②	고(故) 이병욱(李秉旭) 氏 가장본(家藏本)	필사본(筆寫本)/전사본(傳寫本)	후지(後識) [권두경 찬(權斗經 撰)] [1698. 09.12]	고 이병욱 (李秉旭)	–'동파첩(東坡帖)' –'회암여채계통서(晦菴與蔡季通書)' –'퇴계답노소재서(退溪答盧穌齋書)' 등이 첫머리에 수록됨
③	국사편찬위원회본	필사본(筆寫本)/전사본(傳寫本)	—	국사편찬위원회 <KOB16HB5>	

를 확인하기 어렵다.

①과 ②의 가장 큰 차이는 후지의 유무인데, 1698년(숙종 24) 권두경(權斗經, 1654~1725)이 지은 후지는 ②에만 수록되어 있다. 권두경은 초본을 열람한 뒤 독후감 형식의 글을 남겼을 뿐 출판에 대비한 서발문의 개념으로 찬술한 것은 아닌 것으로 추정된다.

본고에서 활용한 《창구객일》은 재령이씨 밀암종택의 가장본[저자수고본]이다. 이 본은 총 2권[상·하] 1책이며, 필사성책본이다. 상권에는 1694년 4월 9일에서 동년 8월 15일까지, 하권에는 1694년 8월 16일 이후의 일기 및 각종 부록으로 구성되어 있는데, 일기의 본체를 이루는 것은 상권이다.

여느 일기와 마찬가지로 《창구객일》 역시 날짜별로 기사화한 것인데, 아쉽게도 저자의 친필 초본은 남아 있지 않은 것으로 파악된다. 현존하는 가장 정본이자 고본(古本)인 밀암종택 가장본[著者 親筆本]조차도 초본은 아니고, 어느 시기에 저자가 형식에 맞춰 새롭게 정리, 정사(淨寫)한 것이다. 이런 정황은 이동 중 또는 객지에서 쓴 것이라고 하기에는 그 체제가 매우 정연하고, 글씨가 해정하다는 점, 곳곳에 수정 혹은 가필하거나 일부 내용은 지운 흔적이 선명하다는 점 등을 통하여 확인할 수 있다.

이재가 자신의 일기 초본을 정리 및 정사한 시기는 정확하지 않고, 일기의 이름을 처음부터 《창구객일》로 명명했는지도 분명치 않다. 특별한 제목을 붙이지 않고 일기를 작성하였다가 정리 단계에서 《창구객일》[4]이란 이름을 붙였을 가능성도 배제할 수 없다. 다만, 권두경이 후지에서 '창구객일'이란 표현을 쓰고 있는 것으로 보아 적어도 1698년 9월 이전에 일기 명칭을 《창구객일》로 한 것은 분명하다.

1698년 9월에 쓴 권두경의 발문에 따르면, 이재는 《창구객일》을 자기 주변의 인사들에게 극히 제한적으로 공개하였던 것 같다. 그중의 한 사람이 바로 권두경이다. 이재가 권두경에게 일기를 공개한 것은 그와 특별한 관계였기 때문이다. 이재와 권두경은 갈암문하의 동문이자 평생의 지기였다. 특히 권두경은 이현일이 홍원(洪原)에서 서울로 압송되어 1694년 5월 27일~7월 7일까지 70여 일 동안 조사를 받는 다급한 상황에서 이재의 든든한 위로자 역할을 하였다. 이 과정에서 권두경은 그 누구보다 당시 상황을 적실하게 인지할 수 있었는데,[5] 이재

4) '창구(蒼狗)'는 '갑술(甲戌)'의 별칭이다. 이현일이 홍원으로 유배된 해가 1694년(숙종 20), 즉 갑술년이므로 이런 이름을 붙인 것이다. 이재가 갑술년의 별칭으로서 '창구'를 쓴 예는 〈祭十二郎文〉이라는 글에서 찾아볼 수 있다(李栽, 《密菴集》 詆餘 冊1, 密菴詆餘 〈祭十二郎文〉(丙申至月日) "汝尙記蒼狗夏秋間事耶? 駭機溢目, 七旬有餘, 兄弟叔姪, 聚首腐心, 梁門一別, 有千古難平之恨, 後數年吾奉老南下晞陽, 水陸萬里, 首尾五十餘日, 維時汝與季弟 迎候蟾江上, 至今追思如昨日事.").

는 이런 그에게서 골육보다 더한 정을 느낄 수 있었다.

> 권천장(權天章: 權斗經)은 며칠 간격으로 찾아왔고, 올 때마다 열흘 내지는 보름을 머물면서 밤낮으로 근심걱정을 함께하였으니, 그 정의(情義)는 골육에 비할 바가 아니었다.[6)]

사실 이재가 평소에 일기를 쓰고 있었던 것은 여러 행로에서 이현일을 문안한 인사라면 어느 정도 짐작할 만한 일이었다. 이 점에서는 권두경 또한 결코 예외일 수 없었다. 그렇다면 이재가 유독 권두경에게 일기를 공개하였던 것은 강한 일체감의 표현이자 여기에 더해 일기 내용에서 사실 관계의 수정 또는 교열을 요청한 측면을 배제할 수 없다. 근본적으로 개인의 일기는 공개를 극도로 꺼리는 속성을 지니는데, 권두경이 일기를 볼 수 있게 하고, 독후감 형식의 후지를 붙였다는 것은 《창구객일》이 '이재' 한 개인의 사사로운 기록 그 이상의 의미를 지니고 있음을 시사하고 있다.

이와 관련하여 또 한 가지 주목할 것은 권두경의 후지가 그의 문집 《창설재집(蒼雪齋集)》에는 수록되어 있지 않다는 사실이다. 이현일의 고제로서 사문(師門)의 신원과 현양에 노력하였던 그의 행력을 고려할 때, 이런 문자가 문집에서 빠졌다는 것은 쉽사리 이해되지 않는다. 더구나 《창설재집》은 편집단계에서 이재의 교열[刪節]을 거치기까지 하였다.[7)] 그럼에도 불구하고 이 후지가 누락된 것은 다분히 의도적

---

5) 李栽, 《蒼狗客日》, 〈跋文〉(權斗經 撰). "其中類多與余相周旋同踐涉者".

6) 李栽, 《蒼狗客日》, 甲戌 閏5月1日. "至如權天章, 間數日至, 輒留連旬望, 晝夜同憂共患情義有逾骨肉."

7) 李栽, 《密菴集》 卷7, 〈答權昌言〉.

인 선택의 결과로 해석된다. 추론컨대, 《창구객일》은 서인정국이라는 정치적 상황, 그 내용이 지니고 있는 정치적 민감성을 고려할 때, 당시로서는 대외적으로 공개될 수 없는 자료, 즉 일종의 '갈암문하'의 비기(秘記)였던 것이다. 형편이 이렇다 보니 권두경의 후지 역시 또 하나의 비기(秘記)가 되어 양가[密菴家·蒼雪家]에 비장된 것으로 파악된다.

이재는 왜 하필 1698년 무렵에 자신의 일기를 권두경에게 열람시킨 것일까? 권두경이 《창구객일》을 열람한 뒤 후지를 붙인 것은 1698년 9월 12일이었고, 장소는 곤양(昆陽: 지금의 사천군)의 서봉암(棲鳳庵)이었다. 이해 7월 권두경은 진주·곤양의 취토관(取土官)으로 활동하는 과정에서 광양 갈은리(葛隱里)로 가서 이현일과 함께 섬진강(蟾津江)을 유람한 바 있었다.[8] 바로 이 무렵 이재는 권두경에게 《창구객일》을 건넸던 것 같고, 이로부터 두 달 뒤에 후지가 탈고된 것이었다. 《창구객일》은 내용상 본편과 부편으로 구분할 수 있는데, 공교롭게도 본편의 종료 시점이 이현일이 광양 이배지(移配地)에 도착하던 7월 18일이다. 그렇다면 권두경은 본편을 완독한 뒤에 후지를 지었음이 분명하다.

이재가 한창 집필 중이던 일기 원고를 권두경에게 보여 준 것은 이현일의 '광양이배'(1697) 이후의 분위기와 무관하지 않아 보인다. 극변지 종성에서 광양으로의 이배는 이현일에 대한 통제책이 그만큼 이완되었음을 뜻하는 것이었다. 이재의 입장에서는 이런 추세라면 이현일의 해배와 신원도 도모해봄직하다는 판단을 하였을 가능성이 크다. 일기의 공개는 서로의 동지감(同志感)을 재확인시키며 권두경에게 사문

8) 李栽, 《密菴集》 卷19, 〈蒼雪齋權公行狀〉. "七月. 又差晉州昆陽取土官…是行候我先人于光陽之葛隱里. 汎月蟾江, 玩瀑靑鶴洞, 窮山水絶特之觀而還."

(師門)의 신원에 적극 동참해 줄 것을 촉구하는 과정으로 해석할 수 있다.

2) 인용 문헌

생활일기의 경우 일상에서의 체험과 소회가 '이야깃거리'의 중심을 이루기 마련이고, 간혹 시속(時俗)과 인물에 대한 논평, 경치와 풍물에 대한 감상과 평가가 곁들여져 '읽는 맛'을 더하여 주기도 한다. 이에 비해 관직일기는 감상이나 소감보다는 실재하는 사실(Fact)을 중시하는 경향이 있다. 전자에서는 저자의 주관을 통하여 그 시대를 읽게 되는 것이라면 후자에서는 유용한 사실적인 정보를 취할 수 있는 장점이 있다.

《창구객일》은 이현일의 유배생활을 시종하면서 남긴 기록이라는 점에서는 생활일기로 분류할 수 있고, 1694년 갑술환국 이후의 조정의 동향과 이현일에 대한 정치적 처분의 추이에 서술의 주안점이 있다는 점에서 당쟁일기로 분류할 수 있는 요소도 매우 많다. 이 두 가지 성격을 종합하면 《창구객일》은 일기류의 양대 요소, 즉 소감과 논평으로 대변되는 '주관성', 사실을 강조하는 '객관성'을 아우르는 특징이 있다. 이는 곧 《창구객일》을 관통하는 이재의 기록정신이기도 하다.

이재는 《창구객일》을 쓰면서 어떤 자료를 활용하였을까? 가장 일차적인 것으로 역시 자신이 보고 들은 견문(見聞)을 활용하였다. 견문은 불특정 다수로부터 얻어지는 풍문적 성격의 정보도 있고, 여로(旅路)나 유배지[홍원·종성·광양] 등에서 상견한 관인 또는 지인들로부터 입수한 양질의 '고급정보'도 있었다.

그러나 무엇보다 이재가 중시하였던 것은 (i) 조보(朝報), (ii) 지지류(地誌類), (iii) 문집류(文集類), (iv) 서간류(書簡類) 등의 문헌자료였고, 이 중에서도 조보가 가장 긴요하게 활용되었다. 승정원에서 매일 발행한 조보는 기별(寄別)·기별지(奇別紙)·조지(朝紙)·저보(邸報)·저장(邸狀)·저지(邸紙)·난보(爛報)·한경보(漢京報) 등으로도 불렸는데, 《창구객일》에서는 주로 '저보(邸報)'라는 표현을 쓰고 있다.

일반적으로 조보는 (i) 국왕의 명령 및 지시를 담은 전교(傳教), (ii) 정책 현안 등에 대한 유생 및 관료들의 상소(上疏), (iii) 이에 대한 국왕의 비답(批答), (iv) 국왕의 대 관민 포고문인 윤음(綸音), (v) 관리의 인사 내역, (vi) 특이 현상인 기문기사(奇聞奇事), (vii) 중앙 및 지방의 각 관서에서 국왕에게 올리는 각종 보고서와 복명서 등 광범위한 내용을 다루었기[9] 때문에 정치범인 이현일을 시종하는 이재로서는 촉각을 곤두세우지 않을 수 없었다. 이 때문에 그는 자신이 얻어 본 조보는 반드시 초기(抄記)하였는데, 이는 정치적 처분의 진행 과정에 따른 사실 관계를 명확히 해두려는 데 목적이 있었던 것으로 보인다. 다만, 이재가 조보를 얻어 본 경로는 분명치는 않는데, 이에 대하여서는 추가적인 검토가 요망된다.

한편 이재는 시종길에 나서면서부터 일정 분량의 참고도서를 지참하였던 것으로 보인다. 그 책이 무엇인지는 정확히 알 수 없지만 경사자집(經史子集) 등의 학술도서, 저술에 필요한 참고도서를 비롯하여 경유해야 할 열읍(列邑)의 지지류(地誌類) 등이 포함되었다.

의금부도사 이주명(李周命)이 와서 이현일의 홍원 유배의 명을 전달한 것은 1694년 4월 22일이었다. 동월 23일 큰집이 있는 인량리(仁良里: 나라골)로 와서 하루를 묵은 이현일은 24일 유배길에 올랐다. 이

9) 車培根, "우리나라 朝報에 대한 新聞學的分析攷", 《언론정보연구(서울大學校 언론정보연구소)》 17輯(1980); 朴正圭, "朝鮮王朝時代의 前近代的 新聞에 관한 硏究", 박사학위논문, 서울大學校 大學院, 1982.

재는 겨우 이틀 동안 유배를 떠날 채비를 하였던 것이고, 영해에서 홍원에 이르는 경로와 여정을 세심하게 검토하였을 것이다. 한 번도 가본 적이 없는 천 리 타향으로 떠나는 노정에 오르면서 행로의 지침이 되는 지지가 빠졌을 리 만무한 것이다. 실제로 이재가 지지를 유용하게 활용한 흔적은 《창구객일》 곳곳에서 확인할 수 있다. 4월 30일 예맥(濊貊)과 명사십리(明沙十里)에 대한 논평, 7월 16일 금강산에 대한 소감, 7월 19일 목조(穆祖) 유적과 이왕가(李王家) 이거 연혁에 대한 평론 등은 지지를 통하여 얻은 지식에 바탕을 둔 것이었다. 아래는 1694년 8월 1일 이재가 길주에서 장백산(長白山: 白頭山)을 바라본 소감을 적은 것인데, 그가 지지를 어떻게 활용하고 있는지를 잘 살펴볼 수 있다.

> 성의 서쪽에서 장백산(長白山)을 바라보니 쌓인 눈이 하늘을 메웠는데, 8월에도 눈발이 날리는 것을 지금 직접 눈으로 보았다. 고을[길주] 사람이 손가락을 가리키며 '지금 쌓인 눈은 7월 27~28일 사이에 이미 내린 것이다'고 하였다. 지지(地志)를 살펴보니, '산은 주의 서쪽으로 110리에 있다. 7월에 눈이 내리기 시작하여 이듬해 5월이 되어야 녹아 사라지며, 산의 정상에 있는 나무들이 왜소(矮小)한 탓에 장백산이란 이름이 붙었다'고 기록되어 있다.[10)]

문집류(文集類)에서 자주 거론되는 것은 허목(許穆, 1595~1682)의 《기언(記言)》이었다. 4월 30일 이재는 정동진(正東津)을 지나면서 허목의 기행문[眉老紀行錄]을 언급한 바 있고, 5월 3일 '관동팔경'에 대

---

10) 李栽, 《蒼狗客日》, 甲戌 8月 4日. "西望見長白山, 積雪埋空, 八月飛雪, 今親見之矣. 州人指言七月卄七八間 已下此雪云. 按地志, 山在州西一百一十里, 七月雪, 五月始消, 山頂樹木矮小, 故名長白山云."

해 품평할 때도 허목의 작품[眉老記]을 거론하였는데, 전자는 '척주시기행초어(陟州時記行鈔語)',[11] 후자는 '오대산기(五臺山記)'를 말한다.[12]

이재가 허다한 기행문을 마다하고 하필 《기언》을 인용한 것은 허목과의 정치적·학문적 유대감과 관련지어 설명할 수 있을 것 같다. 1677년(숙종 3) 이현일이 처음으로 조정에 들어올 때 환로를 터준 사람이 바로 허목이었다. 이 과정에서 허목은 이현일을 진유(眞儒)로 극찬하면서 경연의 적임자로 적극 부각시켰던 것이다.[13]

〈표 2〉 허목의 문인 현황[14]

성 명	본관	비 고	성 명	본관	비 고	성 명	본관	비 고
이정백(李廷白)	전주	윤(潤)의 증손	목내선(睦來善)	사천	우의정	홍경길(洪景吉)	풍산	
이상현(李象賢)	전주	원익(元翼)의 증손	권두인(權斗寅)	안동	갈암문인	김익견(金益堅)	광산	장생(長生)의 손자
이만부(李萬敷)	연안	갈암(葛庵)과 우담(愚潭) 문인	남궁억(南宮億)	함열	유일(遺逸), 현감(縣監)	심사명(沈思溟)	청송	
이봉징(李鳳徵)	연안	관징(觀徵)의 아우	이만원(李萬元)	연안	관징(觀徵)의 손자	김형덕(金亨德)	김해	
이후평(李后平)	전주	조경(趙絅)의 외손자	민 희(閔 熙)	여흥	좌의정	허 혜(許穗)	양천	
이산뢰(李山賚)	연안	호민(好閔)의 손자	배정휘(裵正徽)	성주	상룡(尙龍)의 종손(從孫)	오상옥(吳相玉)	함양	

11) 許穆, 《記言》 卷24, 中篇 記行 〈陟州時記行鈔語〉.

12) 許穆, 《記言》 卷28, 下篇 山川 下 〈五臺山記〉.

13) 李玄逸, 《葛庵集》, 附錄, 卷1, 〈年譜〉〈丁巳〉. "眉叟許文正公言於上 曰'近見李玄逸眞儒者也. 聞其尤邃易學, 將來經幄, 不可無此人云'."

14) 이 표는 《典故大方》, 《朝鮮儒賢淵源圖》, 《南譜》 등을 토대로 작성하였다.

〈표 2〉 계속

성 명	본관	비 고	성 명	본관	비 고	성 명	본관	비 고
이해뢰(李海賚)	연안	산뢰(山賚)의 아우	이영후(李永厚)	경주		김하옥(金夏玉)	광산	
이 택(李 澤)	광주	덕형(德馨)의 종증손	장응일(張應一)	인동	한강(寒岡)·여헌(旅軒) 문인	조 형(曺 炯)	창녕	
이원록(李元祿)	광주	갈암문인(葛庵門人)	이경익(李景益)	경주		박필운(朴必運)	밀양	
이 형(李 瀅)	여주	상의(尙毅)의 종증손	이언형(李彥馨)	경주		김석귀(金錫龜)	김해	
정동익(鄭東益)	해주	희성(希聖)의 아들	이동완(李棟完)	전주	갈암문인	이 훤(李 楦)	경주	
정동직(鄭東稷)	해주	동익(東益)의 아우	정 렴(鄭 濂)	경주		류 필(柳 泌)	전주	
정동설(鄭東卨)	해주	동직(東稷)의 아우	황 뉴(黃 鈕)	장수		김여정(金汝淨)	선산	
정동악(鄭東岳)	경주		한 은(韓 垽)	청주	이광정(李光庭)의 외손	정 환(鄭 瓛)	진주	
권 수(權 修)	안동	진(縉)의 아들	정중분(鄭重賁)	초계	온(蘊)의 증손	김중영(金重榮)	광산	
이담명(李聃命)	광주	윤우(潤雨)의 증손						

1682년(숙종 8) 허목이 사망하자 이현일이 '백이숙제에 비길 만한 절조, 탁월한 문장가이자 뛰어난 명서가(名書家)'15)라는 찬사를 붙여 애도하였고, 이러한 연장선에서 창원 회원서원(檜原書院) 배향에도

15) 李玄逸, 《葛庵集》 卷10, 〈答權春卿壬戌〉. "'眉老奄至大故, 淸風勁節, 高文大筆, 世豈有斯人?' 重爲世道發一慟也."

적극 찬동하였다.[16)]

허목과 이현일 사이의 유대는 학문적인 영역으로까지 진전되어 영남·근기 남인가의 많은 선비들이 미수·갈암 양문을 출입하였는데, 비록 〈미수문인록〉에서는 확인되지 않고 있지만 갈암문하의 고제로서 《창구객일》의 후지를 지은 권두경도 사실상 양문을 출입하였다.

1689년(숙종 15) 숙종의 특명으로 간행된 《기언》은[17)] 당시로서는 신간 서적이었다. 허목과 이현일의 관계, 기사환국 이후 이현일의 정치사회적 위상을 고려할 때, 《기언》이 이현일에게 반질[배포]되었음은 의심의 여지가 없다. 다만, 허목의 글을 인용할 때, '일찍이 읽은[嘗讀]'이란 표현을 쓰고 있는 것으로 보아 시종 길에 《기언》을 휴대한 것 같지는 않다.

한편 이재가 조정의 동향을 탐문함에 있어 조보 못지않게 유용한 수단이 된 것은 지인들의 서간이었다. 1694년 4월 갑술환국이 발생하였다는 사실도 동년 4월 9일 청송부사 이문징(李文徵)의 서간을 통하여 알았다. 그리고 이현일의 홍원 유배가 공식 선포된 것은 4월 22일이지만 이 또한 당해 의금부도사 이주명(李周命)의 서간을 통하여 사전에 알고 있었고, 4월 17일 대계(臺啓)의 전말도 이주명의 서신을 통해 파악하였다.[18)] 이처럼 이재는 관료 또는 지인들의 서간을 통하여 이현일

16) 李玄逸,《葛庵集》 卷10, 〈答權天章〉. "許文正公於鄭先生, 嘗自處以門弟子之列, 攷寒岡文集序, 可見也. 今似當依濂溪書院例, 以許文正公 作配位以享, 無疑矣."

17) 《肅宗實錄》卷20, 15年 3月 25日(壬辰).

18) 이주명은 대사간을 지낸 이원록(李元祿)의 아들이다. 숙종초기 남인정국에서 '변국제조(變局提調)'로 일컬어지며 막강한 영향력을 행사했던 이원정(李元禎)은 그의 큰아버지이다. 칠곡에 기반을 둔 광주이씨 이원정·원록 가문은 안동김씨 김시양(金時讓) 가문[이담명의 처가], 전주이씨 이수광(李睟光) 가문[이담명 처가], 해주정씨 정중휘(鄭重輝) 가문[이구명의 처가], 동복오씨 오시수(吳始壽) 가문[이주명의 아우 신명의 처가], 사천

의 처분에 대한 조정의 동향을 탐지할 수 있었고, 이런 내용들은 대부분 《창구객일》에 착실히 반영되었다.

《창구객일》에 따르면, 갑술년(1694)에 이현일·이재 부자와 서간을 주고받은 사람은 일일이 다 거론할 수 없을 정도로 많다. 대표적인 인물로는 앞서 소개한 이문징, 이주명을 비롯하여 김방걸(金邦杰: 4월 9일), 이숭일(李嵩逸: 윤5월 3일), 이관징(李觀徵: 7월 9일), 윤취상(尹就商: 7월 10일), 배정휘(裵正徽: 7월 22일), 정시한(丁時翰: 8월 30일), 이동표(李東標: 8월 30일), 권두경(權斗經: 8월 30일), 박명의(朴明義: 9월 4일), 김원섭(金元燮: 9월 6일), 홍경렴(洪景濂: 9월 25일), 이수백(李受伯: 10월 16일) 등을 들 수 있다. 서간 중에는 '천성친구서(川城親舊書: 갑술 윤5월 13일)', '낙하친구서(洛下親舊書: 갑술 8월 30일)', '낙하제서(洛下諸書: 을해 2월 23일)' 등 여러 명 또는 수십 명이 연명한 서간도 있었다. 이 가운데 봉화지역 사우(士友)들이 보낸 '천성친구서'는 김대무(金大懋)·이완(李琓)·이동완(李棟完)·금덕순(琴德純)·김한태(金漢泰)·권두위(權斗緯)·권두기(權斗紀)·권두운(權斗運)·권두응(權斗應)·김여용(金汝鎔)·권적(權績) 등 수십 명이 연명한 일종의 위로 편지였다.

이재는 바로 이들과의 교신을 통하여 조정의 동향, 여론의 향배, 고향 및 집안 소식을 들을 수 있었고, 이렇게 수집된 정보는 환난의 대처 및 극복에 있어 감로(甘露)와 같은 역할을 하였다. 예컨대, 아우 일행

목씨 목내선(睦來善) 가문[이담명의 사위가], 청주한씨 한종운(韓宗運) 가문[이주명의 처가], 양천허씨 허한(許僩) 가문[이주명의 매부가] 등 근기남인의 주요 명가들과 통혼하는 등 가격(家格)이 매우 높았다(김학수, "칠곡 광주이씨 李元禎家의 정치적 위상과 학문적 성격", 《18세기 영남 한문학의 전개》, 대구: 계명대학교 출판부, 2011). 이주명은 의금부도사라는 직책에 더해 경향을 아우르는 인적 네트워크를 통하여 당시로서는 매우 긴요한 정보를 수집·제공할 수 있었던 것으로 파악된다.

이 근친차 종성으로 온다는 사실은 1694년 10월 16일 이우겸(李宇謙)의 편지를 받고서야 알았고,[19] 비록 그 내용을 상술하지는 않았지만 1695년 2월 23일 온성으로 유배 가던 윤하제(尹夏濟)로부터 받은 서울지역 지인들의 서간에[20] 조정의 상황, 여론의 향배 등 긴요한 정보들이 담겨 있었음은 두말할 나위가 없다.

3. 저술의 배경과 자료적 가치

1) 저술의 배경

조선시대 선비들에 있어 일기는 일반적인 저술의 한 형태였다. 그 중에는 이도장(李道長, 1603~1644)의 《승정원일기(承政院日記)》처럼 오로지 공무를 기록한 것도 있고, 권문해(權文海, 1534~1591)의 《초간일기(草澗日記)》나 이정회(李庭檜, 1542~1613)의 《송간일기(松磵日記)》처럼 재관 및 재향 시 자신의 삶에 초점을 맞춘 것도 있으며, 김령(金坽, 1577~1641)의 《계암일록(溪巖日錄)》처럼 자신의 일상을 기록함은 물론 예리한 관찰자의 시각으로 조야의 동정과 사론의 향배를 비판적 필치로 기록한 것도 있다.

이 외에도 어버이의 시병 전말을 기록한 '간병일기(看病日記)' 또는 '시병일기(侍病日記)', 특정 소사(疏事)의 기획 및 추진 전말을 기록한

---

19) 李栽, 《蒼狗客日》, 甲戌 10月16日. "因官便見李員外受伯書, 舍弟季幹從洛下作覲行去卄二離京城云. 驚倒欲狂."

20) 李栽, 《蒼狗客日》, 甲戌 10月16日. "尹正郎夏濟穩城謫行, 夕入府, 偕地主往見, 因得洛下諸書."

'소청일기(疏廳日記)' 등도 일기의 대표적 유형에 속한다.

이재의 《창구객일》 또한 일기류의 한 형태로서 형식 또는 내용 기술에 있어 여느 일기류와 크게 다른 점은 없지만 우리가 주목하여야 할 것은 이재가 《창구객일》을 저술한 배경이다. 앞에서도 잠시 언급한 바와 같이 《창구객일》의 내용상 주인공은 17세기 영남학파를 대표하였던 이현일이다. 따지고 보면, 이현일은 이재의 아버지인 동시에 당시 영남유림을 상징하는 존재였고, 그에 대한 처분은 영남학파의 학문적·정치적 위상과 연동되어 있었다. 아마도 이재는 사적으로는 아버지, 공적으로는 스승이자 영남유림의 중심축이었던 이현일에 대한 정치적 처분의 부당성을 강조하고, 한편으로는 향후에 있을 신원운동의 명분을 확보하기 위해 《창구객일》을 저술하였을 가능성이 매우 크다. 아래는 김성탁(金聖鐸)이 지은 '밀암행장(密菴行狀)'의 일부인데, 《창구객일》의 저술 동기 및 배경과 관련하여 많은 것을 시사하고 있다.

> 선생[李玄逸]께서 숙종 중년에 지우에 감격한 나머지 하지 못할 말이 없다 여기셨는데, 기사년의 두 상소는 모두 충애에서 비롯된 것으로서 다른 사람들이 감히 할 수 없는 말이었다. 그러나 갑술환국 이후 당인들의 무고를 입어 극변으로 쫓겨나 금고되었다. 공[李栽]은 이를 마음 아프게 생각하여 기사년 이후의 교지를 엮어 《성유록(聖諭錄)》을 만들어 지난날 몹시 총애하셨던 마음을 드러냈다. 경종 초년에 다시금 왕의 은택이 내렸으나 번번이 당로자들의 저지를 받았고, 문생과 사림들이 전후 두 차례에 걸쳐 억울함을 호소하였으나, 끝내 왕에게 전달되지 못하였다. 공은 억울하고 통박한 나머지 상소를 지어 자명하려 하였으나 뜻을 이루지는 못하자 《갑술일록》의 말미에 전후의 소장 및 사림의 신변소(伸辨疏)를 첨부하여 저술의 수미가 구비되도록 하여 백 년 뒤에라도 논의가 정하여질 날에 대비하였다.[21]

경종연간(1721~1724) 신원운동의 좌절과 그에 따른 울분, 앞날을 기약하기 위한 《성유록(聖諭錄)》의 편집과 《창구객일》의 보완작업은 《창구객일》의 편찬 의도가 어디에 있었는지를 분명하게 보여 준다. 즉, 이재는 '인통함원(忍痛含怨)'의 심정으로 숙종의 지우가 담긴 문서들을 모아 《성유록》을 엮었고, 사실관계를 꼼꼼이 정리하여 《창구객일》의 부편을 만들었던 것이다.

숙종이 이현일에게 내린 별유(別諭) 28건, 비지(批旨) 124건을 엮은 《성유록》은 류성룡의 사례를 본받은 것으로서 군주에 대한 신하의 충(忠), 신하에 대한 임금의 신(信)을 강조하는 데 궁극적인 목적이 있었다. 그리고 이것은 이재 형제는 물론 갈암문인들의 적극적인 협력으로 빚어낸 일종의 '사문사업(師門事業)'이었다.[22] 나아가 군신 간의 제우(際遇)를 강조코자 하였다는 점에서는 《갈암집》에 수록되어 있는 〈어제주수도설발휘〉나 〈경연강의(經筵講義)〉도 같은 맥락에서 파악할 필요가 있는데, 이재 역시 《성유록》의 후지에서 이 점을 시사한 바 있다.[23]

---

21) 李栽, 《密菴集》 卷24, 附錄 〈行狀〉(金聖鐸撰). "先生當肅廟中年, 感激知遇, 知無不言, 己巳二疏, 皆發於忠愛, 人所不敢言, 而爲甲戌黨人所構誣, 流竄禁錮, 遭際莫終. 公爲痛傷於心, 編己巳以後恩旨爲聖諭錄, 以見當日睿眷之隆. 景宗初元, 天澤再降, 輒爲當路所沮尼, 門生士林前後再擧幡訟冤, 竟不得徹聞. 公抑鬱痛迫, 欲草疏自明而不可得. 乃就甲戌日錄之末, 附書前後臺章及士林伸辨疏, 具著事之首尾, 以待百年論定之日."

22) 李栽, 《密菴集》 卷14, 〈書家藏聖諭錄後〉. "今其遺文在亂稿中者, 不肖孤等, 與門下諸人 謹已編次成帙. 獨前後綸音, 不載集中, 若復世代推遷, 文字散佚 將使後之人, 無以見當日睿眷之盛有如此者, 豈不重可悲乎? 迺於愁悴呻吟中, 繙閱舊藏, 得別諭二十八, 批旨百二十四, 奎章爛然, 恍近日月之光, 寵辱靡定 益切風樹之痛. 聊据西厓柳文忠公已事, 次其先後, 裒稡成編, 名之曰聖諭錄."

23) 李栽, 《密菴集》 卷14, 〈書家藏聖諭錄後〉. "又未嘗不切於江湖, 卽御製舟水圖說發揮及癸亥應旨疏可見已. 中膺進擢, 殊恩異數, 前後重沓, 義不可以固守東岡, 則庶幾展布所蘊 以答揚聖主光寵, 遂竭誠盡知, 知無不言, 不以禍福利害有所避就…若夫筵中說話, 便殿奏箚, 無非溫顔嘉奬之者, 以其出於一堂都俞與發爲宸翰異. 且已略見講義篇, 故

여러 정황을 고려할 때, 《창구객일》은 《성유록(聖諭錄)》 및 〈경연강의(經筵講義)〉 등과 수미를 이루는 저작임을 알 수 있다. 그리고 1724년(경종4) 완정되는 《갈암집》 역시 이들 자료들과 상관 구조를 이루면서 이현일의 신원에 효율성을 기하는 형태의 편집이 이루어졌을 가능성이 매우 크다. 《갈암집》의 편차 및 교정에 참여한 주요 인사가 이재를 비롯하여 권두경·이광정·김성탁 등 갈암고제라는 것도 유의할 대목이다. 이현일이 사망하기 전부터 '아버지의 글[父稿]'[24]을 정리하여 왔던 이재가 《갈암집》의 간행작업에 착수한 것은 1705년(숙종 31) 무렵이었다.[25] 이때 그는 이현일의 유문을 수집하여 편집하고 수정하는 한편 권두경·이광정 등에게 교감을 의뢰하였다. 특히 권두경은 《갈암집》의 초본을 편집·수정함은 물론 이재가 찬한 〈갈암연보(葛庵年譜)〉를 수정하고 '갈암묘지명(葛庵墓誌銘)'을 찬술하는 등 이재와 더불어 사문의 선양사업을 전담하다시피 하였다.[26] 이런 과정을 거치면서 《갈암집》은 이재(李栽: 初校), 김태중(金台重: 再校), 권두인(權斗寅: 對校), 권두경(權斗經: 對校), 이완(李琓: 校正), 이광정(李光庭: 校正) 등 갈암문인들의 적극적인 노력에 힘입어 1724년경에 본집(本

此不復著云."

24) 李栽, 《密菴集》 卷24, 附錄 〈行狀〉[金聖鐸]. "公自幼, 先生所著作及往還書牘, 悉收錄無遺, 存齋每歎曰異日發明吾弟志業者, 必此兒也. 旣孤卽修整遺文, 與同志諸公, 勘校成帙."

25) 박헌순, "《密菴集》 해제", 한국고전번역원 웹사이트. http://db.itkc.or.kr. 검색일자 2013. 9. 24.

26) 李栽, 《密菴集》 卷19, 〈蒼雪齋權公行狀〉. "自我先人棄諸孤, 公之所以慟傷尊慕者, 愈久愈不衰, 以爲學問純正, 充養完粹, 以吾所見, 殆挽近一人. 又其剖析義理, 精深縝密, 有功於斯文不少, 而世無知者, 爲可嘅已. 當裒集遺文之日, 終始主張編摩, 旣又修譜撰誌. 具著其行業本末, 間嘗有意刊布遺集, 發論始事, 而恨未及見成. 至於再倡同志, 擧幡訟冤, 則疏雖未得上徹, 而使一世之人, 知先人陳疏本意者, 亦皆公之力也."

集) 15책, 별집(別集) 2책으로 편정(編定)되어 간행을 위한 준비 작업을 사실상 마무리하게 되었다.[27] 그러나 이현일에 대한 노론의 정치적 통제가 풀리지 않음으로써 이들 당대에는 간행이 이루어지지 못하다가 순조 연간인 1811년(순조11)에 가서야 《갈암집》의 초간본이 발행되었다.

이현일의 신원에 목표를 두었던 《창구객일》의 기록정신은 《성유록》의 편집을 통하여 한 단계 더 진전되었고, 마침내 《갈암집》의 편차에도 커다란 영향을 미쳤음을 알 수 있다. 이 점에서 이들 세 자료는 편찬 정신과 내용에 있어 수미상관한 체계를 갖춘 것으로 평가할 수 있다.

2) 자료적 가치

(1) 관점상의 특징: 타자의 시선에서 기록된 '유배일기'의 시초

《창구객일》은 분명 이재의 저술이지만 관점을 어디에 두느냐에 주인공이 두 사람이 될 수 있다. 이재에 초점을 두면 '시종일기(侍從日記)'가 되고, 이현일에 주안점을 두면 '유배일기(流配日記)'가 된다. 《창구객일》에 나타난 이재의 여정과 삶은 본디 그의 의지와는 무관한 것이었고, 일기 작성의 궁극적 목표 또한 예측 불가한 현실에 대한 두려움과 항변, 이현일의 신원을 위한 기록의 정리에 있었음을 고려할 때, 내용상으로는 유배일기적 성격이 짙은 것이 사실이다.

현존하는 유배일기는 이문건(李文楗, 1494~1567)의 《묵재일기(默

27) 박헌순, 《密菴集》, 해제, 한국고전번역원 웹사이트. http://db.itkc.or.kr. 검색일자 2013. 9. 24.

齋日記)》,[28] 김귀주(金龜柱, 1740~1786)의 《금성일록(錦城日錄)》,[29] 박시순(朴始淳, 1848~1907)의 《북정일기(北征日記)》[30] 등 그 수가 적지 않지만 이들 모두는 저자 자신의 유배생활을 기록한 것임에 반하여 《창구객일》은 '타자[李栽]'가 기록한 이현일의 유배일기라는 점에서 그 성격과 가치가 자못 색다르다. 타자의 시선으로 기록된 일기의 예로는 하익범(河益範, 1767~1813)의 〈조모주병록일기(祖母主病錄日記)〉[31]가 있지만 유배일기로는 《창구객일》이 유일하다. 이는 《창구객일》이 역사적 가치를 넘어 문학적으로도 매우 중요한 가치를 지닌 자료로 자리매김할 수 있는 근거가 된다.

이현일의 유배 시에 셋째 아들인 이재가 시종 및 수행을 맡은 것은 이현일 집안사정과 관련이 깊다. 1694년(숙종 20) 4월 이현일의 홍원 유배 당시 집안에는 아우 이숭일(李嵩逸, 1631~ 1698)·이정일(李靖逸, 1635~1704)·이융일(李隆逸, 1636~1698), 장자 이천(李梴, 1646~1710), 3자 이재(李栽, 1657~1730), 4자 이심(李杺, 1662~1741), 장손 이국환(李國煥, 1675~1714) 등이 있었고, 이현일의 차자로서 이휘

28) 李文楗, 《默齋日記》(上·下), 서울: 國史編纂委員會, 1998.

29) 金龜柱, 《可菴遺稿》, 서울: 성균관대학교 출판부, 1999.

30) 박시순이 홍원(洪原)에서 귀양살이하던 1893년(고종 30) 8월부터 1894년(고종 31) 7월까지 약 11개월 동안의 일기로 저자에 의해 2책으로 정리되었다. 제1책은 1893년 8월 27일부터 1894년 3월 29일까지 211일 동안의 일기이며, 제2책은 1894년 4월 1일부터 1894년 7월 26일까지의 일기이다[朴始淳, 《韓末 官人 朴始淳 日記》(1－2), 성남: 韓國精神文化硏究院, 1999].

31) '가대인시탕일기(家大人侍湯日記)'로도 불리는 이 일기는 하진태(河鎭兌, 1737~1800)가 노모 거창신씨의 병환시에 시탕·간병활동을 한 것을 아들 하익범(河益範)이 일기 형식으로 기록한 것으로 1791년 10월 13일에서 동년 11월 26일까지 약 한 달 보름간의 상황을 담고 있다(韓國精神文化硏究院, 《古文書集成》 48 －晉州 丹牧 晉陽河氏 滄洲後孫家篇(2)－, 〈奉先〉; 河益範, 《士農窩集》, 1940).

일의 계통을 이은 이의(李檥, 1648~1685)는 이미 사망한 상태였다. 이 외 이진(李槇), 이련(李槤), 이반(李槃, 1686~1718) 등 서자가 있었으나 대부분 나이가 어렸다.

이런 상황에서 장자 이천은 본가에 남아 가사(家事)를 주관하고, 형을 대신하여 이재가 수행을 맡았던 것으로 보인다. 그러나 이보다 더 중요한 이유로서 고려된 것은 수행자의 사회적·학문적 지위와 역량이었을 것이다. 당시 이현일에게는 적행(謫行)을 챙기며 침식을 돌보는 시종적 성격의 수행인이 아니라 정보를 수렴·취합하여 적로(謫路)의 문자활동을 대신하거나 돌발 상황에 원활하게 대처할 수 있는 역량을 지닌 참모적 역할을 수행할 수 있는 수행인이 필요하였다. 이 점에서 이재는 최적격의 수행인이었던 것이다. 예상과 바람대로 이재는 이현일의 정치적·사회적·학문적 기반은 물론 자신의 인적 연계망까지도 최대한 활용하여 시국의 동향과 관련된 정보를 수집하고, 각처로부터의 협조를 이끌어낼 수 있었던 것이다.

그리고 이재의 일기 작성 사실을 이현일이 인지하지 못하였을 리 없음을 고려할 때, 《창구객일》은 이현일의 암묵적인 동의하에 이루어진, 내용상 '갈밀공저(葛密共著)'적 성격의 일기로 해석할 여지도 없지 않다.

(2) 정치사적 가치

《창구객일》 전반에 흐르는 이재의 필치는 '무죄유배(無罪流配)'라는 점에 비중이 있으며, 이현일을 희생양으로 삼아 영남을 통제하고자 했던 노론계의 대 영남정책론에 대한 항변적 기술의 성격이 뚜렷하다. 이재가 환난의 와중에도 화근이 된 이현일의 상소[因災異言事疏]를 '일시의 명소(名疏)'로 평가하는 데[32] 주저하지 않은 것이라든지 권두경이 《창구객일》의 발문에서 갑술환국과 이현일의 수난사를 '변백위

흑(變白爲黑)', 즉 노론의 의도된 정치적 보복으로 간주한 것도 동일 맥락이었다.

《조선왕조실록》의 기사환국(己巳換局)·갑술환국(甲戌換局) 관련 내용이 노론의 시각에서 정리된 기록이라면 《창구객일》에서 이재가 기록하고자 하였던 것은 피해의식에 바탕한 억울함과 울분의 토로였다. 이런 정서는 이재 개인을 넘어 영남 남인의 처지를 대변하는 것이기도 하였다. 그러나 추상화된 울분은 기록으로서의 가치를 반감시킬 수밖에 없었기 때문에 이재는 정확한 사실에 입각하여 자가(自家) 및 남인들의 피화 상황을 치밀하게 정리하여 역사적 기록으로 남기고자 하였던 것이다.

정치사 또는 당쟁사 측면에서 《창구객일》이 갖는 자료적 가치는 크게 세 가지로 요약할 수 있다. 첫째, 갑술환국을 전후한 시기의 정치적 상황을 바라보는 남인들의 시각과 이를 서술하는 '논리'를 파악할 수 있다. 둘째, 남인과 소론의 관계에 대한 새로운 근거를 제공하는 것이다. 갑술환국 직후 정국의 주도세력으로 부상한 것은 남구만(南九萬, 1629~1711) 등 소론이었다. 이현일이 극형을 면하고 유배형에 처해질 수 있었던 것도 남구만의 조정책의 결과라는 것이 일반적 견해이지만 《창구객일》에 나타난 이재의 소론에 대한 인식은 이러한 사실과 일정한 차이를 보이고 있었기 때문이다. 셋째, 근기 및 영남 남인들의 정치적 동향을 파악할 수 있다. 이현일의 정치적 환난에 대해 대부분의 남인들은 동정적 입장을 취하였지만 일부 세력들은 이러한 사실과 사뭇 다른 태도를 보였는데, 목내선(睦來善)과 이동표(李東標)가 그 대표적인 경우였다.

---

32) 李栽, 《蒼狗客日》, 甲戌 5月17日.

갑술환국 이후 이현일의 정치적 처분에 대한 이재의 '해명논리'를 파악하기 위해서는 전후 상황에 대한 이해가 필요할 것 같다. 이현일이 마지막으로 조정을 떠난 것은 1694년 3월 6일이었다. 이 달 17일 영양 석보의 남악초당(南嶽草堂)으로 돌아온 이현일은 한창 이조판서 사직 상소를 기초하던 중인 4월 9일 청송부사 이문징의 서간을 받고 갑술환국 사실을 인지하게 되었다. 이때 이재는 휴가차 내려온 갈암문인 조덕린(趙德鄰), 이현일의 절친한 벗 김방걸을 통하여 정국 변동상을 탐문하였다. 이 과정에서 김방걸은 의금부에서 일찍이 이현일이 조사기(趙嗣基, 1617~1694)를 구호하였다는 이유를 들어 극변원찬(極邊遠竄: 지극히 먼 곳으로 귀양 보냄)을 발론한 사실을 전해 주었고, 이로부터 2일 뒤인 4월 11일에는 사헌부에서 동일한 이유를 들어 이현일의 홍원 유배를 청하였다. 그 결과 4월 22일에는 의금부도사 이주명이 와서 홍원 유배를 공식 선포하였고, 24일 이현일은 가묘에 고유한 뒤 홍원을 향해 출발하였다. 이때까지만 해도 이현일의 죄목은 조사기를 두둔한 것에 지나지 않았다.

그러나 이현일이 홍원을 향해 가는 도중인 5월 11일 장령 안세징(安世徵)이 인현왕후 보호를 주장한 이현일의 상소를 흉소로 지목하며 국문할 것을 요청함으로써 사태는 새로운 국면을 맞이하게 된다. 1690년(숙종 16)에 올린 인현왕후보호소[因災異言事疏][33]가 도리어 국모에 대한 불경으로 간주된 것이다. 안세징(安邦俊의 族後孫)은 이현일의 상소 가운데 '廢妃閔氏 不循壼彝 自絶于天 … 爲設防衛 謹其糾禁'의

33) 《肅宗實錄》 卷21, 15年 9月 丁巳. "廢妃閔氏, 弗循壼彝, 自絶于天, 更無以議爲. 然在殿下所以處之之道, 則務盡道理, 曲全恩意然後, 可以慰輿望, 而協群情. 臣請依漢武帝宋仁宗待陳郭故事處之, 以離宮別館, 爲設防衛, 謹其糾禁, 量給廩料, 使之得有所賴, 則於殿下處變之道, 庶幾曲盡無遺恨矣. … 而疏末所陳, 事異古今, 決難輕議."

네 구절을 들어 그를 국모를 침해한 수범(首犯)으로 규정하는 한편, 그에게 죄상을 캐어물어 조사할 것을 요청하기에 이르렀던 것이다.

> "이현일이 일찍이 중궁이 사제(私第)에 돌아가 있을 때 한 장의 소를 올렸는데 그 말뜻이 몹시 도리에 어긋났습니다. '중전의 도리를 따르지 않고 스스로 임금과 단절하였다'는 내용이 있고, 또 '방위(防衛)를 위한 시설을 만들어 그 규찰(糾察)을 근엄하게 해야 한다'고 하였습니다. 아! '스스로 하늘과 단절하는 것'의 죄명(罪名)이 어떤 것인지요? 그것을 감히 더할 수 없는 곳에 억지로 덮어씌운단 말입니까? '그 규찰을 엄히 해야 한다'는 것도 모르긴 하지만 무슨 일을 방지하려고 하여 그 말한 내용이 이처럼 준엄한 것입니까? 전후의 흉악한 무리들 중 말이 중전을 범한 것이 이현일만큼 심한 경우가 있지 않습니다. 청컨대 잡아와서 심문하여 죄를 정하소서." 하니, 임금이 그대로 따랐다.[34]

당초 이현일은 1689년(숙종 15) 4월 인현왕후보호소를 올렸으나 이 때는 승정원에서 기각을 당하였고, 이듬해인 1690년 때마침 재이구언(災異求言)이 있자 이에 편승하여 상달하였다. 그는 상소에서 민씨[仁顯王后]가 비록 중전으로서의 도리를 다하지는 못하였지만 은혜를 베풀 것을 주장하여 일시적이나마 수락되기도 하였다. 이 상소는 그야말로 전은(全恩)을 주장하며 인현왕후를 보호하는 데 목적이 있었지 국모를 침해하려는 의도가 있었던 것은 아니었다. 그러나 안세징이 이를 흉소로 단정하여 국문을 요청함으로써 사태는 심각한 양상으로 전개되어 갔던 것이다.

---

34) 《肅宗實錄》 卷26, 20年 5月 戊申. "掌令安世徵論李玄逸 曾於中宮殿下出處私第之日, 投進一疏, 語意絶悖. 有曰, 不循坤彞, 自絶于天. 又曰, 爲設防衛, 謹其糾察 … 前後凶徒, 語犯中坤者, 未有若玄逸之甚也. 請拿問勘罪. 上從之."

이재가 이현일의 나문 소식을 전해들은 것은 함흥에서 홍원을 향해 출발하던 5월 15일 아침이었다. 함경도도사로부터 의금부도사가 '죄인나래(罪人拿來)'를 위하여 홍원으로 향하였다는 전갈을 들은 이재는 깊은 연못에 빠지는 듯한 절망감에 사로잡히면서도 정작 정확한 사유는 알지 못하였다.[35] 놀랍고 한스러운 마음에 이재가 어찌할 바를 모르자 이현일은 운명론에 입각하여 도리어 아들을 위로하는 한편, 굳센 의지로서 난국을 헤쳐나갈 것을 당부하게 된다.[36]

이로부터 이틀이 지난 5월 17일 이재는 이주명의 편지를 받고서야 사헌부에서 이현일의 나문을 청한 까닭을 알 수 있었다. 예상대로 그 빌미가 된 것은 '인재이언사소(因災異言事疏)'였다. 울분을 참지 못한 이재는 '5월 17일자' 일기에서 이 상소의 배경과 취지를 장황하게 서술하였다. 그에 따르면, '인재이언사소'는 '일시의 명소로 일컬어졌고, 후세에도 이론이 없는 주장'임을 강변하였고, '충(忠)'이 '역(逆)'으로 둔갑하는 세태에 강한 불만감을 토로하였다.[37] 이것은 권두경이 《창구객일》 후지에서 거론한 '변백위흑론(變白爲黑論)'과 일맥 상통하는 것이었다. 아울러 그는 이현일 치죄론을 촉발시킨 안세징을 '우암(尤庵: 宋時烈)에 빌붙은 하수인'으로 지목했는데,[38] 이는 작금의 치죄론의 근원이 어디에 있는가를 우회적이면서도 분명하게 지적한 것이었다.

사실 이재는 인심의 변화와 서인[노론]들의 냉대를 여로 곳곳에서 체감하였다. 4월 25일 월송정(越松亭)을 지나 정명촌에 투숙하였을 때

35) 李栽, 《蒼狗客日》, 甲戌 5月15日. "余聞來震駭, 若隕深淵, 而未知請拿事顚末."

36) 李栽, 《蒼狗客日》, 甲戌 5月15日. "大人見吾如此, 戒之曰, 死生禍福, 莫非命也. 惟當以鐵心石腸自持, 無徒爲此戚戚也."

37) 李栽, 《蒼狗客日》, 甲戌 5月17日. "一時稱名疏, 後世無異議. 今乃以此作話頭相料理, 人情之危險, 世路之偪側, 可謂至此極矣."

38) 李栽, 《蒼狗客日》, 甲戌 5月17日. "世徵本圻邑窶人子, 嘗附尤門, 喫一呷湯水云."

는 주인의 거만함을 보면서 인정(人情)의 싸늘한 변화를 실감하였고, 5월 7일 흡곡현령 황이명(黃爾明)이 무정하게 대하였을 때는 몹시 상심하기도 하였다. 그리고 5월 10일 노론의 중진 관료 안변부사 이돈(李墩)이 유배 호송단의 규모를 축소시켰을 때는 정국변동의 실상을 뼈저리게 느꼈고, 이날 저녁 덕원군수로부터 이현일의 '인재이언사소'가 조정에서 본격적으로 거론된다는 소식을 들었을 때의 두려움은 말로 표현하기조차 어려웠다. '5월 17일자' 일기에 나타난 이재의 거침없는 필설은 가슴 속에 쌓인 응어리가 분노와 뒤섞여 봇물처럼 터진 것이었다. 이보다 조금 뒤의 일이지만 6월 21일 이이(李珥) · 성혼(成渾)의 이름을 직서하며 양인의 문묘 복향에 대하여 조소에 찬 비난을 퍼부었던 것은 이런 인식의 연장이었다.

> 이이(李珥)와 성혼(成渾)을 문묘에 복향하였다. 듣자하니, 태학 및 여러 주현 향교의 고유문에 관작 · 시호 · 성명을 쓰지 않고 곧장 '이제 양현(兩賢)을 성묘에 복향한다'고 하였으니, 참으로 몽롱한 말이라 하겠다. 저 우뚝하게 문묘에 앉은 이가 양현이 누구인지 어찌 알 수 있단 말인가?[39]

한편 가도사(假都事)가 와서 이현일의 국문 사실을 공식 전달한 것은 청령 아래 고산역에서 묵던 5월 24일이었다. 이후 이재는 나장 조사립(趙斯立)의 횡포를 뇌물로 무마하며 27일 서울로 들어왔다. 이 날 이현일이 의금부에 수감되자 이때부터 이재는 주변의 풍문에 촉각을 곤두세우며 매우 초조한 나날을 보내게 된다. 비록 28일에는 백형, 종제 및 조카 등이 합류함으로써 조금 위로는 되었지만 그런 고통은 동

---

39) 李栽, 《蒼狗客日》, 甲戌 6月21日. "以李珥成渾復享文廟. 太學及諸州縣學告由文, 不稱官爵封謚姓名, 直云惟玆兩賢, 復享聖廟, 可謂朦朧. 彼巍然當座者, 豈知兩賢爲誰某耶?"

년 7월 이현일이 출옥하는 그날까지 지속되었다.

이현일이 의금부에 수감되던 5월 27일에서 국문을 마치고 출옥하던 7월 7일에 이르는 70일 동안 이재가 가장 예의 주시했던 것은 국문의 진행 상황과 처분의 추이였고, 이현일의 '무죄방면'을 바라며 그가 가장 의지했던 사람은 소론계 영의정 남구만이었다.

전술한 바와 같이 이현일이 국문까지 받게 된 주된 혐의는 조사기를 구호하고 인현왕후를 폄박했다는 데 있었지만 옥사를 진행하는 과정에서 이현일에게 불리한 진술들이 돌출하는 상황이 벌어졌다. 이현일이 민암(閔黯), 이의징(李義徵)의 사주를 받고 숙원 최씨(淑媛 崔氏)가 낳은 왕자[延齡君]에 대한 숙종의 의중을 탐지하려 하였다는 김인(金寅)의 공사[40]가 대표적이었다. 이에 이현일은 사주도 아니며 왕의 의중을 탐지한 것도 아님을 적극 해명하였지만[41] 받아들여질 리 없었고, 엎친 데 덮친 격으로 정철의 증손 정호(鄭澔)가 이현일의 처벌을 강도 높게 주장하고 나섬으로써 처벌 논의는 한층 격렬해졌다. 결과론적으로 해석하면, 남인에 대한 우호적 인식과 이현일에 대한 동정론에 바탕을 두고[42] 이런 난국을 수습한 사람이 바로 남구만이었고, 그 결과로서 이현일은 극형을 면하고 종성에 안치되는 정도에서 사태가

---

40) 《肅宗實錄》 卷26, 肅宗 20年 5月 庚申. "崔淑媛生王子, 黯義徵欲知恩寵如何, 使玄逸探上意. 玄逸以明嫡庶分義之意入言之, 上以予亦知之爲答. 玄逸出謂黯義徵曰, 上旨如此 可知其恩寵之重也."

41) 《肅宗實錄》 卷26, 肅宗 20年 閏5月 戊辰. "王子誕生, 適侍經筵進曰, 螽斯之慶, 固爲慶幸, 而春宮已定位, 不可無嫡庶之分. 古者王世子生, 國君視之有禮, 庶子生, 問之亦有禮, 上教亦以爲然, 此不過援據古義, 有所陳達. 豈敢請人指嗾 探試上意乎?"

42) 《肅宗實錄》 卷27, 20年 7月 庚午. "第其本意, 欲移奉別宮, 厚廪設衛, 以爲禮待之地, 而遣辭指斥, 自不覺其如此, 此亦跡之可疑者, 而情則無侵害之意, 與侵害者同罪, 則似或稱寃 上亦以爲是."

마무리되었다는 것이 갑술환국 당시 대 남인 처분에 대한 정치사적 일반론이다.

이런 일반론은 역사적 사실과 크게 어긋나지 않지만 《창구객일》에는 남구만에 대한 이재의 믿음과 기대감, 나아가 남인에 대한 소론계의 관용론이 매우 상술되어 있어 주목된다. 같은 소론이라도 남인에 대한 입장은 한결같지 않았는데, 그런 다양성을 이재는 이현일 내지는 영남남인의 관점에서 비판적인 필치로 담아냄으로써 갑술환국 직후 조정의 동향과 관련하여 많은 것을 증언하고 있다.

이재는 남구만의 일거수 일투족을 예의 주시하였고, 그가 탄핵을 받아 출성하면 우려와 탄식을 숨기지 않았고, 다시 입조하면 안도의 한숨을 쉬곤 하였다. 노소 조정책을 펴던 남구만이 때로 노론의 눈치를 보느라 어중간한 태도를 보이면 아쉬움을 토로하기도 했으나,[43] 그에 대한 기본적인 믿음은 굳건하였다. 남구만이 박상경의 탄핵을 받자 숙종이 승지를 보내 그에 대한 신뢰감을 표했을 때는 '훌륭하도다! 왕의 말씀이여'[44]라고 하며 숙종의 처분을 반기고 한편으로 남구만이 박상경의 유배를 환수할 것을 청했을 때는 그를 재상의 기국으로 극찬해 마지 않았다.[45] 특히 남구만이 호남 유생 강민저의 탄핵을 받아 용인으로 내려갔을 때는 오매불망 그의 입조를 기다렸고,[46] 6월 30일 그가 입조한다는 소식을 듣고서는 천군만마를 얻은 듯한 감회를 드러내기도 했다.[47]

---

43) 李栽, 《蒼狗客日》, 甲戌 閏5月5日.

44) 李栽, 《蒼狗客日》, 甲戌 閏5月12日.

45) 李栽, 《蒼狗客日》, 甲戌 閏5月23日. "因領相言, 還收尙絅遠配之命, 有是哉. 其量之弘也, 宜乎作大臣也."

46) 李栽, 《蒼狗客日》, 甲戌 6月19日. "日夜睢望領相之還, 亦自遷就, 痛悶痛悶."

47) 李栽, 《蒼狗客日》, 甲戌 6月30日. "領相上來, 畿伯以迎候事出去. 自此庶有議啓之望,

이재의 기대는 빗나가지 않았다. 7월 3일 입조한 남구만이 숙종에게 밀차(密箚)를 올림으로써[48] 옥사도 마무리 단계에 접어들었기 때문이다. 이재에게 있어 초미의 관심사는 당연히 이현일에 대한 처분이었고, 이와 관련하여 그는 5월 5일부터 6일 2일 동안 애간장을 태우게 된다. 옥사가 막바지에 접어들면서 이현일에 대한 처분은 '환발배소(還發配所)', 즉 원래의 유배지인 홍원으로 되돌려 보낸다는 소문이 공공연하게 나돌았으나 7월 5일 '이현일에 대해서는 극변에 위리안치하는 쪽으로 논의한다'는 정보를 접한 이재는 크게 낙담하였다. 그의 낙담은 영의정 남구만이 필시 노론의 눈치를 보느라 자신의 입장을 관철하지 못한 것에 대한 안타까움에서 기인하는 것이었다.[49] 다음 날인 7월 6일 이현일의 배소는 일시 명천(明川)으로 정하여졌으나 명천은 극변이 아니라는 이유에서 종성으로 최종 결정되었다. 비록 이재의 바람대로 홍원으로의 환송은 이루어지지 못했지만 이현일이 극형을 면한 것은 천운이었고, 이런 조처에 남구만이 영향을 미쳤음은 의심할 여지가 없다.

갑술옥사의 처리와 관련하여 《창구객일》에서 또 한 가지 주목할 것은 영의정 남구만, 좌의정 박세채(朴世采), 우의정 윤지완(尹趾完) 등 삼정승에 대한 인식이다. 남구만에 대한 인식은 전술한 바와 같고, 4월 26일에 복상(卜相)된 좌상 박세채와 우상 윤지완이 입조한 것은 한창 옥사가 진행되던 윤5월 28일이었다. 같은 소론이었지만 이재는 이 두 사람에 대해 사뭇 다른 평가를 내리고 있어 눈길을 끈다.

默禱默禱."

48) 李栽, 《蒼狗客日》, 甲戌 7月3日. "領相入謝恩, 引見旣退, 上密箚, 下禁府, 外間莫知".

49) 李栽, 《蒼狗客日》, 甲戌 7月5日. "大人以極邊栫棘論云. 自初至今, 人皆言只是還發配所而已. 今忽至此, 何也? 聞領相初意, 亦欲還配而已. 屢遭顚沛之餘, 自見形勢孤危, 恐拂老黨意, 不能立己見云."

> 듣자하니, 세채는 지론이 준열(峻烈)하지만 다른 사람들의 뜻을 거스를까 못내 두려워하는 성격이다. 송시열이 죽자 그 문생들이 의지할 데가 없어 세채에게 귀부하여 과격한 논의를 선동하였다. 세채는 본디 아둔하여 주장이 없었는데, 노론[우암문인]에게 견제를 받아 이 지경에 이르렀다고 한다. 지완은 사람됨이 공량(公亮)하고 지론이 자못 통창하였다. 사람들이 모두 그가 오기를 바랐는데, 퇴파(頹波) 가운데 지주(砥柱)와 같은 기풍이 있었다. … [지완의] 상소가 들어가자 왕께서 우악한 비답을 내렸는데, 사람들이 모두 명성을 헛되이 얻은 것이 아니라고들 하였다.[50]

이재에게 있어 박세채는 사리에 어둡고 노론의 꼭두각시 역할을 하는 존재였음에 비하여 윤지완은 사람됨이 공량한 일국의 원로였던 것이다. 두 사람에 대한 상반된 인식은 여기서 그치지 않았다. 1694년 윤5월 29일 박세채, 윤지완이 함께 숙종에게 사은하는 자리에서 윤지완이 민암(閔黯)의 국문과 관련하여 일부 문목의 수정을 건의하고 형벌의 남용을 경계한 것에 대해서는 '봉명조양(鳳鳴朝陽)'으로 칭찬한 반면 박세채에 대해서는 '귀를 기울일 만한 새로운 말[新語可聞]'이 없다고 혹평하였다.[51] 이뿐만이 아니었다. 〈갑술 6월 1일자〉 일기에는 박세채에 대한 세간의 조소적 평가를 인용·수록하였고,[52] 6월 4일 박세채가 올린 4본의 차자도 '공심에서 비롯되었고 인정에 부합되는지 모르겠다'[53]고 하며 매우 부정적인 반응을 보였다.

---

50) 李栽, 《蒼狗客日》, 甲戌 閏5月28日.

51) 李栽, 《蒼狗客日》, 甲戌 閏5月29日. "盖自變局以後, 未有以此爲言者. 其論晩泰重赫等處, 尤痛快, 眞是朝陽之鳳. … 左相朴世采, 亦於是日引見, 無新語可聞."

52) 李栽, 《蒼狗客日》, 甲戌 6月1日. "中殿冊禮訖, 群臣陳賀. 聞左相擧止顚錯, 無威儀甚, 見者竊笑之曰, 林下五十年, 讀得幾卷禮書, 尙不識拜跪作止節耶?"

53) 李栽, 《蒼狗客日》, 甲戌 6月4日. "聞左相上四件箚 … 未知所言者, 盡出於公而合乎人心否也."

두 사람에 대한 극단적인 인식의 차이는 일종의 '피아의식(彼我意識)'과 무관하지 않아 보인다. 이재는 3정승 가운데 남구만·윤지완을 '세자보호론'에 바탕하여 남인 및 이현일에 대해서도 동정론을 펴는 완론,[54] 박세채는 노론의 조종을 받아 옥사를 거칠게 이끌어가는 준론으로 인식하였던 것이다.

그러나 이재의 판단은 지나치게 감정적이면서 자기중심적인 성격이 강했던 것이 사실이었는데, 이런 치우침은 주변 친구들과의 만남과 대화를 통하여 점차 해소되어 갔다. 그 계기가 된 것은 이옥(李沃)과의 대담이었다. 6월 10일 이옥·이만부(李萬敷) 부자가 위로차 이재를 방문하였고, 이 자리에서 다음과 같은 말을 전했다.

> 참판 이옥(李沃)과 그 아들 만부(萬敷)가 서로 연이어 왔다. 만부는 유학에 뜻을 두고 일찍부터 대인[이현일]을 종유한 사람이다. 이태(李台: 李沃)가 말하기를, '좌상[박세채]은 옥사에 있어 지론이 매우 사나운데, 유독 대야(大爺: 이현일)의 일에 대해서만큼은 다소 느슨한 면이 있으니 염려할 것이 없다'고 하였다. 또 말하기를, '민가(閔家)의 자제(閔鎭厚·鎭遠 형제 등)의 뜻도 또한 그렇다'고 하였다. 대개 이태와 민가는 척연이 있어 서로 왕래를 하는데, 과연 소문대로라면 얼마나 다행이겠는가?[55]

54) 남구만·윤지완 외 서종태(徐宗泰)도 이현일에 대해 자못 우호적인 입장을 가진 소론계 관료로 파악된다. 서종태는 권두경과의 대담에서 이현일의 학문·행의·덕망을 높이 평가한 바 있었고, 환백(桓伯: 權卨)과의 대화에서는 '이 노인[이현일]이 어찌 이토록 큰 죄에 연좌되었으며, 어찌 이렇게 오래 고단한 감옥 생활을 한단 말인가? 나로 하여금 언관의 자리에 있게 한다면 어찌 한 마디 말로써 구제하지 않겠는가?'라고 하며 이현일에 대해 강한 우호감을 표명한 바 있다(李栽, 《蒼狗客日》, 甲戌 6月4日. "桓伯亦言, 嘗見徐, 徐曰此老所坐, 是胡大罪? 拘絏困苦至此之久, 使吾得在言地, 豈不一言以救耶?").

55) 李栽, 《蒼狗客日》, 甲戌 6月10日. 이재가 말한 이옥과 민씨 집안의 척연은 대략 다음과 같다. 이옥의 종증조 이광정(李光庭)의 사위가 민광훈(閔光勳)이었으므로, 이옥의 아버지 이관징(李觀徵)과 인현왕후의 아버지 민유중(閔維重)은 6촌, 이옥과 민진원 형제는 8

이날 이후 《창구객일》에서 박세채에 대한 혹평이 사라지는 대신 남인 이만원(李萬元)·이봉징(李鳳徵) 및 이후정(李后定)의 해벌 또는 포상을 건의한 기사가 수록되고 있다는 것은 일정한 인식의 전환이 있었음을 방증한다. 심지어 이재는 박세채의 건의로 이봉징·이후정이 해벌 또는 포상되는 상황을 지켜보고는 그에게 편지를 보내 이현일의 방면을 요청할 마음까지 먹기도 하였다.[56] 비록 주변의 만류로 서간이 전달되지는 않았지만 이러한 의도 자체가 획기적인 반전이 아닐 수 없다. 1695년 2월 박세채가 사망했을 때 특별한 논평을 하지는 않았지만 '좌상 박세채가 작고(作古)하였다'[57]고 하며 비교적 정중한 어법을 쓴 것도 이런 맥락에서 이해할 필요가 있다.

갑술옥사 당시 소론의 대남인 정책은 주로 남구만의 '세자보호론'에 주안점을 두고 파악하였고, '이현일 동정론'은 그것의 파생 형태로 이해하는 경향이 컸다. 아울러 이러한 조처들이 소론 공통의 인식으로 받아들여지는 경향이 있었다. 그러나 이재는 《창구객일》에서 이해 당사자의 입장에서 소론 수뇌부의 입장과 태도를 면밀하게 추적 서술하고, 또 평가함으로써 당시의 정국 동향과 소론 내부의 정치적 역학관계를 소상하게 살필 수 있는 실마리를 제공하고 있다. 《창구객일》이 정치사 자료로서 주목되어야 하는 이유도 여기에 있다.

한편 이재는 남인 내부의 민감한 정치적 행보에 대해서도 시선을 놓치지 않았다. 그 행보란 일부 남인과 서인의 정치적 연대, 좀 더 정확하게 표현하면 남인들의 정치적 투탁행위를 뜻하였다. 《창구객일》에

촌의 척분이 있었다.

56) 李栽, 《蒼狗客日》, 甲戌 6月26日. "兩李旣蒙恩宥, 吾欲以均蒙疏釋之意, 呈書左相, 而或言其無益沓, 不果."

57) 李栽, 《蒼狗客日》, 乙亥 2月25日. "見本月初五日以前朝報 … 五日, 左相朴世采作古."

서 이재가 대표적으로 지목한 사람은 영남출신의 이동표와 이른바 기사당국자로 지칭된 남인정권의 실력자 목내선(睦來善)이었다.

이동표에 대한 이재의 인식은 대단히 복잡하고도 미묘하였다. 이황의 종5세손으로 '소퇴계(小退溪)'로 불리기도 하였던 이동표는 숙종초 남인이 청탁으로 분기할 때 청남(淸南)으로 활동하였고, 당시 남인 정국의 최대 현안이었던 송시열의 고묘론(告廟論)에도 적극 찬동한 경력이 있었다.[58] 그리하여 그는 한때 서인들로부터 요주의 인물로 지목되어 견제를 받기도 하였다.[59] 그러나 경신환국 이후부터는 일찍이 자신이 참여하였던 송시열 고묘소에 대해 구실을 대어 변명하는 등 점차 서인과의 유대를 강화함으로써 남인들의 빈축을 샀다.[60]

비록 이동표는 기사환국 이후 영의정 권대운 등의 주선에 힘입어 요직에 오르기는 하지만,[61] 민정중(閔鼎重)의 처벌과 관련하여 표리부동한 처신으로 인해 자신을 향한 남인 내부의 의심을 증폭시키고 만다.[62]

《창구객일》 〈갑술 7월 23일〉에 따르면, 이동표는 기사환국 이후 헌납에 임명되어 입조하면서 척신 민정중에 대한 신속하고도 강도 높은 처벌[按律]을 요청하는 상소를 준비하였다. 하향 길에 이 상소의 초본을 열람한 대사간 김방걸(金邦杰)은 준절한 논의에 감동하기까지 했

58) 《肅宗實錄》 卷15, 10年 8月 3日(丙申).

59) 李東標, 《懶隱集》, 〈年譜〉 甲子. "十一月 權知成均館學諭分館時, 當路者以爲, '山南士論, 此人皆主之.' 遂抑置成均 四年不調."

60) 李栽, 《蒼狗客日》, 甲戌 7月23日.

61) 《肅宗實錄》 卷20, 肅宗 15年 3月 13日(庚戌).

62) 이현일은 군신공치(君臣共治)를 저해하는 요소로 척리(戚里)·환관(宦官)·궁첩(宮妾)을 지목하였고, 그중에서도 척리를 가장 위험적인 요소로 인식하여 경계를 늦추지 않았다. 당시 대표적인 척신 민정중의 치죄에 누구보다 강경한 입장을 보인 것도 이 때문이었다[《肅宗實錄》 卷21, 肅宗 15年 11月 18日(辛亥)]. 이런 측면을 고려할 때, 이동표의 처신은 이현일의 정치적 소신과 정면으로 배치하는 것이었다.

으나 막상 그가 진달한 상소는 초본과는 그 내용이 판이했다고 한다. 이동표의 태도 변화는 어느 재상의 지휘를 받은 결과로 해석되었고, 이 과정에서 그는 '사소한 이해[小利害]'에 구애되어 사림의 기대를 저버린 인물로 치부되었다.

본래 민정중을 논핵하려 했던 그 상소에서 이동표는 도리어 남인 조사기의 처벌을 주장하는가 하면 인현왕후의 폐출을 반대하다가 죄를 입은 오두인(吳斗寅)·박태보(朴泰輔)·이상진(李尙眞)의 구호를 주장함으로써[63] 남인들을 실색하게 했다. 그러나 이동표는 이 상소를 통해 '고묘론자'로서의 전력을 희석시킬 수 있었고, 서인들도 그를 '기사청론자(己巳淸論者)'로 새롭게 인식하기 시작하였다. 갑술환국 이후인 1694년 7월 좌의정 박세채가 그의 재행을 높이 평가하며 수용을 건의하고,[64] 1708년(숙종 34) 부교리 이정신이 그의 등용을 적극 주장한[65] 것도 이런 맥락에서 이해할 필요가 있다.[66]

이재가 《창구객일》에서 이동표(李東標) 관련 기사를 특서한 심사의 기저에는 영남남인의 정치적 굴절에 대한 우려, 인간적인 못마땅함이 혼재되어 있었다.

> 광주목사 이군칙(李君則: 李東標)은 [우리 부자가] 70일 동안 서울에 있을 때는 문안 한번 한 적 없고 소식조차 감감하더니 지금 비로소 그가

63) 《肅宗實錄》 卷21, 肅宗 15年 5月 27日(壬戌); 李東標, 《懶隱集》 卷2, 〈辭修撰疏〉, 己巳 三月.

64) 《肅宗實錄》 卷27, 肅宗 20年 7月 19日(乙酉).

65) 《肅宗實錄》 卷46, 肅宗 34年 12月 30日(壬申).

66) 이동표에 대한 서인계의 인식은 영조조에 접어들면서 더욱 고양되었다. 1731년 조문명(趙文命)은 그를 '기사년의 명인(名人)', 1741년 원경하는 '청의(淸議)의 주창자'로 평가한 바 있다.

서찰을 부치면서 음식 몇 종을 딸려 보내왔다.[67]

이동표와 관련된 《창구객일》의 〈갑술 7월 13일〉과 〈갑술 8월 30일〉 두 기사가 전달하고자 하는 핵심 메시지는 '남론(南論)' 이탈자에 대한 결별 및 단절이었다.

한편 목내선에 대한 부정적 인식은 위문 소홀이라는 개인적인 섭섭함에서 비롯된 측면이 없지 않았다. 후술하겠지만 이현일이 의금부에서 취조를 당하던 70일 동안 근기와 영남을 막론하고 상당수의 남인들이 이재를 찾아와 정신적·물질적 위로를 아끼지 않았다. 민창도(閔昌道)의 경우 본가의 환난이 극심하였음에도 성의를 보인 것과는 대조적으로 목내선 집안만은 유독 냉담하게 반응하였다.

도성(都城) 안의 대가(大家) 가운데 한두 차례 문안하지 않는 집이 없었는데, 유독 목가(睦家: 목내선 집안)의 자제들은 한 사람도 찾아오지 않았다. 뒤늦게 서얼 목임장(睦林樟)이라는 자가 돈을 가지고 와서 문안하였는데, 듣는 이들이 이상하게 여겼다.[68]

이재가 목내선 일가에 대해 섭섭함을 토로한 지 13일째 되던 윤5월 13일 목내선은 취조에 들어갔고, 6월 13일에는 간신히 사형을 면하고 신지도 유배가 결정되었다. 아래의 인용문은 목내선의 유배형에 관한 《숙종실록》과 《창구객일》의 해당 대목이다.

---

67) 李栽, 《蒼狗客日》, 甲戌 8月30日. "光牧李君則, 洛下七旬, 漠不問聞, 今始得其書, 副以數種饋遺."

68) 李栽, 《蒼狗客日》, 甲戌 閏5月1日. "城中大家無不一二相問, 獨睦家子弟, 漠然無一人來, 最後有庶孼睦林樟者, 持錢來見, 聞者異之."

(i) 삼공(三公)이 또한 모두 아뢰기를, "나이가 장차 여든이 되고, 정승으로 있은 지가 또한 6년이란 오랜 세월이니, 사형에는 처하지 않는 것이 또한 한 가지 방도가 되겠습니다." 하니, 임금이 드디어 절도(絕島)에 안치(安置)하고 엄중하게 가시울[棘]을 치라고 명하였다.[69]

(ii) 목상(睦相: 睦來善)을 안율해야 한다는 계가 서너 차례 발의되었다가 정지하는 쪽으로 가닥이 잡혔다. 듣자하니, 한 병신(柄臣)이 서쪽 변방에 유배되었을 때, 목내선이 세시의 문안을 폐하지 않았고, 또 안율을 막아 보겠다는 뜻을 내비침으로써 병신의 자제들이 그를 매우 고맙게 여긴 덕분에 지금 그들이 분주하게 주선해 준 노력에 힙입어 죽음에 이르지 않게 되었다고 한다.[70]

《숙종실록》에는 목내선의 감사(減死)가 남구만 등 삼정승의 특별 건의 때문으로 기록되어 있지만 이재의 해석은 아주 노골적이다. 직위를 이용하여 구축해 온 노론과의 정치적 거래망이 목내선의 목숨을 부지하게 하였다는 것이 이재가 이 기사를 《창구객일》에 수록한 본의인 것이다.

서인[노론]의 입장에서 볼 때, 1680년(숙종 6)의 경신환국이 허적·윤휴를 축출시키는 데 주안점이 있었다면 갑술환국에서는 목내선·민암·류명현·이의징 및 이현일을 '의리죄인'으로 모는 데 초점이 있었다. 이런 측면을 고려한다면 목내선과 이현일은 동일한 처지에 있었지만 이재가 《창구객일》에서 목내선의 정치적 불순성(不純性)을 특서

69) 《肅宗實錄》 卷27, 肅宗 20年 6月 13日(己酉).

70) 李栽, 《蒼狗客日》, 甲戌 6月21日. "睦相按律之啓, 三四發旋停. 聞一柄臣之竄西塞也, 睦老歲時問遺不廢. 且示沮遏按律之意, 其家子弟深德之以故, 今賴其奔走周旋之力, 得不至死云."

했던 것은 청남과 탁남이라는 정치적 노선의 차이, 목내선과 이현일 사이에 노정되었던 일련의 불협화음과 밀접한 관계가 있어 보인다.

기사환국 이후 남인정권[1689~1694]의 실세를 지칭하여 '기사당국자(己巳當局者)'라 하는데, 그 핵심이 바로 목내선·민암·류명현으로 대표되는 '목민류3가(睦閔柳三家)'였다. 이들은 전형적인 탁남세력으로서 청남 계열에 가까웠던 이현일과는 정치적 노선이 달랐던 것이다. 아울러 목내선은 이현일을 유신(儒臣)에 한정시켜 현실 정치에의 참여를 저지하는 입장을 견지하였고,[71] 이현일이 민생구제책이나 향약보급론 등 각종 정책을 제시할 때마다 제동을 걸고 나섬으로써[72] 상호 관계가 원만하지 못하였다. 목내선에 대한 비판적 인식은 양측의 석연찮았던 관계성의 산물이자 정치적 불순성, 즉 노론과의 밀월관계에 대한 경계의 의미를 담고 있었다.

갑술환국은 남인의 정치적 몰락을 상징하는 정치적 사건이었고, 이를 기화로 노론들은 남인을 분열·해체시켜 자파로 끌어들이려는 '노론화정책'을 본격 추진하였다.[73] 아래는 이 정책을 기획, 추진하였던 민진원의 언급이다.

> 오인(午人: 南人) 가운데 서울에 거주하며 과거를 통하여 출사한 자들은 이미 절반이 투항한 상태이고, 세족 가운데 사방으로 유락한 자들은 죄다 기근을 면하지 못하는 상황이므로 회복할 기색이 없다. 다만 영남은 가정에서 시례(詩禮)를 전수하고 대대로 명덕(明德)을 중시한 까닭에 강

---

71) 李玄逸, 《葛庵集》, 〈年譜〉 己巳. "六月 … 左議政睦來善曰, '此人不可縻以職事 必須以誠禮待之'."

72) 김학수, "葛庵 李玄逸 硏究", 《조선시대사학보(조선시대사학회)》 4(1998).

73) 김학수, "노론의 대 남인 분열·통합책에 관한 연구", 정만조·김해영 외, 《조선시대의 정치와 제도》, 서울: 集文堂, 2003.

경한 인물이 많이 배출되어 죽음에 이르러서도 남인의 주장을 고치지 아니하니 강적이 아닐 수 없다. 지금부터는 노론 가운데 특출한 인물을 영남의 감사와 수령으로 파견하여 위협과 회유를 반복하다 보면 몇 년이 되지 않아 반드시 영남까지도 잠식할 수 있을 것이다.[74]

민진원의 표현대로 근기남인의 노론화는 매우 급속도로 진행된 것 같다. 그리하여 숙종 후반에 이르면 상당수의 집안들이 친노론적 성향을 보이게 되는데, 원주김씨 김덕원(金德遠) 가문, 진주류씨 류혁연(柳赫然) 가문, 동래정씨 정난종(鄭蘭宗) 가문, 전주이씨 호안군파(湖安君派), 풍산홍씨 홍중보(洪重輔) 가문의 일부가 노론에 포섭된 것으로 나타난다.[75] 결국 《창구객일》은 근기남인의 노론화 조짐을 미리 경고, 지적하고 있다는 점에서 정치사적 가치가 배가된다고 하겠다.

(3) 사회사적 가치

이재는 이현일의 유배를 정치적 보복의 결과로 전제하였고, 이에 따른 수난과 곡절을 세밀하게 기록함으로써 이현일의 '영남맹주'로서의 존재성을 더욱 부각시키고자 하였다. 이와 관련하여 이재가 강조하고자 하였던 것은 환난의 와중에서도 원칙을 고수하며 의연하게 대처하는 이현일의 모습이었다. 4월 22일 홍원 유배의 명을 받은 뒤 '임금의 명을 묵힐 수 없다'는 입장에서 즉시 거처를 옮긴 것, 5월 9일 서인계 안변부사 이돈(李墩)의 영접을 거부한 것,[76] 5월 15일 상황이 급변하

74) 南夏正, 《桐巢漫錄》 卷3, 46－47張.

75) 정만조·김해영 외, 《조선시대의 정치와 제도》, 서울: 集文堂, 2003.

76) 李栽, 《蒼狗客日》, 甲戌 5月9日. "太守李公墩, 時輩名流也. … 有官婢一人, 具盤餐來饋曰, '此太守之令也', 大人辭不受."

여 서울로 나래하라는 명이 내렸을 때 동요하는 아들 이재에게 '마음을 단단하게 먹을 것[鐵心石腸]'을 당부한 것이[77] 바로 이에 해당한다. 물론 5월 24일 국청에서 나문한다는 소식을 접하고는 부자가 대경실색하여 손을 맞잡기도 했지만 이현일은 국청에서도 매우 의연하게 진술하였다고 《창구객일》 〈갑술 윤5월 1일조〉에 기록하고 있다.

또한 이재는 이현일을 맞이하는 연로의 사민 및 지방관들의 태도를 통해서도 이현일의 무죄유배와 유림영수로의 체모를 강조하고자 하였다. 기성(箕城) 선비 및 향청의 영접과 전송(갑술 4월 25일), 울진현령의 문안 및 경제적 지원(갑술 4월 26일), 강릉 역리들의 환대(갑술 5월 2일), 고성군수 이후영(李後榮)의 환대(갑술 5월 3일), 통천군수 민주창(閔周昌)의 영접(갑술 5월 6일), 영흥부사 나홍좌(羅弘佐)의 방문과 후대(갑술 5월 11일), 함경도관찰사 권흠(權歆)의 방문과 식량 지원(갑술 5월 14일)을 낱낱이 기록한 것도 이 때문이었다. 물론 강릉 인근을 지날 때 류혁연(柳赫然)의 서종제 찰방 류칭연(柳秤然)이 병을 핑계대고 문안하지 않고(갑술 5월 2일), 흡곡현령 황이명이 무성의하게 영접한 것 등 이와 상반되는 상황도 더러 기술되어 있지만 서술의 초점이 이현일의 유배에 대한 사민 및 관료들의 동정론에 맞춰져 있음은 분명하다.

필자는 석사학위논문 "갈암 이현일 연구"(1996)에서 이현일을 정점으로 하는 영남남인과 근기남인을 대립·갈등 구조 속에서 파악한 바 있다. 그러나 《창구객일》을 분석하는 과정에서 약간의 견해를 수정할 필요가 있다고 생각하게 되었다. 물론 근기남인들이 이현일을 유신으로 예우하며 정치적 창구로 삼았다는 원론에는 변화가 없지만 상호 관

77) 李栽, 《蒼狗客日》, 甲戌 5月15日.

계성을 갈등 일변도로 설명하기는 어려울 것 같다.

《창구객일》에 따르면, 이재는 1694년 윤5월에 접어들면서 이현일의 옥바라지에 상당한 어려움을 겼었는데, 이때 근기남인들은 각종의 경제적 지원을 통해 난황 타개에 크게 도움을 준 것으로 확인된다. 후일 영천으로 낙향하게 되는 이형상은 노비를 지원하였고(갑술 5월 29일), 1694년 윤5월 1일에는 근기남인 수백 명이 이재를 찾아와 위로하는 한편 전문 100여 냥, 곡식 10여 곡(斛)을 부조하였다. 이재의 표현에 따르면, 가장 열성적인 인사는 이형상(李衡祥), 이우겸(李宇謙), 이옥(李沃), 이정석(李挺晳), 권해(權瑎), 민창도(閔昌道) 등이었다.[78] 이 외에도 《창구객일》 말미에는 1694년 7월 이현일이 국문을 받고 종성으로 유배될 당시에 전송한 사람들의 명단인 〈친구송행록(親舊送行錄)〉,[79] 1697년 광양 이배 시 서울을 경유할 때 위문한 인사들의 명단

---

78) 李栽, 《蒼狗客日》, 甲戌 閏5月1日. "尤致力惓惓不衰者, 李楊州衡祥·李員外宇謙·李參判沃·李都事挺晳·權都事聖中時用·南參奉淵汝源·權參奉卨桓伯·丁副率道徽美卿·李進士浹悅卿·權萬甲子壽·姜碩勛公輔·姜樽·南徽君美·李燦明叔·尹寬德裕·李仝輔公二諸人爲最 … 權參判瑎, 先已謫吾州. 乃於逆旅困弊中, 爲囊錢遠寄, 閔參議昌道 身在禍變中, 猶能軫此形勢, 與其伯判書公及季應教君議, 各出數兩錢以相資, 其意尤令人悲感."

79) 〈친구송행록(親舊送行錄)〉에는 박경후(朴慶後: 참판), 이우겸(李宇謙; 좌랑), 이현작(李玄炸: 감사), 이옥(李沃: 참판), 안여석(安如石: 동지), 홍만기(洪萬紀: 지평), 유세중(兪世重: 한림), 이형상(李衡祥: 양주목사), 정조갑(鄭祖甲: 옥천군수), 유재(柳栽: 교리), 이귀령(李龜齡: 도사), 이우진(李宇晉: 성천부사), 김일기(金一夔: 사간), 이정흥(李鼎興: 좌랑), 권두경(權斗經: 참봉), 이주명(李周命: 감찰), 이도원(李道原: 주서), 이성중(李誠中: 참봉), 김일정(金一精: 증산현감), 원치도(元致道: 전적), 윤유손(尹有孫: 도사), 김하세(金夏世: 정랑), 권성중(權聖中: 도사), 이정석(李挺晳: 도사), 권설(權卨: 참봉), 강언(姜琂: 참봉), 홍일장(洪日章: 찰방), 정도휘(丁道徽: 찰방), 정지상(鄭至祥: 참봉), 신후식(申後軾: 직산현감), 홍우하(洪宇夏: 교관), 남연(南淵: 참봉), 이상성(李尙晟: 참봉) 등 총 98명이 수록되어 있다. 권두경의 이름 아래에는 '종시유련(終始留連)'이라는 주기를 붙여 그 정의(情誼)를 특별히 표현하였다.

인 〈친구내문록(親舊來問錄)〉[80]이 부기되어 있는데, 수록된 인사들의 대부분은 근기남인들이다. 비록 이들의 송행 또는 내문이 지극히 관행적인 것에 지나지 않을 수도 있지만 《창구객일》에서 이재가 '감사'와 '섭섭함'을 분명하게 구분하고 있는 것으로 볼 때, 영남남인과 근기남인과의 상호 관계도 좀 더 조정될 필요가 있을 것 같다.

《창구객일》 전체 기사를 종합할 때, 환난의 시기에 이재에게 가장 든든한 후원자 역할을 한 사람은 역시 권두경과 이관징·이옥 부자였다. 권두경의 경우, 이재와는 지연·학연으로 얽힌 평생의 동지였으므로 그럴 수 있다 할지라도 전형적인 근기남인이었던 이관징 가문은 권두경과는 입장과 처지가 다른 것이 사실이다.

그럼에도 이관징·이옥·이만부 세 조손(祖孫)은 이현일 부자를 진심으로 걱정하는 가운데 정치적 조언, 인정적 배려와 물질적 지원을 아끼지 않았다. 이관징의 경우 이현일이 종성 배소를 향해 떠나던 1694년 7월 9일 위로의 편지와 함께 도포(道袍)를 보내와 '갈밀부자(葛密父子)'를 감동시켰고,[81] 1695년 정월에는 신년 인사편지를 보내며 달력을 동봉하는 등 환우에 대한 정의(情誼)가 각별하였다.[82]

이옥의 경우 앞서 언급한 대로 옥사 진행과 관련된 양질의 정보를 채집하여 전달하는 한편 1694년 6월 도성 안의 선비들이 이른바 '갈암

---

80) 〈친구내문록(親舊來問錄)〉에는 정유악(鄭維岳, 판서), 이봉징(李鳳徵, 참판), 이옥(李沃, 참판), 홍만조(洪萬朝, 참판), 박경후(朴慶後, 참판), 심중량(沈仲良, 감사) 등 132명이 수록되어 있다.

81) 李栽, 《蒼狗客日》, 甲戌 7月9日. "奉朝賀李公觀徵, 方在削黜中, 老病不得出, 以書來曰, '北行是何罪也'? 絶塞苦寒, 今送一弊袍, 盖新製花紗襖也. 不但其意鄭重, 筆力老健, 亦可觀大人氣貌."

82) 李栽, 《蒼狗客日》 乙亥 1月3日. "因得芹谷奉朝賀台丈及其子參判台兄弟書, 皆寄曆日來 … 此老父子兄弟, 相念特厚, 不以禍故相損, 此意尤不可忘也."

구호소'를 올리려 하였을 때는 예리한 정치적 판단으로 이를 만류하는[83] 등 환난 타개의 믿음직한 조언자 역할을 하였다. 뿐만 아니라 그는 이현일이 종성 배소에 도착한 뒤에는 자기 첩의 아비를 시켜 수시로 문안하고 음식을 대접하게 하는[84] 등 세심한 배려를 아끼지 않았다.

이관징·이옥 부자와 이현일의 환우(宦友)로서의 교분은 이만부의 갈암문하 입문을 통하여 학연으로 발전하게 된다. 비록 이만부는 후일 《도동편(道東編)》을 편찬하는 과정에서 이재와 마찰을 빚기는 하였지만 갈암학파의 핵심 구성원으로서 그 위상이 확고하였다.[85] 이상에서 살펴본 이관징 일가와의 사례는 이현일과 근기남인과의 관계를 지나치게 대립적으로 보는 종전의 인식을 재고할 수 있는 근거가 된다.

(4) 학술·문화사적 가치

《창구객일》이 지니는 학술·문화사적 가치와 의의를 다룰 때에 새롭게 주목해야 할 것은 이현일의 학문적 동정이다. 비록 그는 기사환국에서 갑술환국으로 이어지는 정치적 격변기를 살면서 정치적 죄인으로 전락하여 홍원·종성·광양 땅에서 유배생활을 해야 하였지만 그의 본분은 학자였다.

이현일은 위리안치되던 1694년 8월 15일에서 1697년 5월 25일 광양으로 이배되기까지 꼬박 2년 9개월을 종성에서 지내며 학문과 저술 그리고 후진 양성에 몰두하였다. 한국유학사에 빛나는 《수주관규록(愁州管窺錄)》(1695), 《돈전최어(惇典稡語)》(1697) 등이 바로 종성

83) 李栽, 《蒼狗客日》, 甲戌 6月11日.

84) 李栽, 《蒼狗客日》, 甲戌 11月17日, 甲戌 12月26日.

85) 金鶴洙, "葛庵 李玄逸 硏究－經世論과 學統關係를 中心으로", 碩士學位論文, 韓國精神文化硏究院 韓國學大學院, 1996.

유배시절에 저술·편찬한 명저들이었다. 아울러 이현일은 배움을 청하는 이가 있으면 가르침을 마다하지 않았는데, 아래는 《갈암연보》에 보이는 후진 양성 관련기사이다.

> 북쪽의 풍습은 용맹함을 숭상하여 도덕인의(道德仁義)의 설이 있는지 알지 못하였는데, 이때에 한두 사람이 배움을 청하니, 자못 총명하고 뜻이 있었다. 선생이 그 뜻을 가상하게 여겨 사서(四書) 및 《주자서절요(朱子書節要)》, 《대학혹문(大學或問)》, 《소학(小學)》, 《가례(家禮)》 등을 가르치면서 독음을 바로잡고 글의 뜻을 풀어 주니, 몇 년 사이에 점차로 진작되는 바가 많았다.[86)]

위의 기록은 이현일의 학문활동의 대체를 파악하는 데에는 참고가 되지만 구체적인 양상을 이해하기는 어렵다. 이에 비하여 《창구객일》은 이현일의 학문 및 저술활동의 세세한 측면, 제자를 지도하는 방식과 과정 등 그 내용이 풍부하면서도 자세한 특징이 있다.

1694년 4월 22일 홍원 유배길에 오르면서부터 한동안 학문을 접을 수밖에 없었던 이현일이 학문활동을 재개한 것은 종성에 안치된 지 열흘째 되던 8월 25일이었다. 이재는 그다음 날인 〈갑술 8월 26일자〉 일기에서 환난의 와중에도 정력적으로 학문에 임하는 아버지의 모습을 간결하면서도 감동적으로 묘사하였다.[87)]

또한 이재는 자신의 학업 및 사회적·학문적 교유상에 대해서도 비교적 자세하게 기록하였다. 이와 관련하여 《창구객일》에는 《한서(漢

---

86) 李玄逸, 《葛庵全書》 〈年譜〉 乙亥.

87) 李栽, 《蒼狗客日》, 甲戌 8月26日. "大人自昨讀書作課, 摧傷之餘, 精力猶不衰如此, 感歎何極?"

書)》를 학습하는 가운데 종성 향교에서 이황의 《주자서절요(朱子書節要)》를 구하여 〈동파첩(東坡帖)〉과 〈답채계통서(答蔡季通書)〉를 읽은 사실,[88] 수령의 요청으로 경내 유생들이 치를 시험문제를 출제한 사실,[89] 아우 및 자형과 함께 이현일 앞에서 주서(朱書)를 강론한 사실,[90] 시종의 여가에 《대기(戴記)》 수십 편을 읽은 사실[91] 등이 상세하게 기록되어 있다. 아울러 이재는 북평사(北評事) 김시걸의 고강(考講)에 대비하여 분주하게 움직이는 선비들의 동정을 간략한 필치로 묘사하였는데,[92] 이는 당시 북방의 학문적 분위기와 관련하여 시사하는 바가 크다.

한편 이재는 1695년 2월 종성부사의 요청으로 향교의 의제(儀制) 정비에도 적극 참여하였다.[93] 이는 그의 학문과 경륜이 사회적으로 공인되었음을 뜻하였고, 영남학[퇴계학]의 확산과 새로운 적용으로 해석할 수 있는 대목이다.

한편 이재는 이현일에게 배움을 청한 인사들의 동정에 대한 기술도 빠뜨리지 않았다. 〈금양급문록(錦陽及門錄)〉에 따르면, 이현일이 유배지인 홍원·종성·광양에서 양성한 제자는 박이관(朴二貫: 洪原), 박문구(朴文玖: 鍾城), 주건(朱楗: 鍾城), 문천두(文天斗: 長興), 이두망(李斗望: 樂安), 오진해(吳振海: 南原) 등 약 6명이다. 이 가운데 그 존재가

88) 李栽, 《蒼狗客日》, 甲戌 9月4日. "求得朱書節要於州庠, 讀朱子所寫東坡與人帖及答蔡季通書, 極令人發省, 自此每日讀三五板."

89) 李栽, 《蒼狗客日》, 甲戌 9月19日. "地主將課試邑子, 要余出疑題, 爲書數題入送."

90) 李栽, 《蒼狗客日》, 甲戌 12月3日. "與姊兄舍弟連講朱書於大人之前."

91) 李栽, 《蒼狗客日》, 丙子 9月10日. "定省餘暇, 讀戴記數十篇."

92) 李栽, 《蒼狗客日》, 甲戌 9月15日. "評事留開講, 北方士子, 驚遑奔走."

93) 李栽, 《蒼狗客日》, 乙亥 2月5日. "地主罷齋, 要與共釐. 遂同季幹入去學中, 儀制雖不備 猶知揖讓進退, 其亦可貴也哉."

《창구객일》에서 확인되는 사람은 박문구(朴文玖)[94]와 주건(朱健)이다. 위 《갈암연보》 〈을해조〉(1695년)에 언급된 '배움을 청한 한두 사람'[95]이 바로 이들로 추정된다.

이 가운데 특별히 주목할 사람은 주건(朱健)이다. 그는 비록 북방의 한족(寒族) 출신이었지만 가학(家學)이 있는 집안의 자제였다. 이현일이 유배생활을 시작한 지 보름 남짓 되던 1694년 9월 3일 주진량(朱晉亮)이라는 고을 선비가 방문하였다. 본디 그는 이응시(李應蓍) · 목내선(睦來善) · 이관징(李觀徵)으로부터 가르침을 받은 적이 있었고, 총명할뿐더러 시도 잘 짓고 설담(說談)에도 능한 사람이었다. 젊었을 때 북릉(北陵) 사관(祠官)을 지낸 탓에 고을에서는 주참봉으로 불렸는데, 이재는 그를 '북방의 수재[北產之秀]'라는 찬사를 붙여 기록하였다.

> 읍인 주진량(朱晉亮)이 와서 뵈었는데, 북방의 수재(秀才)라 하겠다. 어려서부터 취죽(翠竹) 이응시(李應蓍), 좌상 목내선(睦來善), 봉조하 이관징(李觀徵)을 종학하여 총명하고 일에 밝으며, 시를 짓기를 좋아하고, 재담(才談)을 잘했다. 올해 나이 60여 세인데, 일찍이 북릉(北陵) 사관(祠官)을 지냈기 때문에 주참봉(朱叅奉)으로 일컬어진다고 한다.[96]

주건은 곧 주진량의 조카였던 것이다. 주건이 갈암문하에 입문한 것은 1694년 9월 24일이고, 당시 그의 나이는 20대 초반이었다. 이 무렵 이현일은 위리안치의 특성상 집안에 갇혀 독서에 집중하였고, 아들 이재의 강(講)만 들을 뿐 다른 사람과 접촉하지 않고 있었다. 그러나 시

94) 李栽, 《蒼狗客日》, 甲戌 12月8日. "朴生文玖來請學."

95) 李玄逸, 《葛庵全書》 〈年譜〉 乙亥. "至是, 有一二來請學, 頗聰穎, 有志尙. 先生嘉其意, 授以四書及朱書節要大學或問小學家禮等書, 爲正其音讀, 釋其義例, 數年間多有振作之漸."

96) 李栽, 《蒼狗客日》, 甲戌 9月3日.

서(詩書)와 인의(仁義)의 설을 듣고자 하였던 주건의 학문적 포부에 감동하여 제자로 받아들이고 사서(四書)를 비롯하여 《가례(家禮)》, 《주자서절요》 등을 가르쳤다.[97] '갈암문인'의 총원이 358명이고, 이 가운데 종성지역 문인이 차지하는 비중은 극히 미미하다. 이런 까닭에 지금까지 종성지역 갈암문인에 대해서는 〈금양급문록(錦陽及門錄)〉에서 그 이름만 확인할 수 있었을 뿐 구체적인 실상은 알려진 것이 없었다. 이 점에서 《창구객일》은 이현일과 주건과의 사제관계의 실상을 보여 주는 유일한 자료인데, 위 《갈암연보》도 사실상 《창구객일》의 〈갑술 9월 24일자〉 내용을 축약한 것이다.

한편 《창구객일》 곳곳에서 산견되는 날씨 · 여정 · 인심 · 풍속, 관아에서의 대우와 산천 · 지리 등에 대한 기술 또한 사회문화적으로도 매우 중요한 기록이다. 이재는 이현일을 시종하는 다급한 상황에서도 노정 및 각처의 경관과 풍물에 대한 관심을 일기 곳곳에 기록해 두었다.

영해에서 홍원에 이르는 행로에서 이현일 · 이재 부자가 경유한 주요 명승 및 사적은 월송정(越松亭) · 망양정(望洋亭) · 익성유애비(翌成遺愛碑) · 정동진(正東津) · 경포대(鏡浦臺) · 낙산사(洛山寺) · 영랑호(永郎湖) · 선유암(仙遊巖) · 해금강(海金剛) 등이었다. 이 가운데 이재가 가장 관심을 보인 곳은 정동진 · 경포대 · 영랑호 · 월송정 등이었는데, 월송정 · 망양정 · 경포대 · 낙산사는 관동팔경에 속하는 명승들이었다.

타향의 경관과 풍속에 대한 이재의 관심은 각별하여 정동진 · 영랑호 · 월송정에서는 허목의 기문을 바탕으로 하여 경관을 탐색하는 세심함을 보였고, 경포대에 대해서는 나름의 소회를 드러내기도 하였다.

---

97) 李栽, 《蒼狗客日》, 甲戌 9月3日. "邑子朱生健來請學 … 自言恥爲北俗之累, 願聞詩書仁義之說, 大人嘉其能自立趨向, 授以四書家禮朱書節要等書."

또한 이재는 남곤(南衮)이 지은 '익성유애비(翌成遺愛碑)'[黃喜의 紀績碑]를 읽고서는 참적(讒賊)들이 정인(正人)을 해치는 세태에 비감을 토로하기도 하였고,[98] 1694년 5월 9일 안변에 도착해서는 습속(習俗)과 풍요(風謠)의 극심한 차이를 실감하기도 하였다.[99] 풍속·언어 등의 차이에서 비롯된 문화적 괴리감으로 인하여 이재는 어색함과 불편함을 겪게 되지만[100] 이와 관련된 생생한 기록은 17세기 후반의 영남 지식인의 눈에 비친 북방 사람들의 삶의 실상이라는 점에서 사회문화사적 의의가 크다.

이 외에도 《창구객일》에는 금강산(金剛山)·장백산(長白山: 白頭山)·칠보산(七寶山)·두만강(豆滿江) 등의 명산대천,[101] 목조(穆祖)·태조(太祖) 등과 관련된 이왕가의 사적,[102] 김종서(金宗瑞)·박종문(朴宗文) 등 문무 관료들의 유적[103] 등이 매우 세심한 필치로 묘사되어 있다.

《창구객일》은 정치적 사건에 따른 유배일기라는 점에서 정치사 관련 사료로 취급될 여지가 크지만 일기 곳곳에 스며 있는 문화적 자취와 단상들은 《창구객일》을 17세기 기행문의 대표작으로 소개할 수 있

---

98) 李栽, 《蒼狗客日》, 甲戌 4月28日. "翌成遺愛碑, 卽南衮所撰. 自古及今, 讒賊害正, 奸壬戕賢, 如衮比幾人. 邪正相寇, 天定無期, 良足悲也."

99) 李栽, 《蒼狗客日》 甲戌 5月9日. "且習俗風謠, 不並以南 … 所謂百里不同風, 千里不同俗者, 亦其理勢然也."

100) 李栽, 《蒼狗客日》 甲戌 7月28日. "曉頭忽聞有立街上作大嘯者, 甚駭聽, 愧問之, 乃北方驛隷相喚聲云. 其他言語, 往往多不通, 韓子所謂, 聲音呼可怕者, 豈不信然, 南關近京且然, 況窮北乎?". 甲戌 8月7日. "嶺北方言, 謂陂陀爲德, 正與朱書俚語, 謂蝂而富同, 自吉州以北已然".

101) 李栽, 《蒼狗客日》 甲戌 7月16日, 甲戌 8月4日, 甲戌 8月6日, 甲戌 8月8日.

102) 李栽, 《蒼狗客日》 甲戌 7月19日, 甲戌 7月26日.

103) 李栽, 《蒼狗客日》 甲戌 7月28日, 甲戌 8月13日.

는 구실이 된다.

4. 맺음말

이상에서 서술한 내용을 요약하면 다음과 같다.

(i) 이재가 아버지 이현일의 유배생활을 시종한 전말을 일기 형식으로 기록한 《창구객일》은 17세기 후반의 정치·사회·학술·문화적 단상을 짜임새 있게 담아낸 종합사료집이라 할 수 있다. 이재가 《창구객일》을 저술한 배경은 다양한 각도에서 조명이 가능하지만 '사실관계'를 명확하게 기록하여 이현일의 신원운동에 대비하려는 목적이 가장 컸던 것으로 파악되었다.

(ii) 물론 이재는 학문적으로는 영남학파, 정치적으로는 남인을 표방했다는 점에서 그의 시각이 특정 집단의 인식에 고정되어 있고, 또 주관적 서술과 평가가 주류를 이루는 것은 사실이지만 우리가 주목할 것은 정변의 와중에서 피해자의 '해명논리'가 어떤 형식으로 도출되고 있으며, 그것이 당시의 정치·사회상을 이해하는 데 어떤 도움이 되는가에 초점이 모아져야 한다고 본다.

(iii) 《창구객일》은 타자의 시선에서 기록한 유배일기의 시초라는 점에서 특별한 가치를 지니고 있으며, 저자가 지니는 지적 능력과 사회적 위상은 일기 내용의 신빙성을 충실하게 담보하였다. 아울러 《창구객일》은 당시에 눈앞에서 일어나는 정치적 현안들을 비판적인 시각에서 서술한 것이기 때문에 또 다른 형태의 화란, 즉 필화(筆禍)를 야기할 소지가 다분하였기에 공개를 철저히 기피한 측면이 있었다. 이는 《창구객일》이 갈암문하의 비기(秘記)로 전해질 수밖에 없었던 이유가

된다.

(iv) 정치사적 관점에서 볼 때, 이재가 《창구객일》을 통하여 주장하고 싶었던 것은 '무죄피화(無罪被禍)'였다. 이를 위해 이재는 조보뿐만 아니라 서간·전언·소문 등 수집 가능한 모든 정보를 채집하기 위해 노력하였다. 특히, 이재는 갑술옥사의 처리 문제를 두고 전개되는 군신간의 이해, 소론과 노론 사이의 갈등, 소론 내부의 입장 차이를 세밀하고 정확하게 서술함은 물론 남인과 노론의 결탁현상까지도 적나라하게 언급하였는데, 이는 《창구객일》이 조선후기 당쟁사 연구의 필수 자료로 활용되어야 하는 근거가 된다.

(v) 《창구객일》은 내용상 정치사적 관련성이 가장 큰 자료이지만 사회사 및 학술문화사적으로도 매우 중요한 정보를 함축하고 있다. 사회사적으로는 17세기 근기남인 및 영남남인의 실체적 동향을 이보다 더 사실감 있게 그려내는 자료가 없고, 학술사적으로는 이현일의 학문적 활동상을 새롭게 조명하는 유일한 자료가 되며, 문화사적으로는 자신이 경유하였던 명승과 사적, 이색적인 풍물과 습속 등을 짜임새 있는 문장으로 묘사하고 있다. 따라서 《창구객일》은 단순히 일기를 넘어 하나의 문학작품으로 자리매김할 수 있는 가능성을 보여 주고 있다.

(vi) 마지막으로 필자는 《창구객일》을 분석하는 과정에서 이현일과 근기남인의 관계성에 대한 기존의 주장을 일부 수정한 바 있다. 그 수정은 어찌 보면 매우 사소한 것일 수도 있다. 하지만 이 작은 예는 자료에 대한 충분한 수렴과 검토가 부족한 연구가 얼마나 위험한 것인가를 경고하고 있다는 점에서 가볍게 받아들여서는 안 될 것 같다. 이현일과 이재에 대한 연구, 숙종조 남인정권 및 기사·갑술환국을 전후한 시기의 정국 동향과 추이를 이해함에 있어 《창구객일》이 필수적인 사료가 되어야 한다는 점을 거듭 강조하고자 한다.

참고문헌

《蒼狗客日(李栽)》. 《朝鮮王朝實錄》. 《典故大方》. 《朝鮮儒賢淵源圖》.

《南譜》. 《葛庵全書(李玄逸)》. 《溪巖日錄(金坽)》. 《記言(許穆)》.

《桐巢漫錄(南夏正)》. 《密菴全書(李栽)》. 《士農窩集(河益範)》.

權斗經. 《蒼雪齋集》. 韓國文集叢刊本, 169.

李　栽. 《密菴集》. 韓國文集叢刊本, 173.

李玄逸. 《葛庵集》. 韓國文集叢刊本, 127~128.

金龜柱. 《可菴遺稿》. 서울: 成均館大學校 出版部, 1999.

朴始淳. 《韓末 官人 朴始淳 日記》(1-2). 성남: 韓國精神文化硏究院, 1999.

李文楗. 《默齋日記》(上, 下). 서울: 國史編纂委員會, 1998.

韓國精神文化硏究院. 《古文書集成》 48 -晉州 丹牧 晉陽河氏 滄洲後孫家 篇(2)-. 성남: 韓國精神文化硏究院, 2000.

영남대학교 민족문화연구소 편. 《密菴 李栽 硏究》. 경산: 영남대학교 출판부, 2001.

정만조·김해영 외. 《조선시대의 정치와 제도》. 서울: 집문당, 2003.

김학수. "葛庵 李玄逸 硏究". 《조선시대사학보(조선시대사학회)》 4(1998).

______. "葛庵 李玄逸 硏究-經世論과 學統關係를 中心으로". 석사학위논문, 한국정신문화연구원 한국학대학원, 1996.

______. "노론의 대 남인 분열·통합책에 관한 연구". 《조선시대의 정치와 제도》. 서울: 集文堂, 2003.

______. "17세기 영남학파 연구". 박사학위논문. 한국학중앙연구원 한국학대

학원, 2008.

______. "칠곡 광주이씨 李元禎家의 정치적 위상과 학문적 성격". 《18세기 영남 한문학의 전개》. 한국학연구(계명대학교) 총서 26. 대구: 계명대학교 출판부, 2011.

박정규. "朝鮮王朝時代의 前近代的新聞에 관한 硏究". 박사학위논문. 서울대학교 대학원, 1982.

박헌순. "《密菴集》 해제". 한국고전번역원. 검색일자 2013. 9. 24.

차배근. "우리나라 朝報에 대한 新聞學的分析攷". 《新聞學報(서울大學校 新聞學硏究所)》 17輯(1980).

제 5 장

《창구객일》 소재 시편(詩篇) 소고

김언종 | 고려대학교 한문학과

1. 머리말

갈암 이현일(1627~1704)은 1694년에 벌어진 갑술정변에 연루되어 함경도 홍원(洪原), 종성(鍾城), 전라도 광양(光陽) 등지로 귀양생활을 하였다. 《창구객일》은 밀암 이재(1657~1730)가 38세 때부터 아버지 갈암을 수행하며 적은 일기이다. 그 기간은 1694년 음력 4월 9일 집을 떠나 귀양길에 나선 때부터 1697년 음력 7월 18일, 광양의 백운산 아래 옥룡동에 다다르기까지의 약 3년 3개월간이다. 갈암의 제자 제산 김성탁(1684~1747)은 밀암의 〈행장〉에서 다음과 같이 말했다.

> 갑술년(1694)에 당시의 여론이 크게 변하여 선생[갈암]은 처음에 대관령 북쪽의 홍원으로 귀양을 가게 되었는데 도착하자마자 금부도사가

또 호송하러 왔다. 이때 공(밀암)이 홀로 귀양길을 수행하고 있던 중 울면서 어쩔 줄 몰라 하자 선생이 공의 손을 잡고 천천히 말씀하시기를, "성인께서 지금 환난에 처했으면 환난 속에서 마땅히 해야 할 일을 해야 한다고 하셨다. 평일 배워두었던 도는 어디에 쓰려느냐? 너마저 이래서는 안 된다! 네 애비는 밝으신 임금을 만나 지위가 경대부에 이르렀으나 뜻을 하나도 실현한 것이 없더니 마침내 문자옥에 걸리고 말았다. 그러나 평소 뜻을 둔 일의 본말은 너도 알 것이다. 너는 내 저술 수습을 잊지 마라."라고 하셨다. 공은 울며 절하고 훈계를 받았다. 선생이 수감된 후로 안과 밖이 막혀 소식이 통하지 않았다. 공은 밤낮으로 속을 끓이며 하늘에 빌었다. 이 때문에 수염과 머리칼이 모두 하얗게 되고 말았다. 서울 사람들이 이런 광경을 보고 가슴 아파하며 눈물 흘리지 않는 사람이 없었다. 선생은 출옥한 뒤에 종성에 안치되었다. 종성은 북쪽 바닷가에 있어 땅이 거칠고 풍속은 오랑캐 같았으나 선생은 태연하게 처신하였고 공 또한 선생을 모시는 틈틈이 전에 읽던 책을 꺼내어 뜻을 강구하고 복습하였다. 선생이 기뻐하시며 말씀하시기를, "너는 나의 학문을 이을 아들이다."라고 하셨다. 한두 학생들이 선생을 찾아와 공부하였다. 공은 하나같이 정성과 신의로 대하여 지식을 계발(啓發)하고 행실을 개도(開導)함에 도움이 되게 하였다. 경진년(1700)에 임금의 은전을 입고 돌아와 안동의 금수 북쪽에 우거하셨다.[1)]

제산이 전후 6년간의 경과를 이렇게 간결히 묘사하였지만, 귀양살

---

1) 金聖鐸, 《霽山集》 卷16, 〈通德郎掌樂院主簿密菴先生李公行狀〉. 甲戌時論大變, 先生初配嶺北洪原. 既到又有錦衣逮, 時公獨隨行在途, 呼嘑罔措, 先生執公手徐謂曰: "素患難行乎患難. 平日學道要何用? 汝且毋爾爲也! 汝父遭明聖位列卿, 無一得行其志, 卒乃累絓文綱. 然平日志業本末, 汝所知. 汝其毋忘收拾論著矣." 公涕泣拜受誡. 及先生就理, 內外隔不通. 公日夜腐心祝天, 鬚髮爲之盡白. 都人見者, 莫不感歎泣下. 先生既出獄, 安置鍾城. 鍾城在北海上, 地苦寒俗羯狨. 先生既處之夷然, 而公亦於溫凊之暇, 稍取舊所讀書, 以講究溫繹爲事. 先生喜曰: "汝吾之仲默也." 有一二學子從先生講學, 公一以誠信相接, 啓發開導, 與有助焉. 庚辰先生蒙恩, 歸寓花山錦水之陽.

이의 갖가지 산초(酸楚)를 자리행간(字裏行間)에서 충분히 감지할 수 있을 것이다. 이어지는 제산의 말에 의하면 밀암이 이 기록을 남긴 이유는 다음과 같다.

> 갑술년 일록의 끝에 사건 전후의 대본(臺本)과 사림의 신원소(伸冤疏)를 부록하여 사건의 시말을 드러내어 후일 논정(論定)의 날에 대비하였다.[2)]

제산에 의하면 이 일기는 그 자체가 중요한 것이 아니라 사건 전후의 여러 자료들을 편철하여 동향을 기록해 두는 것에 중점이 있었다는 것이다. 이는 바로 '뒷날 역사가의 올바른 판단을 기다리겠다[待百年論定之日]'는 것이다. 이 기록을 바탕으로 1973년 아세아문화사 영인간 《창구객일》의 해제자는 다음과 같이 말했다.

> 그런데 이 일기집에는 일기 사이에 당시의 시사기록인 저보(邸報)나 귀양 가면서 수시로 청문한 중앙정계의 변화상, 특히 갈암에 관련된 공초기록 등을 초집 이기(移記)해둔 것이 많은데, 이것은 아마 당초에 이 일록을 초(草)한 이유가 순수한 일기로 남기기 위해서라기보다는 오히려 행여나 우심한 당쟁 속에 노부(老父)가 억울하게 생을 마쳤을 때, 뒷날 신원(伸寃)할 만한 자료로 준비하기 위한 목적의식이 강하게 작용한 것 같다.

해제자의 견해처럼 이 일기는 '신원의 자료'로서의 성격이 강한 것으로 보인다. 그러므로 이 기록에서 울분이나 우환의식을 토로한 흔적을 찾는다는 것은 처음부터 어려운 일이 아닐 수 없다. 뿐만 아니라 이

---

2) 金聖鐸, 《霽山集》 卷16, 〈通德郎掌樂院主簿密菴先生李公行狀〉. "甲戌日錄之末, 附書前後臺本及士林伸寃疏, 具著事之首尾, 以待百年論定之日."

기록에서 시를 통한 풍자의 흔적을 찾아내기도 어려울 것이다. 그러나 《창구객일》에는 모두 17제 19수[3)]의 시가 수록되어 있다. 많은 양은 아니지만 그 당시 밀암의 삶을 이해하는 데 있어서는 중요한 자료가 아닐 수 없다. 시를 쓰지 않을 수 없는 상황에서 토로한 심사가 고스란히 압축되어 있기 때문이다. 본고는 이 시들을 연대순으로 적출하여 그 의미를 짚어 보고자 한다.

2. 밀암 이재의 시

1)

大嶺之東山水窟　대관령 동쪽은 풍경이 아름다운 곳
生平寤寐見無因　몽매에도 보고팠으나 기회가 없었네.
此行踏盡名區去　이번 걸음에 명승지를 다 밟잤더니
觸境還教愁殺人　발길 닿는 경치마다 도리어 시름겹게 하네.

《창구객일》 5월 4일조에 보이는 시다. 《밀암집》에서의 시제는 〈아버님을 모시고 영북(嶺北)으로 가서 관동 9군을 둘러보다[奉大人向嶺北歷關東九郡, 甲戌]〉[4)]이다. 밀암이 38세이던 1694년 음력 5월 4일에 지은 작품이다. 함경도 홍원으로 귀양가던 도중에 강원도 경내로 접어들어 고성(高城) 관아로 향하던 중 길가에서 잠시 쉬다가 지은 것이

3) 자작시가 15수, 갈암의 시가 3수, 권창설의 시가 1수, 윤고산의 시가 1수이다. 《창구객일》 1695년(숙종 21) 2월 27일의 기록에 의하면 "이 여정(旅程)의 길에서 지은 시가 적지 않지만 지금 다 싣지 않는다(是行, 沿道諸作頗多, 今不盡錄.)"라고 하였다. 그 시편 가운데 일부가 《밀암집》에 수록되어 있으나, 여기서는 분량상 다루지 않기로 한다.

4) 李栽, 《蒼狗客日》, 甲戌 5月4日 辛丑.

다. 이해는 이른바 갑술환국(甲戌換局)으로 불리는, 남인이 실권하고 소론이 집권하는 일대 사건이 발생한 해다. 이조판서이던 갈암은 향리로 돌아와 분황(焚黃)을 하려던 중 파직되어 귀양길에 오른다. 이때 함경도 홍원으로 정배되었고 천 리 길을 어렵사리 도착하자마자 다시 서울로 불려 올라가 숙종의 친국(親鞫)을 받은 뒤 다시 서울에서 이천 리 떨어진 함경도 종성에 위리안치된 바 있다. 이 시를 지은 시기는 아직 서울로 소환되기 전으로, 갑자기 극북(極北)의 변방으로 귀양 가는 아버지를 배행(陪行)하는 작자의 절망감에 찬 아픈 마음이 서려 있는 시다. 그러나 기(起)·승(承)·전구(轉句)에서는 그런 기색이 전혀 노출되지 않는다. 오히려 산수굴(山水窟)로 이름난 강원도 땅의 명승지를 한 번도 밟아 보지 못한 평소의 유감을 이 기회에 씻게 되었다는 느긋함마저 보이고 있다. 하지만 이런 마당에 음풍농월이 있을 수 있겠는가. 마침내 결구(結句)의 '수살인(愁殺人)' 세 글자가 대반전을 가져오고 있다. 이 시의 중요한 의미는 바로 이 세 글자에 압축되어 있다. 그러나 호연지기(浩然之氣)로 가득 찬 군자의 처변불경(處變不驚: 어떤 어려운 환경에 처하여도 두려워하거나 놀라지 않음)과 역래순수(逆來順受: 외부로부터의 압력이나 역경을 참고 견디어내다)의 마음가짐이 전구에 여실히 드러나 있음도 간과할 수 없다. 그런데 잠시나마 약간은 느긋한 마음을 가질 수 있었던 것은 이때 고성군수 이후영(李後榮, 1649~1711)[5]이 아전을 시켜 풍성한 음식을 보내왔기 때문이다. 이후영은 갈암의 옛 벗 이분(李蕡, 1631~1685)의 아들로 안동에 세거하는 고성이씨 가

5) 본관은 고성(固城), 호는 청옹(淸翁) 자는 사구(士久). 1684년(숙종 10)에 문과에 급제하고 내직에 있다가 첫 외직이 고성군수였다. 뒤에 병조정랑 등을 역임하였고 당쟁으로 어지러운 정국을 꺼려 벼슬을 버리고 안동으로 낙향하였다. 문학과 덕행으로 사림(士林)의 중망(重望)을 받았다.

문 출신이었다.

2)

郡齋西望萬千峯	군재(郡齋)에서 서쪽으로 만이천 봉을 바라보니,
玉立雲天訝許工	옥 기둥이 하늘을 찌르듯한 정교함에 놀라네.
身到還應秖如此	올라가 본들 또한 단지 이와 같을 것인데,
何須絕頂哭途窮	절정에 올라서 길 막힌 것 통곡할 필요 있으랴.

이 시는 《창구객일》 5월 5일조에 실려 있고 《밀암집》에 〈고성 해산정에서 풍악을 바라보며[高城海山亭望楓嶽]〉라는 시제로 수록되어 있다. 청옹 이후영이 군수로 있던 고성 군재(郡齋)에서 잠시 쉬던 1694년 음력 5월 4일에 지은 시이다. 군 청사에서 서쪽으로 바라보면 옥을 깎아 구름을 뚫고 하늘 위로 세운 듯한 만이천 봉의 기이 신묘한 경치가 한눈에 들어온다. 사실 마음이야 꼭대기에 올라 이 절경을 한눈에 조망하고 싶지만 아버지의 귀양을 수행하는 신세라 그럴 수는 없다. 진(晉)나라 죽림칠현(竹林七賢)의 한 사람 완적(阮籍)은 시대에 절망한 나머지 정처 없이 다니다가 길이 막히면 한바탕 대성통곡을 하고 돌아오는 기행(奇行)을 하였다. 제4구의 "곡도궁(哭途窮)"은 이를 말한다. 중국 역사상 무단(武斷) 극권통치(極權統治)의 극을 달린 사마씨(司馬氏) 정권에 대한 절망감을 완곡히 드러낸 것이다. 이것이 온유돈후의 기조(基調)에 저촉되었다고 느낀 것인가? 문집총간본 즉 《밀암집》에서는 이를 "미친 짓 후회한 한유를 본받을 필요 있으랴[悔狂何用效韓公.]"로 고치고 있다. 이는 당나라 한유(韓愈, 768~824)가 〈답장철(答張徹)〉이라는 시에서, 험한 산을 주의하지 않고 함부로 다녔던 것을 후회한 나머지 "미련한 짓 후회하며 손가락 깨물어 맹세하

고, 이로써 경계 삼아 가슴에 아로새겼네[悔狂已咋指, 垂誡仍鐫銘.]" 라고 읊었던 것을 전고(典故)로 한 것이다.

3)

絕域秋將晚	궁벽한 땅에서 가을은 깊어가고,
離亭落葉紛[6]	이별의 정자엔 낙엽이 날리네.
畏人深閉口	입을 꾹 다무신 귀양객 김대간님,
扶老倍銷魂	아버님 모신 나 더욱 슬프네.
地勢龍沙近	지세(地勢)는 용사(龍沙)에 가까워,[7]
風謠靺鞨渾	노래가 온통 말갈족의 노래라네.
倚伏[8]惟聽命	화복은 오직 천명(天命)을 따르노니,
公去好加飧	공이시여 가셔서 몸을 잘 보중하소서.

《밀암집》에 〈오산으로 가는 길에서 광성으로 가는 김대간[원섭]을 뵙고서[鰲山路上奉送金大諫(元燮)向匡城]〉라 수록된 이 시는 《창구객일》 8월 13일조에 실려 있다. 지난 8월 2일, 마곡(磨谷) 객관에서부터 동행하여 함께 이곳까지 왔던 김원섭(金元燮, 1640~1720)[9]과 헤

---

6) 문집본에는 "紛"이 "繁"으로 되어 있다.

7) 용사(龍沙): 중국 서쪽 변방의 사막.

8) 《도덕경(道德經)》에 "禍兮福之所倚, 福兮禍之所伏(화에는 복이 기대어 있고, 복에는 화가 엎디어 있네)"라고 하였다. 문집본에는 "倚伏"이 "窮通"으로 되어 있다.

9) 본관은 선산(善山), 자는 지화(至和). 아버지는 인조 때 한성우윤(漢城右尹)을 지낸 하량(廈樑)이다. 1672년(현종 13) 별시문과에 병과로 급제하여 사헌부에 들어갔다. 1680년(숙종 6) 경신환국(庚申換局)으로 남인(南人)이 실세(失勢)하자 관직에서 쫓겨났다. 1689년 남인이 재집권하자 다시 등용되어 청요직(淸要職)을 두루 거쳐 대사간에 올랐다. 이어 사은사의 서장관(書狀官)으로 청나라에 다녀왔으며, 1694년 대사간 때 갑술정변(甲戌政變)으로 서인이 집권하자 무고(誣告)를 당하여 몇 차례의 국문(鞫問)을 받고 함경도 경흥(慶興)으로 유배되고, 적소(謫所)에서 죽었다.

어지며 그의 안녕을 빈 시다. 김원섭 또한 갑술옥사에 연루되어 단천(端川)에 귀양 갔다가 다시 서울로 불려가 국문을 받은 다음, 경흥(慶興)으로 이배(移配)되는 길이었다. 음력 8월이지만 이곳은 이미 눈이 내리는 겨울이었다. 게다가 김원섭은 본래 약질이었는 데다 혹독한 형신(刑訊)을 받은 터였다. 이런 상황에서 기약 없이 헤어지며 운명은 하늘에 맡기고 건강에 유의하시라는 밀암의 간절한 마음이 잘 드러나 있다. 이 시를 지으면서 밀암은 일단의 소회를 다음과 같이 밝혀 두었다.

> 내가 집안의 어려움을 당한 이래 생각이 꽉 막혀 오래 시를 짓지 않았다. 먼 곳으로 송별하게 되니 한 마디 하지 않을 수 없어 시 한 수 지어 바친다.[10]

4)

蕭條關塞外	쓸쓸한 변방에서,
憔悴賦離騷	초췌한 모습으로 이소경을 읊네.
黑水玄冰積	흑룡강엔 두터운 얼음이 쌓였고,
陰山白雪高	음산에는 흰 눈이 높이 쌓였네.
憂時肺腸熱	시절을 근심하니 폐와 창자가 뜨겁고,
懷土夢魂勞	고향을 그리니 꿈속의 넋이 수고로운데
每夜空瞻斗	밤마다 부질없이 북두성을 올려다보니,
歸心有大刀	돌아가려는 마음이 큰 칼머리에 있네.[11]

10) 李栽, 《蒼狗客日》, 甲戌 8月 13日 甲申. 余自遭家難來, 意緒塡壅, 久不作詩. 天涯送別, 不可無一言, 奉一律爲贈.

11) 대도(大刀)는 대도두(大刀頭)를 말한다. 대도두는 돌아온다[還]는 말의 은어이다. 대도두는 칼머리에 달린 고리[環]를 이르는데, 환(環)과 환(還)의 음이 서로 통하므로 이렇게 쓴 것이다. 여기서는 특히 유배생활이 풀린 것을 이른 말이다. 이 말은 처음에 《한서(漢書)·이릉전(李陵傳)》에서 나오는데, 그 내용을 살펴보면 다음과 같다. "한 무제 때 이릉이

《밀암집》에 〈수주서회(愁州書懷)〉로 수록된 이 작품은 《창구객일》 음력 9월 28일조에 실려 있는 시로 종성에서 지은 것이다. 밀암은 서울을 떠난 지 35일 만인 음력 8월 14일에 재유배지인 함경도 종성에 도착하였다. 처음 귀양지에서는 도착하자마자 다시 국문 받으러 가는 신세가 되었지만 이제 풀려날 기약 없는 본격적 귀양살이가 시작된 것이다. 귀양살이가 풀려 고향으로 돌아가고 싶은 간절한 마음을 한(漢) 이릉(李陵)의 고사를 빌려 간곡히 표현하고 있다. 읍중의 부로(父老)들이 연이어 와서 68세 고령의 적객(謫客) 갈암을 위로하였다. 종성에서는 60여 세의 주진량(朱晉亮)이 가장 빼어난 인물인데 일찍이 취죽(翠竹) 이응시(李應蓍, 1594~1660), 수옹(睡翁) 목내선(睦來善, 1617~1704), 근옹(芹翁) 이관징(李觀徵, 1618~1695) 등 명류(名流)에게 종유한 적이 있는 사람이었다. 갈암 부자가 객지에서의 울적함과 쓸쓸함을 달래는 데는 더없이 좋은 상대였던 것이다. 더구나 그의 조카 주건(朱楗)은 갈암의 문도가 되었다.

5)

長征草草向愁州　　먼 길 서둘러 수주로 오고 있다는
消息初聞涕自流　　소식을 듣자마자 눈물부터 흘렀네
靺鞨山前饒虐雪　　말갈산 앞은 폭설로 뒤덮혔고

흉노에게 패하였는데, 소제(昭帝)가 즉위하자 이릉의 친구 임입정 등 세 사람을 흉노에 보내어 이릉을 데려오게 하였다. 한(漢)의 사신들이 이릉을 보고 사적인 말을 할 수 없자 자주 칼의 고리(環)를 만지고 그의 발을 눌러서 은밀하게 한나라로 돌아갈 것을 권유하였다[漢武帝時, 李陵敗降匈奴, 昭帝即位, 遣 陵故人任立政等三人至匈奴招陵. 單于置酒賜漢使者, 立政等見陵, 未得私語, 即目視陵, 而數數自循其刀環, 握其足, 陰諭之, 言可還歸漢也.]" 여기에서 '도환(刀環)'은 칼의 머리에 있기 때문에 뒤에 '대도두(大刀頭)'를 '환(還)'의 은어로 사용하였다.

混同江上逗行輈　　혼동강 가에는 수레길도 끊어졌네
晝嗔鵲噪虛傳喜　　낮에는 까치 울어 헛 소식 전해 화나고
夜占燈火謾解憂　　밤에는 등불 밝혀 근심 푸는 시늉하네
最是苦寒侵骨處　　무엇보다 혹독한 추위가 뼈에 사무치는 곳에서
爲憐誰悶爾凋裘　　낡은 네 갖옷을 누가 걱정해 줄지 안타깝구나.

음력 10월 16일 눈이 내린 날, 밀암은 아우 이심(李杺)이 지난 달 22일 아버지를 뵙기 위해 서울을 떠나 이곳으로 오고 있다는 소식을 듣고 미칠 듯이 기뻐한다. 17일에는 우졸(郵卒)로부터 문천(文川)에서 아우와 자형(姊兄) 김이현(金以鉉) 일행을 보았다는 이야기를 듣는다. 그러나 밤 사이에 내린 폭설이 처마 높이로 쌓여 문을 열 수 없을 정도가 되자 아우 일행의 안부를 걱정하는 마음으로 가득한데 소백산 아래에서 동사자가 있었다는 소식까지 듣는다. 이 시는 이런 상황에서 쓴 것이다. 이 시는 《창구객일》 10월 20일조에 실려 있고 《밀암집》에는 〈계간의 근행길이 이미 문천에 이르렀으나 마침 눈에 막혀 나아가지 못한다는 소식을 듣고[聞季幹覲行已達文川尋阻雪不前]〉라는 제목으로 수록되었다.

6)

一蠹吾東百世師　　일두선생은 우리나라 백세(百世)의 스승이라
偏荒猶建尙賢祠　　궁벽진 거친 땅에도 오히려 그분 모신 사당을 세웠구나.
如何却遣噲爲伍　　어쩌다가 번쾌(樊噲)와 동렬이 되게 하였나,[12]

---

12) "번쾌(樊噲)와 동렬이 되게 하였나"는 《사기(史記)》 〈회음후열전(淮陰侯列傳)〉에 다음과 같은 관련 내용이 있다. 한신이 회음후로 봉해진 뒤 고조가 자신의 능력을 두려워하여 자신을 중용(重用)하지 않음을 알고 늘 고조를 원망하며 강후(絳侯)나 관영(灌嬰) 등과 같은 반열에 있는 것을 부끄러워하였다. 하루는 장군 번쾌의 집에 갔다가 그의 환대를 받

夫子有靈應笑之　선생의 혼령이 계신다면 아마도 웃으실걸.

갑술년 음력 12월 26일에 지은 시이다. 4일 전인 22일, 밀암은 자형 김이현과 함께 경원부 아오지(阿吾地)에 적거 중인 김원섭을 위로차 방문한다. 이 시는 돌아오는 길에 종산서원촌(鍾山書院村)에서 말을 먹이다가 지은 것이다. 이 마을에 있는 종산서원은 본래 이곳에서 적거생활을 하였던 일두(一蠹) 정여창(鄭汝昌)을 모시기 위한 서원이었는데 뒤에 사체(事體)에 어울리지 않는 배향자가 많아졌다고 한다. 밀암은 이를 비판한 것이다.

7)

十月天山三丈雪　시월 천산(天山)엔 눈이 세 길이나 쌓였는데,
來何辛苦去還催　고생스럽게 왔다가 어찌 돌아가길 재촉하는지요.
空教別眼添霜鬢　부질없이 이별하는 눈에 서릿빛 내 귀밑머리 비치리니,
莫向離筵唱落梅　이별하는 자리에서 매화락(梅花落)을 부르지 마소.[13)]

《밀암집》에 〈증별자형(贈別姊兄)〉이란 시제로 수록된 이 시는 천리 먼 길을 달려와서 장인을 문안하였던 자형(姊兄) 김이현이 을해년(1695) 음력 정월 18일, 안동으로 떠날 때 지은 것이다. 김이현은 안동 금계동에 세거하는 학봉 김성일(1538~1593)의 후손으로 갈암의 맏사위이며 학행으로 이름 높은 김몽렴(金夢濂), 김몽수(金夢洙) 형제의 아버지이다. 밀암은 그가 지난해 10월 26일에 극북(極北)의 빙동지지

고 그 집을 나서며, 스스로를 비웃으며 "내가 살아서 번쾌 등과 동렬의 자리에 있게 되었구나"라고 탄식하였다고 한다.

13) 매화락(梅花落)은 고대의 적곡(笛曲) 이름이다.

(氷凍之地: 얼음땅)에 와서 거의 3개월간 장인을 모시고 함께 고생하는데 한 번도 싫어하는 내색을 보이지 않았음에 고마워한다.

8)

辛苦度陂陁	고생하며 경사진 땅을 지나가노라니,
天寒驛正賒	날씨는 춥고 역(驛)은 멀기만 하구나.
悲風吹白草	슬픈 바람은 허연 풀에 불고,
虐雪蔽黃沙	모진 눈은 누런 먼지를 가리네.
身遠家何在	몸은 멀어졌는데 집은 어디에 있나,
愁多鬢已華	근심이 많아 귀밑머리 세어졌네.
周行關塞盡	변방을 두루 다 돌아다니니,
空憶李輕車[14]	부질없이 이경거(李輕車)를 생각하네.

온성군수에게 인사하러 갔을 때 쓴 시로 《창구객일》 을해년(1695) 2월 2일조에 실려 있고 《밀암집》에 〈온성으로 가며[適穩城]〉로 수록되어 있다. 기사에 "한 일이 쓸데없는 것이 되고 말았으니 우습다[所幹歸虛牝, 可笑.]"라는 구절이 있는 것으로 보아 원하던 일이 이루어지지 않은 것 같으나 무슨 일이었는지는 알 수 없다. 밤에 객사에서 자게 되었는데 온성군수가 관기를 보내어 시침하게 했으나 사양하고 돌려보냈다는 기록이 있는 것으로 보아 군수가 밀암의 부탁을 들어주지 못해 무척 미안했던 모양이기는 하지만 밀암이 얼마나 개결(介潔)한 인품을 가진 사람인가를 알지 못했던 듯하다.

14) 이경거는 전한(前漢) 사람 이광(李廣)의 종제(從弟) 이채(李蔡)를 가리킨다. 그는 용감하고 잘 싸웠기 때문에 일찍이 경거장군(輕車將軍)이 되었다.

9)

塞上經年飽苦難	변방에서 여러 해 동안 실컷 고난을 겪었지만,
幾將高義露心肝	깊은 정으로 마음을 드러낸 이가 얼마나 되던가?
夷音慣聽愁無奈	오랑캐 말 익숙하게 들리니 그 근심을 어찌할 수 없었고,
頻過偃室意未闌	수령의 거처 자주 찾을 뜻 아직 다하지 않았네.
涕淚明朝辭棘裡	내일 아침 눈물 흘리며 이곳을 떠나가리니,
蒼茫歸路指雲端	아스라한 귀로에서 구름 끝 가리키리.
終然緩急惟公在	마침내 위태로운 때에는 공이 있으리니,
此去猶將百憂寬	이번에 가면서도 오히려 온갖 근심을 누그러뜨리네.

이는 을해년(1695) 음력 2월 20일 귀향 시에 밀암이 종성부사 박명의(朴明義)에게 자신의 귀향을 알리며 쓴 시로 《밀암집》에는 수록되어 있지 않다. 박명의의 아버지 박신규(朴信圭, 1631~1687)[15]는 갈암과 친한 사이였다. 종성으로 재이배가 결정되어 떠나기 전에, 밀암은 새로 임명된 종성부사가 박명의임을 알고 그의 집을 찾아가서 인사한 바 있었고 박명의는 갈암이 종성에 적거하는 동안 온갖 도움을 아끼지 않았다. 밀암은 박명의에게서 느낀 감사함을 일기 여러 곳에 표현해 두었다. 박명의는 강직한 성품으로, 뒷날 내직으로 들어와 좌부승지가 되었을 때 김장생(金長生)의 문묘 종향에 반대한 소를 올린 이희정(李喜鼎)을 귀양 보낸 숙종의 처사가 부당하다 하여 이희정을 신

15) 본관은 밀양, 자는 봉경(奉卿), 호는 죽촌(竹村), 참판 진원(震元)의 손자이며, 첨지중추부사 계영(啓榮)의 아들이다. 1652년(효종 3)에 진사가 되었고, 1660년(현종 1) 식년문과에 병과로 급제하였다. 좌부승지를 거쳐, 1679년(숙종 5)에는 경상도관찰사로 나가 역시 선정을 베풀어 청백리(淸白吏)에 녹선(錄選)되었으며, 1680년에는 형조판서가 되었고 뒤에 호조판서에 다시 승진하였다. 서예로 이름이 높았으며 뒤에 영의정에 추증되었다. 시호는 청숙(淸肅)이다.

구(伸救)하는 소를 올렸다가 파직되기도 한 인물이다.16)

10)

殊方乍喜連枝會　이역(異域)에서 형제의 모임 잠시 기뻐하더니
絕域翻成落葉分　먼 땅에서 도리어 낙엽처럼 나뉘었도다.
親老時危還遠去　어버이 늙고 시절은 위태한데 다시 멀리 떠나니,
此行安得不銷魂　이번 행차를 어찌 슬퍼하지 않을 수 있으리오.

을해년 음력 2월 27일 귀향 때, 아버지를 모시기 위해 종성에 남은 아우 이심과 헤어지며 지은 시이다. 이심이 종성에 도착한 것은 전년 10월 27일의 일이니 형제가 함께 지낸 시일은 꼭 4개월간인 셈이다. "소혼(銷魂)" 두 글자에서 극도의 비애를 공감할 수 있을 것이다.

11)

君來送我至豐山　그대 나를 전송하여 풍산(豐山)에 이르니,
孤嶂寒天別意酸　외로운 봉우리 차가운 하늘에 이별의 뜻이 처량하구나.
棘裏應深憂疾念　아버님께서 날 걱정하는 마음이 깊으시리니,
爲吾歸去報平安　나를 위해 돌아가 평안하다 알려드리게.

2월 27일 귀향할 때 무산령 아래까지 와서 송별한 주건(朱楗)에게 지어준 시이다. 《밀암집》에는 〈주건군이 사흘 일정을 전송해 주니 그가 돌아갈 때 이 시를 지어 주었다[朱生楗, 追送三日程, 其還贈此]〉란 시제로 실려 있다. 주건은 종성의 읍인(邑人) 주원량(朱元亮)의 아들로 그 백부인 주진량(朱晉亮)이 갈암과 말벗이 되는 바람에 알게 된

16) 《연려실기술(燃藜室記述)》 제3집 별집 참조.

사이이다. 갈암이 종성에 있는 동안 집지하여 사서(四書)·《가례(家禮)》·《주자서절요(朱子書節要)》를 배운 20여 세의 청년이다. 밀암이 예의상 갈암의 문하라고 하였지만 갈암의 시년(時年)이 69세였음을 생각하면 실은 당시 나이 39세의 밀암에게 글을 배웠을 것이다.

12)

關山違日遠	관산(關山) 갈수록 날로 멀어지니
何處是并州	어느 곳이 병주(并州)이더냐.
急雪連天暗	폭설이 하늘까지 쌓여 암담하고,
陰雲接地愁	먹구름 온 땅 덮어 시름이네.
戀親腸已斷	어버이 그리다 애는 이미 끊어졌고,
憶弟淚長流	아우 생각에 눈물 그치지 않네.
借問百年內	묻노니 인생 일백 년 동안
棲遑幾日休	이리 바빠서야 며칠이나 쉬는가.

이 역시 2월 27일에 지은 시로 종성을 떠나 무산령에 올라 종성을 내려다보며 읊은 작품이다. 《밀암집》에는 〈무산령에 이르러 수주를 내려다보며 짓다[抵茂山嶺, 下望愁州作]〉란 시제로 실려 있다. 온통 먹구름으로 가득한 하늘, 폭설이 내려 다니기 힘든 도로, 그래도 예정대로 고향으로 가야 하는 길, 위리안치된 늙으신 아버지, 낯선 땅에서 아버지를 돌봐야 하는 아직 어린 아우를 뒤로 하고 가느라 애간장 다 녹고 눈물은 그치지 않는다. 이런 상황에서 잠시나마 삶을 한탄하는 심사가 가득하여 지은 시이다. 이런 상황에서 그 누구도 이보다 더 핍진하고 애절한 시를 쓸 수 없었을 것이다.

13)

出塞還分袂	변방에 와서 다시 헤어지니,
悲秋別恨仍	가을을 슬퍼하다 이별의 한이 따르네.
鳥道紆千曲	까마득한 길은 천 구비나 굽이치고,
鯨波杳百層	거친 파도는 백 층 높이로 아득하여라.
游方難自遣	속세에서 노닐어 내 마음 달래기 어려우니,
扶老更誰憑	노친 봉양함을 다시 누구에게 의지할까.
且莫空摧折	절대로 부질없이 좌절하지 마소서,
圖南有大鵬	남쪽으로 가는 대붕(大鵬)이 있으니까요.

다시 갈암을 모시기 위해 종성으로 돌아와 미리 와 있던 형 이천(李梴)이 귀향할 때 헤어지던 병자년(1696) 음력 9월[17]에 읊은 시이다.

《창구객일》의 주요한 기사는 여기에서 대강 마무리된다. 이어 1697년 5월 21일, 금오랑 이징해(李徵海)[18]가 와서 위리안치가 풀리고 전라도 광양으로 이배됨을 알린다. 이제 견디기 어려운 고생은 끝난 것이다. 광양은 극변인 종성과는 달리 그런대로 지낼 만한 귀양지이기 때문이다. 이후의 기록은 복소(復蘇: 다시 소생함, 절망에서 벗어남)의 심정이 곳곳에 나타나 있다. 마침내 2년 9개월여 만에 위리안치에서 풀려나와 이웃의 한세무(韓世武) 가(家)에서 5일을 지내고 5월 25일, 광양으로 출발한다. 53일 만인 7월 18일에 광양에 도착하여 현(縣)에서 동쪽 20리 떨어진 백운산(白雲山) 아래, 과거 고산 윤선도가 적거생활을 했던 옥룡동(玉龍洞)에 적거(謫居)를 마련하는 것으로 일기는 끝이 난다.

---

17) 작시 날짜가 명시되어 있지 않다.

18) 고상(故相) 이행원(李行遠, 1592~1648)의 손자, 권두경과 친구, 서인이었으나 남인에게 호의적이었다.

3. 갈암 이현일·창설재 권두경·고산 윤선도의 시

1) 갈암 이현일의 시

(1)

重皮毛厚濕不侵　살 두텁고 털 많아 습기가 침범하지 못하고,
隨意坐臥暑亦堪　내 뜻 따라 앉고 누우니 더위도 견딜 만하네.
寬閒端合躁心釋　넓고 고요타 여기니 조급한 마음 풀어지고,
淡泊還敎食味甘　마음이 담박해지니 성긴 음식도 달다네.
若使向後無他慮　만약 이후로 다른 근심 없다면,
氣力可以能支持　기력은 그런대로 버틸 만하다.
念汝日夕心焦煎　네가 밤낮으로 마음이 초조할까 걱정하여,
折木染炭書示之　나무 꺾어 숯 물에 찍어 이 시 써서 알린다.

이 시는 갈암이 음력 5월 16일에 첫 유배지인 홍원에 도착하자마자 서울서 온 금오랑(金吾郞)에게 인계되어 숙종의 국문(鞫問)을 받기 위해 서울로 이송되어 의금부에 수감되어 있을 때 쓴 시로 《창구객일》 6월 28일조에 실려 있는데 《갈암집》에는 수록되어 있지 않다. 이 점이야말로 《창구객일》의 가치를 더욱 돋보이게 한다. 갈암은 무더운 여름에 옥에 갇힌[19] 상황에서도 두려워하거나 놀라지 않는 대인군자의 담담한 심경을 드러내고 있다. 군자의 심경인 관한(寬閒: 여유롭고 편안함)한 심태를 유지하여 조바심을 풀고, 담박한 마음을 회복하여 옥중의 조악(粗惡)한 음식을 달게 여긴 것이다. 걱정이란 오직 옥바라지를

19) 갈암이 수감된 날은 1694년 음력 5월 27일이고 출옥한 날은 동년 7월 7일로 모두 70일이다.

하며 자신의 안위를 노심초사하는 아들 밀암의 건강일 뿐이다. 그러한 애틋한 마음이 7, 8구에 여실히 드러나 있다.

이때의 심정을 밀암 스스로도 다음과 같이 썼다.

> 아버님이 옥으로 들어가실 때, 내 손을 꼬옥 잡으셨다. 나는 눈물을 흘리느라 아버님 얼굴을 쳐다볼 수 없었다. 홀로 옥문 앞에 서서 길을 잃은 듯 어디로 가야 할지를 몰랐다. … 이때부터 안과 밖이 서로 끊어져 소식이 불통하게 되었다. 옥 속에서 겪으실 침식의 노고를 생각하면 마음이 타고 생각이 지져지는 듯하여 차라리 죽어 아무것도 모르는 상태가 되고 싶었다.[20]

밀암의 아들 이인환(李寅煥)이 지은 밀암의 〈연보〉에도 이 당시의 절박한 상황이 다음과 같이 묘사되어 있다.

> 갈암선생[조부]께서 옥에 갇혀 바깥과 소식이 단절되었다. 선생[아버지]은 밤낮으로 노심초사하며 하늘에 빌었다. 이 때문에 수염과 머리칼이 하얗게 되었다. 서울 사람들이 감탄하지 않는 사람이 없었다.[21]

(2)

을해년(1695) 음력 2월 27일 귀향 시에 갈암은 밀암에게 다음의 시 3수를 지어 주었다.

---

20) 李栽, 《蒼狗客日》, 甲戌 5月 24日 辛酉. "大人將就理, 固執余手, 余落淚不能仰視, 獨立門外, 迷不知所如. … 自是, 內外隔絶, 聞問不通, 竊想深室寢食之苦, 焦心煎慮, 寧欲自滅而無悟也."

21) 李栽, 《密菴集》 卷24 〈附錄〉 年譜 肅宗20年 38歲 甲戌 5月. "葛庵先生旣就理, 內外隔絶. 先生日夜腐心祝天, 鬚髮爲之盡白, 都下人士莫不感歎."

其一

送汝歸時冰半澌　가는 너를 보낼 때 얼음이 반쯤 녹았으니,
滑泥危棧摠關思　미끄러운 진흙, 위태로운 잔도(棧道) 모두 걱정되누나.
丈夫心事須堅定　장부는 모름지기 지향(志向)을 단단히 정해야 하니,
屑屑無爲兒女悲　자질구레한 아녀자의 슬픔을 짓지 마라.

其二

憶昨嚴程趕我行　전에 바삐 떠나는 나를 쫓아왔던 일 생각하노니,
蒼黃危迫幾回經　당황스럽고 위태로운 일 몇 번이나 겪었던가.
緬思斥逐人家事　쫓겨났던 다른 집안의 일을 생각해보니,
蔡氏三哥見爾情　채씨(蔡氏)댁 셋째 아들[22]에게서 네 정을 보겠네.

其三

兒郎天賦也聰明　우리 아들 자질은 총명도 하니,
憂戚還應玉女成　근심과 슬픔이 다시 너를 주옥(珠玉)으로 만들리라.
但恐施爲傷卞急　다만 하는 일이 조급함이 걱정이니,
更從沈密下工程　침밀함을 기르는 공부 계획을 세워보려무나.

'其一'에서 우리는 천 리 먼 길을 가는 아들의 안위를 걱정하는 아버지의 애틋한 심정을 읽을 수 있다. 여기서 갈암이 자신을 채원정에, 밀암을 채침에 비유하고 있는 점이 주목된다. 채원정은 주자의 고제(高弟)이다. 그러므로 이 경우 퇴계는 주자가 될 수 있는 것이다. 영남지방의 퇴계 학맥도를 그릴 때, 학봉·서애·한강 삼선생(三先生)을 배치한 다음 학봉계열에는 경당 장흥효, 갈암 이현일, 밀암 이재, 대산 이상정을 열거한다. 이 한마디에 선현의 도통을 잇겠다는 의식의 일단이

22) 채원정의 아들 채침을 말한다.

드러나 있다 하겠다. 밀암은 이재의 실명(室名)인데 바로 이 시 '기삼(其三)'의 마지막 구절 "침밀(沈密)"의 "밀(密)"에서 따온 것이다. 밀암은 아버지의 계칙(戒飭)을 종생토록 가슴에 새기기 위해 이 글자를 실명으로 삼았던 것이다. 밀암의 자호(自號)는 44세 4월 이후에 우거한 안동(安東) 임하현(臨河縣) 금수리(錦水里)의 지명을 딴 금수병수(錦水病叟)이다.

2) 창설재 권두경의 시

先生竟竄逐[23]	선생이 끝내 귀양길에 오르시니,
之子獨陪從	그대가 홀로 모시는구나.
絕塞三千里	머나먼 변방 삼천 리 길,
窮愁一萬重	깊은 시름이 일만 겹일세.
可憐今日別	가련하다 오늘의 이별,
更得幾時逢	언제 다시 만날 수 있으려나.
會演箕疇學	아마도 홍범구주(洪範九疇)의 학문을 천발하리니,
看君是九峯[24]	그대가 바로 구봉(九峯)[25]이구나.

23) 《창설재집(蒼雪齋集)》 문집본에는 "투찬(投竄)"으로 되어 있다.

24) 밀암의 시주(詩注) "아버님이 작은 아버지 존재의 《홍범연의》를 이어서 완성하셨기 때문에 이렇게 말한 것이다[以大人嘗續成仲父存齋先生洪範演義, 故云也.]"를 통해서도 알 수 있지만 다음과 같은 창설재 본인의 시주(詩注)도 있다. "옛날 채서산 원정(元定)이 귀양 갈 때, 아들 구봉(九峯) 채침(蔡沈)이 수행하였다. 갈암이 일찍이 중씨 존재 이휘일의 《홍범연의》를 이어서 완성하시고, 갈암이 가학(家學)을 전할 것을 기대한 것이다[昔西山之謫, 九峯實從之. 先生曾續仲氏存齋先生洪範衍義, 期君傳家學也.]"

25) 구봉은 남송의 학자 채침을 가리킨다. 채침의 자는 중묵(仲默), 호는 구봉(九峯)이다. 채침은 아버지 채원정(蔡元定, 호 西山)이 경원(慶元) 당금(黨禁) 때 도주(道州)에 유배되자 아버지를 따라 유배지에 갔고, 아버지가 돌아가시자 구봉산에 은거하였다. 그는 아버지와 스승 주희의 뜻을 받들어 《홍범황극내편(洪範皇極內篇)》과 《서경집전(書經集

이 시는 갈암의 제자이자 밀암의 절친한 벗이기도 한 창설재(蒼雪齋) 권두경(權斗經, 1654~1726)[26]이 1694년 음력 7월 13일, 갈암이 대화(大禍)를 면하고 출옥하여 새 유배지인 종성(鍾城)으로 떠나는 날에 지어 밀암에게 준 시[27]로 《창구객일》 7월 13일의 기록에 보인다. 경북 봉화(奉化)에서 대대로 살아온 권두경은 충재(沖齋) 권벌(權橃, 1478~1548)의 후손으로 갈암의 문인이었다. 이때 일천(逸薦: 학문과 도학을 지닌 선비를 관직에 추천함)으로 태릉참봉(泰陵參奉) 직에 있었는데 대과에 급제하여 고위직 환로로 들어선 것은 그 이후의 일이다. 《창구객일》에서 개인에 관한 기사로는 권두경과의 관계에 관한 것이 가장 많다. 권두경은 갈암·밀암 부자의 환난을 가장 가슴 아파하고 상휼(相恤: 애써서 도와줌)에 가장 힘쓴 사람 가운데 하나였던 것이다.[28] 갈암이 첫 귀양지인 홍원으로 가고 있던 갑술년 봄에, 태릉참봉이던 권두경이 정자각(丁字閣) 중건을 감동(監董: 관리감독)하기 위해 태릉(泰陵)에 온 소론(少論)의 중견 관료 서종태(徐宗泰, 1652~1719)와 나눈 대화

傳)》을 저술하였다. 주희는 늘그막에 《서경》의 전(傳)을 쓰려다가 쓰지 못하고 제자이자 사위인 채침에게 부탁하였다.

26) 권두경: 자는 천장(天章), 호는 창설재(蒼雪齋), 본관은 안동이다. 갈암의 문인이다. 1679년(숙종 5) 사마시에 합격하고 1694년 학행(學行)으로 태릉참봉(泰陵參奉)이 된 후 곤양군수(昆陽郡守)를 거쳐 1700년 정랑(正郎)에 올랐으나 곧 영산현감(靈山縣監)으로 나가 풍속을 교화시켰다. 1710년 증광문과에 병과로 급제하여 사간원 정언 등을 지내고 1723년(경종 3) 홍문관부수찬에 이어 수찬이 되어 시정(時政)의 폐단을 논하는 상소를 올렸다. 시·서·화에 능하고 문장이 뛰어났다. 문집에 《창설재집(蒼雪齋集)》이 있고, 편저에 《퇴계선생언행록(退溪先生言行錄)》, 《도산급문제현록(陶山及門諸賢錄)》이 있다.

27) 《蒼雪齋集》(《韓國文獻叢刊本》 169책) 〈永平梁門驛, 送幼材陪大先生之鍾城謫所〉로 수록되어 있다.

28) 李栽, 《蒼狗客日》, 甲戌 5月 28日. 밀암은 옥바라지에 바쁘던 가장 어려웠던 시기인 갑술년 음력 5월 28일의 일기에서 "至如權天章, 間數日至, 輒流連旬望, 晝夜同憂共患, 情義有逾骨肉, 士窮乃見信義者, 庸詎不信然哉!"라고 하였다.

가 《창구객일》 갑술년 6월 4일조에 다음과 같이 실려 있다.

… 봄에 태릉의 정자각을 중건할 때 서종태가 당상관이 되어 왔다. 천장(天章, 권두경의 자)이 공식적 예로 그를 만나보니 그의 유아(儒雅: 풍치 있고 아담함) 염정(恬靜: 편안하고 고요함)이 과연 듣던 바와 같았다. 머무르면서 더불어 한참 동안이나 고금의 일에 관해 대화를 나누었다. 우리 집 문제가 화제가 되었을 때 그는 탄식하면서 "갈암 이선생은 유일(遺逸: 훌륭한 능력을 알지 못하여 등용해서 쓰지 못함)로 발탁되어 조정에서 예우하여 판서에 이르렀는데 지금 말을 잘못하였다 하여 적소에 갇혀 있지요. 도대체 무슨 법조문에 저촉되어 이렇게 되었는지 모르겠습니다."라고 하였다. 천장이 말하기를 "이선생의 본의는 민비를 구해 주는 데 있었지요. 다만 주상의 민비에 대한 노여움이 풀어지지 않은 때라 자극해서는 안 되므로 말을 부드럽게 했음에도 도리어 화를 부르고 말았으니 참으로 슬픈 일입니다. 만약 나쁜 의도가 있었더라면 뭣 때문에 민비를 별궁에 계시게 하고 잡수실 양식을 내리셔야 한다고 했겠습니까?"라고 하였다.[29]

이야말로 갈암의 심경을 잘 대변한 말이라 하겠다. 당시 서울 송현(松峴)에 살고 있던 서종태는 가까운 곳에 경저(京邸: 서울 거처)를 두고 있던 갈암이 비범한 인물임을 들어서 알고 있었고 늘 만나보고 싶은 마음이 있었다고 밝히며 다음과 같은 에피소드를 말하기도 했다.

그분의 서울 거처가 송현의 우리 집과 매우 가까우니 어찌 한번 뵙고

---

29) 李栽, 《蒼狗客日》, 甲戌 6月 4日. 春間有泰陵丁字閣重建事, 宗泰以堂上來. 天章以公禮見之, 儒雅恬靜, 果如所聞, 留與語移時, 雜論古今. 因語及吾家事, 嘆曰, "李(玄逸)起自遺逸, 朝家禮遇, 位至冢宰. 今以言語之失, 被逮謫所, 未知將坐何律而操切至此, 未可知也." 天章曰, "當初主意, 出於營救, 只以上怒未霽, 不能觸犯, 婉轉其辭, 而今反爲厲階, 誠可悲也. 若有不善意, 何故請處別宮, 賜以餼廩乎?"

> 싶지 않았으리요만 당색이 다르다는 혐의 때문에 그러지 못했다오. 들으니 그분은 아마 훌륭한 분인 듯해요. 그 집 계집종이 오래전 신해년 가뭄 때 도망을 가서 남의 집 종살이를 했는데 근래에 돌아왔다는군요. 그분은 그 계집종에게 다시 돌아가라면서 "네가 신해년에 만약 우리 집에 있었더라면 굶어 죽었을 것이 틀림없다. 그 집이 널 살린 은혜가 있으니 가서 섬기도록 해라."라고 말했다는군요. 이것이 큰일은 아니나 또한 그분의 장점인 듯하오.[30]

권두경은 45세 때인 숙종 24년 무인년(戊寅年, 1698)에 취토관(取土官: 화약의 원료인 염초가 섞인 흙을 채취하는 일을 담당하는 관직)이 되어 곤양(昆陽)에 갔는데, 그때 9월 12일에 곤양의 서봉암(棲鳳庵)에서 다음과 같은 《창구객일》의 발문을 쓰기도 하였다.

> 내가 유재(이재의 자. 필자주)가 기록한 《창구객일》을 읽다가 잠시 책을 덮고 연거푸 오래 탄식하였다. 아! 갑술년의 화는 참으로 지독하였다. 기변(機變)은 신귀(神鬼)보다 빠르고, 단련(鍛鍊)은 탄화(炭火)보다 혹독하였다. 큰 덫과 함정을 설치한 다음, 남인(南人)과 기꺼이 원수가 되고 흔극(釁隙: 감정의 틈이 벌어짐)을 만들고서야 달게 여겼다. 심지어 현인을 해치고 충신을 무멸(誣蔑)하였으며 시비를 전도하는 데 큰 갈고리와 촘촘한 그물을 썼으니 지금까지도 이를 들은 사람들을 겁에 질리게 하는데 하물며 직접 일을 당한 사람은 어떠했겠는가! 유재가 이것을 기록할 때 그 듣고 본 것은 상세하고 그 사건과 정상(情狀)은 확실하여 감개와 우울 속에 슬퍼하며 오열하게 한다. 오랜 세월이 지나도 눈물을 흘리며 슬퍼할

---

30) 李栽, 《蒼狗客日》, 甲戌 6月 4日 庚子. 此人京邸, 距吾松峴之居甚邇, 豈不欲一識而未免爲色目之嫌, 不果然. 聞之人概是好人. 其家有一婢, 當辛亥歲逃爲人役, 近歲始歸現. 命之去曰, "汝於辛亥, 若在吾家, 當作餓殍. 彼有活汝之恩, 可往服事." 此雖小節, 亦他長處.

것이니 눈으로 보고 몸으로 겪은 사람은 오죽하겠는가! 기록 가운데 나와 서로 주선하고 함께 행동한 부분이 적지 않아 이를 읽고 더욱 더 마음이 찢어지고 뼈가 부러지는 듯하였다. 아! 먹구름은 아직 걷히지 않았고 양기(陽氣)는 언제 회복될지 알 수 없다. 뜻있는 선비의 생각은 아직도 없어지지 않았으나 훌륭한 분들은 몇 분 남지 않았다. 비색(否塞)과 개태(開泰)는 서로 극을 이루는 것이니 얼마 안 되어 바로 잡혀지지 않는다고 어찌 장담하랴? 마침내 세 번 탄식하고 발문을 쓴다.[31)]

3) 고산 윤선도의 시

吾事固非時	내가 한 일이 본디 제때가 아님을
爾知吾不知	너는 알았는데 나는 알지 못했네
讀書不及爾	내 글 읽고도 너보다 못하니
可謂天生癡	내가 바로 천생의 바보로구나

이는 《창구객일》 7월 26일조에 전재(轉載)되어 있는 고산(孤山) 윤선도(尹善道)의 시인데 고산이 이 시를 지은 내력은 그런대로 밝혀져 있다. 《대동야승》[32)]에 수록된 조경남(趙慶男, 1570~1641)의 《속잡

---

31) 李栽,《蒼狗客日》, 後題. 余讀幼材所錄蒼狗客日, 爲之掩卷纍欷者久之. 嗟乎! 蒼狗之禍烈矣! 機變閃於神鬼, 鍛鍊酷於炭火, 設罟擭陷阱, 以快怨修郄於一番之人而甘心焉. 甚至戕賢誣忠, 變白爲黑, 鉤鉅羅織, 至今聞者病悸, 況於親自遭罹者乎! 幼材之錄是也, 其聞見詳, 其事情核, 感憤憂鬱, 惻愴而嗚咽, 千載之下, 猶將爲之涕泗而悲吒, 卽何論目睹而身歷者! 其中類多與余相周旋同踐涉者, 余讀之彌爲之心折而骨刺. 噫! 陰雲不決, 陽復無期, 志士之想, 于今未艾而碩果不食, 否泰相極, 烏知天意之不一日有定也? 遂三歎而題其後. 黃虎重陽後三日, 天章書于昆陽之棲鳳庵.

32) 72권 72책. 편자(編者)·간년(刊年) 미상. 규장각도서. 수록된 저서가 57종 130권에 달하는 방대한 분량이다. 조선 개국 초부터 인조 때까지 약 250년 동안에 나온 역사관계의 만록(漫錄)·야사(野史)·일기·전기·수필·설화 등의 저술과, 역대 왕조의 일사(逸事) 및

록(續雜錄) 一》[33]의 병진년(만력 44년, 광해군 9년, 1616년)조에 다음과 같이 기록되어 있다.

> 진사 윤선도가 상소하기를 … 소가 올라가자 쫓겨나서 함경도 경원으로 귀양가게 되었다. 가는 도중 홍원에 이르렀을 때 조생(趙生)이라는 기생이 술과 안주를 가지고 맞으면서 말하기를, "저는 당신께서 이번 행차가 있을 것을 알고 있었습니다." 하니, 윤선도(尹善道)는 시를 읊어 사례하기를 …라고 하였다.[34]

그러나 《창구객일》은 윤선도가 이 시를 짓게 된 내력을 좀더 상세하게 기술하고 있다. 밀암의 기록에 의하면, 재유배지인 함경도 북단 두만강가의 종성으로 가던 중 함관령을 넘어 홍원부의 속현 신은역(新恩驛)에서 일박(一泊)을 하게 되었을 때 현의 기생 두난향(杜蘭香)이 예의 조생의 손자를 데리고 와서 뵙기를 청하였다. 조생은 윤선도가 젊은 시절 포의(布衣)의 몸으로 이이첨(李爾瞻)을 비난하는 소(疏)를 올렸다가 함경도로 귀양을 가던 중 홍원을 지날 때 술병을 차고 가서 윤선도를 맞이하고 위로했던 기생이었다. 조생이 말하기를 "시세(時勢)를 헤아리지 않고 경솔하게 세상의 화란(禍亂)을 범하다니 그대는 참으로 어리석군요. 그러나 윤기(倫紀)는 그대 덕에 바로잡혔다오."라고 하였고 윤선도는 그 말에 느낀 바 있어 시 한 수를 지어 주었다는 것이다. 뿐만 아니라 밀암은 자신의 중부(仲父) 존재(存齋) 이휘일(李徽逸)이 이 이야기를 듣고 대단하게 여겨 〈조생편(趙生篇)〉을 지어 그

명인들의 일화(逸話)·소담(笑談) 등이 광범하게 수집되어 있다.

33) 《난중잡록(亂中雜錄)》의 속편이다.

34) 進士尹善道疏, … 疏呈被竄, 去咸鏡道慶源. 行至洪原, 有妓名趙生, 持酒肴迎曰: "余以子知有此行." 善道吟詩以謝曰….

일을 기록해 두었다고 하였다.[35)][36)] 이야기는 여기서 그치지 않는다. 이어서 밀암은 다음과 같이 말한다.

> 지금 마침 이곳을 지나는데 조생은 죽은 지 이미 오래이나 다행히 그 손자를 만난 것이다. 그가 시첩(詩帖)을 가진 것이 있다길래 보여 달라 하였다. 백사 이항복 대감을 위시하여 뒷날의 여러 학사·대부로 이곳을 지나는 분들이 차운을 하지 않은 사람이 없다 보니 쌓여서 편질을 이루자 두 큰 책으로 나누었는데 전 관찰사 권흠(權歆) 공이 비단으로 외장(外裝)을 하여 주었으니 하나의 이야깃거리이자 기이한 형적이 아닐 수 없다. 몇 번이나 펴 보며 감회에 젖다 보니 참으로 탄식을 금할 수 없었다. 지금 세상이 다 혼탁하고 윤기(倫紀)는 문란해졌는데 궁벽한 산골의 한 천한 창기가 인륜을 붙들고 버티는 것이 귀함을 알고 이처럼 감개하고 탄식하며 한탄하니 어찌 양지(良知)가 맑게 깨어 있고 천진하며 속내 깊은 사람이 아니겠는가? 그녀가 세상의 수염 달린 부녀자들보다 훨씬 훌륭하도다. 아아 슬프다![37)]

전라도 남원(南原)에 대대로 살면서 관북 지방에 가보지 않았을 조경남은 전문(傳聞)한 것을 기록한 것이고, 밀암은 직접 윤고산이 시를

---

35) 李栽, 《蒼狗客日》, 甲戌 7月 26日 壬辰. 縣妓有杜蘭香者, 以趙生孫來謁. 趙生卽尹孤山善道以布衣論李爾瞻得罪投北時, 佩酒迎勞者也. 其言曰, "不量時勢, 輕犯世禍, 子誠愚矣. 然倫紀賴子植矣." 尹公感其言, 贈一節, 曰… 吾仲父存齋先生, 聞而異之, 作趙生篇以記其事.

36) 《存齋集》(《韓國文獻叢刊本》 124책)에는 〈趙生篇〉이 수록되어 있지 않다.

37) 李栽, 《蒼狗客日》, 甲戌 7月 26日 壬辰. 今適過此, 趙生沒已久, 尙幸見其孫, 聞其有詩帖, 索之. 自白沙李相國以及後來諸學士大夫過者, 靡不屬和, 積成篇秩, 分爲二巨卷, 而前北伯權公歆, 用綵緞粧楨, 作一古事奇迹, 三復披玩感懷, 良爲歎息. 當是之時, 擧世混濁, 倫常斁絶, 乃以窮荒一賤娼, 知扶持人紀之爲貴, 而爲之感慨嗟惋若此, 豈非所謂惺然良知, 黯然天眞者哉! 其賢於世之髥婦遠矣. 嗚呼欷矣!

지은 현장인 홍원에서 조생의 손자와 함께 온 두난향이라는 기생에게 들은 것일 뿐 아니라 시첩을 직접 보기까지 한 것이다. 당연히 밀암의 기록이 생생하고 더 자세하다.

4. 맺음말

지금까지 밀암 이재가 갑술옥사에 연루되어 함경도 홍원·종성, 전라도 광양 등지로 귀양 생활을 한 아버지 갈암 이현일(1627~1704)을 수행하며 적은 일기 《창구객일》에 실린 시 17제(題) 19수의 시를 살펴보았다. 이 가운데 밀암이 지은 시는 15제 15수이다.

필자는 기왕의 〈밀암 이재의 시문학〉에서 밀암시의 주조(主調)가 '온유돈후(溫柔敦厚)'임을 밝힌 바 있다. 이는 밀암의 다음과 같은 진술에서 확인된다.

> 무릇 시의 가르침은 아마도 사람들을 감발(感發: 감동된 정이 겉으로 드러남)하고 경계하여 그 성정의 바름을 얻는 것일 뿐인 듯하다. 그 사이에 선악(善惡)과 사정(邪正)이 어디엔들 없겠는가? … 덕과 미모를 갖춘 여자가 더러는 미모로 시기를 받아 부덕(婦德)을 묻힌 채 괴롭힘을 당하는 경우가 있고, 충성스럽고 지혜로운 선비로서 더러는 때를 만나지 못하고 편당(偏黨)에 휘말려 위해(危害)를 당하는 경우가 있으며, 유서 있는 가문의 늙은이로서 시속을 아파하고 걱정한 나머지 그 임금을 두고두고 잊지 못하는 경우도 있다. 이에 근심 걱정을 표현하여 시가(詩歌)에 부치되 온유돈후(溫柔敦厚)의 바른 기상을 잃지 않아 뒷날 독자들로 하여금 초연히 인간의 천부적 이성을 자아낼 수 있게 한다면 그 교화력은 삼강오상(三綱五常)의 무게를 더할 것이다. 어찌 다만 미워하는 시만이 감계(監

> 戒)가 될 뿐이겠는가? … 나는 이른바 시 삼백 편을 어려서부터 배워서 읽고 외웠다. 화난(禍難)을 당한 이래 근심 걱정으로 분주하던 나머지 소아(小雅)에 실린 시편에 보이는 것 같은 원망(怨望)의 마음이 없을 수 없었다. 그리하여 때로 이른바 발분해서 지은 시편을 읊으면서 여러 번 공감의 눈물을 흘리고 그 내용을 음미하지 않을 수 없었다. 충후측달(忠厚惻怛: 충성스런 마음, 후한 마음, 슬퍼하는 마음, 아파하는 마음)하여 원대격발(怨懟激發: 원망의 마음을 드러내어 표현함)의 뜻이 없는 시편들은 마음속의 찌꺼기를 융화시키고 분만(憤懣)의 감정을 씻어 주는 바가 있어 성정(性情)과 심술(心術)의 함양에 도움됨이 아마도 다른 책이 미치지 못할 것이다. 이에 틈나는 대로 변풍(變風)·변아(變雅)의 근심·걱정의 감개가 담긴 시편들을 좌우(座右)에 두고 때로 읊조렸다. 요컨대 이로써 영광과 오욕을 잊고 미련을 없애고자 하노니, 시를 잘못 보는 어리석음을 범하더라도 감수하겠다.[38]

그러므로 밀암의 시편 가운데는 때로 애상(哀傷)을 표현한 시는 있으나 어디에서도 원자(怨刺)의 감정을 드러낸 시구를 찾을 수 없다. 이야말로 동양의 오랜 전통적 시교(詩敎)인 온유돈후의 실천이자 시에 있어서의 '원자(怨刺)'를 배제한 주자(朱子) 시론에 충실한 것이다. 《예기》에 의하면 시(詩)의 실(失)은 우(愚)인데 온후돈후하면서 '우'

---

38) 李栽, 《密菴集》, 卷12, 〈讀詩〉. "夫詩之爲敎, 蓋要人感發懲創, 得其情性之正而已. 其間善惡邪正, 何所不有? … 若乃女或修姱而見妬蛾眉, 有阻德而詒肄者, 士或忠智而適不逢世, 有比周而危之者, 或舊家遺老, 傷時憫俗, 惓惓有不忘其君者. 於是抒憂抽思, 託之聲詩, 而溫柔敦厚, 不失其正, 使後之讀者, 愀然有以發乎其天性民彝之固有者, 則其爲敎所以增夫三綱五常之重者, 又豈但惡之爲可戒已也? … 余於所謂三百篇者, 少嘗受讀而誦數之矣. 自遭禍難來, 憂愁奔走之餘, 不免有小雅之怨, 而間詠其所謂發憤之作者, 未嘗不三復流涕, 有味乎其言之也. 至其忠厚惻怛, 無怨懟激發之意, 則又有以融查滓, 滌憤懣, 爲性情心術之助, 殆非他書所及, 迺以暇日, 取風雅之變, 有憂思之感者, 置座右而時諷誦之. 要以忘寵辱去係吝, 而不辭其失之愚云爾".

에 이르지 않으면 시를 깊이 이해한 사람이라 하였다.[39] 여기서 말하는 '우'는 변통을 모르는 것이다. 밀암은 우수한 도학자였을 뿐 아니라 시를 깊이 이해하여[深於詩] 변통을 안 지혜로운 사람이었다.

참고문헌

《蒼狗客日(李栽)》. 《道德經》. 《禮記》. 《漢書》. 《燃藜室記述(李肯翊)》.

《洪範演義(李徽逸 · 李玄逸)》. 《亂中雜錄》.

權斗經. 《蒼雪齋集》. 韓國文集叢刊本, 169.

金聖鐸. 《霽山集》. 韓國文集叢刊本, 206.

李栽. 《密菴集》. 韓國文集叢刊本, 173.

李徽逸. 《存齋集》. 韓國文集叢刊本, 124.

39) 《禮記》〈經解 第二十六〉. "溫柔敦厚, 詩教也.… 故詩之失, 愚.… 溫柔敦厚而不愚, 則深於詩者也."

제3부

《창구객일》을 통해 본 17세기 조선의 사회 양상

제6장

《창구객일》을 통해 본 갈암의 유배와 밀암의 시종생활

정진영 | 안동대학교 사학과

1. 머리말

이 글은 《창구객일(蒼狗客日)》을 통하여 갈암(葛庵) 이현일(李玄逸)의 유배과정과 유배생활, 그리고 갈암을 시종하였던 아들 밀암(密菴) 이재(李栽)의 시종생활을 검토하고자 한 것이다. 이 글에서 살피고자 하는 갈암과 밀암의 시기는 정치적으로는 환국(換局)의 시대라 할 만큼 빈번한 정권교체가 이루어지고 있었다. 결국 갑술환국(甲戌換局)으로 남인이 몰락하고 노론과 소론, 나아가서는 노론의 전제가 확립되어 갔다. 따라서 갈암과 밀암의 유배생활과 시종생활도 이 같은 정국 변화의 맥락에서 검토되어야 할 것이다. 이에 대한 연구는 이미 많은 성과가 있으므로 여기서는 다만 유배와 관련하여서만 관심을 갖기로 한다.[1] 이 글은 유배 그 자체만이 아니라 이를 통하여 조선양반사회에서 일상적으로 이루어지던 정치적 피해와 탄압에 대해 개개 양반들이 어떻게 대응하였으며, 어떻게 이를 극복할 수 있었는지를 살피고자 하는 것에 좀 더 관심을 두고자 한다.[2]

양반사회에서 유배라는 것은 그리 예외적인 일은 아니었다. 그러나 비록 일상적이었다 하더라도 당사자에게는 엄청나게 큰 시련이었음이 분명하다. 그리고 그 시련을 당시의 사회적·경제적 수준에서, 또는 개인이나 가족의 차원에서 감당하기에는 어쩌면 불가능한 일이었는지도 모른다. 개인이 아니라면 그를 둘러싼 다양한 공동체적 대응으로 그것을 극복하였을 것임이 틀림없다. 그렇다면 양반사회에서 유배라는 정치적·물리적으로 격리된 상황에서 비롯된 시련을 극복할 수 있는 구조와 관계망은 어떻게 형성되고 어떻게 작동하고 있었을까? 이것이 이 글의 또 다른 관심사이다.

그러나 이 글은 《창구객일》에 전적으로 의존하고 있다는 점에서 유배에 대한 전반적인 문제를 검토할 수 없다. 《창구객일》은 갑술환국 이후 갈암 이현일의 함경도 홍원과 종성, 또는 전라도 광양으로의 유배과정과 생활을 기록하고 있는 유배일기이다. 또한 홍원으로의 유배 도중에 의금부로 압송된 국옥(鞫獄)기간의 사정 또한 상세하다. 물론 갈암이 아니라 그를 시종하였던 아들 밀암이 기록한 것이다. 또한 유배 전 기간이 아니라 대체로 유배의 명을 받은 갑술년(1694) 4월부터

1) 金鶴洙, "葛庵 李玄逸 硏究: 政治活動을 중심으로", 《朝鮮時代史學報》 4(1998); 鄭萬祚, "肅宗後半 ~ 英祖初의 政局과 密菴 李栽의 政治論", 영남대학교 민족문화연구소 편, 《密菴 李栽 硏究》(경산: 영남대학교 민족문화연구소, 2001).

2) 조선시대 양반들의 유배와 관련하여서는 몇몇 연구가 있다. 金景淑, "朝鮮時代 流配刑의 집행과 그 사례", 《史學硏究(한국사학회)》 55·56합집(1998); "17세기 후반 한 유생의 유배살이", 《선비문화(남명학연구원)》 12(2007).

광양으로 이배된 정축년(1697) 7월 18일까지의 기록이다. 그러나 을해년(1695) 2월에서 이듬해 8월까지는 밀암이 종성을 떠나 향리에서 머물거나 오가는 길에 있었고, 이후 병자년(1696)도 극히 소략하게 그 대강만을 정리해 두었다. 따라서 《창구객일》은 갑술년 9개월간의 기록이라고 하여도 크게 그르지 않을 정도이다.[3)]

《창구객일》이 비록 이러한 한계를 가진다 하더라도 유배일기로서의 의미가 감소되는 것은 아니다. 유배길의 노정과 경유지, 유배객에 대한 유배지 인근 수령들의 동향[供饋와 來訪 등]이 매우 구체적으로 기술되어 있기 때문이다. 따라서 이 글의 또 다른 관심사인 양반사회의 관계망이 어떤 구조에서 어떻게 작동하고 있는지를 살필 수 있는 유용한 자료라 할 수 있다.

2. 갑술환국 전후의 정국과 갈암의 유배

숙종은 1689년(숙종 15) 기사환국을 통해 서인을 축출하고 남인을 등용하여 인현왕후 민씨를 폐서인하고, 희빈 장씨를 왕비로 봉하고 그 왕자를 세자로 봉하는 등의 조치를 취하였다. 이러한 과정의 주역은 말 그대로 숙종이었고, 남인은 어디까지나 조연에 불과하였다. 이러한 과정에서 남인은 숙종의 의중을 살피면서 반대파인 서인을 조정에서 철저히 축출하고자 하였다. 갑술년(1694)의 함이완(咸以完) 고변사(告變事)는 바로 이러한 과정의 결정판이라 할 수 있었다. 이를 통해

---

3) 《蒼狗客日》의 자료에 대해서는 다른 연구자에 의해 구체적으로 검토될 것이기 때문에 여기서는 이 연구와 관련된 문제만을 언급한다.

국청이 설치되고 국문이 계속되었다. 그러나 국문 과정에서 터져 나온 김인(金寅)의 고변 등으로 국청대신 이하 수많은 남인관료들이 도리어 대거 관직에서 숙청당하는 결과를 가져왔다. 숙종은 비망기를 통해 영의정 권대운(權大運), 우의정 민암(閔黯), 판의금 류명현(柳命賢), 지의금 이의징(李義徵)·정유악(鄭維岳) 등 20여 명의 중신들을 대거 삭탈관작 문외출송하거나 절도에 안치하게 하였다. 이뿐만 아니라 승지와 삼사 등에 대한 파직도 뒤따랐다. 서인이 다시 등용되었음은 말할 나위도 없다.

서인 역시 숙종의 의중을 살펴가며 남아 있던 남인들을 탄핵하여 파직시키거나 체직하게 하였다. 갑술환국 이후 1년간 죽거나 유배되고 파직된 사람들은 140여 명에 이른다. 남인에 대한 탄압은 여기서 끝나지 않았다. 이들은 크게 함이완의 고변으로 시작된 국문에 참여하였던 대신들, 혹은 민비를 폐출하는 숙종의 뜻을 받들기에 급급하였던 대신과 삼사의 관료, 혹은 송시열(宋時烈)·김수항(金壽恒)·민정중(閔鼎重) 등 서인 대신들의 극형을 처음으로 발의하였던 대관, 혹은 조사기(趙嗣基)·오연창·허견 등 서인의 처벌에 적극적이었던 남인들의 잘못을 옹호하여 신구하였던 사람들, 혹은 갑술환국 후 이이(李珥)·성혼(成渾)의 문묘복향 반대 등에 적극적 혹은 소극적으로 참여하였던 자들을 그 경중에 따라 처벌하였다.[4)]

갈암은 고변과 환국으로 정국이 급박하게 전개되던 당시 향리에 머물고 있었다. 물론 이전부터 사직소를 수없이 제출하였다. 그러나 숙종은 받아들이기는커녕 또 다른 직첩을 계속해서 내렸다. 1692년 7월에는 이조참판과 대사헌에 임명되었다. 나아가지 않고 계속해서 사직

4) 李熙煥, "甲戌換局과 肅宗", 《全北史學(전북대 사학회)》 11·12합집(1998).

을 요청하였으나 윤허되지 않았다. 갈암은 하는 수 없이 1693년(67세) 3월 15일에 이르러서야 대궐에 나아가 사은하고, 왕을 인견하였다. 그러나 이후에도 병조참판, 자헌대부 의정부 우참찬으로 승진되었고, 사직을 청하는 소와 숙종의 부름이 상호 반복되는 가운데 7월에는 이조판서에 임명되었다. 이후에도 병을 핑계한 상소와 조강을 통하여 계속해서 사직을 요청했으나 번번이 거절되었다. 부득이 10월에는 분황을 핑계로 휴가를 청하였으나 이마저도 윤허되지 않았다.

숙종은 갈암이 계속해서 조정에 남아 주기를 원하였다. 그러나 갈암의 개혁책을 적극적으로 받아들일 생각도 없었던 것으로 보인다. 뿐만 아니라 갈암 또는 영남남인의 협조가 절실히 필요하였던 근기남인 당국자들은 갈암의 개혁책을 도리어 저지하기에 급급하였다. 어쩌면 숙종과 남인 당국자들은 갈암에게 서로의 완충지대로서의 역할만을 기대하고 있었던 것인지도 모른다. 그러나 갈암은 자신의 정치적 이상의 실현뿐만 아니라 영남 산림으로서의 역할을 하고자 하였다. 이상과 현실에는 큰 괴리가 있었다.[5)]

선비가 조정에 나아가 뜻을 펼 수 없다면 사직하는 것은 당연하다. 계속된 갈암의 사직소는 물론 병을 이유로 들었지만, 형식적이고 의례적인 것이 아니라 이러한 출처관에 입각한 것이었다. 그러나 이조차도 전혀 받아들여지지 않았다. 갈암으로서는 심히 난감한 문제였다. 병이라는 단순한 핑계로서가 아니라 더 직접적으로 숙종과 남인 당국자들에게 그의 의지를 분명하게 피력할 필요가 있었다. 그렇다고 이를 직접적으로 거론한다는 것은 또 다른 문제를 야기하게 된다. 갈암은 스

5) 金鶴洙, "葛庵 李玄逸 硏究: 政治活動을 중심으로", 《朝鮮時代史學報》 4(1998); 李熙換, "甲戌換局과 肅宗", 《全北史學(전북대 사학회)》 11 · 12합집(1998).

스로를 자책하는 방법을 택하였다. 아래의 사직소가 바로 그것이다.

> 신은 너무 어리석고 물정에 어두워서 건의했던 일들이 모두 실정에 맞지 않는 것이었습니다. 풍속을 바로잡고 인재를 길러 세도를 만회하고자 하면 옛것에만 집착하고 변통할 줄을 몰라서 의정부에서 왕화(王化)를 보필하는 뜻에 어긋나게 되고, 세금을 줄여 생활을 넉넉하게 하여 조금이라도 백성들의 노고를 덜어 주고자 하면 간교한 술수를 막는 방법을 전혀 몰라서 백성들의 원망을 대신 떠맡고 공무를 봉행하는 의정부의 본뜻에 어긋나게 됩니다. 그리고 관작을 위해 사람을 뽑을 때에 청탁을 막고자 하면 오로지 신의 뜻만을 주장할 뿐, 인사상의 규례를 잘 따르지 않으며, 사람들이 미워하는 바를 살펴서 단점을 버리고 장점은 취하고자 하면 결국은 적합지 못한 자를 추천하여, 처음에 입사하는 사람을 잘 가려서 임용하라는 성상의 경계를 잘 받들지 못합니다.[6)]

이 사직소는 갈암이 왜 사직하고자 하는지, 그리고 이를 통하여 무엇을 건의하였고, 누가 갈암의 건의를 왜 반대했는지도 분명하게 보여 준다.

갈암은 풍속을 바로잡고 인재를 길러 세도를 만회하고자 하였고, 백성들의 노고를 덜어 주고자 하였다. 그리고 인재 선발에 청탁을 막고자 하였다. 그런데 이런 건의는 번번이 의정부에서 저지당하였다. 옛것에만 집착한다거나 간교한 술수를 막는 방법을 모른다거나 인사상의 규례를 모른다는 것이다. 결국은 갈암이 세상 물정을 몰라 실정에 전혀 맞지 않는 건의를 한다는 것이었다. 갈암의 건의란 다름 아닌 숙종 19년에 향약의 실시와 인재선발에 대한 것이었다.[7)]

---

6) 〈葛庵年譜〉, 甲戌(1694) 正月 11日(《葛庵集》 부록 권1에 수록되어 있다).

7) 《肅宗實錄》 卷23, 肅宗 19年 11月 壬戌條(23일). 이현일의 건의에 대해 숙종은 허락하였

이것은 사직소라기보다는 의정부 대신들에 대한 강한 불만을 우회적으로 표출한 것이며, 숙종에게 자신의 건의를 적극 수용하든지 아니면 사직을 허락하든지 결단을 하라는 강한 요구였다. 그러나 숙종은 "일을 시행하고 주의하는 과정에서 구애되어 막히는 단서가 있긴 하지만 서로 규간(規諫: 옳은 도리로서 간함)하는 도로 보면 피차간의 주장이 모두 공적인 마음일 뿐이다."[8]라는 비답으로 두 문제 모두 회피하여 버렸다. 당시 의정부 대신들이란 바로 근기남인들을 지칭한다. 영남에 기반을 둔 갈암과 근기남인들은 향촌문제와 인재 선발 등 여러 문제에서 이렇듯 갈등을 빚고 있었다. 이 같은 갈등은 갈암 혼자만의 생각이나 느낌은 아니었다.

> 강학하는 곳을 다시 복구하려고 하면 한갓 폐습만 자라게 한다고 하여 막고, 향약과 선비를 뽑는 법을 시행하고자 하면 백성들의 마음이 선하지 못하다고 핑계를 대니, 아! 묘당에서 선비를 대우하는 것이 너무 박하지 않습니까?[9]

이것은 태학생들의 주장이다. 강학하는 곳을 다시 복구하고, 향약을 실시하여 풍속을 바로잡고, 인재 선발법을 시행할 것을 건의하였던 것은 다름 아닌 갈암이었다. 이를 이런저런 핑계를 둘러대어 막은 것은 묘당인 의정부에서였다. 선비에 대한 대우란 다름 아닌 그 뜻과 포부를 펼 수 있게 하는 것이다. 숙종과 남인 당국자들 모두 선비에 대한 대우가 너무 박하다는 것이다.

으나, 이후 조정에서의 논의가 일치하지 않아 시행되지 못하였다.

8) 같은 책.

9) 〈葛庵年譜〉, 癸酉 11月 23日.

이러한 상황은 이후에도 계속되었다. 갈암은 마침내 분황을 빌미로 휴가를 청하여 겨우 허락을 얻었다. 사람들은 휴가가 아니라 아주 떠나 은거하고자 하는 것임을 알고 있었다. 그러나 갈암이 향리에 돌아와 있는 기간, 조정에서는 큰 격변이 있었다. 함이완의 고변에 뒤이은 환국이 그것이다. 남인들이 대거 파직되거나 구금되고, 유배되는 와중에 갈암만이 홀로 안전할 수는 없었다. 갈암에게도 함경도 홍원현으로의 유배 명이 내려졌다. 갈암의 죄목은 이전에 숙종의 모후 명성왕후를 모욕한 조사기를 변호하였다는 것이다.[10] 이 문제를 처음으로 제기한 자는 지평 김시걸(金時傑)이었다.

갈암이 홍원현에 도착하기도 전에 또 다른 혐의가 덧씌워졌다. 그것은 갈암이 사주를 받아 최숙원(崔淑媛, 영조의 모)에 대한 숙종의 의중을 탐지하고자 하였다는 것과 폐출된 인현왕후에 대해 모해하고 침해하는 말이 있었다는 것이다. 이로써 다시 서울로 압송되어 국문(鞫問)을 받았다. 그러나 사주나 모해의 증거나 근거는 없었다. 그럼에도 불구하고 70여 일간 국옥(鞫獄)에 갇혀 있다가 극변에 위리안치되는 처분을 받았다. 오랫동안 국옥에 가두어 두었던 것은 서인 집권세력의 의도와는 다르게 일이 전개되었기 때문이었다. 아무튼 처음에는 명천(明川)으로 결정되었으나, 극변(極邊)이 아니라는 이유로 종성(鍾城)으로 다시 정해졌다.

갈암은 이후 1697년 5월에 감형을 받아 전라도 광양현(光陽縣)으로 유배지가 옮겨졌다. 당시 갈암의 나이 71세였다. 물론 이 같은 이배(移配)도 순탄하지는 않았다. 사간원 등이 문제를 제기하였기 때문이었

---

10) 갈암은 숙종 15년(1689)에 4月 5日, 5月 29日, 17年 7月 20日 등 몇 차례에 걸쳐 조사기를 변호하였다(《숙종실록》 해당 일자 참조).

다. 갈암이 유배에서 풀려 향리로 돌아올 수 있었던 것은 이후 또 다시 3여 년이 되어 가던 1700년 2월이었다. 물론 이보다 1년 앞서 방면(放免)의 명이 있어서 진주에 이르렀으나 대간의 상소로 명이 거두어지는 우여곡절을 겪기도 하였다. 갈암의 유배생활은 근 7여 년에 달하였고, 나이는 이미 74세에 이르렀다.

유배에서 풀려나는 것이 곧 그에게 덧씌워져 있던 모든 죄를 사면하는 것은 아니었다. 다만 원지정배(遠地定配)에서 본향부처(本鄕付處: 고향에 머무름)의 처분을 받은 것에 불과하였다. 따라서 방환(放還)된 다음 해인 1701년 5월에 갈암을 완전히 석방하라는 숙종의 명이 있게 되었던 것이다. 역시 대간에서 극력 반대하였고, 끝내 석방의 명이 관철되지 못하다가 7월 18일에는 환수되고 말았다. 사간원에서는 한 걸음 더 나아가 극변에 다시 위리안치할 것을 청하는 상소를 계속해서 올렸다. 갈암에게는 여전히 명의죄인(名義罪人)이라는 죄명이 덧붙여져 있었다.

유배에서 풀려난 후 갈암이 좌정한 곳은 안동 임하현의 금소역(琴召驛)이었다. 금소역에 좌정한 이유를 연보에서는 "선생이 일찍이 역사 조금 북쪽의 산천이 그윽한 것을 좋아하였고, 판서공의 산소에 성묘하기가 편하였기 때문"이라고 하였다. 금소역은 안동과 영해를 잇는 교통로상에 있었고, 드넓은 들을 끼고 있으며, 인근에는 의성김씨, 전주류씨 등 안동의 명문세가들이 세거하고 있다. 아마 이들 가문들의 요청이 있었고, 갈암 또한 평생사업을 위한 새로운 터전이 필요하였음이 분명하다. 갈암은 이곳에서 마지막 사업을 펼쳤다. 그것은 강학을 통해 퇴계학의 정맥을 바로 세우는 것이었다.[11]

---

11) 이상의 갈암의 유배와 해배 이후의 일반적인 사정에 대해서는 〈갈암연보(葛庵年譜)〉와

밀암 역시 이곳으로 거처를 옮겨 아버지를 모셨고, 강학에도 참여하였음이 분명하다. 이때 밀암의 나이는 48세였다. 이미 학문적으로 대성할 수 있는 나이였고, 오랫동안 아버지를 모시면서 세도가 허물어지고 있음과 남인의 정치적인 부침, 무엇보다도 퇴계의 학문이 영남과 안동에서 조차 흔들리고 있음을 목도하였다. 퇴계학의 정맥을 바로 세우는 것, 이것은 아버지의 사업이자 곧 밀암의 사업이기도 하였다. 아무튼 이 시기 갈암의 문인록인 〈금양급문록(錦陽及門錄)〉에는 모두 300여 명이 등재되어 있다. 이곳에서 갈암의 강학이 4년여에 불과하였다는 점을 염두에 둔다면 그 수가 상당하였음을 알 수 있다. 이것은 갈암과 밀암뿐만 아니라 당시 영남 선비들의 위기감을 반영한 것이기도 하였을 것이다.

갈암은 1704년 10월 78세를 일기로 세상을 떠났다. 갈암에게 덧씌워진 죄명은 사후에도 오랫동안 벗겨지지 않았다. 1710년에 이르러서야 완전히 석방하라는 명이 내려졌고, 1711년에 환수된 관작을 회복시키는 명이 있었지만 실행되지 못하고 또다시 거두어들여졌다. 관작이 회복된 것은 이후 150여 년이나 지난 1852년(철종 3)이었다. 1871년(고종 8)에는 문경(文敬)이라는 시호가 내려졌지만, 이 또한 1873년에 환수되는 조치가 취해졌다. 관작과 시호가 다시 회복된 것은 1908년(순종 2)에 이르러서였다. 때는 벌써 조선왕조의 몰락이 확연해진 후였다.[12)]

이렇듯 갈암에 대한 정치적 탄압이 끈질기게 지속되었던 것은 갈암에 대한 탄압이기도 하였지만 다른 한편으로는 갈암으로 상징되는 영

〈행장(行狀)〉(《갈암집》 부록 권2) 등에 잘 정리되어 있어서 구체적인 주를 생략한다.

12) 〈葛庵年譜〉 참조.

남 남인에 대한 탄압이었다. 갈암은 영남 퇴계학의 한 정맥을 잇는 종장(宗匠)의 위치에 있었고, 영남의 산림으로서 현실정치에 참여하였다. 그러나 무엇보다도 갈암뿐만 아니라 남인들은 숙종 주도의 민비폐위에 직·간접적으로 참여함으로써 군신간의 의리라는 명분에서 회복하기 어려운 큰 상처를 입을 수밖에 없었다. 갈암에게 덧씌워진 죄목의 사실관계는 사실 그다지 중요한 것이 아니었다. 더욱이 민비는 복위되었고, 따라서 남인은 결코 그 명분을 회복할 수 없었다. 이후 노론 집권세력은 그들의 집권을 정당화하기 위해, 그리고 유일한 정치세력으로 존재하고 있는 남인을 탄압하기 위해, 결코 갈암의 명예를 회복시켜 줄 수 없었다.

국권을 상실하는 그 마지막까지 갈암은 명의죄인의 멍에를 벗어날 수 없었고, 노론의 집권세력은 기회 있을 때마다 이를 상기시켜 그들의 집권명분을 확보하는 한편 남인세력을 적절히 견제할 수 있었다. 반대로 남인의 입장에서는 갈암의 명예를 회복하지 않고서는 비록 국정에 참여한다 하더라도 그것은 남인이라는 정치세력으로서가 아니라 개인적인 활동에 불과할 수밖에 없었다. 따라서 노론의 권력이 갑술환국 이후 2백여 년간 지속될 수 있었던 반면에, 영남 남인들의 국정 참여는 극히 제한적일 수밖에 없었다.

3. 머나먼 여정, 유배길의 고초

1) 유배길의 노정과 그 정경(情景)

유배는 조선시대 태(笞)·장(杖)·도(徒)·유(流)·사(死) 5형 중

두 번째로 무거운 중형으로, 죄인을 먼 곳으로 내쫓아 죽을 때까지 고향에 돌아오지 못하게 하는 형벌이다. 일종의 무기징역인 셈이다. 관리들에게 죄를 물을 때 가장 흔하게 적용하였던 것이 바로 이 유형이었다. 그러나 정치적 상황의 변화에 따라 유형에서 곧바로 관직에 복귀할 수 있었고, 방면되어 고향으로 돌아갈 수도 있었다.

유배가 결정되고, 유배지가 정해지면 감옥에서 바로 유배지로 향하기도 하고, 혹은 집에 들러 사당에 고하고 가족・친지 혹은 마을 사람들의 전송을 받으면서 떠나기도 하였다. 죄인의 처지에 따라 또는 죄의 경중에 따라 달라지게 마련이다.

환국과 더불어 갈암도 파직되었다. 곧이어 유배의 처분이 떨어졌다. 갈암은 이보다 훨씬 앞선 갑술년(1694) 3월 6일에 분황(焚黃)을 핑계로 서울을 떠나 향리인 영해 석보(石堡)에 도착하여 향리의 남악초당(南岳草堂)에 머물고 있었다. 의금부의 금오랑이 유배의 명을 집행하기 위하여 영해의 석보에 도착한 것은 그해 4월 22일이었다. 물론 이보다 앞서 4월 9일에는 청송태수 이문징(李文徵)의 편지를 통해, 함이완의 상변사(上變事)로 국청이 열렸고, 김인(金寅)의 고변(告變)이 있었으며, 4월 1일에는 급기야 비망기(備忘記)를 통해 국문을 하던 남인들이 대거 파직되거나 절도에 안치되고, 남구만(南九萬)을 수반으로 하는 소론 정권이 구성되는 급격한 환국이 전개되었다는 소식을 듣게 되었다. 곧이어 의금부의 금오랑이 안동부를 향하고 있다는 불길한 소식도 접하게 되었다.[13]

갈암은 금오랑 도착 다음 날인 4월 23일에 가족의 오열 속에 석보

13) 李栽 , 《蒼狗客日》 上, 甲戌 4月 9日 참조. 이하 《蒼狗客日》을 인용한 내용에 대해서는 가능한 한 구체적인 주를 생략하고, 본문에 '(갑 4.9)' 등으로 표기한다. '갑'은 갑술년, '을'은 을해년, '병'은 병자년, '정'은 정축년이다.

본가를 출발하여 인량리(仁良里)에서 가묘(家廟)에 배사(拜辭)하고 형제와 친척・향인들의 전별을 받으며 본격적인 유배길에 올랐다. 이로부터 유배지 홍원에 도착하는 5월 16일까지의 여정은 실로 파란만장한 것이었다. 왜냐하면 당시 갈암의 나이가 68세의 고령이었다는 점뿐만 아니라 영해・평해・삼척・강릉・고성 등을 거쳐 가는 길은 화비령(火飛嶺), 함관령(咸關嶺) 등 수많은 험준한 고개를 풀뿌리 돌부리를 잡고 올라야 하는 그 자체로서도 험난하기 그지없었기 때문이다.

본가를 출발하여 유배지 홍원에 도착한 것은 5월 16일이었으니, 24일 만에 도착한 셈이다. 그 총노정은 1,350여 리였고, 하루 평균 56리를 이동한 셈이다. 그러나 유배지에 도착하기도 전에 또 다른 죄명이 덧씌워져 다시 국문을 받기 위하여 서울을 향해야 하는 상황이 벌어졌다. 서울로 압송하기 위해 새로 파견된 금오랑이 홍원에 도착한 것은 갈암이 유배지에 도착한 날 바로 다음 날이었다.

갈암은 또다시 서둘러 길을 떠나지 않을 수 없었다. 그간 어렵게 지나왔던 길을 다시 거슬러 서울로 향하였다. 심문을 받기 위해 압송되는 것이었으니 유배길보다도 여유가 없었다. 더구나 이미 오랫동안 먼 길을 이동한 상태였다. 연로한 갈암이 감당하기에는 무리였다. 그런데도 금리(禁吏)들은 서둘러 재촉하였다. 더구나 고산역(高山驛)에 이르렀을 때는 단순한 심문이 아니라 국문죄인으로 압송하기 위한 의금부의 가도사(假都事)가 재차 파견되었다. 이로부터의 하루 여정은 이전보다 두세 배나 많은 150리, 170리나 되었다. 홍원을 떠난 지 10일 만에 도성에 도착하여 곧바로 의금부의 국문장으로 향하였다. 갈암의 죄목은 사주를 받아 최숙원(崔淑媛)에 대한 숙종의 의중을 살폈다는 것과 폐비 민비에 대해 모해(謀害)하여 신하로서의 의리를 저버렸다는 것이었다.

갈암은 이후 70일간 국문을 받거나 국옥에 유치되어 있었다. 국문장의 갈암이나 상황이 어떻게 전개되는지를 알 수 없어 애태우던 밀암에게는 참으로 긴 시간이었다. 이 오랜 시간에도 노론은 그들의 의도대로 죄를 얽을 수 없었다. 그렇다고 무죄방면할 수도 없었다. 결국은 폐비 민비에 대하여 신하로서는 차마 할 수 없는 말을 했다는 명의죄인으로 극변에 위리안치하라는 처분이 내려졌다. 처음에는 명천(明川)으로 유배지가 결정되었으나, 극변(極邊)이 아니라는 이유로 함경도 최북단 종성(鍾城)으로 결정되었다(갑 7.6).

종성으로 유배지가 결정된 후의 노정은 7월 9일에 서울을 출발하여 8월 14일에 도착하였으니 35일이나 걸렸다. 서울에서 종성까지는 총 2,038리나 되었으니 하루 평균 58.2리 정도 이동한 셈이다. 《의금부노정기(義禁府路程記)》(규19531)에 의하면 함경도의 종성까지는 22일 여정이었고, 이보다 먼 곳은 온성(23일), 경원(24일)이었다. 노정기의 평균 이동거리는 88.6리이니, 이에 비하면 갈암의 홍원이나 종성으로의 유배길이 그리 각박하지만은 않았음을 알 수 있다. 1697년 종성에서 다시 전라도 광양으로 이배될 때는 이동 일수가 53일이며, 거리가 2,818리로 하루 평균 약 53리를 이동하였다. 종성으로의 유배길에 비해서는 다소 여유가 있었던 셈이다.

영해 석보를 출발하여 국옥기간을 제외하고는 종성에 이르기까지 여정을 중단한 경우는 4, 5일에 불과하였다. 그 구체적인 사유는 갈암의 건강이나(갑 5.19), 궂은 비 때문이기도 하였지만(갑 7.23), 경유지 수령의 간청으로 유숙하기도 하였다(갑 5.14, 8.5).

갈암의 유배길을 힘들게 하였던 것은 비록 역로를 따랐다고는 하나 홍원이나 종성에 이르기 위해서는 태산준령과 급류를 수없이 넘어야 하였기 때문이었다. 여기에 더하여 7월 초에는 함경도지역에 큰 비가 내려 길은 끊기고, 논밭과 마을은 흙더미와 나뭇가지로 뒤덮히는 엄청난 피해가 속출하였다. 이런 정경을 《창구객일》 갑술년(1694)의 기록에서 그 대강을 옮겨보면 다음과 같다.

7. 28 – 출발한 후에 물은 깊고 다리는 끊어졌으며, 삭풍(朔風)은 불어오고 춥고 배고파 종[僕隷]들은 울고……

7.29 – 이성(利城)에서 곡구(谷口)까지 월초에 큰 비가 내려 산의 나무가 표랍(漂拉)되어 언덕같이 쌓여 있었다. 수재(水災)의 참혹함을 이에 근거하여 알 만하다.

8. 1 – 마운령(磨雲嶺)에 도착, 고개 아래에 두외대령(豆外大嶺)이 있는데 위태로운 길이 얽히고설킨 것이 실을 드리운 것 같았다. 독우(督郵: 찰방의 또다른 이름)와 교군(轎軍: 가마를 메는 사람)에 의지하여 겨우 올라갔다.

8. 2 – 새벽 출발, 단천(端川) 도착, 군성(郡城)에 이르자 수리 전에 배를 타야 하는데 배가 협소하여 말을 싣지 못하여 수영을 하지 못하는 말은 익사한다.

– 비 피해로 길이 완전히 끊기었다. 돌과 물이 심히 많고 깊어서 전진이 심히 어렵다. 금오랑이 월천군(越川軍)을 남겨준 것에 의지하여 겨우 단천(端川)에 들어왔다. 앞길은 더욱 심하다 한다[곡구에서 단천까지 50리].

8. 3 – 마천령에 도착하니 길이 끊기어 발 디딜 곳이 없다.

8. 8 – 경성(鏡城)을 향하는 연도에 수재의 참화가 비할 바 없다. 단천에 비해 서너 배[倍蓰]나 더 심하다. 평지와 육지가 끊어지고 모두가 모래밭이 되었다. 집들은 다 떠내려가고, 곡식들은 손상을 입었다. 기록하기조차 어렵다.

8.10 – 부령(富寧)으로 향함. 수해(水害)의 참상이 경성(鏡城)과 다를 바가 없었다. 6진 중에 2읍이 최고로 심하다고 한다.

8.23 – 우설(雨雪) 교차, 8월에 눈이 오는 것을 직접 목도하였다.

태산준령이나 급류를 넘고 건너야 하는 어려움은 7월 초의 큰 비로 인하여 그 고통을 가중시켰음을 잘 보여 준다. 그래서 나아가기도 어려웠을 뿐만 아니라 말들의 익사도 뒤따랐다. 수해의 참상은 유배지 종성에 이를수록 더욱 심했던 것으로 보인다. 그래서 경성은 단천보다도 심하여 기록조차 어려웠고, 회령은 경성과 다를 바가 없었다. 여기에 기후는 7월 말에 벌써 삭풍이 불어 살을 에었고, 8월에는 우설(雨雪)이 교차하였다. 경우에 따라서는 유배길이 차라리 유람으로 이해되기도 하여 객사나 기생집에서 묵는 경우도 허다하였지만,[14] 실세한 남인의 영수에게는 엄청난 고통과 시련일 뿐이었다. 많은 유배객이 이를 이겨내지 못하고 유배지에서 불귀의 몸이 되는 경우도 허다하였다.

2) 이동방법과 숙식

조선시대 유배지는 보통 2~3천 리로 표현되는 머나먼 지역이었다. 따라서 역로를 따라 대부분 말을 타고 갔다. 갈암은 가마를 타고 이동하였다. 유배인이 관직자인 경우에는 말과 호송군을 경유지 고을이나 역에서 제공해 주었다. 대부분의 지역에서는 한두 필의 말과 함께 3명의 가마꾼을 보내주었다. 물론 이를 거부하는 경우도 있었다.

> 새벽에 출발하였다. 앞으로 도달할 주현(州縣)에서 쇄마(刷馬) 1필과 호송군 3인을 보내주기로 했다. 이들에 의거하여 가마[藁轎]로 가고자 하였

14) 윤선도(尹善道)는 삼수 유배 시에 함경도 수령으로부터 40여 명의 노비와 20여 필의 말을 제공받았고, 각 연로(沿路)에 통지하기를 마치 중앙관원이 지방으로 출장을 갈 때에 미리 공문을 띄우는 것처럼 하였다고 비난받았다[《현종개수실록》 권13, 현종 6년 6월 병자조(21일)]. 이항복(李恒福)은 북청으로 유배길에 함흥과 홍원에서 기생의 집에서 묵었다(《白沙先生北遷日錄》 1월 27일, 2월 3일).

으나, 안변태수(安邊太守)가 포도인(逋逃人: 죄를 짓고 달아난 사람)에게 어찌 3인을 주겠냐고 하면서 보내주지 않았다. 금오랑과 금리도 어쩌지 못해 낭패하였으나 대동한 노복으로 출발하여 근근이 덕원 원산리에 도착하였다. (갑 5.10)

쇄마란 각 고을에서 공용으로 부리는 말을 말한다. 조선후기에는 주로 쇄마고의 기금으로 운영되고 있었다. 쇄마는 다음 고을의 관문에서 교대를 하였는데, 마부가 고을의 경계에서 도망가 버리는 경우도 없지 않았다.[15] 비록 역원을 이용하고 각 고을에서 쇄마를 보내준다고는 하나 이것이 제도적으로 보장된 것은 아니었다. 그것은 어디까지나 고을 수령의 재량이었다. 이렇듯 유배길에서 유배인을 호송하는 인마는 중요한 문제였다.

수령의 협조가 원활하지 못한 경우에는 출발 당시부터 대동하였던 말과 노비를 이용하거나 인근 고을에 도움을 청할 수밖에 없었다. 그러나 집에서부터 대동하는 인마로만 먼 유배길을 감당하기엔 무리였다. 먼 길을 이동하는 가운데 피로가 누적되었을 뿐만 아니라 그 규모를 감당하기가 어려웠기 때문이다. 이런 사정은 수령들이 익히 알고 있었다. 대부분의 경우 접경지대에까지 나와 맞이하거나 인마를 보내주었다(갑 5.6, 7.21, 7.24, 8.3, 8.7 등).[16]

유배길 경유지의 수령들에게는 유배인에게 사람과 말뿐만 아니라 음식물을 제공하는 것도 허용되었다. 그리고 후하게 대접하는 것이 관례가 되어 있었던 것으로 보인다. 뿐만 아니라 유배길에 필요한 각종

15) 李栽, 《蒼狗客日》 上, 甲戌 7月 15日. “持刷馬者, 例於官門交遞, 金化人夜亡去, 勢甚狼狽. 通于金城倅, 待其送馬, 差晩發向金城.”

16) 李栽, 《蒼狗客日》 上, 甲戌 5月 12日. “所帶僕馬, 無不痛者, 將無以前進. 自德源至是府 各出奴馬, 送至其境頗賴其力云.”

물품과 노자를 제공하는 것도 관례처럼 행해졌다. 따라서 특히 고관을 역임한 관직자나 권세가, 혹은 당파의 입장을 대변한 경우라면 비록 죄를 지어 머나먼 길에 오른다 하더라도 출발 당시를 제외하고는 개인적인 부담이나 비용이 거의 들지 않았다고 할 수 있다.

유배길이 역로였기 때문에 숙박 또한 주로 역원에서 해결하였던 것으로 보인다. 물론 역참이 멀거나 급격한 일기변화나 인마 조달의 문제 등으로 일정을 맞추지 못한 경우에는 역원이 아닌 민가나 촌사에 묵을 수밖에 없었다. 물론 수령의 배려로 객관[客舍]에서 지내기도 하였지만, 갈암의 경우에는 홍원과 종성의 유배길에서 촌사나 민가에서의 며칠을 보낸 것을 제외하면 모두 역원에서 묵었다.

민가에서 묵는 경우, 주인가의 신분지위나 경제적 사정에 따라 맞이하는 입장이 달랐던 것으로 보인다. 가령 서울로 압송되던 길의 안변(安邊) 북저산(北杵山) 파발촌(把撥村) 임달현(林達賢)가(家)에서는 환대를 받았다면(갑 5.20), 홍원 유배길의 평해 정명촌(井明村)에서는 주인가의 불만이 이만저만이 아니었다(갑 4.25). 전자의 경우는 주인이 일찍이 하급관료를 지냈기[智陵郎] 때문에 가산이 제법 넉넉하였을 것이지만, 후자의 경우는 아마 넉넉하지 못한 살림에 유배인에게 잠자리조차 내어주어야 했을 것이기 때문이다. 촌사나 민가를 이용할 경우에는 주인가의 처지와 입장 때문에 어려움을 겪기도 하였지만, 거주환경 때문에 심한 고통을 받기도 하였다. 그것은 벼룩과 빈대 때문에 잠을 설칠 수밖에 없었기 때문이다(갑 5.15). 벼룩과 빈대는 한말 서양의 여행객들에게도 끔찍한 일이었다.

갈암의 유배길에서 객사에 묵었던 일은 거의 없었던 것으로 보인다. 중죄로 유배를 갈 경우에는 원래 의금부의 금오랑이나 도사의 호송하에 역로를 통하여 역원에서 숙박하는 것이 원칙이었다. 그러나 유배객의 대부분이 조정의 관리들이었고, 또한 경유지의 수령 등과는 다양한 관계망이 형성되어 있었기 때문에 비록 중죄인이라 하더라도 관리들의 융숭한 접대와 객사에서 묵는 경우가 많았다. 그러나 조선후기 서인과 남인, 혹은 노론과 남인 간의 갈등이 더욱 격화되고 환국이 빈번하던 시기에 중죄인을 객사에 들인다는 것은 그리 쉬운 일이 아니었음이 분명하다. 특히 갈암의 경우는 의리죄인·명의죄인으로 낙인찍혀 집권 노론뿐만 아니라 임금으로부터도 배척되고 있다는 상황에서 더욱 그러하였을 것이다. 더구나 당시는 갈암뿐만 아니라 중앙과 지방할 것 없이 남인에서 노론으로의 대대적인 권력교체가 급격하게 진행되고 있었다. 남인계의 수령들은 누구든 이로부터 자유로울 수가 없었다. 갈암의 유배가 정치적인 탄압에 불과한 것임을 알고 있었지만, 그것이 일시적인 정치적 곤경에서 머지않아 다시 복직되고 복권될 것이라는 기대를 가지기 어렵다는 사실도 충분히 짐작할 수 있는 일이었다.

하루의 일정은 대부분 이른 아침을 먹은 후에 시작되었지만, 경우에 따라서는 식전에 출발하여 20여 리를 이동하기도 하였다. 유배인과 수행하는 사람들의 휴식과 식사도 그러했지만, 말들을 먹이기 위해서도 일정한 거리마다 역원(驛院)에 들렀다. 역원에는 식사와 말먹이가 항시 준비되어 있었던 것으로 보인다.

역원과 함께 식사의 상당부분은 경유하는 고을 수령들의 공궤(供饋: 윗사람에게 음식을 드림)나 보내온 음식으로 해결하였다. 수령들은 유배객과 정치적으로 당파를 달리하였고 죄인을 후대했다는 소문으로 당국자의 눈에 벗어나는 것이 두려워 직접 문안하거나 영접하지는 못하더라도 노자를 보내거나 하리(下吏)나 관비(官婢)를 통해 음식을 보내는 것을 최소한의 도리로 생각하고 있던 것으로 보인다.[17]

그러나 긴 노정에서 모든 식사를 역원이나 수령들의 공궤로 해결할 수는 없었다. 이런 경우에는 스스로 해결해야만 하였다. 이를 위해 취사비(炊事婢)를 대동하고 있었고, 또 양식과 찬류도 일정하게 소지하게 하였을 것이다. 물론 양식과 찬류는 경유지 고을로부터 공급받은 미어(米魚)나 미육(米肉) 등으로 충당되었을 것이다. 그러나 중간 보급이 원활하지 못하면 양식이 모자라거나 반찬이 부실할 수밖에 없었다(갑 5.8). 그렇다고 하더라도 전반적으로 갈암의 유배길에서 식사가 그리 궁색한 형편은 아니었다.

3) 수행인과 압송관

16세기 초반 경상도 성주에 유배되었던 이문건(李文楗)의 유배길에는 관에서 지급되는 인마를 제외하고도 적어도 노비 6구와 말 4필 이상이 동원되었다. 그도 그럴 것이 이문건은 처자를 대동하였기 때문이다.[18]

갈암의 유배길 전 구간을 수행한 사람은 아들 밀암이었다. 밀암은 유배기간뿐만 아니라 서울의 벼슬살이에서도 거의 대부분을 아버지와 함께하였다. 물론 더러는 밀암의 다른 형제들이나 조카・자형・매제이 대신 또는 함께하기도 하였지만, 그것은 일시적일 뿐이었다. 물론 유배길 첫머리 2~3일간은 자제들이나 밀암의 친구들이 함께하였다.

1차 홍원으로의 유배 당시에는 많은 향인들과 자제들이 평해에 이르기까지 동행하였고, 이들 중 몇 명은 5일간이나 함께하다가 망양정(望洋亭)에 이르러서야 돌아갔다. 광언(光彥)과 조카 익(熤), 자형 김이현

17) 《顯宗改修實錄》 卷13, 顯宗 6年 6月 丙子條(21日).

18) 金景淑, "朝鮮時代 流配刑의 집행과 그 사례", 《史學硏究》 55・56합집(1998).

(金以鉉) 등이 4월 29일 척주(陟州, 삼척)에 이르기까지 수행하였다.

국문 후 종성으로 가는 유배길에는 서울에서부터 밀암 형제와 사촌 형(馨), 삼(杉), 질(姪)인 익(熤), 그리고 천장(天章)·공이(公二)·성중(聖中)·덕원(德源)과 매제 홍억(洪億) 등이 수행하였고, 여원(汝源)·환백(桓伯)·군미(君美) 등이 뒤따라 왔다(갑 7.10). 이렇듯 유배 초기 4~5일간은 15, 16명의 배행(陪行) 또는 수행 인원에 노비를 합하면 적어도 20여 명에 달하는 사람들이 함께하였다. 물론 이들이 계속해서 함께할 수는 없었다. 반대로 중간중간에서 제자나 인척들이 찾아와 함께 묵거나 또 며칠간 동행하기도 하였다. 그러나 끝까지 함께하였던 것은 아들 밀암과 노비들이었고, 2차 종성 유배 시에는 삼도 함께하였다.

물론 중간에 내문(來問)하여 며칠간 동행하였던 인물들도 적지 않았다. 경유지 인근의 인물들이 내문하는 것이 일반적이었지만, 경우에 따라서는 아버지의 명으로 밀암이 경유지의 연고가 있는 집을 방문하기도 하였다(갑 4.30).

갈암의 유배길에 함께한 것은 아들 밀암뿐만이 아니었다. 다수의 노비들도 함께하였고, 그 수는 적어도 6~7명 이상이었을 것으로 짐작된다. 취비(炊婢)와 언립(彦立), 유선(有先) 외에도 '제노(諸奴)'로 표현되는 노들이 있었기 때문이다.[19] 취비는 유배 도중 또는 유배생활에서 취사를 위해 없어서는 안 될 존재였고, 노는 말고삐를 잡거나, 가마를 메어야 했고, 또한 서책이나 최소한의 생활용구들을 운반하여야 했다. 이들은 유배지에 도착한 후에 향리로 돌아갔지만, 취비와 한두 명의

19) 李栽, 《蒼狗客日》 上, 甲戌 5月 24日. "纔別色馳發, 余爲抵死趕後計, 分付諸奴, 且令隨後至, 只從二蒼頭偕.(彦立,有先)"; 《蒼狗客日》 下, 甲戌 8月 24日. "杉與諸奴, 辭去, 獨立籬門, 不覺淚下沾襟."

노는 남아서 이후에도 땔감 마련이라든가, 심부름 등 잡다한 일을 도맡았다.

유배인을 배소에까지 압송하는 역할은 의금부의 도사(都事), 서리(書吏), 나장(羅將) 등이 담당하였다. 물론 관직이 없는 자는 역졸(驛卒)이 압송하였다. 유배길 자체가 고행이었지만, 그 고생하는 정도의 차이는 오직 압송관(押送官)의 손에 달린 문제였다. 그래서 당시에는 이들 압송관에게 상당한 물품을 제공하는 것이 관례였던 것으로 보인다. 이러한 비용은 가족이나 일가친척들의 도움으로 준비하였고, 급박하게 일이 전개됨으로써 미처 준비하지 못한 경우에는 가는 도중에 마련할 수밖에 없었다. 이런 일은 전적으로 수행하는 자제들의 몫이었다. 압송관은 일정에 맞춘다는 명분으로 하루 여정을 멀리 잡거나 더욱 직접적으로 물품을 요구함으로써 유배객을 고통스럽게 하는 다양한 방법을 가지고 있었다.

갈암을 유배지로 압송하기 위해 파견된 관리는 의금부의 금오랑이나 가도사(假都事)였다. 이들을 수행하여 금리(禁吏)나 나졸(拿卒) 한두 명도 따랐다. 유배길의 운명을 이들에게 내맡길 수밖에 없었던 까닭에 이들에 대한 관심은 컸다.

1차 홍원으로의 유배 시 금오랑은 이주명(李周命)이었다(갑 4.22). 그의 부(父) 이원록(李元祿, 大憲)은 갈암의 문인이었다. 갈암이 유배 사실을 미리 알 수 있었던 것은 이 같은 관계를 통해서였다. 국문을 위해 서울로 압송되던 초기의 금오랑은 이정흥(李鼎興, 士重)이었는데 다행히 남인이었고(갑 5.17), 뒤의 가도사는 언양인(彥陽人) 이정해(李廷諧)로 동도인(同道人)으로 안면이 있었다(갑 5.26). 1697년 광양으로의 이배 당시의 금오랑 이징해(李徵海)는 고(故) 상신(相臣) 이행원(李行遠)의 손자이고, 또 권두경(權斗經, 天章)과 서로 아는 사이였기 때문에 숙식 등에서 크게 도움을 받을 수 있었다(정 5.21, 25).

금오랑이나 가도사와는 양반사회의 이런저런 연망을 통해 관계를 확인하는 것만으로도 큰 도움을 받을 수 있었다. 그러나 금리나 나장의 경우는 달랐다. 서울로 압송될 당시 "금오랑이 대동한 나장(羅將) 조사립(趙斯立)은 아주 사악한 놈이고 징색함이 끝이 없어서 스스로 사람을 괴롭히려고 작정한 듯하였다. 따라서 타는 말을 빼앗기고, 또한 바리의 행자를 내주자 조금 만족했는지 더 이상 큰 사단을 일으키지 않았다"(갑 5.24).

금오랑 등 압송관들은 유배인과 함께하기도 하였지만 대부분은 별도로 행동하면서 노정을 독촉하거나 조정하였다. 이들의 숙소는 특별한 경우가 아니라면 객관이나 역정(驛亭)이었다. 밀암은 매일 아침저녁으로 금오랑을 만나 여정에 대해 상의하거나 노정을 조정하였다.

4. 갈암의 유배생활과 밀암의 시종생활

1) 유배지의 정경

4월 22일 향리 석보를 떠나 유배지 홍원에 도착한 것은 5월 16일이었다. 금오랑은 먼저 도착하여 이미 홍원태수에게 인수인계를 마친 상태였다. 갈암은 홍원태수의 위로를 받으면서 곧바로 사관(舍館: 일시적으로 숙식을 하는 집)으로 향하였다. 사관은 신은역(新恩驛)에 있었는데, 현에서 5리가 되지 않는 거리였다.

사관은 깨끗하고 편리하였다. 부뚜막 · 뒤주(곡식을 담아 두는 가구) · 마구간 · 변소 등이 잘 배치되어 있었으며, 또한 그릇 등 일용의 기물들이 구비되었을 뿐만 아니라 미염 등 잡다하고 세세한 물품들조차 잘 갖추어져 있었다. 태수가 꼼꼼히 준비를 한 탓이었다. 밀암도 태수의 국량(局量)과 정성에 만족하였고, 금오랑도 칭찬을 마지않았다. 사관의 주인 또한 성품이 어질고 현명하였다. 모든 것이 만족스러웠다. 다만 고을이 바다에 접하고 있어서 인편에 소식을 전할 방도가 부족한 것이 못내 아쉬울 뿐이었다(갑 5.16).

관청의 이서나 마을 사람들 모두 분주히 힘써 주어 이 또한 크게 위안이 되었다. 또한 태수는 관리와 사령, 연직노비(硯直奴婢: 문필작업을 돕는 노비) 각 1명을 정해 이곳에 와서 일을 보게 하였고, 고을의 공조(工曹) 강상재(姜尙載)와 관노 명선(明善)이라는 자는 더욱 힘을 다했다(갑 5.16).

홍원에 도착하였을 때 사관은 태수의 관대함과 정성으로 만족스러웠지만, 이것은 하룻밤의 꿈에 불과하였다. 다음 날 서울로 압송되어 또 다시 먼 길을 떠나야 하는 형편이었기 때문이었다.

2차 유배지인 종성은 같은 함경도였지만, 홍원에 비해 아주 먼 북쪽에 위치하고 있었다. 두만강을 사이에 두고 지척에서 이민족과 마주하고 있는 조선 최북단, 그야말로 극변의 하나였다. 배소에 도착한 것은 8월 14일이었지만, 벌써 추운 겨울이었다.

갈암은 명의죄인으로 극변인 종성에 위리안치된 것이다. 그러나 미처 주인가에는 가시울타리가 마련되지 않았다. 하루를 기다려 가시울타리가 설치된 후에 우소(寓所)에 들어갔다. 갈암은 이후 1697년 5월 21일 금오랑 이징해가 와서 가시를 뜯고, 이배의 명을 전할 때까지 근 3년간 이 울타리 밖을 거의 나오지 않았던 것으로 보인다.

종성에서도 역시 태수 남공(南公)이 집을 수리해 놓았고, 가사 도구를 마련해 두었다. 미두(米豆) 수십곡(數十斛)과 어채·잡물 역시 넉넉하게 준비해 두었다. 고을 사람들도 많이 찾아와 위로해 주었고, 풍속도 순후한 듯 시기하거나 의심하는 빛이 없어서 다행스러운 일이었다.[20]

종성의 신임태수 박명의(朴明義)는 갈암의 유배지가 종성으로 결정될 즈음에 능주(綾州)에서부터 막 서울에 들어와 있었다(갑 7.9). 갈암의 집안과는 선대부터 세의(世誼)가 있었다. 밀암은 이미 서울에서 찾아가 인사를 드렸고, 박명의는 반갑게 맞이해 주었다. 갈암 부자로서는 더할 나위 없는 일이었다. 박명의는 1697년 3월 임기를 채우고 귀향하기 전까지 시종일관 돌보아 주었고, 갈암의 유배생활은 이에 크게 의지할 수 있었다.[21] 유배지의 수령뿐만 아니라 인근의 수령들도 종종 문안하거나 이런저런 물품들을 보내주거나, 땔감을 공급해 주었다. 또한 새해의 인사와 갈암의 생일도 잊지 않았다. 밀암이 잠시 귀향할 때에나 그 백형의 왕래에도 큰 도움을 받았다.

세의가 있었던 박명의가 떠난 다음 새로 부임해 온 태수로 인하여 갈암부자는 처음에는 막연하였다. 유배객인 갈암부자의 입장에서는 긴장하지 않을 수 없었다. 그러나 신임태수는 점차 미어(米魚)를 보내거나 예의를 갖추어 방문해 주었다. 아마 서울에서 노론 집권세력으로부터 이런저런 이야기와 당부를 들었을 것이다. 변방의 지주 또한 적막한 입장이었다. 극변지역으로 부임한 그도 노론의 핵심인물은 아니었을 것이다. 갈암이 중앙의 고관을 역임하였고, 영남의 산림으로 숭앙받던 인물이었으니 비록 처지는 바뀌었다고는 하나 경외(敬畏)하지 않을 수 없는 존재였다. 그래서 한번 마음을 연 다음부터는 왕래가 끊이지

20) 李栽, 《蒼狗客日》 上, 甲戌 8月 14日. 당시 지주(地主) 남공(南公)은 8월 29일에 교체되어 떠나고, 30일에 박명의(朴明義)가 부임했다.

21) 李栽, 《蒼狗客日》 下, 丙子 9月 初. "地主甚眷, 終始不衰, 是稍可賴耳."

않았고, 심지어 하루에도 몇 번이나 찾아오는 일이 많았다(정 春).

이렇듯 유배생활의 고락(苦樂)은 관할 또는 인근 수령의 관심 여부에 크게 의존할 수밖에 없었다. 따라서 종성에서 광양으로 이배될 즈음에 밀암이 그간의 생활을 돌아보면서 "육진(六鎭)의 수재(守宰)들이 돌보아 주지 않음이 없었으며, 그 가운데서도 경원수(慶源守) 윤숙(尹淑), 회령백(會寧伯) 이후성(李后晟)이 더욱 그러하다"고 술회하였다(정 5.27).

전라도 광양으로 이배된 갈암은 옛날 고산 윤선도의 적거처(謫居處)인 읍치 동쪽 20리에 있는 백운산 아래 옥룡동에 자리를 잡았다. 집과의 거리는 비록 7백 리였으나 종성에 비한다면 3분의 2나 감소되었다. 거처와 음식도 북방과는 비교할 수 없을 정도로 좋았다. 지리적으로도 극변지역이 아니라 영호남 사이에 있어서 친구들의 소식이나 내방객을 맞이하기도 쉬웠다.[22] 무엇보다도 위리안치에서 풀려나 경내에서는 자유롭게 이동할 수 있었으니 종성과는 비교할 바가 아니었다.

2) 유배지에서의 갈암과 밀암의 생활

《창구객일》에 갈암이나 밀암 부자의 생활을 구체적으로 보여 주는 내용은 그리 많지 않다. 그 대부분은 원근 수령들의 방문이나 이들에 대한 답례나 갈암의 건강 정도를 기록하고 있을 뿐이다. 그것은 그만큼 생활이 단조로웠음을 의미한다. 갈암은 위리안치된 몸이니 활동범위가 극히 한정되었고, 따라서 특별한 활동이 있을 수 없었음이 당연하다.

22) 〈葛庵年譜〉, 丁丑年 참조.

갈암과 밀암 부자의 유배지 생활에서 가장 중요한 일은 관할지의 지주나 원근 수령들의 방문에 응대하는 것이었다. 이들의 방문은 곧 생활물자의 공급통로이기도 하였다. 갈암의 종성 유배생활 3년여 동안 찾아온 관리들은 〈표 1〉과 같이 아주 다양하였다. 관찰사[北伯], 함경남・북 병사, 각 고을 태수와 찰방・만호・첨사 등이었다. 종성이 최북단에 위치하고 있었으며, 갈암이 국왕이나 노론 집권세력으로부터 크게 탄압받고 있었던 점을 감안한다면 광범한 지역의 관리들이 방문했음을 알 수 있다.

물론 이 같은 사정은 갈암이 전라도 광양으로 이배된 이후와는 비교할 수가 없었다. 광양에서는 우선 위리안치에서 감형되어 활동이 자유로웠고, 서울이나 고향으로부터의 소식도 더 쉽게 들을 수 있었으며, 찾아오는 사람도 하루에 수십 명에 이른다 할 정도였다(정 7.18).

양반들의 유배생활에서 가장 일상적인 일은 독서와 저술이었다. 갈암의 경우 위리안치된 상황에서, 그리고 노론의 감시 대상이 되고 있던 사정에서 달리 다른 활동을 할 수 없었다. 날마다 《맹자(孟子)》 백편씩을 외워 끝마쳤고, 《근사록(近思錄)》을 읽다가 흔연히 밥 먹기를 잊곤 하였다. 손수 《주역고경(周易古經)》을 베껴서 읽기도 하였고, 《수주관규록(愁州管窺錄)》 등을 저술하거나(병 9월), 〈산천록(山天錄)〉, 〈집고문(輯古文)〉 등에 발문을 쓰고, 《돈전최어(惇典稡語》를 편찬하거나, 《사범(士範)》의 의심나는 부분을 정정하는 등 학문에 정진하였다.[23] 이 같은 유배생활은 광양으로 옮겨진 이후에도 마찬가지였다. 이웃의 장서 수백 권을 빌려 밤낮으로 읽어 이치를 완미하였다. 이러한 독서를 통하여 "다시 세간의 이해와 영욕이 따로 있음을 의식하

23) 〈葛庵年譜〉 甲戌年 8月 15日, 乙亥年, 丙子年, 丁丑年 참조.

지 않게 되었고", "경(敬)을 지키고 이치를 살피는 공부도 날로 정밀해졌다."[24] 이렇듯 갈암의 학문은 이 시기 유배생활을 통하여 더욱 완숙해졌을 것임은 충분히 짐작해 보고도 남는다.

양반 유배객들의 생활에서 빼놓을 수 없는 일들이 독서와 집필 이외에도 찾아오는 고을 자제들을 가르치는 일이었다. 그러나 갈암의 종성 유배생활에서는 거의 미미하였다. 학도가 없었던 것은 아니지만, 그 수는 고작해야 2~3명 정도에 불과했던 것으로 보인다. 그중 한 명은 주참봉(朱參奉)이라 불리는 주진량(朱晉亮)의 조카 주건(朱楗)이었다(갑 9.24). 주진량은 젊어서 취죽(翠竹) 이응시(李應蓍), 좌상 목내선(睦來善), 봉조하 이관징(李觀徵)에게 배운 북도의 수재로 북릉참봉(北陵參奉)을 역임했다고 한다(갑 9.3). 북청에서 배우기를 청하였던 박지흥(朴枝興)의 아들 이관(二貫, 갑 7.27), 종성에서 박문구(朴文玖, 갑 12.8) 등 정도가 고작이었다. 이러한 사정은 19세기 중반 전라도 임자도의 풍경과는 사뭇 다른 모습이었다.[25] 아마 시기적으로 17세기 후반이라는 점과 이민족과 접경하고 있는 최북단의 지역적인 사정은 이곳 지역민들의 학문적 욕구를 강하게 자극하지 못하고 있었음이 분명하였다.

그러나 광양으로 이배된 이후에는 사정이 달랐을 것이다. 최북단의 종성과는 달리 인근에서 접근하기도 쉬웠고, 물산도 풍부하였고, 무엇보다 학문적인 분위기가 달랐을 것이기 때문이다. 보다 자유롭게 소요하면서 찾아오는 제자들을 가르칠 수 있었을 것이다. 특히 이들 가운데 신익황(申益愰)은 당시 갈암으로부터 보고 듣고 배운 것을《취정

---

24) 〈葛庵年譜〉 丁丑年 5月 참조.

25) 정진영, "섬, 풍요의 공간－19세기 중반 한 유배객의 임자도 생활", 《古文書硏究(한국고문서학회)》 43(2013).

록(就正錄)》으로 정리하기도 하였다.[26]

아버지를 시종하고 있던 밀암도 역시 유배생활을 한 것이나 마찬가지였다. 다르다면 고향에도 갈 수 있었고, 이곳저곳으로의 출입이 자유로웠을 뿐이었다. 그러나 이 자유로움도 아버지의 유배생활의 일부에 불과하였다. 매일매일 아버지의 불편함이나 건강을 살펴야 하는 것은 물론이고, 찾아오는 방문객들을 맞이하고, 또 답례로 방문인사를 해야 하는 것도 아들 밀암의 몫이었다. 수령의 부탁을 받아 유생들이 치를 시험문제를 출제한다거나 수령의 꿩사냥에 초대받기도 하였다(갑 10.4).

밀암의 종성생활에서 특이한 일이라면, 온성(穩城)에 선대의 노비가 있다는 이야기에 부(父)의 명으로 노비 추쇄(推刷: 도망간 노비를 찾아옴)를 위하여 2차에 걸쳐 다녀온 것(을 1.28, 2.2)과 개시(開市)에 노를 보내 물품을 구입하고자 했던 일이다(갑 11.24, 12.2). 두 일 모두 성공적이지 못하였다. 온성태수의 도움에도 불구하고 노비에 대한 아무런 정보도 얻지 못하였고, 철노(哲奴)를 보내 개시에서 구하고자 하던 물품도 만족할 만한 것이 못 되었다. 그리고 행영(行營: 감사가 임시로 머물고 있는 곳)에 사람을 보내 복자(卜者)인 주례민(朱禮民)을 맞이하여 와서 대인의 신명이 끝내 반드시 무사할 것이라는 반가운 점괘를 얻기도 하였다(갑 12.14, 17).

밀암은 갑술년 12월에 종성에 온 자형과 함께 아오지 적소(謫所)에 있는 김령(金令)을 찾아가 인사하고 행영을 거쳐 6일 만에 돌아오기도 하였다(갑 12.22). 아오지는 밀암의 서종숙이 일찍이 만호 벼슬을 하

26) 안병걸, 《갈암 이현일－경세의 뜻을 품은 큰 선비》(안동: 한국국학진흥원, 2007), pp. 202－204 참조.

던 곳이기도 하였다. 이렇듯 다른 곳에서 적거생활을 하고 있던 유배객의 자제가 다른 유배객을 방문하거나 사람을 보내 서로 문안하는 일도 유배객들의 중요한 생활의 일부였다.

이런 일들을 제외한다면 밀암 역시 종성에서의 주된 생활은 독서였다. 향교에서 《주자서절요(朱子書節要)》를 구해와 읽기도 하였고, 을해년의 삼동에는 《한서(漢書)》 수백 편과 《주자서(朱子書)》 수권을 읽었고, 《대기(戴記)》 수십 편도 읽었다(을 1.4). 유배길을 떠나올 때 상당수의 책들을 휴대하였던 것으로 보인다. 《창구객일》에는 지나는 곳의 연혁이라든가 명현들의 일화나 시 등이 기록되어 있다. 이 같은 기록은 밀암이 상당한 책을 휴대하였음을 의미한다.

갈암의 종성 유배 시 밀암만이 시종한 것은 아니었다. 밀암은 한 차례 1년 넘게 고향에 가있었다. 밀암은 1695년 2월 27일에 종성을 출발하여 4월 4일 인량리에 도착하였다. 대략 37일 정도의 노정이었다. 역시 도중에 아는 수령들의 도움에 힘입어 큰 낭패 없이 여정을 마칠 수 있었다. 대신 5월 초에는 삼(杉)과 노 1명을 적소로 보냈다.

밀암이 다시 종성길에 나선 것은 고향으로 돌아온 지 1년 3개월이나 지난 1696년 7월 3일이었다. 이렇게 오랫동안 향리에 머물렀던 것은 전해 8월에 된서리가 내려 극심한 기근과 질병이 겹쳤기 때문이었다. 곡식 한 말 값이 1백 전이나 되었고, 길에는 굶주려 죽는 자들이 가득하였다. 밀암의 대소가에서도 이런 어려움을 피할 수는 없었다. 다행히 경제적인 문제는 영해로 좌천되어 온 참판 이봉징(李鳳徵)에게 의지할 수 있었다. 그러나 겨울 동안에 큰형 댁 어린 질녀 2명이 참변을 당하였다(병 8.16 이후). 북행길이 지체될 수밖에 없었다. 밀암은 북행길에 말과 노복을 대동하고, 평해태수나 북로의 수재(守宰)들로부터 도움을 받으면서 44일 만인 8월 17일에 우소(寓所)에 도착할 수 있었다.

밀암뿐만 아니라 장형 천(梴), 자형 김영주(金泳柱, 台甫), 사촌 삼(杉) 등도 밀암과 함께 갈암을 모시거나 또는 밀암을 대신하여 갈암을 모셨다. 동생과 자형 김영주는 1694년 10월 26일에 도착하여 다음 해 1월 18일에 돌아갔고, 장형 천은 언제 도착하였는지는 알 수 없으나 1695년 9월 초에 돌아갔다.[27] 삼(杉)은 두 번에 걸쳐 종성에 체류하였다. 한번은 서울에서부터 유배지 종성까지 수행하였다가 10여 일을 머물렀고,[28] 밀암이 종성에서 돌아와 고향에 머문 1695년 5월 초에 다시 북행길에 올랐다.

5. 내방인사(來訪人士)와 지원물품

갈암의 유배길은 실로 멀고도 험난한 길이었다. 향리 석보에서 홍원까지의 1,350여 리에 달하는 길도 짧지 않았지만, 다시 서울의 국문장으로 압송되었다가 재차 유배된 북변의 2,038리에 달하는 멀고먼 종성 유배길은 실로 험난한 것이었다. 최종적으로 종성에 안착하기까지의 일수는 71일, 거리는 4,363리에 달하였다. 물론 70여 일간의 서울에서의 국문기간을 제한 것이다. 그리고 갈암의 유배길에는 적어도 2~3필의 말과 5~6명이 넘었을 노복을 대동하였다. 여기에 밀암 등 자제들의 수행을 합하면 거의 10여 명에 달하였던 것으로 보인다. 물론 서울 인근에서나 지나는 길목에서 마중한 사람들은 더욱 많았다. 말하자면 고통도 엄청났지만, 이를 수행하는 과정에서 노자나 이런저런 물품들

27) 李栽, 《蒼狗客日》 下, 丙子年 9月 初旬. "伯氏, 又以親命, 輪番告歸."

28) 사촌 삼(杉)은 甲戌年 8月 24日 역시 갈암을 수행하였던 여러 노들과 함께 돌아갔다.

도 적지 않게 들었음을 의미한다. 물론 7년여에 걸친 유배생활 자체도 그러하였다. 뿐만 아니라 자제들의 유배지 왕래도 몇 차례나 되었다.

비록 갈암의 가산이 풍족하였다 하더라도 혼자의 힘만으로는 감당하기 어려웠음은 말할 나위도 없다.[29] 물론 경제적으로 큰 타격을 받았을 것이지만, 그렇다고 이로 말미암아 몰락할 정도는 아니었다. 그만큼 경제적 기반이 튼튼하였기 때문이 아니라 양반들의 유배 비용은 사실상 자기부담이라기보다는 관(官)과 민(民)의 부담이었다. 이것은 다양한 연계망을 통한 내방객과 이들이 제공한 노자와 물품 등을 통하여 확인할 수 있다.

이러한 노자와 물품, 그리고 위로를 제공한 주체는 일가친척들과 향인들, 학문을 함께하였거나 배움을 얻었던 제자들, 조정에서 함께했던 동료들, 정치적인 운명을 함께하였던 당인(黨人) 등이었음을 충분히 짐작하고도 남는다. 말하자면 혈연과 학연, 지연, 정치적 이해관계 등 다양한 관계를 통해 얽히고설킨 많은 사람들의 지원이 유배라는 정치적·현실적 시련을 그나마 감당할 수 있게 하였다. 이렇듯 당시의 양반사회는 비록 집권세력의 폭압적인 탄압에서도 가동되는 그들만의 다양한 안전망을 구축하고 있었던 셈이다.

이러한 양반사회의 안전망은 그들만의 공동체적 상부상조의 하나라고 할 수 있을 것이다. 상부상조는 생산력의 발전이 상대적으로 미성숙한, 따라서 시장경제가 활성화되지 않은 사회에서의 생존을 위한 일반적인 장치라 할 수 있다. 따라서 이 같은 상부상조는 사회 여러 부문에서 다양한 형태로 작동되고 있었다. 그렇다고 공동체 내부에서 갈등

---

29) 갈암·밀암 가문의 경제적 기반에 대해서는 다음을 참고할 수 있다. 李樹健, "密菴 李栽 家門과 嶺南學派", 영남대학교 민족문화연구소 편, 《密菴 李栽 硏究》(경산: 영남대학교 출판부, 2001).

이 없었던 것은 아니다. 그것은 정치적인 이해관계에서도 당연히 조성되고 있었다.

이제 이러한 입장에서 갈암의 유배과정과 유배생활 중에 누가 내왕(來往)을 하였고, 어떤 물품이 제공되었는지를 살펴보고자 한다. 그리고 이들 상호간에는 어떠한 연계망이 형성되고 작동되었는지를 통하여 조선양반사회가 가지는 관계망을 살펴보고자 한다.

1) 유배길의 수령들과 지원물품

갈암의 유배과정과 유배생활 전 기간 동안 내왕한 인사는 매우 많고도 다양하다. 이를 정리한 것이 〈표 1〉(p. 245에 수록되어 있음)이다. 물론 유배 전 기간이 아니라 홍원·종성을 거쳐 광양으로의 이배과정까지이다. 〈표 3〉과 〈표 4〉는 갈암의 국문 기간에 직·간접적으로 문안하거나 물품을 제공한 사람들과 광양으로 이배될 당시 3일간의 서울 체류기간 중에 내방한 사람들의 면면이다.

이 기간 동안 갈암을 맞이하거나 내방하였던 인사들 대부분은 태수(太守), 쉬(倅), 백(伯), 진장(鎭將), 첨사(僉使), 찰방(察訪) 등 다양하게 호칭되는 지방관들이거나 갈암과 정치적인 입장을 함께하였던 전·현직 관료들, 남인계의 당인들이었을 것으로 짐작할 수 있다. 그리고 줄곧 갈암을 수행하였던 밀암의 친구들이나 친인척, 오직 동향인(同鄕人)과 동도인(同道人)이라는 관계로 연결되는 사람들도 적지 않았다. 이들은 상호 중첩적이어서 그 경계가 애매할 수밖에 없다. 이러한 점을 염두에 두고 갈암의 유배에 내왕한 인물들을 지방관, 관료와 당인, 밀암의 친구와 친인척, 동향·동도인 등으로 나누어서 살펴보고자 한다.

양반들의 유배는 정치적인 문제를 예외로 한다면, 전적으로 지방관과 관련된 일이었다고 할 수 있다. 그것은 관직자였던 유배객에게는 역마(驛馬)를 제공하게 돼있고, 유배길 경유지의 수령들은 유배인들에게 음식과 물품을 제공하는 것이 관례였으며, 유배인에 대한 감시와 관리 또한 유배지 관할 수령의 책임이었기 때문이다. 물론 이러한 제도적 장치와 관례는 유배객이 가지는 정치적·학문적 지위 고하에 따라, 그리고 개인적 또는 당파적인 입장에 따라 그 관계의 농도가 크게 가감될 수 있었음은 물론이다.

〈표 1〉을 통해서 볼 수 있듯이 경유지 수령들의 동태는 다양하였다. 여러 곳의 수령들은 갈암이 관내에 도착하면 향리[候吏]나 장교[褊裨] 등을 보내 문안하고 식사를 제공하기도 하였고(갑 5.4, 13), 일부는 남여(藍輿: 위를 덮지 않은 작은 가마)를 보내 맞이하기도 하였다(갑 5.6). 또한 대부분의 경우는 사관에서 영접하거나 관문을 나와 문안하였다. 현산(峴山)에 도착하였을 때 태수 민진형(閔震炯)의 경우는 관복을 갖추어 입고 대접함이 극진하였다. 갈암은 죄인의 몸으로 가당하지 않다 하여 도리어 사양하기도 하였다(갑 5.2). 물론 이 같은 후의를 지나치다 하여 모두 거절하였던 것은 아니었다. 영흥태수 나홍좌(羅弘佐)와 정평태수 이한규(李漢珪) 역시 관복을 입고 마중하고(갑 5.11, 12), 함흥에 이르러서는 함경도 도사[北伯 半刺] 김몽협(金夢協)이 향리를 보내어 맞이하고 역시 관복을 갖추어 입고 나와 접대함이 극진하였다(갑 5.13). 그러나 갈암과 밀암은 도리어 '세의(世誼)'를 운위하거나, 천애절역(天涯絶域: 멀리 떨어진 타향)에서 '정인(情人)'을 만났음을 다행스럽게 생각하였다. 민진형과는 달리 나홍좌는 세의로, 김몽협은 영부사였던 김덕원(金德遠)의 종질이라는 연망이 있었기 때문이었다. 이렇듯 상대와의 관계에 따라 후의는 지나친 것이 되기도 하고, 당연한 것으로 인식되기도 하였다. 단순한 조석공궤라 하더라도 수령의 문

안 없이 관비(官婢)를 시켜 음식만을 보내는 경우에는 거절하였다(갑 5.9). 경유지나 관할이 아니라 하더라도 먼 곳에서 찾아오는 경우도 많았다. 광양 이배길에 옥과쉬(玉果倅) 윤유손(尹有孫)은 새로 부임하였으나 지나간다는 소문을 듣고 40리나 떨어진 곳까지 찾아오기도 하였다(정 7월).

유배지에서의 생활은 관할 또는 인근 지방관의 지원에 거의 절대적으로 의존하고 있었다. 종성에서의 유배생활 중에 세 명의 태수가 부임해 왔지만, 하나같이 정성을 다했고, 인근 육진(六鎭)의 수재(守宰)들 또한 돌보아 주지 않음이 없었다(을 5.25). 뿐만 아니라 밀암과 형제들의 왕래에도 마찬가지였다(병 7.3).

노론 당국자의 입장에서는 갈암에 대한 수령들의 환대가 몹시 불편하였던 것으로 보인다. 즉, 감진어사(監賑御史) 조태구(趙泰耉)는 종성태수가 귀양객을 잘 대하여 주었다는 소리를 듣고 심히 책망하기도 하였다(정 5.25). 이러한 분위기 속에서 상당수의 수령들은 병을 핑계하거나 혹은 당국자의 눈에서 벗어날까 두려워 접대를 못하는 경우도 있었다.[30] 독우(督郵) 류칭연(柳秤然)은 병을 핑계하였는데, 그는 대장(大將) 류혁연(柳赫然)의 서종(庶從)이었고(갑 5.02), 금성태수(金城太守) 류명웅(柳命雄)은 서울로 압송되는 갈암을 감히 나와 맞이하지 못하고 몰래 사람을 보내 문안하기도 하였다(갑 5.25).[31] 특히 안변태수 이돈(李墩)은 명리(名利)를 좇는 무리로 이름났는데 가마군 3명

30) 李栽, 《蒼狗客日》 上, 甲戌 7月 28日. "羅公弘佐 … 稱病不出, 遣人迎勞, 饋遇加厚. … 竊聞羅帥爲來見也, 其母止之曰: '汝獨不畏掌令耶?' 遂不敢出云."; 下, 丁丑年 5月 25日 以後. "過鏡城時, 北兵使李尙銓者, 稱病不出, 使一下吏, 饋二斗米. 盖畏通判申鉦, 申鉦命圭子也."

31) 류명웅은 차후 갈암이 서울에서 종성으로 유배될 때는 영접이 심히 융숭하였고, 궤신(饋贐: 음식과 노잣돈) 역시 후하였다(李栽, 《蒼狗客日》, 甲戌 7月 15日).

을 지급하는 것도 거절하였다(갑 5.9, 10). 흡곡태수(歙谷太守)나, 김화태수(金化太守) 김창국(金昌國) 형제, 북산(北產)인 우승(郵丞) 오우진(吳羽進) 등도 미온적인 입장이었다(갑 5.7, 7.14). 삼례찰방(參禮察訪) 이심전(李心傳)은 영천인(榮川人)으로 동도인(同道人)이었는데도 미리 피하여 나타나지 않았다(정 7.18 이전). 반면에 함경도 평사(評事)로 종성에 들어왔던 지평 김시걸은 갈암을 탄핵하는 데 앞장섰던 인물이다. 밀암은 그가 온다는 소리에 떨린다고 하였다. 노복들에게도 함부로 나돌아다니지 말 것을 엄명하였다(갑 9.14). 그러나 김시걸은 도리어 부사에게 "중신(重臣)이 가까이 있으니 체모를 보존할 수 있도록 하라"는 당부를 하였다고 한다(갑 9.17). 밀암은 의아하게 생각하였다. 김시걸은 갈암이 해배될 당시 전라감사로 역시 행구(行具)를 갖추어 주었다.

이상에서 볼 수 있듯이 몇몇 지방관들을 제외하고는 갈암에 대해 적극적으로 배척하는 모습은 보이지 않는다. 갈암의 유배가 지극히 정치적인 문제였고, 또한 당시 환국과 더불어 남인계 수령들이 대거 파직되거나 교체되고 있었던 점을 염두에 둔다면, 이 같은 모습은 다소 의외의 일이다. 이런 사정을 밀암 역시 "(함경)남북도 수재(守宰)로 노당(老黨) 한둘을 제외하고는 영접하고 신문(贐問: 노잣돈을 보내면서 안부를 물음)하지 않은 이가 없었다."라고 하였다(정 5.25 이후). 이것은 물론 갈암의 유배가 부당함을 은연중에 강조하고자 한 밀암의 입장에서 어느 정도는 과장된 측면도 있을 것이나 전체적으로는 생각과 달리 당색이나 당파에 따라 크게 배척되지 않았음은 분명해 보인다.

반면에 호의는 유배인과 수령들의 이런저런 관계망에서 더 직접적으로 작용하고 있었다. 이제 갈암에게 큰 후의를 베풀거나 베풀기를 기대하였던 경우에는 어떤 관계망을 가졌는지를 살펴보기로 한다. 다시 말해 당시 사회에서 어떠한 관계망이 중요하게 생각되고 또 당연한 것으로 이해되었을까 하는 문제이다.

당시 사람들이 중요한 관계로 생각할 수 있었던 것은 역시 친인척이었을 것이다. 갈암의 유배에 친인척의 위로와 지원은 적지 않았을 것이다. 그러나 이들의 존재는 유배 그 자체가 먼 타지에서 전개되는 일이어서 그렇게 구체적으로 등장하지 않는다. 다만, 영해 사동(沙銅)을 지날 때 황씨・이씨 여러 척족(戚族)들의 위문이 있었고(갑 4.26), 표형(表兄) 황석보(黃石寶)가 산곡에서 나와 마중하였으며(갑 4.27), 고성(高城)에서는 척고(戚故)가 있는 이중계(李重啓)와 아들 항춘(恒春)이 찾아왔다(갑 5.4). 서울 국옥 시에는 이동보(李仝輔, 公二)가 동종(同宗)으로 열흘 혹은 보름씩 머물며 어려움을 함께하였다(갑 윤 5.1). 또한 종성태수 박명의와는 선대인(先大人)부터 사귀어 온 정이 있었음은 이미 언급한 바이다(갑 7.9). 여기서 관심을 가지는 것은 척족이나 척고, 동종, 세의 등으로 일컬어지는 인물들과의 구체적인 관계이다. 표형을 제외하고는 모두 가까운 친척이 아님은 분명해 보인다.

일반적으로 생각하듯이 친척이란 대등한 신분이나 가깝고 먼 관계로만 재단되었던 것은 아니었다. 가령, 밀암이 자형과 함께 부령(富寧)에 갔을 때 읍의 기생인 덕행(德行)이라는 자가 주찬(酒饌)을 가지고 찾아왔다. 물론 연고가 있었기 때문이었다. 덕행은 전 종성부사 강여호(姜汝㦿)와 관계를 맺었던 읍기(邑妓)의 소생이고, 밀암의 자형과 강령(姜令)의 아들 필형(弼亨)이 인척이 되는 아주 복잡하고 먼 관계로 얽혀 있다(갑 11.18). 갈암의 국옥 시에 자주 출입하였던 참봉 정지상(鄭至祥)과 진사 한숙(韓塾)은 영의정 남구만(南九萬)과 판금오(判金吾) 신여철(申汝哲)의 처제(妻弟)요, 이제(姨弟)였다. 밀암은 이런 관계를 통하여 갈암의 구명과 국옥(鞫獄)에 대한 정보를 얻고자 하였다. 그런데 참봉 정지상과 진사 한숙은 '중인(中人)의 무리'였으니(갑 6.11), 번듯한 양반 친척이 아니었음이 분명하다. 이 또한 조선시대의 인척 범위가 가까운 동종의 동등한 신분의 혈연관계만을 의미하는 것이 아님을 보여 준다.[32] 조선후기 비록 종법(宗法)이 정착되었다고는 하나 명문가에서는 여전히 '팔고조도(八高祖圖)'가 작성되고 있었다. 팔고조의 범위가 여전히 인척의 범위로 작동하고 있었음을 의미한다.

《창구객일》에서 볼 수 있는 또 다른 관계망으로는 동향(同鄕), 동도(同道) 의식이다. 동향의 사람들은 친척들과 함께 유배 첫머리를 함께 시작하였고, 노자(路資)를 마련하거나, 또 멀리까지 따라와 배웅을 하였다. 경유지나 유배지의 수령 등이 동향·동도인이라면 특별한 관계로 인식되었던 것으로 보인다. 그래서 동향이라거나 동도인이라는 사실을 반드시 언급하였다(갑 4.30, 5.13, 5.26, 7.13, 12.12 등).

국문장으로 압송하기 위하여 파견된 가도사(假都事)는 이정해(李廷諧)였다. 그의 도착 이후부터 하루에 150리, 170리의 길을 달렸다. 나졸들은 잠시의 쉴 틈조차 주지 않고 몰아쳤다. 그런데도 조금 쉬어 가기를 청하자 도사가 들어주었다. 그것은 도사 이정해가 언양인(彥陽人)으로 동도인(同道人)이기 때문이라고 하였다.[33] 밀암은 어려운 처지에 동향 · 동도인이라는 사실 자체만으로도 다행스럽게 생각하였다. 따라서 기대에 어긋났을 때에는 그만큼 더 서운하고 섭섭할 수밖에 없었다.

철원쉬(鐵原倅) 황진문(黃震文)은 칠곡인(漆谷人)이다. 그는 일찍

32) 이러한 동족의식을 배경으로 이 시기 이후의 족보는 경화사족들만이 아니라 지방의 한미한 가문의 일족까지도 포괄하는 족보를 편찬하였다(權奇奭, "15-17세기 族譜 편찬과 참여계층 연구", 박사학위논문, 서울대학교 대학원, 2010).

33) 李栽, 《蒼狗客日》 上, 甲戌 5月 26日. "假都事 卽彥陽人李廷諧也 同道有面雅 爲聽之."

이 동도인(同道人)이라는 연고로 집에도 자주 출입하였으나, 유배길에는 한 번의 문안도 없었다. 밀암은 이를 괴이하다고 하였다. 더욱이 말이 병들어 귀양길이 어려워지자 그에게 도움을 청하였지만 출타를 핑계로 끝내 응하지 않았다. 밀암은 풍속이 크게 허물어짐과 이런 사람들을 어찌 독서인이라고 할 수 있겠느냐고 한탄하였다(갑 7.13). 독서인이란 선비를 말한다. 선비란 불의에 굴하지 않아야 할 표상이다. 더 이상 선비로 인정하여 줄 수 없다는 말이다. 선비의 반대어는 시정잡배쯤일 것이다.

동향·동도의 관계는 신분의 고하에 구애되지 않았다. 국옥에서 갈암을 담당하였던 2명의 당번 가운데 한 명은 평해[箕城]의 정병(正兵) 윤세명(尹世命)이라는 자였다. 밀암은 이웃 고을 사람인 윤세명에게서 옥중의 소식과 음식, 거처 등 여러 가지 도움을 받을 수 있었다(갑 7.1). 조산만호(造山萬戶) 박지화(朴枝華)라는 자는 본래 영해(寧海) 관노의 아들이었는데, 스스로 동향이라 하여 성의를 다하였다.[34]

갈암이 홍원·종성 유배길에서 접촉하거나 경유한 지방관들은 대략 52, 53명에 달한다. 이들 가운데 7, 8명 정도가 '막연(漠然)' 또는 '불출(不出)'하였으니, 거의 대부분이 갈암의 유배길에 '출영(出迎)'하거나 '내현(來見)'한 셈이다. 마중을 하거나 내방한 지방관들은 모두 조석 공궤는 물론이고, 다양한 형태의 지원과 물품들을 제공하였다. 그것은 궤신(饋贐), 행신(行贐), 행자(行資) 등의 막연한 표현에서부터 유배길에 필요한 행구, 미포, 미두, 미육, 어찬 등 양식과 찬류의 제공 등 다양한 형태로 표현되고 있었다. 뿐만 아니라 추운 겨울을 나기 위한

---

34) 李栽, 《蒼狗客日》 下, 甲戌 12月 15日. "造山萬戶朴枝華者來謁. 枝華, 本寧海官奴天建之子也. … 自言有同鄕之義, 頗輸誠納款."

면 저고리나(갑 9.18, 10.1) 외투, 두꺼운 겹이불(을 1.3), 또는 땔감 등을 보내주기도 하였고, 필묵을 보내거나 사슴꼬리를 달여 양로(養老)하게 하기도 하였다(갑 12.21). 특히 감사와 병사들은 각 관아의 관곡(官穀)을 내어 주었다. 북백(北伯) 권흠(權歆, 是經)은 홍원영(洪原營)의 곡식 10여 곡(斛)과 종성영(鍾城營) 미곡(米穀) 수곡(數斛)을 궤신하였고(갑 5.14), 북원수(北元帥) 원진수(元振洙)는 종성영(鍾城營) 미두(米豆) 40여 곡을 내어서 도와주었다(갑 8.8). 곡(斛)을 글자의 어의대로 10말로 계산한다면 10여 곡이나 40여 곡이란 상당한 양임을 알 수 있다.

아무튼 유배길에서나 유배생활에서 유배인의 부담은 거의 없었다고 할 수 있을 정도로 모든 것을 지원받고 있었다. 따라서 생활의 궁핍함은 어디에서도 찾아보기 어려웠다. 도리어 지원물품은 넉넉하였다. 그래서 홍원에서 서울로 압송될 당시 가도사의 나장(羅將)에게 한 바리의 물건을 제공할 수도 있었다(갑 5.24). 종성 유배 중에는 남는 곡식으로 종이를 바꾸기도 하였고(갑 10.6), 저축해 두었던 마포(麻布) 40여 필을 도난당하기도 하였다(을 1.7).

2) 서울 인사들의 내방과 지원

이미 언급하였듯이 갈암은 1차 유배지 홍원에서 압송되어 국문을 받았다. 홍원에 도착한 지 불과 10일 만의 일이었다. 경황이 없었다. 국옥 초기에는 오직 갈암 혼자서 감당할 수밖에 없었다. 밀암으로서는 국문장 안에서 무슨 일이 어떻게 전개되고 있는지 도무지 알 수가 없었다.

국문장으로의 압송이 너무나 급속하게 전개되어서 대응할 기회를 전혀 가질 수 없었다. 처음으로 입성했을 때에는 돈도 없었고, 호구(糊口)할 방법도 없어 서울의 친구들에게 돈을 빌려야 했다. 더구나 수행하였던 노비와 말도 적지 않았고, 곧이어 향리에서도 갈암의 백형과 많은 인척들이 왔기 때문에 노숙(露宿)을 면하지 못하는 실정이었다(갑 5.29). 그러나 무엇보다도 어려웠던 것은 이 같은 환난을 해결해 줄 정치세력이 없었다는 것이다. 당시 남인은 철저히 제거되어 극히 쓸쓸하였기 때문이다. 밀암은 이 같은 상황을 다음과 같이 서술하고 하고 있다.

> 우리는 원방(遠方)의 고독한 단신으로 이미 친당(親黨)이나 반연(攀聯)도 없고, 앞뒤에서 도와주는 사람들은 모두 가난하고 또 모든 일들을 좌우에서 주선해 주지 못하여 … 매번 조예(皂隷: 하인들)를 만나면 두려워서 숨이 차며 기도하고 애걸하며, 주야간의 기후와 안부를 물어 비록 좋은 소식을 얻는다 하더라도 또한 기뻐하는 마음을 가지기 어렵다. 아침저녁 탁전(橐饘: 식사)에 이르러서는 역시 감히 뜻에 따라 진공하지 못하니 선민(鮮民)의 삶이 진실로 죽는 것만 같지 못하다.(갑 윤5.1)

이것은 갈암이 명의죄인으로 국문장으로 압송되어 오던 초기의 상황이었다. 말하자면 모두가 경황이 없었던 것이다. 갈암뿐만 아니라 갈암과 왕래가 있었던 많은 사람은 이미 체포되었거나 거의 축출된 상태였다. 그런 가운데서도 성중의 대가들은 빠짐없이 사람을 보내 왔고, 일부는 참화를 입고 있는 가운데서도 물자를 보내왔다. 그러나 이들도 수일 후에는 종적이 쓸쓸해졌다. 이들에게도 화가 미쳤기 때문이다. 그러나 많은 남인들이 이런저런 참화를 당했다고는 하나 한때 국정을 주도하던 세력이었고, 근기남인들의 세력이 아직은 뿌리째 뽑히거나, 삶의 근거지를 상실하지 않은 때였다. 다만 국왕 숙종과의 관계가 완전히 단절됨으로써 정치적인 구원자나 배후가 되어줄 수 없었을 뿐이었다. 함께 마음을 나누거나, 경제적인 도움은 얼마든지 가능한 일이었다. 따라서 모두가 손을 놓고 있었던 것은 아니었다.

> 오직 서울의 인사로 한두 번 화를 당한 집 외에는 알건 모르건 간에 모두가 주선하여 도와주고 날마다 존문(存問)하며 … 사람들이 전폐(錢幣)와 미두(米豆), 염장(鹽醬), 어채(魚菜) 등을 가지고 궁핍함을 구제하여 70여 일간 왕래한 자가 근 수백 명이고, 돈 백여 량(兩), 미두 각 10여 곡, 어채 등이 또 이 정도 되어 상하 많은 사람들로 하여금 밥을 굶주리게 하지 않고, 기타 배행(陪行)의 경비를 모두 이로 응할 수 있게 되어 빌려야 하는 걱정을 면하게 하여 주었다.(갑 윤5.1)

갈암이 국문장에서 보내던 70여 일간 밀암 등의 자제를 찾아와 위로하거나 경제적인 도움을 주었던 사람들은 표현 그대로 '수백 명'에 달하였다. 이들의 지위와 신분은 다양하였다. 물론 그들 대부분은 도사, 참봉 등 하급 관료들이나 진사 등이었다.[35] 그리고 중로인(中路人)이나 무변(武弁)들도 많았다. 그러나 무변인들의 왕래는 사절되고 있었다. 이들은 고변에 자주 등장하고 있었기 때문에 또 다른 빌미를 제공하지나 않을까 염려되었던 탓이었다.[36]

---

35) 그 구체적인 인물은 양주(楊州)의 이형상(李衡祥), 원외(員外) 이우겸(李宇謙), 참판(參判) 이옥(李沃), 도사(都事) 이정석(李挺晳: 白而), 도사(都事) 권성중(權聖中: 時用), 참봉(參奉) 남연(南淵; 汝), 참봉 권설(權卨: 桓伯), 부솔(副率) 정도휘(丁道徽: 美卿), 진사 이협(李浹; 悅卿), 권갑만(權甲萬; 子壽), 강석륵(姜碩勛; 功甫), 강학(姜樽), 남휘(南徽: 君美), 이찬(李燦: 明叔), 윤관(尹寬: 德裕), 이동보(李仝輔: 公二) 등이다.

36) 李栽, 《蒼狗客日》 上, 甲戌 潤 5月 1日. "引義李世弼. 別提玄達源, 乃中路人, 能爲之眷念不已, … 武弁中, 亦多有來問者, 親舊皆言 時義不可頻接武人, 吾等遂以此意謝遣之."

그렇다고 모두가 함께하였던 것은 아니었다. 목씨(睦氏)들 집안에서는 서얼인 목임장(睦林樟)을 제외하고는 한 사람도 찾아오는 사람이 없었다.[37] 모두들 의아하게 여겼다. 또한 벼슬하고 있는 친구들이나 고향의 친구들 가운데서도 찾아오지 않은 경우가 많았다. 밀암은 못내 섭섭해하였다. 이들을 양자(楊子)의 무리라고 비난하기도 했다.

> 문안함이 서로 미치지 못하니 어찌 멀어서 주선하지 못하겠는가? 혹 고향 친구들 중에는 마땅히 문안해야 하는데도 하지 않는 자들은 양자라고 바로 지목되더라도 면하지 못할 것이니 어찌 입에 담을 필요가 있겠는가? 후일의 자제들을 위해 기록하여 참고하게 한다.(갑 윤5.1)

그런 가운데서도 국옥(鞫獄)의 사정은 노론의 의도대로 전개되지는 않았다. 도리어 혐의에 대한 갈암의 변론은 당당하고도 설득력이 있었다. 마침내 문제를 일으켰던 안세징(安世徵)이 구체적인 사실을 확인하고는 도리어 잘못을 시인하고 물러나는 사태에까지 이르렀다.[38] 소론인 영상 남구만(南九萬)과 우상인 윤지완(尹趾完) 등도 우호적이었다. 그러나 노론으로서는 갈암으로 상징되는 영남의 남인세력을 확실하게 제거해야 할 필요가 있었다. 그것은 갈암이 영남 남인을 대표하는 산림으로서의 위치를 가졌기 때문이었다. 따라서 갈암에 대한 협의는 사실관계의 문제가 아니라 어디까지나 정치적인 문제였기 때문에 방면(放免)을 기대하기는 어려웠다. 사실 심리가 일찍 끝났음에도 불구하고 70여 일간이나 옥문을 나오지 못하였다. 물론 방면된 것이 아

37) 李栽, 《蒼狗客日》 上, 甲戌 潤 5月 1日. "獨睦家子弟漠然無一人來, 最後有庶孽睦林樟者持錢來見, 聞者異之."

38) 〈葛庵年譜〉, 甲戌年 7月 참조.

니라 극변에 위리안치되는 것이었다.

서울 인사들은 갈암이 광양으로 이배되는 과정에서 서울을 지날 때 다시 한 번 만날 기회가 있었다. 정축년(1697) 5월 25일에 종성을 떠난 갈암은 목멱산 뒤 사이길을 따라 남문 밖 이태원리에서 3일간 묵었다. 이때도 역시 "조신위포(朝紳韋布: 조정의 벼슬아치와 벼슬에 나아가지 못한 사람)들은 서로 이어서 내문하였고, 각기 힘에 따라 궤신하였으니 갑술년(甲戌年)과 다르지 않았다"(병 5.27 이후). 도리어 〈표 4〉에서 볼 수 있듯이 갑술년보다 더 많은 사람들이 찾아왔다. 따라서 돈이나 물품 등의 부조 또한 더 많았음이 분명하다. 이때는 방면에 대한 기대도 높았기 때문이다.

6. 맺음말

이상에서 갈암 이현일의 유배생활과 밀암 이재의 시종생활을 검토하였다. 그 대강을 요약함으로써 결론에 대신하고자 한다.

갈암의 유배는 대부분의 유배 자체가 그러하듯이 정치적인 문제였다. 남인은 기사환국을 통하여 정국을 주도하게 되었다. 그러나 그것은 순전히 남인의 역할이었다기보다는 숙종이 의도한 바였다. 따라서 집권 남인과 숙종은 서로에게 일시적으로 필요한 존재일 뿐이었다. 갈암은 영남의 종장(宗匠)이며 산림으로 출사하였다. 갈암이 가지는 이 같은 상징성에도 불구하고 그의 정치적 역할은 한계를 가질 수밖에 없었다. 도리어 그가 가진 이 같은 상징성은 갑술환국 이후 노론의 견제와 탄압의 표적이 되었다. 이런 점에서 갈암의 유배는 단순하지만은 않았다.

갈암의 첫 유배지는 홍원이었다. 향리 영해의 석보에서 1,350여 리의 먼 길을 24일에 걸쳐 도착하였지만, 다시 서울로 압송되어 70여 일의 국문과정을 거쳐 함경도 종성으로 재차 위리안치되었다. 서울에서 종성까지의 길은 2,038리로 35일의 여정이었다. 압송관인 의금부의 금오랑이나 가도사는 금리와 나졸 등을 대동하였고, 갈암과는 떨어져 이동하면서, 주로 관의 객사나 역정(驛亭)을 이용하였다.

갈암의 유배길은 역로를 따라 주로 가마로 이동하였고, 대부분 역원에서 묵었다. 이동에 필요한 말과 가마꾼은 대체로 경유지 군현에서 제공해 주었다. 경유지의 수령들은 말과 사람만이 아니라 음식물과 노자, 유배길에 필요한 각종 물품들을 제공하는 것이 관례였다. 물론 인마의 지급을 거부하거나 갈암을 외면하는 수령들도 없지 않았지만, 적어도 음식물의 공궤나 노자 등의 부조는 거의 예외가 없을 정도였다. 경유지의 고을에서 인마가 지급되었지만, 갈암의 유배에는 아들 밀암을 비롯하여 적어도 2~3필의 말과 6~7명의 노복(奴僕)이 함께하였다.

유배지의 사관(舍館)은 유배고을에서 마련해 두었다. 부엌과 마구간, 변소 등이 비교적 잘 갖추어져 있었고, 그릇 등 일용 용구나 미두(米豆)와 어염(魚鹽)과 장류(醬類), 소채(蔬菜) 등도 넉넉히 마련되어 있었다. 관리나 노비의 도움을 받기도 하였고, 땔감도 수시로 공급되었다. 뿐만 아니라 인근 수령들도 자주 내방하면서 필요한 물자들을 공급해 주었다.

유배와 유배생활에 필요한 경비와 물자는 사실상 유배객이 아니라 경유지나 인근 수령들에 의해 제공되고 있었다. 갈암의 경우 유배길에서의 한두 번을 제외하고는 경제적인 궁핍은 어디에서도 찾아보기 어렵다. 바꾸어 말하면 유배과정 또는 유배지에서의 생활에 필요한 제반 경비는 전적으로 관할 또는 인근 수령들에게 의존했지만, 전혀 궁색하지 않았다.

물론 갈암의 유배생활에 절대적인 존재였던 지방관들은 인아친척(姻婭親戚)은 말할 것도 없고, 남인이나 조정의 동료, 심지어는 그들의 먼 인척 등의 관계망으로 연결되어 있었다. 그리고 동향(同鄕)·동도인(同道人)이라는 동향의식도 크게 작용하였다. 생명부지의 인물도 이런 관계로 쉽게 연결되고 관심을 베풀기를 주저하지 않았다. 유배객에게 이런 관계망은 친소(親疎)와 신분의 고하(高下)와 관계없이 작동하고 있었다.

이러한 관계망은 조선 양반사회가 가지는 공동체의 한 모습이라 할 수 있다. 이를 통해 다양한 상호부조가 행해짐으로써 그들 자신에게 가해지는 시련을 극복할 수 있었던 것이다. 물론 이러한 관계망은 대상 인물의 학문이나 가문의 위상에 따라, 그리고 정치 사회적인 지위 등과 관련하여 그 범위와 관계의 견고함이 크게 차이 날 것임은 당연하다. 이런 점에서는 갈암과 밀암의 관계망을 조선 양반사회의 일반적인 현상으로 이해하기에는 주저된다. 조선사회는 학문과 신분의 고하, 정치 사회적 지위에 따라 그 연망의 범위와 조직의 강도가 달라질 수 밖에 없었다. 이런 사정은 오늘날에도 크게 다르지 않다.

〈표 1〉 내문인사(來問人士)와 지원물품

월 일	성 명	관직	내 용	비 고
4.22	이조장(二趙丈)		極力顧助	元塘의 趙顕, 芝村의 趙頻
4.23	향인(鄕人)		各饋贐	
	김성좌(金聖佐)	후(候)	來有贐	
4.24			宗戚及鄕人40餘人 自校中來餞	網谷里
	신대관(辛大觀)	기성태수(箕城太守)	贐行諸具無不曲盡	
4.25			鄕廳/鄕校 有贐	
4.26	김전(金戩)	태수(太守)	堅勒致問, 饋以米肉各若干種	水山驛所在太守
4.28	박상형(朴相馨)	삼척태수(三陟太守)	饋米肉	
	신치관(辛致寬)	진장(鎭將)	米布魚若干	
	권만년(權萬年)	평릉독우(平陵督郵)	米布魚若干	
4.30	오한창(吳漢昌)		來謁(生本鄕里舊相識 數年前 客寓溟洲)	
5. 2	정태방(鄭泰邦)	도사(都事)	行贐(伯胤 上舍 鄭天柱)	
	권시일(權時一)		行贐	載一, 均一 追到
	민진형(閔震炯)	양양현령(襄陽縣令)	贐行優厚 饋藥數十種	辭讓
	류칭연(柳秤然)	독우(督郵)	稱病不出	柳赫然庶從
5. 3	이인소(李寅熽)	간성태수(杆城太守)	饋遇有禮	上京
5. 4	이후영(李後榮)	고성태수(高城太守)	出迎, 贐行	安東, 先世 親分
	이중계(李重啓)		來謁(子 恒春과 安東에 客寓)	

<table>
<tr><td>5. 5</td><td>신무
(愼懋)</td><td>상사(上舍)</td><td>來見(前年上疏論國計者,
子輝國繼至)</td><td></td></tr>
<tr><td>5. 6</td><td>민주창
(閔周昌)</td><td>통천군수
(通川郡守)</td><td>送藍輿以迎</td><td></td></tr>
<tr><td>5. 7</td><td>황이명
(黃爾明)</td><td>흡곡태수
(歙谷太守)</td><td>邈乎其無情</td><td></td></tr>
<tr><td>5. 9</td><td>이돈
(李墩)</td><td>안변태수
(安邊太守)</td><td>聞問不相及 寂晩;
護送軍支給拒否</td><td>太守時輩名流,
辭不受</td></tr>
<tr><td rowspan="2">5.10</td><td>윤제만
(尹濟萬)</td><td>덕원태수
(德源太守)</td><td>接遇甚款 贐行且厚</td><td></td></tr>
<tr><td>이인석
(李寅錫)</td><td>문천태수
(文川太守)</td><td>見遇之款 不減德源倅</td><td></td></tr>
<tr><td rowspan="3">5.11</td><td>윤이취
(尹以就)</td><td>고원태수
(高原太守)</td><td>置饋贐頗優</td><td></td></tr>
<tr><td>나홍좌
(羅弘佐)</td><td>영흥태수
(永興太守)</td><td>冠服來見 饋贐亦頗厚</td><td>有世誼</td></tr>
<tr><td>홍즙
(洪楫,
通老)</td><td>준원참봉
(濬源參奉)</td><td>聞行聲 從直所來, 借乘送至咸興</td><td>一善人,
偶成同道會</td></tr>
<tr><td>5.12</td><td>이한규
(李漢珪)</td><td>정평태수
(定平太守)</td><td>具冠服來見</td><td></td></tr>
<tr><td>5.13</td><td>김몽협
(金夢協)</td><td>북백반자
(北伯半刺)</td><td>遣候吏迎勞 具冠服來見</td><td>領府事
金德遠從父兄子</td></tr>
<tr><td>5.14</td><td>권흠
(權歆,
是經)</td><td>북백(北伯)</td><td>出洪原營穀十許斛 以周之</td><td></td></tr>
<tr><td>5.16</td><td>최진한
(崔鎭漢)</td><td>홍원태수
(洪原太守)</td><td>出迎</td><td>流配地 守令</td></tr>
<tr><td>5.17</td><td>이정흥
(李鼎興)</td><td>금오랑
(金吾郎)</td><td>頗有顧藉之意</td><td>吾儕中人</td></tr>
<tr><td>5.25</td><td>류명웅
(柳命雄)</td><td>금성태수
(金城太守)</td><td>不敢出 陰遣人相問</td><td></td></tr>
<tr><td>5.26</td><td>이정해
(李廷諧)</td><td>가도사
(假都事)</td><td>(彦陽人 同道有面雅)</td><td></td></tr>
</table>

7.10	윤취상 (尹就商)	양주목사 (楊州牧使)	遣人致書 饋米肉	
7.13	황진문 (黃震文)	철원쉬 (鐵原倅)	漠然無問 固已怪之(漆谷人 曾以同道 故數出入門墻, 金大諫에게도 마찬가지)	
7.14	김창국 (金昌國)	김화태수 (金化太守)	漠然	金壽恒兄子
	오우진 (吳羽進)	우승(郵丞)	漠然	北產
	김몽협 (金夢協)	함주통판 (咸州通判)		罷歸
7.15	류명웅 (柳命雄)	금성쉬 (金城倅)	迎接甚款, 饋贐亦厚	
7.16	이만동 (李萬東)	회양쉬 (淮陽倅)	饋行資	
7.19	황재명 (黃再命)	덕원태수 (德源太守)	卽出相見, 待之有禮	
7.21	윤(尹)	고원쉬 (高原倅)	卽出相見, 待之加厚	
	이성 (李筬)	영흥태수 (永興太守)	日再來見, 情意寬厚	監司 李德周의 從父兄子
7.22	천약 (天若)	초원쉬 (草原倅)	迎接寬厚	故人
7.24	김(金)	정평쉬 (定平倅)	出見致款	不得優致贐
7.25	이광점 (李光漸)	우후(虞侯)	來見	以嶺人佐幕
	권시경 (權是經, 歆)	북백(北伯)	追問, 且以鍾營米穀數斛 饋贐; 遣人來問 餽米豆數斛(9.21)	僚分
7.28	나홍좌 (羅弘佐)	남수(南帥)	稱病不出, 饋遇加厚	母가 挽留
	원성유 (元聖兪)	통판(通判)	致問有贐	除掌憲未及離任

7.29	이동영(李東英)	태수(太守)	病不出 遣人致問	
	이영(李泳)	거산승(居山丞)	見待頗寬厚(自言 其祖堯臣 嘗遊退陶之門)	忠武公兄孫,
8. 2	홍수점(洪受漸)	단천쉬(端川倅)	漠然	
8. 3	이시면(李時冕)	성진첨사(城津僉使)	來饋米豆	
	남륜(南崙)	길주목사(吉州牧使)	遣人迎勞 爲供朝晡, 一日留宿; 冬裘 送(10.2)	南汝源의 族子
8. 7	이동상(李東相)	수성승(輸城丞)	二匹馬助; 來謁(1.21)	李元翼兄孫
8. 8	원진수(元振洙)	북수(北帥)	饋遇甚厚, 出鍾營米豆40餘斛	
	성호신(成虎臣)	통판(通判)	漠然 猶爲供朝晡	
8.10	이두망(李斗望)	부령태수(富寧太守)	迎接款厚	
8.12	이홍술(李弘述)	회령태수(會寧太守)	迎接加禮; 伻問餽米魚(12.20); 伻問(2.22)	
8.13	조유형(趙由亨)	고령첨사(高嶺僉使)	來謁(12.17); 伻問(2.13)	
	배상순(裵尙順)	방원만호(防垣萬戶)	來謁	
8.14	남치훈(南致熏)	종성쉬(鍾城倅)	遣人迎接 意甚厚	罷遞待次
8.19	최도(崔檮)	온성부사(穩城府使)	委伻致問 饋米魚各種; 來謁(11.23); 來謁(1.29); 送人來問(2.10)	
8.27	이국화(李國華)	경원부사(慶源府使)	饋米豆魚肉; 歲問(2.9)	

8.30	박명의 (朴明義)	종성신쉬 (鍾城新倅)	貽書致問 餽酒饌; 餽鹿尾(12.21); 來拜(1.1); 具酒饌進(1.11); 送米豆(2.7); 送行資(2.15); 艾湯進(2.23)	
9.22	윤제만 (尹濟萬)	북백막하 (北伯幕下)	來謁	
10.28	이광점 (李光漸)	북백막하 (北伯幕下)	來謁	以嶺人來
		북병사 (北兵使)	來謁; 又來問(30); 筆墨及篆訣印本(12.5); 遣人問(12.29); 遣人問新年起居 造袷衾見寄(1.3)	
12. 5	원휘 (元徽)	선천(宣川)	來謁	兄弟 來謁
12.15	박지화 (朴枝華)	조산만호 (造山萬戶)	來謁	寧海官奴之子, 同鄕之義云云
1695 1. 8	이세창 (李世昌)	세천권관 (細川權管)	來謁 贈葦簟	
1.16	장선한 (張善漢)	우후(虞侯)	始有書問	
2.10	정택 (鄭澤)	유원첨사 (柔遠僉使)	遞歸來謁	
1696 7. 3	신대관 (辛大觀)	기성태수 (箕城太守)	待之極款 贐行特厚	
1697 3.	홍수점 (洪受漸)	종성신쉬 (鍾城新倅)	初漠然 時時餽魚米; 連日來問 種種饋遺(5.21)	前端川倅
5.25	이후성 (李后晟)	회령백 (會寧伯)	無不顧見	金領府事姨從
이후	이징해 (李徵海)	금오랑 (金吾郞)	寬厚, 不以色目	故相李行遠之孫, 權天章相識
	이익년 (李翼年)	고산승 (高山丞)	親爲護送	

	우서규(禹瑞圭)	남병사(南兵使)	館遇尤厚	
	이광하(李光夏)	북백(北伯)	致問 餽米豆魚錯	
	이상전(李尙銓)	북병사(北兵使)	稱病不出 使一下吏 饋二斗米	畏通判申鉦 鉦命圭子
	김진규(金鎭圭)	준양부사(准陽府使)	前渡無船見喝	
	박신(朴紳)	양주태수(楊州太守)	卽出相見 嗟勞之甚厚	
	허지(許墀)	수원백(水原伯)	闞館羅羞 資送甚悉	
	신후명(申厚命)	호서백(湖西伯)	闞館羅羞 資送甚悉	
		직산백(稷山伯)	漠然	
		은진백(恩津伯)	漠然	
		전주백(全州伯)	漠然	
	신광제(申廣濟)	진위쉬(振威倅)	見待甚忽略	
	이심전(李心傳)	삼례승(參禮丞)	預避不見	桊川人 素出入京邸
	윤유손(尹有孫)	옥과쉬(玉果倅)	聞行聲 追至14里 情義款曲	
7.18				光陽 到着

비고: '음영'으로 표시된 인물은 갈암을 출영(出迎)이나 내문(來問)하지 않는 등 접대에서 소홀히 하였음을 의미함.

〈표 2〉 유배길의 노정

월/일	4/23		4/24	4/25	4/26		4/27		4/28			4/29
지명		인량리	기성	정명촌	덕신역	수산역	흥부역	옥원역	용화역	교하역	척주	평릉역
말/숙	출발	숙	숙	숙	말마	숙	말마	숙	말마	오	숙	말마
리수		0	50	20	35	35	40	35	35	35	25	35
월/일	4/29	4/30		5/1		5/2		5/3			5/4	
지명	낙풍역	안인역	대창역	연곡역	동산역	상운역	연창역	강선역	청강역	죽포역	열산역	명파역
말/숙	숙	말마	숙	오	숙	말마	숙	조	말마	숙	조	말마
리수	40	30	20	35	40	30	20	20	30	45	30	20
월/일	5/4		5/5	5/6		5/7			5/8	5/9		5/10
지명	대강역	고성		양진역	조진역	등로역	통천	흡곡	화등역	사암리	안변	원산리
말/숙	오	숙	유숙	말마	숙	조	오	숙	말마	말마	숙	
리수	25	20		25	45	15	35	30	50	25	30	35
월/일	5/10		5/11		5/12			5/14	5/15		5/16	
지명	덕원	문천	고원	영흥	초원역	정평	함흥		덕산역	인동원	함원역	홍원
말/숙		숙	오	숙	오	숙	숙	유숙	말마	숙	조	도착
리수	15	35	50	35	35	35	?		35	20	20	
월/일	5/18		5/19	5/20	5/21	5/22	5/23		5/24	5/25	5/26	5/27
지명	함원	덕산	함흥	정평	화원역	문천	덕원	파규촌	고산역	금성	포천	경성
말/숙	말마	숙	오	숙	숙	숙	말마	숙		숙	숙	
리수	30									150	170	100
월/일	7/9	7/10	7/11	7/12		7/13	7/14		7/15		7/16	
지명	서울	녹양역	성불리	포천	양문역	풍전역	생창역	직목	금성	창도역	신안역	준양
말/숙	발행	숙	숙	말마	숙			숙		숙	말마	숙
리수		55		60	35	45	50	?	15	35	30	30
월/일	7/17	7/18		7/19		7/20		7/21		7/22	7/23	7/24
지명	고산역	남산역	오산	원산리	홍원	양기역	전탄리	고원	영흥	초원		정평
말/숙	숙	말마	숙	말마		말마					유숙	
리수	?	50	20	20								
월/일	7/25		7/26		7/27	7/28		7/29		8/1	8/2	
지명	함흥	덕산	함원	홍원	평포역	북청	거산역	이성	곡구	마운령	단천	마곡
말/숙					말마		숙		숙	숙		숙
리수					45	50	55	50	30		50	45

월/일	8/3			8/4	8/5	8/6		8/7	8/8		8/9	8/10
지명	영동역	성진	임영역	길주		고참	명천	주촌역	영강역	경성	유성역	부령
말/숙			숙	오	유숙		숙	숙	말마	숙	숙	
리수	60	?	30	60		35	35	70	40	45	45	60
월/일	8/11	8/12	8/13		8/14	합계	5/25	7/18				
지명	고풍산	회령	고령진	방원보	종성	거경	종성	광양				
말/숙	숙		말마		오	35일	발행	도착				
리수	60	60		40	35	2038						
평균						58.2						

〈표 3〉 갑술(1694) 7월 북행시친구송행록: 유왕십리치행시(北行時親舊送行錄 留王十里治行時)

관직	이름	비고	관직	이름	비고	관직	이름	비고
참판	**박경후(朴慶後)**	**연일래(連日來)**	증산쉬	김일정(金一精)			윤인손(尹麟孫)	
도사	이귀령(李龜岭)		**교관**	**홍우하(洪宇夏)**			**이준(李浚)**	
도사	윤유손(尹有孫)		진사	홍만통(洪萬通)		**진사**	**이진시(李震蓍)**	
참봉	**권설(權卨)**	**연일래(連日來)**	교리	류재(柳栽)			**김형만(金亨萬)**	**연일래(連日來)**
좌랑	**이우겸(李宇謙)**		전적	원정도(元政道)			**이창명(李昌明)**	
성천쉬	이우진(李宇晉)		**도사**	**이정석(李挺晳)**			이찬(李燦)	연일래(連日來)
정랑	김하세(金夏世)		진사	홍중화(洪重華)		**진사**	**류문욱(柳文郁)**	
참봉	**남연(南淵)**		**진사**	**강석제(姜碩齊)**			**윤욱(尹勗)**	
감사	이현조(李玄祚)		**진사**	**이석인(李鍚仁)**			권협(權協)	

사간	김일기(金一夔)			이상은(李尙殷)			**이한필(李漢弼)**	
도사	**권성중(權聖中)**	**연일래(連日來)**		강학(姜㰒)		**진사**	**윤관(尹寬)**	
참봉	이상성(李尙晟)		진사	이태도(李泰道)			정운주(鄭雲柱)	
참판	**이옥(李沃)**		유원쉬	남천추(南天樞)			심우량(沈佑良)	
좌랑	**이정흥(李鼎興)**			안헌국(安憲國)			**이연(李演)**	**원주거(原州居)**
참봉	강봉언(姜奉琂)			이우인(李友仁)		**진사**	**김전(金銓)**	
도사	정세갑(鄭世甲)		진사	이인(李寅)/이연(李演)			**남휘(南徽)**	
동지	안여석(安如石)		함안쉬	정윤(鄭沇)	연일래(連日來)		정경주(鄭經周)	
참봉	권두기(權斗紀)	종시유련(終始留連)		박경화(朴景華)			우현규(禹玄圭)	
찰방	**홍일장(洪日章)**			이복인(李復仁)			우정구(禹鼎九)	
참봉	심처량(沈處良)		진사	이굉(李浤)		**저작**	**김태중(金泰重)**	
지평	홍만기(洪萬紀)		선달	권성시(權聖時)	연일래(連日來) 치행(治行)		류규장(柳圭章)	
감찰	이주명(李周命)	연일래(連日來)		정경주(鄭經周)		**인의**	**이세필(李世弼)**	**연일래(連日來)**
위솔	정도휘(丁道徽)			**정광린(鄭光獜)**			박상규(朴尙圭)	

좌랑	**홍경렴(洪景濂)**		진사	권신경(權信經)		**선전**	**이후로(李後老)**	
한림	**유세중(兪世重)**			이동보(李仝輔)	종시유련(終始留連)		**권갑만(權甲萬)**	
주서	**이도원(李道原)**			이목(李沐)		선달	이명빈(李命彬)	
참봉	**정지상(鄭至祥)**			이상주(李相周)			이서화(李舒華)	
진사	**이협(李浹)**	**연일래(連日來)**	진사	강석훈(姜碩勛)		별제	금구성(琴九成)	
양주쉬	이형상(李衡祥)			**윤헌주(尹憲周)**			신필해(申弼諧)	
참의	**이성중(李誠中)**	**연일래(連日來)**		윤침(尹鍼)		**별제**	**현달원(玄達源)**	
직산쉬	신후식(申厚軾)			**김익경(金益慶)**			김일환(金一煥)	
진사	이세원(李世瑗)	연일래(連日來)	**진사**	**최수석(崔壽錫)**			**김람(金覽)**	
옥천쉬	**정조갑(鄭祖甲)**		이상(貳相)	민이상 부인(閔貳相 夫人)	별단치신(別單致贐)	봉조하	이○○(李○○)	서문(書問)/별제신백화방주유(別製新棉花方紬襦)

비고 : 진하게 표시한 인명은 〈丁丑年 來問錄〉에도 등장하는 인물임.

〈표 4〉 정축(1697)과락시친구내문록:유남성외이태원치행시(過洛時親舊來問錄: 留南城外履泰院治行時)

관 직	이 름	관 직	이 름	관 직	이 름
판서	정유악(鄭維岳)	박사	정우주(鄭宇柱)	진사	권찬(權贊)
참판	이봉징(李鳳徵)	찰방	원치도(元致道)	진사	김저일(金著一)
참판	**이옥(李沃)**	**학유**	**윤헌주(尹憲周)**		**권갑만(權甲萬)**
참판	홍만조(洪萬朝)	별제	노사성(盧思聖)		**윤욱(尹勖)**

참판	**박경후(朴慶後)**	**옥천쉬**	**정조갑(鄭祖甲)**		정연주(鄭演周)
감사	심중량(沈仲良)	통진쉬	홍천령(洪天齡)		홍일성(洪一省)
종성쉬	박명의(朴明義)	**찰방**	**홍일장(洪日章)**		**김형만(金亨萬)**
동래쉬	성관(成瓘)	직장	박두인(朴斗寅)		**이창명(李昌明)**
홍주쉬	정래상(鄭來祥)	도사	이징(李徵)		윤지(尹摯)
집의	심최량(沈最良)	**참봉**	**정지상(鄭至祥)**		홍구범(洪九範)
좌랑	**이우겸(李宇謙)**	**도사**	**이정석(李挺晳)**		권상(權尙)
교리	이윤명(李允明)	**도사**	**권성중(權聖中)**		박경수(朴景洙)
파주쉬	이식(李湜)	직장	신교(申澋)		허학(許矐)
수원쉬	조식(趙湜)	**참봉**	**권설(權卨)**		이육(李焴)
정언	이윤문(李允文)	**직장**	**남연(南淵)**		**남휘(南徽)**
성천쉬	이정(李禎)	전적	이태석(李泰錫)		권치중(權致中)
병사	신익념(申益恬)	도사	김태경(金泰慶)		**정광린(鄭光潾)**
병사	원진수(元振洙)	비안쉬	송세정(宋世貞)		이만적(李萬迪)
용천쉬	김의만(金義萬)	판관	박제화(朴齊華)		유의중(兪義重)
삼등쉬	성대현(成大顯)	봉사	이덕현(李德玄)		**이한필(李漢弼)**
덕원쉬	윤제만(尹濟萬)	봉사	권두경(權斗經)		윤상흥(尹相興)
정랑	김시경(金始慶)	전적	박안도(朴安道)	진사	한승(韓陞)
선산쉬	유성명(柳星明)	**참봉**	**이성중(李誠中)**		**김람(金覽)**
삭령쉬	이상현(李象賢)	박사	박내명(朴來明)	별제	윤경제(尹景濟)
좌랑	홍중하(洪重夏)	찰방	권희설(權希卨)	도사	권성여(權聖輿)
도사	홍중주(洪重周)	학정	황수억(黃壽嶷)	부장	이인형(李仁亨)
교리	오상문(吳尙文)	정자	남도익(南圖翼)	초관	김성옥(金聲玉)
지평	오상우(吳尙友)	**진사**	**이협(李浹)**	초관	장추(張楸)
교리	**이준(李浚)**	진사	강석후(姜碩厚)	선전	윤성(尹珹)
교리	목내중(睦來重)	진사	노사현(盧思賢)	광양쉬	박창윤(朴昌潤)
좌랑	권세항(權世恒)	**진사**	**이석인(李錫仁)**	초관	최수학(崔壽學)
정언	정사효(鄭思孝)	**진사**	**이연(李演)**	초관	홍일신(洪日新)
판관	송정규(宋廷奎)	**진사**	**윤관(尹寬)**	무산쉬	안홍민(安弘敏)
순천쉬	윤유기(尹悠期)	진사	이담(李澹)	**전적**	**김태중(金泰重)**
판관	**홍경렴(洪景濂)**	**진사**	**김익경(金益慶)**	교검	김경재(金慶賚)

여천쉬	강석신(姜碩臣)	진사	윤은제(尹殷齊)	정자	강우량(康友諒)
판관	이인망(李仁望)	진사	신필문(申弼文)	**남해쉬**	**이후로(李後老)**
도사	정한주(鄭漢柱)	**진사**	**강석제(姜碩齊)**	**별제**	**현달원(玄達源)**
좌랑	한익상(韓益相)	**진사**	**유문욱(柳文郁)**	**인의**	**이세필(李世弼)**
좌랑	권준(權竣)	**진사**	**김전(金銓)**		이민하(李敏夏)
좌랑	**이정흥(李鼎興)**	**진사**	**최수석(崔壽錫)**	판서	윤이제(尹以濟)*
인천	이석(李瀬)	진사	박돈의(朴敦義)	판서	유하익(兪夏益)*
홍천	이직(李溭)	진사	우석규(禹錫圭)	판서	민취도(閔就道)*
교관	**홍우하(洪宇夏)**	**진사**	**이진시(李震蓍)**	참의	민창도(閔昌道)*
도사	**유세중(兪世重)**	진사	이경휴(李慶休)	참의	권중경(權重經)*
주서	**이도원(李道原)**	진사	권임구(權任矩)		

비고 : 1) * 표시는 '遣人致問'者임.
2) 진하게 표시한 인명은 〈甲戌年 送行錄〉에도 등장하는 인물임.

참고문헌

李 栽. 《蒼狗客日》.

《肅宗實錄》. 《顯宗改修實錄》. 《白沙先生北遷日錄》.

李玄逸. 《葛庵集》. 韓國文集叢刊本, 127~128.

李 栽. 《密菴集》. 韓國文集叢刊本, 173.

안병걸. 《갈암 이현일－경세의 뜻을 품은 큰 선비》. 안동: 한국국학진흥원, 2007.

영남대학교 민족문화연구소 편. 《密菴 李栽 硏究》. 경산: 영남대학교 출판부, 2001.

權奇奭. "15－17세기 族譜 편찬과 참여계층 연구". 박사학위논문, 서울대학교 대학원, 2010.

金景淑. "朝鮮時代 流配刑의 집행과 그 사례". 《史學硏究(한국사학회)》 55·56 합집(1998).

______. "17세기 후반 한 유생의 유배살이". 《선비문화(남명학연구원)》 12(2007).

金鶴洙. "葛庵 李玄逸 硏究－政治活動을 중심으로". 《朝鮮時代史學報(조선시대사학회)》 4(1998).

李樹健. "密菴 李栽 家門과 嶺南學派". 영남대학교 민족문화연구소 편. 《密菴 李栽 硏究》. 경산: 영남대학교 민족문화연구소, 2001.

李熙煥. "甲戌換局과 肅宗". 《全北史學(전북대 사학회)》 11·12합집(1989).

鄭萬祚. "肅宗後半 ~ 英祖初의 政局과 密菴 李栽의 政治論". 영남대학교 민족문화연구소. 《密菴 李栽 硏究》. 경산: 영남대학교 출판부, 2001.

정진영, "섬, 풍요의 공간－19세기 중반 한 유배객의 임자도 생활". 《古文書硏究(한국고문서학회)》 43(2013).

제 7 장

《창구객일》에 나타난 유배길 체험과 기록

박현순 | 서울대학교 규장각한국학연구원

1. 머리말

책이 귀했던 조선시대에는 개인이 일상적으로 접할 수 있는 정보가 상당히 제한되어 있었다. 때문에 새로운 정보를 얻게 되면 이를 기록하여 후대까지 전하기 위해 부단히 노력하였던 듯하다. 이러한 양상이 가장 잘 드러나는 것이 바로 일기이다.

일기는 가장 사적인 기록으로 주로 사생활을 기록한 것으로 간주된다. 하지만 조선시대의 일기에는 신문을 스크랩하듯 조보(朝報)를 그대로 필사한 경우들을 쉽게 확인할 수 있다. 또 우연히 전해들은 이야기들도 저간의 사정까지 소상하게 기록한 것을 볼 수 있다. 이와 같이 자신이 직접 경험하지 않은 전언들마저도 빠짐없이 기록하는 것은 후고(後考)를 위한 것이다. 이런 점에서 일기의 작성은 정보를 정리하여 기록하고 후대에 전하는 정보의 전달 과정이기도 하다.

《창구객일》은 밀암(密菴) 이재(李栽, 1657~1730)가 갑술환국 후 유배길에 오른 부친 갈암(葛庵) 이현일(李玄逸, 1627~1704)을 시종하며 쓴 시종일기이다. 여기에는 유배의 여정과 지방관의 응접 등 부친의 유배여정이 기록되어 있을 뿐 아니라 부친의 유배와 관련된 각종 상소문, 국문 기록, 신원 상소문 등이 등서되어 있다. 《창구객일》은 단순한 일기가 아니라 부친에게 씌워진 인현왕후를 모해하려 하였다는 오명을 씻기 위한 기록이었다.[1)]

하지만 그 사이사이에는 청년 이재가 여행과정과 유배지에서 생활하는 동안 얻은 정보들도 함께 정리되어 있다. 따라서 《창구객일》을 통해 사대부들이 유배 중에 정보를 얻고 정리하여 기록하는 양상도 살펴볼 수 있다.

《창구객일》은 정보 획득과 기록이라는 측면에서 특히 두 가지가 주목된다. 하나는 여행과정에서 기록한 명승지의 형승과 각지에서 전해 들은 사적(史蹟)에 관해 자료를 찾아 기록한 것이다. 특히 유배지로 향하는 영양에서 홍원, 서울에서 종성에 이르는 여정에 주변의 형승과 사적에 대한 기록이 많이 있다.

다음으로는 조보(朝報)를 통해 정보를 얻고 등서하는 양상이다. 조보는 중앙정부의 근황을 전하는 소식지로 필사의 형태로 배포되었으

---

1) 《蒼狗客日》은 상, 하 2권으로 되어 있으며, 상권의 끝에 권두경(權斗經)의 발문이 있다. 유배 중에 기록한 일기를 기초로 관련 자료들을 종합하여 정리한 것이다. 상권에는 처음 유배 소식을 접한 때부터 홍원에 이르는 유배여정, 서울에서의 국옥과정, 최종 유배지인 종성에 도착할 때까지의 유배여정을 기록하였다. 하권에서는 종성에서의 유배생활, 자신의 귀향과 유배지로의 귀로, 이현일의 광양 이배, 을해년(1695)에서 신축년(1721)까지 부친의 신원과 관련된 각종 문헌을 정리하여 기록하였다. 필체가 다른 것으로 보아 상권을 먼저 완성한 후 나중에 하권을 완성한 것으로 추정된다.

며 지방 사족층이 중앙 정계의 소식을 접할 수 있는 주요 통로였다. 《창구객일》에서는 유배지에서 조보를 통해 중앙의 소식을 접하고 이를 정리하는 양상을 확인할 수 있다.

그렇다면 이재는 유배길에서 어떤 정보를 얻고, 이를 어떤 방식으로 기록하였을까? 이 글에서는 이재가 정보를 얻는 경로와 그 내용, 이에 대한 기록 양상을 통해 사대부의 정보획득과 기록에 대해 살펴보고자 한다.

2. 형승에 대한 기록

조선시대 사대부들은 많은 시간을 여행으로 보냈다. 오늘날에 비해 여행한 거리는 짧았을지 모르지만 교통수단이 도보와 말에 의존하였기 때문에 짧은 거리를 왕래하는 데에도 많은 시간이 소요되었기 때문이다.

18세기 중반에 편찬된 《여지도서》에 따르면 서울에서 경상도 동래까지는 962리 11일정, 전라도 해남까지는 1,007리 12일정이며, 한반도의 최북단인 경원까지는 2,144리 21일정이었다. 이에 비추어 볼 때 하루에 이동할 수 있는 거리는 대략 80리~100리로 1리를 450미터로 환산해 볼 때 36~45킬로미터에 불과하였다.[2] 민간의 여행기를 분석한

2) 지금은 1909년 일본제도를 도입한 척관법에 따라 1리를 곡척(曲尺) 1,296척으로 환산하여 10리가 3.927킬로미터, 약 4킬로미터가 된다. 하지만 조선시대 1리는 주척(周尺) 2,160척으로, 주척 1척을 20.81센티미터로 환산하면 1리는 450미터, 10리는 4.5킬로미터가 된다고 한다. 정연식, "조선시대의 여행조건－黃胤錫의 〈西行日曆〉과 〈赴直紀行〉을 중심으로", 《인문논총(서울여자대학교 인문과학연구소)》 15(2006), p. 129.

결과에 따르더라도 고작 70~80리, 31.5~36킬로미터 정도를 하루에 이동할 수 있었을 뿐이다.[3] 오늘날 1시간이면 충분히 갈 수 있는 거리를 가는 데 하루가 걸렸던 셈이다.

대신 도보나 말을 타고 이동하였기 때문에 오늘날에 비해 주변의 풍광이나 형승을 훨씬 잘 감상할 수 있다는 장점이 있었다. 이를 통해 여행지의 역사와 풍속, 생활상 등에 대한 견문을 넓힐 수 있었다. 또 길에서 많은 사람들을 만나 동행하며 새로운 정보를 얻어 인식을 확장할 수도 있었다. 그리고 이를 기록함으로써 시공을 초월하여 여행의 체험을 공유하였다.[4]

유배는 형벌의 하나로 오늘날의 관점에서 보면 여행으로 보기는 어렵다. 하지만 일반적인 예상과 달리 사대부, 특히 고관들의 유배길은 자제와 노비를 대동하고 말을 타고 이동하며 주변의 경관을 감상하고 자유롭게 사람들을 만나 대화를 나눌 수 있었다.[5] 여행을 통해 견문을 넓히고 정보를 습득한다는 점에서는 유배길도 다른 여행과 다를 바가 없었다. 일정에 제약을 받고 행로를 이탈할 수는 없다는 차이가 있지만 유배 역시 여행의 한 형태로 간주할 수 있다.

이재의 선대는 5대조 이애(李璦) 때부터 영해 인량리에 거주하였는데, 조부 이시명(李時明)이 영해 석보를 거쳐 영양 수비로 이거하였고, 부친 이현일이 다시 영해 석보 남악으로 이주하였다. 이에 따라 이재도 주로 영해와 영양에서 성장하였다. 20세 때 안동 내앞 출신인 김학규(金學逵)의 딸과 혼인한 후에는 금옹(錦翁) 김학배(金學培)의 운계

---

3) 김종혁, "역사에서 '길'이란 무엇인가", 《역사비평(역사비평사)》 68(2004), pp. 340－341.

4) 김남기, "여행을 통한 山水와 生活 空間의 인식", 《한문학보(우리한문학회)》 17(2007), p. 28.

5) 金景淑, "朝鮮時代 流配刑의 집행과 그 사례", 《史學硏究(한국사학회)》 55·56(1998), pp. 382－385.

초당(雲溪草堂)에서 독서하는 등 안동에서도 많은 시간을 보냈다. 이 무렵까지 이재의 생활반경은 영해·영양·안동에서 크게 벗어나지 못하였다.

그러나 33세 때인 1689년(숙종 15) 기사환국 후 소명을 받은 부친을 따라 상경한 후 세 차례에 걸쳐 서울에서 장기간 체류하였다. 그리고 38세 때인 1694년(숙종 20) 갑술환국 후 부친의 유배길에 동행하면서 전혀 예기하지 못했던 함경도 종성으로의 긴 여행을 떠나게 되었다. 부친의 관직생활과 유배가 이재에게는 장거리 여행의 기회와 타지 생활의 경험을 제공한 것이다. 일반적으로 사대부들이 생활반경을 벗어나 장거리 여행과 타지 거주를 경험하게 되는 것은 대개 이와 같은 관직과 유배가 매개가 되었다.

갈암 이현일은 당초 숙종의 모후인 명성왕후(明聖王后)를 모욕한 조사기(趙嗣基)를 변호하였다는 죄목으로 함경도 홍원에 유배되었으나 도중에 인현왕후(仁顯王后)를 모해하였다는 죄가 더해져 서울에서 국문을 받고 함경도의 북단인 종성에 위리안치되었다.

일행은 1694년 4월 23일 고향인 영양 석보를 떠나 24일 만인 5월 16일 배소인 함경도 홍원에 도착하였다. 그러나 같은 날 국문령을 전하는 의금부도사가 내려와 이틀 후인 5월 18일 다시 길을 떠나 열흘만에 서울에 도착하였다. 그리고 서울에서 국문을 받은 후 종성 위리안치가 결정되자 7월 9일 서울을 출발하여 35일 만인 8월 14일 배소인 종성에 도착하였다. 이재는 종성에서 약 5개월 동안 부친을 시종하며 함께 지내다 이듬해인 1695년 1월 27일 부친의 명을 받고 고향으로 돌아왔다.

《의금부노정기》에 따르면 유배인이 하루에 이동하여야 하는 거리는 약 86리 정도인데,[6] 이는 《여지도서》의 노정이나 18세기 중반 황윤석이 하루에 이동할 수 있는 거리를 90리로 파악한 것과도 유사하다.[7] 즉, 유배인의 이동 속도는 도보로 여행할 때의 속도와 동일하게 규정되었다.

하지만 유배인들의 실제 이동거리는 신분에 따라 차이가 있었는데, 일반 여행자들에 비해 더디게 이동하였다. 민간의 여행기에서는 하루에 70~80리를 이동한 데 비하여,[8] 관직자들의 원래의 규정인 80~90리에 훨씬 미치지 못한 반면 위리안치 죄인이나 일반 유생의 이동거리는 규정에 근접하거나 규정을 넘기기도 하였다.[9]

이재 일행이 경상도 영양의 집을 떠나 최종 유배지인 종성에 도착하기까지의 여정은 영양~홍원 이동, 홍원~서울 이동, 국문을 위한 서울 체류, 서울~종성 이동의 네 부분으로 나뉜다.

일행의 이동거리를 보면 평해에서 홍원까지는 약 1,300리 길을 22일에 이동하였고, 서울에서 종성까지의 2,038리 길은 35일 만에 이동하여 모두 하루 평균 60리 정도를 이동하였다. 홍원에 유배될 때와 달리 종성에 유배될 때에는 위리안치가 결정되었지만 이동속도에는 차이가 없었으며, 22일정의 길을 13일이나 지체된 35일 만에 도착하였다. 이에 비추어볼 때 일행의 유배일정은 그리 엄격한 제약을 받지 않았다는 것을 알 수 있다.

반면 국문을 받기 위해 서울로 이동할 때에는 975리 10일정의 길을 정확히 10일 만에 도착하였는데, 마지막 3일 동안 430리를 주파한 것

---

6) 金景淑, "朝鮮時代 流配刑의 집행과 그 사례", p. 377.

7) 정연식, "조선시대의 여행조건 – 黃胤錫의 〈西行日曆〉과 〈赴直紀行〉을 중심으로", p. 130.

8) 김종혁, "역사에서 '길'이란 무엇인가?", pp. 340–341.

9) 우의정 이항복(李恒福)은 하루에 34.5리, 우승지 이문건(李文楗)은 57~8리, 제독관 조헌(趙憲)은 35.6리, 위리안치 죄인 윤양래(尹陽來)는 하루 평균 77.8리, 숙종대 유생 이필익(李必益)은 하루 평균 120리를 이동하였다(金景淑, "朝鮮時代 流配刑의 집행과 그 사례", pp. 375–379).

을 보면 일정을 맞추기 위하여 강행군을 단행한 것을 알 수 있다.

유배는 오형(五刑)의 한 가지로 형벌에 해당되지만 조선시대 관료들에게는 그리 드문 경험도 아니었다. 한 연구에 따르면 15~16세기 문집을 남긴 인물 267명 중에 유배를 경험한 사람은 64명으로, 대략 4명 중에 한 명이 유배의 경험이 있었다.[10] 이들은 대개 고관 출신으로 사화(士禍)에 연루된 경우가 많았는데, 정치적인 격변기일수록 정치 활동을 주도한 고관들이 유배길에 오르는 경우는 매우 흔하였다. 따라서 이현일의 유배도 그리 특이한 경험이었다고 보기는 어렵다.

하지만 유배길은 죄인이 되어 낯선 풍토의 유배지로 떠나는 길이므로 일반 여행과는 달리 미래에 대한 불안과 근심으로 점철될 수밖에 없었다. 따라서 일반여행처럼 여유롭게 주변을 돌아보며 감상에 젖을 여유는 없었다. 이재 역시 유배지에 이르는 여정 내내 부친과 가족에 대한 근심과 불안에 싸여 있었다. 특히 유배지로 떠나는 초반에는 가족에게 닥친 환난에 자주 눈물을 보이곤 하였다. 하지만 당사자인 부친은 오히려 초연한 모습을 보이며 아들에게도 평정을 잃지 않도록 일깨워 주었다. 이런 탓인지 《창구객일》에는 시간이 흐를수록 조금씩 평정을 되찾으며 잠깐이나마 주변으로 눈을 돌리는 사례들이 나타난다.

일행이 고향인 영양 석보를 출발하여 최종 배소인 종성에 도착하기까지의 여정은 3,000리를 넘었으며, 여행에만 꼬박 69일이 걸렸다. 이 기간에 거쳐 간 길의 대부분은 이재가 처음 여행하는 지역이었다. 때문에 부친의 유배길을 시종하는 와중이기는 하였지만 이재는 이야기로만 듣던 풍광을 직접 확인하고 싶은 충동을 느꼈으며, 이를 애써 감추지 않고 일기의 일부로 기록하였다. 이것이 가능하였던 것은 그만큼

10) 심재우, "조선전기 유배형과 유배생활", 《국사관논총(국사편찬위원회)》 92(2000), p. 212.

평정을 유지함으로써 평소의 관심을 되살릴 수 있었기 때문이었다.

일행은 평해에서 평릉도에 올라 동해안을 끼고 북상하였는데, 이 길은 관동팔경(關東八景)이 이어지는 길이었다. 이재는 평릉도에 오른 직후 월송정(越松亭)을 스쳐 지날 때부터 자연스럽게 관동팔경을 의식하였다. 하지만 유배길의 초입에서는 급작스럽게 닥친 가화(家禍)와 앞날에 대한 근심에 압도되어 아무런 흥취를 느낄 수 없었다.[11)]

그러나 조금씩 여유를 되찾으면서 주변의 명승지에 대해서도 관심을 보였다. 며칠 후 삼척 죽서루(竹西樓)를 지날 무렵에는 명승을 곁에 두고도 이를 즐길 수 없는 아쉬움을 표현하였다.[12)] 이후 그의 아쉬움은 더욱 커져 갔고 명승에 대한 기록도 계속 늘어났으며 금강산에 이르러서는 훗날을 기약하는 모습도 보인다.[13)] 철령을 넘어 북도로 접어들 때에는 오히려 미지의 땅을 여행하는 데 대한 기대감을 표현하기도 하였다.[14)] 물론 이런 내용은 일기 가운데 극히 일부분이기는 하지만 평소 이재가 갖고 있던 여행에 대한 관심을 보여 주는 것이다.

이재는 관동팔경을 따라 북상하였지만 실제 가까이에서 명승을 감상하지는 못하였다. 멀리서 조망하며 아쉬운 소회를 기록하였을 따름

---

11) 《蒼狗客日》, 甲戌 4月 25日 壬辰. "過越松亭下, 萬松平湖, 平臨海門, 號爲八景之一. 而上有東臺, 尤稱絶景, 悄無登覽之興."

12) 《蒼狗客日》, 甲戌 4月 29日 丙申. "竹西樓在客館南岸上, 亦爲八景之一. 平生願一登覽, 及身莅之, 便覺風景愁人, 不得久留."

13) 《蒼狗客日》, 甲戌 5月 6日 癸卯. "金剛北麓行. 望見眞面目, 宛然在目前, 龍拏虎攫, 神秀嵬磈, 殆不可名狀, 信造物逞技之所也. 時方盛夏, 綠陰蔥蘢, 躑躅間發, 而絶壑層陰, 往往有氷雪堆. 噫! 余安得陟毗盧瞰日域窺九龍探萬瀑踏盡萬二千峯, 以寫此壹鬱憂愁憤悶無聊之意哉? 今旣不可暇, 則遙指白云留後約耳."

14) 《蒼狗客日》, 甲戌 5月 9日 丙午. "夕抵安邊. 南望鐵嶺連天, 朔氣滿地, 遠客初至, 注視怵惕. 且習俗風謠, 不幷以南, 先王疆理境土, 類聚群分. 所謂百里不同風, 千里不同俗者, 亦其理勢然也. 自此當日益北, 見聞當日益異, 亦足以少償平生遠遊之志耶."

〈표 1〉《창구객일》의 관동지역 명승 기록

날 짜	명 승
4월 25일	월송정(越松亭)
4월 26일	망양정(望洋亭), 혈암(穴岩)
4월 28일	소공대(召公臺)
4월 29일	죽서루(竹西樓)
4월 30일	정동(正東), 한송정(寒松亭), 술랑정(述郎井), 금강(金剛), 석조(石竈), 석지(石池)
5월 1일	경포대(鏡浦臺)
5월 3일	낙산사(洛山寺), 영랑호(永朗湖), 청간정(淸澗亭), 오대산(五臺山), 설악산(雪嶽山)
5월 5일	해산정(海山亭), 금강(金剛)
5월 7일	총석(叢石)
5월 8일	시중대(侍中臺)
5월 9일	명사십리(鳴沙十里)

이다. 실제 명승에 대한 기록은 다른 경로를 통해 얻은 정보들을 기록하고 있다. 그 가운데 관동의 형승을 기록한 주요 정보원으로는 '여지지(輿地志)' 혹은 '지지(地誌)'로 표현된 지리 관련 서적이 언급되고 있다.

이재의 시대에 이르기까지 조선에서는 많은 지리지가 만들어졌다. 건국 초기에 이미 전국적인 지리지를 만들어 현재 《경상도지리지》, 《세종실록지리지》, 《경상도속찬지리지》 등이 전하고 있으며, 성종대에는 중국의 《대명일통지(大明一統志)》를 참조하여 전국지리지인 《동국여지승람》을 간행하였고, 1530년(중종 25)에 이를 증보한 《신증동국여지승람》을 간행한 바 있다. 이후 16세기 후반부터 《여지도서》가 편찬되는 18세기 중반에 이르기까지는 각 고을단위의 읍지편찬이 크게 유행하였다.[15] 이재가 이 중 어떤 책을 볼 수 있었는지는 알 수 없다.

다만 선초의 지리지는 국가의 통치 자료로 제작되어 일반에게 공개되었다고 보기는 어렵고, 읍지는 대개 필사본으로 작성되어 널리 유통되지 못했기 때문에 실질적으로 민간에 유통된 지리지는 《신증동국여지승람》 정도에 불과하였을 것이라는 추론이 가능하다.

실제 이재가 지리지에서 인용하였다고 밝힌 글의 상당수는 《신증동국여지승람》에서 유사한 내용을 확인할 수 있다. 예를 들어 금강산에 대한 기록은 《신증동국여지승람》 회령도호부의 산천조에 실린 금강산의 내용과 정확히 일치하며,[16] 간성의 명사(鳴沙)에 대한 서술은 문장을 그대로 옮긴 것은 아니지만 대체적인 내용이 일치한다.[17] 따라서 이 시기에도 《신증동국여지승람》이 명승지에 대한 기초적인 안내서로 기능하였다는 것을 알 수 있다.

그렇다면 유배길에 《신증동국여지승람》을 소지하고 있었던 것일까? 《창구객일》에서 지리지를 인용할 사례들을 보면 '일찍이 지지를 읽었다[嘗讀地志]'거나 '우연히 지지를 읽었다[偶讀地志]'고 기록하여 상시로 지리지를 참조하지 못하였다는 것을 알 수 있다.[18] 따라서 이

---

15) 양보경, "조선중기 私撰邑誌에 관한 연구", 《국사관논총(국사편찬위원회)》 81(1998), pp. 44-58.

16) 《蒼狗客日》, 甲戌 7月 16日 壬午. "嘗讀地, 志金剛山在州之長楊縣東三十里, 去府一百六十七里. 山名有五, 曰金剛·曰皆骨·曰涅槃·曰楓岳·曰枳怛, 山卽白頭山南支也. 自會寧于羅峴, 至甲州東爲頭里山, 雙城西北爲劒山, 交州西南爲分水嶺, 西北爲鐵嶺, 通川西南爲楸池嶺, 至長楊東高城西, 爲玆山云."

17) 《蒼狗客日》, 甲戌 4月 30日 丁酉. "海上地斥鹵, 多鳴沙. 沿海沙平, 皓若雪色, 人跡馬蹄, 觸之有聲, 而軟脚不能行. 大抵嶺東一路 多有此, 而干城高城最多. 《輿地志》, 其在干城者,名鳴沙云."; 《新增東國輿地勝覽》 卷45. 杆城 "山川 … 鳴沙, 在郡南十八里. 沙色如雪, 人馬行則觸之, 有聲錚錚, 如金磬響. 大抵嶺東皆然, 而杆城高城之間最多".

재는 여행 중에 작성한 일기를 토대로 《창구객일》을 정서하는 과정에서 《신증동국여지승람》을 참조하여 관련 내용을 추기하였던 것으로 보인다.

지리지 외에 이재가 언급한 글로는 '미로기행록(眉老記行錄)'과 '미로기(眉老記)'가 보인다.[19] 두 글은 각기 미수(眉叟) 허목(許穆)의 〈척주시기행초어(陟州時記行鈔語)〉와 〈오대산기(五臺山記)〉, 〈동계(東界)〉 등을 인용한 것이다.[20] 〈척주시기행초어〉는 정동(正東)을 설명할 때 그대로 인용하였으며, 〈오대산기〉, 〈동계〉는 오대산과 설악산을 설명하면서 그 내용을 편집하여 인용하였다.

허목의 《미수기언》은 기사환국 후인 1689년(숙종 15) 왕명으로 간행되었다. 아마 이재도 이때 간행된 《미수기언》을 읽고 그 내용을 정리하여 《창구객일》에 기록하였을 것이다. 이 역시 《신증동국여지승람》의 기록과 마찬가지로 나중에 추기하였을 가능성이 크다. 여행 도중 이 책들을 일일이 살펴 기록하였다고 보기는 어렵기 때문이다. 대

---

18) 《蒼狗客日》, 甲戌 7月 16日 壬午. '嘗讀地志'; 甲戌 7月 19日 乙酉. '偶讀地志'.

19) 《蒼狗客日》, 甲戌 4月 30日 丁酉. "踰栗峴 火飛嶺. 南有地名正東, 蓋東海上小山, 山皆石山, 木皆松. 嘗讀眉老記行錄, 春分東望, 日出正中. 古有東海神祠中, 移襄陽, 山奇峭有神, 伐一樹則一村有災, 鄉人神祠之, 凡疾疫有禱云."; 《蒼狗客日》, 甲戌 5月 3日 庚子. "嘗讀眉老記, 滄海西百四十里爲五臺山, 高大深邃, 多積氣, 無鳥獸. 有長嶺于筒之水, 稱神泉, 其水下流爲漢水之源. 從襄陽海上西北行五十里, 爲雪嶽山. 極高峻, 中秋始雪, 有懸瀑三百尺云."

20) 許穆, 《記言》 卷24 中篇 〈陟州時記行鈔語〉. "火飛南, 有地名正東者, 蓋東海上小山, 山皆石, 山木皆松. 春分東望, 日出正中. 古有東海神祠. 中古移祠於襄陽, 山奇峭有神, 伐一樹則一村有災, 鄉人神事之, 凡疾疫有禱焉."; 許穆, 《記言》 卷28, 下 〈五臺山記〉. "五臺, 在蒼海西百四十里, 其北雪嶽, 古獩貊之域, 山高大深邃, 多積氣者. … 多灝氣, 無鳥獸. … 長嶺于筒之,水 稱神泉, 與山中之水合流. … 漢水之源."; 許穆, 《記言》 卷28, 下篇 山川 下 〈東界 – 東遊博物 –〉. "雪嶽, 從襄陽海上西北行五十里, 山極高峻, 中秋始雪. … 懸瀑三百尺."

개의 경우 여행기에 인용된 정보들은 뒤에 여행기를 정서하면서 자료를 찾아 추기하는 것이 더 일반적이었을 것으로 생각된다.

주목되는 것은 왜 하필이면 《미수기언》을 인용하였는가 하는 점이다. 관동과 금강산에 대해서는 조선전기 이래로 수많은 기록이 존재하며, 《신증동국여지승람》에도 관련 글들이 다수 존재한다. 그럼에도 이재가 《미수기언》의 내용을 그 근거로 삼은 것은 이재의 독서 이력에서 비롯된 것으로 이재가 허목의 저술에 어느 정도 영향을 받고 있었다는 것을 보여 준다.

《창구객일》에는 이 외에도 조경(趙絅), 홍우원(洪宇遠), 윤선도(尹善道)와 관련된 고사들이 간간이 기록되어 있다. 조경의 고거(故居)를 지나면서 그와 동시대에 태어나지 못한 것을 아쉬워하며 존경심을 표하고[21] 유배길에서는 홍우원과 관련된 유허에 대해 기록하고 있다.[22] 또 광양의 배소에 대해서는 윤선도가 유배되어 살던 곳이라는 점을 특기하였다.[23] 이처럼 남인계 인사들의 유적에 주목한 것은 이재가 이들과 동류의식을 갖고 있었다는 것을 보여 주는데, 이러한 의식이 독서와 기록에도 영향을 미친 것으로 생각된다.

이외에 《창구객일》에는 여행 중에 동행하거나 조우한 인물들로부터 전해 들은 명승지 정보들도 다수 포함되어 있다. 일행은 평릉로에 오른 이후 많은 인사들과 해후하였다. 그중에는 연로에 거주하는 인물

21) 《蒼狗客日》, 甲戌 7月 12日 戊寅. “行過龍洲故居, 喟然有不同時之歎. 其上有祠, 鄕人蓋以組豆公云.”

22) 《蒼狗客日》, 甲戌 5月 10日 丁未. “郡南十里許, 有一村, 則南坡洪尙書宇遠畢命處也.”; 《蒼狗客日》, 甲戌 8月 6日 辛丑. “(明川)南坡洪尙書, 初謫此州後, 移文川, 今其遺躅, 在府東五十里許云.”

23) 《蒼狗客日》, 丁丑 7月 18日 丙申. “移寓治東二十里白雲山下玉龍洞, 卽尹孤山善道所嘗居謫處也.”

도 있었고, 북로 여행에서 돌아오던 인물들도 있었다.

이 중에서 이재는 특히 이정현(李廷賢)과 배익휘(裵益徽)로부터 많은 정보를 얻었다. 이정현은 삼척 출신으로 영양을 방문하여 이현일에게 수학한 인물이다.[24] 이현일의 유배 소식을 듣고 영양의 읍령 아래로 마중을 나와 7~8일을 동행하다가 5월 2일 강릉 동산역에서 헤어지고 돌아갔다. 그동안 이재는 이정현으로 인해 여행의 고단함도 잊었다고 할 만큼 강원도지역의 형승과 풍속, 고사에 대해 많은 이야기를 들었다.[25] 이처럼 현지 출신들을 만나는 것은 방문지역에 대한 세밀한 정보를 얻을 수 있는 기회가 되었다.

배익휘는 성주 출신으로 그 형인 배정휘(裵正徽)가 부령부사로 부임할 때 시종하여 몇 달을 부령에서 지내다 환향하는 길에 이재 일행과 조우하였다. 이재는 배익휘를 통해 북도의 풍속과 산천에 대한 이야기를 들었다.[26] 이처럼 도로에서 경험자에게 얻은 정보는 초행길인 일행에게 여행의 길잡이가 되었다.

이재의 여정에는 이 외에도 짧은 거리를 동행한 현지인이나 현지 수령이 보내준 마부 등도 있었다. 이들은 이재가 미처 알지 못하는 현지의 명승과 상황을 설명해 주며 이재의 이해를 도왔다.[27] 이재는 그 전

---

24) 李栽, 《密菴集》 卷12, 〈送李生廷賢序〉(甲子). "嶺之東, 素稱多名山水, 號爲天下之勝. … 夫陟毗盧泛鏡湖·過九龍·飛太白, 笑傲萬物, 以追子長之大觀, 斯已奇矣. … 且余因子重有感焉. 子之仙鄕, 今猶有述郎·永郎之徒否? 歲云暮矣, 願從遊焉."

25) 《蒼狗客日》, 甲戌 4月 29日 丙申. "李生廷賢追送數日程, 馬上歷問境上形勝風謠故事, 忽忘覊旅道途之苦, 亦可幸也."

26) 《蒼狗客日》, 甲戌 7月 22日 戊子. "裵上舍益徽謙叔, 卽裵承旨美叔之弟也. 從其兄責富寧, 留數月還, 歸路抵此, 爲迎拜大人, 留待已一日, 萍水相逢, 驚喜難狀. 美令亦有書來, 留與語從容, 細聞北路謠俗山川險阻狀, 愁人愁人."

27) 《蒼狗客日》, 甲戌 5月 初1日 戊戌. "東北望見, 平湖在十五里許, 有指而言者曰, 鏡浦臺在其上."; 《蒼狗客日》, 甲戌 5月 13日 庚戌. "行十餘里望見咸興入眼, 方可五六十

언(傳言)을 기록함으로써 여행에서 획득한 정보를 축적해 갔다.

3. 고사(故事)와 사적(史蹟)의 기록

홍원에 도착한 직후 부친이 서울로 압송되면서 이재도 주변을 돌아볼 수 있는 여유를 가질 수 없었다. 홍원에서 서울로 향하는 열흘 동안의 여정에 대한 기록은 부친의 일에만 집중되어 있다. 5월 27일 서울에 도착한 후 시작된 국문은 70여 일이나 지속되었으며 결국 한반도의 최북단인 종성(鍾城)에 위리안치되는 것으로 끝이 났다.

서울에서 종성으로 향하는 길은 경흥로(慶興路)를 따라가는 2,000여 리의 길로 철령, 함관령, 마운령, 마천령, 귀문관, 무산령 등 험준한 고개를 넘어가는 고난의 여정이었다. 험준한 고개를 넘어가며 이재는 남도와는 다른 북도의 풍토를 체험하며 유배길의 고달픔을 재삼 뼈저리게 느꼈다. 그는 이 여정을 두고 '고개를 넘어갈 때와 같이 위험하고 고달팠는지 모르겠다'고 기록하였다.[28)]

관동팔경을 지나온 이재는 북도의 형승에 대해서도 자못 기대하는 바가 있었다. 하지만 연이어 험준한 고개를 넘어가야 하는 여정은 이런 기대에 부응하지 못하였다. 하지만 철령을 넘어 국경지대로 나아가는 길은 또 다른 체험을 제공하였다. 바로 '조선'이라는 국가에 대한 인

里. 氣像雄遠, 又非安邊數州比. 平原沃野, 一望無際, 人言當華實蔽野時, 尤爲一巨觀云."; 《蒼狗客日》, 甲戌 8月 4日 己亥. "抵吉州. … 城西望見長白山, 積雪埋空, 八月飛雪, 今親見之矣. 州人指言'七月二十七日間 已下此雪云'."

28) 《蒼狗客日》, 甲戌 8月 14日 己酉. "鐵嶺以北, 五里十里之間, 峙峴阻險處甚多, 指不勝屈, 而自經五嶺來, 鐵咸天雲茂. 直作培塿, 看置之於不數也. 不知宋時過嶺之行, 亦如此危苦否."

식이었다.

철령을 넘은 일행이 지나간 영흥과 함흥은 조선을 건국한 이성계가 생장한 곳이다. 영흥을 지나던 이재는 선산 출신의 준원전 참봉 홍즙(洪楫)을 상봉하였는데, 그로부터 영흥 본궁과 준원전의 설치 및 제사 봉행에 대한 이야기를 전해 들었다. 이를 기록한 후 다음과 같이 자신의 소회를 기술하였다.

> 대개 철령 북쪽의 산천은 형세가 널리 펴져 있으며 기상이 웅원하여 영동의 천촉(淺促)함이 비할 바가 아니다. 정우(精佑)를 온축하여 성인을 낳은 것이 당연하구나.[29]

이처럼 태조 이성계를 성인시하며 조선의 건국을 필연적인 것으로 파악하는 인식은 적극적으로 다른 기록을 찾아 인용하는 형태로 나타났다. 그는 《신증동국여지승람》에서 목조에서 환조에 이르는 조종의 고사와 태조의 용맹함을 보여 주는 고사를 찾아 기록하였는데,[30] 이를

---

29) 《蒼狗客日》, 甲戌 5月 11日 戊申. "(濬源殿參奉洪楫)通老因言州之故事頗詳. 桓祖嘗僑居州境, 誕生聖祖, 今卽其遺墟, 爲設本宮, 祭祀不絶, 置濬源殿, 以奉遺像. 江以龍興名, 亦以此云. 蓋嶺北山川, 形勢開張, 氣像雄遠, 非嶺東淺促比, 宜其蘊蓄精佑, 篤生聖人也."

30) 《蒼狗客日》, 甲戌 7月 19日 乙酉. "偶讀地志, 湧珠里, 在府南十五里, 穆祖自全州移陟州, 又移于本府, 一百七十家從之, 居湧珠里, 生翼祖. 翼祖徙居慶興東四十里斡東里, 爲藩酋所侵暴, 與孫夫人, 累騎絶潮, 避居于府南四十里赤島陶穴而居. 後又自赤島, 還湧珠里, 改名赤田社, 慶興民從之如歸市. 後徙咸興之松頭里, 未幾 又還赤田居焉. 至今德源官庫, 藏度祖時門扉. 至桓祖世, 又徙永興之黑石里, 卽聖祖誕降處. 今有本宮眞殿, 以此. 此足以見祖宗肇基王迹, 積德累仁如此, 特詳著焉."; 《蒼狗客日》, 甲戌 7月 26日 壬辰. "韃靼洞, 在縣南三十里, 我太祖擊敗元丞相納哈出於此, 追至咸關嶺, 大敗之. 又有大門嶺, 在縣北二十里. 禑時, 沈德符與倭戰嶺下, 敗績. 太祖往擊之, 與士卒約射幾箇松子, 皆命中, 士氣自倍. 伏兵兎兒洞, 賊聞螺聲, 驚曰: 此李磚碟螺 撤屯去. 此

통해 목조에서 환조에 이르는 조종의 적덕(積德)이 왕조 창업의 기틀이 되었으며, 태조가 신령한 무예가 있었다고 찬양하였다. 북로 여행은 이재가 새삼 조선왕조 창업의 필연성을 재인식하고 '조선인'으로서 국가의식을 다시 한번 자각하는 계기가 되었던 것이다.

천연 요새인 철령을 넘어가는 동안의 이재는 국방의 문제에 관심을 보였다. 그는 이곡(李穀)이 지은 〈동유기(東遊記)〉를 인용하고 있는데, 그 대개는 철령이 천연의 요해처로 관문(關門)을 설치하였지만 고려 충렬왕 때 합단(哈丹)의 침공을 받자 방어를 맡은 나유(羅裕)가 도망하여 결국 원나라에 구원을 요청하여 겨우 섬멸할 수 있었다는 것이다. 이 내용은 《신증동국여지승람》 강원도 회양도호부 조항에도 실려 있는 것으로 보아 역시 이로부터 인용한 자료로 보인다.[31]

이재는 단순히 이 이야기를 소개하는 데 그치지 않고 당대의 상황을 반성하는 거울로 삼았다. 그는 다음과 같이 기록하고 있다.

> 아, 우리 동방에 천험(天險)을 지키지 못한 것이 어찌 철령뿐이겠는가? 임진년의 난리 때 섬오랑캐들이 조령을 지나갔는데 묘사(廟祠)가 모두 비었으며, 삼도(三都)를 지키지 못하였다. 만약 천조(天朝)가 은혜를 베풀지 않았다면 어찌 오늘이 있었겠는가? 지사(志士)들이 분통해하는 것이 지금까지 그치지 않는 것이 마땅하구나. 두 가지 일이 자못 비슷하여 대

皆縣中故事, 緬懷神武, 感而識之." 위의 기사는 《新增東國輿地勝覽》 권49 함경도 덕원도원부 및 《新增東國輿地勝覽》 제48권 함경도 함흥부 조항의 기록을 인용한 것이다.

31) 李穀, 《稼亭集》 卷5, 〈東遊記〉; 徐居正 편, 《東文選》 卷71, 〈東遊記〉(李穀); 《新增東國輿地勝覽》 卷47, 강원도 회양도호부. "鐵嶺, 國東之要害, 所謂'一夫當關, 萬夫莫開者也. 故嶺以東江陵諸州, 謂之關東. 至元庚寅, 叛王乃顔之黨哈丹等賊, 奔北而東. 自開元諸郡, 闌入關東, 國家遣萬戶羅裕等, 領其軍防護鐵關. 賊劫掠和·登以西諸州人民, 至登州, 使登人覘之, 羅公聞賊來 棄關而走, 故賊如蹈無人之境 一國洶洶. 人被其害, 登山城入海島以避其鋒, 至乞師天朝, 然後乃能殲之."

충 기록해 둔다.[32)]

이재에게 철령의 고사는 임진왜란 당시 조령을 지키지 못했던 일과 겹쳐진다. 이것은 스스로 국가를 지키지 못한 조선에 대한 회한으로 나타났으며, 명나라의 지원으로 국가를 보전할 수 있었다는 '재조지은(再造之恩)'에 대한 인식으로 표출되었다.

이재의 국가 인식은 변방에 가까워질수록 청나라와의 관계를 인식하면서 더 구체화되었다. 병자호란의 패전에 대한 회한과 청나라가 다시 조선을 넘볼 것이라는 위기의식이 그것이다. 세종대 육진(六鎭)에 쌓은 행성을 목도한 이재는 다음과 같이 기록하였다.

> 회령 이북의 강변은 석축이 연이어 성장(城障)과 같다. 김종서(金宗瑞) 공(公)이 수축한 행성(行城)이다. 6진의 강을 접한 곳은 모두 그러하다. 예전에 번호(藩胡) 중 내지에 섞여 살던 자들은 김공이 변방을 개척함에 이르러 비로소 쫓겨났고, 행성을 쌓아 경계로 삼았다. 이 이야기는 김공이 4진의 편부를 논한 소에 있다.[33)]
>
> 그 후 번호(藩胡) 야인(野人)인 야지탄, 자라탄, 이랑개, 모을동 제 부락이 강북에 들어서 사는 자가 매우 많았는데, 큰 것은 수백 호, 작은 것은 십여 호였다. 간간이 약탈하는 우려가 있었는데, 병자호란 이후 비로소 모두 철거하여 돌아갔다. 경원 이북에는 지금도 후춘부락이 있는데,

---

32) 《蒼狗客日》, 甲戌 7月 17日 癸未. "鐵嶺 … 高麗時置關, 名鐵關. 故嶺以東江陵諸州, 謂之關東. 至元庚寅, 哈丹奔北而東闌入關東. 有羅裕者, 領軍防鐵關, 賊刦掠和登以西, 裕棄關走, 賊如入無人之境, 國大潰, 至乞師於元, 乃能殲之. 噫! 吾東方有天險不能守, 豈獨鐵嶺也哉? 壬辰之亂, 使島夷過鳥嶺, 廟祠俱墟, 三都失守, 向非天朝以字惠之, 其得有今日乎? 宜乎志士之扼腕, 至今未已, 而二事頗相類, 因謾錄之."

33) 이 내용은 《新增東國輿地勝覽》에 수록된 내용이다. 《新增東國輿地勝覽》 卷50, "咸鏡道, 會寧都護府."

> 우리나라 경계에서 겨우 1식경으로 서로 연기와 불을 바라볼 수 있다. 저들의 형세는 날로 쇠미해지고 있다. 흉노가 어찌 백 년의 운이 있겠는가? 조만간에 빠르거나 늦거나 반드시 다시 구굴(舊窟)을 찾을 것이니 이것은 우리의 마음 깊은 곳의 걱정거리다. 나라를 경영하는 자들은 음우(陰雨: 오래 내리는 비)의 경계를 듣지 못했는가?[34)]

이재의 인식은 청나라가 만주지역을 봉쇄하고 국경에서 물러나 있지만 언젠가는 되돌아와 조선을 위협할 것이라는 것이다. 이는 당시에 널리 퍼져 있던 이른바 '영고탑회귀'에 대한 우려이다.

명 중심의 중화주의적 세계관을 갖고 있던 17세기 사대부들은 이적(夷狄)의 운수가 곧 쇠하여 청나라가 다시 북방으로 퇴각할 것이라고 인식하였다. 따라서 만주족이 청 본래의 근거지였던 영고탑으로 다시 돌아올 때에 대비하여 북방을 강화해야 한다는 인식이 널리 퍼져 있었다.[35)] 이재 역시 이러한 영고탑회귀설을 염두에 두고 두만강의 행성과 강 건너의 후춘부를 인식하였던 것이다.

한편 명에 대해서는 임진왜란으로 망국의 위기에 처한 조선을 구해 준 '재조지은'을 베풀어 준 의리에 비추어 당연히 조선이 그 복수를 담당해야 한다고 인식하였다. 이와 같은 인식은 오랑캐에게 항복한 남한산성에서의 치욕과 더불어 이재가 북벌론을 주장하는 근거가 되었다.[36)]

---

34) 《蒼狗客日》, 甲戌 8月 13日 戊申. "會寧以北, 江邊石築, 連延如城障, 卽金公宗瑞所築行城也. 六鎭沿江處, 皆然, 蓋前古蕃胡雜處內地者, 至金公開邊, 始逐出之, 築行城以爲界, 語在金公四鎭便否疏. 其後蕃胡野人, 如也地灘·者羅灘·伊郞介·毛乙洞諸部落, 列居江北者, 甚多. 大者數百戶, 小者十餘戶, 間有竊發掠奪之虞. 丙子以後, 始皆撤還, 而慶源以北 今猶有後春部落, 去我境 僅一息, 烟火相望. 彼中形勢, 日以衰微, 匈奴豈有百年之運? 早晩緩急, 必復尋舊窟, 是我腹心之憂也. 謀國者, 未聞有陰雨之戒, 何也?"

35) 배우성, 《조선후기 국토관과 천하관의 변화》(서울: 일지사, 1998), pp. 64-77.

이재는 당대인들이 점차 하성(下城)의 치욕을 잊고 청의 강성을 핑계로 현실에 순응하며 의리(義理)를 잊어 가는 것을 개탄하였다. 그리고 국가의 힘을 키우고 때를 기다려 북벌을 단행할 것을 주장하였는데, 성공하면 천하에 당당할 수 있고 실패하더라도 부끄러움은 없을 것이라고 하여 성패와 상관없이 의리를 실천해야 하는 것으로 인식하였다.

이러한 관점에서 이재는 여행 중에 전해들은 이사룡(李士龍)의 이야기를 새겨 기록하였다. 이사룡은 성주의 양인(良人) 출신으로 청나라가 금주위를 공격할 때 조선에서 파병한 부대의 군인으로 명군에 대적하기를 거부하다가 죽음을 당했다. 그의 일은 곧 조정에 알려졌으며, 숙종대에는 조지겸·이현일의 청으로 포상을 내린 바 있다.[37]

이재는 초원역에서 배익휘를 만나 이사룡의 이야기를 전해 들었다. 이에 그 이야기를 기록한 후 다음과 같이 자신의 소회를 적어 대명의리에 대한 인식을 다시 일깨우고자 하였다.

> 오호! 이 사람은 진짜 의사(義士)다. 어찌 배워서 능한 것이겠는가? 대개 그 충의(忠義)의 성(性)을 하늘에서 얻어서 본심을 잃지 않을 수 있었던 것이다. 이른바 일부러 힘쓰지 않고도 해낸다는 것이 아니겠는가? 세상의 배운 사대부로서 원수를 잃고 부끄러움을 견디는 것을 당연하다고 여기는 자들은 의사의 소문을 듣고 부끄러워 죽을 것이다. 오래도록 의사의 전기를 쓰고자 하였으나 아직 하지 못하였다. 우선 들은 바가 이와 같이 운운한다는 것을 기록해 두는 바이다.[38]

---

36) 李縡, 《密菴集》 卷12, 〈北伐議〉.

37) 《仁祖實錄》 卷42, 仁祖 19年 5月 4日(戊寅); 《肅宗實錄》 卷11, 肅宗 7年 1月 30日(甲申); 《肅宗實錄》 卷21, 肅宗 15年 10月 10日(癸酉).

38) 《蒼狗客日》, 甲戌 7月 22日 戊子. "嗟呼! 此眞義士也. 夫豈學而能哉? 蓋其忠義之性,

험난한 고개로 연이은 북로의 막바지에 이르러 이재의 눈은 백두산과 두만강으로 쏠렸다. 영남 출신의 사대부로서 백두산과 두만강을 직접 목도한다는 것은 극히 드문 체험이었다. 이에 이재는 《신증동국여지승람》에서 백두산과 두만강에 대한 기록을 찾아 백두산의 위용과 천지에서 비롯된 강류의 흐름을 자세히 소개하였다.[39)]

백두산과 두만강을 목도한 이재의 인식에는 국토의 원류와 경계에 대한 인식이 나타난다. 백두산에서 발원하여 사방으로 산천이 뻗어 나가며 두만강을 통해 조선과 중국 사이에 경계가 만들어진다는 것이 그것이다.

이재가 백두산과 두만강에 특별히 관심을 보인 것도 시대 상황과 밀접한 관련이 있다. 중원을 차지한 청나라는 백두산을 조상의 발상지로 성역화하기 위한 작업에 착수하여 백두산에서 제사를 지내고 대로를 내는 한편 사신을 파견하여 백두산 일대의 지도를 제작하는 등 백두산 지역에 많은 관심을 쏟았다. 이에 조선은 청나라가 중원에서 패퇴하여 영고탑지역으로 돌아갈 때 백두산 남쪽을 경유하여 돌아갈 것이며 지도 제작을 핑계로 이 지역을 염탐하고 종국에는 자국의 영토라고 주장할 것이라는 의구심을 갖고 있었다.[40)] 따라서 백두산지역의 경계를 강

得之於天而能不失其本心者也, 豈非所謂無所爲而爲者乎? 世之學士大夫, 以忘讐忍恥, 爲當然者, 聞義士之風, 亦可以愧死矣. 久欲爲義士立傳未能, 姑記其所聞如此云."

39) 《蒼狗客日》, 甲戌 8月 4日 己亥. "抵吉州 … 城西望見長白山, 積雪埋空, 八月飛雪, 今親見之矣. 州人指言'七月二十七日間 已下此雪'云. 按地志, 山在州西一百一十里, 七月雪, 五月始消, 山頂尌木矮小, 故名長白山云."; 《蒼狗客日》, 甲戌 8月 12日 丁未. "向會寧, 不及城五里許, 有衣帶水, 從西北來, 卽所謂豆滿江也. … 按地志, 白頭山, 在府西七八日程, 有三層, 高二百里. 其上有池, 周八十里, 南流爲鴨綠江, 北流爲松花江, 或云火刺江, 爲混同江, 或云黑龍江. 東北流爲蘇下江, 爲速平江, 東流爲豆滿江. 一統志所云東流爲也阿苦河者, 疑指速平江也. 又按地志, 白頭山…"

40) 《肅宗實錄》 卷9, 肅宗 6年 3月 5日(甲午).

화하는 한편 청나라의 행보에 촉각을 세우고 있었는데, 결국 1712년(숙종 38)에 두 나라 사이의 경계를 확정한 백두산정계비를 세우게 되었다. 이러한 과정에서 조선에서도 백두산에 대한 관심이 고조되며 백두산을 민족의 상징으로 인식하는 경향이 강화되었다.[41]

이재가 유배길에 동행한 시기는 바로 청나라가 백두산 일대에 대한 성역화 작업을 본격적으로 추진하던 시점이었다. 여행 중에 이재는 청나라의 요구로 국경지역의 채삼(採蔘)이 제한되어 삼수·갑산 등 변경 지역의 민들이 극심한 어려움을 겪는다는 이야기를 듣고 개탄하는 등[42] 청나라의 백두산 성역화가 조선에 미칠 영향을 우려하고 있었다. 이재가 백두산과 두만강에 대하여 세밀히 기록한 것은 산천에 대한 관심을 넘어 국가의 경계와 영토에 대한 관심을 반영하는 것이었다.

고사와 사적에 대한 이재의 기록 중 상당부분은 형승에 대한 기록과 마찬가지로 《신증동국여지승람》에 기초하고 있다. 이 책은 형승과 산천 등 지리는 물론 누정·고적·인물 등 인문지리와 역사까지 포괄하고 있으며, 이전 시기의 지리지에 비하여 인물·예속·시문 등에 치중하여 보다 문화적 성격이 강했다.[43] 이러한 특성 때문에 《신증동국여지승람》은 사대부들이 자연 환경을 이해하는 데뿐만 아니라 역사를 이해하는 데에도 기초 자료로 활용되었던 것으로 파악된다.

한편 이재는 서울에서 종성으로 향하는 길에 김화를 지나면서 병자호란 당시 김화전투의 교훈을 새겨 기록하고 있다. 김화 전투는 병자

41) 양보경, "조선시대의 '백두대간' 개념의 형성", 《진단학보(진단학회)》 83(1997), pp. 86-89.

42) 《蒼狗客日》, 甲戌 8月 10日 乙巳. "聞其間産蔘, 自禁採來, 令日益嚴, 雖我境, 亦不許採, 北氓生理益落. 如三甲等地, 若干民戶將無異存立云. 豈國家所以厚邊氓之意哉? 千里畏人 一至於此, 良可於悒."

43) 양보경, "조선중기 私撰邑誌에 관한 연구", 《국사관논총(국사편찬위원회)》 81(1998), pp. 46-47.

호란 당시 조선이 승전한 두 차례의 전투 중 하나로 역사에 기록되어 있지만 그 공과에 대해서는 논란이 있었다. 승전에 앞서 방어를 맡은 평안감사 홍명구(洪命耈)가 절도사 류림(柳琳)의 지원을 받지 못하고 군대가 전멸한 사건이 있었기 때문이다. 이에 대해 이재는 다음과 같이 기록하고 있다.

> 병자년에 남한산성이 포위되자 평안감사 홍명구가 절도사 류림과 서로 이어 병사를 이끌고 현에 이르렀다. 마침 적이 크게 이르렀는데 관찰사의 군대는 패몰하였고 절도사의 군대는 강한 병졸과 죽음을 무릅쓰고 싸우려는 자가 많아 죽을 각오로 싸워 적을 죽인 것이 헤아릴 수 없었다. 적이 여러 번 싸워 불리하자 결국 물러났다. 일찍이 절도사군대에 소속되었던 노졸(老卒)을 만나니 상세하게 이야기를 해주었다. 지금 그 땅을 지나니 아직도 가리키며 말하는 자가 있었다. 관찰사의 군대가 패한 것은 모두 두 장수가 잘 협조하지 못한 데서 말미암은 것이니 국가의 병사를 관장하며 사명(司命)이 된 자는 마땅히 경계해야 할 것이다.[44]

김화전투에 대한 평가는 저술자에 따라 상반되게 나타난다. 《조선왕조실록》에서는 홍명구가 다른 전투에서 싸운 공적을 높이 평가하는 대신 김화전투의 패배는 류림이 홍명구의 구원 요청을 거부하고 도망하였기 때문이라고 기록하였다.[45] 이러한 기록은 택당(澤堂) 이식(李

44) 《蒼狗客日》 甲戌 7月 14日 庚辰. “丙子南漢之圍, 關西伯洪命耉, 與節度使柳琳, 相繼引兵至縣, 會賊大至, 觀察軍敗沒, 節度軍多勁卒敢死者, 殊死戰, 殺賊無算, 賊屢戰不利, 乃退 嘗見隷節度老卒, 詳言之. 今過其地, 猶有指而言者, 觀察之敗, 皆由兩將不相能, 掌國兵而爲人之司命者, 宜戒之.”

45) 《仁祖實錄》 卷34, 仁祖 15年 1月 28日(戊辰). “賊合兵萬騎來犯, 命耈迎擊大敗之, 殲其二將, 死者相枕. 俄而賊一陣繞出山後, 舍馬登岸, 氈裘自推, 一擁而進, 勢不可遏. 命耈急呼琳相救, 琳不應而走, 帳下將士, 多戰死.”

植)이 찬한 홍명구의 행장에도 그대로 드러나 있다.[46]

이에 비해 남구만(南九萬)이 쓴 류림의 신도비명에는 홍명구가 류림의 조언을 듣지 않고 무리하게 작전을 펴다 적군의 공격으로 두 군대가 차단되어 관찰사 군대가 궤멸되었고, 류림은 병사들을 독려하여 승전을 거둔 것으로 기록하였다.[47]

한편 유계는 홍명구가 전사한 후 류림이 살 길이 없다는 것을 알고 힘써 싸워 적군 수천 명을 죽여 적이 패퇴하였다고 기록하였다. 류림의 승전을 그의 무공보다는 정황상의 결과로 폄하한 듯하다.[48]

여러 기록을 종합하면 홍명구와 류림 사이에 작전 구사를 둘러싸고 이견이 있었고, 관찰사의 군대가 류림의 지원을 받지 못했으며, 류림이 대승을 거두었다는 점은 사실로 인정된다. 류림은 김화전투에서 발휘한 지휘력을 인정받아 조선을 대표하는 무장으로 평안병사, 통제사에 제수되었으며 청나라는 금주위를 공격할 때 조선군 대장으로 류림을 지명하기도 하였다.

결국 입장 차이는 관찰사 군대의 전멸 책임을 누구에게 돌릴 것이냐 하는 문제로 귀결된다. 여기에는 서인·노론계와 남인·소론계의 정치적 입장 차이가 반영된 듯 서인·노론계는 류림에게, 남인·소론계는 홍명구에게 책임을 돌리고 있다.

이재는 류림의 군대가 보여 준 용맹성을 후하게 평가하면서도 두 장수가 화합하지 못한 과오를 경계하였다. 어느 한쪽의 책임을 따지기보

---

46) 李植, 《澤堂集》, 別集 卷9, 〈平安道觀察使贈吏曹判書洪公行狀〉.

47) 南九萬, 《藥泉集》 17, 〈統制使柳公神道碑銘〉.

48) 兪棨, 《市南集》, 別集 卷8, 〈南漢日記〉. “平安監司洪命耉, 在慈母山城, 兵使柳琳在安州城, 聞南漢之急, 皆領兵前進. 行到金化遇賊兵, 賊先攻命耉兵敗死之. 賊又逼柳琳營, 琳見命耉軍盡沒, 知無可生之路, 力戰終日, 殺賊幾數千人 賊乃退.”

다 상호 협력하지 못한 것을 문제 삼은 것이다. 상반된 견해가 공존하는 가운데 이런 평가를 내린 것은 사실 허목의 인식을 따른 데서 비롯되었다. 이재의 기록은 허목이 쓴 〈척주시기행초어〉의 내용을 정리하여 재서술한 것으로[49] 허목의 평가를 계승하고 있는 것이다. 이를 통해 이재의 역사 인식에도 허목의 저술이 상당한 영향을 미치고 있었음을 알 수 있다.

북로 여행은 이재가 양란 이후 조선이 처한 현실을 재인식하는 계기가 되었다. 그는 이와 관련된 고사를 듣고 관련자료를 찾아 함께 기록하였다. 여기에서 이재는 단순히 고사를 기록하는 데 그치지 않고 여행을 통해 체득한 교훈을 전달하고자 하였다. 이것은 이재가 《창구객일》을 통해 후손들에게 물려주고자 한 유산이기도 하다.

4. 조보(朝報)의 열람과 필사

유배는 이전까지 살아온 사회로부터의 격리를 의미한다. 비록 인근 고을의 지방관이나 고을의 부로들이 자주 방문하기도 하였지만 유배지에서의 생활을 고향의 사대부들에 둘러싸인 생활에 비견할 수 있는 것은 아니었다. 이재는 시종인으로서 위리안치된 부친과 달리 자유롭게 생활할 수 있었지만 유배라는 환경을 벗어날 수는 없었다.

한반도의 북단에 위치한 종성에서는 친인척이나 지인들과의 소통이

---

49) 許穆, 《記言》 卷24, 〈陟州時記行鈔語〉. "丙子南漢受圍, 關西觀察使洪命耉. 節度使柳琳兩軍相繼至, 各陳兵, 以過賊大至, 觀察軍敗沒不出. 惜乎! 兩將不相能, 卒至於敗. 節度軍皆勁卒敢死者, 其師行有律, 行伍不亂. 先軍敗時, 賊竝衝破其一面, 卽以游兵, 補其缺, 軍皆殊死戰, 賊屢戰屢敗, 賊疲勞. 遂攻殺其將, 賊乃退."

원활하지 못하였다. 종성에서 고향 영양까지는 2,500여 리에 이르는 거리도 거리였거니와 바로 통할 수 있는 인편도 없었다. 때문에 고향에 한 번의 소식을 전하기 위해서는 서울로 향하는 관편(官便)을 이용하여 서울의 친구들에게 편지를 보내고 다시 서울에서 고향으로 가는 인편을 기다려 편지가 전달되도록 해야만 하였다.[50)]

8월 14일 종성에 도착한 이재가 처음 가족들에게 편지를 보낼 수 있었던 것은 8월 27일이었다. 마침 교체되어 상경(上京)하는 수령의 행차를 이용한 것이었다. 보름여가 지난 9월 12일에는 다시 상경하는 관편을 이용하여 향서(鄕書)를 부쳤다. 미처 답장도 이르기 전에 재차 편지를 보낸 것은 인편이 부정기적일 뿐 아니라 편지가 언제 도착할지, 또 제대로 도착할지 확신할 수 없었기 때문이다.

이재가 서울과 고향에 있는 친구와 가족들에게 편지를 보낸 후 답장을 받는 데에도 오랜 시간이 걸리기는 마찬가지였다. 8월 27일 가족들에게 첫 편지를 보낸 후 관편을 통해 첫 편지를 받은 것은 세 달이 훌쩍 넘은 12월 7일이었다. 가족들이 편지를 낸 것은 10월 16일로 영양에서 서울을 거쳐 종성에 이르기까지 걸린 시간은 50일이었다. 또 9월 12일 서울의 친구들에게 편지를 보낸 후 첫 편지를 받은 것은 10월 16일로 왕복 한 달가량이 걸렸다.

따라서 유배지에서 보내는 편지는 특정한 사안을 논하기보다는 인편을 찾을 때마다 안부를 전하는 데 급급하였다. 상대적으로 이재가 자주 편지를 주고받으며 소식을 전할 수 있었던 것은 명천의 김여건

---

50) 《蒼狗客日》, 甲戌 8月 27日 壬戌. “修家書, 擬附地主行, 以爲從京舊遞傳地.”; 甲戌 9月 12日 丁丑. “聞官便入洛, 裁謝諸親舊, 仍附鄕書一角.”; 甲戌 10月 16日 庚戌. “因官便見李員外受伯書.”; 甲戌 10月 26日 庚申. “有官便自洛還者”; 甲戌 12月 7日 庚子. “因官便自洛還, 得京舊及家鄕內外書, 書出十月十六日.”

(金汝鍵), 부령의 안일리(安日履),[51] 경흥의 대사간 김원섭(金元燮) 등 인근에 유배 와 있는 인물들이었다. 이들은 편지를 통해 변방에서의 외로운 생활을 서로 위로하였던 것이다.

유배지에서 바깥 세상의 소식을 들을 수 있는 통로는 조보(朝報)가 거의 유일하였다. 조보는 승정원에서 발행하여 중앙의 관서와 지방군현에 전달한 관보(官報)로 조지(朝紙)·저보(邸報)·저지(邸紙) 등으로도 불렸다. 조보에는 국왕의 모든 명령과 지시를 포함하는 전교(傳敎), 유생과 관료들의 상소와 이에 대한 국왕의 비답(批答), 관리의 인사, 자연현상 및 재해, 중앙 및 지방의 각 관서로부터 국왕에게 올리는 각종 보고서와 복명서 등 광범위한 내용이 수록되었다. 조보는 모든 정보의 공개를 원칙으로 하였기 때문에 이를 통해 조정의 동정이나 인사뿐 아니라 각종 정부의 현안과 논의 과정까지도 확인할 수 있었다.

조보는 승정원에서 일기축(日記軸)이나 단초(單抄) 등 기본자료를 제공하고 각 관서의 담당 서리(書吏)들이 승지의 감독하에 기사를 취사선택하여 등서(謄書)하는 방식으로 제작되었다. 조보를 받은 각 관서에서는 이를 다시 등서하여 당해 관청의 전·현직 관료들에게 전달하였다. 지방의 경우에는 승정원에서 등서하여 역로를 통해 전달하였으며, 전·현직 관료들이 지방에 있을 경우 경저리(京邸吏)들이 전달하기도 하였다.[52]

승정원에서는 매일 조보를 제작할 수 있는 자료를 제공하였으며, 서

51) 《蒼狗客日》, 甲戌 9月 23日 戊子.

52) 차배근, "우리 나라 朝報에 대한 新聞學的分析攷", 《언론정보연구(서울대학교 언론정보연구소)》 17(1980); 박정규, "朝鮮王朝時代의 前近代的新聞에 관한 硏究", 박사학위논문, 서울대학교 대학원, 1982; 김경래, "인조대 조보와 공론정치", 《한국사론(서울대학교 국사학과)》 53(2007).

울의 관서에서도 이에 기초하여 매일 조보를 제작하여 배포하였다. 그리하여 중앙관서의 관원은 매일 아침 신문을 보듯 전날 발행된 조보를 열람하였다.[53] 하지만 지방의 경우, 여러 날 분량의 기사를 한꺼번에 묶어 제작·전달하는 것이 일반적이었다.[54]

이상과 같이 제작 배포되는 조보는 모든 사람이 열람할 수 있는 것은 아니었다. 원칙적으로 중앙관서에 소속된 전·현직 관료와 지방관이 그 수령자였다. 즉, 관을 통하여 공식적으로 조보를 수령하는 경우는 매우 제한적이었다.

하지만 조보를 받은 관료들이 조정의 소식을 전하기 위하여 지인들에게 개인적으로 조보를 빌려 주는 경우가 많았다. 그리하여 실제 지방에 거주하는 사대부들 가운데서도 조보를 자주 접하는 사람들이 많았다. 하지만 비공식적인 경로를 통하는 만큼 주기적인 열람은 쉽지 않았다.

《창구객일》에도 조보를 접한 기사들이 자주 등장한다. 1694년 4월 환국이 일어났다는 소식을 듣고 조덕린(趙德隣)을 찾아 4월 3일 이전의 조보에 실린 국왕의 전교를 통해 사건의 전말을 확인하였다. 또 4월 22일 배소로 출발할 때에는 청송부사가 제공한 4월 15일의 조보를 통해 그간의 사정을 파악할 수 있었다. 조보는 전문이나 풍문의 사실 여부를 확인할 수 있는 최종적인 근거였다.

유배지로 출발한 이후에도 호의적인 수령을 통해 간헐적으로 조보를 접할 수 있었다. 5월 2일 양양에 이르러서 현감 민진형(閔震炯)을 통해 여러 장의 조보를 얻어 보고 4월 21일 이전의 소식을 파악하고,[55] 5월

53) 金坽, 《溪巖日錄》, 1614年 5月 23日~26日.

54) 박정규, "朝鮮王朝時代의 近代的 新聞에 관한 硏究", pp. 119-121.

55) 《蒼狗客日》, 甲戌 5月 2日 己亥.

7일에는 통천군수를 통해 4월 28일 전의 조보를 얻어 볼 수 있었다.[56)]

부친이 국문을 받기 위해 서울에 들어간 뒤에는 서울의 지인들을 통하여 매일매일의 소식을 접할 수 있었다. 국문기간의 일기 말미에는 조보에서 등서한 국문 당시의 공사(供辭), 계문(啓文)이 정리되어 있다. 또 《창구객일》의 부록에는 부친의 방송(放送), 신원(伸冤)과 관련된 각종 계문을 수록하였는데, 그 가운데 중간에 보지 못한 조보가 있어서 발론처를 알지 못한다고 기록한 경우도 있다.[57)] 이를 통해 이재가 지속적으로 조보를 통하여 중앙정계의 동향을 파악하고 부친과 관련된 기사를 등서해 두었다는 것을 알 수 있다.

그렇다면 유배지에 있던 이재는 어느 정도의 조보를 열람할 수 있었을까? 종성에 도착한 1694년 8월 14일부터 고향으로 돌아간 1695년 2월 27일까지의 6개월여 동안 조보를 보았다는 기록은 총 24회 등장한다. 대략 한 달에 4회 정도 조보를 열람하였던 것이다.

이 중 20회에는 조보에 수록된 기사의 날짜까지 함께 기록되어 있다. 전후 조보의 날짜를 비교해 보면 작성 간격은 두세 경우를 제외하면 모두 10일 미만이며, 대개는 5~6일 전후 간격으로 조보가 작성되었다는 것을 알 수 있다.

일반적으로 지방에 발송하는 조보는 대개 5일분을 묶어 작성하였으며, 10일이나 1개월 분량을 한꺼번에 작성하여 보낸 경우도 있었다고 한다.[58)] 이에 비추어 보면 이재는 거의 대부분의 조보를 열람하고 있었다는 것을 알 수 있다.[59)]

---

56) 《蒼狗客日》, 甲戌 5月 7日 甲辰.

57) 《蒼狗客日》, 甲戌 12月 18日 庚子. "中間兩司俱發, 而不得連見朝報, 未知何日何人首發論."

58) 박정규, "朝鮮王朝時代의 前近代的新聞에 관한 硏究", 박사학위논문, 서울대학교 대학원, 1982.

조보의 발행 시점과 열람 시점을 비교하여 보면 대개 20일~30일 사이의 시차가 있었다. 18세기 중반에 작성된 《여지도서》에는 서울에서 종성까지의 거리는 2,038리이며, 이동시간은 22일정으로 기록되어 있다. 이에 비추어 본다면 이재는 대개 종성에 도착한 지 얼마 지나지 않은 조보를 열람하고 있었던 것으로 볼 수 있다. 하지만 조보는 역로를 통해 전달되었기 때문에 《여지도서》의 기록보다는 훨씬 짧은 기간에 군현에 도착하였다. 이재의 경우에도 14일 만에 조보를 열람한 사례도 있다. 이로 미루어 보면 이재는 대개 관부에서의 열람이 끝난 후에 조보를 빌려 볼 수 있었던 것으로 생각된다.

앞서 보았듯이 이재는 유배지에서 대부분의 조보를 열람하고 있었다. 하지만 이것이 누구나 쉽게 조보를 열람할 수 있었다는 것을 의미하는 것은 아니다. 조보는 원칙적으로 지방관과 지방의 고위 관료들에게만 배포되는 것으로 이외의 경우는 주로 개인적인 친분을 통해서만 열람할 수 있었다.

17세기 전반 예안에 거주한 김령(金坽)의 경우를 보면 문과에 급제하여 벼슬이 장령에 오른 이후에도 공식적인 경로로 조보를 받아 보지 못하였다. 관료로 있는 지인들이 그에게 조보를 보내왔을 따름이다. 조보의 열람 기회를 제공하는 것은 관료들이 주변의 지인들에 제공하는 특혜였다.[60]

어느 시점부터는 수령이 김령에게 꼬박꼬박 조보를 보내왔다.[61] 이

---

59) 열흘을 넘긴 9월 1일 이전 조보의 경우 8월 20일자 기사가 수록되어서 조보 자체가 열흘 이상의 간격으로 작성된 경우라는 것도 알 수 있다. 다만 한 달 이상의 간격이 있는 9월 23일 이전과 10월 25일 사이의 조보는 열람하지 못했을 가능성이 높다.

60) 金坽, 《溪巖日錄》, 1631年 4月 5日. "城主惠書及雉, 且以朝報爲寄, 朝報花伯所見借也."; 1632년 7월 2일 "窮村無朝報, 前此曾未詳聞, 無非僻縣之故也."

61) 金坽, 《溪巖日錄》 1633년 1월 21일 "是日地主送朝報", 1633년 1월 24일 "還朝報于地主".

무렵에 김령이 종3품인 세자시강원 보덕과 사간원 사간에 제수되었다는 점을 감안하면 관직의 고하에 따라 조보를 제공하는 경계가 있었던 것으로 보인다. 하지만 그 사이에 안동부사가 조보를 보내오는 경우도 있었던 것을 보면 이 역시 관행일 뿐 일률적인 규정이 있었던 것은 아니라는 것을 알 수 있다. 지방관이 김령에게 조보를 보낸 것은 고위관료 출신에게 제공하는 관행적인 예우였으며, 공식적인 것은 아니었던 것이다.

그렇다면 이재는 어떻게 조보를 열람할 수 있었을까?

이현일은 이조판서를 지낸 고위관료 출신으로 수령이 조보를 보냈을 법하다. 하지만 앞서 본 김령의 경우와 달리 수령이 먼저 조보를 보내온 일은 드물었다. 수령이 배소를 방문했을 때 조보를 보여 준 경우가 있었을 뿐이다. 간혹 이현일을 대할 때 관복을 갖추거나 의물(儀物)을 중지시키면서까지 예우의 뜻을 표하는 지방관도 있었지만 조보를 제공하지는 않았다. 16세기 성주에 유배되었던 이문건(李文楗)의 경우 간혹 목사가 조보를 보내준 것과 달리 종성부사가 조보를 제공하지 않은 것은 이현일이 위리안치된 정배인이라는 상황 때문이었던 것으로 보인다.

대신 이재는 관아로 직접 수령을 방문하여 그곳에서 조보를 열람하고 돌아왔다. 지방사회에서 사족들이 자주 관아를 방문하는 일은 금기시되는 일이었다. 청탁이나 수령권의 행사에 개입한다는 혐의가 있었기 때문이다. 하지만 종성에서 조보를 열람하기 위해서는 수령을 통할 수밖에 없었기 때문에 이재는 오히려 적극적으로 수령을 찾아가곤 하였다. 그만큼 조보를 통해 바깥세상, 특히 부친의 신원과 관계된 중앙 정계의 소식을 확인하려는 갈망이 있었던 것이다.

그나마 이재가 조보를 열람할 수 있었던 것은 종성부사의 호의였다.

〈표 2〉《창구객일》 중 종성에서의 조보 열람 기사

순서	날 짜	조보 수록 시기	제공자
1	갑술 8월 25일	미상	지주를 방문
2	갑술 8월 26일	미상	
3	갑술 9월 8일	갑술 8월 16일 이전	지주가 방문
4	갑술 9월 15일	갑술 9월 1일 이전	
5	갑술 9월 19일	미상	
6	갑술 9월 23일	미상	지주가 방문
7	갑술 10월 3일	갑술 9월 10일 이전	
8	갑술 10월 15일	갑술 9월 15일 이전	
9	갑술 10월 21일	갑술 9월 23일 이전	
10	갑술 11월 21일	갑술 10월 25일 이전	
11	갑술 12월 1일	갑술 11월 초3일 이전	
12	갑술 12월 4일	갑술 11월 10일 이전	선천부사 원휘(元徽) 형제
13	갑술 12월 10일	갑술 11월 17일 이전	병상(兵相) · 선천부사(宣川府使)
14	갑술 12월 26일	갑술 11월 28일 이전	행영(行營) 방문
15	을해 1월 1일	갑술 12월 8일 이전	지주를 방문
16	을해 1월 10일	갑술 12월 12일 이전	
17	을해 1월 12일	갑술 12월 19일 이전	
18	을해 1월 13일	갑술 12월 23일 이전	
19	을해 1월 19일	갑술 12월 27일 이전	
20	을해 1월 22일	을해 1월 3일 이전	지주를 방문
21	을해 2월 1일	을해 1월 9일 이전	지주를 방문
22	을해 2월 8일	을해 1월 18일 이전	지주를 방문
23	을해 2월 14일	을해 1월 24일 이전	선천부사 원휘
24	을해 2월 25일	을해 2월 5일 이전	

종성부사 박명의(朴明義)는 배소를 방문하거나 경내의 모임에 이재를 초청하는 등 이재 부자와 지속적인 유대를 맺고 있었다. 그는 이재에게 경내 자제들을 시험하는 과시(課試)의 출제를 부탁하기도 하였으

며 심지어 국왕의 구언교지(求言敎旨)를 보내며 응지상소(應旨上疏)의 대작(代作)을 부탁하기도 하였다.[62] 종성부사의 입장에서 보면 학문과 문장이 취약한 변방의 고을에서 이재 부자는 학문과 문장으로 교유하고 세태를 논할 수 있는 지기와 같은 위치에 있었다. 따라서 먼저 조보를 보내주지는 않았지만 관아를 방문한 이재에게 조보를 열람할 수 있는 기회를 제공하였던 것이다. 이외에 선천부사 원휘(元徽)도 조보를 제공하였는데, 이 역시 이재와의 사적인 친분에 기초한 것이었다.

이재는 조보의 열람뿐 아니라 필사에도 적극적이었다. 《창구객일》에는 처음 유배를 떠나게 된 경위와 서울에서의 국문에 관련된 공초·계문, 1695년 7월부터 1721년 6월까지 부친과 관련된 논의를 담은 상소 등이 중간중간에 등서되어 있다. 사건의 전말을 파악할 수 있도록 일목요연하게 기록해 둔 것이다. 이처럼 필사에 열의를 쏟은 데에는 사건의 전말을 기록하여 부친의 오명을 씻어야 한다는 사명감이 있었기 때문일 것이다.

이 외에도 일기의 곳곳에는 조보의 내용 중에서 특히 관심을 끌었던 사안들이 기록되어 있다. 여기에는 지인들의 소식이나 중앙의 인사, 송시열의 도봉서원 배향, 김장생 문묘 종사 상소 등 남인 유생으로서의 관심사가 포함되어 있다.[63]

오늘날 우리는 《조선왕조실록》이나 《승정원일기》 등을 통하여 사건의 추이를 쉽게 확인할 수 있다. 하지만 조선시대 사대부들은 이런

62) 《蒼狗客日》 甲戌 9月 19日. “地主將課試邑子, 要余出疑題爲書, 數題入送.”; 《蒼狗客日》 甲戌 11月 13日 丁丑. “地主送示求言敎旨 … 地主謂吾欲應旨封狀 蓋爲余草之.”

63) 《蒼狗客日》, 甲戌 9月 23日. “以牛栗斥享故, 安上舍吉甫, 配富寧”; 甲戌 10月 3日 丁酉. “見九月十日以前朝紙, 湖南人士請以宋時烈醱享道峯, 上特許之.”; 甲戌 12月 1日 甲午. “見前月初三日以前朝報, … 金沙溪從祀疏又發, 疏頭李世璉也. 北靑儒生等, 請以閔鼎重醱享鰲老書院, 事下該曹.”

자료를 열람할 수 있는 길이 없었다. 일반 사대부들이 유일하게 사건의 전말을 확인할 수 있는 길은 조보를 통하는 길이었다. 하지만 조보는 책자로 편찬되는 것이 아니라 일회적인 기록으로 회람되다가 소멸되었다. 따라서 후고(後考)를 위해서는 반드시 개인적으로 등서하여 기록으로 남겨두어야 하였다.

《창구객일》은 부친이 유배길을 동행하며 쓴 일기이지만 피화(被禍)된 전말을 기록하여 후대에 전하고 부친의 오명을 씻고자 한 기록이다. 그리하여 갑술환국을 일으킨 국왕의 전교에서부터 부친의 방송(放送), 신원(伸寃)에 관련된 문서들을 등서하여 부록 형태로 수록하였다. 이것은 이재 부자의 관점에서 갑술환국의 전개과정을 정리한 일종의 자료집이자 역사 기록의 성격을 지닌다.

5. 맺음말

이재는 유배길에 오른 부친을 동행하여 장기간의 여행과 타지에서의 생활을 경험하였다. 그 가운데 새로운 체험과 견문을 통하여 인식의 지평을 확장하고 이를 기록으로 남겼다. 이것은 후대에 전해져 체험을 통하여 얻은 정보로 활용될 터였다.

《창구객일》에서는 정보의 획득과 기록이라는 측면에서 몇 가지 흥미로운 점이 확인된다.

우선 여행 중에 보고들은 형승이나 고사, 사적에 대한 기록들은 많은 경우 견문을 바탕으로 하되 《신증동국여지승람》을 통하여 자료가 보완되고 있다는 점이다. 이것은 숙종대에도 《신증동국여지승람》이 지리는 물론 조선의 역사·문화 전반을 이해하는 데 기본 지침서로 활용되었다는 것을 보여 준다. 특히 자국의 역사에 대한 교육이 취약하였던 조선에서 《신증동국여지승람》이 역사를 파악하는 기본자료가 되었다는 점이 주목된다.

이재 개인의 입장에서는 허목의 《미수기언》을 자주 인용하고 있다는 점이 주목된다. 《미수기언》은 다양한 방면에서 인용되고 있는데, 적어도 이재에게는 이 책이 조선의 역사와 문화를 이해하는 데 중요한 준거가 되었다. 이는 동시대 남인들에게 공통된 현상이었을 것으로 생각된다.

한편 형승의 기록에서는 자료를 통해 소개하는 것이 큰 비중을 차지하지만 고사와 사적의 기록에서는 자료를 인용하여 제시한 후에 이를 당대의 현실과 연결시켜 이해하고 이재 자신의 인식과 나아갈 방향을 제시하고자 하였다. 여기에는 병자호란 이후에 조선이 직면한 현안에 대한 이재의 인식이 담겨 있다. 북로 유배는 이재가 조선인으로서의 국가의식을 다시 한번 확인하는 계기가 되었다.

이재는 고향을 떠나 유배지에 고립되어 생활하는 동안 조보의 열람과 등서에 매우 적극적이었다. 조보는 세상과 소통하는 통로이기도 하였으며, 부친의 오명(汚名)을 씻는 데 필요한 자료이기도 하였다. 이재가 등서한 조보는 이재의 입장에서 정리한 갑술환국의 자료집이자 역사서로서의 성격을 지닌다.

여행은 조선시대 사대부들의 일상생활의 일부분이었다. 사대부들은 여행을 통하여 각지의 명승지를 감상하며 심신을 수양하고 호연지기를 키웠으며, 지리와 역사, 문화를 익혔다. 여행을 통해 얻은 체험과 정보는 여행기에 종합적으로 수록되어 있다.

유배는 분명 일반적인 여행과는 다르다. 무엇보다도 죄인으로서 자신이 살아온 사회로부터 격리되는 길이었던 만큼 미래에 대한 근심과 불안을 떨칠 수 없는 여정이었다. 유배지에서의 생활 역시 낯선 풍토와 고독감과 싸워야 하는 어려운 생활이었다. 하지만 유배길에 오른 사람들은 평상심을 잃지 않고 평소의 생활을 이어 가려고 노력하였다.

《창구객일》은 이재가 유배를 떠난 부친을 시종하며 쓴 일기로 부친의 유배생활에 대한 근심과 불안, 고독감이 주된 정조를 이룬다. 그 가운데서도 잠시나마 주변의 형승과 사적에 눈을 돌리고 이를 기록으로 남길 수 있었던 것은 어려운 가운데서도 평상심을 유지하며 여행의 경험을 기록으로 남기고자 노력한 결과다. 이처럼 기록을 중시한 것이 바로 조선시대 사대부 생활문화의 일면이었다.

참고문헌

《蒼狗客日(李栽)》. 《肅宗實錄》. 《仁祖實錄》. 《新增東國輿地勝覽》.

《溪巖日錄(金坽)》. 《記言(許穆)》. 《密菴集(李栽)》. 《市南集(兪棨)》. 《澤堂集(李植)》.

《道里表》(국립중앙도서관 승계 고 2700－40).

배우성. 《조선후기 국토관과 천하관의 변화》. 서울: 일지사, 1998.

조병로. 《韓國驛制史》. 서울: 한국마사회 박물관, 2002.

김경래. "인조대 조보와 공론정치". 《한국사론(서울대학교 국사학과)》 53(2007).

金景淑. "朝鮮時代 流配刑의 집행과 그 사례". 《史學研究(한국사학회)》 55·56 합집(1998).

김남기. "여행을 통한 山水와 生活 空間의 인식". 《한문학보(우리한문학회)》

17(2007).

김종혁. "역사에서 '길'이란 무엇인가". 《역사비평(역사비평사)》 68(2004).

박정규. "朝鮮王朝時代의 前近代的新聞에 관한 硏究". 박사학위논문. 서울대학교 대학원, 1982.

심재우. "조선전기 유배형과 유배생활". 《국사관논총(국사편찬위원회)》 92(2000).

양보경. "조선중기 私撰邑誌에 관한 연구". 《국사관논총(국사편찬위원회)》 81(1998).

______. "조선시대의 '백두대간' 개념의 형성". 《진단학보(진단학회)》 83(1997).

정연식. "조선시대의 여행조건 — 黃胤錫의 〈西行日曆〉과 〈赴直紀行〉을 중심으로". 《인문논총(서울여자대학교 인문과학연구소)》 15(2006).

차배근. "우리나라 朝報에 대한 新聞學的分析攷". 《언론정보연구(서울대학교 언론정보연구소)》 17(1980).

제4부

《창구객일》을 통해 본 17세기 조선의 정치과정

제8장

《창구객일》을 통해 본 당대 정국에 대한 밀암의 인식

정만조 | 국민대학교 국사학과

1. 머리말

《창구객일(蒼狗客日)》은 밀암(密菴) 이재(李栽, 1657~1730)가 38세 되던 숙종 20년부터 45세 되던 숙종 27년까지 전후 7년간 일기의 형태로 적은 기록물이다. 그러나 여느 일기와는 담은 내용이 사뭇 다르다.

거기에도 물론 다른 일기에서처럼 밀암의 신변잡사에 관한 언급이 없지는 않다. 하지만 일기의 시작 자체가, 죄인으로 몰려 심문당하고 북찬남적(北竄南謫)하며 귀양살이하는 부친을 시봉(侍奉)하면서 접하게 되는 일이나 사건을 적어, 집안의 자질들에게 자신의 부친이 그런 고초를 겪게 된 일의 수말(首末)을 알게 하려는 목적 아래 이루어졌다. 그런 만큼 《창구객일》은 일기를 쓰는 밀암보다도 그 부친인 갈암(葛庵) 이현일(李玄逸, 1627~1704)의 동정이나 그와 관련된 사항을 위주로 기록하고 있다.

특히 부친이 죄를 입어 유배 중인 상황이므로 부친의 신상과 장래의 운명에 바로 영향을 미치는 당시의 정치정세나 정국상황의 변동, 옥사와 관련된 정치적 사건들의 처리과정 등에 관해서 밀암은 촉각을 곤두세우지 않을 수 없었다. 그래서 가능한 한 여러 가지 방법으로 중앙정계의 소식을 전하는 조보(朝報)·교서를 구하거나, 친구·지인들과의 서신교류를 통해 관련 정보를 수집·정리하였으며 이를 놓고 그 나름대로 정세를 종합적으로 판단하였다. 《창구객일》의 곳곳에는 이런 자료와 그에 대한 밀암 나름대로의 코멘트 및 정세판단 내용이 갖추어 수록되어 있다.

밀암이 수집해 《창구객일》에 전사(轉寫)하거나 요약·초록해 놓은 자료도 오늘날 활용하는 데는 상당히 유용하다. 물론 이들은 대개가 조보·저보(邸報)이거나 풍문, 또는 편지나 사람을 시켜 전해지는 전문(傳聞) 등에서 얻은 정보이다. 그래서 《조선왕조실록》, 《승정원일기》와 같은 관찬사료에 비해 가치가 떨어지는 것은 사실이다. 조보를 예로 들더라도 승정원을 거친 모든 통치 관련 기록 중 중요한 내용을 요약하여 작성한 것이니만큼 《승정원일기》에 실린 원자료(原資料)보다는 자세하지 않고 또 2차 사료에 불과하다. 그러나 유감스럽게도 후일 영조 20년의 화재로 경종 원년 이전의 《승정원일기》는 불타버렸다. 지금 전해지는 《승정원일기》는 불탄 후 2~3년 사이에 여러 군데서 보완자료를 찾아 개수해 놓은 것이다. 본래의 원본에 비해 양이 3분의 1에 불과하고 기사의 내용도 부실할 수밖에 없다. 《창구객일》에 집중적으로 실려 있는 숙종 20년 갑술환국 후의 정국격랑 속에 수반된 정치적 사건과 인물에 관한 기록 중, 《승정원일기》에 빠져 있거나 소략하게 적힌 부분을 적지 않게 찾을 수 있는 것은 이런 이유 때문이다. 여기에서 《승정원일기》의 보완자료로서 《창구객일》의 가치가 드러난다고 하겠다.

《조선왕조실록》에 대해서도 마찬가지의 말을 할 수 있다. 갈암 이현일이 유배된 갑술환국 이후의 정국에 관한 기록은 실록에 잘 정리되어 있다. 그러나 그것은 숙종 승하 후 경종 연간과 영조 초 집권세력이던 서인, 그중에서도 노론에 의해 편찬된 것이었다. 춘추필법(春秋筆法)이 표방되기는 하나 사관(史官)이 집권세력의 정치적 이해에서 자유로울 수는 없었다. 하물며 실록총재관을 시임대신(時任大臣)이 겸하도록 되어 있음에서이랴. 그러기에 《숙종실록》에 불만을 가진 소론은 정미환국(丁未換局)으로 집권한 영조 3년 《숙종실록》을 새로 편찬하려다가 여의치 못하자, 보궐정오(補闕正誤)를 작성하여 기존 실록의 권말(卷末)마다 첨부해 놓았던 것이다. 사정이 이러하다면 갑술환국(甲戌換局) 이후의 정치상황 기술에서 남인 측의 주장과 입장이 객관적으로 반영되었다고는 보기 어렵다. 기술하는 시각도 그렇겠지만, 자료의 취사선택에 의한 사실왜곡도 문제일 수밖에 없다. 남하정(南夏正)이 편찬한 《동소만록(桐巢漫錄)》과 같은 야사(野史)가 남인의 당론서(黨論書)이면서도, 정치사 연구에서 관찬사서의 한계를 보완하는 자료 내지 사서(史書)로서 의미를 갖는 이유는 여기에 있다.

이런 면에서 본다면 위에서 말한 내용으로 된 《창구객일》도 필기소설(筆記小說)류의 야사로서 좀 더 주목되어야 할 것이다. 그러나 여기서는 사서(史書)로서의 그 가치를 검토하기보다는, 그런 정치 관련 자료·정보의 수집을 통해 밀암이 당시의 정국을 어떻게 분석해 파악하였으며, 정치정세를 이해하고 판단했는가에 초점을 맞추어 보고자 한다.

이를 위한 구체적 작업으로 숙종 20년 그 부친 갈암의 피체(被逮)에서부터 시작되어 국문(鞫問)을 받고 멀리 함경도로 원찬되었다가, 몇 년 후 남쪽으로 옮겨지고 다시 숙종 28년에 최종적으로 석방이 확정되기까지의 9년간을, 시간대를 따라가면서 《창구객일》의 정치 관련 기록을 검토하고, 이를 통해 밀암의 당대 정국에 대한 인식을 검출하는 방식으로 진행할 것이다.

다만 밀암이 워낙 신중한 성격이고 또 민감한 정치사안이어서, 밀암 자신의 견해를 잘 나타내지 않거나 완곡한 표현으로 감출 수도 있어서 어느 정도 가능할는지는 작업을 진행해 보아야 가늠할 수 있을 것 같다. 이런 작업을 통해 만년 그 무렵인 영조 초의 무신란(戊申亂) 때 발휘되었던 밀암의 숨은 정치능력의 일단을 밝힐 수 있으면 다행이겠다.

2. 부친 피나(被拿) 소식과 그 반응

《창구객일》은 숙종 20년인 갑술 4월 초9일 병자부터 시작된다. 그날 밀암은 이조판서로서 분황고유(焚黃告由: 官職追增 받은 사실을 先祖의 무덤에 고하고 職牒의 副本을 태우는 일)차 향리인 영해부에 내려와 있던 부친을 남악초당(南嶽草堂)에서 시봉하고 있던 중이었다. 평소 갈암에게 후하게 대하던 이관징(李觀徵)[1]의 4촌 형제로 청송부사로 있던

1) 이관징(1618~1695)은 본관이 연안(延安)으로 인조 때 함경도관찰사를 지낸 창정(昌庭)의 손자이며 여러 판서를 거쳐 치사하여 봉조하가 되었다. 예송 때 허목을 지지하는 등 남인의 당색을 띠었으나, 당론을 내세우지 않아 서인들로부터 "己巳黨人中, 稍有名稱."[《肅宗實錄》 卷25, 19年 5月 7日(庚戌)]하다는 평가를 받았다. 평소 후하게 대해준 데 대해 밀암은 《蒼狗客日》에서 "得芹谷(이관징 號)奉朝賀台丈, 及其子參判台兄弟書. … 自吾家遭難來, 此老父子兄弟, 相念特厚, 不以禍故相捐, 此意尤不可忘也."(《蒼狗客日》,

이문징(李文徵)이 보내 온 서신 한 장은 남악초당 사람들을 공황(恐慌) 속으로 몰아넣었다. 함이완(咸以完)의 상변(上變)[2]이 동티가 되어 김인(金寅)의 고변(告變)을 불러 오고 임금의 비망기 한 장으로 정국이 하루아침에 뒤바뀌어 안옥대신(按獄大臣)과 금부당상이 죄인이 되고 서인 정권이 들어섰다는 소식이었다. 《창구객일》에는 처음 이 소문을 듣고는 놀라고 두려워하며 환국의 이유를 헤아리지 못하였다고 기록되어 있다. 이미 4월 1일 흔히 말하는 갑술환국이 단행되고 그에 따른 제반 후속조치가 시행되고 있었지만, 9일이 지난 시점까지도 남악초당 쪽은 전혀 모르고 있었던 것이다.

3월 23일의 함이완 상변사(上變事)가 있기 전에 갈암이 서울을 떠났기에 그간의 사정을 알 수 없었다고 하더라도, 환국이 일어난 지 근 열흘이 되도록 시임 이조판서가 전혀 낌새도 눈치채지 못하고 있었다는 것은 갈암 쪽이 중앙정계의 동향이나 정보수집에 무심하였거나, 아니면 이조판서의 요직에 있으면서도 정권실세들끼리 정보를 공유하는 라인에서는 제외되어 있었다는 뜻[3]이 된다.

乙亥 正月 3日 乙丑)라고 고마워하는 마음을 적었다. 이문징(李文徵)은 바로 이관징의 4촌형제인 데다 마침 남악초당에 가까운 인근 청송부사로 있었으므로 이런 정국급변의 소식을 전하였던 것이다.

2) 엄밀히 말하여 상변보다는 발고(發告)라 해야 한다. 함이완이 김춘택과 한중혁 등의 모의 사실을 우의정 민암에게 알렸고, 민암이 입시한 자리에서 이를 임금에게 진달하며 진상조사를 청하였기 때문이다(《숙종실록》에도 "閔黯曰…今以完, 旣指名發告, 不可不明査論罪. 《肅宗實錄》 卷26, 20年 3月 23日 辛酉)"라 하였다.

3) 이 점은 갈암 자신도 어느 정도 알고 있었던 듯하다. 후일 우의정 민암, 훈련대장 이의징(李義徵)의 사주를 받아 최숙원(崔淑媛)에 대한 임금의 뜻을 탐시(探試)하려 했다는 죄목으로 국문(鞫問)을 받을 때 발명한 공사(供辭)에 "矣身以嶺外山野之人, 從宦最晩, 朝士大夫, 視以爲迂闊老儒, 有時相對. 或訪以古書文義, 未嘗以當世之事, 相干(是去乙等), 豈以此等秘密事, 措題言語間乎?"(《蒼狗客日》, 甲戌 7月 7日 癸酉 조에 수록된 葛庵의 供辭)라고 한 것이 이를 뒷받침한다.

갈암은 기사환국으로 집권한 기호남인에 의해 유현(儒賢)이라 하여 정권의 명분을 포장하는 산림적 존재로 초대된 영남 출신의 인물이었지 중앙에 기반을 두고 세거하며 과거를 거쳐 발신하였던 직업적 관료는 아니었다. 따라서 명분의 이면에서 권력을 놓고 벌어지는 정치세력 간의 알력다툼이나 정치적 술수를 활용한 궁중음모 같은 내밀한 흐름에는 애초에 관심을 두지 않았을 것이다. 뿐만 아니라 권력의 실세인 권대운(權大運), 목내선(睦來善), 민암(閔黯)의 대신들과 이의징(李義徵, 훈련대장), 류명견(柳命堅, 이조참판), 오시복(吳始復, 호조판서) 등 경중(京中) 남인들도 애초부터 이현일을 그들의 정치적 필요에 따라 유현으로 예우만 했을 뿐,[4] 정국운영의 핵심세력에 참여시킬 생각은 없었을 것이다. 그렇다면 갈암에게 왜 이조판서의 자리가 주어졌느냐 할지 모르겠으나, 이때 참판과 참의는 세벌(世閥)출신의 정권핵심인 류명견과 영의정 권대운(權大運)의 손자 권중경(權重經)[5]이었다. 갈암이 궁벽한 향촌에 머물다가 벼슬에 나온 지 몇 년 되지 않아 조정의 사정에 밝지 못한 점을 보완하기 위한 조처라고 하였지만, 사실상의 인사권 행사가 그들의 수중에 있었을 것임은 불문가지이다.

갈암을 위시한 남악초당(南嶽草堂) 쪽이 열흘 가까이나 환국소식을

4) 《肅宗實錄》 卷21, 15年 10月 5日 戊辰 조에 보면 이현일이, 경신옥(庚申獄)에 죽음을 당한 윤휴(尹鑴)의 복관(復官)·추증과 종실 이정(李楨)의 후사(後嗣) 지정을 요구해 임금의 허락을 받았다는 기사 끝에 사신(史臣)의 말로 당시 남인 당로자(當路者)들이 공론이 두려워 감히 청하지 못하는 일들을 이현일을 시켜 임금께 아뢰게 하였는데, 현일이 우매하여 분별하지 못하고 문득 위에 아뢰었다고 비판하고 있다. 남인 정권에서 유현(儒賢)으로 징소되어 조정에 나왔던 갈암의 정치적 역할의 일단을 찾아보게 된다.

5) 류명견(柳命堅)은 류명천(柳命天), 류명현(柳命賢) 등과 함께 선조 부마 류적(柳頔, 貞正翁主)의 조카로 숙종연간 탁남(濁南)의 대표인 진주(晋州)류씨 집안 출신이며, 권중경은 역시 선조(宣祖) 부마인 권대항(權大恒: 貞和翁主), 권대임(權大任: 貞善翁主)의 4촌으로 남인정권의 대표였던 영의정 권대운의 손자였다.

까맣게 모르고 있다가, 한 지방관의 연락을 받고서야 놀라 당황해하였다. 《창구객일》에 기록된 까닭은 이러한 데 있었다고 할 것이다.

궁금한 조정의 환국에 대한 자세한 소식은, 갈암의 문인이고 밀암의 친구인 설서(說書) 조덕린(趙德鄰)이 마침 휴가차 향리로 내려왔기에 그에게서 들을 수 있었다. 김춘택(金春澤)과 한중혁(韓重爀), 숙원(淑媛) 최씨(崔氏)의 종형 최격(崔格) 등 수십 명이 누만금(累萬金)의 돈을 모아 궁금(宮禁)과 연결해 음모를 꾸미는데 여기에 서인의 명류(名流)도 다수 들어가 있고, 함이완을 통해 이를 탐지한 우의정 민암이 임금께 아뢰어 이들을 잡아 문초하여 죄를 자백 받아 추안(推案)을 올리려는 때 갑자기 김인(金寅) 등 3인이 언서(諺書)로 된 고변서(告變書)를 올리는 일이 발생하면서 다음 날 새벽에 환국이 벌어졌다는 설명이었다. 그리고 조덕린이 제시한 4월 3일 이전의 저보에 기록된 임금의 비망기(備忘記)와 전교(傳敎)를 통해 갈암이 이조판서에서 개차(改差)된 사실 등 환국에 따른 '제반 후속조치'[6]를 알 수 있었다.

뒤이어 대사간으로 있던 '김방걸(金邦杰)'[7]이 환국으로 삭탈관작되어 향리로 내려왔다는 말을 듣고 바로 찾아뵈었을 때 김방걸은, "이미

6) 《蒼狗客日》에 실린 후속조치 내용은 (i) 폐비와 홍치상(洪致祥) · 이사명(李師命) · 이상(李翔)과 관련된 문제거론 엄금, (ii) 조사기(趙嗣基)의 국문(鞫問), (iii) 김수흥(金壽興) · 조사석(趙師錫)의 복관치제(復官致祭), (iv) 김수항(金壽恒) · 김석주(金錫胄) · 김익훈(金益勳) · 정철(鄭澈)의 복관, (v) 박세채(朴世采)를 우찬성, 윤지완(尹趾完)을 좌참찬으로 삼고 죄적자(罪籍者)를 모두 풀어 주며 벼슬 줌, (vi) 이담명(李聃命) · 이운징(李雲徵)을 원찬(遠竄), (vii) 광주부윤 허서(許樨) · 수원부사 조식(趙湜)의 파직 정도이다.

7) 김방걸(1623~1695)은 안동 내앞 출신으로 1660년 문과에 급제하여 여러 언관직을 거쳤는데, 기사환국 후 이현일과 함께 집권 남인에 의해 영남을 대표하는 인물로 등용되어 대사간에까지 오르는 동안 송시열 · 김수항 등 노론에 대한 토죄(討罪)에 앞장섰다. 이로 인해 갑술환국 후 전라도 동복(同福)으로 귀양 갔다. 갈암과 세의(世誼)가 깊었기에 밀암이 존장(尊丈)으로 모셨다.

서인으로 구성된 사헌부가 조사기(趙嗣基)를 신구(伸救)하였다는 죄목으로 갈암을 극변에 원찬(遠竄)해야 한다는 계사를 올렸다면서, 조정 분위기가 남인에게 불리하게 돌아가고 있으며 자신에게도 머지 않아 귀양의 명이 내릴 것 같으니 남악초당쪽에서도 앞일에 대비해야 한다."라고 하였다. 김방걸이 예상하였고 밀암이 가장 우려했던 사태는 얼마 되지 않아 현실로 나타났다. 갈암을 유배지인 함경도 홍원까지 압송할 금오랑(金吾郞, 금부도사)이 4월 23일 들이닥친 것이다. 금오랑은 대사헌 이원록(李元祿)의 큰아들인 이주명(李周命)이었다.[8] 그는 죄명을 전하면서 대간(臺諫)의 계사(啓辭)를 내보였다. 이를 통해 밀암을 위시한 남악초당쪽은 비로소 피죄의 과정을 알게 된다. 《창구객일》에는 이 대계(臺啓)와 승정원의 계사가 부록으로 실려 있다.

이에 따르면 "4월 5일 사헌부가 앞서 임금의 4월 1일자 전교(조사기에 대한 鞫問)에 의거해 조사기를 구원한 사람을 찾아내도록 의견을 내고, 《승정원일기》의 조사를 거쳐 밝혀진 김덕원(金德遠)과 이현일에 대해 사헌부의 논죄를 참작하여 각기 중도부처(中道付處: 洪州)와 원찬(遠竄: 洪原)으로 결정하였다 한다. 김덕원과 이현일의 조율(照律)에 이런 차이가 오게 된 것은 겉으로 말하면, 김덕원이 조사기에 대한 처벌을 논하는 자리에서 늙은이의 혼몽한 탓인 만큼 임금께서 참작해 주십사 하는 정도였던 데 비해, 이현일은 상소로서 "정상(情狀)은 혹 용서할 만하니 오히려 개유(開諭)해야 한다"든가 "본정(本情)이 악한

8) 이원록(1629~1688)은 칠곡(漆谷)에 세거해 온 광주이씨(廣州李氏)로 그 형 이원정(李元禎)은 숙종 초 이조판서에까지 올랐다가 경신환국 후 도체부(都體府) 설치문제로 심문 중 장살(杖殺)되었다. 기사환국 후 갈암이 당시의 위관(委官)이던 민정중의 처벌을 요구하였고, 또 이원정의 아들로 영남감사이던 이담명(李聃命, 이주명의 4촌)을 구원하다가 좌의정 목내선과 대립한 적도 있고 하여, 우호관계에 있었기에 이주명이 금오랑으로 온 것은, 먼 곳으로 귀양가야 할 갈암측으로서는 그나마 다행이었다.

것이 아니라 오직 말이 적당하지 못했을 뿐이다" 하였고, 후일 다시 입시했을 때는 "이런 일로서 끝내 폐고(廢錮)할 수는 없습니다" 하여 영구(營救: 죄에 빠진 사람을 구함)한 자취가 현저히 달랐기 때문이라 할 수 있다.[9)]

그러나 이것보다는 이때 대계의 발론자인 지평 김시걸(金時傑)이 "이현일은 유명(儒名)에 가탁하고서도 같은 당파를 옹호하는 데 급급해서 방자스럽게 상소질하며 [조사기를] 마음을 다해 구하려 했다"고 공격한 데서 보듯이 이현일이 남인정권의 유현이었다는 점을 거론하고 있다는 데 유의할 필요가 있다. 갑술환국 후 조정은 남구만(南九萬)·박세채(朴世采)·윤지완(尹趾完)·류상운(柳尙運) 같은 소론계 대신에게 정국운영권이 맡겨졌다. 기사환국으로 송시열·김수항·민정중 같은 지도부를 잃었던 노론은 우선 광산김씨(光山金氏), 안동김씨, 여흥민씨의 척신계(戚臣系)를 주축으로 결속을 다지면서 언론직에 포진하여 주로 의리명분을 앞세워 전날의 폐비문제와 관련한 남인공격을 통해 여론의 주도권을 장악해 가고 있었다. 숙종 초 홍수(紅袖)의 옥(獄) 당시에 임금의 모후이던 명성대비(明聖大妃)가 선정전에 나아가 제신(諸臣)을 불러놓고 삼복(三福)의 패행(悖行)을 울며 논한 적이 있었다. 이에 남인들은 삼복을 죄주면서도, 대비의 간정(干政)을 불평했는데 윤휴는 "자성(慈聖: 임금의 어머니)을 조관(照管)하시라"고까지 경계하는 말을 올렸다가 물의를 빚었다.[10)] 이때 조사기 역시 임금과 대비를 이간하는 말을 상소문 속에 끼워 넣었다고 죄를 받게 된 유생 박헌(朴瀗)을 변호하다가 관작이 삭탈되었는데, 기사환국으로 다시

---

9) 《蒼狗客日》의 甲戌 4月 22日條 〈臺啓及政院啓辭略〉, 《肅宗實錄》 卷20, 15年 4月 3日; 卷21, 15年 5月 29日; 卷23, 17年 10月 20日자의 관련기록 참조.

10) 이것이 주된 죄목이 되어 윤휴(尹鑴)는 경신환국(庚申換局) 후 죽음을 당했다.

판결사가 되자 자신을 변명하는 상소에서 몇 년 전에 죽은 명성대비를 옛날의 문정왕후(文定王后)에 비유한 것이 "선후(先后)에게 패려(悖戾)한 말을 쓰고 핍박한 것"으로 몰려 대간의 탄핵을 받아 다시 관직 삭탈과 문외출송(門外黜送)이란 처벌을 받았다. 이현일은 이런 조사기에 대한 처벌이 억울하며 너무 과하다고 보고 한 차례의 신구소(伸救疏: 사실대로 변명하여 구원하는 소)와 입시한 자리에서 구원하는 말을 하였던 것이다.

조사기에게 선후(先后: 죽은 임금의 어머니, 여기서는 명성대비를 말함)를 모욕한 죄를 적용하면 명의(名義)를 범한 것이 된다. 따라서 앞서 숙종 15년의 폐비시(廢妃時)에 신자(臣子)된 의리를 다하지 못했다는 점과 함께, 남인을 명의를 간범한 소인(小人), 패륜배(悖倫輩)로 몰아갈 수 있다. 더구나 이현일은 남인정권의 도덕과 명분을 대표하는 유현이었다. 그러한 그가 조사기 같은 명의죄인을 신구했다는 것은 남인정권의 부도덕성을 상징하는 호제목(好題目)일 수밖에 없었다. 임금은 자신의 모후(母后)를 모욕했다고 보고 조사기에 대한 처벌을 환국 직후 전교로 내렸지만, 노론은 이를 재빨리 남인을 명의(名義) 간범자(干犯者) 내지 명의죄인(名義罪人)으로 몰아가는 기회로 활용하였으며, 바로 여기에 이현일이 일차적으로 걸려들게 되었던 것이다. 같은 죄목이면서도 김덕원보다 갈암의 벌이 더 무거웠던 이유는 이러한 데 있었다고 본다.

조사기를 신구한 죄로 홍원에 찬배한 조정의 조처에 대한 밀암의 견해는 보이지 않는다. 다만 환국 후 대간(臺諫)의 장소(章疏)는 한 번에 다 허락하였지만, 갈암 문제에 대해서만은 두 번 만에 윤허하고, 그것도 요청한 극변원찬(極邊遠竄: 지극히 먼 지방으로 귀양 보냄)이 아닌 단지 원찬(遠竄)으로 하게 한 것이, 임금께서 그 부친의 조사기에 대한 신구(伸救)가 다른 뜻이 있어서 그런 것이 아님을 헤아렸기 때문이 아닐까 하는 희망적인 관측을 덧붙여 놓고 있다.

이렇게 전문(傳聞)과 저보(邸報), 그리고 조덕린·김방걸과의 대화를 통해 환국의 과정을 대개 파악하고, 밀암 나름대로의 의견은 가졌을 것으로 짐작되지만, 《창구객일》에는 아직 당시의 정국에 대한 언급은 별반 나타나지 않는다. 단지 애초에 민암이 함이완을 시켜 바로 고변하게 했어야 하는데 그렇게 하지 않고 자신이 임금께 아뢴 것이 잘못이었고, 또 김인(金寅)의 상변 속에 그 이름이 나온 후에는 마땅히 석고대죄해야 하거늘 막차(幕次: 마당에 임시로 막을 쳐놓은 곳)에 누워 쉬면서 상소로 자신의 혐의를 변백(辨白)하는 짓이나 하다가 도리어 임금으로부터 의심을 더 받게 된 것이라 하는, 다시 말해 남인 당로자(當路者: 주요 직위에 있는 사람)의 처리 미숙이 사태를 악화시켰다는 김방걸의 비판[11]을 《창구객일》에 수록함으로써 자신도 거기에 동의하고 있음을 간접적으로 드러내었을 뿐이다.

3. 유배 배종(陪從)시의 정보수집

갈암이 4월 23일, 금오랑과 함께 유배지로 향하자, 밀암은 연로한 부친을 시봉하는 자제로서 수행하게 된다. 이후 동해안의 역로(驛路)를 따라 26일간의 고초 끝에 5월 16일 유배지인 함경도 홍원에 도착하였다. 그러나 뒤이어 다른 죄목[후술되는 國母侮辱罪]이 추가된 갈암을 금부로 압송하기 위하여 내려온 금오랑에게 인계되어 이튿날 바로 서

11) 《蒼狗客日》, 甲戌 4月 初9日條.

울로 향하였다. 그런데 5월 24일 철령 아래 고산역(高山驛)에 이르자 그 사이에 갈암에게 역모 관련 혐의[후술되는 上意探試罪]가 더해져서 대기하고 있던 국청포졸(鞫廳捕卒)에게 체포되어, 숨 돌릴 틈도 없이 몰아붙인 사흘 만인 5월 27일 갈암은 서울의 의금부에 수감된다.

한 달 남짓한 사이에 영해에서 홍원, 다시 서울까지 2천여 리를 오고 가는 유배길은 당사자는 물론이고 수행하는 사람에게도 고통의 연속이었다. 그나마 홍원을 거쳐 철원까지는 죄인의 몸이기는 하나 경유하는 고을마다 전임 이조판서로서 대우를 받았으나,[12] 역모혐의가 걸리면서부터는 잘 아는 수령들도 몰래 사람을 보내 안부나 물을 뿐이고,[13] 심지어 금부나졸에게 행자(行資)의 일부를 빼앗기기도 하는 수모를 당하기까지 하였다. 이러한 과정에서도 밀암은 노부(老父)의 건강을 극력 조호(調護)하는 한편, 부친의 신상과 관련되는 정보의 수집을 게을리하지 않았다.

이 기간 밀암이 주로 의거한 자료는 조보나 저보 또는 소보(小報)였다. 승정원의 주서가 작성하여 각사(各司)에서 등사한 것인 만큼 조정의 소식을 알 수 있는 가장 신빙성이 높은 자료였기 때문이다. 그래서 밀암은 배소(配所)로 가는 도중에 있는 고을마다 가능한 한 조보를 입수하려 하였다. 다행히 상운(祥雲), 통천(通川), 덕원(德源), 함흥(咸興) 그리고 홍원에서 고을 원의 후의로 대개 열흘 정도 지난 "긔별"을 구할 수 있었다. 이를 통하여 밀암은 노론 영수 김수항을 논핵한 일로

---

12) 양양태수(襄陽太守: 당시는 縣令) 민진형(閔震炯)은 관복(官服)을 갖추고 찾아와 대접을 후하게 하여, 갈암이 죄인의 몸이라 하여 사양했지만 "소생(小生)이 이렇게 하는 것은 이곳의 백성들로 하여금 옛날 재상임을 알게 하려는 바"라고 하면서 노자(路資)까지 후하게 선물하였다(《蒼狗客日》, 甲戌 5月 2日條).

13) "抵金城, 夜人定矣. 太守柳公命雄, 不敢出, 陰遣人相問."(《蒼狗客日》, 甲戌 4月 24日條)

김방걸을 위시한 언관들이 동복(同福) 등으로 유배되고, 봉조하 이관징, 판서 오시복 등 10여 명의 남인 경재(卿宰)가 삭출(削黜)되며, 민정중·송시열의 탄핵을 발의하였다 하여 대간 김원섭·참판 권계(權堦)·승지 이현기(李玄紀) 등이 남북으로 원찬되는 정치적 보복이 일어나고 있음을 알게 되었다.

조보에는 일어난 일과 처리 결과만 전할 뿐, 왜 일어났으며 어떤 과정을 거쳐 그렇게 결말지어졌는지의 인과관계에 대한 언급이나 전후 사정에 대한 설명은 없다. 뿐만 아니라 사건 당사자들의 이해(利害)나 의도를 전하는 내용도 나오지 않는다. 5월 7일 통천에서 얻어 본 4월 28일 이전의 저보에 나오는, 기사년(숙종 15)의 민비(閔妃) 폐출 시에 대신 삼사(三司)가 죽기를 무릅쓰고 간쟁을 다하지 않았다는 양사(兩司)의 공척에 의해 영의정 권대운이 해남, 좌의정 목내선은 하동에, 그리고 당시의 판서·참판직에 있던 남인계 인사들이 대거 극변에 안치되었으며, 당시 대제학을 겸하여 폐비 반교문(頒敎文)을 지었던 우의정 민암은 국옥(鞫獄)이 마무리되는 대로 절도에 위리안치(圍籬安置)되었다는 사실을 《창구객일》에 적으면서도, 필시 그때의 지방관에게 들었거나 아니면 후일 들은 정보를 정리하면서 추가로 기록한 것인지 분명하지는 않지만, '이러이러하다더라' 식의 소문에 의한 배경과 경과를 부연하고 있다.

즉 처음에는 기사남인들을 광해군 당시 폐모를 요구한 정조(鄭造)·윤인(尹訒)·정인홍(鄭仁弘)에 비유하여 바로 죽일 것을 청하려다가 대사헌 이규령(李奎齡)[14]이 반대하여 일단 안치를 청하는 선으로 하

14) 이규령(1625~1694)은 한산이씨로 판서 현영(顯英)의 손자이고 목사 휘조(徽祚)의 아들인데, 갑술환국 후 폐비관계로 남인의 죄를 논할 때 대사헌으로서 관대한 처벌을 주장하여 노론의 불만을 샀고, 뒤이어 형조판서를 거쳐 치사하고 기로소에 들어갔다. 후일 그

였다는 것이며, 폐비사실을 알리기 위하여 중국에 간 신후재(申厚載)의 주문(奏文)에 있는 "불공불경(不恭不敬)"이란 글자가 들어간 경위를 사핵하여 그 말을 넣은 자에게 죄를 더하려는데 아마 목내선이 대상일 것 같다는 추측과, 특히 세자의 외숙인 장희재(張希載)에 대한 사헌부의 탄장(彈章)은 임금이 "폐비와 김귀인[金貴人: 金壽恒의 종손녀로 숙종 후궁]이 금화(金貨)를 모아 궁중의 무리에게 뇌물을 쓰니 잘 살피시라"는 장희재가 누이 장씨[숙종 16년 당시는 왕비였음]에게 보낸 언문편지를 조사하라고 한 데서부터 비롯되었다. 엄형을 가해 진상을 밝히라는 처음의 명령이 뒤에 가서 지난 예에 따르라는 정도로 약화된 것은 영의정 남구만의 왕실 지친(至親)에 대한 처벌은 가볍게 하여야 한다는 말 때문이라고 풀이하고 있다.

위에서 보는 바와 같은 조보기사에 대한 풀이 역시 밀암이 여기저기에 수소문해서 모은 정보일 것이다. 말암은 이를 통해 점차 중앙정계의 동향에 대한 이해를 넓히고 있었다. 그러나 유배길에 얻어 보는 조보 등과 소문만으로는 정계동정을 파악하는 데는 한계가 있었다. 그 예는 갈암에게 명의죄(名義罪)가 씌워지는 과정과 민암·이의징의 사주를 받아 임금의 뜻을 탐시(探試)하였다고 하여 국문의 명령이 내려지는 두 가지 면에서 찾아볼 수 있다.

유배지인 홍원을 눈앞에 둔 덕원에 이른 5월 10일, 밀암은 부사(府使) 윤제만(尹濟萬)[15]으로부터 그간의 조정 소식을 접할 수 있었다.

아들 명언(明彦)과 손자 하택(夏宅), 조카 명의(明誼), 종손 하징(夏徵) 등은 영조에 반대하는 급소(急少)의 핵심세력이 되었다가 무신란(영조 4년)과 을해옥사(영조 31년)를 거치면서 역적으로 몰려 처형되거나 귀양 갔다.

15) 윤제만(尹濟萬)은 무신(武臣)으로서 우후(虞侯) 훈련부정(訓練副正)을 거쳐 숙종 17년 6월 24일 무인(《승정원일기》 제345책)에 덕원부사에 임명되었다. 무신은 원래 당색이 없다고 하는데 유배길의 갈암일행에게 후의를 베풀어 《창구객일》에는 "不以禍故 相背

그 내용은 김시걸(金時傑)이 상소하여 영의정 남구만과 병판으로 지의금(知義禁)을 겸한 서문중(徐文重)이 김인의 고변에 따른 옥사처리를 늦추며 죄인을 제대로 엄하게 심문하지 않고 있다고 비난함으로써, 서문중이 자명소(自明疏)를 올리는 등 정국이 요동치고 있다는 것이었다. 여기에 덧붙여 얼마 전에 이곳을 거쳐 귀양지로 간 승지 이현기에게서 들은 말이라 하여 앞서 기사년에 갈암이 폐비를 위해 늠료(廩料)를 내릴 것을 청하는 상소에서 사용한 "자절우천(自絶于天)" 등의 몇 가지 표현이 문제되어 장차 논죄하려는 거조[조치]가 있을 것 같다는 소식을 전하였다. 《창구객일》에는 이런 사연을 실으면서 "문제의 상소가 본래 쫓겨난 중궁을 조금이나마 높이고 편안[尊安]하게 하려는 뜻이었는데 도리어 이런 식으로 몰아간다"면서 앞으로 닥쳐올 일을 걱정하였다.

우려는 곧 현실로 나타났다. 5월 15일 홍원 가는 길에서 만난 반자(半刺: 함흥판관) 김몽협(金夢協)[16]에게서 "새로이 내려온 금오랑의 노문(路文)을 보았는데 죄인을 나래(拿來)하는 일로 홍원으로 향한다." 라는 말을 들었다. 밀암은 마치 깊은 못에 빠진 것처럼 놀라서 나문(拿問)의 전말(顚末)을 몰라 답답해하였다. 궁금한 나문의 전말은 홍원에

負窮途 感激深矣"라고 감사표시를 하고 있다. 숙종 31년 경흥부사로 있을 때 관물(官物) 부정으로 장오죄(贓汚罪)로 몰렸다가 뒤에 풀려나 오위장(五衛將)까지 지냈다. 경연에도 입시했으며 특히 숙종 38년 홍양영장(洪陽營將)으로 있으면서는 북한산성 축조와 관련해 전국의 관방(關防)에 관한 장문의 상소를 올릴 정도로 지식을 갖춘 인물이었다.

16) 김몽협(金夢協)은 원주(原州) 김씨로 우의정을 지낸 남인(南人) 김덕원(金德遠: 金俊龍－仁文－德遠)의 당질(堂姪: 金俊龍－炫文－弘遠－夢協)이며 사마·문과 방목상으로는 나타나지 않으나 이때는 함흥의 반자(半刺)로서 이현일 일행을 맞았다고 한다(《창구객일》, 갑술 5월 13일). 반자(半刺)는 태수(太守)를 전자(全刺)라 하는 만큼 태수의 반(半), 즉 보좌관, 차석태수라는 뜻이며, 함흥이 태조 고향인 관계로 부윤(府尹: 종2품)이 설치되고 그 보좌관으로는 종5품의 판관(判官)이 있었기에 반자란 바로 함흥판관을 말한다.

도착해 하룻밤을 보낸 다음 날 새벽, 전날 갈암 호송임무를 마치고 서울로 떠난 금오랑 이주명이 함흥에서 만난 새로 내려온 금오랑에게서 얻어 본 대간의 계사를 베껴서 보내옴으로써 풀리게 되었다. 그것은 장령 안세징(安世徵)이 올린 논핵계사(論劾啓辭)로 이현일이 상소에서 쓴 "'왕비의 도리를 따르지 않고 하늘로부터 스스로 끊었다[不循壼彝 自絶于天]'는 말과 '방위를 세워서 삼가 규금(糾禁)하시라[爲設防衛 謹其糾禁]'고 한 표현이 신하로서는 차마 입에 올릴 수 없는 말로서 흉도(凶徒: 남인)들이 중궁을 침해한 자가 한둘이 아니건만 이현일처럼 심한 경우는 없었으므로 잡아 올려 죄를 다스려야 한다"[17]는 내용이었다.

밀암은 대관(臺官)의 이 계사를 보고, 옛날 광해조의 모후유폐(母后幽閉) 때 한강(寒岡) 정구(鄭逑)가 이를 간하는 상소를 올리면서 "대비가 안에서 저주하고 밖으로는 역모에 호응했으니 모자의 은의(恩義)는 이미 끊어졌습니다[大妃內主咀呪 外應逆謀 母子之恩 蓋已絶矣.]"라는 극단적 표현까지 썼으나, 다만 그 본뜻이 모후를 위하고 기강을 세우며 인륜을 바로잡으려는 데 있었으므로 한때의 명소라 칭해졌으며 후세에도 다른 말이 없었다는 사실을 거론하면서, 자기 부친의 "불순(不循)", "자절(自絶)" 등의 말은 정구 상소에 나오는 "주주(主呪)", "모역(謀逆)"과는 비교되지 않는 온건한 표현인데도 "어둠 속에

17) 《蒼狗客日》, 甲戌, 5月 17日 甲寅條. 같은 내용의 기사는 《肅宗實錄》 卷26, 20年 5月 11日 戊申條에 '掌令安世徵論李玄逸'로, 《승정원일기》에는 같은 날 '掌令安世徵啓曰'로 실려 있다. 실록의 기사는 '壼彝'가 '坤彝'로, '糾禁'이 '糾察'로 글자가 다르고 글 뜻에 크게 관계없는 한두 줄 문장을 절략(節略)했으나 《승정원일기》 기사는 《창구객일》의 그것과 똑같다(승정원일기의 이 부분 기사는 불타고 남은 신여(燼餘)이므로 원본 그대로임). 밀암이 참고한 자료의 신빙성이 극히 높았음과 함께 《창구객일》 기록의 정확성을 말해주는 예라 하겠다.

뜻을 숨기고 핍박[陰秘侵逼]"한 흉언으로 몰아간다고 억울함을 불평하였다. 그러나 막상 《창구객일》에는 밀암이 왜 자기 부친의 상소가 문제가 되었고, 공격의 창끝이 자기 부친을 목표로 하여 달려드는지에 대해 원인분석을 하였다는 자취는 잘 찾아지지 않는다. 굳이 찾는다면 사람들의 성정(性情)이 위험해지고 세상살이의 각박함이 극에 달했기 때문이라는 일반적인 언급과 함께, 뒤에 새로 내려온 금오랑에게서 들었다 하여 탄핵계사를 올린 장령 안세징이 일찍이 송시열 문하에서 국물이나 얻어먹은 인물이라고 한 기록 정도이다.

밀암은 그저 막연히 불안하게 느끼고 있었지만, 사실은 안세징의 탄핵계사가 나올 당시 조정의 분위기는 이현일에게는 극히 불리하게 돌아가고 있었다. 위에서 잠시 언급했지만 기사년 폐비한 것을 크게 후회한다는 4월 24일자 임금의 교서가 나온 후, 노론의 남인에 대한 공격이 본격화하기 시작했기 때문이다. 그 공격은 애초부터 군신의리에 초점을 맞추고 있었다. 그것은 비록 소론의 견제로 관철하지는 못하였지만, 폐비조처를 사쟁(死爭)하지 못한 기사남인을 광해 때의 폐모주장자에 비유하면서 "군신부자의 의리는 하늘의 이치와 사람의 도리에서 지켜야 할 가장 큰 원칙입니다. 신하로서 위를 섬기는 도리는 아버지처럼 임금을 섬기고 어머니처럼 왕후를 섬기는 것이니, 오직 이 의리가 있는 곳에는 죽음이 있을 뿐입니다."라고 임금과 왕후에 대한 의리를 강조[18]하였던 데서부터 분명히 드러난다. 정권을 인수한 소론 대신들이 환국에 따른 파동을 최소화하고 정국을 안정시키기 위하여 남인을 포용하는 조제보합책을 취했다면, 정국운영의 방향타인 언권을

18) 《肅宗實錄》 卷26, 20年 4月 25日 壬辰. "大司憲李奎齡 司諫 朴世爀 … 合司論" 이하의 기사.

잡은 노론은 명분의리론으로서 남인에 대한 토역(討逆)을 앞장서서 끌어갔던 것이다.[19] 그리고 우선은 소론이 정국을 주도했지만, 환국을 단행한 숙종 스스로가 군신의리를 그 명분으로 내걸고[20] 있었던 이상, 시간이 갈수록 노론의 명의론은 힘을 받을 수밖에 없었다.

노론의 명의론은 구체적으로는 위에서 보듯이 군모(君母)로서의 중전 민씨에 대한 신자(臣子)의 의리를 말하였다. 남인은 군모가 폐위되는데도 사쟁(死爭)하지 못했을 뿐만 아니라, 장희재의 언서에서 탄로가 났듯이 폐출되어 있던 중전을 모해하려는 역모를 꾸몄고, 이에 더하여 임금에게 올리는 말씀이나 상소 글에서까지 침핍(侵逼)함을 거리낌 없이 자행했으므로 명의를 범한 죄인, 곧 '명의죄인'[21]이라는 것이 그들의 주장이었다. "자절우천(自絶于天)"이나 "근기규금(謹其

19) 밀암은 후일 《창구객일》에서 영의정 남구만이 처음에는 남인을 심하게 다스리고자 하지 않았으나, 민암·장희재의 국모(國母)를 모해하려 한 일이 임금의 언서(諺書) 발언으로 드러나 조정논의가 격화되자 장희재에 대한 정죄(定罪)와 서문중(徐文重)의 금오당상직(金吾堂上職) 체임, 김시걸(金時傑)에 대한 파직조처의 환수 등을 청했다고 하면서, 이는 노·소 간의 주장을 조정하려 한 것(蓋欲調停老少間也)이라고 이해하였다.

20) 鄭萬祚, "肅宗後半~英祖 初의 政局과 密菴 李栽의 政治論", 영남대학교 민족문화연구소, 《密菴 李栽 研究》(경산: 영남대학교 출판부, 2001), p. 294, 註7 참조.

21) 물론 기사남인과 관련한 명의죄인이란 표현은 숙종 21년 5월 거듭되는 재이(災異)에 대한 대책으로, 우의정 신익상(申翼相)이 명의(名義)에 죄를 얻은 자 외에는 죄인을 다시 심리하여 죄를 감해 주거나 석방하자는 소결(疏決)을 청한 데서 처음 나타난다(《肅宗實錄》 卷28, 21年 5월 16日 丁丑). 그러나 환국 얼마 후 권대운과 목내선을 절도(絶島)에 안치(安置)한 데 대한 소론계 사관(史官)의 평에서 "己巳事, 如黯與義徵之暗地醞釀者, 罪實不容於誅. 而至於大運來善輩, 或不能盡心於爭論之際, 或不能擇言於章奏之間, 要皆以知利而不知義者, 則論以臣分, 固不能無罪. 而若不原情定罪, 一切以名義斷之, 以逆處之, 乘勢陷藉, 快意誅殺, 則題目非不堂堂, 而黨私膠固之中. 罪人既不自服, 輪回報復之際, 人類幾何不盡, 云云."(《肅宗實錄》 補闕正誤, 卷26, 20年 4月 25日 壬辰) 한 것을 보면 애초부터 노론이 명의죄를 남인에게 덮어씌우려고 했음을 알 수 있다.

糾禁)"이란 표현이 들어간 갈암의 기사년 상소문이 바로 중전을 침핍하는 대표적인 예로서 걸려든 것이다. 귀양길의 부친을 따르면서 겨우 조보 등을 통해 불충분한 정보를 모을 수밖에 없었던 밀암이, 조정의 이런 정치적 내막과 궁극적으로 명의죄로 몰아가려는 노론의 정치적 의도를 알 수 없었음은 당연하다.[22] 그래서 이 시기 《창구객일》에는 부친의 상소문을 변호하며 말꼬투리를 잡는다 하여 탄핵계사를 발의한 인물에 대한 비난기사만 나오고 있는 것이다.

중궁에 대한 모욕혐의를 심문받기 위해 서울로 오던 이현일은 5월 25일 철령 아래의 고산역에서 국청(鞫廳)포졸에 의해 체포된다. 도사(都事)로부터 역모 관련이란 조정의 명령을 듣기는 하였으나 국옥이 워낙 비밀스러운 것이라 더 이상의 내막은 알 수 없었다. 다만 다음 날 포천에 도착했을 때 고향사람으로 서울에 와있던 지인(知人) 권성시

22) 이 말은 밀암이 자기 부친에 대한 탄핵에 정치적 의도가 개재(介在)되어 있으리라고 짐작조차 못했다는 뜻은 아니다. 《창구객일》에서 밀암은, 그 부친의 상소가 대관(臺官)의 말처럼 폐비를 침핍하려는 것이 아니고 오히려 보호하고 대우하자는 뜻임을 변호한 끝에 "蓋聞, 論發臺官, 初不見原疏, 受柄臣家指爲此啓云."(《蒼狗客日》 甲戌, 5月 17日字)이라 하는 소문이 있음을 기록하고 있다. 여기서 말하는 병신가(柄臣家)란 이 시기 소론대신들이 국옥(鞫獄)을 엄하게 다스리지 않는다고 공격한 노론 언관 김시걸(金時傑)의 상소를 평하는 중에 "黨人中 數三大家 實有深讐於己巳人 固將乘勢報復"(《肅宗實錄》 補闕正誤 卷26, 20年 4月 28日)이라 한 데서 나오는 수삼대가(數三大家)와 같다고 보인다. 그들은 기사년에 남인으로부터 박해를 받았던 김익훈(金益勳)의 광산김씨가(光山金氏家), 김수항(金壽恒)의 안동김씨가(安東金氏家), 민정중(閔鼎重)·유중(維重)의 여흥민씨가(驪興閔氏家), 김석주(金錫胄)의 청풍김씨가(淸風金氏家) 등 외척으로 구성된 노론핵심 세력이다. 갑술환국 초 지평으로서 남인에 대한 토역(討逆)의 대론(臺論)을 주도했던 김시걸(金時傑)이 김수항 집안의 인물이었던 것이 이를 입증한다(全羅道觀察使金公墓碣, 《陶谷集》 卷13). 그러나 밀암이 이때 이미 병신가(柄臣家)가 뜻하는 이런 구체적인 내용까지 알았다고는 볼 수 없다. 후일 서울에 도착해 널리 정보를 수집하고 지인(知人)들과의 논의를 거치면서 점차 이런 사실을 파악했다고 생각한다(후술할 윤5월 11일자 박상경(朴尙絅)의 상소에 대한 밀암의 견해 참조).

(權聖時)[23]가 새벽같이 찾아와서 전해준 소식에 의해, 앞서 고변하였던 김인의 국문공초에 "유신(儒臣)을 부추기어 궐내의 일[임금의 뜻을 말함]을 염탐하도록 했다[嗾儒臣探內事之說]"는 말 때문임을 비로소 알게 되었다. 권성시도 더 상세한 내용은 모르고 있었고, 다만 서울의 친구들이 처음에 갈암의 억울함을 호소하려다가 역모에 관련되었다는 말을 듣고 그만두었으며, 중간에 마중하려던 계획도 취소하였다는 말을 덧붙여, 갈암에게 씌워진 역모혐의가 생각 이상으로 엄중함을 전했다. 밀암은 앞서 함흥에서 보았던 김시걸의 상소에 "주유신탐내사(嗾儒臣探內事)" 즉 "유신을 부추겨 궐내의 일을 염탐하도록 했다"는 말이 있었으나 그것이 자기부친을 놓고 한 말임은 몰랐다면서, 정보를 얻을 곳이 없음을 탄식하였다.

여기서 잠시 "유신을 부추겨 궐내의 일을 염탐하도록 했다"는 말을 알아보자면, 이 말은 남인이 역모를 꾸민다고 고변한 김인의 옥사가 제대로 다루어지고 있지 못함을 지적한 4월 28일자 부사직(副司直) 김시걸(金時傑)의 상소[위에서 밀암이 함흥에서 보았다는 김시걸의 상소사본이 바로 이것임]에서 처음 나온다.[24] 이미 설치된 국청에 문사랑(問事郎)으로 참여했던 김시걸은 안옥(按獄)에 따른 몇 가지 의혹을 제기하면서, 그중 하나로 죄인 입에서 군량(軍糧)을 후하게 하여 군인들의 마음을 얻는다는 것과, '유신(儒臣)을 부추기어 임금의 뜻을 염탐하게 했다'는 말이 나왔는데도 지의금(知義禁) 서문중이 긴요(緊要)한 것이 아니라 하여 공사(供辭)에 올리지 못하게 하였다고 한 것이다. 이로 인하여 안옥대신(按獄大臣) 남구만과 당상(堂上) 서문중이 인피(引

23) 방목(榜目) 등에서 인명이 확인되지 않는데 안동 서후면의 솟밤에 살던 송암(松巖) 권호문의 증손(曾孫) 항렬(行列)이 "時"자인 것으로 보아 그 집안 출신이 아닐까 한다.

24) 《肅宗實錄》 卷26, 20年 4月 28日 乙未의 副司直 金時傑上疏.

避)하고 임금이 김시걸을 파직시키는 등 한바탕 풍파가 일었다. 거의 한 달이나 지난 5월 23일에야 국청에서 이 문제가 다시 거론되는데 그 내용은 다음과 같이 밝혀진다.

즉 김인이 공술하기를, 역모혐의로 심문받다가 물고(物故)된 훈국 별장 성호빈(成虎彬)이 일찍이 자신에게 최숙원이 왕자를 낳았는데 민암과 이의징이 임금의 은총이 어떠한지를 알기 위하여 이현일을 시켜 임금의 의중을 알아보게 하였으며, 이에 이현일이 임금을 뵈온 자리에서 '적서(嫡庶)의 분의(分義)를 분명히 하실 것'을 아뢰어 임금이 '나도 그렇게 알고 있노라' 답하자, 현일이 나와서 민암과 이의징에게 '주상의 뜻이 이러하니 그 은총이 두터운 것을 알 수 있겠다' 하였다는 것이다.[25] 여기에 나오는 최숙원은 후일 숙빈으로까지 승격된 영조의

25) 《肅宗實錄》 卷26, 20年 5月 23日 庚申, 김인(金寅)의 공초(供招). 최숙원이 낳은 왕자에 대해 적서(嫡庶)의 분의(分義)를 분명히 하시라고 이현일이 아뢴 것과 관련된 기사는 실록에는 나타나지 않고, 《承政院日記》와 《蒼狗客日》에 각기 보이는데 기록에 다소 출입이 있다.

《承政院日記》에는 "未時, 上御熙政堂, 大臣備局堂上引見. … (左議政 睦)來善曰: 王子誕生 實是邦國之慶也. (右議政 閔)黯曰: '自先王朝, 無親王子, 始至今日, 有螽斯之慶, 實是邦國之幸也.' … (吏曹判書 李)玄逸曰: '國家螽斯之慶, 實出於喁俟之際, 慶莫大焉. 第自古以來, 嫡庶之分, 截然有嚴, 卽今王世子, 漸至成長, 及此蒙幼之日, 時時相見, 使知截然之分, 而之習與知長, 則是乃無疆之休也.' 上曰: '儒臣所達誠好, 各別留心焉."(《承政院日記》 第354冊, 肅宗 19年 10月 13日 癸未), 《蒼狗客日》에는 부록으로 붙인 갈암의 供辭에 "矣身果於王子誕生後十餘日, 入侍前席, 大臣諸臣奏事畢, 進言曰: '國家有螽斯之慶, 王子誕生, 幸莫大焉. 然春宮旣定位號, 嫡庶之分, 不可不明也. 古者, 王世子生, 國君視之有禮, 庶子生, 問之亦有禮, 皆所以謹其始也. 今殿下若取以爲法, 則豈但宗社之幸, 實亦新生王子之福也.' 上意亦以爲然, 嘉歎奬納."(《蒼狗客日》, 甲戌 7月 7日字의 附 前後供辭, 5월 28일)으로 실려 있다. 《승정원일기》 기록이 더 신빙성이 가지만, 후일 불탄 부분을 조보(朝報)를 보고 보완한 것이므로 주서(注書)가 당시에 기록한 것에 비해 상당히 절략(節略)되었을 것이다. 《창구객일》의 기록은 신문(訊問)에 대한 공초이고, 또 근 1년 전에 주달(奏達)한 바를 되살린 기억이란 한계가 있다. 〈갈암연

생모인데, 이때 왕자를 낳아[26] 숙종의 총애를 한 몸에 모으고 있었고, 그 종형 최격(崔格)은 김춘택·한중혁 등과 함께 폐비 복위를 도모한 혐의를 받을 정도의 서인으로 알려져 있었다. 그래서인지 남인은 최숙원을 경계하였으며, 김인의 고변 속에는 사실 여부는 분명하지 않으나 장희재가 김해성(金海成)을 돈으로 꾀어 최숙원의 숙모가 되는 그의 처모(妻母, 이름은 奉英)로 하여금 독살하게 하려 한다는 말까지 들어가 있었다.[27] 거기에다가 민암·이의징은 훈국군졸(訓局軍卒)들의 인심을 사서 역모에 활용하려 하였다는 혐의로 인하여 죄인으로 몰려 있었다.

이런 상황이기 때문에 갈암이 민암·이의징의 지시로 최숙원에 대한 임금의 뜻을 알아보았다는 김인의 공사(供辭)는 바로 이현일에게 역모 관련 혐의를 걸게 하였다. 이에 안옥대신인 영의정 남구만은 임금에게서 이현일이 적서를 분명히 해야 한다고 말한 적이 있음을 최종적으로 확인한 후 민암·이의징과 함께 잡아들여 국문할 것을 요청하였고,[28] 그리하여 앞서 말한 대로 고산역에서 갈암이 국청포졸에게 역모 혐의로 전격 체포되었던 것이다. 이런 사정을 부친의 압송 길을 배종하는 밀암이 자세히 파악하기란 사실상 불가능한 일이었을 것이다.

보(葛庵年譜)〉에도 위의 공사(供辭)와 비슷하게 실려 있다.

26) 선원보략(璿源譜略)에 보면 최숙원은 세 명의 아들을 낳았다고 한다. 첫째가 숙종 19년 10월에 출생한 영수(永壽)로서 아기일 때 죽었고, 둘째가 숙종 20년 9월 20일 을유에 출생한 금(昑)으로서 연잉군(延礽君)에 봉해지고 나중에 영조가 되었다. 셋째는 이름을 짓기 전에 죽은 듯 숙빈최씨출(淑嬪崔氏出)이라고만 되어 있다. 따라서 이때 낳은 왕자는 첫째인 영수(永壽)였다.

27) 《肅宗實錄》 卷26, 20年 3月 29日 丁卯의 김인(金寅)고변(告變) 및 閏5月 2日 戊辰의 관련자 국문(鞫問) 납공(納供).

28) 《肅宗實錄》 卷26, 20年 5月 23日 庚申, 鞫廳請對.

《창구객일》의 김인에 관한 기사 끝에 밀암이 "유유(悠悠)한 창천(蒼天)이여 이 어찌된 사람인가" 하는 탄식조의 비난만 달았던 이유는 이런 데 있었다.

4. 부친 국문(鞫問)시의 정세 분석

신문(訊問)을 받기 위해 서울로 잡혀오던 길의 포천에서 역모 관련 혐의로 새벽녘에 국청포졸에게 체포된 갈암은 쫓기다시피 몰려서 다음 날인 5월 27일 정오쯤에 의금부의 감옥에 갇힌다. 그리고 바로 다음 날[5월 28일]과 그다음 날[5월 29일]에 연달아 두 차례에 걸쳐 국문을 받는다.

국문에서 먼저 김인의 고변에 나오는 "유신을 부추기어 임금의 뜻을 염탐하게 했다"는 혐의부터 심문을 받았는데, 사주했다는 당사자인 민암과 이의징이 합당한 사리를 들어 사주한 사실을 극력 부인[29]할 뿐만 아니라, 김인의 이 말이 애초의 고변에서 나오지 않았고 중간에 심문하는 과정에서 갑자기 꺼낸 말인 데다가 처음에는 이현일이 임금께 아뢴 후 바로 나와서 민암·이의징에게 탐시(探試)한 결과를 말했다고 하더니, 나중에는 김원섭(金元燮)의 집에 가서 이현일이 그렇게 말했다고 하는 식으로 말을 바꾸는 등 믿음성이 없으며, 또 자신이 직접 들은 것이 아니라 성호빈에게서 전해 들었다고 하는데 성호빈이 심문 중에 이미 죽어 버려 다시 더 확인할 수 없게끔 됨으로써, 임금의 뜻을

29) 이 문제와 관련된 심문에서 민암은 "夫欲以此探上意, 則俺方忝大臣, 以老儒常談 一陳之 顧何難焉, 而必借玄逸之口乎?"라 하였고 李義徵은 "李玄逸所奏, 初非俺之所知, 亦未嘗與虎彬言之矣."라고 하였다(《肅宗實錄》 卷24, 20年 閏5月 2日 戊辰).

알아보도록 사주했다는 사실에 역모의 혐의를 걸기가 어렵게 되었다는 쪽으로 의견이 돌아갔다. 따라서 최숙원이 왕자 낳은 사실을 축하하면서 갈암이 적서의 구별을 엄히 하시라고 아뢴 말은, 갈암의 공사(供辭)대로 왕세자와 왕자의 명분을 분명히 해 후일에 불필요한 분란이 없도록 하자는 유자(儒者)의 상담(常談) 정도로 간주되어, 일단은 역모(逆謀) 관련 혐의에서 벗어날 수 있었다.30)

둘째 날의 국문에서는 기사년 5월에 올린 상소에서 쓴 자절우천(自絶于天) 등의 말에 대해 주로 신문받았다. 이에 대해 이현일은 여기서 말한 "하늘[天]"은 성상(聖上)이 곧 중궁(中宮)의 '소천(所天)'이란 뜻이며 사실은 중궁께서 여염집에 쫓겨나 갇혀 지내시느라 고초가 심할 터이므로 다소라도 존안(尊安)하려는 뜻을 보이고자 한 것인데, 다만 말을 만들 때 부득이 변통하는 뜻을 담지 않을 수 없었다고 하였다. 그

30) 이때는 크게 문제가 되지 않았지만, 후일 영조 때 가서는 이현일이 말한 "적서(嫡庶)의 명분을 엄하게 하시라"는 구절이 도리어 영조에게 큰 욕[영조는 자신이 최숙원의 아들이란 사실을 감추려 하지는 않았지만 '서자(庶子)'라는 표현에 대해서는 극도로 민감한 반응을 보였다. 그러므로 이현일의 '적서(嫡庶) 명분을 엄히 하시라'는 말이 비록 그 형인 영수(永壽)를 놓고 왕세자로 있던 경종에 대비해 서자라고 한 것이기는 하지만, 영조 자신도 최숙원의 아들이니만큼 '서자'이므로 이현일의 적서(嫡庶) 표현을 자신의 처지와 결부시켜 분노한 것이다]이 되어 갈암의 신원을 막게 하는 주요한 근거가 된다. 즉 영조 13년 김성탁(金聖鐸)이 영남인재로 천거되어 임금의 호의 속에 과거에 급제, 교리 벼슬하는 중에 그 스승인 이현일의 억울함을 상소했다가 호역(護逆)으로 몰려 친국(親鞫)을 당할 때, 영조는 이현일의 국안(鞫案)을 보고서는 "今見鞫案, 始知有明嫡庶事件矣. 見此尤爲痛心, 上及聖母, 下及景廟與予, 心甚慘痛 而至於窺探上心之用西人與否云者, 尤極駭憤, 此乃玄逸閔黯酬酌之辭也. 根本在於探聖意明嫡庶 … 予以玄逸 … 本來凶狡, 爲黯義徵腹心矣."이라 하여 이현일의 명적서(明嫡庶)라 한 말에 분해하며 이미 혐의를 벗은 "탐내사설(探內事說)"까지 도리어 사실로 만들어 버린다(《英祖實錄》 卷44, 13年 5月 28日 乙卯, 《承政院日記》 第849冊의 같은 날의 기사). 《英祖實錄》 卷74, 27年 8月 14日 丁未의 "上曰: '予見玄逸文案, 癸酉年黯義徵嗾囑玄逸, 明嫡庶之分, 其時儲位已定, 則有何嫡庶之可明耶? 此言甚痛惋."의 기사도 참조된다.

리고 "방위(防衛)를 세워서 그 규금(糾禁)함을 삼가게 하시라"는 말은 지키는 관리를 두어서 규금[宮城 國門에 함부로 접근하지 못하게 함]하도록 하자는 뜻이니, 이 모든 말이 모두 중궁의 거처를 수호하는 도리를 공경하여 삼가자는 데서 나온 것인데도 몇 글자를 끄집어내어 억지로 죄를 만들어서, 끝내는 높이고자 한 뜻을 도리어 모욕한 것으로 돌리니 어찌 억울하지 않겠는가 하며 절절이 발명하였다.

갈암의 이런 발명(發明)은 옥정(獄情)의 동정을 받았다고 한다. 누구보다도 갈암 탄핵을 처음 발론했던 장령 안세징이 "그 본래의 마음은 반드시 침핍(侵逼)하려는 뜻을 가졌던 것은 아닌 듯하다"고 한 걸음 물러서고 동료들이 거기에 동조해 완의(完議)를 이룬 데서 드러난다. 물론 안세징에 대하여 처음에 발론했다가 끝에 가서는 구해(救解)한다는 물의가 일어서 그가 피혐하자, 이를 처치하던 장령 김홍정(金弘楨)이 이현일의 소어(疏語)가 극히 흉패(凶悖)하다고 단정한 것이나, 안세징 의견에 따라 완의에 참여하였던 정언 유집일(兪集一)이 뒤에 가서 피혐하는 계사에서 "현일이 납공할 때 '천(天)' 자를 풀이하여 '소천(所天)'의 '천(天)' 자에 미루고, 애초에 패만(悖慢)스러운 말을 감히 지극히 공경해야 할 자리에 가했다"[31]고 갈암의 '천(天)'자 풀이를 비난한 데서 보듯 주로 노론계 언관 쪽에서 여전히 문제 삼고

31) 안세징(安世徵)의 피사(避辭)와 김홍정(金弘楨)의 처치(處置), 유집일(兪集一)의 피사는 실록에는 실려 있지 않고 《承政院日記》 第358冊 肅宗 20年 閏5月 2日, 3日條에 실려 있다. 그런데 閏5月 2日字에는 "李玄逸 … 納供也. 解其天字, 諉之於祈天永命之天字, 初以悖慢之語."이라 하여 5月 3日에 실린 "李玄逸, 納供也. 解其天字, 諉之於所天之天字, 初以悖慢之語."과 달리 '天'자에 대한 풀이를 하고 있어 흥미롭다. 《창구객일》에는 물론 뒤의 "諉之於所天之天字"를 실어 놓았다. 뒤의 여러 사람의 글에서 '天'자를 부인네 남편이란 뜻의 '所天之天字'로 풀이하였기에 2月 2日字의 '祈天永命之天字'는 착오로 볼 수 있으나, "自絶于天"의 구절이 이현일 죄목의 핵심이어서 함께 기록해 둔다.

있기는 하였다[이것은 뒤로 갈수록 심해져서 끝내 명의죄(名義罪)로 단정하는 데까지 나간다]. 그러나 뒤에 가서 물의가 일었다손 치더라도, 명분을 내세워 강경론을 펴게 마련인 언관들이 먼저 가볍게 처벌하자[從輕之科]는 쪽으로 '의견을 모았다는 것[完議]' 자체가 중요한 의미를 갖는다.

심문을 받는 과정에서 갈암은 자신에게 씌워진 혐의에 대하여 일단은 성공적으로 변론한 셈이었다. 그러기에 《창구객일》에서 밀암은 "이로부터 찾아온 친구들이 모두 말하기를 어른께서 심문을 받은 후 임금의 뜻을 탐시(探試)하려 했다[探內事]는 혐의는 걸릴 데가 없게 되었고, 폐비로 있던 중궁께 늠료(廩料) 내리기를 청한 일[請廩事, 문제가 된 '自絶于天', '謹其糾禁' 등의 문자가 들어간 상소를 말함] 또한 가볍게 처벌하자는 쪽임은 안세징의 피혐사(避嫌辭)를 보더라도 대개 알 수 있으니 앞서 귀양 갔던 곳으로 다시 보내는 것밖에는 결단코 다른 염려는 없을 것이라고 한다"고 썼다.[32]

그러나 친구들의 낙관적인 예상이나 밀암의 부푼 기대와는 달리 갈암 옥사의 결말은 더디기만 하여 이후 7월 7일, 귀양 가기 위해 출옥할 때까지 무려 70일간 수금(囚禁)된 상태에 놓인다.

잡혀오던 길로 바로 국문(鞫問)이 진행되어 금방 마무리될 것 같던 국옥(鞫獄)이 이렇게 오래 끈 것은 아래에서 보듯이 갑술환국에 따른 옥사가 한두 가지가 아니고 거기에 갈암 문제가 함께 연관되어 있어

---

32) 이에 덧붙여 《창구객일》에는 강석훈(姜碩勛, 功甫)이 전해 준 말이라 하여 안옥제신(按獄諸臣)들이 이현일의 심문받는 태도와 말하는 기색을 보고는 속으로 칭찬하여서, 심문을 마치고 옥으로 돌아갈 때 눈빛으로 보내면서 "이 늙은이가 참으로 오늘 낙명(落名)하지 않았구나."라고 했다는 것과, 이 소문은 강공보의 외숙으로서 노론계 인물인 임방(任埅)이 마침 금오랑으로 있으면서 그 생질로 하여금 자신에게 전하라고 상세히 말해 주었다는 점도 함께 실어 놓았다(《蒼狗客日》, 甲戌 閏5月 1日 戊戌條).

서, 이를 죄다 심문하여 죄의 경중을 논하는 의언(議讞)을 한꺼번에 진행해야 하였기 때문이었다. 그러나 이보다 더 근본적인 이유는 중전(中殿)에 대한 모역(謀逆)의 주범으로 몰린 장희재와 중전복위를 빙자하여 나라를 무욕했다는 혐의를 받는 한중혁의 처리에 집권세력인 노론·소론 간에 의견이 달라 이에 대한 정치적 타결이 필요하였던 데 있었다.

어찌하였던 수금기간이 길어지면 열악한 옥중환경으로 수금자가 죽어나가기도 하려니와, 밖에서 대기하며 옥바라지 하는 가족 친지들의 고통도 그만큼 심해지게 마련이다. 밀암이 그러하였다. 《창구객일》에 보면 그 부친을 뒤쫓아와서 주위의 도움으로 어떻게 해서 금부(禁府) 앞에 막차(幕次)를 마련해 놓고 무한정 대기상태에 들어갔지만, '먼 지방 출신의 외로운 신세[遠方孤蹤]'로 앞뒤로 어려움을 도와줄 친당(親黨)이나 권세가의 연줄이 없을뿐더러, 집안이 가난해 형세있는 집안에서 하는 것처럼 좌우에서 주선하는 데 드는 돈이 없어 조석(朝夕)으로 옥중의 부친께 드리는 한 그릇 죽사발까지 마음먹은 대로 못하니 참으로 죽음만 같지 못한 삶이라고 자조(自嘲)하고 있다. 그러나 그 악몽 같은 70일간 기다림의 시간을 보내면서 밀암은 당시의 정치상황에 대한 정보수집과 정세의 분석, 친구들과의 의견교환을 통하여 정치적 식견을 쌓아가게 된다. 부친의 운명이 바로 그 당시의 정국 흐름에 따라 좌우될 것이기 때문이었다. 여기서 당시의 정국에 대하여 한번 전체적인 면으로 조망해 보기로 한다.

우선 4월 1일의 갑술환국 후부터 갈암이 국청에서 심문을 받았던 두 달 사이에 있었던 정치관계 일을 정리하여 보면 먼저 환국으로 서인정권이 들어선 것을 말할 수 있다. 숙종은 남인을 몰아낸 자리에 일단 남구만을 영의정으로 삼고 얼마 뒤에 박세채를 좌의정, 윤지완을 우의정으로 삼공(三公)을 구성하며 6판서에도 류상운·서문중을 이판(吏判)·병판(兵判)으로 하는 등 소론계(少論系)[33]에게 정권을 맡겼다. 반면 정사(政事)를 논하며 정권을 감독하는 역할의 언관 직에는 노론계 인물을 불러들였다. 이때 노론계는 송시열(宋時烈)·김수항(金壽恒)·민정중(閔鼎重)·김익훈(金益勳) 등의 영수가 피화(被禍)하여 전열이 약화된 데다 외척의 정치관여에 비판적이던 당시의 여론 때문에 그 자손들이 전면에 나서기가 어려운 상황이었다. 그래서 그들은 김시걸·정호(鄭澔)나 안세징·유집일·홍수헌(洪受瀗)·김홍정(金弘禎) 같은 신진기예(新進氣銳)한 인물들을 언관직에 포진시켜 그들의 의견을 대변하게 하였던 것이다.

이를 숙종의 정국 운용술이란 측면에서 본다면 환국에 따르는 뒤처리와 수습 같은 실무적인 정사는 소론에게, 환국을 정당화할 정치명분의 수립은 노론 손에 맡기고 임금은 양자를 적절히 통제하면서 자신의 의도대로 국왕 중심의 안정된 정국운용을 추구하려 한 것으로 풀어 볼 수 있다.

환국 후 서인정권이 취한 조처와 수습은 세 가지 방향이었다. 첫째는 기사(己巳) 피화인의 신원이다. 폐출되었던 민비의 복위, 귀인 김씨의 복작(復爵)에서부터 송시열·김익훈·김수항·민정중 등의 복관, 취소되었던 경신훈적의 복훈(復勳), 문묘에서 출향되었던 이이·성혼

33) 남구만은 이때까지는 소론 색채를 분명히 드러내지는 않았으며 김수항의 아들로서 명망이 높던 김창협(金昌協)으로부터도 존경을 받는 등 노소론 모두의 중망(衆望)을 받았다. 박세채의 경우 1682년(숙종 8)의 노소론 분당(分黨) 때는 그로 인해 소론의 명목이 생겼다 할 만큼 소론 영수의 위치에 섰으나, 그 후는 기사환국으로 인한 송시열의 죽음을 의리(義理)에 순사(殉死)한 것으로 높이 평가하는 등 점차 노론 측으로 경사(傾斜)되는 자세를 보였으며, 윤지완(尹趾完)은 소론의 명사로서 인망(人望)을 모았던 인물이었다(《黨議通略》, 肅宗朝, 《蒼狗客日》 甲戌 閏5月 28日 甲午條).

의 복향(復享) 등이 이루어졌다. 서인 집권의 명분 확보를 목적으로 하는 이 조처는 경신훈의 복훈처럼 논의과정에서 다소 논란이 있기는 하였으나 윤5월 3일 복훈이 최종 결정됨으로써 일단락되었다. 그래서 6월 1일의 중전복위식인 책례(冊禮)와 6월 20일의 복훈반교문(復勳頒敎文) 반포, 6월 21일의 문묘 및 향교에서의 복향 고유가 실시되었다[이를 三復이라 함]. 이어 6월 23일 복위 · 복훈 · 복향을 기념하는 삼복경과(三復慶科)가 설행되어,[34] 환국에 따른 서인집권의 정당성 확보 절차는 일단 마무리되었다.

두 번째는 기사년의 폐비와 서인에 대한 박해를 주도하였다는 이른바 구화자(構禍者)에 대한 처벌이었다. 여기에는 기사년 남인 정권에 의해 피해를 많이 본 노론이 적극적으로 강경론을 폈다. 보복의 혐의를 피해 전면에 나서지는 않았지만 송시열 문인과 김수항 · 김익훈 · 민정중 집안이 그 중심이었다. 그들은 먼저 폐비 시에 죽기를 무릅쓰고 신절(臣節)을 다하지 않았다 하여 당시의 남인집권세력을 광해 때 폐모론 주창자인 정조 · 윤인 · 정인홍에 비의(比擬)하여 안율(按律)을 바로 청하고자 하였으나 소론계 인물인 대사헌 이규령이 이의(異義)를 제기했을 뿐 아니라 원래 폐비사(廢妃事)가 임금에 의해 강행되었기에 폐모를 주창한 정조(鄭造) · 윤인(尹認)에 의율(擬律: 罪狀에 비추어 법을 적용)한다는 것이 애초에 맞지 않는 일이어서 결국은 원찬(遠竄)하는 선에서 그쳤다. 다음으로 송시열 · 김수항 · 김익훈 · 민정중 등을 탄핵했던 당시의 언관들도 모두 적발되어 원찬을 면하지 못했는데, 그 중에 이조참판까지 지냈던 권환(權瑍)은 황해도관찰사로 있으면서 송시열이 쓴 부용당(芙蓉堂)의 현판을 철거했다고 하여 평안도 철산(鐵

34) 《蒼狗客日》, 甲戌 6月 1, 20, 21, 23日條.

山)으로 극변원찬(極邊遠竄)되는 경우[35]까지 있었다. 그러나 노론측은 그 정도에 만족하지 않고 철저한 토복(討復)을 주장하였으며 이를 가로막는 인물이 당시 영의정이던 남구만이라 하여 그에 대한 공척(攻斥)을 그치지 않았다.[36]

위의 기사 피화인 신원과 구화자(構禍者)에 대한 처벌 관련 사안(事案)은 노·소론 간에 다소간의 이견이 있기는 하였으나 대체로 5월 말 윤5월 초에 이르러 어느 정도 마무리되었다. 문제는 환국과 관련된 옥사의 처리였다. 이때의 옥사는 3가지였다. 우선 환국 전에 함이완과 김인의 고변에 의해 각기 따로 일어나 환국 후까지 계속된 옥사와, 환국 후 새로 생겨난 국모모해(國母謀害)와 관련한 장희재 언서옥(諺書獄) 및 침핍중궁사(侵逼中宮事)가 그것이다.

김춘택·한중혁이 중심이 되어 은을 모아 폐비의 복위와 환국을 도모하려 한다는 함이완의 고변에 의한 옥사는 이미 그 전모가 상당부분 드러났으나 갑작스런 환국으로 상황이 반전됨으로써 일부 혐의자가 출옥하는 등 유야무야될 가능성이 높았다. 그에 비해 김인의 고변에 의한 옥사는 환국으로 정권을 쥔 서인이 안옥을 담당하여, 남인이 정국변화에 대비하여 훈련도감 군사들을 포섭하려 했다는 역모혐의가 주어지면서 성호빈·윤희(尹熺) 등 해당인물은 물론 훈련대장이던 이의징과 이를 전체적으로 지휘하려 했다는 혐의를 받는 민암·김원섭 등 실각한 남인 제신에게로 점차 확산되는 양상을 보였다. 앞서 검토

---

35) 《蒼狗客日》 甲戌 5月 28日條. 여기에 나오는 권환(權瑍)은 권대운(權大運)의 사촌형 대윤(大胤)의 아들이다.

36) 《肅宗實錄》 卷27, 20年 10月 3日 정유조(丁酉條)의 좌부승지 김창협의 사직소 다음에 김창협이 남구만에게 보낸 사신(私信)이 수록되어 있는데 토역(討逆)을 엄정히 해줄 것을 강력하게 요구하고 있다.

하였던 이현일이 상의탐시(上意探試) 혐의로 국문을 받은 것도 바로 이 사건과 연결되었기 때문이었다. 그런데 이 사건에는 희빈 장씨의 동기로 포도대장과 좌윤(左尹)을 거쳐 총융사(摠戎使)까지 지낸 장희재가 걸려 있었다. 민암·이의징과 함께 군졸들을 모우고자 모의하였으며 김해성(金海成)에게 돈 50냥을 주어 숙원최씨(淑媛崔氏)를 독살하려 했다는 혐의였다.37)

장희재는 이 사건 말고도 임금이 발설하여 밝혀진 언서옥에 걸려 있었다. 임금은 남인 집권기인 숙종 17년 장희재가 당시 왕비이던 그 누이 장씨에게 보낸 언문편지를 보았는데, 민암 집에서 들었다며 쫓겨난 폐비 민씨와 귀인 김씨가 은을 내어 궁중 내의 액예(掖隸)들과 결탁하고 있다는 내용이었다고 한다. 환국 후 임금은 이 언서의 내용을 들어 장희재와 민암을 모해국모(謀害國母)의 죄로 몰아 별도의 옥사(獄事)로 삼아 장희재·민암을 엄하게 형신하고자 하였고 노론이 이를 적극 지지하였다. 그러나 위관(委官)이던 영의정 남구만은 희재를 국문하면 희빈이 불안해지고 희빈이 불안하면 세자 또한 동요될 터이니 세자를 위해 의친(議親)의 예에 따라 법을 굽힐 것과 선대(先代)에 대신을 국문한 경우는 없다는 예우론(禮遇論)으로 민암에 대한 형신까지 반대하였다.

이에 우선 안옥관(按獄官)이던 판의금(判義禁) 신여철(申汝哲)·지의금(知義禁) 이세백(李世白)과, 장령 김홍정(金弘楨)·정언 유집일(兪集一)·승지 김구(金構) 등이 국모모해의 죄를 밝히는 것과 의친(議親)을 고려하는 것을 같이 놓고 경중을 논할 수는 없다 하여 반대

---

37) 김해성(金海成)의 장모는 최숙원의 숙모(叔母)인데 대궐에 들어간 틈에 음식에 독을 넣으라고 했다는 것이다(《肅宗實錄》 卷26, 20年 4月 26日 癸巳).

하였다. 그러나 임금은 윤5월 2일의 국청제신(鞫廳諸臣)이 청대(請對)한 자리에서 남구만의 의견에 좇아 형신(刑訊)함을 멈추고 앞서 내린 비답(批答; 遠竄하라는 것이었음)대로 하되 민암은 형신을 가해 구문(鉤問)하라고 하였다. 노론의 불만이 끓어오를 것은 명약관화하였다. 따라서 윤5월 2일 이후 의친설(議親說)을 내세운 영의정 남구만에 대한 노론 측의 강경한 배척과 장희재 국문요구가 잇달아 나오게 된다.

이상에서 본 것처럼 이때의 옥사는 3가지[함이완고변옥사 · 김인고변옥사 · 장희재언서옥사]였으나, 이와 관련되면서도 국모모욕죄(國母侮辱罪)라고 묶을 수 있는 옥안(獄案)이 더 있었다. 5월 3일 대사간 신완(申琓), 집의 홍수헌(洪受瀗), 사간 한성우(韓聖佑), 장령 안세징(安世徵) · 장령 김홍정(金弘楨), 정언 유집일(兪集一) · 정언 이인병(李仁炳) 등이 합계(合啓)하여 "기사년 이후 권간(權奸)이 권력을 쥐게 되자 윤리(倫理)가 무너져 끊어져서 상소하거나 임금께 아뢸 때 중전(中殿)을 침핍(侵逼)함이 이르지 않은 곳이 없습니다."라고 하면서 거론한, 목내선이 청(淸)에 보내는 주문(奏聞)에 넣으라고 한 "공손하지 않고 삼가지 않는다[不恭不敬]"는 표현과 주문관(主文官)이던 민암이 폐비반교문(廢妃頒教文)에 넣은 "후사에까지 화를 끼쳤다[貽禍後嗣之說]"는 구절로 인한 옥사였다. 민암은 위의 옥사에 모두 걸려 있었기 때문에 다른 옥사 심문 시에 같이 구문하였지만 목내선은 배소에서 압송되어 와 국문을 받은 끝에 절도에 위리안치되는 것으로 결말난다.[38] "자절우천(自絶于天)", "근기규금(謹其糾禁)"의 구절이 문제가 되어 압송되어 와 국문을 당한 이현일의 옥사도 이 범주에 포함된다.

38) 《肅宗實錄》 卷27, 20年 6月 13日 己酉, 16日 壬子의 장령 홍숙(洪璛)의 논계.

이 국모모욕과 관련된 사안들은 이 당시는 워낙 역모와 관련된 큰 사건들이 있어서 크게 주목되지 않았으나 옥사가 종결된 이후 노론이 기사남인(己巳南人)을 명의죄로 공격하게 되면서 그것을 입증하는 대표적인 사례로서 도리어 부상하게 된다.

이상에서 다소 상세하게 환국 이후 윤5월 초까지의 정국 상황과 옥사 처리과정을 살펴보았지만, 환국 후의 정치적 파동과 동요가 대개 수습단계에 들어간 윤5월 초의 시점에서 미해결의 과제는 옥사 처리 문제였다. 그 핵심에는 역모를 비롯한 국모모해의 혐의가 걸린 장희재에 대한 처분, 함이완 고변옥사에서 미결로 남은 김춘택·한중혁 등의 취은환국(聚銀換局) 혐의와 강만태(康晩泰)가 말한 해상진인설(海上眞人說)이 있었다. 이들 문제를 놓고 노론과 소론은 국모를 위한 토역설(討逆說)과 세자보호를 앞세운 의친설(議親說)로 격한 논쟁을 벌였고 그 과정에서의 일정한 절충을 거쳐 7월 초에야 옥사를 마무리 짓는 의언(議讞)을 할 수 있었다. 5월 말에 금부에 나래되어 바로 국문을 받은 갈암이 7월 7일 앞서의 판결에 따라 극변에 원찬되기 위하여 비로소 출옥할 때까지 2달 반 가까이 고통의 수금생활을 겪고, 밖에서는 밀암이 마음을 졸이며 부친의 옥바라지에 온갖 고초를 감내하여야 했던 사정은 이러한 데 있었다.

윤5월 2일 남구만의 건의를 받아들여 장희재에 대한 형신 중지와 원찬이 하명되자 우선 정언 박권·집의 유득일이 이에 반대하는 계(啓)를 올리고 여론을 몰아갔다. 이어 양주유학(楊州幼學) 박상경(朴尙絅)이 남구만의 의친설을 배격하며 장희재와 민암에 대한 엄국과 처단을 요구하는 상소를 올렸다. 이 상소에서는 중궁이 이미 왕세자를 자신의 아들로 받아들였기에 "장희재가 중궁에게 역모를 꾀한 것에 대해서는 세자의 도리로 당연히 토적해야 하는데 대신은 세자를 위하여 그 어머니를 모해하려 한 도적을 토죄하려 하지 않고, 도리어 세자외가 사람이라 하여 구해 살리려 하니, 대신이 희재의 처지를 위하는 것은 지극하나 중궁과 세자를 대우하는 것은 어찌 이렇게 박합니까?"라고 하는 논리를 내세웠다. 이미 타인에게 입후한 이상 본생부모(本生父母)는 의례상으로도 등급이 다르다는 예설에 토대한 이 논리는 후일 민비의 죽음과 관련하여 사사된 희빈장씨(禧嬪張氏)에 대한 세자의 분상(奔喪: 부모의 죽음을 듣고 급히 집으로 돌아감)에서도 나오는데 노론 측의 일관된 주장이었다. 따라서 박상경의 이 상소는 노론 측의 사주에 의한 것임을 숨길 수 없다.

박상경이 장희재를 비호한다 하여 영의정으로 위관(委官)이던 남구만을 겨냥했다면, 같은 날 지평으로 부름을 받은 정호(鄭澔)는 금부당상이었던 서문중과 정재희가 국옥을 엄하게 다스리지 않았으며 악역(惡逆)을 비호했다 하여 기사남인(己巳南人)에 동정적이던 소론제신에 대한 불만을 쏟아내었다. 이에 더하여 정호는 "이현일이 자절우천(自絶于天)에서 '천(天)'자를 '소천(所天)'으로 돌린 것에 대해서도 '소천'이 임금을 가리키는 이상 이는 국모에 대한 반도패덕(反道悖德)한 말이며 "불순곤이(不循壼彝)"란 용어도 침핍하는 뜻이니만큼 왕법으로 다스려야 한다"고 덧붙였다. 전 방위에 걸친 노론의 공세가 전개되는 것이다.

그러나 앞서 이미 언급하였듯이 여러 차례의 환국을 통해 당인을 약화시키면서 임금의 지위를 굳히고 정국운영에서 절대권을 행사하여 온 임금 숙종의 정치적 의도는 달랐다. 김시걸과 박상경의 주장을 근거 없는 논의라 비판한 응교 김몽신의 상소에 비답하면서 임금이 당시는 무엇보다 조정 신하 사이의 보합이 필요하다고 재차 강조한 데서 이는 잘 드러난다. 도학적 원칙을 내세워 임금의 뜻을 거슬렀다가 대로로 존경받던 송시열까지 죽음을 당하는 경험을 한 노론이었다. 숙종의 의도를 간파하게 된 정호는 다시 글을 올려 "신이 또 이런 이야기를 제기해서 갈등을 불러일으키지는 않겠습니다."라고 맹세를 하였으며 이에 출성(出城)하였던 남구만이 다시 조정으로 들어왔던 것이다.

임금의 정치적 의도까지 헤아렸는지는 분명하지 않으나 밀암은 이런 노론의 정치적 공세를 비난하며 나름대로 분석을 하였다. 이 부분을 다룬 《창구객일》에는 "노론 몇몇 집안들이 때를 틈타 기사남인들을 모두 악역으로 몰고자 하는데 소론들의 의론이 조금 온건해서 마음먹은 대로 안 되니까 같은 무리로 대각에 있는 자를 사주해(김시걸·정호 등을 지칭함) 응견(鷹犬)으로 삼는 것은 말할 것도 없고, 상소질할 자들을 끌어들여 사론(士論)이라 해서 소론을 조정에서 몰아내려 하니, 이에 호남·양주·광주 등지의 굶주린 무리들이 분분히 도하(都下)에 모여 눈을 흘기며 부릅뜨고서 교대로 상소문을 올리는데 박상경도 그런 무리의 한 명이라"[39]고 하였다. 소꾼[疏軍]을 모아 유소(儒疏)라 칭하면서 당인을 공격하는 수법은 선조 연간의 정여립 옥사에서부터 나타나 광해군 때 폐모론에서 극에 달하였는데 이때 와서 다시 나타나고 있어, 한동안 도학을 앞세워 사림공론으로 일컬어지던 사론이 당색에 감염되면서 점차 무너져가고 있음을 보여 준다고 하겠다.

그런데 밀암은 정호가 이현일의 '천(天)'자와 '불순곤이(不循壼彝)'를 문제 삼아 "침핍(侵逼)"으로 공격하는 데 대하여 앞서 그 부친이 정호의 고조인 정철의 관작추탈을 요청하였던 데 대한 보복이라 설명한다. 그러나 이는 밀암의 정치적 식견이 아직 성숙되지 못한 데서 오게 된 단견(短見)이었다. 이미 김시걸 등의 상소에서 보았듯이 점차 노론

39) 《蒼狗客日》, 甲戌 5月 11日 丁丑.

은 목내선과 민암·이현일의 글에서 뽑아낸 몇몇 문자들을, 단순한 국모모욕으로만 보지 않고 국모에 대해 불신지심(不臣之心)을 가져 해치고자 한 데서 나왔다 하여 모해국모(謀害國母)로까지 몰아가고 있었다. 국모를 모해하려 했다는 것은 인신의 도리인 명의(名義)를 간범하였다는 말이 된다. 명의가 무엇보다 중시되던 당시의 정치풍토에서 이를 간범한 자가 조정에 나설 수 없음은 말할 필요가 없다. 하물며 그것이 붕당에 이르러서이랴. 노론은 남인을 명의죄인으로 몰아 조정 진출을 원천적으로 봉쇄하려고 했던 것이다. 아니나 다를까, 숙종 21년에 이르게 되면 명의죄란 명목으로 남인을 단죄하고 남인에 동정적인 소론을 호역(護逆)으로 공격하는 노론의 정치공세가 본격화한다. 이런 논리는 송시열 문인과 척신(戚臣) 몇 집안으로 된 노론 핵심부에서 개발한 것이었다. 김시걸과 정호는 바로 그 노론 핵심부에 속하는 인물이었기에 갈암에 대한 공격을 시도하였던 것이다. 이런 경우 노론이 남인 명의죄를 밝히는 증거로 내세운 것이, 바로 좌의정 목내선이 주문에 넣은 "불공불경(不恭不敬)"이요, 우의정 민암의 폐비반교문에 있는 "이화후사(貽禍後嗣)"이며, 그리고 이조판서를 지낸 이현일의 상소문에 나오는 "자절우천(自絶于天)" "근기규금(謹其糾禁)"이었다.

목내선과 민암은 대신으로서 남인정권의 실세였다. 그들이 공격대상이 된 것은 그 정치적 비중으로 보아 당연하다고 할 수 있다. 그러나 이현일은 이조판서였다고는 하나 초대된 손님일 뿐 권력의 핵심은 아니었다. 그런 그가 쟁쟁한 남인 명관(名官)들을 제쳐두고 왜 하필이면 공격대상이 되었을까? 그것은 밀암에게 가장 큰 의문이었다. 그때까지만 해도 그는 중전을 보호할 목적으로 올린 자기 부친의 상소문이 문자 몇 글자 때문에 국모를 모해한 것으로 몰린 데 대해 도저히 이해할 수 없었으며 따라서 "대분향우(戴盆向隅)"란 표현[40]에서 보듯 조정의 처사에 대해 상당한 불만을 갖고 있었다. 그러나 밀암은 미처 깨닫지 못하고 있었으나 갈암이 걸려든 원인은 그의 산림적 위상에 있었다.[41] 앞에서도 잠시 언급하였지만 윤휴·허목 등 남인계 산림이 죽은 이후 그는 기호와 영남을 통틀어 남인의 산림을 대표하는 지위에 서게 되었다. 그리하여 기사환국으로 남인이 집권한 후 성균사업(成均司業)으로 징소되었다. 사업(司業)은 산림에 대한 예우직으로 인조 때 생겨난 정4품의 관직이다. 이후 그는 대사헌·이조참판 등을 거쳐 이조판서에까지 뛰어오르지만, 경세론까지 펼치며 권력을 행사하려는 그에게, "유신(儒臣)의 책무는 단지 경지(經旨)를 토론하여 경연강의의 재료로 제시해 주면 되는 것"[42]이란 주위의 충고가 있었던 것처럼 일반 관료가 아닌 산림적 존재의 영역을 벗어나지 않았다.

여기서 산림의 정치적 역할을 재론할 필요는 없을 것이다.[43] 다만 도학적 명분과 의리가 집권의 절대적 기준이 되는 당시의 사림정치에서, 도학을 궁리하고 실천하여 사림의 사표가 되는 산림은 집권의 명분을 정당화해 주는 존재였다는 점만 밝힌다. 특히 국가의 막중한 전례(典禮)나 의리문제가 당론에 따라 달라지고 또 그것 때문에 집권 여부가 좌우되는 정치상황으로까지 나아가게 되면서부터는 각 붕당마다 산림을 봉대(奉戴: 공경하고 떠받듦)하여 자기 파의 도통을 내세우고 그

40) 《蒼狗客日》, 甲戌 6月 21日 丁巳. "此三人者(廢妃 時 立節하였다고 하는 李萬元·李鳳徵·李后定을 말함) 旣蒙褒錄, 則大人獨不宜見遺, 而莫有爲之言者, 戴盆向隅, 無路伸卞, 豈不爲重可痛心者乎?"

41) 鄭萬祚, "조선후기 정국동향과 葛庵 李玄逸의 정치적 位相", 《退溪學(安東大學校 退溪學研究所)》 20(2011), pp. 15－18.

42) 李栽, 《密菴集》 卷22, 〈先父君家傳〉.

43) 필자는 앞의 논문 "조선후기 정국동향과 갈암 이현일의 정치적 위상"의 2. "산림"과 예송(禮訟)정국에서 이 문제에 관해 약간 언급해본 적이 있다.

주장을 합리화하였다. 이이와 성혼의 문묘 종향을 놓고 유생까지 동원하여 반세기 이상 서·남인 간에 치열한 논쟁이 일어났으며, 예송(禮訟)문제로 송시열·송준길과 윤휴·허목 등 산림을 앞세운 당인 간의 격렬한 논쟁이 벌어져서 결국 정권이 교체되는 상황까지 발생하였던 사실이 이를 잘 말하여 준다. 정권과 붕당의 도학적 정통성과 도덕성을 대변하는 산림에게 흠절과 오류가 있다면 그 정권과 붕당에 치명적인 요소가 될 것임은 두말할 것도 없다. 이미 송시열과 윤휴를 걸어 남·서인이 한 번씩 정권을 주고받은 전례가 있는 터였다. 정권의 실세와는 거리가 먼 갈암이 노론의 공격 목표가 된 것은 바로 이러한 데 있었던 것이다. 그러나 당시에 이런 사정을 이해하기에는 밀암이 가진 정보가 너무 빈약하였고 당장 부친의 옥바라지를 하여야 했던 그로서는 그런 마음의 여유조차 없었다고 보아야 하겠다.

박상경의 논척으로 물러났다가 임금의 돈소(敦召)로 다시 조정에 나온 남구만은 노론 측의 강경한 반발을 의식하여 타협안을 제시하였다. 장희재에 대해 죽이지 않는다는 조건으로 언서사(諺書事)에 대한 자백을 받아 내어 옥사를 마무리 짓자고 한 것이다.[44] 과연 장희재는 숙종 17년의 김정열(金廷說)[45] 옥사 때 민암의 집에서 그 부자와 조카 민종도로부터 폐비와 김귀인이 은화를 내어 궁중 내의 인심을 얻으려 한다는 말을 들었고 이를 내전[당시는 희빈이 중전이었음]에 언서로 들였다고 실토하였다. 이에 장희재와 민암을 대질시켰는데 민암은 장

---

44) 장희재의 언서옥(諺書獄)은 임금이 발설해서 일어난 옥사이므로 반드시 그 실상을 드러내야 하였다. 이를 밝혀내지 못하면 발고자인 임금의 처지가 난감해지기 때문이다.

45) 김정열(金廷說)은 민비의 부(父) 민유중(閔維重)의 비장(裨將)이었으므로 이를 통해 민씨 집안과 민비에까지 화를 미치게 하려 했다는 것이다(《숙종실록》 권26, 20년 윤5월 26일 임진).

희재와 그런 수작을 한 사실은 인정하면서도,[46] 함이완의 고변에서 보이는 한중혁 등 서인 측의 환국기도는 이미 여기에서부터 비롯된다고 하여 오히려 서인의 취은환국(聚銀換局) 기도를 입증하는 사실로 들었다.

이에 옥관들은 민암의 취은설 자체를 폐출된 중궁을 모해하기 위해 "지어낸 말[造言]"로 단정하여 민암에게는 "조언(造言)", 장희재에게는 "전언(傳言)"의 죄로 의율(擬律)하였고 이에 따라 임금은 민암에게 사사(賜死), 장희재에게는 원찬(遠竄)의 명을 내렸다. 이처럼 숙종 17년에 나온 취은설을 민암이 만들어낸 말로 판정해 버리면 3년 후인 숙종 20년에 함이완 고변으로 알려진 한중혁 등 서인계의 취은환국 기도와의 관련성은 저절로 부정되어 버린다. 민비복위를 성단(聖斷)의 결과로 높이면서, 은을 모아 중전복위를 꾀하려 했다는 서인계의 혐의를 벗기는 묘안이라고 하겠다.

이렇게 결말지어진 장희재 언서옥사에 대한 밀암의 견해는 달랐다. 우선 임금이 보았다는 언서 자체에 의문을 가졌다. 《창구객일》에 보면 외간(外間)에 나도는 말이라 하여 그 편지는 본래 희재에게서 나온

46) 《숙종실록》 권27, 20년 6월 3일 기해. 이때 민암은 자신이 죄망(罪網) 중에 빠지게 된 소화(召禍)의 원인을 (i) 장희재를 가까이 한 것 (ii) 국척(國戚)이라 해서 장희재를 대우한 것 (iii) 희재가 들은 소문을 반드시 궁중에 알린 것 (iv) 희재와 자신의 자질들이 난만(爛漫)하게 수작(酬酌)하도록 버려둔 것 (v) 함이완의 고변에 관한 말이 자신의 귀에 들어와 상언(上言)한 것 (vi) 아들 장도(章道)가 옥중에서 희재에게 편지 보낸 것의 6가지로 들었는데 나중에 공술하기를 조카 민종도(閔宗道)가 희재에게 한 말이라 하여 신미년(辛未, 숙종 17년) 김정열(金廷說)의 옥사(獄事) 때 "폐비(廢妃)와 김귀인(金貴人)은 재물을 뿌려 궁중의 인심을 얻는데 지금 중전[禧嬪張氏]은 왜 재물에 인색하고 형벌이 과하여 궁중의 인심을 잃는가. 그렇게 하지 마시라고 하시오."라고 하여서 희재가 이 말을 언서(諺書)로 궁중에 전한 것이라고 하며 언서 내용을 사실로 시인하였다. 이에 왕은 모해국모의 죄명으로 사사(賜死)를 하명하였다.

것이 아니고 희재와 민암을 모함하기 위해서 위조된 것으로 일부러 임금께 보시도록 하였다는 것이다. 거기에다가 민상(閔相: 밀암은 민암에 대해 이름을 부르지 않고 민대감으로 예우함)과 희재를 면질시켰을때 "어째서 나를 이렇게 모함하고 혼자 빠져나가려느냐?"라고 하자 희재의 말이 궁하여 대꾸를 하지 못하였다면서 이를 보고 사람들이 "시정의 무리[장희재 지칭]에게 사대부처럼 하기를 바랄 수 없다"고 하였다는 말을 수록해 놓았다.[47] 밀암은 장희재가 어리석어 자기 살아날 궁리로 옥관이 시키는 대로 민암을 모함한 것이고 언서사 자체도 과연 장희재가 한 것인지 의심된다면서 서인의 음모설을 조심스럽게 드러내고 있다. 서울에 있던 실각 남인들의 이번 옥사에 대한 시각과 인식을 밀암 역시 고스란히 받아들이고 있다고 보인다.

그렇기 때문에 우의정 윤지완이 사은차 입성하여 올린 상소에서 희빈에 대한 예우를 주장하였다가 노론으로부터 배척을 받은 서문중을 변호하며, 영의정에게 자신도 그런 뜻임을 편지로 말했던 이상 서문중이 처벌받는다면 자신도 마찬가지로 감수하겠다고 한 말을 놓고 과연 "명불허득(名不虛得: 이름은 헛되이 얻어지는 것이 아님)"이라고 칭찬하였다.[48]

나아가 윤지완이 윤5월 29일 입궐하여 인견하는 자리에서 (i) 함이완 옥사에서 승관(承款)한 자까지 석방하였는데 이들은 마땅히 죄를 다스려야 한다는 것과 (ii) 민암에게 죄를 물어보는 문목중에 무옥(誣獄)이란 조항은 아마도[사실에 의심되는 바가 있으므로] 발거(拔去)해야 할 것 (iii) 폐비민씨의 복위는 임금께서 스스로 깨우쳐서 처분하신 일

47) 《蒼狗客日》, 甲戌 閏5月 26日 壬辰條의 뒷부분.

48) 《蒼狗客日》, 甲戌 閏5月 28日 甲午.

이니 한중혁 · 최격 · 강만태 등이 복위를 도모하였다고 떠드는 것은 오히려 임금의 영단(英斷)을 모욕하는 것임 (ⅳ) 환국의 때를 당해서 살생을 신중히 하실 것의 4가지를 주달한 데 대해 밀암은 대개 환국한 이래 이렇게 말한 사람은 없었으며 특히 강만태 · 한중혁 무리에 대해 논한 바는 통쾌하기 짝이 없는바 "참으로 조양(朝陽) 땅에서 봉황새가 울었다[鳳鳴朝陽]는 고사가 바로 이것"이라고 크게 찬양하였다.[49] 윤지완의 주장은 한마디로 서인의 집권명분[중전복위에 공을 세움]을 꺾고 남인에게 씌워진 모역(謀逆)과 무상(誣上)의 혐의를 약화시키는 의미를 담고 있으니만큼 남인의 처지로서는 크게 환영할 수밖에 없었고 그리하여 밀암 역시 봉명조양(鳳鳴朝陽)이라고까지 극찬하였던 것이다.

이처럼 옥사를 맡은 위관 남구만과 우의정 윤지완이 노론의 토역론(討逆論)에 맞서 어느 정도 남인을 변호하는 태도를 취함으로써 갈암에 대한 처분도 조만간 가볍게 처벌하는 방향으로 내려질 것이란 기대를 밀암과 그 주위에서는 하였던 것 같다. 그러나 그렇게 낙관만은 할 수 없었다. 우선 좌의정 박세채가 4건의 별단계차(別單啓箚)를 올리는 중에 소당론(消黨論) 조목에서 "여항간에 취은환국사(聚銀換局事)와 관련해 진신사대부에 대한 혐의가 말해지고 있는데 이를 일일이 구핵(究覈)해서 대체(大體)를 상하게 할 필요는 없는 바라 하며, 다만 기사년에 원로대신[송시열 · 김수항을 말함]과 공훈 있는 여러 신하[김익훈 등 경신옥사 유공자]를 죽게 한 자들은 마땅히 정법(正法)에 처해야 된다[討復은 엄히 해야 한다는 뜻] 하여 특히 민암 · 장희재는 법으로 다스리지 않을 수 없고, 희빈이 왕비에서 강등될 때 상장회의(上章會議)하자는

---

49) 《蒼狗客日》, 甲戌 閏5月 29日 乙亥.

논의를 낸 서문중에 대해서는 과연 그 말이 옳은지 한번 따져보아야 한다"고 하였다.[50] 함이완의 고변에서 드러난 서인의 환국도모 행위는 조정체통을 생각하여 깊이 파고들지 말되, 남인의 편당행위와 모역 혐의는 철저히 응징하자는 주장으로 노론의 토복론(討復論)과 별반 다름이 없었다.

앞에서도 잠시 언급했지만 박세채는 앞서 임술삼고변(壬戌三告變)[51]으로 서인이 노소론으로 갈라설 때 화가위국설(化家爲國說)로써 송시열의 태조가상존호(太祖加上尊號)에 반대하고 김석주(金錫胄)·김만기(金萬基)·민유중(閔維重)의 척신가(戚臣家)를 비판하는 조지겸(趙持謙)·오도일(吳道一)·한태동(韓泰東) 등의 젊은 사류를 지지하여 소론의 영수로 간주되다시피 한 인물이었다. 그런 그가 기사환국 때 송시열이 사화로 죽었다 하여 크게 높이며, 남구만·윤지완 등의 소론 여론과 달리 이때 와서는 노론의 주장을 대변하고 있는 것이다. 박세채의 이런 주장은 소론으로 보아서는 당혹스러웠을 것이다. 그것은 후일 《숙종실록》의 이 관련기사에 대한 보궐정오(補闕正誤)를 달던 소론 사관(史官)이 이 갑술옥사의 처리문제에 드러난 남구만·박세채의 견해 차이에 대해 권도(權道)와 상경(常經)으로서 방법상의 차이일 뿐이지 완전히 분열된 것은 아니라[52]는 구차스런 변명을 하는

50) 《蒼狗客日》 甲戌 6月 4日 庚子.

51) 임술삼고변이란 숙종 8년(임술년), 김환(金煥)·김중하(金重夏)·김익훈(金益勳)이 남인 허새(許璽) 등이 모역하고 여기에 류명견 등의 남인 명가(名家)가 관련되었다고 고변한 것인데, 형찰(詗察: 넌지시 염탐함)을 통해 탐문한 것이기도 하려니와 혐의자 심문과정에서 죄가 없음과 함께 억지로 조작한 사실까지 드러나자 젊은 사류들이 이런 형찰을 지시한 척신(戚臣)을 비판하면서 척신을 옹호한 송시열과 갈라서게 된 계기가 된 사건이었다(《燃室室記述》, 續集 肅宗朝 壬戌三告變之獄 老少論議之始分).

52) 《肅宗實錄》 補闕正誤 卷26, 20年 6月 4日 庚子.

데서 잘 드러난다.

박세채에 대한 남인의 불만은 더 말할 것도 없었다. 밀암 역시 박세채를 강하게 비판하였다. 즉 박세채의 주장에 대해 "경신옥은 이미 국가에서 국시(國是)로 정해 놓은 바가 있어[53] 감히 무어라 할 수 없으나 갑술년의 취은환국설(聚銀換局說)은 국안(鞫案)에 분명할 뿐 아니라 길거리에서도 그에 대한 소문이 낭자하고 아이들의 노래에까지[新鐵乎 舊銀乎 銀入絲鐙子][54] 나오는데 한 손으로 만(萬) 사람의 눈을 덮을 수 있으랴, 저쪽에서는 주워 모아 꾸민 것이라 하고, 이쪽에서는 덮어버리려 하는데 이런 속에서 가히 공정한 시비가 나올 수 있을까? 유자(儒者; 박세채는 산림임)의 의리학(義理學)이 과연 이런 것인가?"라고 반문하면서, "이로써 보건대 그가 노당(老黨)에 이끌려 다님을 더욱 믿게 되며 이 정도의 견식과 역량으로서 인심(人心)을 맑게 하고 당론을 없애겠다고 하다니 스스로 역량을 헤아리지 못한다"고 혹평하

53) 《蒼狗客日》 甲戌年 6月 20日 丙辰. 경신복훈(庚申復勳), 이에 대해 밀암은 국시대정(國是大定)이라고 서인명분의 완전한 승리를 인정하였다.

54) 갑술환국 당시 서인 김춘택(金春澤)·한중혁(韓重爀) 등이 중심이 되어 폐비(廢妃)를 복위해 환국을 도모한다는 구실로 거사자금으로서 은을 모았는데, 여기에 서인의 명사(名士) 대부(大夫) 다수가 이를 도왔고 이 돈으로 김춘택 등은 호사를 하였다. 그래서 당시에 살찐 말이나 가마를 타고 의기양양하게 거리를 지나는 자를 보면 "새로 나온 돈인가, 옛날의 은자인가, 은이 들어간 실로 만든 말 탈 때 쓰는 등자인가(新鐵乎 舊銀乎 銀入絲鐙乎)"라고 비웃었고 이것이 마침내 아이들의 노랫가락이 되었다고 한다. 이것은 대개 은을 낸 서인 중에 전 훈련대장 신여철(申汝哲)과 능평군(綾平君) 구일(具鎰)이 낸 돈의 양이 가장 많아서 혹 2~3천 냥에 이르는데, 우리나라 말로 신(新)은 신(申)과, 구(舊)는 구(具)와 발음이 같고 사(絲)는 사(仕)와 같기 때문에 글자를 바꾸어 부른 것이라고 한다(《蒼狗客日》 甲戌 7月 4日 庚午). 그것을 풀이하면 "신여철이 낸 돈인가, 구일이 낸 은자인가, 은이 벼슬자리에 들어가는 등자인가" 하는 뜻이 되겠다. 취은환국설(聚銀換局說)은 널리 말해졌으나 이 기사는 실록이나 승정원일기, 그리고 문집에서도 보이지 않고, 오직 《蒼狗客日》에만 실려 있다고 보이는 귀한 자료이다.

였다. 그리고 서문중에 대한 탄핵을 유도함으로써 궁극적으로는 우의정 윤지완을 조정에서 몰아내려는 노론의 의도를 충실히 따르고 있다고 판단하였다.[55]

박세채를 통해 간접적으로 드러난 노론의 불만은 6월 15일 전라도에서 올라온 무장유학(茂長幼學) 강민저(姜敏著)의 상소를 통해 격렬하게 표출되었다. 내용은 앞서의 박상경 상소와 대동소이하였지만 표현은 더욱 거칠어서 장희재를 신구한 남구만을 앞과 뒤가 전혀 다른 사람으로 몰아갔다. 이에 남구만과 우의정 윤지완은 한강을 건너 향리로 돌아가 당분간은 조정에 나올 뜻이 없음을 보였고, 조정의 언관들 사이에도 강민저에 대한 처벌을 놓고 의견이 갈라져 서로 피혐하느라 분분하였다.

대신이 자리를 비운 상태에서 옥사의 결말[議讞]은 낼 수가 없다. 그러나 3월 중순부터 시작된 옥사는 벌써 넉 달 이상을 끌어오고 있었다. 그 사이에 물고(物故: 죄인을 죽게 만듦)된 자도 있고 무엇보다도 옥사로 인한 시비와 공박이 그치지 않아 조정이 안정을 찾지 못하는 것이 문제였다.

그것은 밀암에게도 마찬가지였다. 한때 서울에 있는 몇몇 지인들이 갈암의 억울함을 호소하는 상소를 올리려 한 적도 있고[56] 남구만과 신여철(申汝哲, 判義禁)과 연줄이 있는 인물을 찾아 말을 넣어 보려고도 했으며, 특히 기사년 당시에 남인으로서는 민비의 폐위를 반대해

55) 《蒼狗客日》 甲戌 6月 4日 庚子.

56) 《蒼狗客日》 甲戌 6月 11日. 이때 소초(疏草)가 작성되기까지 했으나 오시복(吳始復, 판서)·이옥(李沃, 참판)·이우겸(李宇謙) 등이 국옥이 끝나지 않았으며 지금 조정의 분위기가 죄를 더 주지 못해서 한스러워하고 있는 지경인데 소를 올리는 것은 무익할 뿐만 아니라 예상치 못한 결과를 불러올지 모른다 하여 밀암 형제와 권두경(權斗經) 등이 의논해 그만두게 하였다고 한다.

입절(立節)한 인물이라 하여 이만원(李萬元)·이봉징(李鳳徵)·이후정(李后定)의 포증(褒贈)을 요구해 이만원·이봉징의 감죄(減罪)를 실현시킨 박세채에 대해 자기 부친의 억울함을 호소하려는 편지까지 보내려 한 적이 있는[57] 밀암이었다. 그러나 어느 것 하나 제대로 실행되지 않는 상태에서 강민저의 상소로 인해 영상·우상이 거국(去國)하며 조론(朝論)이 대격(大激)함으로써 밀암은 옥사의 결말이 물 건너간 듯하다고 하며 십분 초조해하였다.

쉽게 풀릴 것 같지 않던 정국의 경색된 국면은 도승지 이언강(李彦綱)을 향리에 보내면서 만약 그래도 오지 않으면 내가 나서서 친히 맞아들이겠다는 뜻의 "친역(親逆, 이때의 逆은 迎과 같은 뜻임)"이란 문자까지 쓴 임금의 전교를 받은 남구만이 이런 이수(異數)를 받고도 고사하는 것은 신자의 도리가 아니라 하여 급거 입경(入京)함으로써 풀렸다. 그에 따라 옥사도 종결단계에 들어가 마침내 7월 4일 남구만이 사은입경(謝恩入京)하는 자리에서 옥사의 처리방향을 수차(袖箚: 임금을 뵙고 직접 바치는 상소)로 개진하고 다음 날 바로 의언(議讞)이 이루어지게 된다.

남구만이 올린 수차의 내용은 대개 다음과 같이 요약된다. 우선 갑술옥사를 처리하는 기본원칙은 형찰(詗察)을 통한 밀고를 없애는 데 두어야 한다. 따라서 민암의 지시를 받은 함이완이 서인이 취은환국(聚銀換局)한다고 한 죄는 말할 것도 없다. 강만태(康晩泰)·이시회(李時檜)·최격(崔格) 등이 곤위(坤位)를 복위하려 하였다지만 이런 천사(賤士)들이 감히 복위를 꾀할 수 있느냐, 그래도 이들은 오히려 스스로 대의에 가탁한다고나 했지만[自依託於大義] 강만태는 한구(韓

57) 《蒼狗客日》 甲戌 6月 27日. 주위의 만류로 그만두고 뒤에 송원소(訟寃疏)를 올리기로 하였다.

構), 임대(任臺) 등과 의논해 해상진인(海上眞人)을 맞이한다고 하였으니 대역이 아니면 남을 역적으로 모함한 죄이므로 그대로 둘 수가 없다. 그렇다고 해서 이들의 공술(供述)에 나와 체포되었던 여러 사람들을 다시 잡아들여 문초한다는 것은 민암의 말을 사실로 인정한 셈이 되므로 결코 할 수 없다. 그렇다고 사인(四人)을 불문하면 이는 악역(惡逆)을 덮어 감추는 일이다.58)

이상과 같이 판결한 위에서 남구만은 함이완의 무리[민암 등 남인으로서 형찰(詗察)하여 무고한 자]는 엄치(嚴治)하여야 하며, 강만태·한중혁·최격·이시회의 네 사람[서인으로서 취은환국한 자]도 그 죄를 명백히 밝혀 처리해야 한다고 하였다. 서인과 남인이 서로 역모에 걸려있는 사건을, 피해를 최소화하면서 마무리해 정국을 안정시키려는 데 목적을 둔 이 원칙은 박세채·윤지완 등의 대신과 의논하고 노론계 금부당상들과 언관들의 동의를 받아 확정된 남구만의 고심의 일착(一着)이었다. 그러기에 실록편찬을 맡았던 노론계나 소론계 사신(史臣)들은 일단 이를 긍정적으로 평하였다. 그리고 이 원칙에 따라 다음 날 여러 죄인에 대한 의언(議讞)이 나오게 된다. 즉 이현일은 극변에 위리안치하고, 이의징은 절도에 위리안치하며 함이완은 민암과 같은 역모죄로, 김인은 무고죄로 결정하고 김원섭은 원찬하며 지금까지 풀려나왔던 한중혁을 잡아들여 강만태 등과 함께 국문하는 것이었다.59) 문제가 된 민암과 장희재는 이미 사사와 원찬이 하명되었기에 이번 의언에는 들지 않았다. 그러나 각 죄인에 대한 이러한 판결에는 노론·소론의 입장

58) 《肅宗實錄》 卷27, 20年 7月 4日 庚午 및 《承政院日記》 第360冊, 肅宗 20年 7月 4日 庚午. 巳時, 上御熙政堂, 領議政南九萬引見.

59) 《肅宗實錄》 卷27, 20年 7月 5日 辛未. 領議政南九萬, 判義禁申汝哲, 知義禁尹趾善, 申琓, 同義禁安如石, 執義韓聖佑, 獻納沈極, 議鞫獄以啓.

이 달랐다. 당장 노론은 한중혁이 잡혀 들어가 심문 당하는 데 반발하였다. 최격·이시회·강만태 등은 중인(中人)신분이지만 한중혁은 소론이면서도 노론 편에 섰던 승지 한구의 아들이었다. 그러나 단순히 한중혁이 심문당하는 것만으로 노론이 불평한 것은 아니다.

한중혁의 뒤에는 그의 아버지 한구와 누구보다도 취은환국의 모주(謀主)로 알려졌던 김춘택이 있었다. 김춘택은 김진귀(金鎭龜)의 아들로 그의 할아버지는 인경왕후의 부친인 김만기였고 사계 김장생의 5대손이었다. 유현(儒賢)과 국구(國舅)를 배출한 명문집안으로서 노론의 핵심이었기에 이번 옥사의 사실상 핵심인물로 누구나 지목하면서도 선뜻 발고(發告)하지 못하였다. 오히려 노론 일부에서는 김춘택이 중궁복위에 공이 있다 하여 그의 아버지에게 벼슬을 내려야 한다는 의견도 있었고 김춘택 스스로도 자신이 공이 있음을 자부하였다고 한다.[60] 그런데 한중혁이 잡혀 들어가 심문당하면 결국 김춘택에까지 불똥이 튀게 될 것이고 이것은 결국 노론의 명분을 크게 손상하게 된다. 그리하여 의언(議讞)하는 자리에서 집의 한성우(韓聖佑)가 이의를 제기하였고 며칠 뒤 박세채 역시 장희재에 대한 정법을 말하는 등 반발이 뒤따랐으나 임금에 의해 확정됨으로써 여러 달을 끌어왔던 갑술환국과 관련된 옥사는 일단락되었다.

그러면 이런 판결에 대한 밀암의 견해는 어떠했을까? 국문 당시의 소문이나 그 이후 정국의 추이나 분위기로 보아 아무리 나쁜 결과가 나온다 해도 옛날 유배지로 다시 보내지는[還發配所] 정도일 것이라고 다소 낙관하고 있던 그와 그 지인들에게 극변에 위리안치하라는 판결은 전혀 예상 밖이었다. 우선 당황하고 걱정스럽기도 했겠지만 밀암

60) 《黨議通略》 肅宗條, 《燃藜室記述》 續集 肅宗朝, 朴尙絅疏.

은 위관(委官) 남구만에 대한 불신을 강하게 표출하였다. 밀암은 기본적으로 갑술환국을 임금의 영단(英斷)이라고 미화하는 남구만·윤지완과 달리 서인의 취은환국 기도의 결과라고 인식하고 있었다. 그래서 함이완의 고변에서 드러난 인물인 강만태·최격 등은 하수인에 불과하고 본체는 한중혁 뒤에 숨은 김춘택이며 노론의 척신세력이었다고 보았다.[61] 그러므로 함이완의 고변내용은 사실이며 적어도 이와 관련된 민암의 무고죄(誣告罪)는 성립할 수 없다고 하였다.

따라서 남구만 등의 옥관(獄官)이 민암에게 무고죄를 적용하고 이미 죄상이 드러난 강만태·이시회·최격에다가 한중혁 등 4인에게만 형신(刑訊)을 가해 사실을 밝힐 뿐, 그들의 공초에 이름이 나온 서인 진신들을 일체 불문에 붙인다는 것은 이들을 죽여 함구하려는 것이며, 변국을 도모하였던 서인의 죄상을 일체 말살하려는 목적에서 나온 조처라고 보았다.[62] 그래서 남구만에 대해서는 "이 사나이[而夫]가 평소

---

61) 밀암은 《창구객일》 갑술년 7월 8일 갑술조에 갑술환국이 김춘택·한중혁 등이 은(銀)을 모아 궁첩·환관과 궁중의 복어(僕御)들까지 매수해 후원으로 삼고, 또 숙원최씨의 종형인 최격(崔格)을 시켜 한창 임금의 총애를 받는 최숙원을 통해 유언(流言)을 궐내로 퍼뜨리게 해서 임금의 마음을 흔들어 놓고[意不能無動], 함이완의 고변이 있자 김춘택은 궐내에 말을 넣어 최숙원으로 하여금 임금에게 비밀히 호소하게 하되 "當國諸人[남인을 말함]이 失意之人[서인을 말함]을 모두 죽이고 이어서 숙원(淑媛)까지 제거하려 하여 오래지 않아 상변(上變)할 것이라"고 밀고하게 했으며, 그래서 임금이 상변이 올라올 것을 미리 알고 있던 차에 민암의 상변발고(上變發告)가 있자 숙원을 통해 전해진 김춘택의 말을 더욱 믿게 되어, 민암이 서인을 일망타진하기 위해 무고한다고 의심하여 환국을 단행하게 되었다는, 남인 측의 갑술환국에 대한 경위 설명을 그대로 실어 놓았다. 이는 밀암 자신이 남인 측 견해를 그대로 따르고 있음을 말해 준다.

62) 《蒼狗客日》, 甲戌 6月 4日 庚子. "聞左相(박세채임)四件箚 … 就其中有曰: '閭巷金貨之說, 傳說註誤, 久而不止. 至發於獄端, 朝中搢紳大夫, 往往或被疑誣, 不必一一究覈, 以傷大體. … 至於聚銀換局之說, 不但昭載獄案, 街談巷議不啻狼藉, 至被之童謠, 以至指點相訾謷, 豈能以一手奄萬目乎?"

에는 자호(自好)한다고 했지만 이미 청의(淸議)에 죄를 입을까 두려워하고 또 감히 외척(外戚) 등 권력자에게는 강경하게 하지 못해서 잠시 나왔다가 바로 물러가며 쥐새끼처럼 양쪽 눈치를 살피는 존재일 뿐으로, 자세히 그 말하는 뜻을 살피면 정태(情態)가 악한 것을 숨길 수 없다"고 하여 개인적인 감정까지 섞어 맹렬히 비난하였다.[63]

그러나 한 번 결정된 판결은 받아들일 수밖에 없었다. 7월 7일 출옥한 부친 갈암을 모시고 밀암은 종성의 유배지로 향할 수밖에 없었던 것이다.

이상에서 갈암 국문 후의 수금기간 서울에 머물며 옥바라지하던 밀암이 가졌던 당시 정국에 대한 나름대로의 분석과 이해를 찾아보았다. 결과적으로 갈암에게 예상하지 못한 극변 위리안치의 판결이 내려짐으로써 밀암의 정국파악에 문제점이 있었음이 드러났다고 할 수 있다. 그것은 아마도 밀암이 왜 정국운영을 주도하는 임금의 의도에 대하여 언급하지 않는가 하는 의문을 푼다면 답을 얻을 수 있을 것 같다. 밀암은 임금의 처분이나 전교는 그대로 수용하여 일체의 비판을 가하지 않았다. 심지어 이이·성혼의 문묘 복향에 반대하는 영남유소에 대해서도 국시(國是)가 이미 정해진 이상 선비라면 자정(自靖)해야 된다고 말하고 있을 정도이다. 임금에 대하여 일체의 비판을 삼가고 신중하게 처신하는 밀암의 평소 자세가 오히려 한계로 작용하지 않았는가 한다.

63) 《蒼狗客日》, 甲戌 7月 4日 庚午.

5. 부친 찬배(竄配)시의 정보 정리

극변에 위리안치하라는 판결에 따라 금부옥에서 나온 갈암은 배소인 종성으로 바로 떠나야 하였다. 밀암의 《창구객일》에는 7월 7일 풀려나 이틀 후인 9일에 배소로 발행(發行)하였다고 한다. 그 이틀간에 수백 명이 문안차 찾아왔는데 관인이나 이름 있는 사람도 없지는 않았으나, 대부분이 권력에서 밀려난 초췌한 손님들이었다고 하여 밀암은 정국전환에 따른 염량세태(炎凉世態)를 씁쓸해하였다. 이런 인심의 변화는 귀양지로 향하는 도중에도 숱하게 겪었으며, 한 달 남짓 지난 8월 14일 마침내 종성에 도착하였다. 이후 며칠간의 공역으로 가시 울타리가 만들어지고 그 부친이 기약없는 귀양살이에 들어가면서 밀암 역시 부친을 시봉하는 데 진력하게 된다.

그런데 종성에 도착한 이후의 《창구객일》 기록에서는 당시의 정국에 대한 밀암의 견해표명이 잘 나타나지 않는다. 물론 관아로부터 한 달 정도의 시차가 있는 조보나 저보 등을 얻어 보고 그 부친과 관련 있는 기사나 정치상의 중요 내용을 요약하여 수록해 놓고 있기는 하다. 9월 15일에 얻어 본 조보에 기록된 수찬 정사신(丁思愼)이 앞서 8월 20일에 올린 권대운·목내선·이현일을 신구한 상소문의 대의와 그에 대한 사헌부의 반박을 몇 줄로 간략히 적은 것이나, 11월 25일 구해본 10월 25일 이전의 조보를 보고서 영의정 남구만이 취은번국을 기도한 주모자가 한구이며 따라서 그 아들 한중혁과 그 당여인 최격·이시도·강만태 등을 국문해야 한다고 주장한 상소문을 요약·정리해 수록한 것이 그것이다. 부친문제의 처리에 영향을 줄 요소에 관심을 갖고 촉각을 세우지 않을 수 없었기 때문이겠다. 그러면서도 밀암은 이런 기록

말미에, 예컨대 위에서 본 것처럼 남구만을 이부(而夫)라고 멸칭하면서 쥐새끼처럼 눈치만 살핀다는 식으로 맹렬히 비판하던 몇 달 전의 태도와는 달리, 자신의 견해를 전혀 피력하지 않고 있다.

밀암이 왜 이렇게 이러한 신중한 자세로 전환하였는가에 대해서 밀암 자신은 말하지 않고 있다. 다만 전후의 사정을 살펴보건대 서인, 특히 노론의 남인에 대한 공격이 자신의 예상보다 훨씬 강경하며, 그중에서도 남인의 정계진출을 원천적으로 봉쇄하는 명분으로 명의죄를 내세우는데 거기에 그 부친이 핵심으로 걸려들어 예상과 달리 극변에 위리안치되는 중형을 받게 되면서 시국에 관한 불필요한 언설이나 불평이 또 다른 필화(筆禍)를 가져올지 모른다는 우려가 작용하지 않았는가 싶다.[64] 그것은 또한 석 달여에 걸친 서울에서의 옥바라지 기간 재경남인들의 시국에 대한 비판적 분위기에 휩쓸려 그 자신도 한때 시비충역에 대한 견해를 표출했지만, 이제는 서울에서 2,038리나 떨어져[65] 고립무원한 종성에서 고작 조보나 간간이 관편(官便)[66]을 통해 전해오는 서울 친구의 편지 정도의 정계소식과 부실한 정보만으로는

64) 이 시기에 들어와 시국과 관련한 언설에 밀암이 조심스런 태도를 갖게 되었음은, 그가 부명(父命)으로 아우와 교대하여 아우에게 시봉(侍奉)을 맡기고 향리로 돌아가는 길에 동명(東溟) 김세렴(金世濂: 東人 金孝元의 손자이며 許篈의 외손자로 남인 名士였음) 아들로 안변부사로 있던 김준상(金儁相)을 찾았다가, 그가 쫓겨난 남인의 처지를 변호하며 시국에 대해 불평하는 말을 듣고는 "차마 바로 대하지 못할 정도로 그 조상을 욕되게 하는 사람이라는 생각이 들어 머물려고 하였던 숙소에서 바로 나와 버렸다(安邊府使金儁相, 東溟之子也. 曩時不得志, 頗怏怏. 見余非不接對, 而語及失時諸宰, 不少爲地, 令人不忍正視, 可謂忝厥. 欲留宿, 卽辭出.)"(《蒼狗客日》 乙亥 2月 27日條 후반부)고 한 데서도 잘 드러난다.

65) 《蒼狗客日》, 甲戌 8月 14日 己酉.

66) 관편(官便)이란 《창구객일》에서 사용된 예로 보아 지방관청에서 공무(公務)로 서울을 왕래하는 인편(人便)을 말하는 것으로 짐작된다.

함부로 자신의 견해를 드러낼 수가 없었기 때문이기도 하였을 것이다.

이처럼 정치적 견해를 드러내지 않으려는 밀암의 조심스런 자세는 이후에도 계속되었다. 밀암은 마침 아우 심(杺)이 근친(覲親: 아버지를 뵘)차 배소로 찾아와[67] 부친의 시봉을 대신하게 되자 다음해인 을해년 2월 27일 부친의 말씀에 따라 고향으로 돌아가게 된다.[68] 이후 《창구객일》의 기록은 27년이 지난 경종 1년 신축년 6월 초5일 갈암에 대한 직첩 환급과 환수가 되풀이되는 때까지 계속되지만, 숙종 21년 2월 이전까지의 매일매일 일어난 일을 기록하던 일기체와는 달리 자기 부친과 관련된 내용만 조보 등의 기사에서 발췌·요약하는 데 그치고 있다. 따라서 여기서도 갈암의 철리(撤籬), 죄감양이(罪減量移), 해배(解配), 방석(放釋) 여부와 관련된 조정의 논의와 언관의 상소문[69]이 요약된 형태로 수록되어 있지만, 정작 그런 논의와 상소문이 나오게 된 데 대

67) 밀암이 아우 심(杺: 季幹)의 근친행(覲親行)을 알게 된 것은 한 해 전인 갑술년 10월 16일이었고(舍弟季幹, 從洛下作覲行, 去二十二日, 離京城云, 驚倒欲狂.), 열흘 후인 10월 26일 종성에서 자형(姊兄) 김이현(金以鉉)과 함께 온 아우를 만나게 된다.

68) 밀암은 1년 반이 지난 병자년(숙종 22) 7월 다시 향리를 출발하여 44일 걸려 종성에 도착해 부친 시봉에 들어간다.

69) 종성(鍾城) 원찬(遠竄) 후 갈암 이현일에 대한 조정의 처분은 대개 아래와 같았다.

- 숙종 23년 윤3월 13일 계사, 소결(疏決)에서 영의정 류상운(柳尙運)·우의정 최석정(崔錫鼎)의 건의로 철리(撤籬)
- 숙종 23년 4월 29일 경인, 광양(光陽) 이배(移配) 확정
- 숙종 25년 2월 4일 갑진, 소결(疏決)에서 방귀전리(放歸田里) 하명
- 숙종 30년 10월 3일 기해, 이현일 졸(卒)
- 숙종 32년 9월 10일 을축, 소결(疏決)에서 목내선(睦來善) 등과 함께 방석(放釋)하명, 언관 반대로 취소
- 숙종 36년 2월 16일 신해, 금부(禁府)에서 방송(放送: 罪籍에서 삭제) 결정하나 이듬해 장령 홍우녕(洪禹寧)의 상소로 인해 취소
- 경종 원년 6월 2일 임진, 세초(歲抄)에서 직첩환급(職牒還給) 하명, 영의정 김창집(金昌集)·좌의정 이건명(李健命)의 반대로 취소

한 정치적 배경이나 상황에 관한 밀암의 설명은 찾을 수 없다.

6. 맺음말

결국 《창구객일》을 통해서 본 밀암 이재의 정치적인 견해는 그 부친이 서울에서 국문받던 시기인 숙종 20년의 5월에서 7월 초에 이르는 약 석 달간의 기간에 남겨놓은 기록을 중심으로 해서 분석하는 수밖에 없다. 이를 요약하면 다음과 같다.

당연하겠지만 당시의 정국과 정치정세에 관한 밀암의 가장 큰 관심은 그 부친의 신상에 영향을 미치는 문제에 집중되었다. 그러나 부친 갈암 이현일의 죄목이 중전에 대한 무욕이며 또 남인 전체의 명의죄와 관련되어 남인축출을 가져온 갑술환국을 합리화하는 핵심요소로 지목되었기에, 갈암문제의 처리를 예상하고 그에 대비하기 위해서는 먼저 당시의 정치정세 전반에 대한 폭넓은 이해가 요구되었다. 그래서 밀암은 조보, 저보와 같은 정부문서는 물론 친구나 지인들로부터 정보를 널리 수집하였다. 특히 같은 영남출신 현직관인들의 도움을 많이 받았는데, 그중에서도 그 부친의 문인이며 자신과 나이가 비슷하여 교계(交契)가 깊은 데다 일찍이 문학으로 천거되어 태릉참봉, 사옹원봉사·직장 등을 지내면서 중앙정계에 발을 붙였고 돌아가는 분위기도 알고 있는 창설재(蒼雪齋) 권두경(權斗經, 《창구객일》에는 天章이라는 字로 나타남, 권두경은 후일 숙종 36년 문과에 급제해 홍문관 수찬에까지 오름)과는 정보를 함께 분석하며 대책을 강구하였다. 이 외에도 이관징(李觀徵)·이옥(李沃) 부자를 위시한 근기남인들로부터 정보를 수집하였다.

밀암의 정보수집원이 대개 이러하였기 때문에 그의 정세분석이나 당시의 정국에 대한 인식도 결국 남인 일반의 테두리를 크게 벗어나지는 못하였다. 그리하여 갑술환국을 외척이 중심이 된 노론 김춘택 일당의 취은변국을 도모한 결과로 단정하고, 이를 밝히지 않았다 하여 안옥대신 남구만을 노론·소론 사이에서 쥐새끼처럼 눈치나 살피는 사나이(而夫)라 비난하여 마지않았던 것이다.

하지만 앞서의 기사환국과 이때의 갑술환국은 산림을 앞세운 신료들의 도학 우선 정치에 위축되고 실추된 왕권을 회복하고 강화하려는 임금 숙종의 의도가 결정적으로 작용한 정치적 사건이었다. 외면상으로 노론·소론, 남인의 당인에 의한 상호공격과 역모고발로 정권이 바뀌고 살육과 보복이 거듭되는 양상에, 민비·희빈장씨 등 궁중의 여인들까지 끼어들어 얼핏 보면 흔한 당쟁으로 인식될지 모르겠고 밀암 역시 그렇게 파악하고 있었으나, 좀 더 넓은 안목에서 앞선 시기의 정국추이를 살피고 또 환국 후의 결과로서 나타난 정치권력의 역학구도나 국정운영상의 주체가 국왕 중심으로 변동된 상황을 주의 깊게 분석하여 보면, 그런 일련의 정치적 격동이 하나의 목표를 향해 나아가고 있었음을 확인할 수 있다. 다시 되풀이하지만 그것은 왕실 권위의 회복과 왕권의 절대화[군주가 세속적인 권력과 함께 산림이 지녔던 도덕적 권위까지 겸한다는 의미에서]였다. 윤휴·허적, 송시열·김수항, 인현왕후 민씨·희빈 장씨, 그리고 민암·목내선과 갈암 이현일의 처형과 피죄는 그런 쪽으로 나아가는 과정에서의 불가피한 희생이었던 것이다.

물론 이렇게 파악하는 것은 시간이 훨씬 지난 뒤의 전후 사정을 고려하고 당시 기록을 분석한 경우에나 가능한 일이다. 그러므로 그 과정을 몸소 겪고 있던 당시 사람들에게서, 그것도 부친이 체포되어 국문을 당하는 중이라 당장 내일 일이 어떻게 될지 알 수 없는 다급한 상황에 처해 있는 밀암에게 이러한 정세파악을 기대한다는 것은 애초부터 무리이다. 《창구객일》에서 보이는 밀암의 당시 정국에 대한 인식이 결국 남인이란 정치적 색채를 크게 벗어나지 못했던 한계는 이런 사정을 배경으로 언급해야 할 것이다.

다음으로 《창구객일》에서 보이는 당대 정국에 관한 밀암 인식의 특색을 찾아낸다면, 시비논란의 표적이 된 정치적 사안이라도 일단 왕의 처분이 내려져 국시(國是)로 정해지면 더 이상 시비를 가리려 하지 않고 이를 그대로 묵수하는 자세를 보인다는 점일 것이다. 갑술환국 후 이이·성혼의 문묘 종사가 남인 사림의 반대에도 불구하고 왕명으로 확정되자 이에 반발한 영남유생들이 연명상소하려 할 때 밀암이 유생의 도리가 아니라고 만류했던 일이 그런 예가 된다. 뿐만 아니라 숙소를 구하려 같은 남인으로 안변부사이던 김준상(金儁相)을 찾았다가 시국을 불평하는 말을 듣고는 자리를 피한 것도 같은 사례라 하겠다. 부친의 피화를 거울 삼아 밀암은 임금과 관련된 사항은 아예 언급을 피해 버리고, 한번 정해진 조정의 처분에 대해서는 내심으로야 불만이 있다손 치더라도 이를 성실히 준수하였던 것이다.

이처럼 근신하며 조정의 처분을 철저히 따르는 밀암의 자세는, 물론 당대 정국에 대한 그의 인식을 소극적으로 이끌었다. 그러나 그러한 은인자중하는 자세가 그 부친이 명의를 간범했다는 단서(丹書)에 올라 있음에도, 그로 하여금 학문이 깊은 처사로서의 명성을 유지하게 하고 마침내 영조 초에는 유일(遺逸)로 천거를 받아 관적(官籍)에 이름을 올리게까지 하였다고 본다. 나아가 안동을 중심으로 한 영남좌도에서의 밀암의 학문적 파급력으로 본다면 적어도 이 지역 사림의 당대 시국에 관한 인식에도 적지 않게 영향을 끼치지 않았을까 생각한다. 영조 연간 노론이 눈에 불을 켜고 영남을 감시하며 박해하는 속에서도 퇴계학맥을 지켜내며 정조 연간에 들어와 안동유림이 주동해 영남만인소를 올리는 등 정치활동을 재개할 수 있었던 밑바탕에는, 밀암에서 비롯되는 당대의 시국에 대한 국시(國是) 위주의 인식과 신중한 접근 자세가 자리하고 있었기 때문이라고 필자는 믿는다.

참고문헌

《蒼狗客日(李栽)》. 《肅宗實錄》. 《承政院日記》. 《燃藜室記述(李肯翊)》.
《葛庵集(李玄逸)》. 《黨議通略(李建昌)》. 《桐巢漫錄(南夏正)》. 《密菴集(李栽)》.
《蒼雪齋集(權斗經)》.

영남대학교 민족문화연구소 편. 《密菴 李栽 硏究》. 경산: 영남대학교 출판부, 2001.

鄭奭鐘. 《朝鮮後期 社會變動硏究》. 서울: 一潮閣, 1983.

김학수. "葛庵 李玄逸 연구". 석사학위논문. 한국정신문화연구원 한국학대학원, 1995.

정만조. "17세기 정치사의 이해방향". 《韓國의 哲學(경북대학교 퇴계연구소)》 22(1994).

홍순민. "숙종초기의 정치구조와 환국". 《韓國史論(서울대학교 국사학과)》 15(1986).

제 9 장

✲✲✲

《창구객일》을 통해 본 정파 간의 정책갈등 분석*

이병갑 | 안동대학교 행정학과

1. 머리말

역사 연구에는 당대에 발간된 문헌을 통한 고증이 중요한 수단으로 활용된다. 《삼국사기(三國史記)》, 《삼국유사(三國遺事)》, 《징비록(懲毖錄)》 등의 잡저와 각종 문집은 시대사를 이해하는 중요한 사료이다.

조선 숙종시대 정치·행정 운영의 참여자였던 정파(政派)에 대한 연구는 이 시대의 정치·행정에 대한 올바른 이해를 가능하게 하며, 당시 정치·행정의 중심세력의 구성과 정책논리가 형성되는 과정을 이해하는 데 중요한 단서가 될 수 있다. 정책과정에서 정파 간의 갈등 양상과 정파의 역할에 대한 파악은 당시 정치상황뿐만 아니라 오늘날의 정치

* 이 글의 초고를 읽고 유익한 논평을 하여 주신 안병영(연세대), 남치호(안동대), 김현구(성균관대), 유민봉(성균관대), 문명재(연세대) 교수께 감사드린다.

와 행정을 이해하는 기반이 된다. 이러한 연구는 조선시대의 정치·행정에 관한 자료를 통하여 정치·행정의 보편성과 특수성을 검증하는 데 기여할 수 있을 뿐만 아니라 오늘날 한국 정치·행정 이론의 창출을 위한 토양이 될 수 있을 것이다.[1)]

《창구객일(蒼狗客日)》은 숙종(肅宗) 당시 영남지역의 학문의 종장(宗匠)으로 평가받고 있는 갈암(葛庵) 이현일(李玄逸, 1627~1704)이 갑술정변(甲戌政變, 1694년)으로 인하여 유배되었을 때, 그의 셋째 아들인 밀암(密菴) 이재(李栽, 1657~1730)가 부친을 시종하면서 쓴 유배시종일기(侍從日記)이다. 이 일기는 산림(山林) 갈암 이현일이 갑술정변으로 유배를 당하고 해배되기까지 약 3년 3개월간의 실상을 숨김없이 기술하고 있을 뿐만 아니라 정치·행정적 사건과 정치·행정인 간의 교류(交流)·소통(疏通)·갈등(葛藤)도 기술되어 있다.[2)] 《창구객일》에는 《조선왕조실록(朝鮮王朝實錄)》이나 《승정원일기(承政院日記)》에서 누락되거나 소략하게 기술된 부분도 소상하게 기술되어 있기에 17세기 조선의 정치과정과 사회 양상을 연구하는 데 중요한 사찬사료로 평가받고 있다.[3)] 《숙종실록》의 편찬은 갑술정변 이후 서인세력에 의하여 주도되었기 때문에 수록된 내용은 그 당시 집권세력인 서인들에 유리하

1) 김현구, "학문의 한국화 개념정립", 김현구 편, 《한국 행정학의 한국화론: 보편성과 특수성의 조화》(서울: 법문사, 2013), pp. 21-43; 백완기, 《한국 행정학 50년: 문헌 검토를 중심으로 》(서울: 나남출판, 2005), pp. 301-307; 安秉永, "韓國의 行政現象과 行政學 硏究의 主體性", 《韓國政治學會報(韓國政治學會)》" 第13輯(1979), p. 61 참조.

2) 《창구객일(蒼狗客日)》의 집필기간이 학자에 따라 1년, 3년 3개월, 9년 등으로 차이가 나는 것은 시종 기간과 유배 해제 기간의 포함 여부와 관련이 되며, 특히 적극적으로 시종한 경우와 소극적으로 시종한 경우의 차이에서 기인한다.

3) 이러한 내용은 2010년 8월 4일 〈정만조 교수와의 통화〉에서 알게 되었다. 정교수는 "《승정원일기》는 영조시대 화재로 일부분 산실되어 이 당시의 자료들이 상당히 누락되어 있다."라고 하였다.

게 기록되었을 개연성이 높다. 이런 이유로 남인에 의하여 저술된 《창구객일》은 당대의 균형된 역사인식의 형성에 기여할 수 있는 사찬사료이다. 한편 이 일기는 붕당정치(朋黨政治)에 대한 기록서인 《당의통략(黨議通略)》, 《동소만록(桐巢漫錄)》, 《아아록(我我錄)》과는 달리 유배과정에서 경험한 사소한 사건들에 대한 기록부터 자신의 부친이 억울하게 유배를 가게 된 이유에 대한 설명까지 복합적으로 기술되어 있어 숙종(肅宗)이 재위하였던 시기의 정치·행정을 이해하는 데 소중한 자료이다. 그럼에도 불구하고 이에 대한 연구는 이장우의 "밀암 이재의 저술 해제"와 최윤영의 "《창구객일》의 서술방식과 기록의식"에 일부분이 소개된 것을 제외하고는 거의 연구되지 않고 있는 실정이다.[4)]

《창구객일》의 저자 밀암 이재는 17세기 퇴계학의 학통을 계승·발전시킨 인물이며, 그가 속한 정파는 남인(南人)이다. 때문에 이 일기에 대하여서는 남인이라는 정파와 영남지역이라는 배경을 염두에 두고 논의해야 할 것이다. 이 논문에서는 《창구객일》 기술 시점을 전후한 숙종시대에는 어떤 정파가 존재하였으며, 정파 간의 정책 논리와 갈등양상이 어떤 형태로 전개되어 어떤 형태로 귀결되었는지를 논의하고자 한다. 이러한 논의는 당대의 정치과정뿐만 아니라 오늘날의 정치적 갈등의 논리를 유추할 수 있는 단서가 될 수 있다.[5)] 이 연구는 나아가 정치·행정학의 한국화 즉 "한국적 특수의 이론적 보편화"에 기여할 수 있을 것이다.[6)]

---

4) 李章佑, "密菴 李栽의 著述 解題", 영남대학교 민족문화연구소 편, 《密菴 李栽 硏究》(경산: 영남대학교 출판부, 2001), pp. 377-344; 崔允榮, "《蒼狗客日》의 敍述方式과 記錄意識", 碩士學位論文, 慶北大學校 大學院, 2010.

5) 문명재 교수는 2010년 12월 2일에 열린 '창구객일연구 제2차 중간 연구발표회'에서 "조선시대 정파 간의 갈등을 전개와 귀결로 유형화시켜서 설명한 점은 현대 한국의 정치·행정을 이해하는 데 중요한 의미를 찾을 수 있다."라고 하였다.

6) 김현구, 《 한국행정학의 한국화론: 보편성과 특수성의 조화 》, 서울: 법문사, 2013 참조.

2. 이론적·제도적 배경과 분석의 틀

1) 이론적·제도적 배경

어느 시대를 막론하고 정치·행정에 있어서 정파 간의 갈등은 존재하게 마련이다. 조선의 왕권통치시대에는 국왕의 국정 운영 방식에 따라 갈등의 생성과 관리가 달라졌다. 조선시대에는 국왕과 관료 간의 관계에 따라 다양한 형태의 정치가 존재하였는데, 권력행사의 주체에 따라 군주 중심의 정치, 관인 중심의 정치, 군신공치(君臣共治)의 정치로 구분할 수 있다.[7] 대체로 강력한 국왕이 재위할 때는 군주 중심의 정치였지만, 유약한 국왕이 재위할 때는 관인 중심 내지 군신공치의 정치형태를 취하였다. 이러한 국왕의 통치형태에 따라 정치갈등이나, 정책갈등의 전개 방식이 달라질 수밖에 없었다.

조선시대 정치·행정의 정점에는 국왕이 존재하고 있었으며, 국왕은 당연히 그 최종 책임자였다. 국왕은 정책과정에서 직접 자신의 견해를 정책에 반영하기도 하지만, 관료 역시 국왕 못지않게 자신의 견해를 정책에 반영하기도 하였다. 조선시대의 정치를 관인정치(官人政治)라고 부르기도 하는데, 이는 관료의 영향력이 그만큼 컸음을 의미한다. 조선은 문치주의를 표방하는 국가였기에 재야 지식인도 상소(上疏)로 자신의 견해를 밝혔다. 심지어 일반 소민(小民; 백성)도 격쟁(擊錚)[8] 등을 통하여 정치·행정에 참여할 수 있었으나, 그 영향력은 미미하였다.[9]

---

7) 정호훈, "17세기 후반 영남 남인학자의 사상: 이현일을 중심으로", 《역사와 현실(한국역사연구회)》 제13호(1994), p. 148 참조.

8) 억울한 일이 있는 사람이 국왕의 행차시에 꽹과리를 쳐 하문(下問)을 기다리는 것.

조선시대의 정치과정에서 정책결정은 대체로 어전회의(御前會議), 중신회의(重臣會議), 의정부(議政府), 비변사(備邊司) 등에서, 정책집행은 육조(六曹)에서, 정책평가는 양사(兩司)인 사헌부(司憲府)·사간원(司諫院)에서, 정책전달은 승정원(承政院)에서, 정책자문은 홍문관(弘文館)에서 이루어졌다.[10] 그러나 실제로 정책의 결정·집행·평가·전달·자문이 엄격하게 구분된 것은 아니었다. 조선시대는 왕권통치시대였지만 제도적으로는 정치·행정활동에 견제와 균형을 유지할 수 있는 장치가 마련되어 있었다.

조선시대에서 '정책'[11]이 결정되는 방법은 (i) 해당기관의 품신(稟申), (ii) 어전회의나 중신회의, (iii) 재야유림이나 관인유림의 상소(上疏), (iv) 국왕의 지시 등이다.[12] 어전회의나 중신회의의 경우, 관인들의 정책에 대한 토론은 대체로 활발하게 이루어지고 있다. 관인들의 경우 항상 정파의 정책논리로 대응하는 것은 아니며, 자신의 견해에

---

9) 조선시대에서 관료 간에, 관료와 재야 지식인인 사림(士林) 간에 정치적 소통은 관보(官報)와 상소와 서신을 통하여 이루어지는 경우가 많았다. 재야 지식인인 사림은 관보를 통하여 정치·행정적 실상을 파악하고 상소로서 자신의 견해를 국왕에게 표명하였다. 安自山, 《朝鮮文明史》, 李泰鎭 校, 《중앙신서》 109(서울: 中央日報社, 1983), pp. 183−185 참조. 특히 유회(儒會)와 향회(鄕會)는 선비와 지방민의 의견수렴기관이었다.

10) 李秉甲, "朝鮮朝의 政策過程에 있어서 利益葛藤 分析: 16세기 東人과 西人 간의 關係를 中心으로", 《韓國行政學報(韓國行政學會)》 第26卷 第3號(1992), p. 824 참조.

11) 공공정책은 여러 가지로 정의되지만, Rushefsky는 공공정책을 "일정한 기간 동안 실행의 유무에 관계없이 행해진 일련의 결정으로 이루어진 행동방침"으로 규정하고 있다. Mark E. Rushefsky, *Public Policy in the United States: At the Dawn of Twenty First Century*(New York: M. E. Sharpe, Inc., 2002), p. 4.
조선시대에는 정책은 조의(朝議)로, 시책은 절목(節目)으로 표현했다.

12) 李秉甲, "朝鮮朝의 政策決定過程에 있어서 利益葛藤: 17·18世紀 南人과 西人(특히 老論) 간의 關係를 中心으로"(行政學博士學位論文, 高麗大學校 大學院, 1988), pp. 28−29 참조.

따라 정책문제에 대해 의견을 표출하지만 암묵적으로는 정파의 영향을 무시할 수 없었다. 17세기 조선 숙종시대의 경우 국왕과 관료 간에, 국왕과 재야 지식인인 사림 간의 주된 의사소통방식은 대부분 상소와 이에 대한 비답(批答)과 경연(經筵)을 통하여 이루어졌다. 사림들은 상소로써 자신들의 견해를 공식적으로 표명하였으며, 경연을 통하여 국왕과 학문적·정치적 의사소통을 하였다. 이들 사림 간의 의사소통 수단은 강회(講會)와 편지, 통문(通文)이었다.

17세기 조선의 정책과정에서 가장 핵심적인 것은 각 정파의 정책논리였다. 그 당시의 정파는 오늘날의 정당처럼 정파의 이념과 정강 등이 공식적으로 존재하지 않았기에 정파에 소속된 주요 인물들의 활동을 통하여 정파의 이념이나 정책논리를 추론하여 볼 수 있다.

17세기 후반에 존재하였던 정파는 남인·노론·소론으로 이들 정파 간의 역학관계에 따라 정국 운영의 양상이 좌우되었다. 갑인예송(甲寅禮訟)을 통하여 정권을 장악한 남인은 경신환국(庚申換局)으로 정권을 상실하였으며, 기사환국(己巳換局)을 통하여 서인을 축출하고, 갑술정변(甲戌政變)으로 자신들이 가지고 있던 권력을 상실하게 되었다. 따라서 당시 정국은 남인·노론·소론이 권력 장악을 위하여 경쟁하는 상황이 전개되었다. 갑술정변 이후는 소론과 노론이 정국을 주도하고, 남인의 정치적 위상은 정계에서 소외되어 비판적인 재야세력으로 추락하였다.

2) 분석의 틀

정파의 정책논리는 그 정파가 제시하는 정책방향인 동시에 정파 간의 갈등 양상을 파악하는 데 중요한 투입요소가 된다. 이 글에서는 각 정파가 치안 및 체제 유지 문제와 교육·문화 문제의 해결을 위해 어떤 논거로 어떤 주장을 펼치고, 이를 해결하기 위해서 어떻게 활동했느냐를 파악하고자 한다. 이를 위해 이익갈등론적인 관점에서 투입·전환·산출의 체제 모형을 이용하여 다음 〈그림 1〉과 같이 분석틀을 구성하였다.

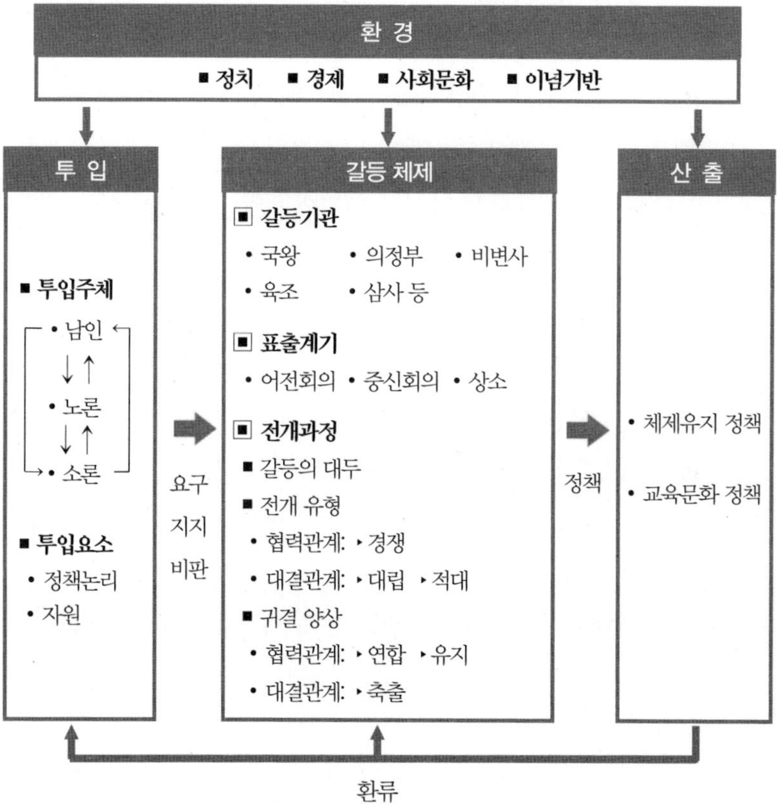

〈그림 1〉 조선시대 정책과정에서의 정책갈등 분석 모형

《창구객일》에 등장하는 정책사례의 갈등 분석은 조선시대 정치 갈등이나 정책갈등의 유발과 이를 해결하는 정치적 맥락과 그 기저(基底)를 파악할 수 있게끔 한다. 《창구객일》에 나타난 정치 갈등과 정책갈등의 대부분은 체제유지정책과 교육·문화정책에 관한 것이다. 따라서 이들 정책은 체제모형의 산출로 볼 수 있다. 여기서는 (i) 왕통질서 (ii) 왕비 폐출 (iii) 치안유지와 체제도전 (iv) 유현(儒賢)의 문묘복향(文廟復享)을 핵심적인 산출요소로 보았다.

《창구객일》에는 고변(告變), 역고변(逆告變)과 관련된 정치·행정 변동이 많이 나타나 있다. 왕통질서와 왕비 폐출, 왕비 복위와 관련된 역모의 처리 문제는 체제유지정책이며, 유현의 문묘복향 문제는 문화정책이라 할 수 있다. 유교를 국시로 채택하고 있는 조선에서는 일반 백성의 사표로 존봉할 인물의 선정을 중심가치의 하나로 여겼다. 문묘에 종사하는 인물의 선정은 문화정책의 맥락에서 중요한 이슈가 될 수 밖에 없었다.

정파는 정치적 견해를 나타내는 파벌집단을 의미하는데, 근대적 의미의 정당이 형성되기 이전의 정치적 결사체이다. 정파는 의식적이든 무의식적이든 이익을 표출하며, 표출된 이익이 상충될 때는 갈등을 야기하며, 이러한 갈등은 어떤 식으로 해결되는 것이 일반적이다.[13] 이와 같이 이익 갈등은 정치사회에 나타나는 보편적 현상으로서 이의 관리와 해결이 정책효과에 영향을 미치며, 정책의 성공과 실패의 관건이 된다.

갈등(葛藤)은 여러 가지로 정의되고 있는데 이 글에서는 정파 간의

13) 李秉甲, "朝鮮朝의 政策決定過程에 있어서 利益葛藤: 17·18世紀 南人과 西人(특히 老論) 간의 關係를 中心으로", p. 18.

갈등을 "행위가 다른 세력의 저항을 무릅쓰고 자신의 의지를 관철시키는 데서 야기되는 상황"[14]이라고 정의하였다. 갈등의 원인은 권력·물적 자원·지식 등과 관련되어 있다.[15] 이러한 갈등의 전개 양태는 경쟁(競爭), 대립(對立), 적대(敵對) 등으로 구분될 수 있다. 경쟁은 상대방의 존재를 인정하는 정도와 경기규칙을 지키는 정도가 높은 것을 말한다. 대립은 상대방의 존재를 인정하는 정도가 높지만 경기규칙을 지키는 정도가 낮거나, 상대방을 인정하는 정도는 낮지만 경기규칙을 지키는 정도가 높은 것을 말한다. 적대는 상대방의 존재를 인정하는 정도도 낮고, 경기규칙을 지키는 정도도 낮다.[16]

17세기 조선에서 정파 간의 갈등은 대체로 의정부·비변사·육조·삼사 등의 업무와 관련해서 어전회의, 중신회의, 상소를 통하여 표출된다. 갈등양상은 대체로 '대두→전개→ 귀결'의 과정을 거치게 된다. 정책현안에 대하여 정파 간에 갈등이 대두되면, 갈등의 전개는 상호 이익을 공유하려는 협력이나, 끝까지 승패를 가리려고 하는 대결의 양상을 띠게 된다. 이익을 공유하려는 협력관계에서는 갈등이 경쟁의 양상으로, 대결관계에서는 대립과 적대의 양상을 띠게 될 개연성이 높다. 갈등의 귀결은 협력관계에서는 대체로 연합·유지로, 대결관계에서

---

14) Max Weber, *Economy and Society*, Guenther, Roth and Claus, Wittich (eds.)(New York: Bedminister Press, 1968), vol. 1, p. 38.

15) Joel Spring, *Conflict of Interests: A Politics of American Education*(Boston Masachusetts: McGraw Hill, 1998), pp. 29−78. 성호 이익은 갈등의 원인을 이해관계와 자원의 유한성에 두고 있다. 李瀷, 《星湖集》 卷45, 〈論朋黨〉, 朋黨生於爭鬪, 爭鬪生於利害, 利害切, 其黨深, 利害久, 其黨固, 勢使然也.; 李瀷, 《星湖僿說》 卷7 〈人事門〉, (不忘貧賤) 有財謂之富, 有存謂之貴 (欲)富貴之欲惟人有之, 貴尊而富賤. 貴又可兼富, 故貴之欲甚於富也.

16) 이병갑, "체제유지정책과정에 있어서 붕당 간의 이익갈등 분석: 정파 간의 관계를 중심으로", 《한국정치학회보(한국정치학회)》 제29집 제2호(1996), p. 488 참조.

는 축출로 이어질 가능성이 높다. 현실적으로 협력과 대결의 관계를 엄밀하게 구분하기 어렵기 때문에 이러한 개념적 준거의 틀을 사용하여 유연성 있게 논의를 전개하고자 한다.

이러한 갈등체제를 통하여 구체적인 정책을 산출하려면 갈등체제를 작동시킬 수 있는 투입이 있어야 한다. 여기서는 투입을 투입주체와 투입요소로 구분하였다. 투입주체는 숙종 당대에 존재하였던 남인·노론·소론으로 보았다. 북인은 인조반정(仁祖反正) 이후 거의 괴멸되어 정파라고 할 수 없는 지경에 놓이게 되었다. 결국 투입은 정책문제에 대한 이들 세 정파의 구체적 요구와 지지 그리고 비판의 상호작용 형식을 통하여 이루어지고 있다. 이들이 구사하였던 투입요소는 정책논리와 자원이다. 정책논리는 무엇보다 성리학과 《경국대전》의 해석에 입각한 대의명분을 중시하였으며, 자원은 인적·물적 자원을 비롯하여 사회경제적 배경을 포괄하는 총체적 역량을 의미한다.

환경은 정치·경제·사회문화·이념적 기반이 해당된다. 정치적 환경은 대외적으로 사대교린이라는 국제질서가 기본 틀로 형성되고 있으며, 대내적으로는 사림이 정치를 주도하고 붕당 간의 상호 비판과 견제가 행해지고 있다. 경제적 환경은 대동법(大同法)이 실시되고, 상공업이 변화하는 양상을 띠고 있다. 사회문화적으로는 신분제 내에서 하층민의 세력이 성장하고, 동족부락인 집성촌이 형성·정착되고 있다. 이념적 기반은 성리학이 사회 전반을 지배하므로 양명학을 비롯한 다른 사상은 용인되기 어려웠다.

3. 《창구객일》에 등장하는 인물의 정파 구분

《창구객일》에 등장하는 인물은 정파에 소속된 인물도 있고, 정파에 소속되지 않은 인물도 있고, 정파의 구분이 애매한 경우도 있다.[17)]

동인(東人)에 속하는 인물은 이성중(李誠中), 이순신(李舜臣), 정구(鄭逑)이며, 서인(西人)에 속하는 인물은 강민저(姜敏著), 오두인(吳斗寅), 이세화(李世華), 정철(鄭澈), 김장생(金長生), 구일(具鎰), 김만기(金萬基), 김수흥(金壽興), 김홍욱(金弘郁), 성혼(成渾), 심권(沈權), 안방준(安邦俊), 윤계(尹堦), 이사명(李師命), 이상(李翔), 이식(李植) 등이다.

남인(南人)으로는 권두경(權斗經), 민암(閔黯), 이현일(李玄逸), 목내선(睦來善), 장희재(張希載), 김원섭(金元燮), 이의징(李義徵), 이봉징(李鳳徵), 권대운(權大運), 김덕원(金德遠), 김세흠(金世欽), 권해(權瑎), 이옥(李沃), 류명현(柳命賢), 류위한(柳緯漢), 이현기(李玄紀), 권규(權珪), 권유(權愈), 배정휘(裵正徽), 오시복(吳始復), 윤하제(尹夏濟), 이만원(李萬元), 이우겸(李宇謙), 정유악(鄭維岳), 권두기(權斗紀), 김방걸(金邦杰), 김여용(金汝鎔), 노이익(盧以益), 류명천(柳命天), 목창명(睦昌明), 민장도(閔章道), 심벌(沈橃), 이관징(李觀徵), 이주명(李周命), 이형상(李衡祥), 김몽신(金夢臣), 김몽협(金

17) 《창구객일》에 등장하는 인물의 정파 구분은 《朝鮮王朝實錄》, 《承政院日記》, 《黨議通略(李建昌)》, 《桐巢漫錄(南夏正)》, 《我我錄(南紀濟)》, 《南譜)》, 《北譜》, 《韓史綮(金澤榮)》, 《朝鮮文明史(安廓)》, "朝鮮朝 黨論의 展開過程과 그 系譜(李離和)"에서 나타난 것을 기본으로 하고 부가적으로 학통·혼인관계·지역을 참고로 하였다.

夢協), 김태중(金泰重), 민언량(閔彥良), 박신지(朴身之), 신후재(申厚載), 오정창(吳挺昌), 윤선도(尹善道), 이남(李枏), 이담명(李聃命), 이석인(李錫仁), 이운징(李雲徵), 이원령(李元齡), 이윤명(李允明), 이윤수(李允修), 이준(李浚), 이협(李浹), 조덕린(趙德鄰), 조사기(趙嗣基), 허목(許穆), 홍우원(洪宇遠), 홍중현(洪重鉉), 권두운(權斗運), 권두위(權斗緯), 권두응(權斗應), 권두인(權斗寅), 권상임(權尙任), 권중경(權重經), 권찬(權贊), 권태시(權泰時), 김몽렴(金夢濂), 김세렴(金世濂), 김시양(金時讓), 김태중(金台重), 류세장(柳世章), 류재(柳栽), 유하익(兪夏益), 류혁연(柳赫然), 목임일(睦林一), 목임장(睦林樟), 목임중(睦林重), 민종도(閔宗道), 박만정(朴萬鼎), 심재(沈梓), 안여석(安如石), 안전(安瑑), 오시수(吳始壽), 윤이제(尹以濟), 이만부(李萬敷), 이서우(李瑞雨), 이식(李湜), 이원정(李元禎), 이주천(李柱天), 이현령(李玄齡), 이현조(李玄祚), 채헌징(蔡獻徵), 한종석(韓宗奭), 허견(許堅), 황징(黃徵) 등을 들 수 있다.

북인에 속하는 인물은 이이첨(李爾瞻), 정조(鄭造) 등이다.

소론에 속하는 인물은 한중혁(韓重爀), 서문중(徐文重), 남구만(南九萬), 함이완(咸以完), 류상운(柳尙運), 윤지완(尹趾完), 한구(韓構), 박세채(朴世采), 박필정(朴弼正), 오도일(吳道一), 신완(申琓), 윤지선(尹趾善), 최석정(崔錫鼎), 서종태(徐宗泰), 신임(申銋), 이익수(李益壽), 정재희(鄭載禧), 조사석(趙師錫), 조지겸(趙持謙), 조태구(趙泰耉), 홍수헌(洪受瀗) 등을 들 수 있다.

노론에 속하는 인물은 김시걸(金時傑), 김석주(金錫胄), 김춘택(金春澤), 송시열(宋時烈), 신여철(申汝哲), 안세징(安世徵), 이수언(李秀彥), 정호(鄭澔), 김수항(金壽恒), 김진귀(金鎭龜), 김진규(金鎭圭), 이세백(李世白), 이세필(李世弼), 김익훈(金益勳), 김좌명(金佐明),

이건명(李健命), 김창집(金昌集), 남용익(南龍翼), 민정중(閔鼎重), 박치도(朴致道), 이관명(李觀命), 이여(李畬), 이언강(李彥綱), 임방(任埅), 임홍망(任弘望), 최신(崔愼), 한성우(韓聖佑), 홍만조(洪萬朝) 등이다.

동인에 속하는 인물이 3명, 서인에 속하는 인물이 16명이다. 동인의 경우 서인보다 먼저 남인과 북인으로 분화되었기 때문에 이에 해당되는 인물이 적다. 남인은 94명, 북인은 2명, 소론은 21명, 노론은 28명이다. 이러한 사실을 통해 볼 때 정파로 분류된 인물은 164명이며, 나머지는 미분류 상태로 남아 있다.[18]

4. 체제유지정책과정에서의 정책갈등 분석

1) 왕통질서 문제

조선시대에서 국본(國本)으로 표현되는 차기 권력의 계승자인 세자를 정하는 건저(建儲)는 국가의 중요한 정책 이슈였다. 숙종은 결혼한 지 17년 만인 1688년(숙종 14)에 후궁 장씨(張氏)가 왕자를 생산하자, 이 왕자를 원자(元子)로 정하여 국가의 안정을 꾀하려 하였다.[19] 1689년(숙종 15) 정월 10일(무인)에, 숙종은 시임대신과 원임대신을 모이

18) 어떤 인물이 어떤 정파에 속하는지는 분명하게 구분되지 않는 경우도 있다. 박세채의 경우도 청장년기에는 소론으로 활동하였지만 노년기에는 노론 성향을 지녔다.

19) 왕자가 원자로 정호하게 되면, 곧 이어 세자로 책봉하게 되고, 국왕의 사후 왕위를 승계하게 된다. 원자 정호 후에는 정비(正妃)가 비록 왕자를 출산하여도 그 왕자는 세자가 되지 못한다.

게 하여 왕자 윤(昀)의 원자 정호(定號)문제를 논의하였다. 대신들은 왕비가 왕자를 생산할 가능성이 있는데 후궁에서 난 왕자를 원자로 정호하는 것은 시기상조라는 의견을 제시하였다. 그러나 숙종은 원자 정호를 강행하려 하였다. 숙종의 이러한 행동에 각 정파가 어떠한 태도를 가졌는가는 정파의 정책관과 관련되었을 가능성이 높다.

신분제라는 차등윤리가 보편화된 17세기 조선 사회에서는 정궁(正宮; 왕비)의 왕자 소생이 없는 상황에서 왕위계승은 왕자를 출산한 후궁의 출신가문의 영향을 받게 된다. 신분제 사회에서는 남인이든 노론이든 어떤 정파를 막론하고 신분제의 영향으로부터 자유로울 수 없었다. 정궁이 왕자를 생산하였을 경우 특별한 흠결이 없는 한 장자(長子)가 왕통(王統)을 잇는 것이 보편적이나 인현왕후(仁顯王后)에게서는 소생이 없어 후궁소생인 왕자 윤(昀)의 원자 정호가 정책 이슈가 되었다.[20] 이 문제에 대하여 남인은 소극적으로 반대를 하였고, 노론은 적극적으로 반대를 하였다.

조선시대의 정치세력인 정파는 정책과정에서 정책논리와 자원을 투입하여 자파가 원하는 방향의 정책을 산출하려고 노력하였다. 남인의 정책논리는 적서의 개념을 더 분명하게 하고 신분질서를 강조하는 입장이었다.[21] 이들이 신분질서를 강조한 이면에는 '이(理)' 중심적 사고

---

20) 적통(嫡統)이 없는 상태에서 왕위계승 문제는 누구를 지지하는가는 중요한 사항이다. 이 경우 신분제에서 절대적인 의미는 감소되고 상대적인 의미가 중요하게 된다. 金蓮民, "肅宗朝 老論의 政治的 理念과 權力關係에 關한 硏究"(政治學博士學位論文, 梨花女子大學校 大學院, 1993), p. 82 참조.

21) 적서구분에 대해서는 다음을 참조. 《蒼狗客日》 甲戌 7月 7日 附[前後供辭 5月 28日]. "進言曰: '國家有螽斯之慶, 王子誕生, 幸莫大焉. 然春宮旣定位號, 嫡庶之分, 不可不明也. 古者, 王世子生, 國君視之, 有禮, 庶子生, 問之, 亦有禮, 皆所以謹其始也. 今殿下若取以爲法, 則豈但宗社之幸? 實亦新生王子之福也'."

를 정책에 반영한 현철군주론(賢哲君主論)의 철인성(哲人性)에 바탕을 두고 있다. 노론은 자신들의 가문과 연계되지 않은 후궁소생 왕자는 후궁의 출신신분이 문제가 되지 않는다고 보았다. 이들은 율곡 이이(李珥)의 영향을 받아 신분문제에 대해 좀 더 탄력적인 입장에 있었다.[22] 이는 인현왕후 복위라는 정치 변동에서 신분이 미천한 세력을 이용한 것에서도 알 수 있다.[23] 그럼에도 불구하고, 노론은 왕자 윤이 자신의 정파와 관련이 적었기 때문에 원자 정호에 적극적으로 반대를 하였다.[24] 남인들은 국왕이 왕자 윤을 원자로 정호하려는 의지가 매우 강하였기 때문에 소극적으로 반대하였다. 이리하여 국왕은 자신의 주장을 관철하기 위하여 적극적으로 반대한 노론과 소론을 배제하고, 소극적인 반대를 한 남인을 정책과정에 충원하였다. 남인과 소론 및 노론 간의 갈등은 대결관계로 전개되어 대립의 양상을 띠고, 갈등의 귀결은 노론과 소론의 축출로 이어졌다.

왕자 윤이 원자로 정호되어, 세자로 책봉되고, 후에 왕위가 계승되어 국왕이 되었다. 윤이 국왕이 된 후에 노론은 연잉군 금(延礽君 昑)을 왕세자로 책봉하려 하였다. 숙종의 혈맥은 희빈장씨(禧嬪張氏) 소생의 왕세자 윤과 숙빈최씨(淑嬪崔氏) 소생인 연잉군 금으로 대표된다. 노론은 자신들의 가문과 연계되지 않는 왕자 윤의 원자 정호에 반

---

22) 노론의 경우 송시열(宋時烈: 호 尤庵)이 정책형성에 핵심적인 역할을 수행하였다. 그는 신분문제에 있어서 남인에 비하여 차별의 문제를 강조하지 않았다. 숙종시대 이후 관직은 그의 제자들에 의하여 상당수 점유되었다. 송시열과 연계된 세력들은 대체로 김춘택처럼 왕실과 연계되어 있었으며 주로 대지주층이 그들의 지지기반이었다.

23) 鄭奭鍾, 《朝鮮後期 社會變動 硏究》(서울: 일조각, 1983), pp. 94－121 참조.

24) 노론들은 왕자 윤이 왕이 된 뒤에 신분적 흠이 더 많은 무수리 출신인 숙빈최씨(淑嬪崔氏)의 소생인 연잉군 금을 왕세제로 책립하여 경종(景宗)으로부터 왕위를 계승시키려 하였다.

대하고, 윤이 왕이 된 후에는 연잉군을 왕세제로 책봉하고 대리청정할 것을 주장하였다.

약천(藥泉) 남구만(南九萬)으로 대표되는 소론은 척족세력과의 연계와 무옥(誣獄)의 설치를 반대하고 윤이 원자로 정호되고 세자로 책봉된 다음에는 세자보호론을, 국왕이 된 다음에는 경종보호론을 위하여 활동하였다. 남인 및 소론은 세자보호론[후에 경종보호론]을, 반면 노론은 연잉군의 왕세제 책봉과 왕세제의 대리청정을 기본정책 기조로 삼았다. 남인과 소론 간에는 경종의 왕권보호라는 차원에서 이익을 공유하는 측면이 있었다. 갑술정변 후 집권한 소론은 남인과 협력하는 경향이 여러 군데서 나타났다. 이러한 '세자보호론[경종보호론]'에 대해 남인과 소론은 다소 협력관계에 있어 갈등의 양상은 경쟁으로 전개되었으며, 갈등의 귀결은 남인과 소론의 연합이었다. '노론과 소론'은 대결관계에 있어 갈등의 양상은 상대방의 존재를 인정하는 정도가 낮고 경기규칙을 준수하지 않는 적대로 전개되었고, 갈등의 결과 반대세력의 축출로 이어졌다. 그래서 경종의 왕위 계승 후 결국 '노론 4대신'[25]은 귀양을 가게 되었다.

2) 왕비 폐출 문제

왕비는 내명부(內命婦) 관리의 총책임자일 뿐만 아니라 국가의 안정에 기여하는 존재이다. 왕비의 간택(揀擇)과 폐출은 체제안정에 지대한 영향을 미친다. 원자 정호 후 국왕은 인현왕후가 질투심이 있어

25) 김창집(金昌集: 호 夢窩) · 이이명(李頤命: 호 疏齋) · 이건명(李健命: 호 寒圃齋) · 조태채(趙泰采: 호 二憂堂)를 말한다.

국모로서의 역할을 수행하지 못한다는 이유로 폐출 의사를 표명하였다.[26] 국왕의 이러한 태도는 타당성이 결여되어 모든 정파가 반대하였는데 반대의 강약이 달라 갈등이 야기되었다. 인현왕후 폐출에 대한 각 정파의 입장은 적극적 반대와 소극적 반대로 구분하여 볼 수 있다. 소론과 노론은 자신의 정파와 관련이 깊은 인현왕후 폐출에 대하여 적극적으로 반대를 하였고,[27] 남인은 소극적으로 반대를 하였다.

서인세력은 인현왕후 폐출 시에 남인이 제대로 반대하지 않아 폐출이 결정되었다고 인식하였다. 소론의 대사헌 이규령(李奎齡)에 따르면 "기사년(1689년, 숙종 15) 인현왕후 폐출 당시 집권 세력인 남인은 반일(半日) 동안만 머물러 정청(庭請)[28]을 하여 반대하다가 집행하였다"[29]는 것이다. 이규령은 이 문제에 대하여 조사는 철저히 하되 관대한 처벌을 주장하였다.

남인의 대표적인 인물 이현일은 폐비 당시 조정에 있지 않았지만 인현왕후 폐출에 대하여 반대 상소를 하였고,[30] 숙종으로부터 구언(求言: 재난 등 국가적 어려움을 타개하기 위하여 신하에게 직언을 요청하는 것)을 위한 응지소(應旨疏)에서 폐비를 위하여 곡식의 지급과 좀 더 격식 있는 경

---

26) 국왕인 숙종은 세자를 적자(嫡子)의 신분으로 만들기 위하여, 인현왕후를 폐출시키고 그의 생모 장희빈을 정비로 삼아 세자의 지위를 보다 공고히 하려 하였다. 李迎春, 《朝鮮後期 王位繼承 研究》, 朝鮮時代史研究叢書 4(서울: 집문당, 1998), p. 296 참조.

27) 李建昌, 《黨議通略》〈肅宗朝〉. 中殿閔氏遜于私第, 金貴人亦被黜. 以禧嬪升爲中宮. 前判書吳斗寅前叅判李世華前應教朴泰輔上䟽極諫.

28) 세자나 의정(議政)이 국가적으로 중요한 일에 의견을 제시하여 국왕의 전교를 기다리는 행위.

29) 《蒼狗客日》, 甲戌, 5月 7日 甲辰. 大司憲李奎齡曰: "己巳諸人, 猶有半日廷請, 暫時伏閤而直請按律, 則今日吾輩 全無一言半辭, 他日或有請罪之事, 將何辭以自解."

30) 《蒼狗客日》, 甲戌, 5月 17日 甲寅. 當是時, 降出未久, 天威未霽, 語涉坤宮, 爲世大諱, 大人於是獨能抗危辭批逆鱗, 言人所不敢言.

호를 요청하였지만, '자절우천(自絶于天)'[31] 등의 표현으로 많은 논쟁을 불러 왔다.[32] 즉 이현일은 이러한 표현으로 말미암아 문자옥(文字獄: 글의 표현상의 문제로 죄를 받음)에 걸리고 만 것이다.[33] 이현일은 인현왕후 폐출 시에 광주(廣州)에서 폐비 반대상소를 한 일이 있었는데, 광주유수(廣州留守) 이항(李沆)이 올리지 않자 후사(喉司: 승정원의 별칭)의 조리(曹吏)를 시켜 봉입을 시도하였으나 받아들여지지 않았다.[34]

이처럼 남인들도 인현왕후 폐출에 대하여 반대하였다. 남인들의 인현왕후 폐출에 대한 반대논리는 이 중심적(理中心的) 사고에 바탕을 두고 있었는데, 이는 이(理) 자체가 명분과 관련되기 때문이다.[35] 노론은 기 중심적(氣中心的) 사고로 현실적 맥락을 강조하는 입장에 있었는데, 이들이 인현왕후 폐출을 적극적으로 반대한 것은 왕비 폐출로

---

31) '스스로 임금으로부터 버림을 받았다.'는 것으로 폐비된 사실을 완곡하게 표현한 것으로 보인다. 《蒼狗客日》, 甲戌, 閏 5月 1日 丁卯 참조.

32) 《蒼狗客日》, 甲戌, 5月 10日 丁未. 尹侯因言: '聞李令言, 朝議以大監爲廢妃請廩疏有自絶于天等語, 將有論罪之擧云.' 盖指己巳九月應旨疏也. 疏中指意, 本欲爲中宮少致奠安之意, 而畢竟時論至此, 若不但已, 則極令人寒心.

33) 이현일의 상소 본의는 폐출된 민비에 대한 구휼(救恤)과 보호를 요청하는 데 있었다. 鄭萬祚, "肅宗後半~英祖初의 政局과 密菴 李栽의 政治論", 영남대학교 민족문화연구소 편, 《密菴 李栽 硏究》, 민족문화총서 24(경산: 영남대학교 민족문화연구소, 2001), p. 299.

34) 《蒼狗客日》, 甲戌, 5月 17日 甲寅. 蓋在己巳初, 大人赴召, 至近圻, 適聞坤宮不安之報, 衷誠所激, 亟起封章, 因縣道投進. 廣尹李公沆, 以嚴旨纔頒, 不爲上送, 卽使曹吏經投喉司, 喉司亦不捧入.

35) 남인의 논리는 적서의 차별을 분명히 하고 있다. 이는 이 중심적 사고의 표현일 것으로 추론된다. 《蒼狗客日》 甲戌 閏5月 初1日 丁卯. 蓋金寅者以大人前所達嚴嫡庶之說, 謂爲受閔黯李義徵指嗾, 以探崔氏寵盛衰. 噫! 讒人罔極, 其至此哉. 前冬, 王子生十餘日, 大人 適因備局入對, 爲賀螽斯之慶訖, 因言: '禮, 世子生, 視之有禮, 庶子生, 問之有禮. 古之人君, 謹始蓋如此. 今殿下旣已建儲, 國本已定, 若早嚴嫡庶之分, 使等級分明, 則不但國家之幸, 實爲新生王子之福云云.' 上亦稱善. 玆蓋不過爲國家欲存匹嫡之戒而爲防微杜漸地, 受嗾探試 是豈夢寐所及哉?

인해 자신의 지지기반이 상실될 것을 우려하였기 때문이다. 폐비에 대하여 복위를 도모한 세력은 서인이다. 남인의 경우 국왕의 처분에 의하여 왕비가 폐출되고 새 왕비가 정해진 경우 복위가 합당하지 않다고 인식하였다. 이는 국왕의 존재를 중시하는 이 중심적 사고와 관련이 있다. 서인의 경우 국왕의 존재보다는 정치적 이익을 중시하는 기 중심적 사고에 기반하고 있어 체제의 유지보다 변화를 꾀하려 하였다.

영남지역 남인의 경우, 이(理) 중심적·명분 중심적 사고로 왕비의 폐출에 반대하였지만 권력의 핵심에 있는 기사당국자에게는 받아들여지지 않았다. 기호 남인의 경우도 인현왕후 폐출 당시 자신들이 집권세력이라 정책을 집행해야 하는 위치에 있어 부득이 왕비 폐출을 집행하였다.

왕비 폐출에 대하여 소론과 노론 간에는 남인에 대한 대응이란 측면에서 이익의 공유라는 협력적인 면이 있었고, 남인은 그들의 이 중심적 사고로 강력한 반대가 원칙이었지만 그 당시 집권세력이어서 정책을 집행하였기 때문에 많은 비판이 제기되었다. 인현왕후 폐출로 인한 문제에 노론과 소론은 협력적 관계가 형성되었으므로 갈등의 양상은 경쟁으로 전개되고, 갈등의 귀결은 연합으로 나타났다. 남인과 소론 및 노론과의 관계는 대결적 관계로 형성되어, 상대방의 존재를 인정하는 정도가 낮고 경기규칙을 준수하는 정도가 높은 대립의 관계로 전개되고, 갈등의 귀결은 권력으로부터 노론과 소론의 축출로 나타났다.

3) 치안 및 체제도전 문제

17세기에 치안유지에 관한 것이 주요한 정책 문제로 제기되었는데, 이는 체제도전과 관련되고 있다. 체제도전은 전 왕비의 복위문제이며,

폐출된 왕비의 복위 활동은 한중혁(韓重爀)을 중심으로 한 소론세력과 김춘택(金春澤)을 중심으로 한 노론세력에 의해 전개되었다. 한중혁을 중심으로 한 소론세력이 인현왕후(仁顯王后) 복위를 통하여 체제를 변혁하려는 시도는 민암(閔黯) 등에 의해서 사전에 발각되었다.[36] 이러한 체제도전에 대한 정보의 파악은 가담자의 고변(告變)과 역고변(逆告變)을 통하여 나타났다. 함이완(咸以完)의 고변에서 파악된 체제도전은 한중혁을 중심으로 한 소론세력에 의해 이루어졌고, 김인(金寅)의 인현왕후 복위와 관련된 역고변은 남인의 조종에 의해서라고 한 데서 문제가 제기되었다.

고변의 초점은 전 왕비의 복위이고, 고변의 배경은 정치세력과 연계되어 있다는 데 있었다. 이러한 고변의 경우 내용의 진실성이 문제된다. 그 고변의 중심인물들을 파악하여 보면 대부분 국왕과 인척관계에 있는 경우가 많다. 갑술정변(甲戌政變) 전의 남인들은 서인들이 현 정치체제를 전복하기 위하여 활동하였다고 파악하고, 이들에 대한 대책을 마련하려 하였다. 노론과 소론은 기존 정치체제의 전복을 통한 정치적 변동을 이용하여 집권을 한 뒤, 전 왕비를 복위시키려 하였다. 이러한 정치체제의 변화 활동에 참여한 대표적인 세력은 중인(中人)을 비롯하여 상인(商人), 역관(譯官), 풍수, 노비 등 기존 집권세력의 해체를 열망하는 세력이었다. 이들은 더 나은 세상의 실현을 위하여 정치체제변동에 참여하였다.[37] 이들은 서인이 내세운 신분질서 완화에 공감하고 정치세력의 교체과정에 참여함으로써 자신들의 활동 영역을 높이

36) 《肅宗實錄》 第26卷, 肅宗 20年, 3月 23日(辛酉) 참조.

37) 鄭奭鐘, 《朝鮮後期 社會變動 硏究》, p. 130. 이러한 체제변동에는 사회세력이 중요한 역할을 담당하고 있음을 말하여 준다. 정석종은 이 책에서 인현왕후 복위과정을 소상하게 설명하고 있다.

고자 하였다.

체제의 도전과 관련된 치안문제는 전 왕비의 복위와 관련된 고변에서 제기되었다. 이 당시 집권세력은 남인이고 전 왕비의 복위를 시도한 세력은 소론과 노론이며, 소론과 노론 간에는 전 왕비의 복위라는 목표가 공유되어 있었다. 이들은 전 왕비의 복위를 통하여 집권한 후 정치·행정적 변동을 꾀하려 하였다.[38] 인현왕후 복위과정에서 소론과 노론 간에 이익의 공유가 있었는데 갈등의 전개는 경쟁으로 이어졌고, 갈등의 귀결은 노론과 소론의 연합으로 이어졌다. 체제도전과 관련된 역모의 처리문제에 남인과 노론 및 소론 간의 갈등은 대결적 관계가 형성되어, 상대방의 존재를 인정하는 정도도 낮고 경기규칙을 준수하지 않는 적대의 형태로 전개되었고, 갈등의 결과는 반대세력의 축출로 이어져 남인이 축출되었다.

체제도전과 관련한 문제는 세자 윤의 외숙 장희재의 처리였다. 장희재는 인현왕후 복위 전 그 당시 왕비였던 장비(張妃)에게 '폐비 측에서는 복위를 위하여 자금을 모으고 인물을 규합하고, 궁중상황을 파악하기 위하여 활동하고 있는데 왕비는 이에 대하여 아무런 대비를 하고 있지 않고 있다'는 편지를 보낸 일이 있다. 이 일이 인현왕후 복위 후 드러나게 되었다. 이에 노론은 '장희재를 반드시 죽여야 인륜이 서고 금수(禽獸)를 면하게 된다'고 하였다. 소론인 남구만은 왕자 윤(昀)이 세자로 책봉되어 숙종의 사후 왕이 될 인물이므로 세자의 의친(議親)[39]이 사사(賜死)될 경우 세자의 심적 고통이 클 것이라고 생각하

---

38) 《蒼狗客日》, 甲戌, 4月 22日 己丑. (四月) 十三日, 中殿復位, 張妃降爲禧嬪. 閔黯父子及李義徵復命拿問來, 張希載竄明川, 黃徵竄長興, 柳命天安置康津, 柳緯漢配富寧, 柳, 卽己巳初以布衣上疏, 請早定元子位號者也. 一善士人盧以益, 以嘗疏論秘史之故, 臺啓請拿鞫, 依允. 宋時烈, 閔鼎重, 前此皆已復官, 洪致祥, 亦命復官.

여 장희재에 대한 감형을 숙종에게 아뢰었다. 즉 소론인 남구만과 윤지완은 세자의 의친인 장희재가 사사될 경우 언서사건(諺書事件)[40]과 관련하여 혐의를 받고 있는 세자의 생모(生母)에 대한 철저한 조사로 이어지고, 이는 세자에게 영향을 미쳐 체제 안정에 도움이 되지 않는다고 인식하였다. 이러한 논리로서 장희재의 처벌에 정치적 고려를 제안하였다. 숙종은 남구만의 제안을 받아들여 장희재를 감형하여 절도에 위리안치(圍籬安置)하였다.[41]

노론의 경우 장희재를 감형시켜서는 안 된다고 주장하였다. 그 이유는 소론보다 왕권의 강화를 원하지 않기 때문이었다. 노론은 왕이 될 세자의 지지 세력을 제거함으로써 신권의 강화를 도모하려 하였다. 장희재의 감형 처리에는 영상[영의정] 남구만의 역할이 컸다.

양주(楊洲)의 선비 박상경(朴尙絅)은 상소를 통하여, 남인이 왕비[인현왕후]를 음해하는 시도를 함에 있어서 영상의 처벌이 너무 가볍다고 여겨 의금부 당상(堂上)을 함께 공격하며 대신(大臣)과 여러 재신(宰臣)들을 마구 꾸짖었다. 노론은 '장희재를 반드시 죽여야 인륜이 서고 금수(禽獸)를 면하게 된다'고 하였다. 또 '왕비 복위 시에 한 명 이상 중요한 신하가 연명(聯名)으로써 이 문제를 다루었다. 입직 승지는 대신 회의를 요청하면서 왕의 명령을 어기고 왕비에게 반역하는 쟁론의

---

39) 의친(議親): 죄를 감면받을 대상인데, 이는 왕의 동성(同姓)인 8·9촌 이내, 왕의 할머니·어머니의 시마(緦麻) 이내, 왕비의 소공(小功) 이내, 세자비의 대공(大功) 이내의 친족이다.

40) 이 사건은 인현왕후 민씨가 폐비되어 사가(私家)에 있을 때, 장희재가 그 당시 왕비인 장씨에게 국문편지로 "폐비 민씨 측에서 복위운동으로 자금을 모으고 인물을 규합하는데 왕비 장씨는 이에 대한 대비가 부족하다"는 것을 지적한 내용으로 이 편지는 숙종이 친히 보았다고 한다. 李肯翊, 《燃藜室記述》 37卷 〈肅宗朝 故事本末〉 '張希載諺書之獄'.

41) 《蒼狗客日》, 甲戌, 潤5月 5日 辛未. 領相曰: "希載嚴刑有命. 希載固無狀. 然自是王世子親至, 嚴刑似傷事體, 古有議親之法." … 於是 命減死, 絶島圍籬安置.

기염(氣燄)이 무섭다'고 한 사실이 있다. 《창구객일》에는 추가적으로 박상경은 무인(武人)이며 한문을 알지 못하는 위인으로서 양주대가(楊州大家)의 환군(換軍)으로 있었다고 적혀 있다.[42]

체제도전세력과 연관된 장희재의 처벌문제에서 노론과 소론 간의 갈등은 처벌의 강약에 초점이 모아진다. 장희재에 대한 처벌의 온건론과 강경론이 갈등의 핵심이었다. 갈등의 결과 세자 외숙인 장희재는 참형되지 않고 절도에 위리안치되었다. 갈등의 원인은 세자의 외숙인 장희재에 대한 인식의 차이에서 생겼으며 갈등의 전개는 상대방을 인정하고 경기규칙을 지키는 경쟁의 형태인 협력관계로 전개되고, 갈등의 귀결은 집권세력인 소론의 권력유지였다.

5. 교육·문화정책과정에서의 정책갈등 분석

조선시대의 교육과 문화는 대체로 유교문화적 틀 속에 이루어지고 있어 정책과정에서 유교의 영향을 무시할 수 없었다. 문묘는 당(唐)나라 때 공자를 문선왕으로 봉한 데에서 유래하였으며, 이곳에서는 공자와 그의 학문과 사상을 계승한 선유(先儒)를 제향하고 있다.[43] 유교국

---

42) 《蒼狗客日》, 甲戌, 潤 5月 11日 丁丑. 楊州人朴尙絅者上疏, 請究治一邊人圖廢中宮之罪. 因攻領相緩治鞫獄, 以及禁府堂上, 詬詈大臣諸宰, 如奴隷, 以爲: "必殺黯 希載, 然後彝倫正, 人類免禽獸." 又以爲: "復后時, 一二重臣欲聯名廷爭, (指徐文重等.) 入直喉司請大臣會議, 是爲闕成命逆君母." 高談大論, 崢嶸咆哮, 氣燄殊可畏. 尙絅, 本武人, 無賴不識字漢. 蓋爲維楊大家使喚軍也.

43) 문묘(文廟)는 공자묘(孔子廟), 선보묘(宣父廟), 선성묘(先聖廟)라고 불리기도 한다. 韓人으로서 문묘에 종사된 인물은 弘儒侯 薛聰, 文昌候 崔致遠, 文成公 安裕, 文忠公 鄭夢周, 文敬公 金宏弼, 文獻公 鄭汝昌, 文正公 趙光祖, 文元公 李彦迪, 文純公 李滉,

가에서 어떤 선현을 문묘에 종사(從祀)할 것인가는 학문의 정통성 여부와 관련되므로 조선에서는 이에 대한 관심이 매우 컸다. 유학에 조예가 깊거나 학문 발전에 공헌하는 인물을 선정하는 문묘 종사 문제는 교육 · 문화정책의 주요 영역이다.

유현(儒賢)의 문묘 종사 문제는 유교를 생활의 지침으로 삼는 조선시대에는 정권의 정통성 및 학문적 이익이나 집권과 관련된 중요한 문제이기에 정파 간에 갈등이 야기되었다.[44] 원래 우계 성혼과 율곡 이이의 문묘 종사 문제는 인조 때부터 제기되어 왔다. 서인의 세력강화를 우려한 인조 당시에는 이들이 문묘에 종사될 인물이 못 된다는 이유로 논의되지 못하고 있다가,[45] 1680년(숙종 6) 경신환국(庚申換局)을 통하여 자신의 세력을 강화한 서인에 의하여 문묘에 종향되었다. 이후 이들은 기사년(1689년, 숙종 15)에 남인의 집권으로 인하여 출향(黜享)되어 문묘(文廟)에서 위패(位牌: 신주의 이름을 적은 나무 패)가 치워졌다. 출향 후 그들에 대한 복향 문제가 갑술정변(1694년, 숙종 20) 후 소론의 집권 당시에 제기되었다.

양주(楊州) 유생 박순(朴珣) 등은 이이와 성혼이 문묘에서 출향된 것은 유교를 숭상하는 정신을 계승하지 못하는 잘못된 조치이기에 이

文元公 金麟厚, 文成公 李珥, 文簡公 成渾, 文元公 金長生, 文烈公 趙憲, 文敬公 金集, 文正公 宋時烈, 文正公 宋浚吉, 文純公 朴世采이다.

44) 崔權默, "尤庵 宋時烈의 院祠 從祀에 관한 硏究"(文學博士學位論文, 全北大學校 大學院, 1986), p. 48; 申恒秀, "17세기 후반 嶺南南人學派의 經世論: 井田制와 王道政治論 理解를 中心으로"(碩士學位論文, 高麗大學校 大學院, 1997), p. 7 참조.

45) 《仁祖實錄》, 仁祖 13年 5月 庚申. "李珥辭職疏及宣祖大王罪渾之敎觀之, 則不合於從祀, 斷可知矣. … 大抵珥之文章才學, 足爲一時之名臣. 則謂之賢大夫, 可也. 至於從祀則有出處不正之譏. 渾則又下於珥者, 大相遼越, 而其黨奸之狀, 遺君之跡. 萬目所覩, 彼安得逃其罪乎?"

들 유현을 문묘에 복향시켜야 한다고 문제를 제기하였다.[46] 이 외에 충청도 유학(幼學) 임봉진(林鳳珍)도 이이와 성혼의 복향문제를 다시 제기하여 왕으로부터 해당관서에서 품의(稟議)하여 처리하라는 명을 얻었다.[47] 이에 예조판서 윤지선(尹趾善)은 대신들로 하여금 의논하는 것이 좋겠다고 건의하였고, 이를 남구만이 지지하여 복향이 이루어졌다.[48]

이러한 이이와 성혼의 문묘복향에 대하여 남인인 한종석(韓宗奭), 이현령(李玄齡), 안전(安瑑) 등은 이들이 문묘 종향에 부적합한 인물이라고 파악하여 반대하였다. 그 근거는 이이가 젊은 시절에 승려가 되어 유교의 뜻을 거스른 것과 성혼이 선조(宣祖)의 파천 시에 국왕을 문안하지 않았다는 것이었다.

서인보다 이상적인 성향을 가진 남인은 이이가 불교에 빠진 것은 명분론의 입장에서 볼 때 타당하지 않으며, 성혼 역시 군왕의 파천(播遷) 시에 문안하지 않은 것은 유교 정치체제의 명분에 어긋난 것이라고 인식하였다. 서인은 이이가 젊은 시절에 불교에 빠진 것은 한순간의 방황에 지나지 않으며, 성혼이 선조의 파천 시에 문안하지 않은 것은 안 간 것이 아니고 못 간 것이라 주장하였다.

양주인(楊州人) 박순과 충청도 유학 임봉진은 재야 유림이고, 남인인 한종석 역시 성균관 학생이었다. 이러한 사실로 미루어 볼 때 17세기 조선에서는 재야 사림의 정책에 대한 문제제기가 주요한 정책이슈로 발전되었다. 이이와 성혼의 문묘복향에 대하여 반대한 세력이 있다. 호남 유생 이준(李濬) 등 700여 인은 궁궐에 이르러 소를 올렸는

46) 《肅宗實錄》 26卷, 肅宗 20年 5月 15日 壬子條 참조.

47) 金相五, "黨爭史 立場에서 본 李珥의 文廟從祀 問題", 《전북사학》 4(1980), p. 185.

48) 《肅宗實錄》 26卷, 肅宗 20年 5月 22日 己未條 참조.

데, 두 신하의 복향이 그릇됨을 논하였다. 이들은 하늘의 황폐함이 극에 달하였다 하며 예로부터 이들의 출향문제는 국가가 스스로 이미 정하여 침범하는 것이 불가하다고 주장하였다. 소가 들어가자 승정원에서는 그것을 각하하였다.[49] 이는 기호지방 서인의 본류인 박순, 충청도의 임봉진과 기호남인인 한종석·이현령·안전 간의 갈등으로 파악된다. 이러한 것은 박순과 한종석 개인이 올린 상소의 차원을 넘어 서인과 남인의 주장을 담고 있다.

박순·한종석은 재야 유림이었다. 이들 유림의 경우, 문화정책과 관련하여 정책의 정통성에 대해 문제를 제기하고 있다. 서인의 연원지인 양주(楊州)는 박순이 활동한 곳으로 노론인 김창집(金昌集) 등 안동 김씨의 세거지이기도 하다.[50] 임봉진이 활동한 충청도 역시 노론의 지지기반이 된 지역이었다. 한종석·이현령·안전 역시 근거지가 경기지역이지만 장기간 집권 세력에서 소외된 남인이었기 때문에 경제력에서 비교가 안 될 것으로 추론된다.

남인과 서인 간에 유현의 문묘 복향문제로 갈등이 야기되었는데, 갈등은 재야 유림의 문제제기에 의하여 이루어졌다. 남인은 성혼과 이이의 문묘복향을 반대하였고, 서인은 이들이 문묘 종향에 적합한 인물인

---

49) 李栽, 《蒼狗客日》 甲戌 6月 25日 辛酉. 湖南章甫李濬等七百餘人, 詣闕下上疏, 論兩臣復享之非, 此湖南破天荒也. 蓋自國是旣定, 凜乎其不可犯, 間有一言之及乎此, 則指以爲醜正亂眞, 而以四凶之罪隨之. 乃於是時, 能自立於衆楚之中, 奮然爲聖廟左袒而不顧一身禍福, 其亦難矣. 疏入, 喉司却之.

50) 노론은 양주(楊州)·고양(高陽)·수원(水原)·용인(龍仁)·여주(驪州) 등 근기지역(近畿地域)의 서원과 별야(別野)를 중심으로 활동하였으며, 김우명(金佑明)·민유중(閔維重)·이식(李植)·이경여(李敬輿)·김상헌(金尙憲) 등 벌열가문과 혼인을 통하여 긴밀히 연대하였다. 趙峻浩, "朝鮮 肅宗~英祖代의 近畿地域 老論學派 硏究"(文學博士學位論文, 國民大學校 大學院, 2003), pp. 216-217.

데 정치적 이유로 출향되었기에 복향이 필요하다고 판단하였다. 많은 논란에도 불구하고 성혼과 이이는 문묘에 복향되었다. 이들의 복향 후 서인은 성혼과 이이의 출향에 적극적 역할을 한 한종석은 강진(康津)에, 이현령은 영덕(盈德)에, 안전(安璵)을 가산(嘉山)에 유배시켰다."[51) 교육·문화 정책과정에서 남인과 노론 및 소론 간의 갈등은 정책관의 차이에서 발생하였고, 갈등의 양상은 대결적 관계로 상대방의 존재를 인정하는 정도와 경기규칙을 지키는 정도가 낮은 적대의 형태로 전개되었으며, 갈등의 결과 반대세력인 남인의 축출로 이어졌다.

6. 맺음말

《창구객일》은 조선 숙종 당시 영남학파의 거유 밀암 이재가 기록한 유배시종 일기로 정파 구분이 가능한 인물 164명의 대략적 활동과 중심적인 활동을 한 인물의 역할을 중심으로 정파 간의 정책갈등 양상을 살펴본 결과 아래와 같은 사실을 파악할 수 있었다.

《창구객일》의 필자 밀암 이재 자신이 영남지역의 산림인 갈암 이현일의 셋째 아들이고 그와 교류한 인물 역시 대다수가 영남에 거주하는 인물이라고 생각되지만, 《창구객일》에 나타난 인물의 상당수는 기호지역에 거주하는 남인이었다. 이는 숙종 당시 남인 집권기에 관직의 충원은 기호남인 위주로 이루어졌으며, 영남남인의 관직 충원이 적은 데 기인하고 있다.

---

51) 李栽, 《蒼狗客日》 甲戌 5月 29日 丙寅. 仍請己巳初爲黜享疏者李玄齡、安璵, 一併遠配. 以故宗奭配康津, 玄齡配盈德, 璵配嘉山.

《창구객일》에 나타난 정파 간의 갈등 양상을 원자 정호, 세자 보호, 왕비 폐출, 왕비 복위, 장희재의 처리, 유현의 문묘 복향 문제를 통해 논의한 결과, 갈등의 원인 제공은 국왕이 한 경우가 많았으며, 정파 간의 정책갈등은 정책관과 학문적 연원의 차이에서 생기는 정치·행정체제의 정통성 여부와 관련되었다. 정파 간에 협력관계가 형성될 경우, 갈등의 전개는 경쟁의 형태로, 갈등의 귀결은 정파 간의 연합으로 이어지는 경향이 있었다. 정파 간에 대결관계가 형성될 경우 갈등의 전개는 대체로 대립이나 적대의 경향이 있었고, 갈등의 귀결은 반대세력의 축출로 이어지는 경향이 있었다.

《창구객일》을 통하여 볼 때 조선시대 정파 간의 정책갈등은 정책논리와 자원 등 명분과 실리의 차이에서 기인되며, 남인과 노론 간에 야기된 첨예한 갈등의 조정자로서 소론의 역할을 무시할 수 없다. 오늘날 대립하는 세력 간의 조정을 위해서는 제3세력의 조정역할이 중요하다는 사실을 조선시대의 정치행정에서 찾을 수 있다.

조선시대의 정책갈등은 단순한 이해관계에서만 발생하지 않고, 이들 정파 간의 정책갈등에는 각 정파 나름대로 논리와 명분이 있었다. 정책과정에서 각 정파 간의 관계는 대결관계만 있는 것이 아니고 협력관계도 있었다. 각 정파의 구성원들은 자신의 의견을 상소로서 표출하였으며, 정치·행정체제 내에 지식인 상호간에 토론의 장이 마련되어 있었다. 조선시대의 역사적 사실에 대한 기록을 중시한 기록문화와 지식인 간의 공론의 장을 통한 토론 문화는 민주주의의 원천이 되고 있는데, 일제의 식민사관의 영향으로 조선시대의 정치·행정은 왜곡되고 폄하되어 올바른 평가가 이루어지지 않았다.

참고문헌

《蒼狗客日》. 《仁祖實錄》. 《肅宗實錄》. 《燃藜室記述(李肯翊)》.

《韓史綮(金澤榮)》. 《桐巢漫錄(南夏正)》. 《黨議通略(李建昌)》. 《我我錄(南紀濟)》.

《南譜》. 《北譜》. 《星湖集(李瀷)》. 《星湖僿說(李瀷)》.

김현구. 《한국 행정학의 한국화론》. 서울: 법문사, 2013.

백완기. 《한국 행정학 50년: 문헌 검토를 중심으로 》. 서울: 나남출판, 2005.

安自山. 《朝鮮文明史》. 李泰鎭 校. 《중앙신서》 109. 서울: 中央日報社, 1983.

李迎春. 《朝鮮 後期 王位繼承 硏究》. 朝鮮時代史硏究叢書 4. 서울: 집문당, 1998.

鄭奭鍾. 《朝鮮後期 社會變動 硏究》. 서울: 一潮閣, 1983.

金相五. "黨爭史 立場에서 본 李珥의 文廟從祀 問題". 《전북사학》 4(1980).

金蓮民. "肅宗朝 老論의 政治的 理念과 權力關係에 關한 硏究". 政治學 博士學位論文. 梨花女子大學校 大學院, 1993.

申恒秀. "17세기 후반 嶺南南人學派의 經世論: 井田制와 王道政治論 理解를 中心으로". 碩士學位論文. 高麗大學校 大學院, 1997.

安秉永. "韓國의 行政現象과 行政學 硏究의 主體性". 《韓國政治學會報(韓國政治學會)》 第13輯(1979).

李秉甲. "朝鮮朝의 政策決定過程에 있어서 利益葛藤: 17·18世紀 南人과 西人(특히 老論) 간의 關係를 中心으로". 行政學博士學位論文. 高麗大學校 大學院. 1988.

______. "朝鮮朝의 政策決定過程에 있어서 利益葛藤 分析: 16세기 東人과 西人 간의 관계를 중심으로". 《韓國行政學報(한국행정학회)》 제26권

제3호(1992).

______. “체제유지정책과정에 있어서 붕당 간의 이익갈등 분석: 정파 간의 관계를 중심으로”. 《한국정치학회보(한국정치학회)》 제29집 제2호(1996).

李離和.“朝鮮朝 黨論의 展開過程과 그 系譜”. 《韓國史學(韓國精神文化研究院)》 8(1986).

李章佑. “密菴 李栽의 著述解題”. 영남대학교 민족문화연구소 편. 《密菴 李栽 研究》. 민족문화연구총서 24. 경산: 嶺南大學校 出版部, 2001.

李熙換. “甲戌換局과 肅宗”. 《全北史學(전북대 사학회)》 第11 · 12輯(1989).

정호훈. “17세기 후반 영남 남인학자의 사상: 이현일을 중심으로”. 《역사와 현실(한국역사연구회)》 제13호(1994).

趙峻浩. “朝鮮 肅宗~英祖代의 近畿地域 老論學派 研究”. 文學博士學位論文. 國民大學校 大學院, 2003.

崔槿默. “尤庵 宋時烈의 院祠 從祀에 관한 研究”. 文學博士學位論文. 全北大學校 大學院, 1986.

崔允榮. “《蒼狗客日》의 敍述方式과 記錄意識”. 碩士學位論文. 慶北大學校 大學院, 2010.

Dror, Yehezkel. *Public Policy Making Reexamined*. Scranton, Pennsylvania: Chander Publishing Company, 1968.

Rushefsky, Mark E. *Public Policy in the United States: At the Dawn of Twenty First Century*. New York: M. E. Sharpe, Inc., 2002.

Spring, Joel. Conflict of Interests: A Politics of American Education. 3rd ed. Boston Masachusetts: McGraw Hill, 1998.

Weber, Max. Economy and Society. Guenther, Roth and Claus, Wittich (eds). New York: Bedminister Press, 1968.

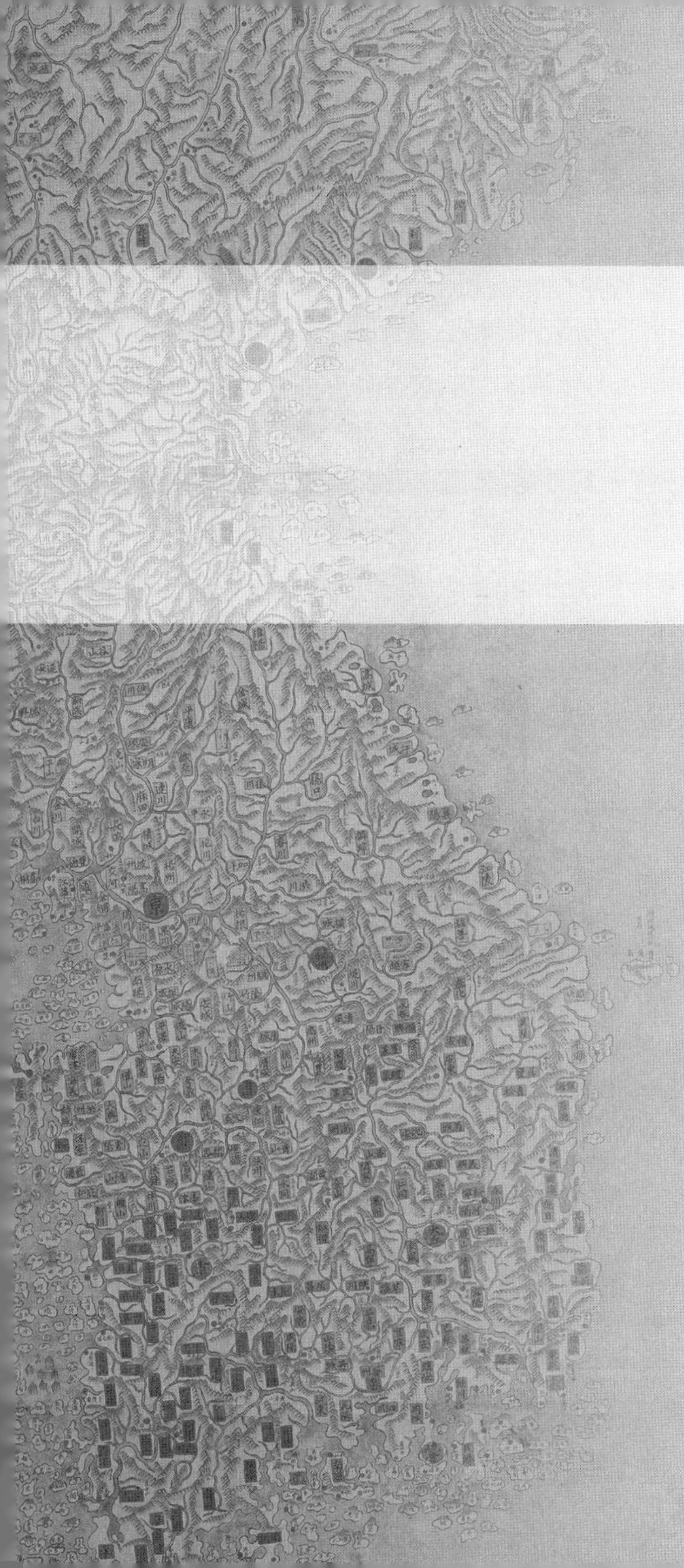

부록

부록 1

《밀암연보》 초략과 동서양의 주요 사건

권경열 | 한국고전번역원

1. 연표 작성 원칙

연표의 작성은 〈밀암선생연보〉를 저본으로 하고, 해당 연도에 발생했던 동서양의 주요 사건들은 네이버백과사전, 두산 백과사전 엔싸이버(Encyber)의 연표, 동양연표 등을 참조하였다.

서술방식은 가독성을 고려하여 표로 정리하였으며, 연령, 서기, 왕대, 간지, 이력, 동서양 주요 사실 순으로 기록하였다.

이력의 경우, 연보의 강(綱)을 바탕으로 하되, 주석에 담긴 보충 사항을 담고자 하였으며, 월별로 기술하였다.

동서양의 주요 사실의 경우에는 백과사전에 등재될 정도로 주요한 사건·사실만 기술하였으며, 역사·정치·경제 등 다양한 분야를 모두 망라하였다. 해당 사실과 가장 관계가 되는 국가의 이름을 먼저 기술하였으며, 사건의 월별 표기는 하지 않았다.

고유명사의 표기 방식은 영어의 알파벳으로 하지 않고, 한글 표기 방식으로 표기하였으며, 인명에는 괄호 안에 원명을 알파벳으로 부기하였다. 국가명의 경우, 기존에 사용하던 한자가 있을 때는 한자로 표기하였다.

국내의 사실은 임금의 승하, 즉위, 제도의 변경, 환국 등 국가적으로 특별한 사항이 아니면 가급적 배제하였다.

2. 주요 사건

연령	서기	왕대	간지	이 력	동·서양 주요 사실
1	1657	효종 8	정유	· 영해부(寧海府) 영양현(英陽縣) 수비촌(首比村)에서 출생(9. 10)	·《선조수정실록(宣祖修正實錄)》 완성 · 불(佛)과 영(英), 스페인에 대항하기 위해 '파리조약' 체결
2	1658	효종 9	무술	· 조부(祖父) 판서공(判書公, 諱 時明)이 소자(小字)를 성급(聖及)이라고 지어줌	· 청(淸), 노(露) 정벌을 위한 원군 요청 · 제2차 나선(羅禪) 정벌 · 호서(湖西) 지방에 대동법(大同法) 실시
3	1659	효종 10	기해		· 효종(孝宗) 승하, 현종(顯宗) 즉위 · 송시열(宋時烈), 자의대비(慈懿大妃)의 복제(服制)를 기년복(朞年服)으로 건의 · 청(淸), 주지학자 주순수(朱舜水) 일본으로 귀화, 수호학파(水戶學派)와 교류

					· 불(佛), 스페인과 '피레네조약' 체결, 화해
4	1660	현종 1	경자		· 윤휴(尹鑴), 허목(許穆) 등, 자의대비의 복제를 삼년복(三年服)으로 주장 · 현종, 자의대비의 복제(服制)를 기년복(朞年服)으로 채택
5	1661	현종 2	신축		· 청(淸), 성조(聖祖) 강희제(康熙帝) 즉위 · 청(淸), 문인 김성탄(金聖嘆)이 반역죄로 피살 · 영(英), 제4차 〈통일령(統一令)〉 공포
6	1662	현종 3	임인		· 명(明), 대만에서 반청(反淸) 활동을 펼치던 정성공(鄭成功) 사망 · 청(淸), 오삼계(吳三桂) 미얀마 침입으로, 명(明)나라 영력제(永曆帝) 피살, 명(明)나라 망함, · 영(英), 로버트 보일(Robert Boyle), '보일의 법칙' 발견
7	1663	현종 4	계묘	· 학습을 시작함	
8	1664	현종 5	갑진	· 존재(存齋), 갈암선생(葛庵先生)을 모시고 산사(山寺)에서 독서함	· 불(佛), 몰리에르(Molière), 《타르튀프》 발표
9	1665	현종 6	을사		· 청(淸), 문인 목재(牧齋) 전겸익(錢謙益) 사망 · 영(英), 아이작 뉴턴(Sir Isaac Newton), '만유인력의 법칙' 발견 · 영(英), 로버트 훅(Robert Hooke), 세포(cell) 발견

10	1666	현종 7	병오		· 청(淸), 예수회 선교사 아담 샬[탕약망(湯若望)] 사망 · 영(英), 존 버니언(John Bunyan), 《넘치는 은총》 발표
11	1667	현종 8	정미		· 화란(和蘭), 계승 전쟁 · 화란(和蘭), 강화(講和)를 위한 '브레다조약' 체결 · 영(英), 존 밀턴(John Milton), 《실낙원》 발표
12	1668	현종 9	무신		
13	1669	현종 10	기유	· 〈신세자경잠(新歲自警箴)〉을 지음	
14	1670	현종 11	경술	· 저곡우사(楮谷寓舍)에서 존재선생께 《맹자(孟子)》를 배움	· 노(露), 농민운동인 라진의 난 발생
15	1671	현종 12	신해	· 술회시(述懷詩)를 지음	· 청(淸), 시인(詩人) 매촌(梅村) 오위업(吳偉業) 사망 · 일(日), 불교(佛敎)로 개종(改宗)을 증명하는 장부인 종문개장(宗門改帳) 작성
16	1672	현종 13	임자	· 1월, 존재선생의 상을 당함 · 《상우편(尙友篇)》을 지음 · 12월, 어머니 정부인(貞夫人) 박씨(朴氏)의 상을 당함	· 불(佛), 화란(和蘭) 침공, 화란(和蘭)전쟁 발발
17	1673	현종 14	계축	· 정부인(貞夫人)의 빈소를 석보(石堡)의 남악(南嶽)으로 옮김	· 청(淸), 삼번(三藩)의 난 발생 · 화란(和蘭), 안토니 레벤후크(Antonie van Leeuwenhoek), 미생물 발견
18	1674	현종 15	갑인	· 8월, 판서공(判書公)의 상을 당함	· 인선왕후(仁宣王后) 승하 · 현종(顯宗) 승하 · 인도, 마라타왕국 건국

					· 불(佛), 니콜라 부알로(Nicolau Boileau), 《시법》 발표
19	1675	숙종 1	을묘	· 2월, 정부인(貞夫人)의 신제(申制)가 끝남 · 의고시(擬古詩)를 지음 · 숙부(叔父) 항재공(恒齋公, 諱 嵩逸)에게 편지를 올려 태극도설(太極圖說) 등을 논함	· 화란(和蘭), 베네딕트 드 스피노자(Baruch de Spinoza) 《에티카》 발표 · 영(英), 그리니치천문대 설립
20	1676	숙종 2	병진	· 11월, 관례(冠禮)를 행함 · 과거(科擧)에 응시함. 창설재(蒼雪齋) 권두경(權斗經)과 교유함 · 졸암(拙庵) 김학규(金學逵)의 따님을 아내로 맞이함	· 덴마크, 올라우스 뢰메르(Olaus Rîmer), 빛의 속도를 계산함
21	1677	숙종 3	정사		· 화란(和蘭), 베네딕트 드 스피노자(Baruch de Spinoza), 《윤리학》, 《정치론》 발표 · 불(佛), 장 바티스트 라신(Jean-Baptiste Racine), 《페드르》 발표
22	1678	숙종 4	무오	· 3월, 적암(適庵) 김태중(金台重) 등과 안동(安東) 임하현(臨河縣)의 경포대(鏡浦臺)에서 노님 · 여름, 안동(安東) 임하현(臨河縣)의 선찰(仙刹)에서 독서함	· 상평통보(常平通寶) 전국에 유통 · 청(淸), 오삼계(吳三桂) 사망 · 영(英), 존 버니언(John Bunyan), 《천로역정》 발표
23	1679	숙종 5	기미	· 내형(內兄)인 우계(迂溪) 박담(朴潭)에게 답장하여 천체(天體)에 대해 논함	· 김만중(金萬重), 《구운몽(九雲夢)》 발표
24	1680	숙종	경신	· 7월, 조모인 태정부인(太	· 경신대출척(庚申大黜陟)

		6		貞夫人) 장씨(張氏)의 상을 당함	
25	1681	숙종 7	신유	· 10월, 장자(長子) 지훤(之烜) 출생	
26	1682	숙종 8	임술	· 여름, 처숙부(妻叔父)인 금옹(錦翁) 김학배(金學培)가 거처하던 운계초당(雲溪草堂)에서 독서함 · 9月, 영춘(永春)에 있는 호서북벽(湖西北壁)에서 노님	· 청(淸), 학자 정림(亭林) 고염무(顧炎武) 사망 · 일(日), 정원서학(井原西鶴), 호색일대남(好色一代男) 간행 · 불(佛), 자크 베니뉴 보쉬에(Jacques Bénigne Bossuet), '왕권신수설' 발표
27	1683	숙종 9	계해	· 봄, 청량산(淸凉山)에서 노님 · 가을, 별시(別試) 동당(東堂)에 응시함 · 9월, 아들 지번(之燔)이 태어남	
28	1684	숙종 10	갑자	· 봄, 판서공(判書公)의 〈감춘사(感春辭)〉에 차운함	
29	1685	숙종 11	을축	· 봄, 우계(迂溪) 박담(朴潭)에게 가서 수십일 동안 강학(講學)함 · 적암(適庵) 김태중(金台重)에게 답장을 보내 왕도(王道)와 패도(覇道) 등에 대해 논함 · 5월, 존재선생에게 입양된 중씨(仲氏) 오촌공(梧村公, 諱 檥)을 곡함	· 일(日), 5대 쇼군 덕천강길(德川綱吉), '生類憐みの令' 공포 · 영(英), 제임스 2세(James Ⅱ) 즉위 · 불(佛), 루이 14세, 낭트칙령 폐지 · 독(獨), 요한 세바스찬 바흐(Johann Sebastian Bach) 출생 · 독(獨), 게오르그 프리드리히 헨델(Georg Friedrich Handel) 출생
30	1686	숙종 12	병인	· 6월, 아들 인환(寅煥)이 태어남	· 일(日), 양명학자(陽明學者) 웅택번산(熊澤蕃山), 《대학

					혹문(大學或問)》 간행 · 독(獨), 고트프리트 라이프니츠(Gottfried Wilhelm von Leibniz), 《형이상학서설》 발표 · 영(英), 아이작 뉴턴(Sir Isaac Newton), '만유인력의 법칙'을 발표
31	1687	숙종 13	정묘	· 봄, 숙부(叔父) 항재공(恒齋公)에게 편지를 올려 횡거(橫渠)의 내외빈주설(內外賓主說)에 대해 논함 · 가을, 안동(安東) 청성산(青城山) 석문정(石門亭)에서 노닒	· 영(英), 아이작 뉴턴(Sir Isaac Newton), 《프린키피아(*Principia*)》 발표
32	1688	숙종 14	무진	· 6월, 아들 지온(之熅)이 태어남 · 겨울, 〈유산중사(遊山中辭)〉를 지음	· 영(英), 명예혁명 발발 · 일(日), 겐로쿠시대[元祿時代] 개막 · 몽(蒙), 외몽골 지역 淸에 복속 · 영(英), 권리장전 제정
33	1689	숙종 15	기사	· 4월, 대사헌(大司憲)에 제수(除授)되어 상경(上京)하는 갈암선생(葛庵先生)을 수행함 · 5월, 숙부(叔父) 항재공(恒齋公)에게 답장하여 《대학(大學)》의 표리정조(表裏精粗) 등을 논함 · 겨울, 천연두(天然痘)에 걸림	· 일(日), 시인 송미파초(松尾芭蕉), 기행작품 《奧の細道》 창작 · 청(淸)과 노(露), '네르친스크조약' 체결 · 불(佛), 팔츠 계승 전쟁 발발 · 영(英), 윌리엄 3세 즉위 · 영(英), 메리 2세 즉위 · 기사환국(己巳換局)
34	1690	숙종 16	경오	· 고향으로 돌아옴 · 선성(宣城)의 침락정(枕洛亭)에서 노닒	· 영(英), 존 로크(John Locke), 《인간오성론》 발표
35	1691	숙종 17	신미	· 갈암선생(葛庵先生)을 수행하여 서울에 머무름	

36	1692	숙종 18	임신	· 인왕산(仁王山) 아래 삼청동(三淸洞)에서 노님 · 3월, 고향으로 돌아옴	
37	1693	숙종 19	계유	· 여름, 갈암선생을 수행하여 도성으로 들어감 · 9월, 고향으로 돌아옴 · 겨울, 유곡(酉谷)으로 창설재(蒼雪齋) 권공(權公)을 찾아갔으나 만나지 못함	
38	1694	숙종 20	갑술	· 4월, 홍원현(洪原縣)으로 유배된 갈암선생을 수행함 · 5월, 갈암선생(葛庵先生)이 의금부(義禁府)에 체포되어 갈 때 배종함 · 7월, 갈암선생을 종성부(鍾城府)까지 수행함 · 《주자서절요(朱子書節要)》를 읽음	· 갑술환국(甲戌換局)
39	1695	숙종 21	을해	· 2월, 집안을 돌보라는 갈암선생의 명에 따라 고향으로 돌아옴 · 금옹(錦翁) 김학배(金學培)의 〈유사후서(遺事後敍)〉를 지음	· 청(淸), 학자 황종희(黃宗羲) 사망 · 오스만투르크, 무스타파 2세 즉위
40	1696	숙종 22	병자	· 7월, 갈암선생을 뵈러 감 · 《예기(禮記)》를 읽음	
41	1697	숙종 23	정축	· 5월, 광양현(光陽縣)으로 이배(移配)되는 갈암선생을 배종함 · 8월, 옥룡사(玉龍寺)로 갈암선생을 배종함 · 9월, 고향으로 돌아옴 · 12월, 갈암선생을 가서 뵙고, 함안(咸安) 모곡(茅谷)의 선영을 두루 찾아봄	

42	1698	숙종 24	무인	· 봄, 고향으로 돌아옴 · 가을, 갈암선생을 뵈러 감 · 창설재(蒼雪齋) 권두경(權斗經)과 함께 곤양(昆陽)의 서봉사(棲鳳寺)에서 노님 · 11월, 숙부(叔父) 항재공(恒齋公)의 상을 당하여 고향으로 돌아와 곡함	· 청(淸), 공상임(孔商任), 청대(淸代) 2대 희곡 《도화선(桃花扇)》 완성
43	1699	숙종 25	기묘	· 2월, 방면(放免)하라는 명이 내린 갈암선생을 뵈러 감 · 4월, 돌림병을 피해 갈암선생을 모시고 지리산(智異山) 쌍계사(雙溪寺)로 피접(避接)함 · 여름, 고향으로 돌아옴 · 겨울, 갈암선생을 뵈러 감	· 오스만투르크, '카를로비츠 조약' 체결
44	1700	숙종 26	경진	· 2월, 대간(臺諫)의 정계(停啓)로 갈암선생을 모시고 고향으로 돌아옴 · 4월, 갈암선생을 모시고 안동(安東) 금소역(琴召驛) 마을에서 우거함	· 북방전쟁(北方戰爭) 발발
45	1701	숙종 27	신사	· 5월, 갈암선생을 완전히 석방하라는 명이 내림	· 스페인 계승전쟁 발발 · 독(獨), 프로이센왕국 건국 · 영(英), 아이작 뉴턴(Sir Isaac Newton), 《광학》 발표
46	1702	숙종 28	임오	· 학령(學令)을 세워 자제들을 가르침 · 여름, 적암(適庵) 김태중(金台重)과 백운정(白雲亭)에서 노님	· 영(英), 앤(Anne) 여왕 즉위 · 영(英), 앤 여왕 전쟁 발발
47	1703	숙종 29	계미	· 모산(茅山) 이동완(李棟完)에게 답하여 사단칠정(四端七情)을 논함	

48	1704	숙종 30	갑신	· 2월, 관동(關東)의 호서(湖西)를 유람함, 중도에 우담(愚潭) 정시한(丁時翰)을 찾아뵘 · 10월, 갈암선생 상을 당함	· 청(淸), 학자 잠구(潛邱) 염약거(閻若璩), 습재(習齋) 안원(顔元) 사망
49	1705	숙종 31	을유	· 1월, 집 뒤 기슭에 갈암선생을 장사지냄 · 7월, 아내 공인(恭人) 김씨(金氏)의 상을 당함 · 겨울, 창설재(蒼雪齋) 권두경(權斗經)이 내방하여 머물면서 갈암선생의 유고(遺稿)를 교정함	· 청(淸), 화가 팔대산인(八大山人) 주탑(朱耷) 사망 · 영(英), 에드먼드 핼리(Edmond Halley), 핼리혜성에 대한 연구 발표
50	1706	숙종 32	병술	· 12월, 갈암선생의 상기가 끝남	
51	1707	숙종 33	정해	· 봄, 청암정(靑巖亭)으로 하당(荷塘) 권두인(權斗寅)을 찾아가 갈암선생의 〈행장(行狀)〉을 부탁함 · 7월, 아들 지온(之熅)이 죽음 · 8월, 아들 지번(之燔)이 죽음. 어린 두 딸이 죽음	· 日, 6대 쇼군 덕천가선(德川家宣) 취임 · 영(英), 그레이트브리튼 왕국 성립
52	1708	숙종 34	무자	· 1월, 아들 지훤(之烜)이 죽음 · 갈암선생의 〈연보(年譜)〉를 편차함 · 봄, 추월촌(秋月村)으로 옮겨 우거함 · 6월, 갈암선생의 〈행장(行狀)〉을 지어준 하당(荷塘) 권두인(權斗寅)에게 가서 사례함 · 겨울, 오대촌(梧臺村)로 옮겨 우거함 · 겨울, 적암(適庵) 김태중(金	· 대동법(大同法) 전국적으로 실시

				台重), 창설재(蒼雪齋) 권두경(權斗經)과 함께 도연(陶淵)에서 모임, 《표은유집(瓢隱遺集)》의 교정을 의뢰받음	
53	1709	숙종 35	기축	· 2월, 영해(寧海)로 들어가 친척과 친우들을 만나 회포를 품 · 4월, 삼계서원(三溪書院)의 원장 자격으로 충정공(忠定公) 권벌(權橃)의 사당에 배알함 · 5월, 상산(商山)의 식산(息山) 이만부(李萬敷)에게 가서 그가 지은 《도동편(道東編)》에 포함된 율곡의 설을 삭제하기를 요청하였으나 거절당함 · 5월, 창설재(蒼雪齋) 권두경(權斗經)과 함께 《도산언행통록(陶山言行通錄)》의 편차(編次)를 논함 · 가을, 옥연(玉淵), 병산(屛山)에서 노님 · 가을, 도연(陶淵)에서 노님 · 겨울, 학사(學士) 김세흠(金世欽), 지헌(持憲) 권두기(權斗紀)의 유배지에 시를 지어 보냄	· 제2차 북방전쟁(北方戰爭) 발발
54	1710	숙종 36	경인	· 봄, 영해(寧海)로 들어감 · 4월, 적암(適庵) 김태중(金台重)과 묵계(默溪)에 있는 호담(壺潭)의 반석(盤石)에서 노님	· 청(淸), 장영(張英) 등이 《연감류함(淵鑑類函)》 완성 · 불(佛), 베르사유 궁전 완성

				· 4월, 《주자서절요(朱子書節要)》를 읽음 · 7월, 《성유록(聖諭錄)》의 편차를 완성함 · 적암(適庵) 김태중(金台重)과 더불어 백운정(白雲亭)에서 노님 11월, 백씨(伯氏) 처사공(處士公)의 상을 당함	
55	1711	숙종 37	신묘	· 1월, 수비산(首比山)으로 들어가 태정부인(太貞夫人)의 이장지(移葬地)를 살핌 · 후산초당(后山草堂)이 완성됨 · 3월, 적암(適庵) 김태중(金台重)을 곡함, 제문(祭文)과 행장(行狀)을 지음 · 10월, 태정부인(太貞夫人) 박씨(朴氏)의 묘를 수비(首比)로 이장함 · 겨울, 중전의 홍역이 완치된 기념으로 갈암선생의 관작(官爵)을 회복시키라는 어명이 내렸으나, 곧 취소됨	· 청(淸), 이광지(李光地) 등이 《패문운부(佩文韻府)》를 완성 · 청(淸), 시인 완정(阮亭) 왕사정(王士禎) 사망 · 영(英), 알렉산더 포프(Alexander Pope), 《비평론》 발표
56	1712	숙종 38	임진	· 봄, 상산(商山)에 가서 딸(黃濂의 처)을 문병하고, 판결사(判決事) 이형상(李衡祥)과 학문을 논함 · 겨울, 경주(慶州)에서 노님	· 불(佛), 장 자크 루소(Jean-Jacques Rousseau), 《고백록》 발표 · 청(淸), 백두산(白頭山) 정계비(定界碑) 건립
57	1713	숙종 39	계사	· 봄, 금수(錦水)로 돌아옴 · 《주서강록간보(朱書講錄刊補)》가 완성됨 · 겨울, 영해(寧海)로 들어감.	· 영(英), 불(佛), '위트레흐트 조약' 체결 · 청(淸), 지정은제(地丁銀制) 도입

				독재동(篤材洞) 분암(墳庵)에서 종인(宗人)들과 회합	· 독(獨), 프리드리히 빌헬름 1세 즉위 · 영(英), '아시엔토 협정' 체결
58	1714	숙종 40	갑오	· 여름, 육유(陸游)의 〈시자시(示子詩)〉에 차운하여 아들 인환(寅煥)에게 줌 · 가을, 옛터 옆에 작은 건물을 지음	· 영(英), 하노버왕가 성립 · 독(獨), 불(佛), '라슈타트조약' 체결
59	1715	숙종 41	을미	· 봄, 후산초당(后山草堂)을 이건(移建)하고, 밀암(密菴)이라고 명함	· 청(淸), 소설가 포송령(蒲松齡) 사망 · 일(日), 신정백석(新井白石), 《서양기문(西洋紀聞)》 완성 · 불(佛), 루이 15세 즉위
60	1716	숙종 42	병신	· 여름, 제생(諸生)들과 태극도(太極圖)에 대해 강론함 · 가을, 상산(商山) 백옥동(白玉洞)에서 노님	· 병신처분(丙申處分)으로 소론(少論)이 실각하고 노론(老論)이 정권을 잡음 · 청(淸), 학자 모기령(毛奇齡) 사망 · 일(日), 교호[享保] 개혁 시작 · 청(淸), 《강희자전(康熙字典)》 출간
61	1717	숙종 43	정유	· 봄, 남연사(南淵寺)에서 우거함 · 제산(霽山) 김성탁(金聖鐸)에게 답함 · 5월, 창설재(蒼雪齋) 권두경(權斗經)을 유곡(酉谷)으로 방문함 · 겨울, 퇴계(退溪) 이황(李滉)의 〈화도집음주이십수(和陶集飮酒二十首)〉를 본떠 지음 · 학봉(鶴峯) 김성일(金誠一)의 〈연보(年譜)〉를 편찬함	· 숙종(肅宗)과 이이명(李頤命)의 독대(獨對)에 따른 왕세자(경종)의 대리청정(代理聽政) 실시 · 청(淸), 기독교 금지 · 청(淸), 〈황여전람도(皇輿全覽圖)〉 완성

62	1718	숙종 44	무술	· 3월, 서자(庶子) 동환(東煥)이 태어남 · 6월, 수령 권이진(權以鎭)이 내방함 · 호계서원(虎溪書院) 문회(文會)에 참석함, 수령 권이진(權以鎭)과 사칠설(四七說)을 논함	· 이(伊), 사르데냐 왕국 성립 · 오스트리아, '파사로비츠 조약' 체결 · 오스만투르크, 튤립시대 개막
63	1719	숙종 45	기해	· 가을, 영해(寧海)로 들어감 · 병곡(屛谷) 권구(權榘)가 내방함 · 하당(荷塘) 권공(權公)을 곡함, 제문(祭文)과 만시(挽詩)를 지음 · 칠탄(七灘) 김세흠(金世欽)을 곡함, 제문(祭文)과 만시(挽詩)를 지음	· 영(英), 대니얼 디포(Daniel Defoe), 《로빈슨 크루소》 발표
64	1720	숙종 46	경자	· 여름, 석천정(石泉亭)에서 노님 · 겨울, 갈암선생의 관작을 회복시키라는 어명이 내림 · 겨울, 제생(諸生)들과 모여서 강학함 · 구담(龜潭)에서 노님	· 숙종(肅宗) 승하, 경종(景宗) 즉위 · 청(淸), 티베트 지배 시작 · 독(獨), 라이프니츠(Gottfried Wilhelm Leibniz), 《단자론》 발표
65	1721	경종 1	신축	· 남곡(南谷)에 터를 잡았으나, 건축은 하지 못함	· 노론(老論)의 주청(奏請)으로 왕세제(王世弟, 英祖)에게 대리청정을 명했으나, 곧 취소되고, 소론(少論) 강경파인 김일경(金一鏡)의 논핵으로 노론사대신(老論四大臣)이 유배되었다가 사사(賜死)됨 · 영(英), 로버트 월폴(Robert Walpole), 영국 초대 총리

					취임 · 노(露), '니스타드 조약' 체결
66	1722	경종 2	임인	· 봄, 수령 이인복(李仁復)에게 답장을 보내 치도(治道)를 논함 · 6월, 극재(克齋) 신익황(申益愰)을 곡함, 행장(行狀)과 만시(挽詩)를 지음 · 의성(義城)에 있는 빙계서원(冰溪書院)에서 노님 · 겨울, 해향(海鄕)에 들어가 종족들과 연회를 열어 환담함	· 청(淸), 옹정제(雍正帝) 즉위
67	1723	경종 3	계묘	· 여름, 〈밀암자서(密菴自序)〉를 지음 · 겨울, 영해(寧海)에 들어가 화수회(花樹會)를 개최함 · 《홍범연의(洪範衍義)》를 교정함	· 청(淸), 기독교 선교사 추방
68	1724	경종 4	갑진	· 2월, 창설재(蒼雪齋) 권두경(權斗經)을 방문하여 《갈암선생문집(葛庵先生文集)》의 정본(定本)을 완성함 · 겨울, 도잠(陶潛)의 〈영빈사(詠貧士)〉에 화운(和韻)하는 시(詩) 7수를 지음	· 경종(景宗) 승하, 영조(英祖) 즉위
69	1725	영조 1	을사	· 3월, 창설재(蒼雪齋) 권두경(權斗經)을 곡함, 장갈(狀碣), 만뢰(挽誄)를 지어 극진히 애도함 · 11월, 갈암선생 산소를 외림(外林)으로 옮김	· 탕평책(蕩平策) 실시 · 청(淸), 《고금도서집성(古今圖書集成)》 완성 · 일(日), 신정백석(新井白石) 사망 · 이(伊), 지암바티스타 비코(Giambattista Vico), 《여러

					민족 공통 성질에 대한 신과학원리》 · 이(伊), 안토니오 비발디(Antonio Lucio Vivaldi), 콘체르토 《사계》 발표
70	1726	영조 2	병오	· 1월, 남암(南庵)에서 노님 · 4월, 백운정(白雲亭)에서 노님 · 5월, 외림(外林)의 선영에 성묘함 · 6월, 《안증전서(顔曾全書)》를 완성함 · 《주전집람(朱全集覽)》을 엮음	· 일(日), 적생조래(荻生徂徠) 《정담(政談)》 제출 · 영(英), 조너선 스위프트(Jonathan Swift), 《걸리버 여행기》 발표
71	1727	영조 3	정미	· 여름, 〈자경잠(自警箴)〉을 지음 · 4월, 형의 아들 복환(復煥)을 곡함	· 노(露), 청(淸)과 '캬흐타 조약' 체결 · 정미환국(丁未換局)으로 노론(老論) 축출, 소론(少論) 집권
72	1728	영조 4	무신	· 봄, 조정에 천거(薦擧)됨 · 어사(御史) 박문수(朴文秀)가 내방함 · 3월, 기호(畿湖)의 역변(逆變)으로 안무사(按撫使) 박사수(朴師洙)와 의병(義兵) 관련한 일을 상의함 · 4월, 장악원(掌樂院) 주부(主簿)에 특별히 제수되었으나, 노병(老病)을 이유로 사양함 · ○월, 재차 사양하였으나, 속히 출발하라는 명이 내림 · ○월, 세 번째 사직하여, 체차됨	· 이인좌(李麟佐)의 난 발발 · 노(露), 비투스 베링(Vitus Jonassen Bering), 베링해협을 발견

				· 10월, 영해(寧海)에 들어감 · 고사헌(高士軒)이라고 당호를 게시함 · 〈가제식(家祭式)〉을 지음	
73	1729	영조 5	기유	· 2월, 연신(筵臣) 조현명(趙顯命)이 아뢰어 조용(調用)을 권하라는 명이 내림 · 호계서원(虎溪書院) 원장의 자격으로 춘향(春享)을 행하고 존도사(尊道祠)에 배알함 · 3월, 안핵사(按覈使) 오광운(吳光運)이 내방함 · 4월, 봉황산(鳳凰山) 정수암(淨水庵)에 노님 · 5월, 제생(諸生)들이 와서 모여 강학(講學)함 · 가을, 도산서원(陶山書院) 원장의 자격으로 상덕사(尙德祠)에 배알함	· 일(日), 태재춘태(太宰春台), 《경제록(經濟錄)》 저술
74	1730	영조 6	경술	· 2월, 〈심경질의고오변(心經質疑考誤辨)〉을 지음 · 병이 깊어짐 · 4월, 갈암선생의 〈광기(壙記)〉를 지음 · 5월, 소아(小兒)들의 법첩(法帖)에 절구(絶句)를 제함 · 경전(經傳)을 다른 곳으로 옮기고, 타인의 서적을 돌려 주게 함 · 선조(先祖) 운악공(雲嶽公, 諱 涵)의 유고를 교정함 19일, 자제들에게 일록(日錄)을 기록하게 함	

				20일, 축시(丑時)에 정침(正寢)에서 고종(考終)함 10월, 영해부(寧海府) 남쪽 무릉(武陵)의 언덕에 장사지냄	
	1732	영조 8	임자	· 제산(霽山) 김성탁(金聖鐸)이 유문(遺文)을 편정하고 〈행장(行狀)〉을 완성함	
	1734	영조 10	갑인	· 눌은(訥隱) 이광정(李光庭)이 묘지(墓誌)를 완성함	

부록 2

《창구객일》 원문 표점의 원칙과 실례

권경열 | 한국고전번역원

1. 교감 원칙

교감은 원저자의 창작 의도가 잘 반영된 창작물의 원형을 회복하기 위한 목적으로 행해지는 작업으로서, 이후로 번역, 연구 활동 등에 활용할 수 있는 텍스트를 마련한다는 데에 그 의의가 있다.

본 일기의 교감은 한국고전번역원의 표점교감팀의 교감 원칙을 원칙적으로 준용하되, 엄격한 교정 단계를 거치지 않은 필사본의 형태라는 특성을 감안하여, 필사 과정상의 오류로 짐작되는 것은 과감하게 교감하고, 교감기를 작성하였다. 단, 통용되던 이체자 등은 가급적 원문의 형태를 살리도록 하였다.

저본은 밀암종가(密菴宗家) 소장 친필본을 저본으로 하고, 국학진흥원 소장 전사본을 대표 이본으로 선정하여 교감 작업을 진행하였다.

워드프로세서로 입력한 조판본의 입력 오류도 함께 교정하였으나, 해당 내용은 교감기를 작성하지 않았다. 작업은 시간 및 작업 편의를 고려하여 표점 작업과 동시에 행하였다.

2. 교감의 실례

① 원문의 오자가 명백한 경우

친필본에는 '○'으로 되어 있으나, 오자이므로 바로 잡았다고 교감기를 작성하였다.

예) 盲: 친필본에는 '肓'으로 되어 있으나, 오자이므로 바로 잡았다.

② 인용문이 원전과 다른 경우

인용문의 원저자와 원작품명을 밝히고 이동(異同) 사항을 밝혔다. 또한 명사나 술어, 중요 어구만을 교감할 뿐 글자의 출입, 생략은 교감하지 않았으며, 허사, 즉 형식 형태소의 차이는 교감하지 않았다.

예) 祠: 미수(眉叟) 허목(許穆)의 〈척주시기행초어(陟州時記行鈔語)〉에는 '事'로 되어 있다.

예) 唆: 고사의 출처가 되는 유종원(柳宗元)의 〈여양회지소해차의제이서(與楊誨之疏解車義第二書)〉에는 '주(嗾)'로 되어 있으나, 의미는 같다.

예) 危亂人心 … 則: 남구만(南九萬)의 《약천집(藥泉集)》에는 "其疑亂人心, 虧傷世道, 可勝言哉? 然則"으로 되어 있다.

③ 원문에 연자(衍字), 결락이 있는 경우

친필본에 연자 및 결락 사항이 있음을 밝히고 이본에 근거하여 교감기로 기록하였다.

예) 宮: 친필본에는 빠져 있으나, 국학진흥원 소장본에 의거하여 보충하였다.

예) 酒: 불필요한 연자(衍字)인 듯하며, 국학진흥원 소장본에는 빠져 있다.

④ 체제, 표기 방식이 통일되어 있지 않은 경우

친필본의 현재 체제 및 표기 방식을 설명하고 변경 사항을 기술하였다.

예) 二十一日 戊午: 친필본에는 '戊午'라고만 되어 있고, 줄을 바꾸어 쓰지 않았으나, 내용의 전개상 일자(日字)의 간지로 처리하는 것이 타당할 듯하여 수정 처리하였다.

예) 矣臣: 주어에 해당하는 이두(吏讀)로, 본문에서는 대자(大字)로 처리하지 않았으나, 뒤쪽에서 '是白乎旀'를 소자(小字)로 처리한 예가 있어, 일괄적으로 이두는 모두 소자 처리하였다.

예) 司諫 … 金栽: 원래는 '其啓曰' 뒤쪽에 있었으나, 체제상 적절하지 못하다고 판단되어 이곳으로 옮겼다.

예) 五月: 친필본에는 '己巳五月'로 되어 있으나, 앞부분에 이미 '己巳'가 제시되어 있으므로, 체제에 맞게 '己巳'를 삭제하였다.

예) 庚辰: 친필본에는 빠져 있으나, 체제를 통일시키기 위해 삽입하였다.

⑤ 결락으로 추정되는 경우

문리상, 어세상으로 볼 때, 글자가 빠져 있는 것이 분명하다고 판단되는 경우에는 그 이유를 기술하고, 다른 예를 근거로 제시하였다.

예) 沖1: 친필본에는 빠져 있으나, 어세(語勢)로 볼 때 빠져서는 안 되는 글자이므로, 오도일(吳道一)의 《서파집(西坡集)》에 근거하여 첨입하였다.

예) 李義徵議啓: 친필본에는 소자로 처리되어 있으나, 체제를 통일하기 위하여 소제목으로 처리하였다.

3. 표점의 원칙 및 방식

표점은 원칙적으로 한국고전번역원의 표점교감팀에서 사용하는 표점부호 및 원칙을 준용하였다. 단, 일기 자료, 필사 자료의 특성상 특수한 경우에는 중국 및 한국의 여타 원칙들을 참조하여 사용하였다.

인명의 처리는 원칙적으로 밑줄을 그어 표시하였으나, 부록한 명단은 본문의 경우와 성격이 다르므로, 따로 인명에 해당하는 표점부호를 사용하지 않았다. 또한 가독성을 높이기 위해 직책 등을 앞으로 빼고 성과 이름을 함께 붙여서 처리하였다. 지명의 경우에는 그대로 해당하는 표점부호를 사용하여 표시하였다.

훼손, 빠진 글자, 판독불능 문자를 표시하는 기호인 '□', '▨', '■'은 '○'으로 대체하였다.

예) 蓋前此有楊州人朴珣者疏請復享,

예) 丁丑過洛時親舊來問錄 【留南城外履泰院治行時。】

判書 鄭維岳, 佐郎 李宇謙, 德源 尹濟萬, 佐郎 權世恒,

부록 3

《창구객일》 원문 표점

이용구 · 권경열 | 한국고전번역원

《蒼狗客日》 上

甲戌

四月

初九日 丙子

余侍大人, 在南岳草堂。時, 大人以銓長累辭, 不得命, 以焚黃, 請告還鄕, 才數旬餘矣。【三月初六日出城, 十七日抵南岳。】青松倅李文徵遣人致書云, “前月卄三日, 有咸以完上變事, 朝廷方設鞫推治。晦間, 有金寅者上急變。今初一日, 自上下備忘記, 以魚肉一邊, 爲當局諸臣之罪, 委官閔黯及金吾堂上柳命賢、鄭維岳、李義徵、睦林一, 皆絶島安置, 領、左相及金領府事、問事、金吾郎, 削黜在外, 入直承旨、三司, 一併罷職。以南九萬爲領相, 柳尙運爲吏判, 徐文重爲兵判, 時事大變云云。初聞駭懼, 莫測其由。俄聞趙說書 德鄰 宅仁受由下鄕, 余卽馳往見之, 爲言變所以起。蓋金鎭龜子春澤, 韓構子重爀, 錫胄妻黨金魯得, 崔淑媛從兄格及李時檜、時棹等數十人, 歛金累巨萬, 締結宮禁, 機關陰慝, 時輩名流, 亦多有入者。陰謀秘計, 非一日之故, 閔相知事急, 以咸以完知狀, 招問之, 具以實告。閔相邃白上, 逮捕囚治, 康晩泰、時棹、格次第承款, 將具案行刑, 推案已上, 忽有三者人, 挺身直入差備門, 賫諺書上變, 卽所謂金寅等也。其間委折, 大槩如此。因出示四月初三日以前邸報。傳曰: "吏曹判書李○○受由下鄕, 上來遲速未可知, 今姑改差。" 又下備忘記曰: "有敢言廢庶人及洪致祥、李師命事者, 論以逆律; 有敢言李翔事者, 論以重律。" 又曰: "兇人趙嗣基誣辱先后之罪, 不可不快正邦刑, 卽爲鞫問。金壽興、趙師錫, 復官致祭。金壽恒、金錫胄、金益勳, 復官。鄭澈亦復官。朴世采爲右贊成, 尹趾完爲左參贊。其在罪籍者, 一併放釋, 次第收敍。李聃命竄昌城, 李雲徵竄泰川。" 臺章峻發, 一啓卽允。廣尹許墀、水原伯趙湜, 亦以臺啓見罷矣。仍與宅仁同宿, 翌早還庭, 遠近親舊書問交道, 莫不以及禍爲憂。旣而聞金大諫邦杰令丈遞職還, 余又馳謁見, 謂: "十一日, 出宿青郊, 俄接小報, 以大爺極邊遠竄事, 府啓已發, 乃前救趙令事也。臨行未及見批。" 因言: "在京時求見疏本, 初不以嗣基爲是, 只請勿以口語罪人, 語極宛委, 豈可以此成罪? 而時論至此, 奈何?" 且云: "閔相, 聞變, 宜令以完直告, 而反自白於上, 及金寅上變, 宜卽席藁待罪, 而偃息私次, 封疏自列, 致上疑怒益甚, 良可嘅已。變初, 以騎省右侍郎承牌詣闕, 時夜將闌, 火色騰空, 至今令人病悸, 自量非久當有行遣之命。然死生禍福, 莫非彼蒼所爲, 垂老投荒, 分所甘心。" 因貽書大人, 有以舍達自勗等語, 大人覽之, 稱賞曰: "此老倔强如此, 猶足强人意。" 余旣從金丈所還, 方以不聞臺啓後發落, 悶煎度日, 未幾, 金甥夢濂, 自金溪馳至, 言: "金吾郞行聲, 已過花府。" 擧家蒼黃, 婦孺號泣, 大人不以意, 寢睡甚穩。

二十二日 己丑

晡時, 金吾郞李君周命 新卿來傳遠竄之旨, 配所定於嶺北洪原矣。遠近親舊聞之, 咸集。元塘、芝村, 二趙丈極力顧助, 賴以辦行。大人以爲君命不可宿於家, 卽束裝離家, 出宿隣舍。金吾郞, 卽李大憲元祿伯胤也。未至, 馳書告意, 且慮老人摠頓之虞, 頗有周旋顧籍之意。此行逢此人, 非偶然也。因出示臺啓, 始知其論劾之由。且因靑松倅, 得見本月十五日以前邸報: 初九日, 下備忘記, 依宋 仁宗處郭后故事, 以廢妃處於義洞 別宮。十一日, 又命移入西宮, 爲置分承旨, 供衛甚厚。以十二日午時, 駕屋轎入宮。蓋以書辭凄惋, 悔意殊切, 有是命云。十三日, 中殿復位, 張妃降爲禧嬪。閔黯父子及李義徵復命拿問來, 張希載竄明川, 黃徵竄長興, 柳命天安置康津, 柳緯漢配富寧, 柳, 卽己巳初以布衣上疏, 請早定元子位號者也。一善士人盧以益, 以嘗疏論秘史之故, 臺啓請拿鞫, 依允。宋時烈、閔鼎重, 前此皆已復官, 洪致祥, 亦命復官。臺諫且覈首論時烈者, 將論罪。【人謂變初, 臺章無不一啓卽允。獨於大人, 再啓始允。且請極邊, 而只令遠竄, 豈天意亦諒其無他乎?】

附 【臺啓及政院啓辭畧】

四月初五日, 府啓: "罪人趙嗣基肆然投疏, 誣辱先后, 神人所共憤, 聖明覺悟, 快施邦刑。其時營護者, 獨逭刑章, 則殊非《春秋》討罪之義, 請亟命覈出, 從重定罪。" 依啓。

十日, 政院啓曰: "憲府以趙嗣基營護人覈出定罪事, 論啓, 蒙允。臣取考《日記》, 則己巳四月初三日引見時, 以趙嗣基遠竄事, 詢問大臣, 則金德遠曰: '趙嗣基自少常有妄擧, 年老被謫, 又喪其子, 精神耗荒, 致有此擧。十年竄逐, 尙未還家, 今又竄謫, 情實可矜。若哀其志而參酌處分, 只在上裁。云云。' 五月二十九日, 李○○上疏曰: '趙嗣基歷事四朝, 年迫八十, 雖其罪過深重, 情或可原, 猶當開宥, 況其所坐, 不過言語忘發之罪乎? 殿下已喩以斷無他意, 所謂一見決矣者也。蔡確作詩謗訕, 元祐諸臣以此罪確, 朱子以爲不當以口語治人。確心懷怨望, 語意悖慢, 朱子猶有所云云, 況嗣基情無可惡, 獨言語失當乎? 窃以爲今玆之擧, 殊非古聖賢不以口語罪人之意。云云。' 辛未十二月晝講時, 李○○曰: '趙嗣基, 以語言之過, 十年罪廢, 今又竄逐。妄發之罪, 雖難免焉, 揆以本情, 斷無他腸, 不可以此, 終爲廢錮。云云。' 其前後營救之說, 不無多少輕重之別, 而定罪一款, 非本院事, 何以爲之?" 傳曰: "李○○, 削奪官職, 門外黜送, 金德遠, 削奪官職。"

十一日, 府啓: "頃以兇人趙嗣基營救人覈出定罪事, 論啓, 蒙允。昨伏見政院啓辭傳教, 則有李○○削黜、金德遠削職之命。臣等窃以爲不然也。嗣基通天之罪, 莫不欲食肉寢皮, 沐浴請討之不暇, 而李○○假托儒名, 急於護黨, 肆然投疏, 竭意營救。一則曰: '情或可恕, 猶當開宥。' 二則曰: '情無可惡, 言語失當。' 末乃以爲: '不可以此終爲廢錮' 是同其情也。是長其惡也。噫嘻! 甚矣。李○○, 亦人也, 黨兇賊而背殿下, 何忍至此哉? 金德遠, 身爲大臣, 全沒嗣基罪狀, 諉之耗荒妄擧, 而敢請上裁, 其極力營護之意, 昭不可掩。語意放肆, 雖與○○有間, 用計巧密, 如出一套。今嗣基旣嚴鞫, 則其時伸救之人, 斷不可以削職削黜而上。請金德遠遠竄, 李○○極邊遠竄。" 答曰: "不允。" 十二日, 連啓, 答曰: "金德遠中道付處, 李○○遠竄。" 十三日, 停啓。【掌令兪集二，持平金時傑，而發論者時傑也。 大司憲李奎齡，亦於是日出肅。】十四日，禁府以金德遠洪州牧付處、李○○洪原縣遠竄啓。十五日，金時傑、兪集一，以率爾停啓引嫌，李奎齡以首發停啓之論引嫌。諫院處置曰：“兩人勘罪，旣已酌處，則商確停啓，未爲不可，而以柳命天論啓中，有率易苟且之失，請金時傑、兪集一遞差，李奎齡出仕。”依啓。

二十三日 庚寅

與一家內外，揮涕敍別，大人獨晏然如樂適土。六叔父積病羸劣中，出送路左，悲不自勝。家兄、舍弟以痘梗落後，相與握手流淚，無以爲懷。瘦妻出拜，心摧色凄。數箇弱息，往往失聲號咷，撫頂入送，亦甚傷情。是夕，陪到仁良里，五叔父從之。諸親先已來待。鄕人老少會者，幾數十百人，各饋贐有差。金俟聖佐亦來有贐。外家喪敗後，拘忌不得一慟，是行始哭之。一家三殯，巋然相對，人間慘變，寧有是耶? 因念內兄若在，爲吾家憂，必不啻在己。轉頭之頃，人事奄忽，痛哉痛哉！舅氏白首垂淚，孤孀、弱姪，血泣哀號，使人酸噎。時，肅而在茅寓，未還，喪亂之際，未成一面，奄有關塞之阻，計渠亦同此懷也。舅氏來與同宿，宿熤姪家。

二十四日 辛卯

宗人請且少留，大人以嚴程不可遲滯，決意離發。拜辭家廟，留別諸親，各致慰勉勸飭之意。大從兄，年紀已高，奉一盃爲餞，凄然泣下。權正尙任，摻別殷勤，仍執余手，謂曰：“事已至此，奈時運何? 以大爺盛德，必爲神明所扶持，願子自愛，勿太自憂傷。”鄕老勉後生之意，令人感佩不已。伯母，年八十五，臨門泣送曰：“此生，定不再相見。”仲嫂早寡，惟大人是依。前是一月，新喪季女，今又遭此，煢然哀隕，若無所歸，俱使人傷心。秣馬網谷里。宗戚及鄕人送者, 四十餘人, 自校中來餞。白日宣兄弟, 亦追餞于此。暮泊箕城。太守辛公大觀, 遇之特厚, 贐行諸具, 無不曲盡。【自仁良里至箕城, 五十里。】

二十五日 壬辰

發向仙槎, 行過越松亭下。萬松平湖, 平臨海門, 號爲八景之一, 而上有東臺, 尤稱絶景, 悄無登覽之興。遇雨不能前, 投宿井明[1]村舍。【自箕城至是, 僅二十里許。】主人漢升堂拜色甚傲, 豈所謂榮枯殊途人情異態者耶? 鄕人送者, 自箕城告歸。兼送從弟天培、馨甫、挺甫及姪之焞歸。異鄕分手, 情緖甚惡, 相與揮淚數行。趙德淵仲深、趙是常德彝亦從此歸。箕城人士奔走來謁, 自鄕廳、校中, 皆有贐。

二十六日 癸巳

晴。朝發井明, 雨後颶起, 海濤掀天, 客中愁緖, 轉覺紛紛。行過沙銅, 黃、李諸戚, 班荊出錢。歷望洋亭、穴岩等處, 海岸石路, 傾側可怕。秣馬仙槎 德神驛。【自正明至是, 三十五里。】子受、汝輝及從弟伯任辭去。鄕關日遠, 別意尤苦。朴君文鳳、白生命聃, 追送于此, 厚意良感。暮宿水山驛, 距仙槎縣五里所。【自德神至是, 三十五里。】以親命, 往見金吾郎於仙槎客館。致病且遇雨, 不能趲程之意。太守金公戩適至, 邈然無嗟勞意。既歸, 遣人致問, 辭以病不出, 饋以米魚各若干種。

1) 井明: 친필본에 이렇게 처리되어 있으나, 현 행정구역으로 '正明'으로 쓰고 있다. 아래 각주에는 '正明'으로 되어 있다.

二十七日 甲午

朝發水山，秣馬興富驛。【自水山至是，四十里。】有老吏張信立者來謁，噓唏流涕曰：“賢宰相，何爲有此行耶?”暮泊陟州沃原驛。【自興富至是，三十五里。】歷見金吾郎於驛亭，禁吏頗有促迫之意。自箕城至此，連日並海行，登高曠望，超忽悽愴。仍念若使余散跡江海，窮奇極幽，則巨海大觀，足以暢敍幽情，何必枉生悲來，乃今遭難流遷，觸境懷愁，信乎悲懽異趣、憂樂殊情者也。黃表兄石寶出自山谷，邂逅相訪。異鄕萍逢，已有越之流人之意矣。

二十八日 乙未

朝發沃原，瘴霧彌山。扶侍衝冒，憂慮轉切。踰召公臺。嘗聞臺上望見亐山島，是日，霧暗不果。讀翌成遺愛碑，卽南袞所撰。自古及今，讒賊害正，奸壬戕賢，如袞比幾人? 邪正相寇，天定無期，良足悲也。良足悲也。秣馬龍化驛。【自沃原至是，三十五里。】卓午抵交河驛。【自龍化至是，三十五里。】李生廷賢，嘗從大人學者也。闞館羅羞，情意甚摯，殊慰客中無聊之懷。李生，聞有是行，來遻于寧之泣嶺下，仍與偕行至箕城。聞驛中失火，屋比連燒，多至百五十餘家，渠家亦自不免云。窮民徂饑之餘，續遇火，恐必有同胞顚連之慘，念之惻然傷心。陟少文獻，俗號貿貿生，聚書數百卷，日夜種績，彬彬有士君子之風。吏于玆土，及人士之過其閭者，咸推以爲嶺東之秀。至是，書屋亦不免燒燼云。可歎可歎。驛中人吏聚觀，莫不頫首齎咨。穿孟坊松，松深如海。踰大峴，巉岩可怕。夕抵陟州。【自交柯至是，二十五里。】太守朴公相馨，已有削黜之命，而病甚不得出，遣子弟來問。鎭將辛公致寬、平陵督郵權公萬年來謁。各以米布魚錯若干種爲饋。朴侯亦饋米魚。

二十九日 丙申

朝見金吾郎於客館。竹西樓在客館南岸上, 亦爲八景之一。平生願一登覽, 及身莅之, 便覺風景愁人, 不得久留。是日, 光彥、熤姪及金姊兄辭去。自此以後, 奉老流竄, 惟我獨兮。絶塞數千里外, 脫有緩急, 誰與告語? 握手分背, 心摧目泫, 不覺衣袖盡濕。大人戒之曰: “汝扶老適遠, 情事自不能平。然事已至此, 惟當聽天所命。君子素憂患, 行乎憂患, 汝不見朱子所寫《東坡帖》乎? 丈夫立心當如此, 毋爲此兒女子悲也。” 余卽敬受教, 作家書, 遞附歸便, 李生廷賢追送數日程, 馬上歷問境土形勝風謠故事, 忽忘羈旅道途之苦, 亦可幸也。秣馬平陵驛。【自陟州至是, 三十五里。】驛凋甚, 與龍化等。暮投溟州 羽溪縣之樂豊驛。【自平陵至是, 四十里。】金吾郎宿羽溪客館, 歷路暫見。旣歸雨下, 得免沾濕之苦。

三十日 丁酉

雨止, 遂發。踰栗峴 火飛嶺。南有地名正東, 蓋東海上小山, 山皆石山, 木皆松。嘗讀眉老記行錄, 春分東望, 日出正中。古有東海神祠, 中移襄陽, 山奇峭有神, 伐一樹則一村有災, 鄕人神祠[2]之, 凡疾疫有禱云。秣馬安仁驛。【自豊樂至是, 三十里。】吳生漢昌來謁。生本鄕里舊相識, 數年前, 客寓溟州, 聞行聲來待驛亭, 已有日矣。邂逅相逢, 怳如一夢。自言家在史東茅田里, 距此劣五里許云。適以痘梗不得追送, 乍逢旋別, 又作一惡懷。少東傍海, 有寒松亭, 又有述郎井、石竈、石池之異, 今不暇往見, 徵諸故老曰: “海岸荒原斷壟, 往往有二三松樹, 古有千歲深松, 寒影蒼蒼, 至今有寒松之號, 以此。”云。夕抵溟州, 宿大昌驛。【自安仁至是, 二十里。】以親命, 歷訪鄭都事泰邦及權公時一

---

2) 祠: 미수(眉叟) 허목(許穆)의 〈척주시기행초록(陟州時記行鈔語)〉에는 ‘事’로 되어 있다.

兄弟，一見便覺情親，各行酒數行而罷。既還，都事丈及權載一、均一甫追到舍館。鄭丈伯胤、上舍天柱，亦來款如舊識。各携壺爲餞，大人辭以不能，滿觴一酌訖，遂止。兩家俱致行贐。兪君義重，卽兪承宣夏謙子也。嘗從承旨公宰靑鳧，執雉于我大人。前是一月，與關東亞使君，入金剛，既出山，聞大人有是行，倍道馳至，相遇逆旅中，嗟勞不能休，分行槖以相資。患難之際，不忘舊情如此，其義亦可尙也。明朝握手敍別而去。溟，故濊國遺墟。自箕至陟，重關複嶺，阻絶迫阨，殊少開眼處，至是，大陸中開，襟帶周遭，無復齷齪淺促氣味，不意嶺海之間，有此好風水也。雖彈丸黑子之地，其立國，有以也。海上地斥鹵，多鳴沙。沿海沙平，皓若雪色，人跡馬蹄，觸之有聲，而軟脚不能行。大抵嶺東一路，多如此，而杆城、高城最多。輿地志，其在杆城者，名鳴沙云。

五月

初一日 戊戌

朝與鄭、權、兪諸公別。道遇小雨，不至沾濕。東北望見，平湖在十五里許，有指而言者曰："鏡浦臺在其上，浦周回二十餘里，水靜如鏡。不深不淺，纔沒人肩，四面中央如一。西有峯，峯上有臺。汀外大海萬里，望日出，最奇云。未知此生，能復有放懷登覽之日耶? 爲之悵然興懷。午憩連谷驛。【自大昌至是，三十五里。】夕宿襄陽洞山驛。【自連谷至是，四十里。】洞山、連谷間，有二大湖臨海岸，每水至沙崩，人馬多渰死，使人凜然寒心。戒僕夫歸時勿乘危，且欲作家書戒之，令後來者知之。歷訪金吾郞於客館，館在兩峽間。名洞山亭，幽奧可愛，多有名公佳作掛楣間。每日早晩，必一見金吾郞，與議行事，此後煩不盡錄。

二日 已亥

朝發洞山驛。李生辭去。客中頻送別，安得不淚沾衣也。望見海賈六七艘，掛席中洋，自憐吾身世迫阨，無計弄扁舟也。秣馬祥雲驛。【自洞山至是，三十里。】舊有郵館，今移連倉云。暮泊峴山，宿連倉驛。【自祥雲至是，二十里。】太守閔震炯，具冠服來見，饋遇甚款。大人辭以罪戾之蹤，不宜受此禮。閔公曰："小生所以如此，欲使峽氓知爲舊日宰相也。" 贐行優厚，饋藥數十種。余以親命往謝而歸。因得邸報數紙，聞四月卄一日以前消息。以首論金壽恒事，金大成邦杰竄同福，沈承旨檥竄宜寧，金掌令鼎台竄利城，李奉朝賀觀徵、吳判書始復、尹判書以濟、兪判書夏益、李參判瑞雨、朴參判相馨等十餘人，皆削黜。以首發閔鼎重事，金元燮竄端川，趙承旨涚竄定州，尹執義鼎和竄南平，嶺海之間，殊不落莫矣。李生，周旋驛路，頗有所濟。且各驛吏卒，莫不殫誠顧護，豈嶺東人心，尙且淳古而然耶？良感。督郵柳粹然稱病不出，卽柳大將赫然庶從云。

三日 庚子

曉發連倉，行飯降仙驛。【自連倉至是，二十里。】朝過洛山寺下，亦有鏡浦之感，而海雲漠漠，天意欲雨，客懷逾不快。飯已，遂發。道遇小雯，旋霽。永郎湖並海邊周回三十餘里，萬松奇岩，詭異非人境。湖東小峯，半入湖心，古有亭，今廢。世傳永郞，嘗遊此故名。仍念千載湖仙，不知今在何處。俯視塵間庭，閱幾多世變，獨恨此擾擾百年，往不及來不聞，則寧不爲可慨也耶？降仙十里許，又有一大湖，沙崩人渰之虞爲尤甚，永郎湖亦然云。秣馬靑澗驛。【自降仙至是，三十里。】靑澗亭在其傍，亭下亂石巉岩，水淸徹底。每風至，大海驚濤，亂神岩石間，亦爲八景之一。歷仙遊潭, 其南長松浦, 暮泊杆城, 宿竹泡驛。【自青澗至是, 四十五里。】太守李公寅爐, 時已上京, 豫敇吏饋遇有禮。一旬驅馳, 率多並海行, 盡日所見, 惟蜒蠔之屬, 操舟業漁採而已。颶作無常, 濤聲驚耳, 腥雲毒霧, 透肌損脾, 韓子所謂海氣濕蟄薰腥臊者, 猶信。自越松以北, 海邊多深松大湖, 奇巖異石, 錯列嶙峋, 窪而爲坎竇, 突而爲崗阜, 伏而爲蛟螭蜿蜒狀, 奇詭百態, 往往有孤嶼點洋中, 杳冥幽悄。蓋嶺東濱海處, 無非奇觀異景, 八景庸詎獨擅名? 大嶺盤據數百千里, 崚嶒秀拔。嘗讀眉老記, 滄海西百四十里爲五臺山, 高大深邃, 多積氣, 無鳥獸。有長嶺于筒之水, 稱神泉, 其水下流爲漢水之源。從襄陽海上西北行五十里, 爲雪岳山。極高峻, 中秋始雪, 有懸瀑三百尺云。

四日 辛丑

曉發竹泡, 朝飯烈山驛。【自竹泡至是, 三十里。】是日頑雲始收, 颶氣又作。嚴程有限, 連日趲程, 老人氣力, 豈無撼頓之虞? 焦心煎慮, 益難爲懷。飯已, 遂發。秣馬明波驛。【自烈山至是, 二十里。】行過高城 大康驛,【自明波至是, 二十五里。】躡鳴沙十里許, 風景有餘, 而人馬大困。適高城, 使君遣候吏供午具。遂卸鞍路左, 偶吟一絶云: "大嶺之東山水窟, 生平寤寐見無因。此行踏盡名區去, 滿目風光愁殺人。" 歷仙舟巖、仙游潭, 夕抵高城南江。候吏整船待, 移舟中流, 望見金剛列峀玉立宵漢間, 不覺忻然注目。既至舍館, 使君卽出迎勞。使君, 卽花山 李後榮 士久。大人自其先君時, 已有過從之分, 昨歲京邸, 又有同朝之義。千里初逢, 惝怳難狀, 而見遇款厚, 頓忘羈愁。李君重啓, 與其子恒春來謁。蓋自花山, 客寓本州, 而於吾家有戚故者也。逆旅邂逅, 亦不偶然矣。【自大康至是, 二十里。】

五日 壬寅

金吾郎疾作, 士久且請留一日, 遂止。大人深以稽滯爲未安。夕間, 余訪使君於平珍。仍與偕至海山亭, 問金吾郎疾。亭在郡廨西岸上, 前對南江, 東臨大海, 左峙七星, 右挹金剛, 奇觀美景, 應接不暇, 實爲嶺東最殊勝處, 其不得與八景之列, 何也? 聞三日湖、四仙亭, 在郡西五里所, 四仙, 卽新羅時述郞、南郞、永郞、安詳也。有石龕丹書之異, 今旣不得往, 則空憶宿昔仇池之夢而已。西望金剛, 偶吟一絶云: "郡齋西望萬千峰, 玉立雲天訝許工。身到還庭秖如此, 何須絶頂哭途窮。" 節屆端陽, 千家競戲, 遙臨家山, 愴然傷情。因記前年此日, 從大人赴召, 告病留中原。不意今乃作此數千里外客, 未知明年此日, 又在何處? 浮生無根蔕, 可發一浩歎也。愼上舍懋來見, 卽前年上疏論國計者也。其子輝國繼至, 詳言北界風謠故事。

六日 癸卯

朝發高城。士久贐行周盡, 臨別出餞。大人誦'西出陽關無故人'之句, 爲强進一盃, 執手敍別, 懷思甚惡。初暑鬱燠, 道暍殊甚, 前程尙遠, 憂慮薰心。秣馬養眞驛。【自高城至是, 二十五里。】李君恒春從之, 携壺餞別, 其意可感。自高城至通川界, 皆從金剛北麓行。望見眞面目, 宛然在目前, 龍拏虎攫, 神秀崴磈, 殆不可名狀, 信造物逞技之所也。時方盛夏, 綠陰蔥蘢, 躑躅間發, 而絶壑層陰, 往往有氷雪堆。噫! 余安得陟毗盧, 瞰日域, 窺九龍, 探萬瀑, 踏盡萬二千峰, 以寫此壹鬱憂愁憤悶無聊之意哉。今旣不可暇, 則遙指白雲留後約耳。暮泊通川 朝珍驛。【自養珍至是, 四十五里。】其間有所謂獨遷者, 海岸陡斷千尺, 上有鳥道, 回轉巖隙, 下騎徒行, 頫視猶悸, 嘗讀《漢書》, "西域罽賓, 有三池, 磐石阪道, 陿者, 尺六七寸, (長者) 徑三十里, 臨崢山檠, 不測之深. 行者, 騎步相持, 繩索相引, 險阻危害, 不可勝言。” 此不豈其〇〇賴通川倅閔公周昌送籃輿以迎, 使老人得免躋攀之苦, 良感。

七日 甲辰

曉發朝珍, 朝飯騰露驛。【自朝珍至是, 十五里。】午憩通川郡。【自朝珍至是, 五十里。】太守送言于余, 辭以病不出, 供午具以饋。因得見四月卄八日以前邸報。以首論宋時烈事, 權參判瑎竄寧海, 李參判壽徵竄寧遠, 李承旨玄紀竄北靑, 李監司萬元竄光州。以廢妃時大臣三司不以死爭故, 兩司合啓, 權相大運安置海南, 睦相來善安置河東。閔相, 以其時大提學撰頒敎文, 待鞫獄收殺, 絶島圍籬安置。睦判書昌明竄朔州, 權參判珪竄康津, 李承旨元齡竄蔚山, 沈承旨檖移龜城, 沈承旨季良竄龍川, 裵承旨正徽竄富寧, 金承旨澍竄江界, 成東萊瓘竄機張, 鄭掌令善鳴移鏡城, 皆極邊也。當初合啓發論也, 至擬之造、訒、仁弘, 欲直請按律。大司憲李奎齡曰: “己巳諸人, 猶有半日廷請, 暫時伏閤而直請按律, 則今日吾輩全無一言半辭, 他日或有請罪之事, 將何辭以自解? 必請按律, 須先駁我以故。” 只請安置云。府啓請拿問申判尹厚載, 依允。蓋己巳秋, 申台以陳奏副使將赴燕, 以不恭不敬等語, 有所陳稟, 而云: “語出相臣”, 蓋指睦相也。今所以請拿申台者, 將欲覈其人而加之罪也。臺啓又請拿鞫張希載, 依允。蓋聞上曰: “吾一日得希載諺書上中宮者, 有云, ‘閔黯言廢妃與金貴人聚金貨賂掖庭, 願察之云云。’ 豈不痛乎?” 臺章之發, 蓋以此也。上命嚴刑得情, 旋因領相‘議親’之言, 命除刑推, 依前處分也。有庶孽辛相東者, 上疏請以珥、渾從祀文廟, 上答曰: “事涉顚倒, 是用難處。” 蓋春間嘗下備忘記, 若曰: “有以珥、渾從祀爲請者, 當治以侮聖廟之罪云。” 故至是難於卽從云。自峴山以北至習溪, 海中多島嶼可觀。金幱, 穿竇最奇, 叢石, 尤稱絶景, 皆可望見,叢石卽八景之一也。夕抵歙谷。【自通川至是，三十里。】太守黃公爾明，邈乎其無情。行中，款段困甚，多顚仆，前途尙遠，令人惱心。

八日 乙巳

小婢供朝餐，盤中只有魚羮一貼、時菜數筋而已。大人强進若干匕筋而罷。竊仰顔色，羸悴已甚，而朝晡之間，艱楚如此，中心煎迫，有誰知之? 早發歙谷，歙北五里許，卽嶺北 安邊境也。所經有二大湖，其一，名侍中臺，在歙境。蓋韓公明澮嘗以節鎭關東來登是臺，而拜侍中之命適至，故得是名云。歷鶴浦縣，秣馬華登驛。【自歙谷至是，五十里。】自此，距家已千有餘里，回望嶺海間，空使人暗消魂也。垂欲上馬，大雨不得發。遠客關雨，不堪幽愁，而禁吏頗有促迫之意，尤可苦也。金吾郎亦以遲延日子爲慮。適有咸興驛吏朱道一者來謁，冠屨儼然，自言能爲詹尹之技。余笑謂爾能爲吾卜居否? 留與語數刻許，因言: “金大諫元燮，月初過高山，而病日進，絶食走道云。” 殊可念也。終宵大雨。

九日 丙午

雨不止。俟稍霽發行。沙汀烟雨中，鷗鷺千群，海棠無數，關東僧詩‘鳴沙十里海棠發，白鷗兩兩飛踈雨’者，正寫今日景也。去海岸十里許，有國島，岩巒石窟，多奇怪，不可名狀。行十餘里，有一棧，亦海岸陡斷處。然比諸獨遷，猶爲坦途。每登高曠望，天水漭蒼，喟然有乘槎問津之意。安邊以北，海島中，往往有人烟，大者或數十百戶云。秣馬沙岩里。【自華登至是，二十五里。】向晩快晴，夕抵安邊。南望鐵嶺連天，朔氣滿地，遠客初至，注視怵惕。且習俗風謠，不並以南。先王彊理境土，類聚群分，所謂百里不同風千里不同俗者，亦其理勢然也。自此，當日益北，見聞當日益異，亦足以少償平生遠游之志耶? 太守李公墪，時輩名流也。聞問不相及。最晩, 有官婢一人, 具盤飧來饋曰: "此太守之令也。" 大人辭不受, 於歙亦然。【自沙巖至是, 三十里。】

十日 丁未

蓐食將發。前此所至州縣, 例發刷馬一匹、護送軍三人, 頗賴其力, 得以藁轎行, 安倅曰: "此非逋逃人, 安用三人爲。" 終不給到軍人, 金吾郎及禁吏輩, 亦無如之何矣。勢甚狼狽, 遂發所帶奴僕, 僅僅扶護, 艱到德源之元山里。【自安邊至是, 三十五里。】朝飯訖, 發向德源。【自元山[3]至是, 十五里。】卒遇盲風, 幾不能行。旣至, 太守尹公濟萬, 卽出相見, 接遇甚款, 贐行且厚。因聞日邊消息, 以金時傑疏斥首揆及兵判徐文重緩獄之故, 自中風色, 甚不佳。蓋文重時以知義禁, 方治尹憘、成虎斌等也。語具在時傑疏及文重自明疏。又聞金大諫元燮、李承宣玄紀諸公, 投北之行, 才已過此。尹侯因言: "聞李令言, 朝議以大監爲廢妃請廩疏有'自絶于天'等語, 將有論罪之擧云。" 蓋指己巳九月應旨疏也。疏中指意, 本欲爲中宮少致奠安之意, 而畢竟時論至此, 若不但已, 則極令人寒心。自是, 又添一陪憂悸矣。夕向文川, 風勢逾顚。【自德源至是, 三十五里。】太守李公寅錫來見, 見遇之款, 不減德倅。郡南十里許, 有一村, 卽南坡洪尚書宇遠畢命處也。天陰日落, 空灑數行淚。向昏, 風雨交作, 須臾雨歇, 月色如晝。遙想故園, 今宵應照此光輝。悵望南嶠, 徒亂人心曲也。

---

3) 元山: 친필본에는 '員山'으로 되어 있으나 《신증동국여지승람》 등에 근거하여 '元山'으로 수정하였다.

十一日 戊申

早發文川，李公來送之，卓午抵高原。【自文川至是，五十里。】太守尹公以就送言于余，以病不得迓勞爲辭，致饋贐頗優。聞邑中水土不善，雖半日淹，亦不安心，而聞永興亦然云。夕抵永興，【自高原至是，三十五里。】太守羅公弘佐雅稱有世誼，具冠服來見。饋贐亦頗厚，禮際覺有餘，而詩人所謂游子去留意，主人眉睫間者，覺於今日有味也。濬源殿參奉洪楫 通老，一善人也。聞行聲，從直所來。異域萍逢，怳然如夢。適會金吾郞，乘間來見。月夜匡坐，偶成同道會，亦旅泊中一幸會也。通老因言州之故事頗詳。桓祖嘗僑居州境，誕生聖祖，今卽其遺墟，爲設本宮，祭祀不絶，置濬源殿，以奉遺像，江以龍興名，亦以此云，蓋嶺北山川，形勢開張，氣像雄遠，非嶺東淺促比，宜其蘊蓄精佑，篤生聖人也。通老借乘，送至咸興，亦古人之義也。

十二日 己酉

早發永興。羅公來送之。午泊定平之草原驛。【自永興至是，三十五里。】高山郵館在是。聞金世欽 天若謫宦于玆，大令年老，渠們忌痘，自是情理切迫處。然當此之時，桷角哦松，亦未爲不幸也。早晩若來，當作天涯故人也。暮泊定平。【自草原至是，三十五里。】連三日趲程，老人氣力憊甚，牙痛又作，而是夕風氣甚惡，悶極悶極。旣至，太守李公漢珪，具冠服來見，一如永倅之爲。所帶僕馬，無不痛瘏，將無以前進。自德源至是府，各出奴馬，送至其境，頗賴其力云。安邊以北，路平如掌，人馬大困之餘，幸免躋攀之苦。自永興至定平間，有一二峙峴，亦甚坦夷，可以轎行。

十三日 庚戌

朝發定平。李侯來送之。行十餘里, 望見咸興入眼, 方可五六十里。氣像雄遠, 又非安邊數州比。平原沃野, 一望無際, 人言: "當華實蔽野時, 尤爲一巨觀云。" 度萬歲橋, 橋絶成川江, 約長三四里。從東頭望西畔, 不卞人男女, 車可以方軌, 殆下邑所未見。半刺金公夢協, 卽領府事德遠從父兄子也。遣候吏迎勞, 旣至舍館, 具冠服來見。饋遇之厚, 皆出情款。北伯權公歆繼至。天涯絶域, 邂逅情人, 如客歸家, 少展眉愁。朴君尙斌, 昌寧人, 方佐北幕, 都生愼訥, 故司藝愼修庶從弟, 以北產刷還, 亦皆來謁。同道之義, 殊不偶然也。

十四日 辛亥

北伯半刺, 以老人勞悴已甚, 不宜趲程添傷, 固要留一日。遂得諸於金吾郞, 兩衙問聞交道, 殊不落莫。半刺日再至, 北伯亦來, 從容款晤, 出洪原營穀十許斛以周之。城西有樓名樂民, 臨江岸陡斷處。東際滄溟, 西通定州, 南接虹橋, 北阻關嶺, 截長補短, 可方百里。大陸中開, 極目微茫, 頓覺煩襟開豁。粉堞精緻, 閭閻撲地, 爲北路一都會。昔我先王, 肇基王迹於此, 至今稱爲豐沛之鄕, 而州東十里許, 置本宮, 有別差守之, 長吏以時奉祀如法, 又有德安、定和諸陵云。大抵北俗, 尙懽忮, 耐飢渴, 能徒跣走百里, 國家善用之, 實天下精兵處也。

十五日 壬子

卓午, 將發向洪原。余以入謝兩衙故, 先發, 路遇半刺遣人, 言: "卽接金吾郞路文, 以罪人拿來事, 向洪原云, 似爲大爺來也。極可驚心云。" 余聞來震駴, 若隕深淵, 而未知請拿事顚末, 尤增鬱塞。豈以請稟疏之故如德源倅尹公所云耶? 金吾郞先已離發, 大人以爲不宜落後, 促駕行。

日已向夕, 秣馬德山驛。【自咸興至是, 三十五里。】暮泊咸關嶺下仁東院里。【自德山至是, 二十里。】寂寞深山, 暝色依微, 獨奉親老, 行色蒼黃。逢時不祥, 罹此百憂, 悠悠蒼天, 此何人哉? 痛傷憂鬱, 神喪魄沮。大人見吾如此, 戒之曰: "死生禍福, 莫非命也。惟當以鐵心石腸自持, 毋徒爲此戚戚也。主人家多壁蝨, 大人寢睡不安, 尤悶尤悶。

十六日 癸丑

遲明蓐食, 大人匕箸頓減, 痛迫痛迫。促鞭踰嶺, 嶺路脩峻, 俯臨滄海, 洪原在指下, 南北益隔遠矣。朝飯洪原之咸原驛。【自仁東院至是, 二十里。】卽向洪原, 金吾郎新卿旣到配押付, 旋卽復路, 客中送別, 尤覺愴然。太守崔公鎭漢, 出迎路左。班荊勞苦訖, 旋向舍館, 館宇靜便可愛。房舍、廚竈、廐溷, 脩治排布等事, 無不整飭有序。下至日用器皿、鋪陳、米鹽、雜細事宜, 亦皆纖悉無遺。不但其爲人謀忠之義有足多者, 亦其人幹局才諝, 小可以觀大矣。金吾郎亦爲之稱賞不已。主人仁賢, 風土稍善, 亦且可以度日, 而席不暇暖, 又此蒼黃, 不幸之中, 又何其不幸耶。縣本濱海, 每歲春夏間, 南北賈人, 船交海中, 趕路雖綿邈, 庶有因便嗣音之階, 而此亦竟不諧矣。痛心痛心。官胥里漢, 無不齎咨歎息。奔走致力, 天涯絶域, 影響不相及, 而患難之際, 人情如此, 寧不爲之啣感也! 太守定官吏使令, 硯直、奴婢各一人, 俾來執事。大人辭不受, 太守曰: "大監, 明當離此, 俺守土, 欲待以過客之禮云。" 縣工曹姜尙載、官奴明善者, 尤爲之盡。館在新恩驛, 去縣治不五里。聞驛中有朴生輪者, 能通五行之術, 百不失一二。召與語, 氣專容寂, 質而不俚, 足爲窮愁中一語伴也。

十七日 甲寅

鷄報曉, 忽有門外剝啄聲。急起視之, 乃持李周命新卿書者也。與新來金吾郎, 遻於咸興客館, 得見臺啓, 與半刺議, 走急足罔夜至。始知臺啓之發, 果如傳聞之說。其啓曰: "洪原遠竄罪人李○○, 包藏禍心, 締結權姦, 肆行胸臆, 無所不至, 而曾在中宮殿下出處私第之日, 投進一疏, 語意絶悖, 有曰: '不順壼彛, 自絶于天。' 又曰: '爲設防衛, 謹其糾禁。' 噫嘻, 此豈臣子所忍言者哉! 自絶于天, 是何等罪名, 而乃能勒加於不能加之地; 謹其糾禁, 亦未知欲防何事, 而其所下語若是陰秘耶? 前後兇徒之語侵中宮者, 非止一二, 而未有若○○之特甚者也。雖因他事, 旣已被謫, 而惟玆數款, 不可置而不問。請遠竄罪人李○○拿問勘罪。" 事依啓。人之爲言, 何至此哉! 蓋在己巳初, 大人赴召, 至近坼, 適聞坤宮不安之報, 衷誠所激, 亟起封章, 因縣道投進。廣尹李公沆, 以嚴旨纔頒, 不爲上送, 卽使曹吏徑[4]投喉司, 喉司亦不捧入。大人以國有大變未效一言爲痛恨。是秋, 以雷震有求言之敎, 卽應旨陳疏, 畧曰: "廢妃閔氏, 不循壼彛, 自絶于天。然在殿下所以處之之道, 則亦宜務盡道理, 曲全恩意, 然後可以慰輿望而答群情。何則? 蓋彼以六禮所聘, 定位中宮, 奉承至尊, 殆將十年。今而有罪, 雖被廢黜, 至於置之閭家, 絶其廩食, 略無毫分假借顧念之意, 則似未免過當失中之歸。臣請依漢武帝、宋仁宗待陳、郭故事, 處之以離宮別館, 爲設防衛, 謹其糾禁, 量給廩料, 使之得有所賴, 則於殿下處變之道, 庶幾曲盡無遺恨云云。" 當是時, 降出未久, 天威未霽, 語涉坤宮, 爲世大諱, 大人於是獨能抗危辭批逆鱗, 言人所不敢言。雖其遣辭之際, 不得不略存處變之

---

4) 徑: 친필본에는 '經'으로 되어 있으나, 오자이기에 《갈암선생문집》의 내용에 의거해 바로잡았다.

意, 然原疏主意, 本欲爲中宮冀蒙恩澤而發, 陰秘侵逼, 豈意慮所及乎? 擿摭搆捏, 一至於此, 不亦繆悖大冤哉? 況'糾禁'二字, 本出《周禮》《天官書》, 高臺當日曾不之讀乎? 蓋聞論發臺官, 初不見原疏, 受柄臣家指爲此啓云。豈不爲尤可痛心哉? 昔鄭文穆公, 當東朝幽閉時, 上疏, 略曰: "大妃內主咀呪, 外應逆謀, 母子之恩, 蓋已絶矣。其爲宗社之憤, 孰有甚焉? 所以今日之擧措, 萬不他顧而爭倡不已也。然而與天無極之倫, 横截萬古而爲經爲緯, 自古聖人, 亦豈全無此等變故而未始有聞? 恐不可不爲之深思而不勝一朝之痛, 終貽萬古之羞云云," 噫! 母子之倫, 不翅齊體之義, 主呪謀逆, 又不啻不循自絶等語之爲緊重而已。特以其全欲爲東朝扶網正倫故, 一時稱名疏, 後世無異議。今乃以此作話頭相料理, 人情之危險, 世路之偪側, 可謂至此極矣。此足爲百世斷案, 今幷錄之。火色騰空, 駭機莫測, 未知前頭竟如何出場。扣心回腸, 方寸蠹螫, 所恃者, 蒼蒼已。卓午, 金吾郎馳至。卽李鼎興士重, 亦吾儕中人, 頗有顧籍之意, 不幸中幸也。因聞日邊爻象頗詳。啓出栢府, 大司憲李奎齡、持平金鎭圭尋單, 持平鄭澔在外, 執義洪受瀗、持平金弘楨, 亦在告。掌令安世徵, 獨詣臺論啓。世徵, 本圻邑窶人子, 嘗附尤門, 喫一呷湯水云。夕入縣廨, 訪太守, 因見金吾郎於客館。歸路, 訪朴輪而還。驟雨一陣, 須臾旋霽。

十八日 乙卯

朝發洪原。曾未幾何, 復尋前路, 滿目生愁, 觸境懷酸。太守來送之。人吏追送者, 至有歎息流涕者。秣馬咸原。【自洪原至是, 三十里。】踰咸關嶺, 霧雨漫山, 行李益艱。來晴去雨, 山靈亦世情耶? 暮宿德山驛。

十九日 丙辰

還到咸興, 日尙未午。親候失適, 不能前。邃請於金吾郎止宿。北伯出見, 慇勞不已。半刺病不得出。余邃入見而還。大人於枕上, 俾余執筆口呼供辭, 凡若干言, 示北伯半刺及金吾郎。

二十日 丁巳

大人力疾登道, 北伯又至, 別意殊苦。半刺亦扶病出, 吃吃嗟勞而已。暮宿定平。

二十一日 戊午[5)]

宿永興 和原驛。羅公來見致意, 洪通老亦至。

二十二日 己未[6)]

宿文川。

二十三日 庚申[7)]

秣馬德源。尹公出見。不以禍故相背負, 窮途感激, 深矣。夕宿安邊北杵山 把撥村 林達賢家。林自言嘗爲智陵郞, 見待甚款。

5) 二十一日 戊午: 친필본에는 '戊午'라고만 되어 있고, 줄을 바꾸어 쓰지 않았으나, 내용의 전개상 일자(日字)의 간지로 처리하는 것이 타당할 듯하여 수정 처리하였다.

6) 二十二日 己未: 친필본에는 '己未'라고만 되어 있고, 줄을 바꾸어 쓰지 않았으나, 내용의 전개상 일자(日字)의 간지로 처리하는 것이 타당할 듯하여 수정 처리하였다.

7) 二十二日 庚申: 친필본에는 '庚申'라고만 되어 있고, 줄을 바꾸어 쓰지 않았으나, 내용의 전개상 일자(日字)의 간지로 처리하는 것이 타당할 듯하여 수정 처리하였다.

二十四日 辛酉

宿鐵嶺下高山驛。明早, 將踰嶺, 鷄三嗥。聞街上有官人呵道聲。正如傷禽惡弦, 意甚驚恐。急起守隷詗之, 初認爲都事行中驛隷聲。俄而, 僕夫叩門告曰: "其聲, 乃假都事行次聲也。聞又自鞫廳, 有拿命云。" 余蹶氣震怖, 驚號罔措。大人畧無幾微見言面, 徐謂曰: "不意奇禍, 轉輾至此, 事將叵測, 汝心當無涯。然莫非命也。亦且奈何? 古人不云乎? 素患難, 行乎患難," 仍執余手而言曰: "吾則恃汝, 汝惟自愛。且思有以發明吾志。" 小子於此, 當作何如懷耶? 至今不忍思, 亦不忍筆之書也。獨侍天涯, 遭此不測之變, 天地茫茫, 無復生意, 而猶且而言而食, 孰謂人非木石耶? 假都事旣至, 傳命鞫獄, 事秘莫知其由, 尤不勝其鬱抑也。所帶羅將趙斯立者, 大肆凶獰, 徵索無藝, 亦自亂人意。余卽脫驂, 且出一駄行資, 以與之。稍嗛飢鳥之喙, 不復太生梗矣。纔別色馳發, 余爲抵死趕後計, 分付諸奴, 且令隨後至, 只從二蒼頭偕。【彥立有先。】行至嶺下, 石棧危甚, 天又雨, 不可以轎行。遂捨馬而舁, 蒼黃顚頓, 罔有紀極。余奔問氣力, 大人顧謂曰: "當此時, 氣力如何, 不須問。" 馳至淮陽, 日高丈餘。羅卒臨門督發, 不可頃刻遲滯。歷新安、蒼道等驛, 抵金城, 夜人定矣。太守柳公命雄, 不敢出, 陰遣人相問。是日, 行一百五十餘里。余懇都事及羅卒, 請且少休。都事, 卽彥陽人李廷諧也。同道有面雅, 爲聽之。鷄鳴馳發, 至金化 生昌驛。歷豊田、梁門等驛, 抵抱川。是日, 行一百七十餘里。閱月撼頓之餘, 又此倍道兼程, 罔夜奔馳, 老人氣力, 幾何不至摧殘? 罔極罔極。鷄鳴將發, 忽報有跫然聲。余急起出視, 乃權君聖時也。易服趕來, 爲傳嗾儒臣探內事之說, 出於金寅之招, 以故有鞫廳逮云。吁! 此何言哉? 咸興時見金時傑疏, 有此箇語, 自是千不意萬不意, 不省其所指, 其果爲吾家而發。鍜鍊搆揑, 乃至此極, 悠悠蒼天, 此何人哉? 權君不能道其詳, 未知寅招如何做話頭，尤使人悶塞。權君爲略言洛中親舊意指，且言諸士友初欲叫閽訴冤，及聞辭連鞫獄，遂止不果。亦有欲來遻中路者，以此不敢出云。權君相與立談訖，旋卽別去。朝至楊州 豆險川里。暑雨鬱蒸，種種罔措。暨入城，雨稍止。自抱去洛，百有餘里。日尙未午，旣至金吾門外。大人將就理，顧余執手，余淚落不能仰視，獨立門外，迷不知所如。鄭咸安沈，遣人占次，要余就息。自是內外隔絶，聞問不通。竊想深室寢食之苦，焦心煎慮，寧欲自滅而無竊也。洛中親舊，次第相問，姜功甫碩勛，李明叔燦，首先至。權天章斗經，從泰陵直所來。握手含淚，相視無言。蓋欲出候路左，有故不果，而前此奔走周旋之力，爲尤至。見余孑然孤寄，不忍捨去，留與同宿。因言物情時象頗詳，稍慰此罔極之懷。是日乃二十七日甲子云。

二十八日 乙丑

開鞫坐，聞大人出置對，無路探知，坐自煎熬而已。朝者，伯氏偕從弟桱、姪子之熤，從海鄕來。蓋權君聖時，知有拿命，雇急足走通于家也。兄弟相持號泣，情不可極，而權君當此禍亂危迫之際，能左右周旋如此，不易不易。沈承旨季良，己巳夏請治蔡以章，極邊安置。【渭源。】權參判瑍，嘗爲海西伯，撤尤宋 芙蓉堂懸板，極邊遠竄。【鐵山。】權處經，中宮出處後，爲掌苑官，去其廳壁誕日錄，極邊遠竄。【甲山。】宋尙周，嘗擬投疏言事，絶島安置。【大都。】皆臺章峻發也。始至，聞風聲鶴唳，益怖危敗之魂。始余未入城，天章往見權參判瑍，請草供辭。權台卽口呼成文，辭懇意明，有足動人聽者。至是，欲入送不可得，痛迫痛迫。是日，小雨，向夕大注，終宵不止。

二十九日 丙寅

大雨。聞大人再置對。前後置對, 未知問目內辭緣及納供後議讞之如何, 心下如焚, 無以爲懷。況雨勢如注, 情事益罔極。羅卒朴五龍, 卽李都事鼎興甫引倍也。今行識面, 乃能爲之愍念不已, 數來傳消息。且言置對後, 物議決無危慮, 願勿過自焦煎。自是往來不絕, 咄咄爲言。趙斯立皂隷下賤中, 亦有如此輩耶? 良可感歎。是日, 上下敎曰: "庚申獄事, 逆節已著, 而己巳權奸, 欺蔽削勳, 令該府更勘。" 太學生李世白等上疏, 請罪立異牛栗復享者。蓋前此有楊州人朴珣者疏請復享, 上答曰: "曩時權奸輒事斯蔽之狀, 業已覺悟, 則矧玆事關斯文、繫時汚隆乎? 當令該曺稟處。" 太學生韓宗奭等疏陳, 以爲不可, 見阻喉司, 不得徹聞, 而臺啓請卽迸裔, 明示好惡。仍請己巳初爲黜享疏者李玄齡、安瑕, 一併遠配。以故宗奭配康津, 玄齡配盈德, 瑕配嘉山。世白等疏, 蓋爲宗奭對擧也。始入城, 囊無一錢, 餬口沒計, 賴洛中親舊, 乞錢送米。李楊州衡祥, 且送炊飯婢, 得延朝晡之間, 而吾又何心忍爲此寧餬耶? 每當食, 益無以爲懷。是夕, 諸奴涉漲追至。人馬數多, 不免露處, 桂玉之艱, 至不謀夕, 而此已置之度外矣。適間聞李士久喪室, 是我北道主人。別來未數旬, 人事遽如許, 慘怛慘怛。

閏五月

初一日 丁卯

因邸報得見安世徵避辭, 始知金吾議讞不無從輕之意, 而'探內事'一款, 秘不發, 未知竟如何奏。當世徵避辭曰: "臣於項者, 以李○○拿問事論啓, 蒙允。昨日鞫廳之坐, 見其原辭, 則縷縷發明, 雖不足取信, 原其本情, 未必有侵逼之意。議啓之際, 諸意皆然, 而臣亦無異同矣。有以初旣論啓, 末乃救解爲非者, 臣不勝瞿然之至。第臣當初拿問之請, 蓋欲觀其供辭而處之, 則因其所供, 原情定罪, 亦是審克之道也。臣之妄見, 實出於此。今聞物議, 以前後所執之不同, 大加非斥, 決不可一刻苟冒。請命遞斥云云。" 掌令金弘楨處置曰: "李○○疏語, 極其悖妄, 當初論啓, 誠爲得體。乃以自明之辭, 意欲救解, 其在臺體, 殊甚乖當。請掌令安世徵遞差。" 蓋世徵初不見原疏, 只受人頤指, 爲搏擊計, 及見供辭, 渠亦頗自悔恨, 遂引嫌而退云矣。正言兪集一, 與世徵同入鞠廳, 見世徵遞, 旋又引嫌曰: "再昨李○○罪狀稟啓完議時, 因其自明之辭, 歸於從輕之科。噫! 疏中'自絶于天'等語, 語極無倫, 而及其納供也, 解其天字, 諉之於'所天'之'天'字。初以悖慢之言, 敢加於至敬之地, 又以杜撰之語, 巧飾於嚴問之下。奏讞之臣, 雖有原恕之論; 臺閣之臣, 當主按法之論。當初發論之掌令安世徵, 以今見供辭少無侵逼之意爲辭。臣本昏庸, 泛然隨參於完議矣。今旣見非公議, 引嫌見遞。臣旣不能救正, 則不職之失, 初無異同云云。" 司諫朴世燋處置曰: "○○疏語, 絶悖無倫, 完席從輕之論, 不能捄正, 則揆以臺體, 勢難仍在。請正言兪集一遞差。" 皆依啓。自是, 親舊來見者, 皆言: "大爺置對後, '探內事'之說, 無捉摸處。請廩疏語, 亦有從輕之論。觀世徵避辭, 槪可知已。還發配所外, 決無他慮云。" 而一二乖激之論, 間見層出如此, 亦安有所恃而不爲危懍耶? 追聞'探內事'之說本根所以。蓋金寅者以大人前所達嚴嫡庶之說, 謂爲受閔黯、李義徵指嗾, 以探崔氏寵盛衰。噫! 讒人罔極, 其至此哉。前冬, 王子生十餘日, 大人適因備局入對, 爲賀螽斯之慶訖, 因言: "禮, 世子生, 視之有禮, 庶子生, 問之有禮。古之人君, 謹始蓋如此。今殿下旣已建儲, 國本已定, 若早嚴嫡庶之分, 使等級分明, 則不但國家之幸, 實爲新生王子之福云云。" 上亦稱善。玆蓋不過爲國家欲存匹嫡之戒而爲防微杜漸地, 受嗾探試, 是豈夢寐所及哉? 大人感激殊遇, 竭誠畢思, 知無不言, 言無不盡, 豈料今反爲厲階耶? 聞寅屢變辭, 所言多不讐, 且云: "聞之成虎斌。" 虎斌旣不服死。以故按獄諸臣, 亦無辭傳之法云。方大人出就供, 人皆屬目注視。及見其擧止詳緩, 辭氣雍容, 了無惺遽色, 座中不覺暗暗稱歎。供畢下理, 皆目送之曰: "此人, 今日眞不落名矣。" 姜功甫親聞之, 其舅金吾郎任埅, 爲余詳言之。埅卽時輩中人。他人亦多聞之者, 皆來稱賀。是日, 前校理李允明、太學生趙九齡等上疏, 請與李玄齡同罪, 皆玄齡疏下也。疏入, 喉司却之。玄齡疏下, 蓋六百餘人, 擢第歇顯者三十餘人, 爲蔭補官者六七十人, 上舍生且數百餘人云。自大人就理, 曁出圓扉, 首尾七十日。【自五月二十七日, 至七月初七日。】人皆言今旣議讞, 必將非久脫出。日夜惟此之望, 豈料其遷就至此也。自五晦閏初至七月初間, 適又潦雨非常, 濕熱蒸鑠。使康壯之人, 平居無事, 御纖絺, 喫爽味, 偃息自便, 猶時欲狂叫, 矧玆備受無量辛苦, 豈衰憊精力所可支堪? 種種思惟, 焦盡方寸地矣。且吾等以遠方孤蹤, 旣無親黨攀聯爲之先後者, 家貧, 凡百又無可以左右周旋, 如形勢家有資力者之爲。每遇皀隷, 惕息祈哀, 叩問宵晝間氣候安否。雖得喜報, 亦難降心。至於朝哺之間, 橐饘之具, 亦不敢隨意供進, 鮮民之生, 眞不如死矣。加以大臣諸宰與大人嘗所往來者, 或已逮繫, 否則斥逐殆盡, 朝著爲之震盪。如太學士權公愈、李都憲鳳徵、李參判沃、權參判瑍, 尙幸未及行遣, 皆使人來問, 致憂傷悶歎之意。後數日, 二權公, 亦皆次第擯剝, 蹤跡踽踽, 益無所聊。惟是洛中人士除一二禍家外, 無論識與不識, 率皆爲之周旋顧助, 日來存問。或伻訊不置, 各以所聞傳說物議。人持錢幣、米豆、鹽醬、魚菜等物, 以濟其窮乏。七旬之內, 往來相問者, 僅數百人, 錢, 百餘兩, 米豆, 各十餘斛, 魚菜他物, 稱是, 使上下多口, 不至闕食。至他一應陪費之需, 皆從此出,終始得免假貸之虞, 深恩厚惠, 感篆心骨, 未死何可忘也。其尤致力惓惓不衰者, 李楊州衡祥, 李員外宇謙, 李參判沃, 李都事挺晳 白而, 權都事聖中 時用, 南參奉淵 汝源, 權參奉禼 桓伯, 丁副率道徽 美卿, 李進士浹 悅卿, 權甲萬 子壽, 姜碩勛 功甫, 姜欅 ○○, 南徽 君美, 李燦明叔, 尹寬 德裕, 李仝輔 公二諸人爲最。公二, 卽吾同宗居西湖者也。至如權天章, 間數日至, 至輒留連旬望, 晝夜同憂共患, 情義有逾骨肉。士窮乃見信義者, 庸詎不信然。引儀李世弼、別提玄達源, 乃中路人, 能爲之眷念不已, 亦其義有足稱者。權君聖時, 逐日往還不絶。武弁中, 亦多有來問者, 親舊皆言時義不可頻接武人, 吾等遂以此意謝遣之。權參判瑎, 先已謫吾州。乃於逆旅困弊中, 爲賫錢遠寄。閔參議昌道, 身在禍變中, 猶能軫此形勢, 與其伯判書公及季應敎君議, 各出數兩錢以相資, 其意尤令人悲感。城中大家無不一二相問, 獨睦家子弟漠然無一人來, 最後有庶孼睦林橲者持錢來見, 聞者異之。親舊爲守宰如申淸風厚命、權懷德泰時、權永春斗寅、金槐山南一、蔡晉州獻徵、呂錦山聖擧、朴蔚山身之、孫慶州萬雄、權堤川德昌、韓江西世讓、金甑山一精、鄭富平行百、洪通津天齡、柳興德世章、召村丞李枝遠, 皆爲之一再問遺。其餘相知, 非不多, 聞問不相及, 豈遠莫之周旋耶? 或有鄕里故舊, 宜問而不問者。是則楊子直所不免, 此輩何足掛齒牙間耶? 凡此數月之內, 所經歷許多酸醎, 宜卽逐旋箚記, 以備他日遺忘, 且貽家中子姪輩, 俾知當日事首末, 而方其時魂喪神昧, 何暇操紙筆作字? 及夫事稍定, 追念已往, 茫然無復省錄。今特錄其大槪如此, 所謂存十一於千百, 良可慨已。自今日以後至七月六日壬申以前, 不復逐日條列, 只錄其所追記者云。若乃諸公姓名, 非不欲悉書之, 亦不敢煩縷, 以塗人耳目云。

三日 己巳

承宜寧叔父書, 痛慮憂傷。有宿患添劇之喩, 捧讀悲咽, 不知所以爲心也。宜寧急足, 前後四至, 竊聞羸悴比甚, 實難冒熱就途。且觀叔父之意, 不欲爲悻悻, 而外議頗疑其不卽解歸, 未知於義, 果如何耳。以趙卒掠奪行裝來, 金吾堂郞推送甚力。吾兄弟再三辭謝, 不受, 還與趙漢曰: "已入汝橐中, 吾何忍取之?" 卒上手稱謝而去, 旋聞移刑曹痛治。諸金吾何相念之厚耶? 亦是異事。聞韓構被逮時, 嘗遭此漢毒不少。今必治之, 蓋亦爲韓地云。爲惡不悛, 菑必逮身, 足以爲稔惡者戒。是日, 閔章道始受刑, 章道素虛㤼, 其能忍楚毒無亂言乎? 人皆危之。

五日 辛未

以張希載嚴鞫得情事, 臺啓重發。蓋於四月卄六日鞫廳諸臣入侍時, 領相曰: "尹憘、成虎斌等, 刑七次不服, 加刑必死, 不服致斃, 則獄事無收殺, 何以處之?" 上曰: "李成夔終始同事, 憘等姑停刑, 鞫成夔, 可也。" 領相曰: "憘等處問'汝投書於金大諫、閔文學, 所謀者何事? 將謀逆耶?' 答以爲'欲告西人謀逆耳, 俺等豈謀逆? 云云。' 謀逆人肝肺, 固難測度。然金、閔, 自是士大夫, 豈有是事? 設使謀逆, 豈與局別將同事? 金、閔似不必問。" 上曰: "予意亦然。" 領相曰: "希載嚴刑有命。希載固無狀。然自是王世子至親, 嚴刑似傷事體, 古有議親之法。且希載若嚴刑, 事涉閔黯, 大臣雖有罪, 事異庶僚, 賈誼言之詳矣。黯旣備位大臣, 恐不當與希載面質。" 上良久曰: "希載除刑推, 依前處分。"【見上五月七日條。】領相又曰: "王子置毒之說, 事極重大, 而洪斗益以淑婉至親孫行, 不道, 似出人情之外矣。" 上曰: "此事亦涉虛踈。" 領相曰: "臣愚意昨日合啓, 亦涉過重。【謂二十五日 以廢妃時不以死爭之故 己巳大臣、三司安置遠竄之啓。】十數年來翻覆, 數矣。 人心莫不危懼。 己巳乖亂,非盡群下事，自聖上有以使之。今日臺臣執法，雖主嚴截，自上宜自引咎曰：'是予之過，非諸臣之罪。' 人心感悅，庶有鎭定之道矣。" 金世鎬京伯，以翰林入侍，聞其言如此。領相初意，蓋欲不爲已甚者，旋以閔黯、張希載謀害國母事，朝論大激，儒疏且起。五月初七日領相，又上箚請正希載等之罪，且請遞徐文重金吾之任，還收金時傑罷職之命，【時傑以四月卄六日罷職不敍。】蓋欲調停老少間也。十八日間，以謀害國母、欺君父起誣獄之罪，將希載照律，旋因禁府啓辭，上敎曰："希載爲世子至親，不可無酌處之道，令大臣議處。" 領相議曰："希載罪干惡逆。薄昭，文帝之舅，且有代來之功，而不免於死。世子長成，當有大誼滅親之請，而沖年未有省識，且外親，只有希載一人。故聖上有酌處之敎，豈孟子所謂仁者以其所愛及其所不愛者耶?" 於是，命減死，絶島圍籬安置。今臺啓之發，蓋以此也。領相前後所達，無一定規模，蓋畏老黨機鋒，欲依違其間者也。無亦不幸，而近於朱子所謂其爲小人亦不索性者耶? 是日天章出去，益覺無聊。約以數日後入來。

六日 壬申

該府勘庚申夏獄。

八日 甲戌

幷勘秋獄，吳挺昌、趙磾、楨、柟子女妻妾，還沒入爲奴婢，諸緣坐幷皆如前，吳判官始亨又向吾州去，眞是幷州故鄕矣。金天若將赴高山，爲來相訪，因得彦兼、天開、重甫書，彦兼書意懇到，尤覺感人，天章還，

十日 丙子

金大諫元燮, 自端川被逮就理。此令, 病不食已久, 猶不死道路, 怪事怪事。聞吾家事辭連, 此令, 待其納供訖, 得有結末否。未知其間委折爲如何, 煎鬱不可堪。聞鄭掌令善鳴, 自嘉山移鏡城, 病沒于咸興。來時相遇於定平, 聞之愴然。

十一日 丁丑

楊州人朴尙絅者上疏, 請究治一邊人圖廢中宮之罪。因攻領相緩治鞫獄, 以及禁府堂上, 詬詈大臣諸宰, 如奴隷, 以爲: "必殺黯、希載, 然後彝倫正, 人類免禽獸。" 又以爲: "復后時, 一二重臣欲聯名廷爭, 【指徐文重等。】 入直喉司請大臣會議, 是爲閼成命、逆君母。" 高談大論, 崢嶸咆哮, 氣燄殊可畏。尙絅, 本武人, 無賴不識字漢。蓋爲維楊大家使喚軍也。老黨若而家, 乘時逞憾, 必欲驅一邊人, 盡歸之惡逆之科。見少黨持論差緩, 不如意, 遂嗾其黨之爲臺閣者, 爲鷹犬猶不足, 則鼓起遠近沒見識寠人子, 謂之士論, 詆斥之, 搏擊之, 欲先去少黨, 然後惟其所欲爲。於是, 湖南、揚廣等處, 仰人喉下氣爲飢寒計者, 紛然集都下, 瞋目張膽, 交章公車。尙絅, 蓋其一也, 繼尙絅而起者, 將不可僂指云, 令人寒粟遍體矣。京伯, 以李玄齡疏下陳疏自劾, 違牌禁推, 天若送至門外, 因來相見。天章, 夕向直所。

十二日 戊寅

領相南九萬, 聞尙絅疏入, 出走城外。時, 疏批未及下。上命還出給, 下備忘記, 略曰: "政在草野, 本非國家之美事。至若離間圖廢等說, 隱然語逼寡躬, 實無顔面以臨民上。當已巳出就私第之後, 黯之矯誣王言、造言流入之罪, 希載聽受傳說之狀, 固已昭著難掩。若其離間於君父之前, 圖廢於未廢之前, 則不但無一毫近似者。試以更化之初, 布告中外之備忘辭意觀之, 足知寡躬之本心。尙絅不信君父之明敎, 必欲臆逆情外, 疑之於不當疑之地, 辭氣之間, 全不稱停, 已極駭然。而罪狀大臣, 一節深於一節, 詬詈殆同隷儓, 侵斥諸臣, 亦無所顧籍。此何人斯, 乃敢縱恣無嚴至此哉? 噫! 希載之罪, 不是暗昧, 則寧有容貸之心耶? 此斷非爲希載地也。使希載伏法, 事端轉輾, 世子大不安于心, 則大小臣子, 惶恐罔措, 已不可言, 而父子之情, 其果安乎? 不安乎? 噫! 國母之受誣, 誠不可不卞, 而世子, 一國之本, 父子, 五倫之首。尙絅亦一臣子, 而於此二大義, 略不動念, 惟汲汲論議者, 抑獨何哉? 頃日備忘記中以爲世子不廢定省之敎, 今日希載酌處之敎, 前後意思, 自相照應, 曷嘗動大臣之言, 遽下減死之命? 大臣之意, 亦予之意, 安敢庇護希載而發哉? 么麽一腐儒, 乃敢挺身自當, 疑君父而輕朝廷, 不思所以堤防, 則亂我國家之漸, 從此始矣; 論議峻貳之漸, 從此起矣。此疏還出給。朴尙絅, 姑先停擧。遣承旨傳諭于領相處。" 時論, 每以己巳廢妃爲一邊人圖廢, 至擬之造、訒、仁弘, 及覩備忘記, 吾儕相謂曰: "大哉, 王言! 今而後, 知免夫!"

十三日 己卯

上再遣承旨, 諭領相。領相辭謝不至。金吾諸堂上, 並皆出城待罪。上令勿待罪, 促入城。諫院以爲: "罪尙絅, 非所以來言者, 請寢停擧之命。" 上不聽。鄭澔以持平赴召, 在途陳疏, 論徐文重欲疏論於復后時, 以爲: "義理晦塞。", 且言: "文重與鄭載禧, 緩治鞫獄, 庇護惡逆。" 大意與時傑疏, 如出一口。其末又及吾家事, 懟筆忿辭, 狼籍無倫脊, 使人凜然寒心。澔卽澈孫。頃者, 大人嘗白上追削澈官爵, 人謂澔之爲此, 蓋爲報復計云。載禧自明疏斥澔傾險狀, 語多譏切其祖澈意, 若以爲有來歷者然, 公論快之。上答載禧疏曰: "澔之疏, 不過掇拾乖激之論, 何足介懷?" 上蓋亦猒其有毒氣云。載禧因渡江歸家, 屢召不起。文重乞遞甚力, 上度終不可强, 許之。自中風色漸不佳。是日, 睦相就理。蓋於五月十五日, 兩司合啓請拿也。是日, 新啓又發, 追奪吳相始壽爵, 張炫爕絶島安置, 希載族父也。洪姊兄家遣人來, 因得川城親舊書。金丈懋爲首, 其次李琓 秀彦、李棟完 國材、琴德純 一之、金漢泰 經天、權斗緯 仲章、權斗紀 叔章、權斗運 君平、權斗應 文徵、金汝鎔 天成、權績 聖功十數人, 聯名致意, 各賚錢來。川城固稱多善士, 而其能急人之困, 乃如此。洪判官丈凭父子亦然。時春卿丈, 自永春致問。天章方在京, 同憂患, 烏川 士宗家便, 先二日至矣。

十五日 辛巳

上以諸臣相繼出城, 朝著不靖, 命遠配朴尙絅, 正言朴權請還收。應教金夢臣上疏, 斥權扶植浮議, 權引嫌自列, 上命特遞權。喉司覆逆, 以爲: "非所以優容諫臣。" 上曰: "臺閣所爭, 大段差謬, 則不待處置, 特遞無傷。" 尙絅初配富寧, 旋移金海。上特遣吏曹判書柳尙運, 諭領相, 令偕來, 領相遂入城。似聞上有激惱語, 諸臣頗驚懼, 領相之卽日入城, 蓋亦以此云。夢臣疏累數百言, 極言尙絅, 粧撰眩亂, 欲起鬧陷人。且爲文重, 明其心迹之不然, 以爲: "不過無識所致," 仍及希載事, 爲大臣反復分疎, 卽領相議親之說, 尙絅以爲營護者也。觀其意, 似若爲公論者, 而往往有鋒刃透露處, 可畏可畏。天章還。

十八日 甲申

三司請對合啓, 請以庚申獄翻案人, 分等科罪。大略以爲: "庚申逆獄之狼籍, 獄事之明白, 聖明在上, 洞燭處斷, 則不但文案之昭載難掩而已。雖在凶黨, 宜無異辭, 而奸佞之徒, 急於修怨, 鬼蜮之輩, 切於死黨, 聚首烏烋, 恣意幻弄。欲救逆堅則以爲慫恿釀成, 欲翻獄事則以爲網打鍛鍊, 錮聰塗明, 窮兇逞憾, 屠戮勳臣, 籍家焚券, 庇護逆孼, 收坐復爵。不念護逆亦逆之義, 相率同歸於惡逆之科, 是可忍也。孰不可忍也? 噫! 黨人毒螫, 有難盡狀, 姑撮其章奏筵說中無嚴者而論之, 或曰: '堅、枏雖無反逆之實狀, 各有希覬之將心。' 或曰: '歃血之說, 非堅所供而添入勒加。' 或曰: '當初起獄, 專出誣告。' 或曰: '庚申之獄, 皆是羅織。' 或曰: '伸雪之典, 宜先其根本。' 凡所以指逆爲誣者, 無所不至, 而若堅若枏, 猶不敢全然伸理。至於挺昌, 同聲一辭, 極力卞雪。或稱士類, 或稱至寃, 至謂謀逆則決知其不爲。如使此類, 少有嚴憚之心, 何敢乃爾? 壞亂王章, 汚衊淸化, 六年于玆。何幸天運循環, 聖心悔悟, 妖腰亂領, 還伏其罪。旣復帶礪之籍, 且伸丹書之寃, 護逆之徒, 宜加懲討, 而黨人之護逆翻獄, 非止一二, 則其在好生之德, 實有不可勝誅之義。念其所以伸救挺昌者, 亦與請雪堅、枏有間。懲惡討罪, 亦當有斟量平反之道。請已巳翻獄人金德遠、李玄紀、權愭, 絶島圍籬安置。李壽徵極邊安置。權愈、申學遠竄。" 皆依啓。於是, 金領府事自洪州移珍島, 李承旨自北靑移南海, 權大諫配巨濟, 李參判自寧遠移義州, 申承旨配靈岩, 權太學士配眞寶。前此, 聞大人論庚獄疏, 亦入侍[8]時人指摘中, 焦煎之餘, 增一憂悸, 今見臺啓, 稍自降心, 未知前頭果如何耳。是日, 睦相置對, 上命更拿申厚載, 一處按驗。申, 已於前月中, 徙配呂上矣。京伯出獄來見, 爲言同入一圜土地, 禁不得通問云。情事尤罔極。

8) 侍: 친필본에는 없으나, 의미상 결락이 분명하므로 추가하였다.

二十日 丙戌

忽聞比舍發痘, 令熤姪奉伯氏出避。天章, 日暮不得往陵所, 姑向琴司藝聖奎寓所去。余與馨甫, 獨留幕次, 逾不能爲懷。翌日, 早移寓廣通橋邊, 奉伯氏還, 且要天章來。

二十一日 丁亥

開鞫坐, 金大諫元燮取招。翌日再招, 未知其所謂辭連我家事者, 竟如何着落。無路探知, 悶煎悶煎。

二十三日 己丑

見邸報, 再昨賓廳引見時, 因領相言, 還收尙絅遠配之命, 有是哉, 其量之弘也。宜乎作大臣也。

二十四日庚寅

金令受刑, 似聞以與尹愭通書事再招後至此云。李台義徵, 以頃年金廷說獄事, 亦受刑。雖知不關吾家事, 而一獄中人, 轉輾至此, 又安得不使人心寒骨驚也? 兩家子弟號泣門外, 畏約不敢相問。

二十六日 壬辰

領相南九萬, 請對入侍曰: "金寅所供, 前後相左, 語多虛誕, 不可以此一向嚴刑, 使無罪之人, 枉死杖下。" 上曰: "義徵, 本來奸猾, 不可停刑。元燮, 今姑停刑, 待結末後議處。以故金令, 三次後停刑。李台連受刑。昨日, 上下閔黯賜死之命, 兩司爭請嚴鞫處斷, 大司憲任相元, 立異避嫌曰: "本府方以閔黯事連啓, 謀害國母, 是黯大罪, 而希載旣以宗道爲首, 其與酬酢者, 章道也。至如黯, 無顯白指摘之事, 此獄之未竟者也。惟當更問希載, 鉤得實狀, 暴其犯分不道之辭, 使罪人無言, 然後可以致法。今希載之情, 猶未盡輸, 黯之被鞫, 固宜有次序。至於刑訊, 大傷國體, 且關後弊, 此路誠不可開矣。臣嘗與鞫廳諸臣, 從容相話, 質以此意。今不可撓其所見, 苟然隨參, 請命遞斥臣職。" 於是, 兩司紛然攻斥, 相元竟落職。初希載累招不服, 數日前鞫廳諸臣, 託以上意: "迫令吐實, 不者, 上且不貸汝。" 於是, 希載遂承款云。外間多竊言其書本非出希載, 欲陷張、閔者僞爲之。故令上見之, 未可知也。閔相, 與希載面質時, 斥言: "吾何嘗與爾爲此言? 爾何忍爲誣人自免計?" 希載辭屈, 抑首不敢復言, 人皆曰: "市井漢, 果不足以望士大夫。閔章道掠治困篤如此, 終無錯亂言, 希載乃如此。" 時, 閔章道已受九次刑矣, 至十次不服而死。[9] 欲知領相前席說話, 方恨未有路, 適聞李內翰桂天休告, 從家還, 同入侍, 即委懇, 終不服[10], 亦不復寄問, 同道知舊間人事, 果如是乎? 天章嘗見新卿, 爲言之, 想渠亦當聞之。最後又下鄕, 臨去歷問, 了無懇惻意, 亦無怪乎其不見答也。非久, 遭駁落職, 畏首畏尾者, 果何益哉?

二十八日 甲午

左相朴世采、右相尹趾完來詣城外。蓋於四月二十六日卜相也, 兩人, 皆累辭不至, 趾完託廢疾, 尤無起意。上連遣使敦勉, 承旨史官相望於道, 右相處, 至遣肩舁。冊禮既迫, 遂不得不出云。聞世采持論太峻, 殊怕人意。蓋宋既死, 其門生徒黨, 無所於歸, 遂歸附世采, 動以礅

---

9) 欲知領相前席說話 … 果何益: 이 부분은 국학진흥원 소장본에는 기재되어 있지 않고, 대신 "章道無子, 聞閔相 托兄子興道, 以其子後之。想其情事, 令人氣短。"이라는 내용이 수록되어 있다.

10) 服: 문리상 '報'의 오자인 듯하나, 근거가 없어 수정하지 않았다.

論, 日夜從臾。世采本自暗劣, 無主張, 爲其所牽制, 以至此云。趾完, 爲人公亮, 持論頗不苟, 人皆想望其至, 有若頹波中砥柱。旣至, 上疏, 略曰:“臣病旣不勘承命, 且臣因徐文重事, 有大不安于心者, 領議政臣南九萬, 造朝之初, 臣卽致書, 先賀坤聖復位之慶, 仍言禧嬪誕育元良, 群下母事多年, 今以國無二尊之意, 降處妃位, 至於禮遇之道, 供奉之節, 必須講求前代之事, 倣而行之, 庶無歉於臣子之義之意, 有所云云, 而領相之久而不宣, 蓋慮臣之得謗於時, 如文重所遭也。槩聞文重擬疏之言, 只是請召大臣禮官, 講定節目而已。人之嫉之者, 做作無理之言, 驅之罔測之域, 其自謂救之者, 猶且斥之以無識, 文重之情, 其亦憾矣。臣之書意, 不啻倍重於文重之疏。貽書相臣, 無異公家文書, 何敢以領相之掩匿蓋覆爲幸, 而厭然不首, 自同於無恥之鄙夫哉? 伏願勘臣罪名, 以定紛紜之國言。”疏入, 上優批答之。人皆以爲名不虛得。老黨不悅者, 非不欲擠之此老, 形勢張甚, 非領相孤立比。以故不敢容易犯手云。

二十九日 乙未

右相尹趾完, 入城謝恩訖。上命留待引見, 說話頗多。其大略以爲: “自上明斷天啓, 當事敏睿則過之, 若事理當然處, 快決尤好。事有差失處, 而若不消詳難愼, 則事過之後, 必有後悔。此於涵養工夫, 似有不足處。”上曰:“留心服膺。”趾完曰:“王世子方在冲年, 別擇宮僚, 進講之外, 頻使進見, 補益多矣。”上曰:“儘好, 當體念焉。”趾完又曰:“頃當改紀之初, 備忘記中有動搖國本者, 論以逆律之敎, 如有動搖國本者, 則便是逆也。何待先立禁令而後處之乎? 且以此觀之, 聖意於向時被罪諸臣, 似有猶未釋然者, 誠爲未安。此備忘記還收, 如何?”上曰:“此卽當初之事。其後予意已盡開釋, 寧復有疑阻之意乎? 然大臣所達如此, 還收可也。”趾完曰:“罪人問目, 若有差誤處, 非但有傷獄體, 日後有是非。閔黯問目中, 大起誣獄添入事, 傳教乎?" 上曰: "當初判付中所無, 後乃添入也。" 趾完曰: "咸以完獄事, 當初所囚諸人中, 或承款, 或罪著而未究竟者, 並被放釋。雖因鞫獄方張, 未及更推, 後當按治矣。閔黯問目中誣獄一款, 似當去之。" 上曰: "大臣言雖如此, 此則似不可按治矣。" 因言金廷說獄事, 以及閔黯, 代以完告變, 欺誣張大等事, 以極可痛惋爲教。趾完曰: "伏聞上教, 情狀痛惋矣。上曰: "若欲按治康晩泰獄事, 則必先釋其時禁府堂上安置者。不然, 彼輩豈不稱寃乎? 此爲難處矣。" 又曰: "康晩泰、崔格、韓重爀, 非逆賊犯上不道事也。以圖復坤宮, 爲其罪按。 此不過人情積鬱所致, 今何必按治乎?" 趾完曰: "中宮復位, 自上覺悟處分之事, 渠輩豈敢圖之? 此說尤痛心矣。" 上曰: "非以渠輩爲誠有是事, 只以此爲其罪案, 因欲爲構成魚肉計也。" 趾完曰: "當初羅織, 則可謂痛惋矣。其時果有士大夫請拿者乎?" 上曰: "有未及請拿者, 或有請拿而未及囚者, 卽今大臣諸臣之名, 多有入者。其曰: '殺三公主家, 然後南人可以無事'者, 彼輩之言也。此皆閔黯輩死有餘罪處也。" 趾完曰: "臣精神昏瞀, 言無倫次, 自上每以臣言爲駭, 不勝惶恐。" 又曰: "自上臨御已久, 翻覆之際, 無論賢邪, 彼此出入, 互相殺戮, 罪廢者亦多。天之生才, 本無彼此, 不但用才有不均之歎, 國脉亦有損傷處矣。卽今罪人中, 國人皆曰: '可殺者', 自上有難容貸, 可以死、可以生者, 參酌處分, 俾無濫觴之患。" 上曰: "所達誠然, 可不留念焉?" 趾完曰: "退當以一疏, 更陳病狀。" 乃退。蓋自變局後, 未有以此爲言者。其論晩泰、重爀處, 尤痛快, 眞是朝陽之鳳。聞自上酬酢之際, 頗有不快意, 右相所謂每以臣言爲駭不勝惶恐云者, 以此也。上殿時命給扶, 及退出不然, 遂匍匐而出云。左相朴世采, 亦於是日引見, 無新語可聞。 諫院以李濟民、洪重鉉等嘗論竄尹堦、南龍翼、趙師錫, 請遠竄, 依啓。其啓略曰: "一自緯漢倆作危險罔測之說, 一種陰兇之輩, 籍爲難得之奇貨, 作一陷人之機穽, 搆捏異己, 勒成罪案。其造意下語, 與緯漢, 同一串貫來。其論故判書臣尹堦等諸人之罪。則曰: '國有大慶, 反懷疑懼, 動止非常, 情節叵測。' 其論故相臣趙師錫、故判書臣南龍翼[11]之啓, 則曰: '退坐傍觀, 若無與於我。顯有忿怒之色, 終無將順之心。' 其所爲言, 陰兇慘毒, 竟使先朝舊臣, 相繼寃死於絶塞瘴海之濱。如此乘時樂禍之類, 不可不快示迸裔之典云云。" 於是, 濟民配務安, 重鉉配慶州。噫! 其所謂難得之奇貨者, 未知何所指而言耶? 若使這邊人抉摘章奏如渠輩之爲, 則所謂絶悖陰兇之目, 未知誰當伏其辜耳。聞領相於復后獻議時, 其稱嬉嬪處, 有引分等語, 世頗以爲非所宜言, 渠亦追悔莫及云。蓋成宗廢后賜死傳旨中, 有是語故云也。偶記《通鑑》漢文帝十年: "不忍誅薄昭, 欲令自引分。" 註: "引分謂引刀也。" 古亦有是語。然今若尤而效之, 抉摘文字, 以自陷於蹇序辰捃摭搆捏之歸, 則豈君子之用心也? 聊以識之。諫院又請拿鞫柳緯漢, 鉤得其陰嗾之人, 上答曰: "前日憲府卞破奸狀, 邊遠定配之請, 甚是穩當。到今拿鞫, 殊涉過中, 勿爲煩論。" 連啓, 終不允, 乃停。

三十日 丙申

李將廷訊五次, 人皆言其必死, 忽有停刑之敎, 仍命議處諸囚, 自此獄事庶有究竟之日, 渴望渴望。似聞因右相言, 有是命云。

11) 翼: 친필본에는 翌으로 되어 있으나 《숙종실록》에 근거하여 바로잡았다.

六月

初一日 丁酉

行中殿册禮訖, 群臣陳賀。聞左相擧止顚錯, 無威儀甚, 見者竊笑之曰: "林下五十年, 讀得幾卷禮書, 尙不識拜跪作止節耶? 若使容止爲德之符, 則其中之所存, 可知已。是日, 右相出城丐免。曉頭有赤氣起於西北, 如火炎騰上, 光燭地, 從西至南而止。聞四月初, 亦有是變云。

二日 戊戌

天章還, 仍留止旬餘。在家時, 每恨相去稍遠, 不得數過, 從今何幸合堂同席而居, 又迫憂患, 無暇講劘千古事, 世事不如意, 自是古人所歎, 悵惋柰何? 或時出入古今, 議論博雅可聽, 誠不易得。

四日 庚子

聞左相上四件箚, 箚批不卽下, 未知其所言者何事。後數日, 始得見之, 累數千言。其目有四, 曰: '廣主德, 尊國體, 淑人心, 銷黨論', 題目非不好, 未知其所言者盡出於公而合乎人心否也。文多不錄, 就其中有曰: "閭巷金貨之說, 傳說詿誤, 久而不止。至發於獄端, 朝中縉紳大夫, 往往或被疑誣, 不必一一究覈, 以傷大體。" 又曰: "庚申主於治逆, 雖不無過中之患, 猶爲有辭; 己巳主於報復, 宜不用濫觴, 而乃能熒惑天聽, 戕殺異己, 元老大臣、勳籍諸人, 亡不被其大戮, 誠千古所無之事。是當並正其法, 以明出爾反爾之戒云。"者, 無非出於偏黨傾側之私。庚申之事, 國是已定, 固有口不敢言。至於聚銀換局之說, 不但昭載獄案, 街談巷議, 不啻狼藉, 至被之童謠, 以至指點相訾謷, 豈能以一手掩萬目乎? 在彼則知捃摭之, 在此則欲覆蓋之, 如此尙可謂公是非乎? 儒者義理之學, 果如是乎? 以此觀之, 其爲老黨所從臾, 尤信。以如許見識力量, 乃欲淑人心、銷黨論, 多見其不知量也。《易》曰: "或其輔頰舌騰口舌也。" 其此之謂乎? 其末力言閔相及張希載不可不致之法, 又言: "徐文重及喉司諸臣欲上章、會議者, 宜命有司, 論其得失、輕重而處之。" 於是, 文重及諸承旨待罪金吾門外, 而臺章繼發, 請削文重職、罷諸承旨, 上姑不允。人皆言: "左相之必欲去文重者, 欲右相之不安於朝, 蓋老黨意也。" 雖出臆逆, 亦不可不謂其然也。文重姪宗泰, 亦以其時儀曹右侍郎, 同待命, 素聞宗泰爲彼中翹楚。今聞天章言, 春間有泰陵丁閣重建事, 宗泰以堂上來, 天章以公禮見之, 儒雅恬靜, 果如所聞。留與語移時, 雜論古今, 因語及吾家事, 嘆曰: "李○○起自遺逸, 朝家禮遇, 位至冢宰。今以語言之失, 被逮謫所, 未知將坐何律, 而操切至此, 未可知也。" 天章曰: "當初主意, 出於營救。只以上怒未霽, 不敢觸犯, 宛轉其辭, 而今反爲厲階, 誠可悲也。若有不善意, 何苦請處別宮, 賜以餼廩乎?" 徐曰: "然。此人旅邸, 距吾松峴之居, 甚邇, 豈不欲一識? 而未免爲色目之嫌, 不果然。聞之人, 槩是好人, 其家有一婢, 當辛亥歲逃爲人役, 近歲始歸現, 命之去曰: '汝於辛亥, 若在吾家, 當作餓莩, 彼有活汝之恩, 可往服事,' 此雖小節, 亦他長處。" 天章因言家學源流、行義操履頗詳, 徐曰: "吾亦聞之, 其氣質和厚, 孝友敦睦, 想多長處。云云。" 桓伯亦言, 嘗見徐, 徐曰: "此老所坐, 是胡大罪, 拘縶困苦, 至此之久? 使吾得在言地, 豈不一言以救耶?" 桓伯笑曰: "令公莫如此說, 吾知必不能爾。" 徐慨然曰: "吾以情言, 君何不見信耶?" 此足以見人心之猶不死, 而彼中亦往往有如此議論。故錄之。

六月

六日 壬寅

臺啓請以罪人疊配一邑者，分配之，依啓。於是，金領府事移濟州，李玄紀移康津 古今島，柳命天移延日，金澍移理山，柳緯漢移茂山。自此南人，卒困于行，不知何日是休歇時也。盧쌈之因禁府啓目，以誣辱聖祖，命除尋常，各別嚴刑。盧君妄論秘史，輕犯世禍，固所自取。然初欲爲聖祖辨誣，而反得誣辱之名，是則直欲籲天而無從矣。

十日 丙午

李參判沃及其子萬敷，【號息山。】相繼至。萬敷有志此學，嘗從大人游者也。李台爲言："左揆，於獄事，持論苛甚，獨於大爺事差緩，可無慮。" 又言："閔家子弟意，亦然。" 蓋李台與閔家有戚，故相往來也。果如所聞，何幸何幸？前此聞右揆遺領相書，頗有爲吾家救解意。然出於傳聞，未知信然否也。

十一日 丁未

洛下士友若而人，欲爲吾家叫閽，訴寃搆疏。將上，吳判書始復、李參判沃、李員外宇謙諸公，力謂："鞫事未究竟，朝議方恨無以加其罪。當此之時，陳疏强聒，非但無益，或恐反觸駭機，決不如不爲之爲愈。" 吾兄弟與天章，亦慮其有載禍相餉之虞，遂止之。吾儕落落如晨星，忽聞安參判如石除同義禁，意或可以得力，往來探問前後數十遍。此老非無眷念意，奈作伴食僧不敢出口氣何？聞明將開鞫，是夕，又往拜其門。鄭參奉至祥，爲首揆妻弟，韓進士塾，即判金吾申汝哲姨弟也。人謂見此兩人，或可探其意向，且不無萬一助，亦累次往見之。兩人者，皆吾儕中人。心欲爲之周旋, 而時論方張, 固無所用力處矣。

十二日 戊申

開鞫坐。委官以下金吾諸堂上, 齊會將議讞。吾等詣門外待命。會有臺避, 又不成。蓋持平李植翊上疏, 請削文重職、罷諸承旨, 而因攻臺諫噤默不言也。渴望之餘, 又此差池, 痛迫痛迫。

十三日 己酉

又將開坐, 旋以中殿病患罷。漸此遷就, 焦腸餘幾? 是日, 睦相因大臣收議, 命減死, 絶島圍籬安置【康津 薪智島。】

十五日 辛亥

中殿病患向安, 將以數日間開坐, 忽有湖南茂長人姜敏著者, 疏攻大臣諸宰瞻顧緩獄之罪, 與尙絅一套, 而陰慝殆過之。蓋繼尙絅而作, 而必欲售其計也。領相聞疏入, 自藥房徑出城, 上下備忘記曰: "今觀幼學姜敏著上疏, 滿紙張皇, 無非掇拾尙絅之論。欲售疑亂朝廷之計, 侵攻大臣諸臣不遺餘力, 而齮齕首揆, 一節層加, 略無顧藉, 一則曰: '造朝之日, 首論坤位升降之啓, 瞻前顧後, 用意縝密, 令人莫測。' 一則曰: '先擧誤事之臣, 然後乃可成說, 而前後之啓, 了無一語及此者。' 此等說話, 即尙絅疏中所無之語, 而敏著乃敢添作大臣之罪案, 必欲罪斥而後已, 其心所在, 誠不可測也。如此傾軋朝廷之輩, 決不可施以薄罰, 而爲先停擧, 此疏還出給。" 遣承旨傳諭于領相曰: "卿之被困顚頓, 噫! 亦數矣。此豈但卿之不幸而已? 實國家之不幸也。至若榻前陳啓, 予亦聽之詳矣。首尾語意, 斷無一毫縝密難測之端, 而人之爲言, 乃至於此。是豈一鄕儒之所能獨辨者哉? 必有喜事之人, 忿尙絅危險之計未售, 指嗾繼起也。寧不痛哉? 鄕若每每引罪, 適足以中其願, 而朝廷無收殺之日, 以卿休休之量, 胡不念及於斯耶? 玆遣近侍, 諭予至意, 卿其須念國事, 勿以介懷, 卽出視事。云云。” 所謂喜事之人指嗾繼起者, 眞是明見萬里外矣。自此議讞一節, 難以時月期, 罔極罔極。兵判亦出城。

十七日 癸丑

領相渡江, 南走龍仁, 以示無還心。數月之內, 大臣去國, 如傳舍, 是何光景也? 右相亦被敏著斥, 卽日歸家。自中風色, 紛紛如此, 未知終安所底止也。上遣知申事李彥綱, 諭領相, 令與偕來, 右相處, 遣右副承旨金萬吉, 亦諭以偕還之意。於是, 朝論大激, 執義沈極、持平李寅炳, 是大臣, 掌令洪璛, 是敏著, 處置落寅炳。上怒璛曰: “敏著之疏, 未必非如爾喜事輩所激成也。” 命特出寅炳, 臺避紛然, 數日乃止。忽憶今日是立秋節也。自夏徂秋, 惟憂用老, 不覺鬓髮半成雪, 奈何奈何, 睦相案律之啓, 自兩司起。天章夕還陵所。

十八日 甲寅

傳聞大人有胸腹之痛。必是久處卑濕, 積傷致然, 憂煎豈有涯也? 兄弟聚首號泣, 旋聞向夕稍平。然無路詳探, 何能弛慮?

十九日 乙卯

上再遣知申事, 回諭領相曰: “‘噫! 自昔危險之輩, 欲傾陷倚重之藎臣, 必先假托大事, 然後自以爲眩惑主聽、可行胸臆, 而實不知人主已燭慝態, 深惡而痛嫉之。此類情狀, 古今何殊? 夫政在草野, 本非治世氣像。而況頃日罪尙絅之批, 業已明辨快示, 則苟有忠貞愛國之心, 惟當上體予意, 下念時事, 扶持保合之不暇, 而敏著無狀底人, 改頭換面,百般搆担, 略無顧忌, 致令相臣狼狽, 諸臣不安, 似此擧措, 實未聞知。如使主威有所鎭服, 則何敢指嗾無識之鄕儒, 再三嘗試, 必欲角勝, 若是之無嚴哉? 噫! 爲人上者, 受侮至此, 而旣不能快示肆市之典, 必令股肱之臣, 相繼奔迸, 只足以中其計, 予恐若此亂亡無日也。卿之心事, 斷斷無他, 不惟予所洞察, 可質神明, 意外橫逆, 何足介懷? 卿或莫與改圖, 予當決意親逆, 不容但已也。卿其亟體此意, 與近侍卽速就途, 以副虛佇之望。'事, 更爲傳諭, 仍與偕來。" 外議皆以爲: "領相旣承'親逆'敎, 實無前異數, 今不得不至云。"矣。時, 左揆獨行相事, 不肯入鞫廳, 未知其何意也。日夜, 惟望領相之還, 而其還亦自遷就, 痛悶痛悶。

二十日 丙辰

復勳頒敎, 國是今大定矣。藝文提學吳道一, 製頒敎文曰: "王若曰: '朋讒售而勳盟革, 久致公議之靡伸, 國是定而彛典修, 寔由予衷之自斷。重申帶礪之誓, 誕敷絲綸之音。念予嗣曆服之初, 實惟在衷眇之日。務敦愛於近戚, 馴致亂階之釀成, 謬委權於奸臣, 莫察禍兆之潛伏。敢蓄吠日之凶計, 仍成插血之密盟, 開督府而典兵, 勢威益熾, 籍邊警而稱亂, 事機垂成。賴有一二肺腑之臣, 指使左右爪牙之輩, 費盡密勿之算, 廣加詗探, 察得陰秘之情, 擧效勞勩。陳承相之深念, 期樹剪呂之功, 博陸侯之純誠, 每切扶漢之志, 果然急書之遽上, 以致天誅之亟行。顧宗祧之靈長, 縱緣垂休效隲, 微股肱之忠藎, 詎能勘亂夷凶? 肆惟懋賞之恩, 爰擧紀功之典[12], 頒鐵券於盟府, 載侈縟儀, 煥繪事於雲臺, 寔遵故制。寵渥加隆於偉烈, 勖以共貞, 錫賚並及於微勞, 嘉與同慶。頃當權

12) 典: 친필본에는 '恩'으로 되어 있으나, 어세로 볼 때 앞 구의 '恩'과 중복되는 문제가 있으므로, 역시 오도일(吳道一)의 《서파집》에 근거하여 '典'으로 수정하였다.

倖之進, 欲逞熒惑之謀, 承情伏法之徒, 目之以寃獄, 輸忠衛社之事, 誣之以僞勳。陰謀畢露而莫逃, 則反曰密遣說客, 反狀昭著而難掩, 則至謂故挑邪心。 迺欲巧爲搆揑之言, 肆行曲庇凶逆之計, 亶由寡昧之蔽惑, 坐受讒邪之欺誣。終售禍機, 忍說桁楊之苦? 竟投慈杼, 莫白泉壤之寃。山河之舊盟已渝, 中外之輿情積憤。屬玆更化之日, 卽發悔悟之端, 亟將忘君護賊之臣, 分輕重而畀之裔, 重修報勞褒忠之典, 敍等級而申以盟。 恩綸澳宣, 名數復加於茅土, 盛儀昭揭, 形像又入於丹靑, 不惟羣枉之畢湔、神人之胥悅, 抑亦國本之自正、朝野同休。於戲! 人心久鬱則必伸, 載啓亨嘉之會, 天道有否而終泰, 寧無轉移之機? 十行斯頒, 雖均蹈舞之賀, 九原難作, 倍切惻愴之懷。施及子孫, 肆推延世之渥, 勉盡終始, 宜彈許國之誠。故玆敎示, 想宜知悉。" 吳素以風節著稱, 與趙副學持謙爲伯仲間, 今峙朝端, 謂宜有拭目事, 至今寥寥無聞, 何也? 或言: "今老矣。非復向來少時比。"【謂乾沒老黨。】今以此作觀之, 猶信不老草眞難得也。

二十一日 丁巳

以李珥、成渾復享文廟, 聞太學及諸州縣學告由文, 不稱官爵、封諡、姓名, 直云: "惟玆兩賢, 復享聖廟。" 可謂瞶朧。彼巍然當座者, 豈知兩賢爲誰某耶? 今左揆謝賜母食物疏, 有曰: "繼母淑人崔氏。" 人謂: "一詳一略, 過猶不及也。" 昔楊龜山, 上欽宗書曰: "蔡京用事五十年, 蠹國害民, 幾危宗社, 人所切齒, 而論其罪者, 莫知其所本也。京以繼述神宗爲名實, 挾安石, 以圖身利。故推尊安石, 加以王爵, 配享孔子廟庭, 今日之禍, 實安石有以啓之。安石挾管、商之術, 飾六藝以文, 奸言變亂祖宗法度。司馬光言: '其爲害, 當見於數十年之後。' 今日之事, 若合符契。其著爲邪說, 以塗學者耳目而敗壞其心術者, 不可縷數。

伏望追奪王爵, 明詔中外, 毁去配享之像, 使邪說淫辭, 不爲學者之害。" 疏上, 詔罷安石配享, 降居從祀之列。時, 諸生習用王氏學, 不復知其非, 忽聞龜山目爲邪說, 群論籍籍。於是, 龜山爲陳過庭、馮澥所詆, 落祭酒, 仍致仕。每讀之, 未嘗不三復有味於其言之也。玆復誤有所感於心, 表出而書之。是日, 左相入侍, 請以臺諫所爭徐文重等事, 早賜開允, 以答輿情。上遂允之。又白曰: "古今論事, 必以一時所重爲主。己巳廢妃時, 廷臣或有廷爭者, 到今雖以他事被罪, 其爭論一節, 足以贖罪。臣奏箚中略陳此意矣。臣聞李萬元, 於其時爭論甚力, 以至竄逐, 今以故相臣宋時烈按律論啓之罪, 方在竄謫中。李鳳徵, 亦於其時呈疏, 未徹, 今以他罪, 被削黜之罰。此兩人所樹立, 有足可尙, 而俱在罪籍中, 其在明賞罰之方, 似當有參酌分揀之道矣。" 上曰: "李鳳徵、李萬元等放釋, 可也。參贊官任弘望曰: "李萬元立節己巳, 誠足可尙, 而罪名不輕, 似不可全釋。姑爲減等, 如何?" 上曰: "然則李萬元減等。" 左相又白曰: "李后定己巳一疏, 爲喉司阻, 不得上徹。然明正剴切, 足以聳動斯世, 似當別有褒奬之擧。" 上曰: "令該曺稟處擧行。云云。" 噫! 大人於己巳初, 赴召至近圻, 冒禁封章, 瀝血陳誠, 而格於禁令, 守臣不受, 徑投喉司, 喉司不捧, 常懷痛迫, 思一效忠。旣而應旨陳疏, 有所論列, 卽請處離宮、賜以餼廩之意也。初疏未徹, 卽與鳳徵、后定同而請處離宮之疏, 又鳳徵等所不及也。此三人者旣蒙褒錄, 則大人獨不宜見遺而莫有爲之言者, 戴盆向隅, 無路伸卞, 豈不爲重可痛心者乎? 睦相按律之啓, 三四發旋停。聞一柄臣之竄西塞也, 睦老歲時問遺不廢, 且示沮遏按律之意, 其家子弟深德之。以故今賴其奔走周旋之力, 得不至死云。自此, 持兩端左右望者, 益可以知所勸矣。

二十二日 戊午

湖南 和順人林宗厚疏入, 蓋繼敏著而作者也。請以宋尙周、朴命昌與趙嗣基同罪。命昌, 卽淸州幼學, 嘗陳疏到院, 政院稱凶疏不捧云。未知其所言者何事也。宗厚, 疏詆斥吾家亦甚, 大意與鄭澔疏略同, 而結語危凜, 令人益怖心。上答曰: "朝家業已酌處。云云。" 尙幸上心堅定爲可恃耳。其末請以朴泰輔、吳斗寅躋祀六臣廟。前此有李姓人, 亦湖產, 今忘其名。亦上疏論此事, 且乞表李世華之閭。上皆令該曹稟處。蓋自改紀來, 乘時希一呷者, 比如盧狗之遇[13]嘜[14]呀呀而走, 而湖南爲最, 褒衣博帶、枯黃迂怪之徒, 塡咽市道。又有洪最一者, 亦湖南人。爲鄭澈、安邦俊上疏伸寃, 張皇稱述, 弦實皆誣, 而侵攻厓老, 不遺餘力, 大人以追削澈官爵故, 亦在詆訶中, 而吾東先輩如晦、退以下諸賢, 無不被其指摘, 亦斯文一厄會也。馨甫以獄事結末無期, 叔父母常多不安節, 且欲先歸。吾等以形勢所迫, 亦勸令還。天章、公二秉法義裁之, 眞是愛人以德之義, 而馨甫勇於服義, 卽輟行謀, 亦自不易。

二十三日 己未

生、栗復享訖, 上親臨受賀。聞公卿會者不能十數, 何其草草耶? 仍設三復慶科, 復妃、復勳、復享也。

二十四日 庚申

家奴正先, 賚家信至。離家已四箇月, 自伯氏及弟姪來后, 雖有遞中消息, 無由聞的報, 今幸得其詳。季幹病不得動, 辭意絶痛。婦孺書來,

---

13) 遇: 친필본에는 '遇恐當作過'라고 기록되어 있다.

14) 嘜: 고사의 출처가 되는 유종원(柳宗元)의 〈여양회지소해거의제이서(與楊誨之疏解車義第二書)〉에는 '주(咮)'로 되어 있으나, 의미는 같다.

滿紙酸楚。又聞新昏女息，連有呻吟之苦，亦不能忘情。六叔父貽書，勖以處患難之道，久違庭訓之餘，忽聞敎戒，令人感涕不已。

二十五日 辛酉

湖南章甫李濬等七百餘人，詣闕下上疏，論兩臣復享之非，此湖南破天荒也。蓋自國是旣定，凜乎其不可犯，間有一言之及乎此，則指以爲醜正亂眞，而以四凶之罪隨之。乃於是時，能自立於衆楚之中，奮然爲聖廟左袒而不顧一身禍福，其亦難矣。疏入，喉司却之。濬母朴氏，時宰朴致道之姊，致道蓋自南投西者也。聞濬爲疏首，貽書其姊，勸令止之曰：“不聽吾言，禍且至。”朴氏答曰：“吾爲是家婦，慣知世守其論，豈可令吾兒背之？且渠已與多士約，其忍爲禍福前却？吾尙有餘子，可以爲命，渠若得罪遠去，生還且相見，不然，亦命也。願吾弟勿復言。”致道見書曰：“咄！吾姊亦失性乎？”此說頗傳士友間，眞可謂：“賢哉！母也。”書用識之。

二十六日 壬戌

兩李旣蒙恩宥，吾欲以均蒙疏釋之意，呈書左相，而或言其無益咨且，不果。士友中且欲待議讞，爲具由訟寃計，是日，天章還，料理疏本。

二十七日 癸亥

送奴還，作一家內外諸書，臨紙啞然不知所言，而情事一倍愴然矣。上遣戶曹判書李世華，往諭于領相處，更申親逆之意。是夕，大雨。前後雨潦非常。

二十八日 甲子

前此或得數字, 示安否而已; 是夕, 爲慮吾等焦熬, 寄示數句曰: "重皮毛厚濕不侵, 隨意坐臥暑亦堪。寬閒端合躁心釋, 淡泊還敎食味甘。若使向後無他慮, 氣力可以能支持。念汝日夕心焦煎, 折木染炭書示之。" 吾兄弟捧讀悲咽, 無以爲懷, 而尙可驗精神氣力, 不至大傷, 稍自慰釋。親舊見之, 皆言: "此不但神明所扶, 足見平日完養之力, 終必無憂云。"矣

二十九日 乙丑

府啓, 請遠配李澮, 依允。時, 李秀彦爲刑判, 定配所於鏡城曰: "湖南古無此擧, 渠輩乃敢作俑, 必須投畀窮北, 以懲其後云。" 聞吾嶺中亦有疏擧, 早晩當到, 未知又當作何處行遣。《易》曰: "括囊, 無咎。" 前此爲此論, 非一再, 其於爭是非, 無不足矣。今何必强聒不舍, 爲呶呶無益於事耶? 吾意以爲不如自靖, 以俟百世論定。論者或以爲: "此乃道學淵源所係, 不可不極力排之。" 以自附於距楊、墨之義, 是亦不爲無見耶?

三十日 丙寅

領相上來, 圻伯以迎候事出去。自此庶有議啓之望, 默禱默禱。是日, 暴雨水盛, 天章爲焚香涉漲去, 終宵耿耿。

七月

初一日 丁卯

領相進至東城外, 戶判先入來, 其難進如是夫! 是日, 又大雨, 連四

日不止。獄中每間, 例有卒二人守之。箕城正兵尹世命者以番次入, 適當大人所。箕於吾州, 爲隣壤, 渠又往來首墅, 習知吾家事, 爲之殫誠服勤於飮食居處之節, 力求所以安適之, 數月如一日。困厄苦楚之際, 賴其力不少。是日, 更番出, 爲訪吾兄弟而來, 言獄中前後消息甚詳。自五月二十七日, 至今且三箇月, 始得眞傳消息, 節節摧隕, 益無以爲懷。第聞雖在不測之地, 終以寬閑自處, 不至有抑鬱致傷之虞。平日所養, 正於是處呈驗, 猶足少慰此心爾。大人以其有積勞, 脫袴與之, 因寄數字來曰: "以韓昭侯之待有功者, 給之。" 吾等直欲擢髮酬恩, 而旅橐已傾, 只給孔方若干文。他日不可忘, 聞其家在箕城東沙銅面, 識之。

三日 己巳

大雨, 夕晴。李玄齡疏下爲守宰者, 以臺啓罷。

四日 庚午

領相入謝恩, 引見。旣退, 上密箚, 下禁府, 外間莫知也。後數日, 因安台始得見之, 其略曰: "先王棄群臣, 殿下新卽位, 楨、柟出入宮禁, 威行掖庭, 而交結外朝, 羽翼亦多, 國勢凜凜, 不啻千勻之髮。青城府院君金錫胄以肺腑之親, 居中兵之地, 始有詗察之事。庚申逆節, 因此發覺, 柟、堅伏法, 宗社危而復安, 幸甚幸甚。然此乃迫不得已之事, 一番之後, 不可踵而行之, 而庚申以後, 亦不無此事, 雖鉤得一二兇徒之隱伏情狀, 危亂人心, 虧傷世道, 則[15]其心雖曰願忠於國; 其事固宜見斥於公議。及至己巳當局者, 以詗察爲前人之極罪, 加以淫刑酷罰,

15) 危亂人心 … 則: 남구만(南九萬)의 《약천집(藥泉集)》에는 "其疑亂人心, 虧傷世道, 可勝言哉? 然則"으로 되어 있다.

不可勝紀, 而今閔黯又誘聳咸以完上變, 張大蔓延, 將擧一半人盡驅入於罟擭中。幸賴天日之明, 不得售其魚肉搢紳之計, 而自陷於大戮。然此逕一開, 誠難杜塞, 覆轍相尋, 仍成風習。源開於庚申, 而流漫於今日, 今日第一件大事, 惟在此逕之一掃而去之。其去之之道, 不但嚴治咸以完輩而已, 康晩泰、崔格、李時檜、韓重爀[16]四人之罪, 亦宜明白區處, 使人曉然知情犯之輕重, 然後方可以快衆心而服群情。何以言之? 當初以完所告中諸囚就服者, 乃是晩泰、時檜、格三人, 而皆以圖復坤位爲結案。此何等事, 而渠輩敢圖之耶? 其圖之云者, 將欲圖之於何所耶? 么麽無賴之賤士, 乃敢生心於此事? 勿論所執之如何, 其罪可得以容貸耶? 然此則渠輩猶自依托於大義, 至於晩泰結案中所謂任臺、韓構議延海上眞人之說, 非問目中所問, 而渠自置對。若以其事爲實, 則當幷與任、韓而論以大逆, 若以其爲虛, 則誣人以大逆之罪, 亦不可免。此而置之, 國何以爲國? 人何以爲人耶? 至於韓重爀, 所與交最深密者, 乃時棹、晩泰等; 所聚者, 銀貨, 而多歸於酒食、被服、鞍馬之費。若其事迹, 則自有渠手筆, 不待渠就服而可決。罪犯如此而止於流竄, 國人之疑惑, 豈不滋甚乎? 或以爲晩泰等, 乃以完之所告而黯之所欲殺也。以完、黯將被極律, 而晩泰亦不免王法, 則有若爲世充、建德報仇, 此言似然而實不然。何也? 黯之欲殺晩泰者, 爲其復坤位之有害於渠等也; 今之欲殺晩泰者, 以坤位之復爲渠等所圖云者, 辱及國家、誣歸上躬也。前後罪名, 雖若相似, 而用法之意, 實如天壤之判, 何得以襲前人所爲爲疑哉? 雖然, 若幷拿其時逮捕諸人, 更加鉤問, 則是眞黯事, 決不可爲也; 若仍置四人不問, 則是掩匿惡逆, 容護不逞, 一時國言, 後世

---

16) 爀: 친필본에는 '赫'으로 되어 있으나 한중연 인물정보에 의해 '爀'으로 바로잡았다. 이하 같음.

公議, 終不可得以抑止。在今處之之道, 先拿晩泰, 鞫問其兇言虛實, 快行王誅; 格、時檜, 亦正其誣上之罪; 重爀則以其手札, 論定其罪。如此, 然後朝家擧措, 方爲明白正大。此後, 詗察之說, 私逕之疑, 可得永永止息, 表裡洞徹, 風習丕變, 而淸明之治, 庶可復見, 豈不痛快矣乎? 此事所係, 旣在國家, 則餘事固不可論。雖以在朝諸臣論之, 其名之出入諸囚之招者, 甚多。若無此痛下一着, 則擧將受疑被譏於有無之間, 終不得自解; 雖以臣身言之, 臣名亦在受密旨之中, 臣之孼從, 又在聚銀之類。臣若不明白陳達, 快有處分, 則人將謂臣亦欲掩蔽而不能發, 臣雖剖心刳肝, 何以洗滌其羞辱耶? 臣猶欲遠嫌自潔如此, 而況聖明在上, 何可掩覆於此, 而受闇黯之譏耶? 臣受命鞫獄之日, 有此懷, 久矣。金寅所告之獄, 未及究竟, 遲待至今矣。今在囚諸人, 議啓將畢, 敢此冒陳愚妄之見。云云。" 於是, 晩泰、格、重爀, 分輕重被逮, 而以完、時棹、寅且受刑矣。蓋自一種無賴之徒, 廣斂銀貨, 一時名士大夫陰與其謀而助其聲勢者, 殆不可摟數, 及以完上變, 晩泰、格等, 或不待考問而一一首實。於是, 斂金翻局之說, 籍甚不可掩。見乘肥馬、載軺轎, 揚揚過市道者, 輒指而言曰: "新鐵乎? 舊銀乎? 銀入絲鐙子。" 蓋出銀之中, 申汝哲、具鎰爲最多, 或至二三千兩。我國方音, 新與申同, 舊與具同, 絲與仕同也。其中稍知自好者, 往往羞與同朝, 而以儒進如向來一大臣者, 反欲爲之泯其迹, 不亦異乎? 今如而夫, 蓋亦素以自好稱, 旣不欲得罪淸議, 又不敢硬着脊梁, 乍出乍沒, 首鼠兩端, 細觀其言意之間, 情態殊可惡也。其欲治晩泰等者, 外若持公議, 其實塞責, 且欲滅口。觀其所謂其時逮捕諸人決不可更加鉤問云者, 可知其本相全露, 而所謂依托大義者, 又不自覺其與晩泰同情也。後之持論者, 必能卞之。是夕, 天章還。

五日 辛未

始開坐議讞。吾與馨從、熤姪, 詣門外待命。時, 瘟熾門內外, 余要天章挽伯氏留幕次以待。外間傳言, 今且奏讞, 而大人以極邊栫棘論云。自初至今, 人皆言只是還發配所而已, 今忽至此, 何也? 聞領相初意, 亦欲還配而已, 累遭顚沛之餘, 自見形勢孤危, 恐拂老黨意, 不能立已見云。恐或然爾, 卽今惟出圜扉是望, 而及得此報, 憂慮又轉切, 是固人情所不免耶? 李台、金令, 亦入議啓中, 李卽絶島圍籬安置, 金極邊遠竄也。日暮, 判付未及下, 以完、時棹、寅連受二次刑, 人【謂寅。】旣處以誣告, 則今此安置遠竄, 又何意耶? 或謂: "是滅口也。彼中手段, 本自如此。"云。

六日 壬申

判付始下, 以國有齋戒, 配所及押去單字未入啓, 今日又不得出, 痛迫痛迫。前此, 懇韓上舍、安參判, 欲得水土稍善地, 卽者, 金吾郎李纂送言云: "配所定於明川。" 都事尹公有孫見差。俄而, 安台書示云: "初與判金吾議, 僅得明川, 委官以明非極邊, 移定鍾城, 吾無可如何。云云。" 大臣豈相厄哉? 因念鍾城, 去家二千五百餘里。初適洪獻, 猶以爲遠; 以今計之, 殆無異出戶限適隣舍。數月困苦之餘, 又何以堪此遠役? 罔極罔極。金令初以遠竄啓, 上特令安置。寅等又受刑二次。會須食此漢肉, 今迫遠去, 不可得矣。痛哉痛哉!

七日 癸酉

吾等入次, 望門內, 親舊多從之。日過午, 大人始出。承顔惝怳, 悲喜難雙。奉至幕次, 更衣少休。吾兄弟左右侍, 無以爲懷, 而顧念駭機方張之日, 其得有今日, 亦天也。 竊覸氣貌雖甚羸悴, 而不至大段傷損,豈非神明有所扶佑耶? 知舊來問者踵相接, 朴監司慶後、李員外宇謙首先至, 皆以鬚髮勝昔爲賀。卽夕, 出靑郊外, 留馨甫與權聖中、鄭德源相議治任, 天章、桓伯、公二、君美從之。往時積雨才收, 新月入簾, 大人匡坐移時, 爲說拘幽困苦之狀, 獄情危凜之意, 情事益罔極, 而仰賴天日照臨, 畢竟無事, 是爲不幸之幸耳。天章、桓伯, 爲陳向來物情時議, 不覺夜參半。是日, 閔啓停。蓋聞明日以後, 連三日有故, 不可以斷死罪, 或慮差池失機, 爲汲汲賜藥計也。操之如束濕薪, 其亦無可奈何矣。李台以臺啓不得出, 執義韓聖佑發論也。

附【前後供辭】

五月二十八日

以嗾儒臣探內事, 發爲問目, 其大槩以爲: "金寅招內有云: '聞之成虎斌, 則上年十月賓廳入侍時, 受閔黯、李義徵指嗾, 以嚴嫡庶之說, 探試上意, 欲知崔淑婉恩寵如何云。' 隱諱除良, 從實納段, 云云。" 卽置對曰: "矣臣果於王子誕生後十餘日, 入侍前席, 大臣諸宰奏事畢, 進言曰: '國家有螽斯之慶, 王子誕生, 幸莫大焉。然春宮旣定位號, 嫡庶之分, 不可不明也。古者, 王世子生, 國君視之, 有禮, 庶子生, 問之, 亦有禮, 皆所以謹其始也。今殿下若取以爲法, 則豈但宗社之幸, 實亦新生王子之福也。' 上意亦以爲然, 嘉歎奬納, 伊日所達, 不過如此。今承傳旨內辭緣, 錯愕駭遽, 不知所以爲對。矣身以草野疏賤, 猥被經帷之命, 每承裨補不逮之教, 故感激圖報, 隨事獻規, 輒敢援据古義, 有所云云, 豈敢受人指嗾, 爲探試上意之計乎? 且矣身, 年過五十, 始得從仕, 朝中士大夫無相親相熟之人。至於閔黯, 相知最晩, 雖有一再相見, 本無款洽之義, 李義徵, 雖有相知之分, 亦無親厚之情。設有此等機密事, 豈肯語及嶺外交淺之人乎? 金寅、成虎斌誕妄搆誣之狀, 據此可知是白乎旀, 矣身雖不肖似, 猶知以誠信事君之義, 豈有一毫受人指嗾, 探試上意之意乎? 矣身情事, 惟恃天日之照臨而已。此外不知所云, 相考分揀。"

二十九日

更推時問目, 大槩: "當日入侍罷後, 與李義徵, 偕往金元燮家。義徵、元燮問: '今日榻前以嫡庶之說, 探試上意, 則上意如何?' 答曰: '上意差緩, 意可知矣。' 義徵曰: '然則可以擧事矣。' 從實納段爲旀, 己巳五月上疏中自絶于天等語, 【詳見臺啓。】 亦爲從實納段。 云云。" 又置對曰: "矣身, 曾受閔黯、李義徵指嗾, 探試上意事段, 昨已備陳無遺, 今不敢更有所云云是白在果。當日入侍罷後, 卽爲各還其家, 初無金元燮家相會之事是白去等, 李義徵一處問答之說, 萬萬無據是白乎旀。金元燮段, 以同道之義, 素所相知叚不喩, 元燮, 曾爲安東府使, 有城化之分是乎等以, 安東罷歸後, 臥病沉綿是白去乙, 矣身數次往問其病而已, 未有一毫言及時事是在如中。矣身以嶺外山野之人, 從宦最晩, 朝士大夫視以爲迂闊老儒, 有時相對, 或訪以古書文義, 未嘗以當世之事, 相干是去乙等, 豈以此等秘密事, 措諸言語間乎? 矣身寃枉之狀, 皇天后土實所共監是白乎旀, 至於上疏中措語段, 矣身於己巳四月, 以司業赴召, 纔到近圻, 猥蒙工議超擢之命。伊時, 伏聞坤宮不安之報, 不勝區區驚慮之忱, 敢因辭疏, 瀝盡愚悃。槩以爲妃匹之際, 人倫之始, 風化之原, 不可不愼始而敬終, 不宜遽用威斷, 使擧措失當也。漢之光武, 行之於前, 而不免賢帝之過, 宋之仁宗, 行之於後, 而終爲白玉之瑕, 惟殿下念哉, 戒哉。云云。卽因縣道投進, 則其時廣州留守, 以嚴旨纔頒, 不爲上送。矣身必欲其仰開天聽, 謹依宋臣鄭俠違禁發遞故事, 貼黃疏末, 卽使曹吏, 徑投政院, 則政院, 又以嚴旨之下, 不敢捧入爲辭, 竟不得徹聞, 矣身常懷痛恨悶迫之情矣。是年九月, 矣身病伏京邸, 適會聖上以灾異求言, 矣身以前日痛迫之餘意, 應旨投疏, 有所論列, 欲望中宮殿下移處別宮, 繼其廩料, 而第以降出未久, 天威未霽, 其在進言之道, 不敢以無故降出爲辭, 而直有所請。且當此之時, 中宮殿下有所不豫於上心而遭意外之事, 聖上卽中宮殿下之所天, 故乃敢以絶於天等語, 致宛轉委曲之意, 而其下卽云: '以六禮所聘, 正位中宮, 奉承至尊, 殆將十年, 今而置之閭家, 絶其廩料, 則不免爲過中失當之歸。請依漢武帝、宋仁宗待陳、郭故事, 處之以離宮別館, 量給廩料, 得有所賴, 則其於處變之道, 庶幾無遺恨。云云。' 此實矣身常痛中宮殿下降出閭家, 幽愁窮苦之甚, 欲有以少致尊安之意, 而遣辭之際, 不得不略存處變之意。然元疏主意, 全欲爲坤宮冀蒙恩澤而發, 豈有一毫包藏禍心, 語犯國母之意乎? 至於爲設防衛謹其糾禁云者, 矣身常痛中宮殿下所處閭家荒凉踈綻, 了無禁防衛護之事, 以爲若於移入別宮之後, 爲設守衛之官, 得有糾禁之事, 則庶幾使警守稍謹, 體貌稍尊。且古者凡宮城國門, 皆有糾禁戒令, 故竊取其義而爲之說。此皆無非欲致敬謹於中宮殿下居處守護之道, 觀其爲設之語, 則矣身本情之所在, 乃可見矣。亦豈有一毫陰秘之意乎? 若不察下語用意之如何, 而抉摘文字, 勒成罪案, 畢竟使尊上之意, 反爲侮上之歸, 則豈不寃甚矣乎? 且使矣身少有包藏禍心、侵害坤宮之意, 則豈敢當天心未豫之際, 邦禁至嚴之日, 不計一身禍福, 而前後封章, 爲此人所不敢言之言, 始則欲望愼始敬終之道, 終乃首發別宮廩料之請哉? 區區此心, 若得暴白於天地父母之前, 則矣身死且不朽。此外不知所達, 相考分揀。"

附

議啓【委官南九萬, 判義禁申汝哲, 知義禁尹趾善、申琓, 同知義禁安如石。】

“金寅所告中, 王子纔生之初, 遽有明嫡庶之說者, 其意似爲凶慘, 而若其措辭, 則自是人人常談, 其間情僞, 有難的知。且觀○○納供時言辭動止, 則自是鄉暗無形之人, 設令閔黯、李義徵等果爲締結凶謀, 似無與此不知高低之人, 悉吐其本情之理, 未知渠自以其心爲是說乎? 爲閔黯等所誘, 不知閔黯等之有意, 而發說於榻前乎? 其間情狀, 雖不可的知, 若以此斷以爲謀逆而罪之, 則似非本情。且金寅當初變書中所告, 莫大於此事者, 而中間發說, 亦難知其意。既爲發說之後, 初則以爲○○往於金元燮家言說云者, 無一定之說, 尤難必信。且非渠親自得聞者, 稱以虎斌之傳說, 則無他參證之人、可考之跡, 亦難以此定罪。至於中宮殿下出處私第之日投疏事, 則所謂不循壼[17]彝自絶于天云者, 以其措語觀之, 則難免人臣之極罪, 而若其陳疏本意, 欲其自私第處於別宮, 繼廩設衛者, 似非出於謀害侵逼之計, 原其本情, 似亦有差減之道。減死一等, 施以極邊圍籬安置之律, 似當。惶恐敢啓。” “依啓。”

◎ 李義徵 議啓[18]

“金寅所告中所謂成虎斌言於寅曰驅入永肅門事吾已受諾於訓將相與打掌而盟云者, 最爲緊重, 而鞫問虎斌, 既已不服而死。且所謂與虎斌打掌云者, 似不近理。有難以金寅傳聞單辭, 斷定其罪。其它尹憘三書中, 皆稱: ‘必與訓使道相議。’之說, 及訓局銀布貸下虎斌, 以爲傳給金寅之事, 其爲詗察一邊人, 欲爲告變之狀, 有不可掩, 而謀逆情節, 則俱無明白現發之處。至於旗牌官申英元之自縊情狀, 尤甚可疑, 而設令英元, 且爲參涉於詗察之事, 朝廷變易之後, 自㥘縊死, 不無其理, 亦難以此斷定其爲謀逆。至於搆揑金廷說欲起大獄之狀, 雖是渠從前禍心

17) 壼: 친필본에는 ‘壺’로 되어 있으나 의미상 ‘壼’이 타당하므로 수정하였다.

18) 李義徵議啓: 친필본에는 소자로 처리되어 있으나, 체제를 통일하기 위하여 소제목으로 처리하였다.

之包藏, 而與今番金寅所告謀逆云者, 其事不同, 亦難以此加刑, 期於得情。至若嗾囑李○○, 密探上旨事, 其事之有難必信, 條列於○○議啓中。李時棹所言: '傳聞張萬春明春擧大事.'等說, 時棹之言, 本自變幻難信, 亦不可以此斷罪。減死一等, 施以絶島圍離安置之律, 似當。惶恐敢啓。" "依啓。"

◎ 金元燮 議啓[19)]

"尹憘書中所謂前者相議之事云者, 其與尹憘從前親密, 有同謀之事, 的然可知, 而渠之所供, 初則與尹憘本無相切之分, 後則又曰: 尹憘下去信川時, 以下直來見言: '金寅探知一邊失志人事, 將有告變云.' 而以言折之, 使不得更發。此與當初所供, 又爲相左, 故至於三次受刑, 而觀其通書之辭, 雖不知果爲某事, 若以爲謀逆則不明, 若以爲告變則似近。以此不明之事, 期於得情, 終至殞斃, 則似涉過重。金寅所告李○○會于渠家、言筵中說話事, 及李時棹所告張萬春所言明春擧大事等說, 其事之有難必信, 已悉於李義徵、李○○議啓中。而但其與尹憘通謀, 欲爲告變之狀, 及嚴問之下, 終不吐實之罪, 則俱不可免。施以極邊遠竄之律, 似當。惶恐敢啓。" 上曰: "極邊安置。"

◎ 金寅 議啓[20)]

"當初做作殺鷄歃血之虛說, 與李益華、李養中同盟云, 而又作謀逆兇書, 傳示於尹憘、李成夔、成虎斌等, 使之通示於李義徵、閔黯等處, 欲爲進身之計。且爲賺得銀布之謀, 及其淫奸虎斌妾, 不得容身之後, 始爲逃走信川, 欺誑尹憘, 受來書札, 爲告變之擧, 而其變書中首擧

---

19) 金元燮 議啓: 친필본에는 소자로 처리되어 있으나, 체제를 통일하기 위하여 소제목으로 처리하였다.

20) 金寅 議啓: 친필본에는 소자로 처리되어 있으나, 체제를 통일하기 위하여 소제목으로 처리하였다.

歃血同盟者李益華、李養中等，乃是上年春偸竊其家馬鞍及衣服錢文等物逃去後，呈官出立旨之人。且其爲說，元無一定之事，揷血同盟，中間自稱虛辭。做作金海成妻母置毒之說及虎斌與李義徵打掌而盟等說，非但單辭無證，罪人亦無就服者。至於嗾儒臣探內旨事，則初言○○言於金元燮家，前後相左，皆難準信。且所告李三達、李成豹等事，尤極虛踈。觀其情狀，以遠方無賴之人，入來京中，欲爲納交於樂聞譏察之人如李義徵等有勢力處，自作兇言，自作兇書之事，極可痛惡。渠雖有尹愭書得納之事，其書之爲逆謀，終不得現發，則不可謂有功，而所告謀逆人致斃者，至於三人，則似難以書札三張，貸其反坐之罪。且告者三人中，咸以完、李時棹俱不免死，則寅獨無得脫之理。依法處以誣告之律，似當。敢啓。""依啓。"

◎ 李時棹 議啓

"當初爲咸以完所告，與韓重爀等，同爲就拿。與重爀面質時，重爀稍及其同謀情狀，則勃然厲聲，盡發重赫陰事，自爲告者之事，其言極多兇慘，不可盡擧。其意似欲以此得功免死矣。及到翻獄之後，受亂杖於希載，還囚禁府，又發訓將布袋之說，與以完互相推諉受刑。及今移送鞫廳之後，又稱張萬春言於渠曰'明春好事'，非但閔郎廳之言，訓鍊使道、兵曹判書、守禦使道 李聃命、金元燮等，擧皆同謀。云云。又欲以此發告，得功爲免罪之地。變幻辭說，三爲告者，如此罔測之人，決不可容貸。處以反坐之律，似當。敢啓。""依啓。"【觀此可知獄情大略，今俱著之。金寅卽柳尙運相連人也。始與尹愭、成虎斌深相結，若將鉤得彼邊陰兇情迹之爲者，旣私奸虎斌妾事覺，且不容虎斌，又爲前訓將所汰去。寅計窮，不知所爲，會尹愭出爲信川守，寅卽往信川，謂愭曰："彼輩凶計日益，閔文學覺之，方爲膺變計。"仍請愭，抵閔文學、金大諫書，往致其意，愭信之不疑，卽遣二人書曰："聞金生之言，不覺心寒骨驚。此大事，不可率爾爲之，須善處之。云云。” 寅遂以其書賚諺書中，上急變云。李時棹本陝川良家子，素無賴，得罪鄉中，流配會寧數年，變前，才遇赦還云。】

八日 甲戌

余爲料理行事，早起入城，歷問金大諫令公。公素病，受楚毒，儀觀能依舊，異事異事。相對茫然無語。道遇權子壽、李宏叔兄弟，爲拜大人而來。次第來問者甚衆，遂至廣通橋舊次，不覺齒生酸。自經禍變來，愕然作一虛殼，觸緖霾霧，迷不知所爲，賴權聖中幹事勤敏，粗成次第。此人急難之義，終始不衰，乃如此。余欲夕還郊寓，人皆謂：“不可捨之而去。”遂止。經宿離側，鬱鬱不可堪。親舊從東郊還，皆來問之。朝日，閔相已仰藥矣。今日卽祈晴祭齋戒，故趁未受香，汲汲擧行，亦前所未有云。其前後供辭，今不可記，獨其初招，大槩以爲：“前秋間，領府事金德遠見謂：‘聞一邊無賴之徒，聚金蓄謀，將不利於朝紳，曾聞之否？’矣身答曰：‘吾亦略聞，而不能詳也。’故判書臣沈梓亦曰：‘聞不逞之徒陰蓄兇謀，前兵使張漢相亦與知焉。若問於漢相，渠何敢隱諱？’其後張漢相，來見矣身，矣身問曰：‘聞爾等聚金設謀，將欲何爲？’漢相曰：‘此事，咸以完實知始末，以完，卽大監軍官崔山海妹夫也。若招山海問之，以完必不敢諱。’矣身以語矣身子章道，章道一日招山海問之。翌日，以完來見矣身曰：‘昨聞崔山海之言，不勝惶恐。’因言春澤、重爀等所爲甚詳。矣身卽邀吳始復、李義徵議，既又馳見領、左相相議。皆云：‘不可不上聞’，而春塘臺觀武才期日，且迫，欲於過後上達。一日姪子昌道來言：‘諸意以完所告，至今不上達，爲太遲緩。’矣身遂更與僚相，議於幕次，因以上達。云云。”蓋彼輩兇計，不啻狼藉，時棹、晩泰等，又已承款，則論以誣起大獄，不亦寃乎？今右相所謂閔黯問目中誣獄一款似當去之云者，蓋以此也。閔相既置對，上令：“更以指嗾希載造言流入, 添入問目中。" 閔相雖累自明, 而希載旣承款, 卒以此論死云。春澤等聚金巨萬, 日夜經營, 自宮妾宦官以至宮中僕御, 無不結爲死援, 崔格又以淑婉從兄, 流言日入, 上意不能無動。閔相父子始問於張漢相, 次問於山海、以完, 留時引日, 使春澤, 得益爲之計, 密訴於內曰: "當國諸人, 欲盡殲失意之人。因爲除去淑婉計, 非久將上變。云云。" 上旣稔聞, 而閔相入告, 上益信春澤言, 而疑閔相爲誣告也。姑命拿鞫春澤等, 及晩泰等就服, 上亦無驚恐意, 答曰: "知道。"而已。旣而將次第究治格等, 而金寅急變已入云。春澤, 萬基之孫, 益勳之從曾孫也。髮未燥, 兇猾已有餘, 稱其家兒也。被逮時, 有人過其閭, 其家僕隷, 詡詡笑相樂, 略無憂怖意。蓋其鉤連隅落, 神施鬼設, 能有以料其生死云。

九日 乙亥

治行, 且有緖。余將出城, 招朴五龍, 與錢百, 以答其意。前此所遺, 蓋已十數兩。聞鍾城新倅朴公明義, 昨自綾州才入城, 歷訪其家。自其先大爺時, 已有世誼, 見待甚款, 爲言到州當源源。此去遇此令, 亦一幸也。轉向金吾郎家, 不遇, 卽抵郊寓, 親賓坌集。金吾郞亦來在坐, 曲加眷念, 良感良感。昨今兩日來, 京中士大夫知與不知來問者, 幾數百人。非無達官大人來者, 盡是失意憔悴客, 忽有呵道聲, 視之, 乃安參判如石也。客相驚顧笑, 以爲異事。人賫紙錢衣襦袴及他褋物, 以贐行。數月旅食, 囊爲一空, 賴以辦行。洛下親舊, 終始眷厚之意, 何可忘也? 天章, 客中脫絮袍, 披肩爲贐, 此意, 尤不可忘也。奉朝賀李公觀徵, 方在削黜中, 老病不得出, 以書來曰: "北行, 是何罪也? 絶塞苦寒, 今送一幣袍。" 蓋新製花紗襖也。不但其意鄭重, 筆力老健, 亦可觀。大人氣貌, 比昨似少羸悴, 豈疲於應接而然耶? 晩發, 宿楊州 美阿里, 去東城一舍而遠。 吾兄弟及鼇從、熤姪從行。 天章、公二、聖中、德源與俱。

洪姊兄昨從文巖來, 亦與之偕。館人李成萬者日來, 同憂共患, 終始不衰, 今又追送於此。患難之際, 人情可見, 可感, 亦可尙。

十日 丙子

汝源、桓伯、君美追至。桓伯携壺出餞。鄭參奉至祥亦來相問, 袖砂糖閩薑數餠見饋, 意甚厚也。李誠中時會從崇陵直所來, 欲追送數日程, 患店不果。德源、聖中、南、鄭諸君自此辭去。聖中臨別, 出涕。晚發宿楊之綠楊驛, 【自都城至是, 五十五里。】天章、桓伯、公二、君美從之。李德玄 尙之自光陵追到奉餞, 情誼懇款, 溫然有大家風味。尙之、時會六月間休告還, 往來書問, 已嘗交于道矣。楊牧 尹公就商, 遣人致書, 饋米魚數種, 大人俾余作答。

十一日 丁丑

朝發綠楊, 將向抱川, 尙之、公二辭去。親朋漸散, 離魂欲消, 執手敍別, 不覺淚沾襟。中路遇雨, 投宿抱川 下城佛里, 卽桓伯家墳庵。桓伯命小婢, 殺鷄爲黍而進之, 使人忽起田園之感。薄暮, 雨霽月白, 暑氣稍收, 相與敍懷攄情, 少展窮愁。因念扶侍流遷, 非不痛迫, 而追思前日事, 此又未始不爲幸也。聊以自慰於心, 而天章諸友, 亦以此見慰。

十二日戊寅

桓伯有叔父頎, 寓居是里。與余有面雅, 朝日來訪。爲人眇少丈夫, 能文辭, 大言論, 以爲亢, 與世抹摋而不恤也。桓伯再從弟尙, 亦來見。飯已, 發行。秣馬抱川, 【自綠楊至是, 六十里。】伯氏與馨從、燈姪, 明將落後。天章、桓伯, 亦當從此還。念之愴然傷情, 雖欲强排遣, 奈弱念易盈何? 天章、桓伯, 戒以無爲重傷大人意也。夕向永平之梁門驛。

【自抱川至是，三十五里。】所經一路，盡是前度蒼黃處，豈意今又出此路也? 行過龍洲故居，喟然有不同時之歎。其上有祠，鄕人蓋以俎豆公云。歷白鷺洲，天章與桓伯，約於歸路臨眺，而顧我獨不得與諸君，同此勝觀，足令人悵然傷心。嘗聞靑城之水過七里灘，滙爲深淵，中有石嶼，古松數十株，蒼然離立，石上兩岸，皆蒼壁奇巖，所謂白鷺洲也。又白雲溪，在永平西五里，水益漫，沙益平，岩壁益嶄然，淸潭倏瀨，上下迷茫，亦一佳景也。蓋京城東北多山水，永平治東二十里，有白雲山，號爲圻內大山。嵚碕嵌巖，多環詭觀，又多前代浮屠古迹。有水發源山中，水深多石。兩岸皆白礫深松。深入有石場，可坐數百人，前輩多稱之。此生何日能得謝紛累、羃幽敻，以償此宿昔仇池之夢耶? 遐想興懷，因漫書之。暮泊梁門。金吾郞所至款曲，此猶足以少賴矣。君美從成佛歸。

十三日 己卯

兄弟親友，自此分背，相視淚落，殆無以定情。邈矣天一涯，幾時更是會面時耶? 仍念瘦妻獨夜思邊淚，稚子長時喚爺啼，又是暗消魂處。啼飢呼寒，已矣無可言者。最是阿輩三箇，或已舞勺，或才就傅，而似此憂遑，蒙養失時，爲尤可念爾。惟兄若弟在，只當恃此無慮，而猶不能不掛懷抱，亦不自知其何心也。大人勉令: "各堅乃心，毋爲此無益之悲。" 戒伯氏: "歸家，謹賓祭，輸租賦，飭躬課蒙，以保族宜家。" 因與天章、桓伯，執手謂曰: "諸賢追別至此，情厚可感。古人云: '執手笑相別，無爲兒女悲。' 人生會當有此，只願諸君，益自樹立，歲寒風霜，不變所守，則是老人今日之望也。" 怡然就途，略無尤怨切蹙意。天章、桓伯，握手送余，勗以處患難之道，此古人之義也。天章因以一律見贈云,: "先生竟竄逐，之子獨陪從。絶塞三千里，窮愁一萬重。可憐今日別, 更得幾時逢。會演箕疇學, 看君是九峰。" 以大人嘗續成仲父存齋先生《洪範衍義》故云也。行到鐵原之豊田驛。【自梁門至是, 四十五里。】回望分手處, 雲山已渺然矣。伯氏歸時, 期以明春來覲, 道里絶遠, 家無一馬, 又何可必也? 鐵原倅黃震文, 柒谷人。曾以同道故數出入門墻, 至是漠然無問, 固已怪之。金吾郎先到, 聞之驛隷, 爲余言: "金大諫, 昨過此, 馬病不前, 以震文同道素相識, 必能急困, 爲折簡致意, 震文托以出外, 牢關不見書云。人情果如是乎?" 因嗟咄不已。余以爲: "摧沮銷鑠之餘, 風俗大壞。" 向者, 耳老令公西遷時, 長湍伯朴昌漢, 松京守李壽徵, 閉門不見; 閔相初逐南荒時, 水原伯趙湜, 稱病不出。此數人者, 號爲讀書識道理人, 猶尙如此, 況虔詬無恥, 惟利是趍, 如黃革輩, 又何足掛齒牙間? 世道至此, 良可寒心。預作書抵高山丞金天若, 要借乘濟困。

十四日 庚辰

早發, 至金化 生昌驛,【自豊田至是, 五十里。】即銀溪丞驛館云。太守金昌國, 壽恒兄子, 漠然。郵丞吳羽進, 北產, 亦不問。咸州通判金公夢協, 以李玄齡疏下罷歸, 適遇旅次, 握手嗟勞, 情意可掬。余謂: "前過咸州, 如客歸家, 今君已解州事, 北伯又是別人,【權是經。】當此艱難之際, 誰復露心肝耶?" 金公曰: "誠然。不獨咸爲如此。前途太半主人非。" 蓋德源、永興、定平、洪原諸郡, 或罷, 或爪遞, 或遷他職也。尤使人落莫。丙子南漢之圍, 關西伯 洪命耉, 與節度使柳琳, 相繼引兵至縣, 會賊大至, 觀察軍敗沒, 節度軍多勁卒敢死者, 殊死戰, 殺[21]賊無算, 賊屢戰不利, 乃退。嘗見隷節度老卒, 詳言之。今過其地, 猶有指而言者。觀察之敗, 蓋由兩將不相能, 掌國兵而爲人之司命者宜戒之。

21) 殺: 친필본에는 '敎'로 되어 있으나, 오자이므로 수정하였다.

《偶記》, 昨過此, 蒼黃忘失, 已行數里, 覺之無及。今且數月而還, 謂是人失之、人得之, 不復有意推之, 主人家收藏之, 及是出之, 宛然舊物, 感懷良多。此物至微, 其得失, 亦有數, 識之。夕向金城, 遇雨, 投宿直木驛。【自金化至是, 四十里。】

十五日 辛巳

持刷馬者, 例於官門交遞, 金化人夜亡去, 勢甚狼狽。通于金城倅, 待其送馬, 差晩發向金城。【自直木至是, 十五里。】太守柳公命雄, 迎接甚款, 餽贐亦厚。大人氣甚困悴, 且欲留息, 聞禁吏多督迫言, 晩發, 宿蒼道驛。【自金城至是, 三十五里。】

十六日 壬午

早發, 歷菩提坂。兩岸陡斷, 鐵壁垂徑, 中有津, 不梁則舟, 直孫武子所謂絶澗、天井, 扶侍躋攀, 仰危俯慄。道遇李公萬夏于坂上, 以南節度被彈歸。班荊勞苦, 且多慰勉語。後聞之, 李公頗解相人術云。秣馬淮陽之新安驛。【自蒼道至是, 四十里。】夕抵淮陽。道遇尹德駿, 以應敎赴召。大人屛道左, 德駿傳語致意而去, 曾是不意。旣至淮陽, 倅李公萬東饋行資, 大人辭不受。萬東旋又致問, 辭曰: "饋贐。" 遂受之。嘗讀地志, 金剛山在州之長楊縣東三十里, 去府一百六十七里, 山名有五, 曰金剛, 曰皆骨, 曰涅盤, 曰楓岳, 曰怾怛山, 卽白頭山南支也。自會寧 于羅峴, 至甲州東爲頭里山, 雙城西北爲劒山, 交州西南爲分水嶺, 西北爲鐵嶺, 通川西南, 爲楸池嶺, 至長楊東高城西, 爲玆山云。今數月之內, 周歷山, 內外殆遍, 行邁靡止, 如此而望, 長安、表訓, 遠不過宿舂糧, 終不得一登而償素願焉, 則躡仙區, 盪胸奇, 其亦有數存焉。書之以寓感懷。【自新安至淮陽三十里。】

十七日 癸未

早發舟, 濟德溟津。江岸有古廟, 名江神祠云。歷銀溪踰鐵嶺, 不但其巉岩脩阻, 容華欲落, 追思前度過此時, 不知何能自處也。驚魂凜凜, 眞如痛定之人。嶺底又遇雨, 洎登嶺上。雨稍霽, 夏潦纔收。石棧無土, 人馬十步九顚。嶺上望見, 崗脊橫騖, 積翠埋空, 杜老《鐵峽》詩所謂壁色立積鐵者, 可謂善形容。其以鐵嶺名, 豈亦以是歟? 高麗時置關, 名鐵關, 故嶺以東江陵諸州, 謂之關東。至元 庚寅, 哈丹奔北而東, 闌入關東, 有羅裕者領軍防鐵關, 賊刦掠和登以西, 裕棄關走, 賊如入無人之境, 國大潰, 至乞師於元, 乃能殲之。噫! 吾東方有天險不能守, 豈獨鐵領也哉? 壬辰之亂, 使島夷過鳥嶺, 廟社俱墟, 三都失守, 向非天朝有以字惠之, 其得有今日乎? 宜乎志士之扼腕, 至今未已, 而二事頗相類, 因謾錄之。夕投高山驛 安壬辰家, 即前所蒼黃處。寢驚夢愕, 不能成寐。患難之餘, 神志不固如此。【自淮陽至是, 五十里。】金吾郎來, 與語從容, 所至極款。嶺下大野微茫, 名富野云。

十八日 甲申

早發。秣馬南山驛。【自高山至是, 五十里。】少北十里, 望釋王寺, 稱絶景。且有聖祖遺跡云。聞嶺北諸州, 今八九日間大雨水, 陵谷易處, 而北關尤甚云。記余是日在京城東, 只見有渰凄凄, 今北路乃如此, 何也? 夕抵杵山 林達賢家。【自南山至是, 二十里。】迎接甚款。客裡舊面目, 正自不易。

十九日 乙酉

晩發, 秣馬德源之元山里。【自杵山至是, 二十里。】將向德源, 驟雨旋霽。德川倅柳永徵被臺彈歸, 邂逅路次, 下馬迎勞。永徵本社相管下編裨, 社相敗, 錫胄要永徵啗之以利, 俾發其陰事, 永徵不爲動曰: "俺豈誣人以徼福者?" 錫胄大怒欲殺之, 掠治無完膚, 終不復言, 錫胄竟亦不能殺。其志節如此, 今亦坐是被彈云。既至德源, 太守黃公再命卽出相見, 待之有禮。定平新倅金公珏方之官, 歷謁。因聞時樟、以完、寅, 次第不服死。自元山至洪原, 路程遠近, 前已詳著, 今不載, 獨記前所未及著者。偶讀地誌, 湧珠里在府南十五里, 穆祖自全州移陟州, 又移于本府, 一百七十家從之, 居湧珠里, 生翌祖。[22] 聖祖徙居慶興東四十里斡東里, 爲藩酋所侵暴, 與孫夫人累騎, 絶潮避居于府南四十里赤島陶穴而居。後又自赤島, 還湧珠里, 改名赤田社, 慶興民從之如歸市。後徙咸興之松頭里, 未幾又還赤田居焉。至今德源官庫, 藏度祖時門扉。至桓祖世, 又徙永興之黑石里, 卽聖祖誕降處。今有本宮、眞殿, 以此。此足以見祖宗肇基王迹, 積德累仁如此, 特詳著焉。天若答書來, 借二匹馬, 大有力焉。

二十日 丙戌

早發。日中秣馬文川之良驥驛。時, 太守李公寅錫, 受由歸家。暮泊箭灘里, 悄然村墟逈, 矮屋又打頭, 奉老經宿, 艱窘萬狀。

二十一日 丁亥

早發。朝抵高原, 尹倅卽出相見, 待之加厚。洪原倅崔公罷歸, 與之相遇於此, 客懷凄黯。見咸山半剌, 意同。午發, 抵永興。太守李公箴, 卽李監司德周從父兄子也。遣褊裨迎勞, 既至, 日再來見, 關館羅羞, 情意

22) 聖: 친필본에는 '翌'으로 되어 있으며, 두주에 '翌恐當作聖'이라고 되어 있으므로 그대로 수정하였다. 바로 뒤의 '翌祖'도 같음.

款厚, 其視黃革, 奚啻九牛毛也。遠客驚深眷, 無異舊相識。通老又從眞殿至。一年三度客中逢, 亦豈非有數存焉耶? 天若又以書來探中路行聲。

二十二日 戊子

太守日再至, 餽贐特厚。晚發, 抵草原。通老從之。天若迎接款厚, 天涯絶域, 首見故人, 喜可知也。裵上舍益徽謙叔, 卽裵承旨美叔之弟也。從其兄責富寧, 留數月還, 歸路抵此, 爲迎拜大人, 留待已一日, 萍水相逢, 驚喜難狀。美令亦有書來。留與語從容, 細聞北路謠俗、山川險阻狀, 愁人愁人。因言李義士士龍事。士龍, 本星州良家子, 爲人訥口少言。黑漢旣臣妾我, 徵兵略錦州衛, 士龍亦在遣中。臨行與家人訣曰: "吾必不還。" 旣至, 望見天兵, 泣下沾襟, 不忍放丸, 連發虛銃。虜覺之, 擧劒擬之曰: "復者斬汝。" 釋使戰, 士龍又如前。虜怒曰: "汝何敢爾? 行斬之。" 士龍曰: "天朝是昔日之父母我者, 豈忍以子而射其父母? 吾已自分死, 須速殺我。" 虜竟斬之。然亦義之, 表其屍曰: "朝鮮義士李士龍。"云。嗟呼! 此眞義士也。夫豈學而能哉? 蓋其忠義之性, 得之於天, 而能不失其本心者也。豈非所謂無所爲而爲者乎? 世之學士大夫, 以忘讐忍恥爲當然者, 聞義士之風, 亦可以愧死矣。久欲爲義士立傳, 未能。姑記所聞如此云。

二十三日 己丑

雨終日, 不得發。遠客關雨, 已自幽鬱, 而金吾郞冒雨先向定平, 禁吏多慢語, 尤惱人意。賴主人情厚, 且得通老、謙叔偕, 同道親朋, 盡日團敍, 間以酒肴佐之, 忽忘身在異域, 豈非一幸會耶?

(缺)。

所以施之惡逆人者。[23] 及君則到官, 州之人士白欲治之, 君則推致之庭, 根究其由。以時當盛暑, 多士盈庭, 不可以立歊赩中, 爲張白布幕, 大庇一庭, 庭中人, 皆感德歡顔。旣退, 一辭稱曰: "賢哉! 太守。古未嘗有也。" 以此聲名益藉梁、楚間云。然吾則以爲不然。若以嫌故不問則已, 豈可爲此矯飾不近情之事乎? 孔子曰: "以直報怨。" 若君則所爲, 豈非所謂以德報怨者乎? 余惟天若言, 誠然誠然。偶記朱子與方耕道書曰: "天下事, 循理守正, 平心處之, 便是正當。如盜賊入獄, 加以桎梏箠楚, 乃是正理。今欲廢此以誘其心, 欲其歸恩於我, 便是挾私任術, 不行衆人公共道理, 此等病根, 不淺。明道記彭中丞語云: '吾不爲他學, 但自幼卽學平心以接物。'" 此言似切中君則膏肓。[24] 因念他行事, 大率類此。昨歲京邸, 洪德山寅叔【游敬】因事入城, 來拜大人, 退與余語, 語及君則曰: "數年前, 歸覲嶺南, 道過昌樂, 君則方爲丞玆郵。入與之語, 爲言: '時議頗欲推轂, 君但以嘗首告廟疏爲病云。' 君則蹴然曰: '是則時議似不相悉, 吾何嘗出疏首座乎?' 余則色裁曰: '君則, 何言之誤? 設使告廟之論爲不是, 到今分疏, 非所宜爲, 況告廟疏, 有何不可於義, 乃欲明其不出乎? 何其無操槩耶?' 君則瞿然稱曰: '夫夫見責, 是也。吾其失言矣。' 此雖小事, 可驗本地, 豈非所謂不能不失聲於蜂蠆之螫者乎? 吾甚不取。云云。" 又余嘗過金彥兼【台重】宿, 彥兼爲余言: "聞之大諫家叔, 嘗受由下鄕, 道遇君則, 以獻納赴召, 袖一疏相示, 卽碧潼按律意也。請早賜施行, 論議峻發, 意謂此公乃能辦此。及疏出視之, 語意與前疏自別, 蓋於沿道聞所親守宰言, 曁入城, 又受時相指也。此在凡人, 猶恥爲之而謂君則爲之乎? 大不滿人意。云云。" 君則妥自早歲, 高自標置, 世方期以大受, 而臨小利害, 便如此手足皆露, 何也? 正

---

23) 所以施之惡逆人者: 이후의 내용은 국학진흥원 소장 전사본에는 수록되어 있지 않다.

24) 肓: 친필본에는 '盲'으로 되어 있으나, 오자이므로 바로잡았다.

如九級浮圖欠了一級，可惜可惜。

二十四日 庚寅

雨稍霽。與主人辭別，如離親戚。聞咸州有《楚辭》板本，約天若印送，蓋欲時讀一過，想見其倔强踈鹵、憤滿悲哀之意爾。通老、謙叔辭去。通老臨別，贈余一絶，忽有浮屠無準者 從雙城小寺來，踵門請謁，因呈一絶曰："貧道久知大賓爲世儒宗，今聞遠謫塞外，適來問行李。"因以一束山蔬爲饋。見其披袈杖錫，飄然有出塵之想，而贐行之具，又皆簡澹如此。其視唱驪駒，勸盃酒，戀戀陽關道上者，更披俗態一層也。自言多讀貝葉書，臨行未能叩其說，未知果能聰明識道理如其言否也。雨餘泥滑，人馬不堪着足。蓋自維楊以北，至今且數旬，無日不行泥淖中，未知杜工部所謂"朝暮在青泥，白馬成鐵驪。"者，亦果如此否耳。夕抵定平，金倅出見致款。爲言官庫如洗，只有租一斛，恨不得優致贐。信如此言，如舊倅者得漏烹阿之鼎，幸也。天若所眄妓名二葉者爲來，勞苦而去。

二十五日 辛卯

早發，向咸興。水深梁絶，十里三以舟行，獨萬歲橋宛然依舊。秣馬西城外，無復相迎勞如疇昔之爲，客懷逾不佳。獨舊館人尹悌興者顚倒出拜。尹德源濟萬，見佐北幕，李虞候光漸，亦以嶺人佐幕，皆來見之。北伯權是經曾爲掌令時，大人爲持平，有僚分。始至漢然，旣秣馬，行數里，委褊裨追問，且以鍾營米穀數斛，具帖子來，辭曰："餽贐。"故大人受之。泥甚，馬旋濘，戴星泊德山驛 裴汝剛家。亦前度主人，所至莫不歡迎。北俗淳庬如此，金吾郎見大人羸悴日甚，以病難趲程之意，具由馳啓。

二十六日 壬辰

隷高山驛, 止德山。天若分付驛隷, 送至北靑, 大惠也。早發, 踰咸關嶺, 秣馬咸原 張思漢家。亦爲之奔走盡力。夕抵洪源之新恩驛舊館人朴枝興家。前之留此, 不過爲一宿之蘧廬, 今猶有佳桑戀戀之意。此去愁州, 尙且千有餘里。前以適玆土爲遠而有離別可憐之色者, 豈所謂井蛙之拘於虛耶? 主人已去, 羈愁轉苦, 獨姜尙載、朴輪, 猶是舊面目, 稍慰愁寂之懷。金大諫昨間過此, 留一書而去矣。縣妓有杜蘭香者, 以趙生孫來謁。趙生, 卽尹孤山【善道】以布衣, 論李爾瞻, 得罪投北時, 佩酒迎勞者也。其言曰: "不量時勢, 輕犯世禍, 子誠愚矣。然倫紀賴子植矣。" 尹公感其言, 贈一絶曰: "吾事固非時, 爾知吾不知。讀書不及爾, 可謂天生癡。" 吾仲父存齋先生, 聞而異之, 作《趙生篇》, 以記其事。今適過此, 趙生沒已久, 尙幸見其孫。聞其有詩帖, 索之, 自白沙 李相國以及後來諸學士、大夫過者, 靡不屬和, 積成篇帙, 分爲二巨卷, 而前北伯權公歆, 用綵段粧䌙, 作一古事奇迹。三復披玩, 感懷, 良爲歎息。當是之時, 擧世昏濁, 倫常斁絶, 乃以窮荒一賤娼, 知扶持人紀之爲貴, 而爲之感慨嗟惋若此, 豈非所謂惺然良知, 黯然天眞者哉? 其賢於世之髥婦, 遠矣。嗚呼唏矣! 韃靼洞, 在縣南三十里。我太祖擊敗元丞相 納哈出於此, 追至咸關嶺, 大敗之。又有大門嶺, 在縣北二十里, 禑時, 沈德符與倭戰嶺下, 敗績。太祖往擊之, 與士卒約射幾箇松子, 皆命中, 士氣自倍。伏兵兎兒洞, 賊聞螺聲, 驚曰: "此李砷礫螺。" 撤屯去。此皆縣中故事, 緬懷神武, 感而識之。

二十七日 癸巳

朴枝興者請以其子二貫從學, 大人嘉其志, 許之。行過大門嶺, 秣馬平浦驛。【自洪原至是, 四十五里。】夕向北靑, 踰雙浦嶺, 日暮宿嶺下野店。去北青十五里。

二十八日 甲午

曉發。行十餘里, 水深梁絶, 刺舟上灘, 行色艱危。適又朔風晨起, 薄寒中人, 肌革慘凜, 僕隷群咷, 殊非中土氣候, 已令人意緖怵惕。旣至北青, 朝飯東城外, 羅公弘佐新自雙城拜南帥來, 稱病不出, 遣人迎勞, 饋遇加厚。通判元聖兪, 除掌憲, 未及離任, 亦致問有贐。竊聞羅帥爲來見也, 其母止之曰: "汝獨不畏掌令耶?" 遂不敢出云。吾州有朴公宗文, 於吾亦爲外先, 嘗爲咸吉道都事, 李施愛之亂, 挺身立城樓上, 以當賊, 賊矢如雨, 亂着樓楹, 公立不變, 射殺賊無算, 矢盡力竭, 死之。白沙 李相國, 光海時, 責是州, 數年歿。壯節忠賢, 所嘗留芳之地, 顧瞻咨嗟, 自不能已。白沙 遺跡, 今猶有指而言者; 朴公事, 世遠無得而徵焉。【自平浦至是, 五十里。】午發, 宿居山驛。驛, 濱海廣漠之地, 舊有居山郵館, 今移谷口驛。曉頭, 忽聞有立街上作大嘯者, 甚駭聽。怪問之, 乃北方驛隷相喚聲云。其他言語, 往往多不通, 韓子所謂聲音吁可怕者, 豈不信然? 南關近京, 且然, 況窮北乎? 【自北青至是, 五十五里。】

二十九日 乙未

早發, 踰蔓嶺。昔東南諸道兵, 討李施愛於此, 施愛敗亡, 走吉州, 爲其下所殺云。嶺一支臨海斗斷, 卽侍中臺也。有深松殊致。歷大松亭, 次利城。【自居山至是, 五十里。】太守李東英, 病不出, 遣人致問。金掌令鼎台先已謫是縣, 聞之來見, 憔悴可念。夕抵谷口, 自利城至是並海, 穿松, 躡鳴沙行, 幾二十里, 海中多岩峀可觀。是日, 大風。月初大雨水時, 山木爲狂瀾所漂拉者, 從上遊蔽海而下, 海邊人收積如丘山, 彌望十餘里, 北路水灾之慘, 據此可知。居山丞 李泳, 卽忠武公兄孫也。自言其祖堯臣，嘗游退陶之門，見待頗款厚。驛亭高敞，平臨海門，聞蜃樓、蟾宮，往往多靈祥殊狀，其觀日出尤奇。申高靈叔舟題一詩，頗佳。磨雲嶺在後，明將踰此，望見積阻霾天，棧雲闌干，不待攀登，已使人仰聳息矣。【自利城至谷口，三十里。】

八月

初一日 丙申

早發，行七八里，抵磨雲嶺下，古稱豆外大嶺。危徑縈盤，望若垂線，賴督郵給轎軍，分寸躋攀，僅得扶侍而上。俯瞰諸山，環拱溟渤，極目向來鐵嶺、咸關，眞是眼底兒孫矣。海日初上，紫赤滄滄，須臾雲霧漫山，咫尺不辨，回首不見長安日，豈所謂浮雲蔽白日游子不顧反者耶？下嶺未半，驟雨旋作，人馬一行，沾濕殆盡。僕隷輩至，股弁不能行，蒼黃顚倒，投入路邊村舍，山溪已汨瀡流黃矣。大人氣力，不瑕添傷，痛慮痛慮。聞人之過此嶺者，罕見無雲雨時云。磨雲之稱，豈亦以此耶？矯首南天，家鄕渺然，眞所謂'雲橫秦嶺家何在'者也。嶺上下內外，三十餘里，從者言："磨天嶺，較此殆三之二。"云，危乎高哉！金吾郎，冒雨直向端川。

二日 丁酉

曉發，抵端川。前渡水盛，賴主人指津利涉。至郡城數里許，又舟行北路，津船深狹，不容馬，馬皆絶流行，其不善游者，幾不免渰死。旣至郡，郡守洪受漸漠然。金大諫前謫此，今向慶興，爲料理行具，留滯且二日矣。余以親命歷拜，觀其氣貌，不甚羸頓。且自遭難來，能進數匙飯, 可賀, 亦可怪也。金令先發, 期以前途更相接。既朝飯, 卽上道。前有石川甚惡, 賴金吾郞留越川軍, 得免顚沛。蓋自平浦以北, 水深多石, 行者病涉, 秋冬梁成, 則不如此云。而今又潦雨非常, 其深險固宜, 若非金吾郞力, 何以得無事入端境? 水爲災尤甚, 所過陵谷, 無完處, 道路剝落, 亂石側疊。盡日契闊, 艱危不可盡述, 問前路, 又倍此云。夕抵磨谷。磨谷客館, 在高岸上, 不知其始作之歲。今爲驚瀾所漂, 只餘數間屋。金令先到, 始與大人相棱。磨天嶺, 去此二十里【自谷口至端川, 五十里。自端川至磨谷, 四十五里。】

三日 戊戌

早發, 抵磨天嶺。澗壑崖棧, 刓缺崩潰, 殆無着足處。平生行役, 所未嘗有也。此爲使軺旌節往來處, 每歲春秋治道, 則不如此, 今乃適値潦雨後, 豈亦開吾家厄會耶? 昨歲都下, 或以畵《周易》, 推余命, 至今年數有云: "過盡驚波與險山, 歸來憔悴鬢毛斑。" 當時不識其何謂也。到今思之, 可謂奇中, 若非命有苦星, 何以轉蓬至此? 益知人間萬事, 莫非天也。俗傳嶺凡九十九折, 謂其詰屈縈盤之遠也。徑摩[25]穹蒼, 崖傾日, 車既登絶頂, 勢若捫參。我是東西南北人, 未見修阻絶險有如此者, 未知古所謂蠶叢路何如耳。至是, 磨雲嶺, 又作兒孫看矣。嶺上舊有亭, 今廢。西瞻, 則甲州諸山, 朔氣蕭條, 東眺, 則北溟連天, 雲水漭瀁, 皆足以激高況、動豪興, 奈觸境懷愁無好懷想何? 嘗聞: "窮髮之北, 有溟海者, 天池也。有魚焉, 其名爲鵾。化爲鳥, 其名爲鵬。翼若垂天之雲, 摶扶搖羊角而上者, 九萬里, 絶雲氣, 負靑天, 然後圖南, 且適南溟

---

25) 摩: 친필본에는 '磨'로 되어 있으나, 두보(杜甫)의 시 〈철당협(鐵堂峽)〉의 "徑摩穹蒼蟠"에 의거하여 수정하였다.

也。" 今余流遷窮髮之北, 適又行過北溟, 乃望洋向若而歎曰: "余已睹子之難窮也。未知今亦有所謂化鳥者, 而擊三千, 六月息, 不異古所云耶? 抑志怪者, 以妄言之, 而吾又以妄聽之也耶?" 柳子厚曰: "蒙莊之恢怪兮, 寓大鵬之遠去。苟遠適之若玆兮, 胡爲故國之爲慕?" 余於其言, 未嘗不三復悲之。迤行數折, 直下如墮深井, 眞所謂下險如墮井而回首益覺所歷高。是則鐵嶺以北, 皆然。嘗聞地不滿東南, 今西北反下, 何也? 是知王城, 其四方中高處乎! 嶺內外, 連峯積陰, 雜樹莽[26]密, 有時虎嘯熊咆, 人不敢獨行, 眞畏塗也。安得一長劍, 倚巉岩也? 嶺舊號伊板。蓋女眞人, 謂牛爲伊板。嘗有人賣犢山下, 母牛尋犢, 踰嶺, 牛主跡之而行, 因爲路故名云。何其與金牛開道事類耶? 豈好事者爲之耶? 識之, 以俟博古者質焉。既下嶺, 行二十餘里, 次嶺東驛。【自磨谷至是, 六十里。】從者垂橐, 見曰: "夕將闕炊。" 會城津僉使 李時冕來饋斗米, 既吉牧 南公崙, 遣人迎勞, 爲供朝晡, 厚意不可忘也。城津去此五百弓, 設堡海岸, 俯臨滄溟, 中有洗劍亭, 稱絶景。晚發, 竝海行。有大石高聳海港, 谺然可通舟, 望如百尺虹門。女眞以穴爲雙介, 故舊有院名"雙介", 今廢。夕宿臨瀛驛。【自城津至是, 三十里。】

四日 己亥

早發, 日中抵吉州。【自臨溟至是, 六十里。】站遠, 三渡險灘, 人馬疲甚, 太守迎接甚厚, 如客歸家。南公, 卽汝源族子。他自是好人, 汝源、君美, 又已貽書致意云。城西望見長白山, 積雪埋空, 八月飛雪, 今親見之矣。州人指言: "七月卄七八間, 已下此雪"云。按地志,: "山在

26) 莽: 친필본에는 '苿'으로 되어 있으나, 오자이므로 국학진흥원 소장 전사본에 의거하여 바로잡았다.

州西一百一十里, 七月雪, 五月始消, 山頂樹木矮小, 故名長白山。"云。

五日 庚子

行路支離, 親候悴甚。太守固請留息一日, 金吾郎亦以爲然, 遂留。太守饋贐已厚, 且有具送冬裘之意, 極可感也。金令亦留。

六日 辛丑

早發, 日中次古站客館傍。【自吉州至是, 三十五里。】暮泊明川。【自古站至是, 三十五里。】太守李台老, 曾已罷遞, 待次來見, 供朝。南坡 洪尙書, 初謫此州後, 移文川, 今其遺躅在府東五里許云。鬼門關, 去此一舍而近, 聞名, 已覺消魂。是州山川氣像, 陰沈幽暗, 一宿, 猶使人懷愁, 初不得是州, 未必不爲幸也。七寶山, 在州南數十里, 多奇觀異跡云。

七日 壬寅

早發, 行十餘里, 有石川, 亦深險。下流望見, 立石斗起野中, 高可數十百尺, 又有中德毛道德, 斷麓前橫, 下高上衍, 十里或二十里。嶺北方言, 謂陂陁爲德, 正與《朱書》俚語, 謂坂爲富同。自吉州以北, 已然, 而往往山形, 亦有博衍如陂陁狀者。鬼門關, 介其間, 有大川經其中, 水黝暗, 石色靑慘, 與菩提阪同, 阻隘特大小殊耳。入其中, 但見石屛四圍, 愁雲亂屯, 仰天不過尋丈, 窅然如落鬼窟, 其得名, 誠不虛。未知崖州 鬼門關, 視此何如? 而誦黃太史"要試平生鐵石心"之句, 猶可寬此懷耶? 前北伯, 言: "吾嘗北巡過此, 猶悽然傷心, 況逐臣行耶?" 今果然。自明川至朱村, 且七十里。歷重險, 人馬疲, 少憩水邊岸上。金令隨到, 相與嗟勞訖, 余謂: "鬼門山色, 若有喜氣, 何也?" 金令笑曰: "子之言, 其亦長歌之哀乎?" 金吾郎繼至, 班荊坐曰: "俺豈意今日, 奉大爺坐此地? 世間事信難期也。” 少選, 又行。上下躋攀, 終日契闊, 夕宿朱村驛。【自明川至是, 七十里。】 自是驛爲輸城道所屬, 輸城丞李東相, 梧里相國兄孫也。過北青時, 預書告急, 到明川得報。至是, 發二匹馬, 人馬大困之餘, 爲惠甚大。

八日 癸卯

早發, 秣馬永康驛。【自朱村至是, 四十里。】 途中望見, 雪山撑空, 卽所謂長白山也。地志云: “長白山, 在鏡城西百一十里。”云。夕向鏡城。沿途水災之慘, 比端川, 又倍簁矣。平陸決溢, 盡成沙礫, 漂廬舍, 損禾穀, 不可殫記, 北帥元公振洙, 遣褊裨候路次, 旣至館南城外, 元帥卽出相見, 饋遇甚厚, 出鍾營米豆四十餘斛, 以資之。當世道壞敗之餘, 能急人之困如此, 不易不易。通判成虎臣, 漠然。猶爲供朝晡。李生濬, 先已配此州, 爲來相見, 懽然如舊識。【自永康至是, 四十五里。】

九日 甲辰

晩發, 宿輸城驛。舊有郵館, 今移富居。輸城, 卽古鏡城 龍城之地。太宗朝, 割龍城以北, 屬慶源, 以富居爲治所, 世宗十年, 移會叱家云。裵承宣美叔, 寓青岩 陶谷里。與輸城, 隔一水, 相去不十里, 聞行聲而來。金令亦至, 豈非天涯一幸會也? 相對無他語, 但以大人髭髮不減昔時爲賀。日暮, 二令俱向青巖。金令且欲自富居從間道行也。六鎭, 惟山查海松外, 百果不生, 獨青巖產梨, 與張谷等, 北路諸州所資以爲用云。【自鏡城至是, 四十五里。】

十日 乙巳

發向富寧。朔風振野, 行色蕭條, 柞棫拔道, 人烟闃寂。聞古豊山以南, 皆如此云。水沴之慘, 無異鏡城, 六鎭之中, 二邑爲尤甚云。站遠少憩兄弟岩下。二石雙峙, 孤聳千尺, 而一大一小, 以故名云。聞其間產蔘, 自禁採來, 令日益嚴, 雖我境, 亦不許採, 北氓生理益落。如三、甲等地, 若干民戶將無以存立云。豈國家所以厚邊氓之意哉? 千里畏人, 一至於此, 良可於邑。既至富寧, 太守李公斗望, 迎接款厚。輸城督郵李東相, 亦從富居來, 情誼甚摯。金令至青巖, 聞經潦道不通, 薄暮回轅, 稍慰羈愁。輸城以南, 率多濱海廣漠之野, 富寧以北, 巖邑也。以故, 會山、愁州等地, 鹽錯價益翔云。【自輸城至是, 六十里。】

十一日 丙午

晩發。小雺旋霽。歷古茂山, 猶有古壘遺堞存焉。站遠少憩路左。踰茂山嶺, 其高可比咸關嶺, 而林深虎豹之虞, 與磨天等, 亦一畏塗也。一行三旬, 已經幾箇畏塗耶? 莊周云: “畏塗者, 十殺一人, 則父子兄弟相戒, 盛卒徒而後出焉。不亦知乎? 人之所取畏者, 衽席之上, 飲食之間, 而不知爲之戒者, 過也。” 名言名言! 山木多油杉, 秋晩楓酣, 爛若霞漲, 紫翠霏霏暎衣袂, 景物可謂有餘, 而愁多無意唫哢, 眞是“秋花錦石誰復數”者也。予紀行語, 不覺多引老杜句, 客有嘲之者曰: “文不貴鈍賊, 何子之多愛耶?” 應之曰: “無傷也。古有集杜詩者, 情境同則不害其言之同也。” 客曰: “聞命矣。” 夕抵古豊山宿。【自富寧至是, 六十里。】舊有萬戶鎭, 及設茂山府, 廢之。城障, 宛然如昨。

十二日 丁未

早發。亦以站遠, 息路左。薄晩向會寧。不及城五里許, 有一衣帶水, 從西北來, 卽所謂豆滿江也。其外胡山漠漠, 擧目有山河之異, 尤使人黯然, 豈意今日行到地盡頭, 親見黃沙磧也? 按地志: “白頭山, 在府西七八日程, 有三層, 高二百里。其上有池, 周八十里, 南流爲鴨綠江, 北流爲松花江, 【或云'火剌江'。】 爲混同江, 【或云'黑龍江'。】 東北流爲蘇下江, 爲速平江, 東流爲豆滿江。《一統志》所云'東流爲'也。阿苦河者, 疑指速平江也。" 又按地志: "白頭山底, 古有所謂於伊厚遷好乙耳, 諸部落路險, 人馬不通, 必由豆滿南邊小朴加遷, 有一條路, 可以通行。又從長白山 大朴加遷 紅丹水洞, 可至白頭山云。 豆滿江水色, 黲濁, 往往多淺灘, 可揭。自禁越來, 沿江每灘, 設把守幕, 守之。至慶源, 始深闊, 不可徒涉。世傳女眞人謂萬爲豆滿, 以江爲萬流所會, 故名豆滿江云。既至會寧, 太守李公弘述, 迎接加禮, 而眉睫不好。州有淸差關市事。每歲十一月間, 虜酋一人, 領于羅寗宫諸藩胡數百餘名, 持鬩、布、㺚、駝、貂、蔘、毛物來, 易馬牛、鹽錯、麻布、楮貨、田器, 勒賣强奪, 横恣無狀, 守臣至見提曳, 其供億凌藉, 爲北路巨患。但聞十數年前, 彼中諸貨殷盛善美, 或有持㺚馬數十匹者, 今皆苦惡零碎, 絶無㺚馬來, 可見其國凋耗日甚而蒙, 不服屬, 亦可知也。【自豊山至會寧, 六十里。】

十三日 戊申

早發。太守來送, 餽賮亦厚。金令自端川以北, 相先後行, 每日早晏, 一再相接, 於以慰羇愁而敍悁鬱; 至是, 分路向匡城去, 同逐更遠, 古人所歎。余自遭家難來, 意緒塡壅, 久不作詩, 天涯送別, 不可無一言, 奉一律爲贈曰: "絶域秋將晩, 離亭落葉紛。畏人深閉口, 扶老倍銷魂。地勢龍沙近, 風謠靺鞨渾。倚伏唯聽命, 公去好加飱。" 沿江行二十餘里。午憩高嶺鎭。僉使趙由亨來謁。夕抵防垣堡, 已入愁州界矣。亦皆沿江行, 往往路轉崎嶇。會寧以北, 江邊石築, 連延如城障, 卽金公宗瑞所築行城也。六鎭沿江處皆然, 蓋前古藩胡雜處內地者, 至金公開邊, 始逐出之, 築行城以爲界, 語在金公四鎭便否疏。其後藩胡野人, 如也地灘、者羅灘、伊郞、介毛、乙洞諸部落, 列居江北者甚多, 大者數十百戶, 小者十餘戶, 間有竊發掠奪之虞。丙子以後, 始皆撤還, 而慶源以北, 今猶有後春部落, 去我境僅一息, 烟火相望。彼中形勢, 日以衰微, 凶奴豈有百年之運? 早晩緩急, 必復尋舊窟, 是我腹心之憂也。謀國者, 未聞有陰雨之戒, 何也? 防垣堡在江岸上, 測高三之二, 日隱孤戍, 月明江磧, 遠客中宵, 羈思悽然。萬戶裵尙順來謁, 鍾城倅南公致熏, 罷遆待次, 遣人迎接, 意甚厚也。【自高嶺至防垣, 四十里。】

十四日 己酉

朝下防垣峴, 亦甚艱危。鐵嶺以北, 五里、十里之間, 峙峴阻險處甚多, 指不勝屈, 而自經五嶺來。【鐵、咸、天、雲、茂。】直作培塿看, 置之於不數也。不知宋時過嶺之行, 亦如此危苦否? 出行城, 歷烏碣岩。日中時, 達鍾城。【自防垣至是, 三十五里。】行行重行行, 倏已三旬有五日矣。蕀役未畢, 姑留南城內。余先往見金吾郞及地主南公於役所, 金吾郞隨事爲之盡, 地主亦自好人, 見待頗款。二公旋往大人寓處, 款語移刻。地主修葺室屋, 措置什物, 靡不曲盡, 所餽米豆餘數十斛, 魚菜襍物, 亦甚優厚, 不易其急難如此。鄕人多來見者, 風淳俗厚, 似無猜疑色, 亦可賴也。是日, 初甚晴好, 過午, 比入城, 忽有陰雲四起, 雨雹交作, 須臾寸許, 大者如栗, 傷水餘禾, 今又盡損, 此何景也? 天時、人事, 良可痛心。州舊號愁州, 蓋以伯顔愁所, 故得此名, 而豈亦以逐客愁人所嘗接跡而至故耶? 聞名, 已自愁人。伯顔愁所, 卽今節度使行營, 古所謂寧北鎭也。在府南七十五里。世宗十六年, 旣別置會寧鎭于斡木河, 明年, 又置郡於寧北, 本鎭, 號鍾城。二十二年, 以愁州陡入江隈, 爲賊路要衝, 遂移郡治于是, 明年, 陞爲都護府, 仍以本鎭爲行營。

其建置沿革, 大略如此, 而城池樓櫓, 精緻壯麗, 爲北路巨鎭。距京都, 二千三十八里。

十五日 庚戌

日晡時, 棘役畢, 始奉大人入處。天涯絶域, 幽囚窘束, 顧地窺天, 不過尋丈。抑鬱誰語? 緩急誰告? 逢時不祥, 罹此百憂, 情緖錯亂, 無以爲心。此身未死, 此懷難忘, 況是中秋佳節, 平居易多感乎? 惟是扶將撼頓, 畢竟無事止泊, 主人仁賢, 水土稍善, 是爲稍可賴耳。自此, 惟望老人氣力支持, 庶幾無疾病憂患之侵, 餘外復何說哉? 若乃天日之明, 無幽不燭, 則此又日夜所暗祝而默禱者也。仍念七旬煎迫之餘, 繼以蒼黃道途, 惝怳若無省者; 今旣事變稍定, 追思益增戰悸。退之有言曰: "當時, 行之不覺也。今而思之, 如痛定之人, 思當痛之時, 不知何能自處也。" 柳子厚曰: "自遭責逐, 常積憂恐, 每聞人大言, 則蹶氣震怖, 撫心按膽, 不能自止。" 此人皆身自處之, 所遭又不至如此之危迫, 宜若以理自勝, 猶有是言, 矧余親老時危, 情事煎迫, 有非二子比乎? 宜乎余之憂悸掩抑, 有不能自已者也。時欲攖而不受之於懷, 玩以樂之以文辭, 而危敗之魂, 又不能矻矻自苦, 則輒爲之掩卷太息而已。抑嘗聞蔡西山之責春陵也, 仲默實從之。晦庵所與季通書有曰: "三哥書中語意, 似未放下, 當更有以開曉之也。寬心將護, 著頭緖讀書, 涵泳義理, 久之有味, 自不見得世間利害榮辱之有異也。" 是豈不以事已至此, 無奈乎天, 則徒自摧傷, 重貽親憂, 爲無益於事, 反害於理故耶? 文王我師也, 豈欺我哉? 今當以此言爲的。

《蒼狗客日》 下

甲戌

八月

十六日 辛亥

金吾郎尹有孫, 將復路, 臨別握手, 意甚勤厚。余不覺嗚咽拭淚, 欲作洛下親舊書, 乍到神思茫然, 不暇及。邑中任事諸人, 多來見者。

十七日 壬子

入見地主, 見待頗款。

十八日 癸丑

邑中父老子弟相繼來問。

十九日 甲寅

穩城府使崔楀委伻致問, 餽米魚各種。

二十日 乙卯

炊爨婢病臥。倩鄰嫗供朝晡, 艱窘不可言。地主送一官婢來助, 間日供魚菜各種。

二十一日 丙辰

婢病漸苦, 可慮可悶。

二十二日 丁巳

庶從杉及諸奴, 將數日後還嶺鄉, 修鄉親內外書。

二十三日 戊午

雨雪交下終日。八月飛雪, 身親見之矣。

二十四日 己未

雪後寒甚。杉與諸奴辭去, 獨立籬門, 不覺淚下沾襟。新倅行聲至, 舊使君催發, 亦甚悵然。

二十五日 庚申

入見地主, 謝連日問訊之厚。見邸報, 無表表可傳者。

二十六日 辛酉

婢病少差, 寓懷無地。連日讀《漢書》, 仍欲着頭緒, 溫理舊業。大人自昨讀書作課, 摧傷之餘, 精力猶不衰如此, 感歎何極? 是日, 又見邸報。

二十七日 壬戌

慶源府使李國華, 偕地主來見大人, 饋米豆魚肉。穩倅崔楄亦來謁。余以親命, 乘夕往謝。

二十八日 癸亥[27)]

親候以感冒, 微不寧, 悶煎悶煎。地主又來問。修家書, 擬附地主行, 以爲從京舊遞傳地。

二十九日 甲子

以地主行將發, 早入謝。仍送行, 極致慰勉意。臨發, 又來謁于大人而去。是日, 親候稍安, 慰幸慰幸。

三十日 乙丑

雨下風亂。親意悄悄, 侍下情境, 益無所聊。新太守朴公明義行到鏡城。入試院, 先遣人以書相問, 因致洛下親舊書數十幅及丁進善丈祖孫書。永春丈、天章兄書亦至。光牧李君則 洛下七旬, 漠不問聞, 今始得其書, 副以數種饋遺。

九月

一日 丙寅

絶域秋深, 懷緖多端。親候又似微不寧, 積傷之餘, 寧日常少, 獨侍天涯, 情事當如何? 是日又陰雨。

二日 丁卯

親候不快安, 悶煎悶煎。大人見吾憂形于色, 擧阨窮不悶、無入不自

27) 癸亥: 친필본에는 빠져 있으나 체제를 통일시키기 위해 삽입하였다.

得之意, 以詔之。

三日 戊辰

親候稍安, 慰幸慰幸。邑人朱晉亮來謁, 北產之秀也。少從翠竹 李公應蓍, 左相睦公來善, 奉朝賀李公觀徵學。聰明曉事, 喜吟詩, 善談諧。年今六十餘, 嘗爲北陵祠官, 稱朱參奉云。

四日 己巳

求得《朱書節要》於州庠, 讀朱子所寫東坡與人帖及答蔡季通書, 極令人發省。自此, 每日讀三五板數過, 作日課。新倅書又至。

五日 庚午

邑人金光偉來謁, 語次, 因言: "邑中數十年前, 有金嗣朱者, 有神力, 善騎射, 能以單騎逐野人數十騎來剽者, 奪其所掠人男女、狗馬財賄而還。邑有大虎作亂, 人多死, 時嗣朱年已八十餘, 能以一箭殪之。時時撫弓絃、作長嘯數聲。"云。眞是烈士, 暮年壯心不已者。惜其老死遐荒, 不見用於世也。

六日 辛未

親候漸安, 喜幸喜幸。得慶纍金令丈書。

七日 壬申

地主宿防垣。

八日 癸酉

地主入城, 不上官, 直至籬門外, 謁大人, 款語移時。天涯邂逅, 如見親戚。因得裵令美叔及李有源書。高山丞金天若印送《楚辭》一帙, 踐前約也。見前月十六日以前朝報。畿伯狀啓: "廣州等二十二邑, 雨雹交下, 大者如拳, 小如鵝卵。鳧鴈蟾蛙之屬, 無數觸死, 田畓各穀, 慘被災傷。" 此土, 十四日有是災, 今畿伯啓出十五日, 可怪。夕入謝地主。

九日 甲戌

異域佳節, 鄕思轉切。地主貽書致問, 餽酒饌。夕, 又入謝。

十日 乙亥

地主來見, 款語移時而還。

十一日 丙子

入謝地主。一往一來, 窮愁頓減, 旅泊中一幸會也。因吟呈一律云: "大漠蒼蒼鴈叫哀, 關河萬里客初廻。千年塞戍黃雲度,[28] 八月陰山白雪來。憂已折心無一寸, 酒要排悶强三盃。殊方却喜吾人至, 羈抱時時得好開。"

十二日 丁丑

聞官便入洛, 裁謝諸親舊, 仍附鄕書一角。

---

28) 度: 친필본에는 '度'로 되어 있으나 《밀암집》에는 '積'으로 되어 있다.

十三日 戊寅

地主以評事迎接事, 出潼關。評事, 卽大人配洪原時首發論金時傑也。聞其至, 凜然寒心。

十四日 己卯

評事入府。誡奴僕勿輕出入。夜來月色如晝, 思家步月, 懷緖甚惡。

十五日 庚辰

評事留開講, 北方士子驚遑奔走。見本月初一日以前邸報: 八月二十日修撰丁思愼, 乞遞陳疏, 略曰: "權大運、睦來善, 以四朝耆舊之臣, 當坤聖出宮之日, 大運則入對出箚, 辭意懇切, 款款之忠, 擧世所知; 來善則請對於輟供之初, 末復箚論, 以申其意。雖因嚴敎, 不得上徹, 而終始心事, 斷斷無他。迺今俱被大罰, 魑魅爲鄰, 白首耄耋之年, 死亡無日, 倘殿下追念舊恩, 豈不爲之愍惻哉? 李○○之爲坤聖抗疏, 前後非一, 設使措語間, 或有未得詳審, 此不過山野踈闊之致。原其大意, 旣出匡補忠愛之悃, 亦足表見於世矣。向者李鳳徵、李萬元等, 皆蒙褒嘉, 獨○○纔脫圓扉, 遠投絶塞。當時瀝血之誠, 反媒罔極之禍, 凡人抱寃, 尙宜恕究, 而況曾所禮遇之臣乎?" 疏入, 政院啓曰: "臣等, 伏見修撰丁思愼上疏, 張皇辭說, 力樹黨與, 營救罪人, 惟恐不及。甚矣! 其言之無忌憚也。臣等知此疏不足以眩惑天聽、變亂是非, 而旣稱所懷, 不得不捧入, 區區意見, 敢此附達。" 傳曰: "知道。" 因下備忘記曰: "今觀修撰丁思愼疏, 滿紙張皇, 專出於營救巨慝, 疑亂是非, 眩惑天聽之計, 誠可駭異。其忘君死黨之罪, 不可不懲, 削奪官爵, 門外黜送。" 於是, 府啓繼發, 有曰: "卽伏見丁思愼疏本, 托以論聖學、進誠誨, 而用意張本, 專出於伸救奸魁, 眩亂國是之計, 至以大運、來善、○○

輩, 有若卓立大節於坤聖出宮時, 因以媒禍枉被竄逐者然, 語意絶悖, 有不忍正視者。噫! 思愼, 亦一人臣耳。少知有君父, 亦安敢肆然慢弄, 若是其無嚴哉? 當國母出宮時, 擧國臣庶, 莫不叩心涕泣, 咸願溘然無知, 吳斗寅、朴泰輔蹈死叫閤, 效命扶倫。而大運、來善, 身被國恩, 位至輔相, 目見忠臣陷刑, 心在投石, 將順君父之大過, 而意實樂禍。半日廷請, 路人亦知其塞責。及其使行時, 來善之敬恭二字, 終不能辨脫於賓對之日, 思愼所謂懇切斷斷云者, 是不亦欺君乎? 至於坤聖出就私第也, ○○乃敢外托爲國母陳疏之名, '自絶于天', '嚴加防衛'等語, 節節兇慘, 萬萬痛惋, 而就鞫之時, 乃敢以'自絶于天'之'天'字, 歸之於'所天'之'天'字, 語不成說, 情狀自露, 則思愼所謂出於匡救, 忠愛表世等語, 亦豈非慢君乎? 今此備忘, 雖幸洞燭, 而削黜之罰, 決非治奸之法, 亦難杜日後鬧擾之弊。請門黜罪人丁思愼, 極邊遠竄。" 答曰: "不允。" 許相積、李判書元禎、柳大將赫然追削。【一啓卽允。】

十六日 辛巳

十七日 壬午

評事行離發。地主夕間來見, 爲言: "評事以重臣在近, 不可不存體貌, 除延逢, 屛樂器。言語間, 頻示顧籍之意。"云。異事異事。

十八日 癸未

地主具新綿襦, 進大人之前。余卽入謝。

十九日 甲申[29]

地主將課試邑子, 要余出疑題, 爲書數題入送。

二十日乙酉

地主以巡相迎候事，出去坊垣。見邸報：持平宋廷奎立異張希載按律啓，臺啓請罷，不允。

二十一日 丙戌

北伯入府，遣褊裨問安。金信燮，慶爨庶從也。賚書至。

二十二日 丁亥

北伯留。又遣人來問，餽米豆數斛。幕下尹濟萬、李光漸夜來謁。尹曾以德源倅迎接，李以嶺人來故也。

二十三日 戊子

北伯發去。地主來見，因見邸報：以嘗論竄趙師錫故，金修撰天開竄明川，李持平東根竄固城；以生栗斥享故，安舍上吉甫，配富寧。褒令不寂寞矣。

二十四日 己丑

入謝地主。邑子朱生楗來請學。大人旣處栫棘中，了無憂歎色，日閉戶讀書，聽不肯講前言，不苟爲接引計。朱生一日來謁，年才二十餘，醇謹有聰明。自言："恥爲習俗之累，願聞詩書仁義之說。"大人嘉其能自立趨向，授以《四書》、《家禮》、《朱書節要》等書，因略擧古人爲學之方而告之。生忻然喜若有志於其間，以日相從問學爲事。未知向後所成就爲如何，然生於貿貿之鄕，不易其志，尙如此！其父元良以沈厚

---

29) 甲申: 친필본에는 빠져 있으나, 체제를 통일시키기 위해 삽입하였다.

有幹局稱, 晉亮, 其伯父也。

二十五日 庚寅

官便, 自洛還。得親舊數書。北青半刺洪景濂書, 亦至。

二十六日 辛卯

金信燮辭去。答送慶槃書。

二十七日 壬辰

得富槃裴令書。

二十八日 癸巳

愁寂中, 偶吟書懷一律云: "蕭條關塞外, 憔悴賦離騷。黑水玄氷積, 陰山白雪高。憂時肺腸熱, 懷土夢魂勞。每夜空瞻斗, 歸心有大刀。"

二十九日 甲午

地主來見。

十月

一日 乙未

寒甚。入謝地主。

二日 丙申

大寒。吉牧 南崙, 具冬裘, 專人來候, 厚意良感。

三日 丁酉

連日風寒。見九月十日以前朝紙, 湖南人士, 請以宋時烈腏享道峯, 上特許之。

四日 戊戌

爲地主所要, 觀雉獵於鷹谷里。一邑士馬齊會, 登四山吶喊, 群雉亂落平原, 亦一壯觀, 卽古者冬狩之義也。冒雪夜還, 大人明燭坐待, 情事益無涯。地主送雉八首。

六日 庚子

雪。以壯紙十五卷, 易田米十五石。北土穀賤可知。

七日 辛丑

地主來見。

八日 壬寅

雪。

九日 癸卯

入謝地主。李生世芳配穩城, 歷訪。往謝。地主亦出來。

十日 甲辰

李生留。觀其言動, 非端人, 不可近。

十一日 乙巳

十二日 丙午

十三日 丁未

十四日 戊申

因官便入洛, 修附鄕書, 要李悅卿傳致。乘月入見地主。

十五日 己酉

見九月十五日以前朝報: 十一日康晩泰承款正刑。十三日引見時, 領議政南九萬所啓, "日者, 輔德朴萬鼎上疏, 請待禧嬪以尊禮, 且請別揭堂號云。其言殊極未安。臣造朝之初, 相臣貽書於臣, 辭意與朴萬鼎疏相近, 而其中亦不無曲折, 其意則以爲: '朝家新有變置, 羣下之心, 不無恐懼疑慮而然。' 而臣意則有異。如前史廢置別宮, 則或有供奉如法之事, 目今事勢, 有不然者。同在一宮之中, 下王后一等, 自當爲嬪, 若使加尊, 有並後匹嫡之嫌, 何可更加異禮。宮中非禧嬪獨居之地, 何可別揭堂號乎? 自上處分已定, 人心亦已大定。大小之官, 何可更發如此之論乎? 此等言語, 若不痛絶, 人心危疑, 國體損傷。關係甚重, 故不得不仰達矣。" 上曰: "右相私書措語, 雖未知如何而言之, 於處分已定之後, 殊爲不可。故萬鼎疏批, 言及防塞之意矣。" 領相曰: "此後則使群下不得更爲言及於此等事之意, 定奪分付, 何如?" 上曰: "此後如有言及此等語者, 當論以重律, 以此分付, 可也。” 領相, 又以訓將不用己所囑書字的故, 怒白, 上罷之。丁思愼遠竄, 啓停。

十六日 庚戌

小雪。地主夜來見, 從容敍話。因官便見李員外受伯書。舍弟季幹從洛下作覲行, 去卄二離京城云。驚倒欲狂。

十七日 辛亥

招官便新自洛中來者, 問弟行消息, 爲言: “月初遇文川, 有同行。”云詰其狀貌, 似是金姊兄台甫氏而不得其詳, 鬱鬱。

十八日 壬子

早入謝地主, 借一官奴, 偕家僮送逆弟行於中路, 治任戒行爲遲, 明發送計。夜大雪。

十九日 癸丑

雪深丈餘, 齊簷, 幾不得開戶, 餘霏猶未已, 苦寒砭骨。道路不通, 奴行無計出頭。遙想孤單行色, 何處止泊? 大人悶望甚切, 痛心痛心。聞小白山下, 有凍死者。

二十日 甲寅

晴。聞前路稍通, 發遣奴輩。夕, 地主來見。

二十一日 乙卯

見九月卄三日以前邸報: 宋廷奎罷黜啓停。閔判書就道遠竄啓發,以其爲大司憲時請竄錫胄、師命妻故也。以訓將見罷故，司諫金盛迪請斬軍士圖爲書字的者，他臺立異，盛迪引避，首揆上箚自列，景色殊不佳。地主往行營，入送別。

二十二日 丙辰

雲愁風急，日寒尤酷，爲弟行，憂戀轉切。吟成一律云：“長程草草向愁州，消息初聞涕自流。鞂韉山前饒虐雪，混同江上逗行輈，晝嗔鵲噪虛傳喜，夜占燈火謾解憂。最是苦寒侵骨處，爲憐誰悶爾凋裘？”

二十三日 丁巳

李朔寧象賢，梧里相國曾孫也。居謫時所眄妓，守節十餘年，爲悶老人甘旨不適，極意顧護，蓋承李丈意也。可感，亦不易。

二十四日 戊午

地主從行營還，歷路見訪，款語移時而去。

二十五日 己未

二十六日 庚申

乘夕入謝地主。適有官便自洛還者，聞弟行已到防垣。卽歸，白于大人，出南城延佇，日暮始至，同行者，果金姊兄。三人握手，驚喜難狀。相與馳謁于大人前，爲說患難以來彼此情況及故山消息，不覺鷄報曉。金天開 明川謫行，中路邂逅，同行十數日。其弟天成，從之。

二十七日 辛酉

地主來問姊兄、舍弟行色, 嗟勞之甚勤。

二十八日 壬戌

北兵使夜入府, 登受降樓, 習夜操罷後, 來謁于大人。

二十九日 癸亥

以親命入謝兵相。因與地主, 鼎坐款晤。

三十日 甲子

兵相又來問。

十一月

一日 乙丑

兵相還營。屛徒從, 止鼓角, 出東城外, 始具儀物。

二日 丙寅

姊兄、舍弟入見地主。

三日 丁卯

陰寒。朱倉 元亮來言: "邑人韓世武、韓世增, 慶源人崔挺宇自洛還, 遇盜於金化地, 幾死僅免云。" 弟行才過, 一倍驚心。挺宇以膽勇素著北方, 以故獨身當賊, 被創無數, 猶不死。至曉賊散, 反訴於金化倅金昌國, 昌國以盜治挺宇云。世間事多如此, 謂之何哉?

四日 戊辰

晴。武出身張宇軫來謁, 北虞候子, 中今年謁聖科者也。防垣萬戶裵尙舜亦來。夕入見地主。淸差至會寧, 開市。

五日 己巳

大風。今日乃冬至也。杜老至日詩"忽忽窮愁泥殺人" 正寫今日境界也。仍念一陽初動, 天道少變, 吾輩何時得見陽復之日耶? 只自仰天長吁而已。

六日 庚午

天陰以風。地主來見, 款語半日。

七日 辛未

早雪晩晴, 得明纍兄弟書, 滿紙悲苦語, 令人酸噎。蓋新遭同氣之慽, 今又遠離雙老親, 孔懷之痛, 望雲之情, 烏得不爾? 天成, 望後將作還, 以季幹來後, 余當南下, 要與同行, 而余不忍遽離側, 復書致不得同行之意。

八日 壬申

晴。入謝地主。

九日 癸酉

晴。

十日 甲戌

晴。地主書示洛耗云: 權參判瑎在謫所遭母喪, 蒙恩給由歸葬。蓋吏判柳尙運發之榻前, 而右相朴世采贊成也。地主來見。

十一日 乙亥

大風。

十二日 丙子

大寒。

十三日 丁丑

地主送示求言教旨, 蓋以十月雷震也。夕, 偕姊兄入謝地主。地主見謂: "吾欲應旨封章, 盍爲余草之?" 余笑謝曰: "令公所欲言, 必非迎合時議者。吾知一言出口下, 乃削職投荒, 吾何苦爲此閑計失賢主人? 設吾可作, 必不爲也。" 相與一笑而罷。

十四日 戊寅

十五日 己卯

因便作明纍書。

十六日 庚辰

大人自昨夕, 苦齒痛, 悶慮。夕, 地主來問, 夜深還。

十七日 辛巳

行營人天立者, 持酒壺、餳笥、米豆等物來謁, 李參判沃妾父也。李台貽書, 使之顧見云。

十八日 壬午

邑妓名德行者 進酒饌。蓋姜公汝㞠, 爲鍾城時眄邑妓所產, 而姊兄與姜令之子弼亨, 連姻故也。倡妓出入, 心甚不快。夜與姊兄入謝地主。

十九日 癸未

元宣川徽兄弟來覲行營。有早晩來問之示。

二十日 甲申

地主來見, 語次, 爲言: "愼侯景尹, 爲耽羅時, 州學東西廡一處, 有飮泣嗚咽聲者數日, 使人詗之, 乃公伯寮位板也。後數日, 自朝家有撤其位板之命。"云, 亦異事也。得慶欒書。

二十一日 乙酉

見十月卄五日以前朝報: 觀象監啓: "十月初二日夜四更、五更, 雷動電光。" 嶺伯啓: "金海呈十四日雷動。" 十日引見時, 領相南九萬上箚曰: "臣於夏間鞫獄按問時, 得見康晩泰、崔格、韓重爀等供辭及書札, 晩泰之以海上眞人爲說者, 殊極驚慘。毋論他犯, 只此一節, 不可不究竟處斷。崔格之與重爀、時棹等所合銀貨, 圖復壺位, 謀換朝著, 李時檜與重爀及其兄時棹等, 因緣納賂, 謀議換局之說, 俱已承服結案, 不勝驚痛。至於重爀, 則鞫問時, 雖不承服, 其見發書札, 有三張, 爲時檜代筆, 寄其兄時棹書云: '庇仁承旨宅, 兩度送人邀來, 故方至京中，主人定於摠戎使本宅門前，摠戎使極意款接。且與韓生員，多有相議事，而有許多妙理，此間喜幸，何可盡達？詳細得聞韓生員言，則今番萬無可慮。'云。時棹答其弟時檜書：'韓生員銀子一百兩，堅封下送，則衝東起西爲計。古言云："陳平之大略，散千金，事順矣。況於匹夫之事？"此意與韓生員同覽，詳細思[30]之，然後告達于承旨令監前，更通爲可。'云。重𤈙寄時棹書：'令監之如是久謫，實是吾輩之不幸，莫非天意，只自咄歎。自今秋得一妙理，而旣無令監，無路相議。故不得已令季氏再度送人邀來，方與我同到洛中，旣見摠戎使，得見多般款接，自他路有奇奇好消息。非但令監之見釋不遠，吾輩亦當不久見入，此間喜狀，如何盡言？今番則不如前日之孟浪，望令監勿慮。'云。觀此書札三丈，其聚銀謀議，情節盡露，不待承款而後可知。以此斷罪，渠必無辭，故臣於頃日袖呈短箚，請：'鞫問晩泰，問其兇言虛實，快正王誅，格、時檜則亦正其誣上之罪，重𤈙則以其手札正其罪，斷不可已。如此，然後朝廷擧措，方爲明白正大，私逕之疑，永永止息，淸明之治，庶可復見。'云者，實出瀝血之誠也。晩泰則旣已承款，正法，而格、時檜則該府方以變幻[31]納招，情狀可惡，啓請刑推，連下嚴刑得情之命，處分正當，更無可言。獨重𤈙事，於臣愚意，不能無疑。重𤈙聚銀之事，具載時棹答弟書。因緣蹊徑，謀議通囑之跡，亦載於渠代筆時檜書及渠自寄時棹書矣。今此禁府推問時，乃以好妙理，歸之於築堰，以奇奇好消息，歸之於圖放時棹竄謫，以吾輩不久見入，歸之於救解時棹，以收聚銀貸，歸之於千萬無據，其虛辭抵賴之狀，昭著難掩。凡推問罪人，不吐情實，則惟當

30) 思: 친필본에는 빠져있으나, 어세(語勢)로 볼 때 빠져서는 안 되는 글자이므로, 남구만(南九萬)의 《약천집(藥泉集)》에 근거하여 첨입하였다.

31) 變幻: 친필본에는 '變換'으로 되어 있으나, 《승정원일기(承政院日記)》에 기재된 용례 및 남구만(南九萬)의 《약천집(藥泉集)》의 내용에 근거하여 수정하였다.

啓請刑推, 而禁府遽請上裁, 旣非法例, 及其照律, 請極邊定配。其後雖以罪重律輕, 更請絶島定配, 亡論律之輕重, 從其虛供, 徑先擬律, 其在獄體, 實涉未安。今請治重爀, 本欲爲聖明解中外之惑, 爲坤宮明復位之正, 爲朝著士大夫洗滌千古之羞辱, 是古人所謂尊朝廷於日月之上之意也。到今治之止此而已, 則臣恐不足以解疑, 適足以起疑, 初不如不治之爲愈也。伏乞聖明更令該府, 推問重爀巧飾隱諱之狀, 得情處置, 俾快中外人心, 幸甚。臣且伏念重爀是乳臭迷童, 固不足說, 其父構, 年已高矣, 官亦不卑。今以時棹答弟書觀之, 其謀議宗主, 實在於構。噫! 是誠何心哉? 當坤殿退處私第也, 凡爲臣子者, 孰無叩心飮泣之誠, 而此事只可待聖上一朝覺悟而已, 何敢爲聚貨鑽刺之計乎? 其言雖似外托大義, 其罪實歸誣及聖躬, 凡此之類, 若或容貸, 則從此繼起者, 有何懲戢? 亦何以有辭於天下後世哉? 構之被陷於晩泰者, 雖得伸雪, 與其子招聚不逞之徒, 圖議不敢議之事, 決不可得逭其罪。本當與重爀一體拿問, 若父子互相詰問, 有傷事體, 則亦宜迸諸遐裔, 俾無疑亂淸朝之患, 不勝幸甚。取進止。" 上答曰: "前日處分, 斷自予心, 明白正大, 縱有不逞之徒誣上之言, 實無愧怍於中。第以堂堂千乘之尊, 乃敢圖議不敢議之事, 良可痛心也。箚中所陳, 辭意明正, 予甚嘉歎。重爀令該府嚴鞫, 得情處置, 韓構極邊遠竄, 俾正其罪。" 於是, 重爀始受刑, 格、時棹三次受刑。

二十二日 丙戌

晴溫。始見氷柱。與季幹入謝地主。

二十三日 丁亥

穩城倅來謁。

二十四日 戊子

雪至夜。送奴開市。朱參奉來言: "韓興君 李汝發爲會寧時, 設權辯制淸差, 淸差不敢動。"云。

二十五日 己丑

大風寒。朔方苦寒, 果非中土比。日夕扶侍, 憂慮萬端。因前官由吏入洛, 修答洛中親舊書, 仍附鄕書, 懇朴司書道彦致之。道彦, 地主之弟行義也。

二十六日 庚寅

風寒。午後偕姊兄、舍弟乘閑訪隣舍生。坐未定, 忽覺胸膈間陣陣作痛, 恐遂大作, 旋卽還寓, 勢漸猖獗, 痛不可忍。大人憂念至切, 病懷尤悶。姊兄、舍弟追至, 雜施方藥, 或止或作, 燃燈達夜。偶記十年前有心痛, 得鹽熨效, 試用之, 覺少定, 鷄鳴後, 得入睡少許。輸城倅問至, 聞村女新婚者凍死。病裡聞之, 慘然良久。

二十七日 辛卯

所苦稍間, 親慮少歇, 良幸良幸。聞防垣村女爲輸稅米, 戴米負兒, 行未半, 子母俱凍死路傍。連日所聞如此, 慘不忍言。

二十八日 壬辰

所苦猶未快, 恐遂大作, 重貽親慮, 杜門不敢動。炊婢又病臥, 窮苦又一倍矣。地主送官婢一口, 供朝夕。

二十九日 癸巳

自昨夜半, 心痛又大作。試鹽熨, 稍止, 猶未快。大人憂念更切, 手自摩撫, 有時傷懷, 病懷尤罔涯。連日極寒, 聞小白山下, 又有二人凍死者。聞故老言北方雖苦寒, 今歲十倍常年云。

十二月

一日 甲午

見前月初三日以前朝紙: 觀象監啓, "十月卄八日夜四更, 飛星出張星上, 直徑太微 西垣, 因貫紫微 東垣, 入北方天際。狀如甁, 前小後大, 尾長十餘丈, 屈曲如盤龍形。光照地, 移時消滅, 色黃白。" 閔彦良竄茂山, 府啓, 以與其父宗道同惡相濟爲辭也。金沙溪從祀疏又發, 疏頭李世璉也。北靑儒生等, 請以閔鼎重腏享鰲老書院, 事下該曹。地主來問。吾病不得出, 姊兄、舍弟出見。自吾得病來, 地主日再三致問, 藥物餽遺不絶, 良感良感。邑人老少, 亦問訊相續。

二日 乙未

極寒。是夜, 心痛又作。用鹽熨, 稍平。而不食已數日, 元氣覺日憊, 大人極以爲慮, "惟疾之憂", 正謂此也。悶迫之餘, 感涕難勝。大人夜夢自上錫紫竹鞭, 此何兆也? 哲奴從開市還, 做出大疎脫, 痛痛。

三日 丙申

所苦似快祛。若因此就平, 何幸何幸? 與姊兄、舍弟, 連講《朱書》於大人之前。日夕磨礱, 頓忘窮愁, 適此病苦, 未免停輟, 好事信多魔也。

邑子語次, 偶及申汝哲帥北閫時事, 因言其構殺游士羅斗明事, 極慘酷。營官奴英鎭者, 承望其指, 逐踏毆打, 恣所爲。斗明死後數日, 英鎭者, 猝病危急, 呼號乞死曰: "羅斗明刺我欲殺之。" 竟死云。與田蚡事, 頗相類, 亦異矣哉。

四日 丁酉

明日, 乃先夫人忌辰也。天涯病裡, 情事益罔極。

五日 戊戌

遙想伯氏孑立捧奠, 罔極罔極。元宣川徽兄弟來謁于大人前。退與吾兄弟款語移時, 得聞洛下爻象頗詳, 因見十一月旬前邸報: 閔台遠竄啓, 閱月始允, 配宣川改吉州。兵相送筆墨及朱天使之蕃所撰篆訣印本。

六日 己亥

宣川兄弟辭去。

七日 庚子

因官便自洛還, 得京舊及家鄉內外書。書出十月十六日。蓋因權台奔喪行附之也。一家內外大小, 諸況粗安, 差慰遠念。大都書辭悲酸, 殆不堪讀, 而室人書中, 猶有慰勉語, 豈所謂知其無可奈何而安之者耶? 但聞新婚女息, 以十八于歸, 萬里相望, 情甚作惡, 爲誦荊舒送蔡女詞以遣懷。又聞外家新舊五葬, 一時並擧, 無路攀輀, 一慟, 奈何奈何? 杉行無事得達, 是可慰也。

八日 辛丑

地主來問。余畏寒不敢出。姊兄、舍弟出見。朴生文玖來請學。

九日 壬寅

余始盥櫛衣冠, 大慰親庭憂念。

十日 癸卯

兵相及宣川兄弟書問至, 蓋爲喂鬣事也。因得見十一月十七日以前朝報, 自中風色漸不佳。朴蔚山身之丈, 以臺啓見罷。

十一日 甲辰

送奴牽馬, 往行營。有獻白鵠者, 大人辭不受。

十二日 乙巳

奴還, 得兵相父子答書。地主夕至, 夜深還, 余始出見。

十三日 丙午

黎明, 蒼頭叩門, 告曰: "虎入城, 落穽, 方大吼."云。急起, 往視之, 才中丸斃, 兇獰之氣, 猶勃勃如生。稔惡不已, 終必亡身, 足爲爲惡者戒。聞北虎頻入城, 不足怪云。地主亦來觀之。

十四日 丁未

入見地主, 請送人行營, 邀朱卜禮民來。余病後始入府。

十五日 戊申

造山萬戶朴枝華者來謁。枝華, 本寧海官奴天建之子也。天建, 有南漢扈從勞, 轉階得實同知。娶京女, 生枝華。自言有同鄕之義, 頗輸誠納款。來時持慶纍書來, 其書云: "十三日初昏, 有雷聲如地震。"云, 此何景耶? 追聞此土人多聞之, 地主亦聞之云。

十六日 己酉

陰寒。夜小雪。

十七日 庚戌

朝雪, 晩晴。朱卜至自行營。推大人身命, 爲言終必無事。高嶺僉使趙由亨來謁。

十八日 辛亥

晴。朱卜留。

十九日 壬子

朱卜還, 期以歲後更來。晩風, 夜雪。

二十日 癸丑

晴。今日, 乃立春也。絶域春回, 羈思轉新。地主饋生菜數種, 會寧府使李弘述伻問, 餽米魚各種。

二十一日 甲寅

地主來見, 餽鹿尾, 煎以養老。前後老老之義, 曲盡曲盡。

二十二日 乙卯

同姊兄問慶纍於阿吾地。病餘涉遠, 親慮甚切, 故尙愼旃哉, 不敢有其身。嶺雪陸離, 行路艱危。秣馬柳亭, 土室打頭。夕宿涪溪 金萬戶光世家, 見待甚款, 禮貌杯盤, 創見多駭異。韓萬戶世欽, 適從府中來, 亦厚遇之。素聞涪溪山川爲北路第一, 今始見之, 秀麗廣闊, 不覺心開目明。大小民居僅三四百戶, 土沃宜桑麻、五穀。金判書時讓, 嘗謫居, 有《涪溪記聞》。離側經宿, 達夜馳情, 有兒女子懷。

二十三日 丙辰

蓐食, 將發, 有韓生世襄者來見, 卽崔愼門徒。愼以會寧人, 從尤宋爲高弟, 上疏斥尼尹父子, 遂見吹噓, 得膴仕。其淵源來歷如此, 而肯來相問, 亦一差事。行過金石山, 雪塞樵徑, 僕馬不前, 秣馬德明驛。夕遇獰風, 行色甚艱。暮泊阿吾謫所。金令聞行聲, 亟延以入。彼此傾倒, 不覺夜參半。觀其病容, 憔悴可念, 而氣岸依舊, 談屑霏霏。自言: "天涯邂逅, 宣鬱開懷, 不自知沈痾在身。" 夜大風。

二十四日 丁巳

大風寒, 且被主令挽留。主令喜論文, 徵余近作。余辭以近奚暇操筆綴文, 爲誦前作一篇, 大加稱賞, 有使人不敢當者。主令"立春揭桃符"語, 欠含蓄, 余請改揭, 從之。阿吾堡, 卽吾萬戶庶從叔所嘗臨莅處, 遺愛猶存, 人有指而言者, 令人愴然興感。

二十五日 戊午

辭主令, 向行營, 別意殊苦。寒甚, 行四十里, 宿姜峴冶店。

二十六日 己未

早發, 秣馬鐘山 書院村。院本一蠹鄭先生揭虔之所, 後來腏食太多濫僞, 亦斯文一厄會也。感吟一絶云: "一蠹吾東百世師, 偏荒猶建尙賢祠。如何却遣噲爲伍, 夫子有靈應笑之。" 晡時泊行營, 入見元帥父子, 見待甚款。及就舍舘, 宣川兄弟追至, 敍話, 夜深還。見十一月卄八日以前朝紙: 以李相周策語犯時諱, 舘疏臺章, 一時俱發, 大意以討罪不嚴爲辭, 而未見本文, 未知其所指言者何事也。首揆以命官引避, 臺避亦紛然。左相留疏徑歸, 右相上六十度辭單矣。巨濟縣令張宇極, 以語侵中宮故, 臺啓請罷, 上以更加詳察爲敎。李台妾父天立者, 聞吾行, 卽來謁, 進酒饌。

二十七日 庚申

早發, 歷細川堡, 權管李世昌出見。城障、官舍、民居, 荒涼踈綻, 有同兒戱, 可供一笑。風雪掠耳, 奴主面無人色。秣馬防垣堡。萬戶裴尙舜來見, 日暮促還, 親候支安, 喜幸喜幸。以季幹來侍故, 累日離側, 一日如三秋矣。兵相穩城、慶興、茂山, 皆專人致歲問。夜小雪。

二十八日 辛酉

雨雪。夜大寒。地主來見。

二十九日 壬戌

風。入謝地主。夕, 地主又來見, 歲除隔宵, 愁緖紛紛, 仍想今年歲月, 都從憂遑煎迫中過, 不知明年歲月更如何。夏秋以來, 鬢髮半成雪, 仰視親顔。亦覺異前時, 掩抑不能爲懷, 兵相又遣人問行李, 輸城伻問, 亦至。

乙亥

正月

一日 癸亥

絶域扶老, 又當新歲, 情事詎有涯也? 惟是三陽回泰, 百嘉潛潤, 寒谷回春, 豈無其日? 新年暗祝, 惟此而已。鷄鳴, 兄弟再拜, 獻岡陵之祝, 姊兄亦同之。大人擧"弟子勉學天不忘"之語, 以警勉才。別色、地主來拜大人。訖, 退與吾等從容打話, 胥慰羈愁。夕。入謝地主。見前月初八日以前朝報: 以李相周事, 臺避不止。又有修撰鄭澔疏斥大臣事, 未知所言者何事, 而上批頗示厭薄之意。領、右相上自劾疏, 上慰諭勤摯, 有邪者不難知之敎, 蓋澔疏有邪正之故也。首揆因李相周事出城, 才入不十日, 又此引入, 此何景色也? 右揆, 上六十七度辭單矣。

二日 甲子

邑中老少連日紛沓。雖疲於應接, 風俗則誠厚矣。

三日 乙丑

兵相又委遣褊裨, 問新年起居, 造袷衾見寄, 此老眷厚之意, 殊不可忘也。宣川兄弟亦有書來。因得芹谷奉朝賀台丈及其子參判台兄弟書, 皆寄曆日來。其老爺書曰: "病蟄廢伏中, 都忘世間所謂人事, 歲色將暮, 悠然有戀台之私, 進筆硯, 送二音, 令台知老物之寄世。塞上風霜, 足令人催老, 台有素安之功, 必有髭髮之勝昔, 何足爲台憂也?" 意寄頓挫, 筆力老健, 令人感歎不已。自吾家遭難來, 此老父子兄弟相念特厚。不以禍故相捐, 此意尤不可忘也。

四日 丙寅

地主往行營, 轉向阿吾地, 問慶纍。天涯數日之別, 亦令人黯然。三冬, 讀《漢書》數百遍, 講《朱子書》數卷。朝夕人事, 殊少暇隙, 又因病故, 出入未免游泛。歲月如流, 工業不專, 可懼可悶。朱倉言申範華事。

五日 丁卯

姊兄, 將以旬後告歸。京鄉親舊修答處, 甚多, 自今日爲始, 日書數丈。夜小雪。

六日 戊辰

又小雪。地主從行營還, 以路阻不得遂初計也。

七日 己巳

偸兒夜入室, 留資一空, 麻布麤細, 合幾四十疋。前頭活計無著手處, 豈餘厄猶未盡耶? 此非外人所爲, 必內外相應, 故入見地主, 請治如奴有竊疾者, 蓋其形跡, 頗涉疑故也。夕, 地主出來, 議所以處之之道。多般設機, 未得其端緖。或慮輾轉無收殺, 所損有甚於所失, 終夜惱心, 不能安寢。是日寒甚。

八日 庚午

連日苦寒。如奴負犯, 姑未現出。萬里隨行, 一朝牢囚, 萬一冤枉, 亦甚可矜, 請地主出置鎖匠直房。茂山纍人柳緯漢之子甲慶, 從行營歷訪。細川權管李世昌來謁, 贈葦簟。

九日 辛未

入謝地主, 歷訪朱參奉而歸。連日苦寒薪絶, 婢又病臥。

十日 壬申

見十二月十三日以前邸報: 公務兩勑, 以卄一日渡江。

十一日 癸酉

今日, 乃大人晬辰也。殊方棘裡, 烏鳥情切。地主早朝具酒饌進大人之前。向晩, 又持酒饌來, 要與吾等共之。種種厚義, 良感。余乘夕入謝。夜深後, 地主乘月又至。酒肴間進, 參横迺還。

十二日 甲戌

見十二月十九日以前朝報: 持平金德基駁副提學吳道一樹黨辯黠之狀, 上下嚴批憲府, 處置以詖遁, 落德基, 老小攻擊轉甚。蓋吳以陳奏副使還, 德基及其未至, 迎擊之也。春坊僚屬, 上疏, 請世子以明春入學, 未及承批。嶺南生員金克完爲安吉甫對擧疏。熊川, 爲巡撫御史金鎭龜所罷黜, 而試射入高等, 陞堂上, 倚伏相仍, 可供一笑。

十三日 乙亥

見十二月二十三日以前朝報: 世子入學疏, 批下, 以正合予意, 令該曹稟旨擧行爲教。於是, 禮曹以三月十三日擇日稟啓。大司憲李秀彦上疏右德基, 斥掌令金演處置乖當, 上以未知穩當爲教。於是, 演、秀彦, 互相引避, 詆訐狼籍。自此老、少已成血戰矣。右相尋單七十九度, 上始許遞, 令帶閑秩, 時時入朝。夕, 入謝地主, 得富爨書。

十四日 丙子

金信燮至。得慶纍書。

十五日 丁丑

上元佳節, 羈愁轉紛紛。邑中老少以姊兄將還, 相率來餞。

十六日 戊寅

元宣川兄弟及張先達宇軫來。虞侯張善漢, 始有書問, 附其子來。宣川兄弟款語, 至夜半而還, 如奴似旡妄, 請釋之。

十七日 己卯

往見宣川兄弟。旣還, 二人追至。夕又至。姊兄明將離發, 以不宜出行, 出宿鄰舍。

十八日 庚辰[32)]

曉雪。姊兄將發, 天又作戱, 尤令人亂心。地主來餞。姊兄復至籬門外, 辭大人, 大人亦甚傷情, 贈一律爲別。吾兄弟握手揮淚, 贈一絶云: "十月天山三丈雪, 來何辛苦去還催? 空敎別恨添霜鬢, 莫向離筵唱落梅。" 姊兄跋涉萬里, 共苦三冬, 終始無厭倦色, 此義何得於今也? 與元令兄弟同行, 取路行營。向夕風雪交作, 夜大風, 行邁尤關心。

十九日 辛巳

又大風, 向晩稍止。韓工曹世良來, 言北方前古勇士力人如金嗣朱、

32) 庚辰: 친필본에는 빠져 있으나, 체제를 통일시키기 위해 삽입하였다.

陳德天輩所爲, 頗奇壯, 可聽。

二十日 壬午

又曉雪, 極以行邁爲念。朝得元令書, 知姊兄行無事泊行營, 良慰。入謝地主。見十二月卄七日以前朝報: 吏判柳尙運請對, 欲調停吳、李, 多般陳達。秀彦爲湖南伯, 道一爲關東伯, 見大政。朴道彦爲狼川, 沈鐙爲鏡城判官, 眞是“萬山黃葉一葉靑”也。

二十一日 癸未

輸城督郵李東相來謁。因得姊兄行聲, 自今日稍溫。

二十二日 甲申

地主來見。因得見本月初三日以前朝報: 春享典祀官金園皓詣太廟庭, 忽發狂痛哭, 命拿推, 旋釋之。勑行, 十一日入城。

二十三日 乙酉

晴溫。親候以泄患微不寧, 悶慮悶慮。

二十四日 丙戌

親候向安, 喜幸喜幸。入謝地主。

二十五日 丁亥

親候快安, 大幸。驛隷以督郵令, 納薪束。

二十六日 戊子

聞穩城有先世藏獲, 以親命往推。歷永達堡, 至永居村, 聞穩城倅出未還, 回至潼關鎭宿, 僉使見待頗款。夜小雪。

二十七日 己丑

曉還寓。親候平安, 幸幸。所經, 春泥融甚, 爲姊兄行慮慮。

二十八日 庚寅

地主乘夕來見。因官便得明槩書。驛隷又納十束薪

二十九日 辛卯

連日晴溫。穩倅從行營來謁, 約以數日後往見。因韓同知世武自洛還, 得舊使君及明槩書。兪友義重書亦至。

三十日 壬辰

朝, 小雪風亂。地主又來見。

二月

一日 癸巳

入謝地主, 見正月初九日以前朝報: 有三南西北別遣重臣之議。崔格、李時棹、韓重爀加刑。盧以益、尹夏濟以史事面質後, 有大臣收議事。

二日 甲午

早發向穩城。太守頗款待, 所幹歸虛牝, 可笑。周覽山川形勢, 亦一快也。吟一律云: "辛苦度陂陁, 天寒驛正賒。悲風吹白草, 虐雪蔽黃沙。身遠家何在, 愁多鬢已華。周行關塞盡, 空憶李輕車。" 夜留宿, 太守飾房妓以進, 辭而出之。

三日 乙未

朝入見太守, 晩發還寓。親候平安, 喜幸喜幸。

四日 丙申

地主釋奠致齋, 不得來見。送人相問勞, 以校中有古帶奇巧可玩送來, 令見之。自行營, 得洛中親舊書。又得姊兄抵吉州書, 一行無事, 慰慰。

五日 丁酉

地主罷齋, 要與共釐。遂同季幹入去。學中儀制雖不備, 猶知揖讓進退, 其亦可貴也哉! 大人以余離家已踰年, 且令俟日候稍和暫歸商家事, 不得已以十八九間, 定行期。

六日 戊戌

七日 己亥

地主送米豆, 賙急。中殿册封赦書, 夜二更入府。

八日 庚子

入見地主, 見正月十八日以前邸報: 柳尙運入相, 申翼相爲銓長。

九日 辛丑

雨雪。夕地主來見。慶源倅歲問至。

十日 壬寅

曉雪, 午霽。向夕風雪交作。柔遠僉使鄭澤, 遞歸來謁。地主向慶源。

十一日 癸卯

晴, 大風。地主還。

十二日 甲辰

穩城倅送人來問。

十三日 乙巳

地主早朝出來。夕作行營書。高嶺僉使有伻問。

十四日 丙午

得元宣川書及正月二十四日以前朝報: 盧以益, 已於十八日處斬, 尹夏濟配穩城, 李台義徵, 以廿三日賜藥, 三司請對蒙允也。

十五日 丁未

候鴈始北, 益令人望鄉馳神。地主送行資各種, 造松簷, 夕來見。

十六日 戊申

同季幹入謝地主。

十七日 己酉

陰寒。夜雪二寸許, 地主送褐布, 助行具。

十八日 庚戌

大風。稍展行期, 地主來餞, 意甚勤厚。

十九日 辛亥[33)]

曉雪, 暮陰。慶槼以余行將發, 委伻問之。

二十日 壬子

入謝地主。因呈一律云: "塞上經年飽苦艱, 幾將高義露心肝。夷音慣聽愁無奈, 偃室頻過意未闌。涕淚明朝辭棘裡, 蒼茫歸路指雲端。終然緩急惟公在, 此去猶將百憂寬。" 是日, 又陰寒。

二十一日 癸丑

曉, 急雪旋止。連日陰寒以風, 日色無光。夜, 小雪。鄕中任事諸員, 相率來餞, 情意懇款。

二十二日 甲寅

晴, 大風。會寧倅伻問至。

---

33) 辛亥: 친필본에는 빠져 있으나, 체제를 통일시키기 위해 삽입하였다.

二十三日 乙卯

晴。夕又風。地主具艾湯進大人之前, 退與吾等, 款語移時。尹正郞夏濟 穩城謫行, 夕入府。偕地主往見, 因得洛下諸書。

二十四日 丙辰

朝送別尹正郞, 地主亦至, 飮微醺。元宣川書問至。

二十五日 丁巳

見本月初五日以前朝報: 初二日白虹貫日, 五日左相朴世采作古。右揆疏攻沈權、趙相愚、趙大壽、申琓、李光迪。

二十六日 戊午

早, 入謝地主。夕, 地主又出來。以吾行隔宵故也。

二十七日 己未

治發鄕行, 拜辭籬門。仰瞻顔色, 心腸摧裂, 不能爲懷。大人手書三絶, 見贈。其一云: "送汝歸時氷半澌, 滑泥危棧摠關思, 丈夫心事須堅定, 屑屑無爲兒女悲。" 其二云: "憶昨嚴程趕我行, 蒼黃危迫幾回經? 緬思斥逐人家事, 蔡氏三哥見爾情。" 其三云: "兒郞天賦也聰明, 憂戚還應玉汝成。但恐施爲傷卞急, 更從沈密下工程。" 邑中父老子弟會送南門樓, 地主出餞城南, 呑聲告別。與季幹握手揮涕, 交相慰勉。留贈一絶云: "殊方乍喜連枝會, 絶域翻成落葉分。親老時危還遠去, 此行安得不銷魂?" 夕宿防垣, 朱楗、朴文玖來, 同宿。朱生送至茂山嶺下。其歸修附平書, 贈一絶云: "君來送我至豊山, 孤障寒天別意酸。棘裡應深憂疾念, 爲吾歸去報平安。" 登嶺上, 望愁州, 吟一律云: "關山違日遠,何處是幷州? 急雪連天暗, 陰雲接地愁。戀親腸已斷, 憶弟涙長流。借問百年內, 棲遑幾日休?" 富寧訪裵令公、安上舍, 鏡城訪李有源, 明川訪金天開, 吉州以親命拜閔台。踰五嶺入關東, 盡是前度蒼黃處, 人馬一行, 辛苦萬狀。賴沿路守宰相知者, 間間顧護, 得免大段狼狽, 而安邊府使金儁相, 東溟之子也。曩時不得志, 頗快快。見余, 非不接待, 而語及失時諸宰, 不少爲地, 令人不忍正視, 可謂忝厥。欲留宿, 卽辭出。是行, 沿途諸作, 頗多, 今不盡錄。

四月

初四日 乙未

始泊仁良故土, 宗族齊會, 握手相嗟勞。以仲嫂家有禮幹, 伯氏、小母適來會, 相對掩泣, 不能爲懷。外家喪亂後, 未得一伸情事, 適聞內兄中祥在七日戊戌, 先送伯氏、小母行, 留二日, 爲文哭奠。卽踰嶺, 泊南庄, 問家室, 依然有杜老《北征》之感。自離愁州, 至是凡四十日。恒齋叔父, 自宜寧罷還家食。仁谷叔父, 亦無恙。往來省覲, 稍慰陟岵之情, 而北望歸雲, 方寸亂盡無餘地矣。權台瑎, 方謫居寧陽驛, 時往還相從, 屢見奬許, 頗有知己之感。權判書愈責眞城, 以親命往質先大父碣文疑處, 因往來相聞。

五月

初

治送杉從及一奴于謫所。夏間, 從權台所, 再得親庭安報。

八月

十五日

奉送伯氏歸覲, 從弟聖任從之。去留情境, 不言可想。季幹、聖任, 以仲冬出來, 余擬以明春復入覲, 而是年八月十六日, 嚴霜大降, 年事大無, 斗穀直百錢, 春來餓莩盈野。以各房多口, 無人濟活, 故隱忍遲滯。是冬, 李參判鳳徵斥守寧海, 以大人之故, 見待特厚, 頗有所賴。秋冬間, 有伯氏家二小女夭殤之慘。

丙子麥秋後, 擬卽發行, 又以潦暑, 難涉遠, 爲一家父兄及佳坪 趙丈所苦挽。

七月

初三日

始離家, 出宿鄰舍, 遠近親友多來送者。翌早上道, 琴子始、金重甫酌酒餞行。權台之子信經上舍, 亦來送之。才經巨侵, 無麥又甚, 離家之日, 直有顚壑之慮, 不但遠別悄悄而已。與弟姪及諸子別, 勉以堅忍, 無爲兒女子悲, 而瘦妻色沮, 稚子啜泣, 亦不能不傷心。秣馬碧水, 暮

宿仁良 燈姪家。留二日, 辦行先祖妣忌祀, 卽發行。從弟伯任兄子之燈, 送至箕城。太守辛大觀待之極款, 贐行特厚。翌朝, 與弟姪揮涕分背。雨潦頻數, 晩炎又酷, 馬瘏僕痡, 艱關遲滯。江陵, 留權丈時一家籬下五日, 以馬蹇故也。其兄弟、叔姪款甚。哭鄭丈泰邦。其弟泰廷, 有友愛至性, 語及其兄, 輒流涕。襄陽訪崔君道鳴, 有文學, 可人也。亦一見如舊, 悶吾馬蹇, 換給其馬, 亦不易其急難如此。自箕城以後, 嶺東守宰, 無一相知, 入北路後沿路守宰, 猶有間間顧見者。過明川, 天開已放還, 權君秝斥牛栗復享, 配明川, 相對如舊識。冒大雨, 歷鬼門關, 俄而風雨顚狂, 人馬股戰, 幾不能行, 行色極蒼黃。

八月

十四日

訪富爨, 吉甫已歸, 裵令公顚倒相迎, 如客歸家。達宵談論, 間發其所著詩文, 余醉贈一律, 有“一年今夜月, 萬里故人盃。”之句。

十七日

曉發古豊山, 日馳百四五十里, 夜人定, 始泊親庭。首尾四十四日, 絶域三千里, 三度跋涉, 艱辛危苦之狀, 今不暇殫記, 而一年有半, 始承親顔, 此日情境, 非筆舌所能盡。尙幸三載風霜, 氣貌不甚衰謝, 豈有冥佑而然耶? 與伯氏日夜環侍。

九月

初旬

伯氏, 又以親命, 輪番告歸。籬門別意, 愈往愈苦。余奉贈一律云: “出塞還分袂, 悲秋別恨仍, 鳥道紆千曲, 鯨波杳百層, 游方難自遣, 扶老更誰憑? 且莫空摧折, 圖南有大鵬。” 地主深眷, 終始不衰, 是稍可賴耳。伯氏歸時, 地主又出餞城南, 邑中老少會送, 亦如前。定省餘暇, 讀《戴記》數十篇。大人讀書著文, 孜孜不廢, 有《愁州管窺錄》及《惇典稡語》等書, 手寫《周易古經》一帙。

丁丑

春

地主將報瓜。親年漸高, 天定無期, 獨侍天涯, 情事何如? 每與地主相對, 掩抑含淚, 地主亦爲之噓唏歎息, 時以諧語相慰解。三月, 地主解歸。新使君洪受漸, 交印初漠然, 數日後, 送言于余, 時時饋魚米, 漸有禮意。余一日入謝, 頗示眷厚之意。自是往來聞問不絶, 亦非始慮所及也。嘗見朱子答蔡季通書, 有“在我只得爲久駐之基”之語, 方且課僮指, 耕牟種稻, 料理穀斛, 爲隨分奉養計。一日, 會寧新倅走急足, 示朝報。

三月

二十七日

引見時, 左相尹趾善, 以西北凶荒太甚, 竄謫數多, 必有主客俱困之弊, 請移配, 上依允。禁府定吾家配所於湖南之光陽, 已發遣金吾郞, 事出意外, 驚喜難狀。日夜治行, 以待金吾郞。續得朝報: 閏三月初三日右承旨金世翊上疏, 言不便, 上答曰: "疏辭不無意見, 令該府被災尤甚邑編配罪人, 參酌移配。" 該府覆啓, 還寢。金吾郞成壽童, 至鐵原豊田而還, 留資散盡, 狼狽轉甚。後數日, 又自會寧, 罔夜送示朝報。初六日登對時, 大臣南九萬、柳尙運、崔錫鼎, 判義禁李世白, 更請移配, 上令: "且待諸道放未放秩上來, 稟旨擧行, 以施曠蕩之典。" 十三日引見時, 權愈、閔就道、鄭維岳、權瑎、權珪、申厚、李元齡、金澍、沈檖、成瓘、趙湜、尹鼎和、裵正徽, 全釋。李聃命、沈季良, 量移。權大運、睦來善, 撤圍出陸。李○○撤圍移配事定奪。配所, 仍前定光陽。於是, 正言崔重泰, 卽日榻前所啓,: "圍籬安置罪人李○○, 己巳後一疏, 兇悖無倫, 至於自絶于天四字, 當伏《春秋》之法, 尙保首領, 已失常刑, 而投荒未久, 遽撤圍籬, 則今日廣蕩之典, 適足爲此輩之幸。如此罪關倫常之類, 斷不可容易擧論, 請還收撤籬之命。" 上曰: "勿煩。" 前席旣罷後, 一日, 重泰又上疏, 略曰: "昨於筵席, 伏聽聖敎, 追念祖宗朝故事, 施此廣蕩之典, 而曉喩丁寧, 情志灌通, 孰不欽歎聖敎、仰體德意? 而己巳黨人中, 擅弄威福, 做生凶論之類, 聖鑑已別, 臣不敢疊床, 權珪等七人罪狀, 倫紀所關, 王法難容。李○○疏中'自絶于天'、'嚴加防衛'等語, 用意兇慘, 尤不忍言。當初貸死, 已失常刑, 乃今一併全釋, 或撤圍籬, 今日赦宥, 不幾於再誤之歸耶? 云云。" 元疏本文, 只是爲設防衛, 而前後臺章, 換爲設作嚴加, 全沒營救本意, 構虛捏無,變幻粧撰。自是此輩伎倆, 謂之何哉? 上以業已酌處, 下批, 諫院連啓四十餘日。

四月

二十九日

正言趙大壽停啓。權台珪以下七人啓辭, 出憲府。至是, 掌令李相勛停啓云。

五月

二十一日

金吾郎李徵海來撤棘, 傳移配之命。卽夕, 大人出籬門, 寓韓同知世武家。韓, 故北產之秀, 沈毅有節槩, 能急人之困, 不侵爲然諾者也。大抵北人多如此, 亦其俗甚厚, 往往不以饋獻車馬爲難。四載拘幽, 始出門外, 天恩非不罔極, 而三千里瘴海之行, 正當大暑流金之日, 情事益痛悶。治行數日, 專籍邑人之力, 朱、韓兩家老少, 尤盡心力。地主連日來問, 種種餽遺, 皆出情眷。

二十五日 甲辰

始發行, 宿防垣堡。陰風產涼, 行意浩然, 而回首幷州, 亦覺依然。地主臨別, 辭曰: "早晩倘得嶺邑, 雖遠, 當相訪。"云。時, 監賑御使趙泰耉新入府, 地主爲稱說善居謫, 嘖嘖不已。邑子有參聞而來傳者, 邑中上下老少追送者數十人，或有齎咨流涕者。朱楗、朴文玖送至茂山嶺下。六鎭守宰, 無不顧見, 慶源守尹淑, 會寧伯李后晟, 尤爲之盡, 李令, 以金領府事姨從, 上官, 才數旬矣。吉州以後, 炎潦異常, 備嘗無限辛苦, 而頻日雲陰, 罕見太陽。踰五嶺時, 輒有凉颸借便, 豈亦有冥佑耶? 金吾郞, 故相行遠之孫, 寬厚有器量。與權天章相識, 來時賫天章書來。頻來致款, 不以色目存形跡, 有時抵掌劇談, 道塗宿食, 護行良勤, 亦窮途一幸也。南北道守宰, 除老黨一二外, 無不迎接矑問。高山丞李翼年, 以龍興江津路回遠, 親爲護送, 至永興。南兵使禹瑞圭館遇尤厚。北伯李光夏亦遣褊裨致問, 饋米豆魚錯。而過鏡城時, 北兵使李尙䄵者稱病不出, 使一下吏, 饋二斗米。蓋畏通判申鉦, 鉦, 命圭子也。辭不受。至高山驛, 聞權台瑎放還, 至宣城暴亡。前年此時, 送余惜別, 人事奄忽至此, 爲公爲私, 慟惜慟惜。冒潦暑, 歷重險, 間關危苦, 不可盡述。至淮陽, 府使金鎭圭以前渡無船見喝, 將迤路, 賴金吾郞得利涉, 幸也。金吾郞, 爲之慨然。

七月

初一日

泊楊州。太守朴公紳, 卽出相見, 嗟勞之甚厚。吳判書始復, 時寓綠楊驛, 遣其兄子尙文及子尙友來問之。李尙之、權天章、朴履仲、李誠中、李白而、權桓伯來逆樓院下, 相對眞一夢也。姊子金夢濂從嶺鄕來。去家踰年, 始接鄕信, 驚喜當如何? 鐘城舊使君朴令公, 追至北巖, 携壺見饋, 情意可掬。午憩王十里。京舊次第來問, 鄭判書維岳, 才從適所還, 聞卽馳至, 布衣草履, 蕭然如寒士, 相與嗟勞而去。向晩迤從木覓山後間路, 泊南門外履泰院里。蓋天章諸人, 與京友相議, 擇僻靜處, 定舍館以待也。朝紳韋布, 相繼坌集, 戶履相躡, 各隨力餽贐[34], 無異甲戌時, 別有錄。朴令來與同宿, 天章終始宿留, 隨事致力治行。

三日

舟渡銅雀津, 親舊送至津頭者, 數十人。洪敎官宇夏、鄭參奉至祥送至果川。天章、履仲、時會、桓伯追送二日程。至水原, 水原伯許堰, 湖西伯申厚命, 尤款。闢館羅羞, 資送甚悉。歷振威、稷山、天安、公州、尼山、恩津、礪山、全州、南原、谷城, 所經守宰, 多延款, 而稷山、恩津、全州, 漠然。振威倅申廣濟見待甚忽略。參禮丞李心傳, 榮川人也。素出入京邸, 至是, 預避不見。公州渡錦江、尼山見草浦, 南原登廣寒樓。至鴨綠院, 尹丈有孫新出宰玉果, 聞行聲, 追至津頭, 去本縣四十里。酌酒敍慰, 情義款曲。遇季幹、聖任及熤姪迎候之行于谷城道左, 驚喜又一倍也。夕宿求禮之蒼水驛, 歷順天之松峙院。本月十八日丙申, 始抵光陽, 首尾五十有三日。以邑居濱海, 尤多瘴癘之虞, 留二日, 卽移寓治東二十里白雲山下玉龍洞, 卽尹孤山善道所嘗居謫處也。去家鄕僅七百里, 比關塞阻絶, 三分減二。縣又介在湖嶺間, 親舊士友聞風來訪者, 日數十人。居處飮食, 亦非北方寒苦比, 是則未始不爲幸。而顧瘴毒侵加, 反不若北土淸凉, 雖大人隨遇而安, 而吾等憂煎, 無時少休歇矣。

余讀幼材所錄《蒼狗客日》, 爲之掩卷纍欷者, 久之。嗟乎! 蒼狗之禍, 烈矣! 機變閃於神鬼, 鍛鍊酷於炭火, 設罟獲坑穽, 以快怨脩郄

34) 贐: 친필본에는 '贐'으로 되어 있으나, 오자이므로 바로잡았다.

於一番之人而甘心焉。甚至戕賢誣忠、變白爲黑，其鉤鉅羅織，至今聞者病悖，況於親自遭罹者乎? 幼材之錄是也，其聞見詳，其事情核，感憤憂鬱，惻愴而嗚咽。千載之下，猶將爲之涕泗而悲吒，卽何論目覩而身歷者? 其中類多與余相周旋同踐涉者，余讀之，彌爲之心折而骨刺。噫! 陰雲不決，陽復無期，志士之想，于今未艾，而碩果不食，否泰相極，烏知天意之不一日有定也? 遂三歎而題其後。黃虎重陽後三日，天章書于昆陽之棲鳳庵。[35]

乙亥

七月

執義李三碩上疏，略曰:“末俗嘵訛，辭說多端，悠悠之談，固不可一二取信。至於金春澤，雖不知當初被拿者何事，而物議喧藉，殆與重爀輩，無甚異同，其行已無狀，亦可知矣。其父鎭龜，遠竄海外，宜不可責以在家不知，然人之爲言，亦無所不有者，何歟? 要之，國人共誦之言，不可盡廢，則以春澤爲子，而鎭龜之任遇如故，亦無怪輿情之未厭。云云。”上批大意:“疑人於不當疑之地，此果和平底道理耶? 誠未滿一哂也。”鎭龜與春澤，待罪金吾，上下備忘記，令勿待罪。鎭龜退，上自明疏。

35) 후지(後識)는 체제상 문헌의 제일 끝부분에 위치하는 것이 일반적이나, 여기서는 원 위치에 그대로 둔다.

九月

二十七日

慧星見, 自上求言。原州幼學李世哲者應旨陳疏, 大略以爲: "不恭、不敬、自絶于天等語, 自是大不敬, 而兩賊之首領得全。" 又曰: "伏閤廷請之首惡, 已從寬宥。" 前數月大司鍊姜世龜, 因辭疏, 有伸救一邊人語, 世哲又斥之曰: "伺隙之姦孼, 營救兇徒, 亟正諸人之罪, 然後是非明、朝廷和, 而天變可弭矣。" 上答曰: "李○○之栫棘, 姜世龜之削黜, 亦足以懲其罪矣。又何必加其律乎?"

六月旱災疏決時, 領議政南九萬論已巳伏閤諸臣之不可深罪, 以爲: "臺啓中, 至比於鄭造、尹訒輩, 誠極無據。" 自上以爲: "比之孔道輔, 則猶或可也; 呂夷簡, 亦不可比擬。云云。" 九萬, 又曰: "光海時責在下, 己巳責在上。云云。" 上曰: "見批於光海者, 極苦。云云。" 又曰: "寡躬失德雖多, 豈至如光海乎?" 九萬惶恐退出, 上箚待罪, 上答曰: "卿之言, 實出無情之妄發, 予不含蓄, 勿待罪。" 應教金鎭圭疏斥九萬, 語極張皇, 大略以爲: "大臣, 以己巳諸臣, 不能爭執, 與光海時群兇請廢, 有異云。噫嘻! 此何言也? 乘時樂禍, 唯以竊柄弄權爲快者, 實路人所知。特以半日庭請、片時伏閤, 掩人耳目, 其罪豈止於不能爭執而已乎? 雖以其後來善、○○等不道之言觀之, 此輩肺肝, 灼然可知, 寧有一分可恕之端? 云云。" 上下備忘記: "罷職不敍, 元疏還出給。"

己卯

正月

二十四日

王世子順行痘患後, 自上下備忘記, 有曰: "孔子曰: '父母惟其疾之憂。' 親之於子, 雖偶然寒暑之感, 憂念宜無所不至, 況今世子所經痘疹, 是何等患候耶? 夙夜焦慮, 寢食不甘矣。幸賴神明陰隲, 以臻平穩之慶, 父子之情, 懽喜何極? 値此非常之慶, 詎無非常之擧? 矧當春王正月, 雨露沾及枯荄, 宜法乾元之至仁, 體雷雨之作解, 特施曠蕩之典, 咸與世而維新。'禁府、刑曹時囚中, 除綱常、贓汚、强盜、殺人、咀呪外, 雖犯死罪以下, 該房承旨卽爲馳往, 一一放釋。徒三年以上, 雖尋常疏決, 亦多幷宥之例, 使之依此擧行, 而兩銓歲抄, 幷爲蕩滌。士大夫未蒙宥身死者, 則亦爲還給職牒。諸道時囚, 一體爲之。'事, 下諭。" 又因禁府稟啓, 傳曰: "況當民方扎瘥之時, 必欲大行曠蕩之典, 以召天地之和者, 亦寓於其間, 不可以常赦比也。云云。"

二月初四日, 疏決時, 睦來善、金德遠、柳命天、柳命賢、李玄紀、李○○、李雲徵、金元燮、沈季良、閔彦良、尹夏濟, 放歸田里。睦昌明、權愭、金邦杰, 復官職。其在門黜者, 放。移配罪人韓構, 亦放歸田里。

二月

初九日

自諫院，先發還收之請，其啓辭曰："云云。此所以嘉與臣民同其慶幸，而赦書風馳，解澤旁流，至使泉塗改照，流者皆回，俾無一夫之向隅，欲自今日而圖新，則噫！聖上藹然之至意，孰不思奉承之道乎？第念罪有可赦而有不可赦者，法有可屈而有不可屈者，苟或不可赦而赦之，不可屈而屈之，則適足爲小人之幸，而無以嚴懲討之典也。今此疏釋之時，事係倫紀，罪關名義者，不分輕重，無小等差，爛熳同入於放宥之中。如睦來善不恭之說，公肆詆誣，李○○自絶之語，絶悖無倫，論其罪犯，流竄猶輕，而移配未幾，又此寬釋，臣於此不勝訝惑焉。殿下頃於遣近臣放獄囚之日，猶以綱常贓汚，不在其中爲敎，則可想殿下嚴法愼赦之意，而愚蠢常漢之抵於重辟，無識武夫之坐於貪贓者，終未蒙宥，則位列卿相，語犯坤聖者，其可遽然肆赦，莫之疑難乎？王法終不可撓，輿情終不可拂，請還收安置罪人睦來善、移配罪人李○○放歸田里之命。"答曰："勿煩。"金德遠、李玄紀還收啓，同日幷發。

同月二十五日，掌令金致龍啓曰："今此疏決後，還收之啓，已自諫院先發，故本府幷發之啓，只擧其重者而論之矣。今聞物論，以爲李○○負犯，亦係名義，與睦來善無甚異同，不可不幷論云。當初疏漏之失，臣固有之，請命遞斥。云云。"於是，府啓又發，以爲："春宮勿藥之慶，實我宗社無疆之休。此聖上所以嘉與四方，特推曠蕩之典，而第事係倫常，罪關名義者，其可不全貸也，決矣。睦來善、李○○，敢以'不恭、不敬、自絶于天'等語，肆然形諸文字，不少顧忌，爲人臣子者，忍此絶悖不忍聞之言，則律以王法，罪固罔赦，而當初栫棘，亦出寬貸之典，豈可以歲年之久而因赦疏釋，有若尋常罪犯者然哉？三尺至嚴，輿情罙切，

請還安置罪人睦來善、移配罪人李○○放歸田里之命。" 答曰: "勿煩。"【金相、李令還收啓, 前此已發。】

三月

初四日

院啓, 又擧權相諸公, 而幷論之曰: "倫常者, 天地之大經大律, 一日去此則人不得爲人, 國不得爲國矣。己巳黨人, 從臾幸禍之態, 固不可勝數, 而睦來善不恭、不敬, 李○○自絶于天等語, 論其罪狀, 與謀害之賊, 相去無幾, 噫嘻! 尙忍言哉? 以此罔極之誣, 雖加於恒人, 受之者必極冤痛, 加之者當伏其罪, 爲人臣子者, 何敢萌[36]諸心、發諸口, 肆然勒加於母臨之尊乎? 至若廷請之時, 權大運則身爲首相, 巧避不來, 睦來善、金德遠及睦昌明、柳命賢等, 或居鼎席, 或長兩司, 草草應文, 半日旋停。陰懷禍心, 外掩耳目, 情狀盡露, 國人共憤。大抵此輩但懷得失之欲, 都忘臣主之分, 自陷於倫紀之罪, 乃混與他黨人而並容之, 則彝倫將至於斁絶, 王法徒歸於弁髦, 而日後奸兇之徒, 益無所懲畏矣。可不痛哉? 可不懼哉? 請還收睦來善、李○○放歸田里, 權大運放送, 金德遠、柳命賢放歸田里, 睦昌明職牒還給之命。" 答曰: "勿煩。" 自是, 兩司連啓, 經夏迄秋, 至九月十七日, 府啓始停。明年二月初十日, 院啓始停。

36) 萌: 친필본에는 '萠'으로 되어 있으나, 오자이기에 바로잡았다.

庚辰

二月

初十日

正言丁道徽謝恩後，以城上所，詣臺前，啓放歸田里之命還收事停啓。同日，大司鍊李益壽上疏，大槩："臣於僚臺停論之事，有不敢晏然者，乞賜遞斥，以爲人臣疲劣不職者之戒。"事入啓，答曰："省疏具悉，睦來善等放歸田里還收之啓，今已閱歲，宜有收殺。第重發之論，不待消詳，汲汲獨停，極爲無嚴。丁道徽罷職不敍，以示規警之道，爾其安心勿辭，從速察職。"

同月十二日，府啓："諫院睦來善等還收之啓，實是臺閣重發之論，而關係甚重，有非一人所可擅停也，決矣。迺者，正言丁道徽如有收殺之意，則姑俟僚臺之相會，從容商確，未爲不可。顧乃不恤公論之嚴，敢生私護之計，獨自詣臺，擅停重論，有若乘間伺隙，汲汲如不及者然。旋又投疏徑歸，情態盡露，其輕朝廷、辱臺閣，甚矣。昨日，諫長疏批中，旣已洞燭其情狀，明示斥罰，在廷諸臣，孰不欽仰處分之痛快，而如許蹤跡無忌憚之人，決不可罷職而止。請前正言丁道徽削奪官職。"答曰："依啓。【已卯年間持平李觀命上疏，又極其詬辱。】

辛巳

五月

十一日

上以久旱不雨, 親祀社稷, 回詣金吾, 親錄囚徒。猶不雨。

二十一日

又召大臣諸宰三司, 議疏決。讀睦相罪目, 左尹李鳳徵以同義禁入侍, 進救解語, 上曰: "旣已放歸, 異於罪囚矣。" 仍讀金領府事及李玄紀罪目, 上曰: "罪名重大, 而護逆之罪, 大矣。" 領相崔錫鼎曰: "旣已放歸, 又何減乎?" 上曰: "仍。" 讀韓構罪目, 上曰: "仍。" 讀李○○罪目, 上曰: "何如?" 吏判李畬曰: "罪名雖重, 而本情則非謀害中宮矣。" 錫鼎曰: "某之罪, 異於他, 旣無罪狀之分明, 若以謀害中宮爲罪, 則似非本情。且以設衛繼廩之言觀之, 決非謀害矣。" 上曰: "某之事, 非出於謀害中宮, 而罪狀異於他, 放之, 可也。" 讀柳命賢罪目, 上曰: "仍。" 讀沈季良罪目, 上曰: "何如?" 錫鼎曰: "罪名雖曰重大, 當此疏決之時, 放之, 似可矣。" 上曰: "放。" 於是, 有放送之命。掌令尹憲柱所啓: "放歸田里罪人李○○黨私悖理之罪, 不可毛擧, 而往年中宮殿出處私第之日, 投進一疏, 語意兇悖, 宜置極典。而尙今容貸者, 不過繼廩設衛, 似非出於侵逼謀害之計也。而至於'不循壺彝、自絶于天'等語, 乃人臣之極罪。幸蒙恩赦, 至有放歸田里之命, 累年偃息於家鄕, 此亦未免爲失刑之歸, 一國輿情, 久而猶鬱。放歸田里之命, 旣出於寬典, 而今因疏決, 又有全釋之擧。所犯旣係名義, 斷無一毫容恕之道, 請還收李○○放送之命。" 上曰: "不允。"【沈季良啓同發。】

七月

十二日

【前此，諫院連啓矣。】 洪柱震除獻納。翼日，卽詣臺停啓。諫院又啓曰: "李○○、沈季良等罪犯, 干係名義, 有難容貸, 而討罪不嚴, 漸次減等, 以至今日, 乃有全釋之命, 朝家失刑, 莫此爲甚。臺閣還收之請, 實出扶植倫彛之義, 則爲今日臣子者, 所當同聲合辭, 期於準請, 而獻納洪柱震瞰其僚員之呈告, 汲汲詣臺, 擅停重論。蓋此輩之不顧公義, 惟懷護黨之心, 一當言地, 挺身立幟, 卽其伎倆也。向者李文興, 獨停兩啓, 已極縱肆, 而罷職之罰, 不足以徵勵, 故今此洪柱震, 接迹繼起, 以售其計, 可謂無忌憚之甚者。況此○○等負犯之甚重, 不特喜鼎輩之比,【忠淸道進士李喜鼎爲疏頭，斥沙溪從祀。】[37] 而急於營護, 甘心自陷於滅名義壞倫彛之科, 請獻納洪柱震, 削奪官爵, 門外黜送。" 答曰: "洪柱震, 削奪官爵。" 政院啓曰: "獻納洪柱震, 今日詣臺, 遽停李○○、沈季良放釋之啓。噫! 近來一番之人, 全昧扶倫之義, 徒懷死黨之心。前日丁道徽、李文興, 俱當重發之論, 擅自停止。伊時, 聖敎嚴切, 幷施譴罷之罰, 如其有一分畏憚之心, 則縱恣之習, 庶可少戢, 而今者柱震, 又習前套, 爲此可駭之擧, 其爲世道之關, 有不可勝言者。○○等放釋傳旨, 不得不捧入, 而區區所懷, 敢此仰達。" 答曰: "知道。" 於是, 院啓還發, 而請洪柱震門黜, 答曰: "不允。" 自是, 諫院連啓。

九月十九日, 依啓。

同月二十四日，巫蠱獄起，上卽下備忘記，有張希載亟正邦刑之命。

---

37) 忠淸道 … 從祀: 친필본에는 '喜鼎'의 바로 뒤쪽에 위치하고 있으나, 체제상 타당하지 않으므로 현재의 위치로 옮겼다.

又以禧嬪張氏, 依漢武帝殺鉤弋夫人故事, 使之自盡, 時夜三更。入直承旨尹趾仁、假注書李命世, 率僚員, 袖備忘記, 請對入侍, 爭之甚力, 命世言, 尤切直不撓。上怒甚, 罷趾仁, 下命世獄, 尋竄之。然成命不得卽下, 至十月初十日, 又下備忘記, 竟賜張氏死。

十月

初五日

持平李東彦上疏, 論尹趾完爲禧嬪請別立殿號之非及南九萬、柳尙運議緩希載、業同獄之罪, 辭說極其狼藉, 而中間插入'自絶于天'及睦相'不恭、不敬'等語, 至目之以兇賊。及論李鳳徵, 以禧嬪爲中殿服制一款, 請絶島栫棘之時, 又引前語, 措辭用意, 尤極其陰慘。京外親舊間, 莫不以論罪之啓朝夕且發爲憂。

同月二十二日, 院啓果發, 【司諫魚史徽, 獻納尹弘离, 正言黃一夏、金栽。】[38] 其啓曰: "倫紀者, 天地之棟樑, 一日無此, 則人而禽獸, 國而夷狄, 可不懼哉? 往在己巳初, 坤聖出宮之後, 擧國臣民, 莫不涕泣奔走, 而睦來善、李○○等, 獨乃包藏禍心, 無所顧藉, 或以'不恭、不敬'之說, 轉奏於前席, 或以'自絶于天'等語, 筆之於疏章, 構成罔極之惡名, 遽加不敢加之地, 爲人臣子而苟有平日母事之心者, 豈忍以此窮兇絶悖之言, 萌於心、發諸口耶? 論其情狀, 合置重辟, 而只緣邦法不嚴, 薄施投畀之典, 曾未幾何, 荐蒙恩宥, 優游自在, 尙今不死, 神人之憤, 容

---

38) 司諫 … 金栽: 원래는 '其啓曰' 뒤쪽에 있었으나, 체제상 적절하지 못하다고 판단되어 이곳으로 옮겼다.

有極哉? 噫! 大行王妃, 正位坤極, 終始卄載之間, 玉度無玷, 懿德益彰, 而光復未久, 徽音永閟。若喪之痛, 愈往愈切, 人情所在, 天理可見。而兇蠱之變, 又出於仙寢未冷之際, 妖腰亂領, 次第伏法, 則惟此二凶之搆誣坤聖、罪關倫紀者, 獨安得晏然偃息於田廬之間哉? 不可以曾被竄謫之故, 有容貸於今日。請放歸田里罪人睦來善、李○○極邊圍籬安置。" 上答曰: "不允。" 自是, 連啓。

二十五日, 答曰: "勿煩。"

十一月

初六日

答曰: "臺啓之請, 大意則好矣。但當初旣設栫棘之罰, 到今別無他罪而更爲栫棘, 事未穩當。故有所持難, 勿爲煩論。" 是後啓辭間斷, 或數日, 或十日、二十日, 而猶不止, 自上不允、或勿煩。

壬午

三月

二十二日

正言趙正緯停啓。正緯以骨老名, 而出卽停啓。蓋自中論議, 亦以追論爲無謂而然爾。

辛卯

冬

以中宮殿順行痘疹, 特施蕩曠之典, 有職牒還給之命。掌令洪禹寧啓請還收, 掌令申慶濟立異, 皆避嫌。玉堂李宜晩處置落洪立申, 上以處置乖當, 特命禹寧出仕, 因收成命。【不見朝報, 啓辭不傳, 庚寅全釋之說, 傳播士友間, 亦以不見朝報, 故不得載錄。】

己卯

十月

○日

京畿監司書目, 衿川呈, 以放歸田里罪人權大運, 今二十三日喪出緣由事, 傳曰: "此人, 負犯雖重, 淸白則可尙, 任使則久矣。且如此之類, 今春大霈, 至蒙蕩滌之典者亦多, 則況已身逝者乎? 特爲職牒還給, 以示寬大之意。" 府啓: "卽伏聞放歸田里罪人權大運有職牒還給之命。臣竊以爲不然也。夫大運, 當己巳變出之日, 身爲首相, 不參廷請, 前席所對之言, 極其悖理, 有不忍聞者。其曰: '偏性難化, 殿下亦末如之何等說, 是豈臣子所敢發口, 而肆然奏達於天聽, 其所負犯, 干係倫紀, 當初放歸田里, 已是寬大之典, 則豈可以其身之已死, 還給職牒, 有若尋常罪過者然哉? 聖上雖念任使之久, 欲施曠蕩之典, 而輿情俱愕, 公議至嚴, 請還收罪人權大運職牒還給之命。" 答曰: "勿煩。"

庚子

十二月

初二日

歲杪時，金世欽、朴泰春、洪錫九、李彥明等諸人敍用。【金校理以是年四月沒，六月今上卽位初，因頒赦，職牒還給，臺啓累月爭執，至月始停啓。】前左議政睦來善、前判書李○○、前參判李鳳徵、前府使徐瑱、前持平權斗紀、前福平君 㮒、前陽原君 煥、前義原君 爀、完陽副守 爘，幷職牒還給。政院【承旨柳崇、鄭亨益。】啓曰："臣等，卽伏見歲抄啓下單子，則有罪人睦來善、李○○、李鳳徵職牒還給之命，臣等竊不勝驚惑之至。夫睦之做出不恭、不敬之語，勒加於不敢加之地，李○○之不順坤彝、【循作順，壼作坤。】自絶于天等語，實是人臣之極罪，李鳳徵之投進凶疏，語多絶悖，敢欲紊亂邦禮，蠹敗名分。三人罪犯，俱係倫常，而職牒還給之命，遽下意外，實有乖於明義理嚴懲討之典。且㮒、煥、爀等，亦有職牒還給之命。逆獄緣坐，何等重罪，而告身還給，至於此輩? 揆諸王法，決不可更置宗籍，請還收睦來善、李○○、李鳳徵、㮒、煥、爀職牒還給之命。臣等職在近密，區區所懷，惶恐敢啓。"答曰："不允。"

初三日

府啓【掌令朴弼正。】："臣等伏見歲抄啓下文書，有睦來善、李○○、李鳳徵等職牒還給之命，臣等竊不勝驚惑之至。夫三臣不道之罪，固已上通于天，而實神人之所共憤者也。揆諸王法，決難輕議，而我殿下不念先朝隄防之嚴，遽下萬萬意外之命，臣愚死罪，莫曉聖意之所在。

竊恐國綱由是而漸弛, 凶孽自此而躑躅也。且檉、煥、爀之緣坐, 何等重罪, 而還給告身, 并加原牒? 朝紙一播, 群情拂菀, 請還收睦來善、李○○、李鳳徵、檉、煥、爀等職牒還給之命。" 答曰: "勿煩。"

十八日

初覆時, 正言金萬胄所啓: "今日, 旣已啓辭陳達, 而未蒙允許。【中間兩司俱發, 而不得連見朝報, 未知何日何人首發論。】故敢以所懷, 復此仰達矣。睦來善、李○○等俱是一罪, 罪名至重, 而乃有此職牒還授之擧, 伏未知偶因歲抄均施曠蕩之典, 而未及洞燭其罪狀而然耶? 此等罪名, 不可以年久之故混加蕩滌, 而大臣、重臣今方入侍, 復垂詢問, 則可知輿情之憤鬱矣。" 掌令朴弼正曰: "諫臣旣已發端, 臣請索言之。近來臺啓, 皆是共公之論, 而殿下每下'不允'二字之批, 重臺閣之意, 果安在哉? 此三人罪狀, 殿下於歲抄文書, 或未及照察, 而及夫喉院覆啓、兩司俱發之後, 則宜無所不燭, 而一向持難, 終靳允兪。若此不已, 臣恐兇徒日益躑躅, 而彝倫終至斁敗, 豈不大可寒心也哉? 夫來善, 自做不恭、不敬之言, ○○敢發自絶于天等語, 爲人臣而以此惡名敢加於先后, 此何等兇逆, 此何等罪名? 今日諸臣, 沐浴請討, 義所不已, 伏願殿下, 詢問于大臣諸臣, 亟賜反汗, 使中外諸臣, 明知我殿下討罪懲惡之意, 則豈不有光於聖德耶? 【萬胄、弼正繼陳檉、煥、爀職牒還收之請, 文多不錄。】左議政李健命曰: "兩臺臣所達之言, 誠是矣。小臣亦欲一陳, 而近來國家多事, 賓廳次對, 久未擧行, 故臣亦有懷而未果矣。今此兩臣之力爭, 足見公議之所在矣。夫君臣之義, 天之經地之紀民之彝, 無所逃於覆載之間者也。一日無此, 則人不得以爲人, 國不得以爲國矣。來善不恭、不敬之語, ○○自絶于天等語, 指斥先后, 語意絶悖, 其時貸死, 實出末減。夫以先王好生之德, 蕩垢滌瑕之典, 靡不用極, 而惟此二人, 終不擧論於前後大霈之日，此豈非今日所當體念者乎? 二人今皆旣骨，則還給告身，似若無甚關緊，而國家之所以維持撑拄者，惟在於名義倫常，則誠不可一日放倒也。況殿下嗣服之初，異於前日，其所以仰體先旨、扶植倫彝者，又當如何耶? 此兩人罪狀，殿下於萬機至煩之中，或有所未燭而然耶? 群情疑惑，久而益深，兩司之啓，亟須允從。然後可以有光於聖德，而先大王嚴隄防之意，亦庶幾賴而不墜，永爲後世遵守之道矣。臣不勝區區，敢此仰達。" 上曰: "依爲之。"【政院啓曰: "兩司以七人職牒還收事論啓，未發落，大臣拈二人，蒙允。改付標，當何適從?" 上曰: "只二人，依啓。"】

附士林訟寃疏

【甲戌禍初，洛下士友欲陳疏叫閽，以事關鞫獄故，疏文已成，咨且不果。既栫棘後，嶺中人士，又倡議設疏，旋以本家慮餉禍故，止。至是。門下諸人，以爲覆盆三十年，終無一言，是吾輩之恥，況在今日，尤不可不一伸暴。遂相率齊會于青城、虎溪、鏡光之間，二月十七日發疏，三月初四日伏閣，見阻騎省，喉司，相持八日，終不得徹聞而歸，而京外士友，因此詳知當日事首末，莫不慨然稱歎。以此觀之，疏雖不得上，亦未必不爲一助也。疏出權天章手，金上舍 聖欽爲疏首，金上舍 聖鐸、權萶、權蕡陪疏。題名 一百五十餘人。】

伏以臣等先師故儒臣李某，學有淵源，望重山林，蒙先王特達之知，被異禮頻繁之召，輔德經幄，致位冢宰，眷倚之殷，際會之盛，可謂曠世一遇矣。不幸恩禮未終，橫被罪名，七旬縲絏，四年栫棘，北囚南遷，備極危迫，告身追給，乃在身沒之後。先大王固已體諒其無它，而旋尼於黨議。我殿下新政之初，更申先朝之命，綸音一播，士林相慶，咸仰聖明察覆盆之寃，施漏泉之澤，而大小之臣，追提已冷之言，必沮特降之典。噫嘻! 亦太甚矣。臣師立身，自有本末，前後登朝竭誠啓沃, 愛君憂國之忠, 可質神明。當己巳夏, 仁顯王后出就私第也, 至降指揮, 有敢爭論, 直以逆律罪之。臣師時以工曹參議, 祗召在途, 冒禁封章, 惓惓於愼始敬終, 盡道理、全恩義之說, 而以漢 光、宋 仁之事爲戒, 呈于縣道, 而縣道不受, 納于喉司, 而喉司見却。臣師自傷忠規未徹、過擧莫捄。適於其秋, 因災求言, 應旨陳疏, 請依漢、宋待陳、郭故事, 處以離宮, 設防衛而繼餼廩。噫! 當是之時, 天威震疊, 防令至嚴, 語涉坤宮, 爲世大禁, 而臣師獨能不計禍福, 屢抗忠言, 言雖不行, 而寸誠之炳然, 殆不可誣也。至於不循自絶之語, 特以處分未久、威怒未霽, 欲盡批鱗之言, 則無益於回天, 若效納牖之義, 則或可以動聽, 故乃爲遷就不得已之辭, 以冀天聽之或回。至意苦心, 亦可想見矣。而前後臺章, 擧此成罪, 不亦寃甚矣乎? 凡看文字, 須看主意之如何。若抉摘言語, 勒成罪案, 則其能免於罟擭之橫罹者, 鮮矣。昔宋相韓琦, 當英宗病失常度、兩宮成隙之日, 其諫英宗之言曰: "父母不慈, 而子不失孝, 乃爲可稱。" 夫章獻太后, 慈愛天至, 盛德冠世, 琦豈眞以太后爲不慈之母哉? 朱子當光宗久闕過宮之日, 其草封事, 有曰: "淸明之地, 物慾昏之, 則父忘其慈, 施於子者, 不無少過。" 夫孝皇爲宋賢明之主, 素著止慈之德, 朱子豈眞以爲失於慈愛而有少過也哉? 人臣進言, 納約之道, 固自有微權也。若不究其本心之所在, 而摘句語以成罪, 則韓琦不免爲誣章獻, 而朱子不免爲謗孝皇矣。父子之間, 人所難言, 而兩臣本心, 惟在於引君盡孝、納君無過而已。故未聞以此得罪於尙論之君子。臣師陳疏之意, 本在於奉處離宮, 設防衛而繼餼廩, 則所謂云云之語, 夫豈有一毫侵逼之意? 而拈出單辭, 勒成大僇, 泉壤之中, 尙被錮禁, 誠可痛也。臣等曾見甲戌臺臣安世徵避辭, 有曰: "臣於頃者, 啓請拿問, 昨日鞫坐, 見其供辭, 原其本情, 未必有侵逼之意。議啓之際, 諸意皆然, 而臣亦無異同。”委官南九萬讞辭曰:“其陳疏本意,欲其自私第,處於別宮,繼廩設衛者,似非出於謀害侵逼.”辛巳疏決時,吏判李畬之言曰:“某之罪名雖重,本情則非謀害中宮矣。”領相崔錫鼎之言曰:“李某旣無罪名之分明,若以謀害中宮爲罪,則似非本情。”先大王卽有敎曰:“某之事,非出於謀害中宮,而罪狀異於他,乃許以全釋。”至辛卯冬,又有復官之命,旋被臺繳而中寢。前冬聖明之還賜職牒,寔出於追先朝禮遇之意,體先王伸枉之典,而相臣、臺臣,迭進交爭,極意醜詆,至曰:“先大王蕩垢之典,靡不用極。惟此兩人,終不擧論於前後大霈。”畢竟還收而後已。噫!己卯之賜環、辛巳之全釋、辛卯之復官,謂之終不擧論,豈大臣於此未及致詳而云爾耶?急於沮遏,而不自知其言之爽實,誠可異也。甲戌六月,相臣朴世采,以故承旨李后定當坤聖出宮之日,陳疏見阻,而樹立可尙,宜示崇奬,遂有褒贈之命。臣師當初諫疏之不徹,同於李后定,而後更有請處離宮之言,若援李后定之例,雖一體褒贈,未見其過,而復官之恩,猶必阻搪,是何前後相臣扶抑之有異也?臣等伏聞,先師甲戌三月,以焚黃告歸也,先大王引見宣醞,屢示惜去之意。于時我殿下幼齡在東宮,以臣師兼帶贊善,先王命引殿下,使之接見,顧侍瑺諭殿下意,使從速復路。其禮遇眷注,夐出尋常,先師在時,未嘗不感激流涕也。逮至四月,朝著一變,諸臣論罪,無不一啓卽允,而獨於臣師臺章,則請竄極邊,而初止削黜,再止近配,眷顧餘恩,於此可想。末梢之疏釋牽復,雖或行或寢,而中情之荃揆,亦可見於疏決時天語矣。臣等仍竊伏念,天道雖悠遠,三十年必一變,以《春秋》褒誅之筆,亦於十年之後,變其書法。臣師之累絓文網,今且三十年矣。聖人新作,萬物咸覩,而獨抱窮天之寃,終無蒙霈之日,良可悲也。臣等爲亡師抱咫尺之義,非不欲早扣天陛,一訴幅臆,而當拘係流播之日,固嘗有齊聲瀝血之擧,則爲臣師所苦口力沮而止。向後，時移事變，謗焰稍熄，或冀漸次銷釋，渙恩有日。此臣等所以泯默徊徨以至于今者也。迺者，歲月許久，時議轉激，深文峻詆，愈往愈甚，若此不已。是某之罪名，將無時可雪，豈不重可痛哉? 惟殿下體眷倚之先志，察寃屈之深痛，復宣渙汗之命，以慰多士之望，不勝幸甚。臣等無任瞻天望聖，激切崩迫之至。

辛丑

六月

初二日

歲抄時，傳曰:“前左議政睦來善、前判書李○○等職牒還給。”政院【入直承旨，李挺周、黃璿、趙尙絅。都承旨黃一夏不仕進，承旨韓重卿未肅拜，承旨權以鎭在外。】啓曰:“臣等伏見歲抄單子，有睦來善、李○○等職牒還給之命，臣等竊不勝驚惑之至。夫某、某所犯，不知殿下以爲何等罪名，乃有此千萬意外之敎耶? 不恭、不敬，來善不道之語也。不順自絶，○○悖逆之說也。其語逼先后、罪關倫紀者，實國人之所共切齒腐心，不容假息於覆載之間者也。當時之得保首領，大是失刑，先大王俯燭其罔赦之罪，屢經大霈，終靳給牒之典，則其意所在，明如日星。此豈非殿下所當遵守者哉? 前冬之卽允臺啓，可見奉先旨、植民彝之盛意，而曾未幾時，又因歲抄乃有是命，此豈不有歉於爲先后、討亂賊之意耶? 揆諸王法，其不可還給告身，俾同平人也，決矣。請寢睦來善、李○○職牒還給之命。臣等職在近密，效古人繳還之義，惶恐敢啓。”答曰:“雖關係至重，旣骨之人，屢經大霈，則職牒還給，有何不可? 亟停, 勿煩。” 府啓【持平李廷熽獨啓。】: 臣伏見歲抄單子, 中有睦來善、李○○等職牒還給之命, 竊不勝驚感慨歎之至。 夫國之所以爲國, 人之所以爲人者, 以其有名義倫常也。 來善不恭、不敬之語, ○○不順、自絶之說, 誣逼先后, 辭意絶悖, 則通天之罪, 悖倫之實, 是覆載之所不容。此先大王所以嚴加懲討, 不給職牒於大霈累經之日也。前冬, 殿下之卽允臺啓者, 亦出於遵守先旨, 扶植民彛之盛意, 而曾未幾何, 又有是命, 臣竊恐爲先后、討亂賊之義, 從此澌泯, 而凶孽之徒, 將無所懲畏, 終至於國不爲國、人不爲人也。請加三思, 亟寢某、某等職牒還給之命, 仍令該曹, 凡干歲抄時, 永勿擧論。答曰: “勿煩。”

初五日[39)]

大臣、備局堂上引見時, 領相金昌集進曰: “小臣, 又有欲言者矣。殿下於頃日有睦、李等給牒之命, 左相, 陳其不可, 幸而還收矣。不意今者又有是命, 政院覆逆, 臺啓連發, 而殿下答以亟停勿煩。或者, 殿下未詳其伊時此人等罪犯而然耶? 臣於日昨三省推鞫時, 更考文案, 則睦來善、申厚載, 自是昏家, 亦不能曲相庇護, 以至罪狀彰露。不恭、不敬等說, 絶悖無倫, 此先大王所以屢經大霈, 不爲擧論者也。此人等, 若一倂給牒, 有同平人, 則【此下有脫誤。】逆獄之律, 自此輕矣。此一國公議之所不貸, 不可輕議蕩典, 雖以渠輩言之, 亦豈敢安於心也? 亟收成命, 實合事宜, 敢達。” 左相李健命曰: “小臣, 昨年以此事陳達, 蒙允矣。殿下旣曰關係至重, 則旣知其所犯之重矣。雖曰旣骨之人, 語犯先朝, 關係至大, 則豈宜輕下給牒之命也? 向者, 南袞、沈貞輩罪犯至

---

39) 初五日: 친필본에는 ‘六月初五日’로 되어 있으나, 앞의 날짜에 이미 ‘六月’이 제시되어 있으므로, 체제에 맞게 ‘六月’을 삭제하였다.

重, 終不擧論於蕩滌之典矣。此人等, 亦依袞、貞例爲之, 可矣。李鳳徵、樫、煥、爀、燦等事, 臺臣方連啓, 而不賜允從, 已極抑鬱, 而今此睦來善、李○○等給牒之命, 尤是意慮之所不到。殿下嗣服之初, 有此擧措, 豈不有歉於聖德耶?" 上曰: "當允從矣。" 金楻啓曰: "臣等方以李鳳徵等職牒還收事連啓, 而尙靳允許, 今者又有此兩人給牒之命, 此人等, 若被曠蕩之典, 則亂賊益無所憚矣。李鳳徵、睦、李等, 請一併還收。" 答曰: "勿煩。" 左副承旨李挺周進曰: "大臣俄者以事陳達, 蒙允, 又於臺啓, 以勿煩爲敎, 殊甚訝鬱。此等罪人, 與他自別, 不可不依啓。" 上曰: "當依啓。" 金楻更進曰: "此事, 大臣仰達, 蒙允, 殿下又有勿煩之敎, 或者遺忘而然耶? 下情之仰鬱, 甚矣。" 答曰: "依啓。"

附士林訟寃疏

【辛丑春, 擧幡之行, 終不得徹聞, 輿情痛鬱, 愈往愈甚。是夏六月歲抄時, 霈恩又爲昌集、健命輩所搆捏, 還收。自是, 集、健諸賊, 凶焰日熾, 三十年覆盆之寃, 益無伸暴之望。是冬集、健, 逆節敗露, 次第伏法。門下諸人及道內士友聞, 又有及此時伸辨之義, 或以時議難測持重, 或以物力無出處爲慮, 論議可否之間, 遷延時月。癸卯正月四日, 因虎溪謁廟, 洞主羅公 學川、李參奉 浹及士友數十人來會, 以爲無論事之利鈍, 終不可無一言, 縱不得見伸於一時, 亦可以有辭於他日。僉議詢同, 遂定疏論, 先發文通告校中。十七日, 一府士友六十餘人, 齊會校中, 遂發文通告道內, 一道齊聲響應。三月初六日發疏, 十七日伏閤, 騎省喉司, 終始壅蔽, 竟不得徹聞。四月初一日罷歸。疏首李進士 壽寅, 掌議朴進士 履相、金進士 光國, 陪疏昌原 金尙鼎、安東 金命錫、李泰和、金進士 聖鐸、權進士 萬、權緻、寧海 朴進士 龍相、密陽 安命夏、新寧 曺龍翰、晋州 河大寬、開寧 李潤, 題名千餘人。疏用酉谷疏, 就前疏, 略加修潤。】

伏以先朝儒臣李某, 學有淵源, 望重山林, 蒙先王特達之知, 被異禮頻繁之召，輔德經幄，致位冢宰，眷倚之殷，際會之盛，可謂曠世一遇矣。不幸恩禮未終，横被罪名，七旬縲絏，四年栫棘，北囚南遷，備極危迫，告身追給，乃在身歿之後。先大王固已體諒其無他，而旋尼於黨議。我殿下新政之初，更申先朝之命，綸音一播，士林相慶，咸仰聖明察覆盆之寃，施漏泉之澤，而毒正群兇，追提已冷之言，必沮特降之典。噫嘻！亦太甚矣。某立身，自有本末，前後登朝竭誠啓沃。愛君憂國之忠，可質神明。當己巳夏，仁顯王后出就私第也，至降指揮，有敢爭論，直以逆律罪之。某時以工曹參議，祗召在途，冒禁封章，惓惓於愼始敬終，盡道理、全恩義之說，而以漢光、宋仁之事爲戒，呈于縣道，而縣道不受，納于喉司，而喉司見却。某傷忠規未徹、過擧莫捄。適於其秋，因災求言，應旨陳疏，請依漢、宋待陳、郭故事，處以離宮，設防衛而繼餼廩。噫！當是之時，天威震疊，防令至嚴，語及坤宮，爲世大禁，而臣師獨能不計禍福，屢抗忠言，言雖不行，而寸誠之炳然，殆不可誣也。至於不循自絶之語，特以處分未久、威怒未霽，欲盡批鱗之言，則無益於回天，若效納牖之義，則或可以動聽。一端苦心，惟在於感悟聖衷、慰安坤宮，不得不爲處變之權辭，而卽又繼之曰：'曲全恩義，務盡道理云爾'，則某陳疏之本意，亦可想見矣。而前後臺章，擧此成罪，不亦寃甚矣乎？凡看文字，須看主意之如何。若抉摘言語，勒成罪案，則其能免於罟擭之横罹者，鮮矣。昔宋相韓琦，當英宗初服兩宮成隙之日，其諫英宗之言曰："父母不慈，而子不失孝，乃爲可稱。"夫章獻太后，慈愛天至，盛德冠世，琦豈眞以太后爲不慈之母哉？朱子當光宗久闕過宮之日，其草封事，有曰："淸明之地，物欲昏之，則父忘其慈，施於子者，不無少過。"夫孝皇爲宋賢明之主，素著止慈之德，朱子豈眞以爲失於慈愛而有少過也哉？人臣進言，納約之道，固自有微權也。若不究其本心之所在，而摘句語以成罪，則韓琦不免爲誣章獻，而朱子不免爲謗孝皇矣。父子之間，人所難言，而兩臣本心，惟在於引君盡孝、納君無過而已。故其言不得不如此，而未聞以此得罪於尙論之君子。某前後陳疏，本出於爲國母致尊安之意，則所謂云云之語，夫豈有一毫侵逼之意？而拈出單辭，勒成大僇，泉壤之中，尙被錮禁，誠可痛也。臣等曾見甲戌臺臣安世徵避辭，有曰："臣於頃者，啓請拿問，昨日鞫坐，見其供辭，原其本情，未必有侵逼之意。議啓之際，諸意皆然，而臣亦無異同。"委官南九萬讞辭曰："其陳疏本意，欲其自私第，處於別宮，繼廩設衛者，似非出於謀害侵逼。"辛巳疏決時，吏判李畬之言曰："某之罪名雖重，本情則非謀害中宮矣。"領相崔錫鼎之言曰："李某既無罪名之分明，若以謀害中宮爲罪，則似非本情。"先大王卽有教曰："某之事，非出於謀害中宮，而罪狀異於他，乃許以全釋。"至辛卯冬，又有復官之命，旋被臺繳而中寢。往年聖明之還賜職牒，寔出於追先朝禮遇之意，體先王伸枉之典，而大小凶儔，迭進交爭，極意醜詆，健命之言曰："先大王蕩垢之典，靡不用極，惟此兩人，終不擧論於前後大霈。"畢竟還收而後已。噫！己卯之賜環、辛巳之全釋、辛卯之復官，謂之終不擧論，凶悖之矯誣先朝，面謾聖上，一至此哉？辛丑六月，自上復申前命，其答喉司覆逆之啓曰："今此所陳，雖曰關係甚重，累經大霈，有何不可決無聽許之理？"聖意堅定，斯可見矣。而凶魁逆臣昌集、健命等，挺身請對，交口誣捏，乃反目之以凶逆，且言罪關於明陵，未免復寢已下之命。噫！凶徒誣衊之說，何所不至，而所可惜者，殿下之聖明而再動於讒喙也。以辛巳全釋之教，觀之，兩賊所謂罪關明陵者，何所據也？甲戌六月，相臣朴世采，以故承旨李后定，當坤聖出宮之日，陳疏見沮，而樹立可尙，宜示崇奬，遂有褒贈之命。某當初諫疏之不徹，同於李后定，而後更有請處離宮之言，若援李后定之例，雖一體褒贈，未見其過，而復官之恩，猶必阻搪，則寧不痛心哉? 臣等伏聞，某甲戌三月，以焚黃告歸也，先大王引見宣醞，屢示惜去之意。于時我殿下幼齡在東宮，以臣師兼帶贊善，先王命引殿下，使之接見，顧侍瑺諭殿下意，使從速復路。其禮遇眷注，夐出尋常，某在時，每與人語及，未嘗不感激流涕也。逮至四月，朝著一變，諸臣論罪，無不一啓卽允，而獨於某臺章，則請竄極邊，而初止削黜，再止近配，眷顧餘恩，於此可想。末梢之疏釋牽復，雖或行或寢，而中情之荃揆，亦可見於疏決時天語矣。臣等仍竊伏念，天道雖悠遠，三十年必一變，以《春秋》褒誅之筆，亦於十年之後，變其書法。臣師之累絓文網，今且三十年矣。聖人新作，萬物咸覩，而戴盆窮壤，抱枉終天，良可悲也。臣等爲師儒抱咫尺之義，非不欲早叩天陛，一訴幅臆，而當拘係流播之日，固嘗有齊聲瀝血之擧，則爲師門苦口力沮而止。向後，時移事變，謗焰稍熄，或冀漸次消釋，渙恩有日。此臣等所以泯默徊徨以至于今者也。幸於嗣服之初，再申曠蕩之典，而輒被凶逆輩極力沮尼。改紀以還，亦已閱歲。一洗群凶欺負之習，漸廓淸朝言議之路，庶屈群枉，次第伸理，而獨抱幽寃，尙靳昭雪。集、健誣罔之讒，汚衊自如，其亦痛矣。臣等在元年春復牒還收之後，治疏裹足，伏閤籲寃，喉司騎省，無非兩賊之私，表裡拒塞，閱旬相持，咫尺天陛，竟不得徹而退。今則群凶誅剪，四聰開達，是敢更申擧幡之義，冀徹叫閽之忱。惟殿下，體眷倚之先志，察寃枉之深痛，復宣渙汗之命，以慰多士之望，不勝幸甚。臣等無任瞻天望聖，激切崩迫之至。謹昧死以聞。

又 **春陽**

臣等伏以，先朝儒臣李某，講道山林，造詣精深，踐履篤實，遭遇先大王，拔自草茅，擢置臺省，多所建明，卒與時議不合而去，留落不前。

晩更際會，起膺召命，數年之間，位躋崇班，出入啓沃，契合昭融。不幸禮遇未終，横被搆誣，拘囚栫棘，身幾不保，尙賴天日孔昭，察其無他，曲賜保全，放還田里。繼因國有大慶，首還告身，旋以臺論互爭，沮格不行。逮我主上殿下嗣服之初，遹追先志，特降給牒之命，喉司繳還，臺府爭執，旣不得請，則逆臣健命公肆誣罔，强聒不已，遂使成命還寢，臣竊痛之。臣等竊惟，臺臣之所論執，逆臣之所搆誣，以爲人臣之極罪者，亦惟曰‘不循壼彝、自絶于天’兩句而已。此兩句，乃某己巳論救中殿疏中語，而本自纛緯說過，以起救護張本，而此輩就元疏中，截去上下，孤行此句，突兀揭起，以爲陷害之阱，以售眩亂之計。臣等請以某前後兩疏，極言而竭論之，以聽聖明之財幸焉。往在己巳五月，某承召在道，拜工曹參議，行到畿邑，聞國有大變，坤極動撓，驚隕震駭，卽搆疏附進所懷，而惓惓乎妃匹風化之本原，反復乎漢 光、宋 仁之失德，而於愼始敬終之道，三致意焉。投之縣道，則縣道以禁令纔下而不受。急於上聞，違例徑投曹吏，呈于政院，則政院以禁令極嚴而不捧。徊徨蹜踖之際，處分已下，位號已定，欲爲中宮之地，惟有尊安之道、保護之儀，雖無及於事，而可以自效懷欲陳之，而未有路。適會遇灾求言，應旨投疏，而上天之威怒未霽，中宮之降出未久，其在進言之道，不敢言無故降出，須有十分宛曲之語，庶效一端調護之誠。其曰‘不循、自絶’云者，姑以略順當日之嚴旨，以見見絶於所天，而其以自絶爲言，將欲效其款款之愚，亦不敢專歸之上身而激之也。是故，纔安此兩句，其下卽繼之，曰‘六禮所聘，正位中宮’則所以嚴正嫡之位；‘奉承至尊，殆將十年’，則所以明配體之尊；而‘移處離宮，量賜廩料’者，依漢、宋故事，致其奉養之禮也；‘爲設防衛，謹其糾禁’者，据《周禮》經文，用王宮之儀也。縷縷血懇，片片赤心，炳炳如丹，斷斷無他，而奈何一時之人，乘時逞憾，抉摘言句，以回互處變之辭，目之以極罪，以防衛糾禁之請，指以爲陰秘。及爰辭上達，據經暴實，則發論臺官，自劾爽實，按獄大臣，原情上讞，而尙持餘論，栫圍絶塞，雪窖炎荒，備極困苦，必欲置之死地。而天鑑在上，照矚無餘，首議疏釋，俯詢諸臣，則大臣崔錫鼎以爲；某罪狀不明，而以設衛繼廩之言觀之，則決非謀害矣。吏曹判書臣李畬以爲；以疏意觀之，則本情非謀害矣。此兩臣者，非有愛於某，而其所獻議，實出公心，故得蒙放釋之恩。曾未幾時，繼下原復之命，雖以一時之浮議，未免撓奪，百世之公論，至此而可定矣。乃者，我殿下特命給牒者，盖出於追先王之遺意，而逆臣健命，乃謂先王未嘗擧論於前後大霈之日，兇孼之罔上，無忌憚，亦已甚矣。嗚呼！己巳之變，臣子之不幸目見翟儀出宮，降處閭閻，從衛單寒，次舍荒凉，爲臣子孰不欲號泣而隨之，以冀天心之悔悟？誠未感回，事已至此，則一時諸臣，進不敢言，退不敢議者，誠恐欲益反損，是以抑鬱而無誰語。某乃於始聞之日，陳疏獻規，雖不得上徹，而其苦心猶在也。又於事定之後，進言不已，雖不蒙俯施，而其誠意獨至也。其樹立如此，其忠鯁如此，豈非仁者之勇，巽與之言？而獨以些些言句，受此黯黮，以沒其身，直至三十年之久，持之益急，置之不測之科，豈不謬悖大寃哉？臣等每痛其受誣罔極，久欲封章叫閽，而某自以報國無狀，死不償責，凡有此論，輒抑而不許，臣等泯嘿以俟。今則某死矣。齎恨入地，懷痛窮天，永無昭雪之期，臣等不言，臣等亦有罪矣。頃嘗一進封章，庶暴危悃，而伊時兇黨盤據，言路杜絶，見阻喉司，逡巡而退。今者，剪去兇類，朝著一新，妄意進言之路，不比曩日欺負之習，一洗舊套。是敢千里裹足，合辭齊聲，冒貢封章，庶幾登徹於黈纊之下，而竊自念，某出入冑筵，獲近睟穆之光。其甲戌下鄕也，先大王引對淸燕，仍宣召我殿下，同侍前席。某叨被異恩，還家感泣，而每欽頌玉質天成、聖學日就，是能承燕翼垂裕之謨、基宗社無疆之休。臣等與聞而言猶在耳。殿下盖觀其人而聽其言矣。至於某前後疏本，或者未盡經睿覽，輒敢略取疏語，逐段辨析，繁而不殺，淨㵶投進，欲望殿下，試賜省覽，日月之明，必能得其心，而洞燭其誣捏矣。伏願殿下俯記簪履之舊，痛斥萋菲之言，夬施曠蕩之典，一洗丹書之寃，以慰泉壤堙鬱之懷，以答士林顒祝之望，臣等無任云云。

又 **橫溪**

恭惟我主上殿下踐祚以來，端拱而龍見，淵穆而雷聲，宗祊再安，王章亦明，凡在含生食毛之類，孰不欽仰聖德、鼓舞神化哉？獨我故儒臣李某，誤以文字之誣，尙阻大霈之典者，方且三十年矣。昨歲殿下知其寃也，斷自宸衷，許復官爵，此則庶可以伸鬱疏塞，少慰多士之望者，而旋因逆臣健命輩，譸張沮遏，使已成之命，纔汗而還收，臣等竊爲之慨然也。嗚呼！某學問淵源，自有傳授，不必覼縷於四聰之下，而先肅考大王，聞其賢而禮聘之，數歲中，超遷爲太宰。苟非言論、風旨足以動人主而從耳一世者，寧有是哉？某感激恩命，不敢固守東岡，其相得之歡，交泰之盛，雖古之都兪吁咈者，無以加之，則知某之心者，無如先大王也。不幸己巳年中，仁顯王后降在私第時，則某以國子司業，赴召命，行到廣州，始聞其報。乃曰："國有變，而未及匡救，臣罪大矣。"卽以盡人倫、善處變之道，瀝血刳肝，寫作一疏，從縣道投進，則本州留守辭以嚴旨，不肯上送，故旋爲貼黃疏末，依宋臣鄭俠違禁發遞之例，而令曹吏徑進政院，則政院又不受。當是時也，某之憂傷煎戱，欲一碎首殿陛，而不能得者，庸有極哉？未幾因雷震之變，自上下求言之旨，某自幸其得言之秋，而第念天威震疊，尙未開霽，若於此際盡言不諱，則自己禍福非非所恤，而其於坤宮，未知處分更何如也。是故，措辭下筆之間，務要詳審委曲，不敢以無故降出之語，直指而顯諍之，先言'不循壼彝、自絶于天'兩句，然後繼之以'六禮所聘，正位中壼，奉承至尊，殆將十年，今雖廢黜，當處離宮別館，設防衛、繼廩料'等意。盖納約自牖之義。當如是也，而其時築磕之徒，反以此爲某一件罪案，臣等竊惑焉。當初先大王之不豫於坤宮也，敢陳者論以逆律，故滿朝股慄，不肯出一氣，以效其忠。而某獨自冒鈇鑕、犯雷霆，言人之所不能言，是所謂知有君而不知有其身者也。在昔文忠公臣李恒福之諫廢母也，引瞽瞍常欲殺舜之語，以擬之。夫瞽瞍天下之頑父也，而喩之於不當喩之地，豈眞以母后有殺舜之心哉? 文穆公臣鄭某則曰:"內主詛祝，外應逆謀，神人之憤已極，母子之恩已絶。"此豈眞以母后爲有是事哉? 然仁廟改王之後，朝廷不以瞽瞍之事逆謀之說，追論其罪，而反以爲忠臣，至今國人傳誦，以爲美談。盖緣慰君父之意，而濟國母之危者，不如是，不足以有槪於上心也。今有閭閻一孝子，有其母見忤於其父而被出，則其子善於幾諫者，當直言其母之無罪乎? 若然，則無益於母，而增父之怒也。必從容婉辭，曰:'母誠有罪矣。然不若姑爲容忍，以全夫婦之恩。'然后怒父可悅，而出母可返也。及其母返之後，始乃追咎，曰:'曩汝以汝母有罪，是無子道也。'其可乎哉? 君臣猶父子也。向之論李某者，何以異於是? 若所謂設其防衛、謹其糾禁云者，其時坤宮，雖或不幸而處閭家，以昔日國母之尊，而降屈畸苦，與匹婦無異，其所居之屋，亦荒凉踈綻，了無衛護禁防之事，則爲臣子者，恬然熟視，不思所以尊安之道乎? 況王宮糾禁之法，載在《周禮》，防衛之請，盖出於此，而論者又以是目之以侵逼，噫噫，亦甚矣。不顧本意，只抉文句，至令尊上之語，反爲侮上之歸，忠君之誠，未免負君之罪，則天日照之，鬼神臨之。此雖不足爲某汚衊，而多士之抑鬱，斯文之闕釁，亦豈非聖上所當惕念處耶? 某之前後心蹟, 如彼其懇懇無他, 故當時大臣如南九萬、崔錫鼎、李畬等, 爲極力救解, 此實廟堂公議也。倘令三臣者不死, 某之快伸無遺憾, 應已久矣。臣等竊伏聞, 文敬公臣尹宣擧遺集中, 有謂一兩句, 犯觸孝廟, 論以不道, 鐫削其刊本, 毁撤祠宇, 似若無所容於覆載之間者, 而殿下訪落之初, 首先疏釋, 此誠盛朝美事也。今此某文字之誣, 實與宣擧同, 而尙未蒙伸雪之擧, 殿下之於二臣, 豈有好惡之偏哉? 此由臣等尊賢衛道之誠, 不及於湖儒擧幡之義也。頃年金聖欽等, 僅上寂寥一章, 而亦不能發明某心事, 雖以殿下日月之明, 何能盡燭於覆盆之下哉? 善乎! 宋儒司馬光之言曰: "國家不可以采名不采實, 誅文不誅意," 今若不采其實, 虛勒罪名, 不究其意, 但誅其文, 則豈不爲司馬光之所譏議耶? 伏願殿下, 仰體先王禮遇之意, 俯念師儒忠懇之誠, 特命辨冤復官, 以慰章甫之望, 千萬幸甚。

又 **栗里**

伏以恭惟我主上殿下, 德冠百王, 智出庶物, 初登宸極, 誅治凶賊, 宗社再安, 寶位重整, 而庶冤群枉, 次第昭雪, 八域之內, 含生之類, 無不鼓舞忻抃, 思見平明之治, 誠東方千載一有之會也。惟是故儒臣李某, 以先朝禮遇之臣,[40] 飮恨重泉, 今已三十年, 而前後大霈, 未蒙伸理。古人所謂日月之明, 猶有未照, 天地之大, 猶有所憾者, 不幸近之,[41] 士流抑鬱嗟惜, 可勝道哉? 臣等竊惟, 某以聰明慤實之資, 眞知力踐之學, 起自山林, 遭値聖明, 前後拔擢, 率由宸簡, 際遇之盛, 眷

40) 臣: 친필본에는 삽입표시만 되어 있고 해당 글자를 기입하지 않았는데, 의미상 '臣'이 타당하므로 삽입하였다.

41) 日: 친필본에는 삽입표시만 되어 있고 해당 글자를 기입하지 않았는데, 의미상 '之'가 타당하므로 삽입하였다.

注之隆，實前代之所罕聞。而當己巳變故之際，冒禁封章，再進匡救之說，雖其或被阻搪，未盡登徹於睿覽，然其竭誠獻規，抗節致忠，冀有以感回君父之聽、尊安國母之意，旣懇且切，雖使古之遺直，奮舌庭爭，固亦無過於是者。而及夫群兇之再得志也，抉摘文字，織成罪案，一則曰包藏禍心，一則曰陰秘侵逼，旣加以縲絏，又圍以栫棘，北竄南遷，殆無虛歲，噫！亦慘矣。自古忠賢之受誣、奸壬之毒正，其孰若是之甚乎？臣等請以某陳疏本末，反復而論辨之，惟殿下試垂憐察焉。己巳四月，某新除司業，累辭不獲，黽勉赴召，行到廣州，猝聞中宮降黜之報，不勝驚遑痛迫之忱，急起治疏，極陳人倫處變之道，而適會禁令新頒，縣道、政院，皆却不受。然而某耿耿一心，不容以日月旣久而有所暫弛。故其歲九月，應旨封章，旣曰："廢妃閔氏，不循壼彝，自絶于天，而在殿下處之之道，則亦宜務盡道理，曲全恩義，然後可以慰輿望，以協群情。"又'以移處別館，爲設防衛，謹其糾禁，量給廩料等'語，張皇陳說，以效其陳善格非之意，其所謂'不循壼彝、自絶于天'者，蓋我先大王是中宮所天，而是時不協天衷，嚴旨疊降，則顧乃冒邦憲，偏咎聖躬，不惟分義有所未安，峻辭直訐，雖似切至而難爲功，委曲開陳，雖似迂緩而易爲力，則某所以宛轉爲說，乃所以效忠於中宮，非以中宮爲眞自絶於所天也。而況彼雖過誤，此宜不薄，乃是處變之微權、語勢之當然，而救解要道，亦不過此，則其果有一毫近似於包藏禍心者乎？其所謂'爲設防衛、謹其糾禁'者，謹按《周禮》，宮城國門，皆有糾禁，而中宮所處，極其荒凉疎綻，則請處別宮，繼給廩料，仍設守衛之官，得有禁戒之事，使其警守稍備，禮貌稍尊者，亦果有一毫近似於陰秘侵逼者哉？至於原疏本意，分明出於保護慈殿，有不可以厚誣天聽者，則前後臺章，乃以爲設字換作嚴加字，有若管束慈殿，動靜使不得自由者然。嗚呼！是豈爲人臣所忍爲者乎? 眚灾肆赦, 自有壁經之明訓, 原情定罪, 又是國家之令典, 則文字操縱之際, 設有妄發之失, 惟當以意逆志, 曲加厚恕, 而況其言之雍容不迫 其意之丁寧懇惻, 亶出赤心, 無一虛假, 而眞可得於引君當道之義乎? 在昔宣廟朝先正臣柳某、文貞公臣金某, 俱以東方大賢, 生並一世, 道義相磨, 而方某之被讒去朝也, 某乃挺身獨出, 極力伸救, 而先擧某之短處, 勤加論斥, 然后次及其眷遇之意。文穆公臣鄭某, 諫廢毋時疏曰: '內主咀呪, 外應逆謀, 神人之憤已極, 母子之恩永絶, 繼以大舜處變之道, 反覆勸勉。然當時後世, 不以是咎兩臣者。盖以當天威嚴重之日, 人臣進言之道, 不如是則無益而有害也。故賈子曰: "雷霆所擊, 無不摧折, 萬鈞所壓, 無不糜滅。" 況於天威震疊之下, 逆律論斷之批, 非特萬鈞雷霆, 而不憚鈇鉞之在前, 冒進危苦之血忱, 請處離宮以安居處, 請繼廩料以贍其供, 爲之防衛, 以嚴內外, 置之官屬, 以尊體貌, 欲使我先王務盡其處變之道理, 曲全其妃匹之恩義, 而靡不用極, 正與孔道輔之諫廢后, 同一心事, 而今反鍛鍊羅織, 勒置罪籍, 生而十載邊陲, 備嘗艱苦, 沒而九地幽鬱, 伸暴無日, 世間至痛, 夫孰有加於此哉? 幸賴先大王特施霈典, 放歸田里, 曾未幾時, 旋卽復爵。聖恩洪大, 天地莫量, 而惟彼權兇之徒, 或慮奸計之綻露, 暗嗾臺官, 沮格還收。逮我殿下嗣服, 克追先志, 還給職牒, 其於雪寃伸枉之道, 繼志述事之義, 可謂至當允協兩盡其美, 賊臣健命輩, 詐稱先朝不曾擧論霈典, 肆然固爭, 還寢成命。嗚呼! 其矯誣先旨, 欺蔽殿下, 可謂巧且慘矣。事在二十年前, 殿下所親經歷。若以殿下爲不能記有而爲是言, 則是愚算也; 若以殿下謂能記有而爲是言, 則是脅持也。何殿下不察於斯二者, 而曲從其請, 如轉環之易也。古人有言曰: "由千載下, 論千載上是非, 而毫髮不爽者, 以其人同此心, 心同此理故也。" 曩日兇黨, 亦有人心, 則豈不知斷斷無他? 而反以尊崇之語，指爲侵逼之說，變亂黑白，勒成罪案者，自是宵人陷害忠賢之恒態，甚至工改緊要之句語，全沒原疏之本意，以爲瞞過君父之良算妙策，則曾未所聞於簡策而創見於今日也。不亦大可寒心哉?自頃改紀以還，朝廷之上，凡厥施措，庶幾一反向日兇賊之所爲，獨其事係先后，雖忘身抗言盡力衛護之人，一併驅入於罔測之科，使我殿下不得發一言而措一辭於其間者，抑亦何心哉? 臣民共尊寧，有彼此之別，而一向誣陷，至於如此，此豈國家之福也哉? 況今飢饉荐臻，盜賊繁興，國勢之杌揑，不翅如累卵，而所恃以爲元氣者，分離乖隔，不合不公，作好作惡，各任其意? 天下之事，合則强，離則弱，此必然之理勢也。率是以往，將見日就渙散，終至於淪胥而後已，此豈但一儒臣飮恨抱寃而止哉? 臣等生長草野，朦無知識，瞻象魏如九霄，望朝廷如弱水，而緇衣好賢之心，愛君憂國之誠，根於天性，不能自已。故敢與同志，千里裹足，疾聲號籲於仁覆之下。伏願殿下，特加睿覽，廓揮乾斷，還授職牒，昭雪至寃，以慰輿望，以協群情，使公道得行，國脈靈長，國家幸甚，士林幸甚。[42]

己巳事略

四月

○日

自上答政院啓曰:"今日之事，所關非細，而卿等不思爲宗社深長慮

42) 〈附士林訟寃疏〉는 친필본에만 들어 있다.

患之道, 乃敢如是瀆撓, 誠可寒心。任自爲之。” 領議政權大運等十五人啓曰: “臣等伏覩備忘記, ‘中宮殿誕日, 大殿、政院、玉堂批答, 爻周勿施, 中宮殿承傳色朱彬, 拿問!’ 繼伏覩政院啓辭之批, 有不思宗社深長慮患之敎, 臣等不勝驚惶悚慄之至。誕日問安, 自是臣子起居之常禮, 而聖明處分, 出於意慮之外, 則喉司啓達, 只欲納君於無過之地, 未知聖心因何激惱, 遽有此惶恐不敢聞之敎耶? 臣等竊恐爲宗社深長之慮, 在於鎭靜和平, 而不在於輾轉乖激, 終闕循常之禮也。父母有過, 垂涕泣而道之, 子之職也。臣等不得不齊聲仰籲, 伏願聖明平心舒究, 亟收批答爻周、內宦拿問之命。” 答曰: “自古國家之治亂興廢, 罔不由於后妃, 可不愼與? 目今宮闈之間, 既無幽閑貞靜之德, 反有呂后怪悖之行。朝晝言行, 非妬恚怨懟, 則輒怒色相加, 積以歲月, 望絶感化。及今妬心未售, 計無奈何, 則乃敢自做先王、先后之敎, 公然唱說, 肆行胸臆。噫! 予歷觀前史后妃之妬恚怨上者, 間或有之, 而未有如今日者也。予年將三十, 始有元子, 此誠宗社臣民無疆之福也。苟有一分秉彝之天, 慶幸之心、顧復之情, 宜無異於己出, 而一聞生男之奇, 大加慍怒之色, 不平之語, 不一而足。益親主家, 情跡綢繆, 若此不已, 日後之虞, 有不可勝言。故去春, 早定國本之大計, 不惟援据皇明故事而已。予深憂遠慮, 實在於此也。噫! 祖宗在天之靈, 降監于冥冥之中, 佑我東方, 元良誕降, 則前日假託矯誣之姦情, 愈益彰露無餘。此實得罪宗社之人也。其可母臨於一國乎? 詳案舊典, 宜速擧行! 予之今日此擧, 出於萬不獲已, 卿等如以予言爲不足取信, 則予甘受妄言之責; 如其不然而猶欲立節母事, 則將何顔面復臨公卿乎? 願勿父事寡躬, 以益羞愧也。”

又啓曰: “臣等區區痛迫之懷, 已盡於榻前, 而既承罷出之敎, 惶恐退出。今不敢更有陳暴, 而臣等所望, 只在於優容寬假, 以爲感化之地。終不忍奉行批旨, 敢冒斧鉞之誅, 仰瀆宸嚴之下。臣等惶隕震怖, 不知所達。” 答曰: “卿等罔念國家之貽禍, 復此煩瀆, 違拒明命, 今日國體, 可謂寒心也。任自爲之。”

賓廳啓曰: “臣等昨伏承聖批, 有‘違拒明命, 國體寒心, 任自爲之’之敎, 臣等聚首驚惶, 直欲鑽地以入而不可得也。臣等固當退伏竢罪之不暇, 而乃敢不避斧鉞, 敢干雷威, 齊聲血籲者, 誠以殿下今日之擧, 近古所未有, 而恐或未盡於大聖人處人倫之變也。竊伏念內殿春秋鼎盛, 雖不無過差之端, 以殿下之天地弘度, 何所不容, 而不思寬假, 務期感化, 遽有此臣下痛迫之命也? 君臣, 猶父子也。臣等無狀, 縱不能盡孝子起敬起孝之義, 以回聖心, 何敢不勉乎悅則復諫之道而喑無一言乎? 臣等竭誠殫論, 只欲納君於無過之地, 違命之罪, 固所不辭, 至於任自爲之之敎, 尤非臣子所敢聞者。聖上不宜以此等語, 遽加於群下, 使不得盡言也。伏乞聖明平心舒究, 亟賜反汗, 不勝幸甚。”

三司合啓曰: “合司陳啓, 館臣上箚, 苦口力爭, 已至三日, 而誠意淺薄, 天聽逾邈, 臣等竊不勝痛迫悶鬱之至。臣等瀝血哀籲, 實出於納君無過之意, 而至以立節等語, 責之太峻, 款之太深, 辭旨轉激, 譴罰相隨, 此何等景象? 此何等擧指也? 今日廷臣, 莫非殿下之臣子, 則寧有爲中壼立節而孤負我殿下之理哉? 臣等寧被瀆撓之誅而一向强聒不已者, 乃所以爲殿下盡節, 而務歸於和平中正之域也。《詩》之《關雎》, 《易》之《家人》, 殿下平日亦嘗講明於此, 而今此處分, 大有乖於聖訓, 此非群下之所望於聖明者也。 臣等不得不聚首齊伏於閤門之外, 敢干雷霆之威, 請亟加三思, 還收賓廳啓辭之批。” 答曰: “亟停, 勿煩。”

備忘記: “今觀兩朝廢妃時《實錄》謄出別單, 尹氏所失, 只坐妬忌, 而罪狀旣著之後, 成廟爲宗社深憂遠慮, 斷然廢黜, 則況今日閔氏負犯, 有浮於尹氏, 而兼有尹氏所無之行, 做出先王、先后之敎, 得罪宗社者乎? 其令禮官, 廢爲庶人, 歸之私第。告廟頒赦, 奪父母封爵等, 一遵舊例。云云。”

又備忘記: “閔氏罪惡之彰著, 非一朝一夕之故, 予之隱忍期待, 積有年所, 而及今罔有悛改之心, 益多悖亂之行。故爲宗社深憂遠慮, 有此廢黜之議, 此正古人所謂獲罪于天無所逃罪者, 而非余之初不容忍而然也。況成廟朝尹氏廢黜之時, 諸臣之所以反覆力爭者, 主意專在於日後國本之難處, 而今日之事, 有大相不同, 則何敢於予志堅定、備忘旣下之後, 相率請對, 終始營救, 若是其縱恣無嚴乎? 且念天道昭昭, 禍福必有前知。辛酉告期册妃之日, 厚地震盪之變, 實是近古罕有。以今觀之, 殆天意也。此而置之, 國家禍亂, 無時可息。校理李允修、修撰沈季良, 拿問定罪。”

政院啓辭: “臣等伏見備忘記, 有校理李允修、修撰沈季良拿問定罪之命, 臣等不勝戰慄之至。允修等之請對者, 蓋以成廟朝《實錄》, 旣已謄來, 當時尹氏將廢之時, 因諸臣力爭, 成廟勉從群下之請, 遲待二年, 以開其自新之路, 及其不悛之後, 始乃廢黜。允修等欲望聖上遵成廟故事, 有此請對, 而臣等之意, 亦與之合, 故下詢之時, 臣厚載等, 以此仰達矣。今者允修等, 遽被罪罰, 臣等何敢以獨免爲幸, 而晏然於近密之地乎? 惶恐待罪。” 答曰: “勿待罪。”

又備忘記: “予觀兩朝廢妃時《實錄》, 尹氏所失, 只坐妬忌, 且有儲嗣, 而罪狀旣著, 成廟斷然廢黜, 群下之所愼重力爭者, 亦以國本故也。曷嘗有如泰輔輩無狀乎? 自古后妃之因妬恚怨者, 誠或有之, 而今則不然, 乃於妬恚之外, 別生奸慝之凶計, 自做先王、先后之敎, 公然唱說于予曰: ‘淑媛以前生獸身, 爲主上射殺, 欲報宿恨, 有此降生。故乃與庚申逆獄後一番不逞之徒, 互相締結, 禍將不測。且其八字本無子, 主上勞而無功, 內殿則子孫之衆多, 無異宣廟。’云。此雖三尺童子, 必不信聽, 而況今祖宗默佑, 元良誕降, 則其自做凶計, 愈益彰著, 其誰欺?

欺天乎? 此則旣是尹氏所無之罪, 而泰輔等之以死立節, 誣陷君上, 此亦成廟朝所未聞之擧也。朝書之言, 無非妬忌怨怒, 而此而不足, 白地做作舅姑之言, 肆然凌踏寡躬, 兼嫁禍於朝廷, 此果母臨一國之所忍爲者? 而其所謂相逼相軋浸潤等說, 亦果有一毫彷彿耶? 如此內懷將心、忘君兇逆之類, 不可無別樣懲惡之典, 朴泰輔、吳斗寅、李世華等子婿同生及叔姪, 幷削禁錮。

又備忘記: "予觀春秋館考來《實錄》, 成廟廢妣時, 固多有爭執者, 而及其廢黜之後, 則無一人復敢是非矣。今此閔氏當廢之罪, 實有浮於尹氏, 世降俗末, 分義掃地, 黨論盛行, 尙眞立節稱寃之箚, 忽到於旣廢之後, 而辭意極其放肆無嚴, 故縷縷明卞痛斥, 而若不嚴立科條, 痛加隄防, 則金弘郁之輩, 必將接迹而起, 終至於籍口他日, 嫁禍國家而後已。自今以後, 强臣凶孽, 復敢有提起者, 則直以逆律論斷, 斷不饒貸事, 頒布中外。"

五月[43)]

敎中外大小臣僚、耆老、軍民、閑良人等書: 王若曰: "刑妻之義, 載于《詩》, 寔關治亂之道; 出妃之文, 著於《禮》, 爰擧播告之章, 心切愍然, 予不獲已。妃閔氏, 性欠和順, 德乏幽閑。蓋自受册之初, 罔念戒謹, 公肆入宮之妬, 實多愆尤。至於夢寐之稱, 尤非意慮所及。非一朝一夕之故, 厥惟舊哉! 托先王、先后之言, 是可忍也? 念余而立之歲, 幸

43) 五月: 친필본에는 '己巳五月'로 되어 있으나, 앞부분에 이미 '己巳'가 제시되어 있으므로, 체제에 맞게 '己巳'를 삭제하였다.

覩斯男之祥, 論以人情, 宜加猶己出之愛, 發乎辭語, 乃反懷不平之心。馬后之顧復丁寧, 盛德蓋闕; 郭氏之輾轉恚恨, 褊性難回。豈以目前之少恩, 不思日後之深慮? 獨不爲地, 縱勉[44]色荒之仁, 自絶于天, 終無悛改之意。觀臣鄰之齊籲, 非欲强違, 軫宗社[45]之大圖, 難可反汗。與其貽禍於後嗣, 寧甘失德於寡躬。玆實係國家興衰, 陰助之功難望[46], 不宜事宗廟社稷, 顯黜之擧, 可徐? 乃於康熙貳拾捌年, 廢閔氏爲庶人。於戲! 追惟六禮之辰, 地道告警, 犯此七去之戒, 禮法難容。實合處變之宜, 何敢任情而發? 彼必自知其罪, 著在儒賢之書, 予欲不復爲[47]言, 恐傷忠孝之道。故玆敎示, 想宜知悉。"

甲戌七月北行時覩舊送行錄[48] 【留王十里治行時。】

朴參判 慶後【連日來】、李成川 宇晉、權都事 聖中【連日來】、鄭都事 世甲、李佐郎 宇謙、金司諫 一夔、李都事 挺晳、沈參奉 處良、李監司 玄祚、李佐郎 鼎輿、權參奉 卨【連日來】、洪佐郎 景濂、李參判 沃、權參奉 斗經【終始留連】、姜參奉 瑄、李進士 浹【連日來】、安同知 如石、李監察 周命【連日來】、洪察訪 日章、李進士 世瑗【連日來】、洪持平 萬

---

44) 勉: 친필본에는 '免'으로 되어 있으나, 의미상 '勉'이 적합하므로 《숙종실록》에 근거하여 수정하였다.

45) 社: 친필본에는 '祏'로 되어 있으나 《숙종실록》에 근거하여 수정하였다.

46) 望: 친필본에는 '忘'으로 되어 있으나 《숙종실록》에 근거하여 수정하였다.

47) 爲: 친필본에는 '布'로 되어 있으나 《숙종실록》에 근거하여 수정하였다.

48) 覩舊送行: 이후로는 모두 명단이므로, 따로 인명에 해당하는 표점부호를 사용하지 않았다. 또한 가독성을 높이기 위해 직책 등을 앞으로 빼고 성과 이름을 함께 붙여서 처리하였다.

紀、李注書 道原、丁衛率 道徽、洪進士 萬通、兪翰林 世重、李參奉 誠中【連日來】、鄭參奉 至祥、洪進士 重華、李楊州 衡祥、金甑山 一精、申稷山厚軾、姜進士 錫齊、鄭沃川 祖甲、元典籍 致道、洪敎官 宇夏、李進士 泰道、柳校理 栽、尹都事 有孫、南參奉 淵、李進士 演、李都事 龜齡、金正郎 夏世、李參奉 尙晟、李進士 浤、權進士 信經、李仝輔【終始留連】、尹鉞、李浚、權進士 應經、尹憲周、尹麟孫、李燦【連日來】、姜進士 碩勛、金鑌、李昌明、李漢弼、崔進士 壽錫、金亨萬【連日來】、權協、李演【原州居】、李進士 震蓍、尹勗、沈佐良、禹玄圭、柳進士 文郁、鄭雲柱、鄭經周、禹鼎九、尹進士 寬、南徽、姜欅、柳圭章、金進士銓、李尙殷、李友仁、朴尙圭、李進士 錫仁、安憲周、李汶仁、權甲萬、南渭源 天樞、朴景華、鄭光潾、李舒華、鄭咸安 沆【連日來】、鄭經周、李相周、申弼諧、權先達 聖時【連日來治行】、李沐、金益慶、金一煥、金著作 泰重、李宣傳 後老、琴別提 九成、玄別提 達源、李引儀 世弼【連日來】、李先達 命彬。

此外, 來問者, 亦非一二, 而追錄不無遺忘, 可歎。書問饋送別有錄。其中表表者, 奉朝賀李公別製新綿花方紬襦, 爲書致贐, 閔貳相夫人, 具別單致贐。大人以李仝輔與夫人爲近戚, 令爲書替謝。

丁丑過洛時親舊來問錄【留南城外履泰院治行時】

鄭判書 維岳、朴鍾城 明義、李坡州 湜、金龍川 義萬、李參判 鳳徵、成東萊 瓘、趙水原 禔、成三登 大顯、李參判 沃、鄭洪州 來祥、李正言 允文、尹德源 濟萬、洪參判 萬朝、沈執義 最良、李成川 禎、金正

郎 始慶、朴參判 慶後、李佐郎 宇謙、申兵使 益恬、柳善山 星明、沈監司 仲良、李校理 允明、元兵使 振洙、李朔寧 象賢、洪佐郎 重夏、李判官 仁望、尹學諭 憲周、南直長 淵、洪都事 重周、鄭都事 漢柱、盧別提 思望、李典籍 泰錫、吳校理 尙文、韓佐郎 益相、鄭沃川 祖甲、金都事 泰慶、吳持平 尙友、權佐郎 琰、洪通津 天齡、宋比安 世貞、李校理 浚、李佐郞 鼎興、洪察訪 日章、朴判官 齊華、睦校理 林重、李仁川 瀨、朴直長 斗寅、李奉事 德玄、權佐郎 世恒、李洪川 溭、李都事 徵、權奉事 斗經、鄭正言 思孝、洪敎官 宇夏、鄭參奉 至祥、朴典籍 安道、宋判官 廷奎、兪都事 世重、李都事 挺晳、李參奉 誠中、尹順天 悠期、李注書 道原、權都事 聖中、朴博士 來明、洪判官 景濂、元監察 致道、申直長 瀷、權察訪 希卨、姜呂泉 碩臣、鄭博士 宇柱、權奉事 卨、黃學正 壽嶷、南正字 圖翼、柳進士 文郁、鄭演周、鄭光獜、李進士 浹、金進士 銓、洪日省、李萬迪、姜進士 碩厚、崔進士 壽錫、金亨萬、兪義重、盧進士 思賢、朴進士 敦義、李昌明、李漢弼、李進士 錫仁、禹進士 錫圭、尹摯、尹相興、李進士 演、李進士 震蓍、洪九範、韓陞【進士】、尹進士 寬、李進士 慶休、權尙、金鑽、李進士 澹、權進士 任矩、朴景洙、尹景濟【別提】、金進士 益慶、權進士 贇、許矐、權都事 聖輿、尹進士 殷齊、金箸一、李熉、李部將 仁亨、申進士 弼文、權甲萬、南徽、金哨官 聲玉、姜進士 碩齊、尹勖、權致中、張哨官 棃、尹宣傳 城、朴光陽 昌淵、崔哨官 壽學、洪哨官 日新、安茂山 弘敏、金典籍 泰重、金校檢 慶賚、康正字 友諒、李南海 後老、玄別提 達源、李仁義 世弼、李敏夏。

此外, 亦不無一二遺忘, 而尹判書 以濟、兪判書 夏益、閔判書 就道、閔參議 昌道、權參議 重經, 或在外, 或有故, 皆遣人致問。

찾아보기

1) 찾아보기는 인명, 서명, 지명, 관명, 사항순으로 구분하였다.
2) 색인어는 고유명사, 정치, 경제, 사회, 문화, 사상, 사건 등 중요 용어를 중점적으로 선정하였고, 같은 의미의 색인어는 →로 표시하였다.
3) 인명에서 자(字), 호(號), 시호(諡號) 등은 →로 본명을 찾아보도록 하였고, 자와 호에는 원칙적으로 성을 붙이지 않았다.
4) 자와 호는 본문에 있는 것을 중심으로 수록하였다.

인명

서명

지명 및 건축물명

관명 및 관서명

사항

Abstract

A Study on *Chang-gu-gaek-il*

17th Century Chosun Dynasty Seen through A Chamberlain's Diary by Mil-am Lee Jae

Edited by Lee, Byung-Kap

Chang-gu-gaek-il (蒼狗客日) is a written historical diary in which Mil-am Lee Jae (密菴 李栽), the direct heir of Toegye school wrote what he saw and felt while he was serving his father, Gal-am Lee Hyeon-il (葛庵 李玄逸) in exile. Gal-am Lee Hyeon-il was a politician who served as the Ministry of Interior, a Sung-Confucian scholar, and the leader of Nam-in (南人). *Chang-gu-gaek-il* describes in detail the various aspects of the then factions' conflicts in policy process and the life and culture of the Joseon (朝鮮) Dynasty. In addition, through this diary, we can look into the reason for Gal-am's exile, his itinerary and life as a scholar during the exile, famous sights near its place, the works of art, the comings and goings among relatives during the exile, information exchange, acquisition, analyses and management, and the various analyses of different manuscripts. Meanwhile, filial piety thoughts are delineated in a type of conversation between the son and his father. The diary has diverse sources which depict politics, economy, society and culture of the period from Sukjong (肅宗) to Yeongjo (英祖) of the mid Joseon dynasty; it is a reference which well represents the life style and corresponding methods toward political and administrative incidents of the intellectuals. *Chang-gu-gaek-il* has the capabilities of supplementing the lapses of the official records of the Dynasty, and it can verify the contents of the *Annals of the Joseon Dynasty* (朝鮮王朝實錄) or the *Journal of the Royal Secretariat* (承政院日記). This study on *Chang-gu-gaek-il* reflects a variety of points of views from different academic fields such as philology, literature, history, political science, public administration, etc.

집필진 소개(집필순)

• **전병욱**(wozai100@hanmail.net)

1969년 의령 출생으로 고려대학교 철학과를 졸업하고, 같은 대학교 대학원에서 "朱子의 仁論 체계와 工夫論의 전개"라는 논문으로 박사학위를 취득하였다. 현재는 고려대학교 철학과에서 강의를 담당하고 있으며, 아울러 한국고전번역원 국역위원을 맡고 있다.

논문으로는 "朱子의 未發說과 居敬格物의 수양론", "퇴계 철학에 있어서 '理到'의 문제", "林隱 程復心의 心性說: 퇴계 〈聖學十圖〉의 관련내용과 비교하여" 등이 있다. 주된 관심분야는 성리학이다.

• **문석윤**(symoon@khu.ac.kr)

1963년 대구 출생으로 서울대학교 철학과를 졸업하고, 같은 대학교 대학원에서 "朝鮮後期 湖洛論辨의 成立史 硏究"로 철학박사학위를 취득하였으며, 현재 경희대학교 철학과 교수로 재직하고 있다. 태동고전연구소(지곡서당)에서 수학하였으며, 명지대학교 철학과 교수를 역임하였다.

주요 저서로는 《湖洛論爭 형성과 전개》, 《인간과 자연》(공저), 《외암 이간의 학문세계》(공저) 등이 있고, 주요 논문으로는 "退溪의 '未發'論", "葛庵 李玄逸의 性理說", "星湖 李瀷의 心說에 관하여: 畏庵 李栻의 〈堂室銘〉에 대한 비판을 중심으로" 등이 있다. 주된 관심분야는 유교 나아가 (조선) 성리학에 대한 철학적 이해이다.

• **안병걸**(ahnbug@naver.com; ahnbyg@anu.ac.kr)

1954년 서울 출생으로 성균관대학교 동양철학과를 졸업하고, 같은 대학교 대학원에서 "17世紀 朝鮮朝 儒學의 經典解釋에 관한 硏究"로 철학박사학위를 취득하였고, 현재 안동대학교 동양철학과 교수로 재직하고 있다.

저술로는 《서원, 한국사상의 숨결을 찾아서》(공저), 《東洋哲學의 自然과 人間》(공저), 《講座 韓國哲學》(공저)이 있으며, 논문으로는 "註釋으로서의 學問과 批判으로서의 學問", "退溪思想體系의 마음공부" 외 다수가 있다. 주된 관심분야는 중국 경학과 조선시대 성리학이다.

• 김학수(ksoya@aks.ac.kr)

1967년 경북 영천 출생으로 인하대학교 인문대학 사학과를 졸업하고, 한국학중앙연구원 한국학대학원에서 "17세기 영남학파 연구"로 문학박사학위를 취득하였다. 현재 한국학중앙연구원 장서각 국학자료조사실장(책임연구원)으로 재직하고 있다.

저서로는 《끝내 세상에 고개를 숙이지 않는다》, 《여헌 장현광 연구》(공저), 《아계 이산해의 학문과 사상》(공저), 《조선을 이끈 명문가 지도》(공저), 《조선사회 이렇게 본다》(공저) 등이 있으며, 논문으로는 "葛庵 李玄逸 연구: 經世論과 학통관계를 중심으로", "고문서를 통해 본 조선시대의 증시(贈諡)행정", "조선중기 한강학파의 등장과 전개", "鄭逑의 학자·관료적 삶과 안동부사 재임" 등 다수가 있다. 주된 관심분야는 조선시대 정치·사회사 및 고문서학이다.

• 김언종(kimej@korea.com)

1952년 경북 안동 출생으로 경희대학교 국어국문학과를 졸업하고, 대만국립사범대학에서 "丁茶山論語古今註原義總括考徵"으로 문학박사학위를 취득하였으며, 현재 고려대학교 한문학과 교수로 재직하고 있다.

저서로는 《漢字의 뿌리 1,2》, 역서로는 《漢字의 歷史》, 《譯註 詩經講義》, 《字學》이 있으며, 주요 논문으로 "鶴峯先生의 禮學", "押海丁氏의 家系誣構 辨破", "與猶堂全書補遺의 著作別 眞僞問題에 대하여" 등이 있다. 주된 관심분야는 한·중 경학, 한자학(漢字學)이다.

• 정진영(jychung@anu.ac.kr)

1954년 경북 안동에서 출생하여 영남대학교 문리대 국사학과를 졸업하였으며, 같은 대학교 대학원에서 "18, 19세기 재지사족의 촌락지배와 그 해체과정"으로 박사학위를 받았다. 현재 안동대학교 사학과 교수로 재직하고 있다.

저서로는 《조선시대 향촌사회사》, 《조선후기 향약연구》(공저), 《조선시기 사회사연구법》(공저), 《조선시대 사람들은 어떻게 살았을까》(공저) 등이 있고, 논문으로는 "16·17세기 재지사족의 향촌지배와 그 성격", "1894년 농민전쟁기 향촌지배층의 동향", "19세기 후반 영남 유림의 정치적 동향" 외 다수가 있다. 주된 관심분야는 사회경제사 및 생활사이다.

• **박현순**(ahist5@gmail.com)

서울대학교 국사학과 대학원에서 "16~17세기 禮安縣 士族社會 研究"로 문학박사학위를 취득하였고, 현재 서울대학교 규장각한국학연구원 조교수로 재직하고 있다.

주요 논저로는 《서양인이 만든 근대전기 한국이미지 2: 코리안의 일상》(공저), 《고문서에게 물은 조선 시대 사람들의 삶》(공저)이 있고, 논문으로는 "16~17세기 성균관(成均館)의 유벌(儒罰)", "17세기 지방유생들의 士林儒罰", "17세기 과거 응시자 증가 현상에 대한 고찰", "17세기 科擧 관리의 정비: 응시자 증가와 관련하여" 외 다수가 있다. 주로 조선시대 과거제, 유생 문화, 사대부들의 생활사에 관심을 갖고 연구를 진행 중이다.

• **정만조**(mjc1213@hanmail.net)

1946년 경상남도 진주 출생으로, 서울대학교 사학과를 졸업하고, 같은 대학교 대학원에서 "17~18세기 書院`祠宇에 관한 研究: 특히 士林의 書院 建立 活動을 中心으로"라는 논문으로 석사학위를 취득하였다. 현재 국민대학교 국사학과 명예교수이다.

주요 저서로는 《조선시대 서원 연구》, 《조선시대 경기북부지역 集姓村과 士族》(공저), 《한국역사상 관료제 운영시스템에 관한 연구》(공저) 등이 있으며, 주요 논문으로는 "英祖대 초반의 政局과 탕평책의 추진", "조선시대 書院志 體例에 관한 연구", "조선시대의 사림정치 반란인가 혁명인가" 등이 있다. 관심분야는 조선시대 서원과 정치사이다.

• **이병갑**(leebk@anu.ac.kr)

1951년 경북 안동 출생으로 영남대학교 행정학과를 졸업하고, 고려대학교 대학원에서 "朝鮮朝의 政策決定過程에 있어서 利益葛藤: 17·18世紀 南人과 西人(특히 老論) 간의 關係를 中心으로"라는 논문으로 행정학박사학위를 취득하고, 현재 안동대학교 행정학과 교수로 재직하고 있다.

저서로는 《작은 政府를 위한 官僚制》(공저)와 《한국의 정치학: 현황과 전망》(공저), 《밀암이재연구》(공저)가 있고, 논문은 "체제유지 정책과정에서 정파 간의 이익갈등분석: 16세기 붕당간의 관계를 중심으로", "朝鮮朝의 政策過程에 있어서

利益葛藤 分析: 16世紀 東人과 西人간의 關係를 中心으로", "政策過程에 있어서 利益表出: 헝가리의 境遇" 외 다수가 있다. 주된 관심분야는 한국 행정사, 유가정치 행정사상, 이익집단이다.

• **권경열**(6sunkong@naver.com)

1968년 경북 예천 출생으로 한국학중앙연구원 한국학대학원에서 한국한문학 박사과정을 수료하였다. 한국고전번역원 번역사업본부장을 역임하였고, 현재 문집번역실에서 번역작업을 수행하고 있다. 번역서로는 《매천집》(공역), 《승정원일기》(공역), 《갈암집》(공역), 《가례향의》, 《오음유고》 등이 있으며, 논문으로는 "최치원 저술의 번역 현황과 과제", "濯纓 金馹孫의 文學과 政治的 役割", "한문고전번역의 특성과 과제" 등이 있다.

• **이용구**

1908년 경북 안동에서 농암 이현보(李賢輔)의 종손으로 출생하였다. 안동대학교 퇴계학 연구소 자문위원으로 《창구객일》 초벌 표점을 비롯해 경북북부지역 문집 표점작업을 하였으며, 저서로는 《庸軒漫草》 5권이 있다. 1998년에 작고하였다.